DICTIONNAIRE DES LIEUX IMAGINAIRES

DU MÊME AUTEUR

Une histoire de la lecture, Actes Sud / Leméac, 1998 ; Babel n° 416, 2000.
Dictionnaire des lieux imaginaires (en collaboration avec Gianni Guadalupi), Actes Sud, 1998.
Dernières nouvelles d'une terre abandonnée, Babel n° 355, 1998.
Dans la forêt du miroir, Actes Sud / Leméac, 2000.
Le Livre d'images, Actes Sud / Leméac, 2001.

Titre original :
The Dictionary of Imaginary Places

Les éditions du Fanal ont publié, en 1981, une première version de cet ouvrage sous le titre *Guide de nulle part et d'ailleurs.*

ISBN 2-7427-3179-2

ALBERTO MANGUEL
ET
GIANNI GUADALUPI

DICTIONNAIRE DES LIEUX IMAGINAIRES

traduit de l'anglais par Patrick Reumaux,
Michel-Claude Touchard et Olivier Touchard

BABEL

AVANT-PROPOS

En 1923, un groupe de jeunes soldats du génie faisait le relevé d'une inaccessible région d'Afrique. A la fin d'une journée de dur labeur sous le soleil tropical, il ne leur restait qu'une montagne à rapporter sur leurs carnets. Les hommes étaient impatients de rentrer à la base ; il vint à l'esprit de l'un d'eux qu'il ne s'agissait que d'une colline et qu'il serait aisé de la compléter, avec les yeux de la foi et un peu d'imagination, dans le bureau de dessin. La suggestion fut adoptée. Ces inventifs jeunes gens découpèrent dans un magazine l'image d'un éléphant, la fixèrent sur leur carte et en dessinèrent les contours, créant ainsi la silhouette de la montagne. On peut voir aujourd'hui encore cette montagne en forme d'éléphant dans le coin nord-ouest de la feuille 17, *Afrique (Côte-de-l'Or)*, dans les *British Map Series* au 1/62.500.

Rare est évidemment pareille victoire de l'imagination (ou du bon sens) sur le devoir, sur les restrictions liées à la véracité des faits. L'univers que nous appelons réel a des frontières infranchissables à l'intérieur desquelles le principe bien établi selon lequel deux corps (et moins encore deux montagnes) ne peuvent pas occuper en même temps le même lieu est observé rigoureusement. Le livre que vous avez entre les mains est issu de l'antipathie que peuvent inspirer des règles aussi intransigeantes.

Au cours de l'hiver 1977, Gianni Guadalupi, avec qui j'avais réalisé pour un éditeur de Parme une anthologie de miracles vrais et faux, a suggéré que nous préparions une sorte de Baedeker, un bref guide du voyageur dans certains lieux de la littérature – il pensait alors à une visite guidée de Sélène, la ville vampire de Paul Féval. Excités par cette idée, nous ne fûmes pas longs à établir une liste d'autres endroits qu'il nous semblait tentant de découvrir : Oz, Narnia nous vinrent spontanément à l'esprit.

Nous convînmes qu'il faudrait veiller à équilibrer notre démarche entre le pratique et le fantastique. Considérant comme acquis que la fiction était réalité, nous traiterions les textes choisis avec le même sérieux que l'on accorde aux récits d'un explorateur ou d'un chroniqueur, en utilisant uniquement les informations fournies dans la source originale, sans "inventions" de notre part. Des commentaires personnels ne seraient inclus que si la description les rendait nécessaires, et cela dans la seule mesure où l'on s'attendrait à les trouver dans un guide normal. Dans cette intention, nous nous sommes inspirés, pour la maquette du livre, d'un répertoire géographique du XIXe siècle – vestige d'une époque où voyager dans le monde réel représentait encore une passionnante aventure.

Au fur et à mesure que le projet prenait forme, la liste d'articles s'allongeait, menaçant de tendre vers l'infini. Etant donné l'étendue de l'univers imaginaire, nous dûmes, pour des raisons pratiques, nous imposer certaines limites. Nous commençâmes par nous restreindre à des lieux où un voyageur pouvait songer à se rendre, en laissant à l'écart les paradis, les enfers et les lieux du futur, et en n'incluant que ceux qui sont situés sur notre planète. Nous décidâmes d'exclure des endroits comme le Balbec de Proust, le Wessex de Hardy et le Yoknapatawpha de Faulkner, parce que ce sont en réalité des déguisements, ou des pseudonymes pour des lieux existants, et relevant du procédé qui permet à l'auteur de se sentir libre lorsqu'il parle d'une ville ou d'un pays qu'encombrerait, sinon, le paysage officiel.

Mais c'est là que se brouille notre définition du mot "imaginaire". Pourquoi inclure le manoir des Baskerville, de Conan Doyle, ce domaine hanté par un chien qui sera expliqué à la fin, et non la chambre de Bouvard et Pécuchet, qui se veut le miroir du monde ? Peut-être parce que les meubles et les murs de Flaubert appartiennent au domaine de ce qui est possible, alors que le sentier de Baskerville – avec ses empreintes d'un homme qui ne marche pas sur la pointe des pieds mais court pour sauver sa vie – appartient au monde des cauchemars. Pourquoi inclure l'île de Robinson Crusoé, fondée sur des réalités historiques ? La raison que nous nous hasardons à suggérer, c'est qu'elle a dérivé loin de son emplacement assigné et est devenue à tout jamais le symbole de quelque chose d'indéfini, vaguement lié à l'évasion, à une solitude de rêve et à des plages de sable blanc. Pourquoi inclure tant de lieux de notre littérature enfantine et pas les bois de Winnie l'Ourson ou l'alpe de Heidi ? Notre excuse, c'est que ces endroits-là existent et figurent sur les cartes du monde réel, que ces auteurs ont regardé de vrais paysages et y ont installé leurs visions : les personnages, les événements étaient imaginaires – pas les lieux.

Semblablement, si le monstre de Frankenstein promène sa silhouette titubante aux abords d'antiques cités et dans des plaines arctiques qui figurent dans les atlas les plus sérieux, Dracula, en dépit des efforts de l'office du tourisme roumain, reste sans domicile fixe incontestable. Ni Atlantis ni Ophir, timidement adoptés par les disciples de Schliemann, n'ont encore reçu l'assurance d'une réalité, non plus que les innombrables châteaux, forêts, plaines et montagnes où errent le roi Arthur et ses chevaliers – tous figurent dans notre dictionnaire. Des candidats tout aussi valables à première vue, tels que *Metropolis* et *1984*, situés, hélas, dans le futur, furent par conséquent exclus. Tolkien, C. S. Lewis, Burroughs, Ursula K. Le Guin occupent de nombreuses pages ; on y trouve aussi Bensalem, Meccania, Utopie, moins divertissants mais importants en tant que prémisses d'une architecture imaginaire sans laquelle les univers de Gulliver, du Dr Moreau ou des habitants de Thélème pourraient bien n'avoir jamais été élaborés.

Mais, pour certains articles, nous ne pouvons fournir d'excuse convaincante. En fin de compte, nous reconnaissons avoir choisi certains lieux simplement parce qu'ils suscitaient en nous cette émotion indescriptible qui est le véritable accomplissement de la fiction, des lieux sans lesquels le monde serait plus pauvre. Nous ne les renierons pas, et nous espérons que le lecteur ne verra pas d'objection à leur intrusion.

Pendant plus de deux ans, nous avons visité près de deux mille lieux, dont un grand nombre étaient quasi inconnus, et dont beaucoup nous ont paru inacceptables, de sorte qu'à la fin nous n'en avons retenu pour l'édition originale qu'un peu plus de la moitié, dans laquelle nous avons opéré une nouvelle sélection pour l'édition française. L'univers imaginaire est d'une richesse et d'une diversité étonnantes : voici des mondes créés afin de satisfaire un besoin ardent de perfection, des utopies immaculées, telles Christianopolis ou Victoria, qui respirent à peine ; d'autres, comme Narnia ou le pays des Merveilles, inventés pour donner à la magie une patrie où l'impossible n'est pas incompatible avec l'environnement ; d'autres encore, tel le royaume Rêvé, fabriqué dans le but de contenter les voyageurs lassés de la réalité ; ou les voyageurs qui pratiquent des arts ténébreux et peu orthodoxes, comme sur l'île de Noble.

Et beaucoup des lieux rêvés par des chroniqueurs oubliés sont parfaits en soi et n'ont besoin d'aucune justification, des lieux comme Frivole, le pays des menues merveilles, où les chevaux sont si légers que nul ne peut les monter ; Capillaria, habitée par des géantes blondes qui dévorent les *bullpops* – petites créatures sans défense, en forme d'organe sexuel mâle ; l'île d'Odes, où les routes célèbres du monde entier prennent leurs vacances mais sont sauvagement attaquées par les fameux Défonceurs-de-routes ; Londres-sur-Tamise, où vivent Henri le Huitième, un vieux gorille, et ses guenons-épouses, dans une résidence de sytle africano-Tudor ; X, si difficile d'accès, entouré à l'infini de vastes cercles d'ordures classifiées ; Nimpatan, où sont entreposés les plus merveilleux produits de l'esprit humain, telles les œuvres complètes de Gérard de Villiers et la garde-robe de Pierre Cardin ; Malacovia, une cité de fer en forme d'œuf, repaire de féroces Tartares à bicyclette.

Nous espérons que notre dictionnaire éveillera l'intérêt des lecteurs pour ces lieux, et dans de nombreux cas leur offrira un texte là où l'original n'est disponible que sur les rayons de la Bibliothèque nationale ou de la British Library. Les lecteurs qui ont exploré à fond les territoires de Tolkien ou de Rabelais auront la possibilité de se rafraîchir la mémoire et peut-être de comparer ces forêts et ces montagnes, ces villes et ces îles avec les paysages suscités dans d'autres imaginations.

En tant qu'ouvrage de référence, notre dictionnaire est forcément incomplet et d'autres voyageurs auront sans nul doute exploré de nombreux domaines qui nous sont inconnus. Nous saisissons cette occasion pour demander à nos lecteurs de nous informer sur tous lieux valables qui auraient échappé à notre attention. Avec leur aide, nous espérons préparer une future édition révisée de ce livre, incluant oublis du passé et nouveaux venus de l'avenir, faisant ainsi du lecteur un auteur, du voyageur un chroniqueur.

ALBERTO MANGUEL
Traduit par Christine Le Bœuf

DICTIONNAIRE
DES LIEUX IMAGINAIRES

A

ABATON

Du grec *a*, privatif, et *baino*, je vais. Ville à localisation variable. Personne ne l'a jamais atteinte. Les voyageurs en route pour Abaton errent pendant des années sans jamais réussir à jeter le moindre coup d'œil sur la cité. Un petit nombre, cependant, a eu la chance de la voir s'élever légèrement au-dessus de l'horizon, au crépuscule. Inexplicablement, cette vision leur a causé soit une grande joie, soit une douleur immense. L'intérieur d'Abaton n'a jamais été décrit. Les murs et les tours seraient soit bleu pâle ou blanc, soit rouge feu. Sir Thomas Bulfinch, qui aperçut les contours de la ville entre Glasgow et Troon, prétend que ses murs sont jaunâtres et qu'une musique qui ressemble à du clavecin s'échappe de l'intérieur des portes. Mais rien n'est moins sûr.

• Sir Thomas Bulfinch, *My Heart's in the Highlands*, Edimbourg, 1892.

ABDALLES, royaume des

Vaste région de la côte nord-africaine, voisine du royaume des Amphitéocles.

Le voyageur non averti trouvera peut-être cruelles les lois et les coutumes des Abdalles. Par exemple, le divertissement très populaire du *Lak-Tro Al Dal* consiste en ceci : quatre hommes nus s'insultent, puis se battent jusqu'à l'arrivée d'un cinquième qui les fouette, à la grande joie des spectateurs. Les quatre hommes se tournent alors vers leur tortionnaire et le frappent presque à mort. Ils le ligotent ensuite sur un tabouret auquel quatre cordes sont attachées. En tirant violemment sur les cordes, ils projettent en l'air leur victime qui retombe lourdement sur le tabouret. Le jeu dure une heure. La victime est enfin défenestrée et la foule, après l'avoir encore molestée, l'enterre jusqu'au cou, et urine sur sa tête. Quant aux quatre combattants, ils sont mis au pilori, et on leur arrache les cheveux à pleines poignées.

On peut noter une cruauté similaire dans la pratique du châtiment, le *Gil-Gan-Gis*, rarement utilisé de nos jours. L'accusé est flagellé au knout jusqu'à l'évanouissement. On le ramène à la vie en lui offrant les plats les plus délicieux, puis il est à nouveau fouetté jusqu'à ce que mort s'ensuive. Le chef des quatre bourreaux, le *Goulu-Grand-Gak*, a le droit de garder la peau du condamné. Tannée dans l'urine, elle est vendue comme étoffe précieuse aux élégantes.

La célébration du mariage donne la vedette au témoin du fiancé, l'*Ab-Soc-Cor*. La veille de la cérémonie, il rend visite à la jeune promise. Il s'enferme au crépuscule avec elle, dans une pièce sombre où il lui enseigne ses devoirs sexuels et s'assure de sa virginité.

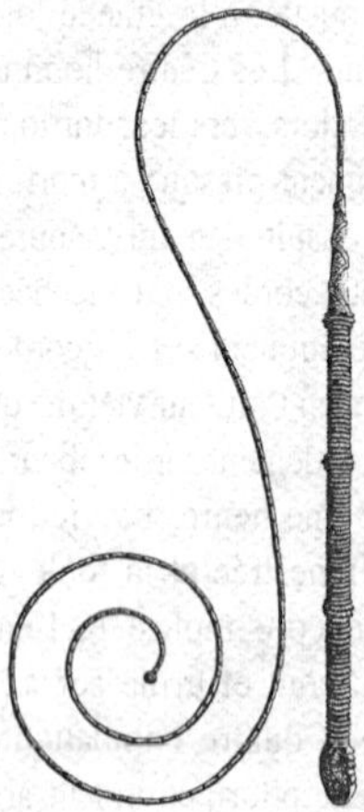

Knout utilisé pour la flagellation des condamnés de droit commun, dans le royaume des Abdalles.

Les rites funéraires se caractérisent par le grand respect accordé au mort. Lavé, habillé de ses plus beaux atours, le défunt est interrogé sur la raison de sa mort. S'il ne répond pas, on le place debout dans un grand cercueil, le *Tou-Kam-Bouk*, que l'on garnit d'herbes aromatiques. On lui laisse également une aiguille et du fil pour qu'il recouse ses habits.

Il est très mal élevé de montrer du doigt. Seuls le roi et les divinités peuvent être ainsi désignés. Pour les autres objets, on utilise le coude. Le souverain actuel, le roi Mocatoa, porte le titre officiel de *Houcais*. Contrairement à la population du royaume, qui est de couleur de peau bleue, Mocatoa est un Blanc.

L'arbre le plus typique de la végétation du royaume est étonnamment grand, et son fruit a la taille d'un melon : il est si léger qu'il rebondit quand il tombe. Son jus transparent est fort en alcool, et sa chair a un goût de galette de riz. On peut également voir d'énormes oiseaux carnivores qui viennent nicher près des côtes, au creux des falaises. Les jeunes, qui ont la taille d'un taureau, peuvent enlever des moutons et des vaches dans leurs serres.

• Charles Fieux, chevalier de Mouhy, *Lamékis ou les Voyages extraordinaires d'un Egyptien dans la terre intérieure, avec la découverte de l'isle des Silphides, enrichis de notes curieuses et nouvelles...*, Paris, 1735-1738.

ABEILLES DILIGENTES,

île des

Dans la mer Tyrrhénienne, ainsi appelée parce que les rues de la ville principale bourdonnent comme une ruche. Tout le monde travaille, personne n'a une minute à perdre. Nulle part sur l'île, on ne peut trouver le moindre vagabond ou fainéant. On décourage les mendiants en leur offrant du travail, et il est extrêmement difficile d'obtenir un repas gratuit. Les poissons de la mer qui entoure l'île sont d'une extrême courtoisie et donnent aux visiteurs toutes les informations qu'ils pourraient souhaiter.

• Carlo Collodi, *Le avventure di Pinocchio. Storia di un burattino*, Florence, 1883.

ACAIRE

Grande forêt du Poictesme entourée d'un mur bas et rouge. En son sein se dresse une montagne couronnée de trois pics dont deux sont boisés, mais dont le troisième, celui du milieu, est nu. C'est là qu'est situé le château de Brunelbois, dominant les eaux d'un lac parfaitement tranquille alimenté par des sources souterraines. On entre dans le château en passant sous deux arches en ogive, l'une pour les piétons, l'autre pour les cavaliers.

Là se tenait la cour du roi Helmas, le monarque le plus bête du monde. Une prophétie, cependant, lui assurait qu'il acquerrait la sagesse le jour où un jeune sorcier lui apporterait une plume blanche perdue dans la forêt d'Acaire par l'oiseau Zhar-Ptitza. Cet oiseau, qui est la plus vieille et la plus sage créature du monde, n'est en fait pas blanc, mais pourpre avec une gorge dorée et une queue de plumes bleues et rouges. Helmas reçut une plume blanche que lui donna Manuel, le porcher, qui devint souverain du Poictesme. Ce n'était qu'une plume ordinaire, mais Helmas l'accepta comme venant de l'oiseau fabuleux, et son peuple lui reconnut immédiatement une sagesse infaillible. Pour célébrer l'événement, le 1er avril fut rayé du calendrier.

Plus tard, Helmas se querella avec sa fille, Mélusine, qui les plongea lui et toute sa cour dans un sommeil enchanté dont ils ne se sont pas encore réveillés. Les voyageurs le trouveront assis sur son trône, en robe d'hermine et d'écarlate, à côté de la reine Pressina.

Nombre de monstres intéressants vivent dans la forêt d'Acaire : le *Bleps* noir, le *Strycophanes* à crêtes et le *Calcar* gris, sans parler de l'*Eale* roux, du *Leucrocotta* doré et du *Tarandus* qui change de couleur selon l'environnement. Chacun de ces monstres est unique et donc solitaire. Leur férocité a été largement surestimée par les voyageurs qui ont traversé la forêt.

• James Branch Cabell, *Figures of Earth. A Comedy of Appearances*, New York, 1921 ; *The High Place. A Comedy of Disenchantment*, New York, 1923.

ACHOROS

Nation située en face de l'île d'Utopie*, du côté de l'Euronotos.

En vertu d'une ancienne alliance, le roi des Achoriens prétendait à la succession d'un royaume limitrophe, mais il s'avéra très vite qu'il était plus difficile de conserver le territoire conquis que de s'en emparer. La guerre avait corrompu les mœurs et avait donné le goût du pillage et du meurtre ; on se moquait des lois, car le roi, partageant son temps entre deux royaumes, ne pouvait gouverner correctement ni l'un, ni l'autre. Les Achoriens finirent par prier fort poliment le souverain de choisir entre les deux couronnes, car ils ne consentaient plus à partager avec autrui les services du même muletier. Aussi le prince fut-il contraint de se contenter de son ancien royaume et d'abandonner le plus récent à un de ses amis qui ne tarda d'ailleurs pas à en être chassé.

• Sir Thomas More, *Utopia*, Londres, 1516.

ADAM

Pays enfoui dans la jungle de Bornéo et issu d'une colonie fondée vers 1850 par Cabet et Fourier, disciples de Proudhon. Ce territoire couvrirait une surface égale au tiers de la France. Les habitations, confortables, possèdent l'eau courante chaude et froide, l'éclairage électrique, le chauffage central et disposent de phonographes (inventés ici bien avant Edison). Il existe un ministère de la Guerre, un ministère de l'Esthétique nationale et un palais des Plaisirs où, chaque semaine, les bons citoyens peuvent venir faire l'amour en groupe.

A leur arrivée, les premiers pionniers se regroupèrent dans la montagne afin de se protéger des indigènes. Peu à peu, ils s'enhardirent et finirent par dominer la population. Mettant en pratique leur idéal d'un Etat social égalitaire, ils supprimèrent toute forme d'opposition, pour ne plus entendre qu'une voix unique. Le sort de l'individu passe après celui de la nation. L'Etat décrète l'agréable et l'utile, que cela plaise ou non. La religion de l'Harmonie naturelle, culte d'Etat, est prise en charge par le ministère de l'Esthétique nationale, qui organise chaque année une procession de jeunes et belles vierges. L'Etat pourvoit à tout ; rien ne peut s'acheter ou se vendre, ni même être donné. Il n'y a pas d'argent.

Les individus considérés comme dangereux pour l'Idéal national sont stérilisés. Les criminels sont engagés dans l'armée et surveillés du ciel par des bombardiers (inventés en 1860). Les enfants appartiennent à l'Etat et sont élevés selon les principes de la doctrine nationale. Les artistes doivent produire des œuvres qui expriment l'idéal commun et s'abstenir de traduire une émotion personnelle. A l'entrée, alcool et tabac sont confisqués par les douanes.

• Paul Adam, *Lettres de Malaisie*, Paris, 1898.

ADORATEURS DE CHÈVRES, pays des

Large plaine bordée d'une chaîne de montagnes dans le Sud-Est de la Russie. La plaine est partiellement recouverte de forêts de pins et parsemée de huttes faites de branches et de roseaux, les unes groupées en villages rudimentaires, les autres éparpillées dans les pins. Il n'y a dans ces huttes qu'un matelas de roseaux.

Les Adorateurs de chèvres sont des êtres primitifs qui s'habillent de peaux de chèvres. Ils utilisent cependant des armes de l'âge du bronze, ce qui suppose un contact avec des races plus évoluées. Ils sont hospitaliers, amicaux, ravis de partager leur maigre régime de lait, de viande séchée et de fromage avec leurs visiteurs. Lorsqu'un étranger arrive, les chefs de famille font des petits tas de cailloux noirs et de cailloux blancs. Ceux qui tirent un caillou noir du chapeau du chef donnent aux étrangers une chèvre afin qu'ils aient du lait, et leur envoient leur femme pour la nuit. C'est une insulte grave que de refuser les faveurs de ces femmes. Si les visiteurs restent longtemps, d'autres femmes mariées remplaceront les premières.

Le langage des Adorateurs de chèvres est âpre et guttural, et ressemble à des coassements de grenouille. La sensation de bonheur est exprimée par un cri perçant. Quand les étrangers ont une femme dans leur hutte, les hommes se rassemblent autour et encouragent le couple en poussant des cris de joie. Si vous les remerciez, ils vous crachent à la figure, puis vous essuient le visage avec les poils de leur barbe.

De temps à autre, les Adorateurs de chèvres partent en procession dans la forêt, guidés par des hommes armés et suivis de quatre femmes portant de petits enfants. Les enfants ont le corps peint et le front couronné de feuilles. On leur ouvre rituellement le ventre devant l'assemblée qui s'agenouille pieusement et observe le sacrifice.

• Henri-Joseph, abbé Dulaurens, *Le Compère Mathieu ou les Bigarrures de l'esprit humain*, Londres, 1766-1772.

ADRA

Grand Etat africain, voisin du Tchad, en bordure du Sahara. Le pays, pauvre et sec, attend beaucoup de l'exploitation de l'étain, récemment découvert dans une vallée pratiquement inhabitée de la région nord. A cette richesse naturelle, on peut ajouter quelques dépôts de manganèse, en quantité insuffisante pour couvrir les frais d'exploitation, et des topazes. Le plus grand intérêt du pays est le site archéologique de Tizouk qui a permis de prouver l'existence de liens commerciaux entre Adra et Carthage. Les ruines ont révélé des poteries, des bijoux, et même des lingots d'or. L'archéologue anglaise Frances Windgate est à l'origine des premières fouilles.

La population, en majorité semi-nomade, promène tentes et troupeaux à travers un paysage de sable rouge, suivant des pistes rectilignes bordées d'arbustes rabougris.

La capitale se divise en deux parties : la vieille ville avec son dédale de rues étroites, et ses cafés miteux, et la ville moderne, ennuyeuse et tirée au cordeau. L'hôtel *Sahara*, un bâtiment moderne en forme de pyramide inversée, est entouré de palmiers et de fontaines.

Les influences africaines et musulmanes s'entremêlent à Adra. Si, pour certains, les dessins géométriques sont de tradition ancienne, d'autres voudraient les bannir parce qu'ils y voient une innovation musulmane. De toute façon, l'art géométrique est prédominant, même si la peinture et la sculpture figurative ont droit de cité.

Air Adra relie l'Europe par des vols réguliers (vaccination obligatoire contre le choléra).

• Margaret Drabble, *The Realms of Gold*, Londres, 1957.

ÆPYORNIS

Ile située dans des marais à quelque cent vingt kilomètres d'Antananarivo, ou Tananarive, à Madagascar. L'île est célèbre, car elle est le seul lieu d'habitation connu des *æpyornis*, espèce d'oiseaux étranges. L'eau salée qui l'entoure contient une substance dont l'odeur rappelle la céruse et qui empêche le pourrissement, protégeant ainsi les œufs que les oiseaux pondent dans l'eau. Ces œufs, longs de quarante-cinq centimètres, ont le goût d'œufs de canards. Quand on les ouvre, on s'aperçoit que le jaune est strié de lignes sanglantes et gravé d'un signe blanc qui ressemble à une échelle. L'embryon de l'*æpyornis* a une grosse tête et un dos recourbé ; l'adulte a plus de quatre mètres, une tête semblable à l'extrémité d'une pioche et deux grands yeux noirs, cerclés de jaune, plus proches de ceux d'un homme que de ceux d'une poule. L'oiseau a un beau plumage : d'abord d'un brun sale avec une sorte de croûte grise qui tombe tôt, il devient finalement d'un vert superbe. Sa crête et sa caroncule sont bleues.

Il existe quatre espèces d'*æpyornis* : *vastus, maximus, titan* et *vastissimus.* Les visiteurs doivent savoir que ces oiseaux, qui apprennent à parler plus facilement que les perroquets, attaquent tous ceux qui les contredisent.

Aucun Européen n'a jamais vu d'*æpyornis* vivant, sauf peut-être Macer, qui visita Madagascar en 1745, et un certain M. Butcher qui y échoua en 1891.

On soupçonne l'*æpyornis* d'être une espèce liée au roc* de Sindbad.

• Herbert George Wells, "Æpyornis Island", in *The Stolen Bacillus and Other Incidents*, Londres, 1894.

AGARTHA

Ancien royaume de Sri Lanka (parfois localisé au Tibet). Contrée renommée pour avoir été traversée de part en part par des voyageurs sans qu'ils en soient conscients.

L'ignorant, ils ont probablement contemplé Paradisa, la célèbre université du Savoir, où sont conservés les trésors occultes et spirituels de l'humanité. L'ignorant, ils ont parcouru la capitale royale d'Agartha qui abrite un trône d'or décoré de sculptures représentant deux millions de dieux. Sans doute les voyageurs ont-ils appris (mais ne peuvent plus s'en souvenir) que cette multitude de divinités assure la cohésion de notre planète. Qu'un individu du commun des mortels s'avise de chercher querelle à l'un de ces deux millions de dieux et la fureur divine se manifeste sur-le-champ : les mers s'assèchent et les montagnes sont pulvérisées en déserts.

Inutile d'ajouter (car, à nouveau, les voyageurs les auront vues et oubliées) qu'Agartha renferme l'une des plus vastes bibliothèques du monde, une bibliothèque de livres de pierre, et que sa faune inclut des oiseaux aux crocs tranchants et des tortues à six pattes, alors que nombre de ses habitants ont la langue fourchue. Agartha, cette cité oubliée, est défendue par une armée peu nombreuse mais puissante, celle des Templiers et des Confédérés d'Agartha.

• Joseph Alexandre, marquis Saint-Yves d'Alveydre, *Mission de l'Inde en Europe. Mission de l'Europe en Asie. La question de Mahatma et sa solution...*, Paris, 1885.

• Ferdinand Ossendowski, *Bêtes, hommes et dieux*, Paris, 1924.

AGLAURÉE

Ville non localisée. Il y a fort peu à dire sur Aglaurée, sinon ce que ses habitants ont toujours répété : un ensemble impressionnant de vertus proverbiales et de défauts tout aussi proverbiaux, quelques excentricités et un respect pointilleux des règles. D'anciens observateurs, dont le témoignage ne paraît pas douteux, attribuent à Aglaurée cet assortiment persistant de qualités, les comparant sans nul doute à celles des autres villes de leur temps. Or, peut-être que ni l'Aglaurée dont ils parlent, ni l'Aglaurée visible n'ont beaucoup changé depuis ; mais ce qui était bizarre paraît sans doute normal aujourd'hui et ce qui semblait naturel est à présent étrange, et les vertus et les imperfections ont perdu leur mérite ou leur gloire dans un code de défauts et de mérites différents. En ce sens, rien de ce qui fut dit d'Aglaurée n'est vrai et, cependant, ces comptes rendus créent une image solide, compacte de la ville, tandis que les opinions spontanées de ceux qui y vivent ont moins de substance. Le résultat ? La ville dont ils parlent a tout ce qu'il faut pour exister, tandis que la ville qui existe existe bien moins. Aujourd'hui, Aglaurée semble incolore, sans caractère, plantée au hasard. Mais ce n'est pas non plus tout à fait vrai : à certaines heures, en certains lieux, le long des rues, le voyageur aperçoit le signe de quelque chose d'évident, de rare, de magnifique peut-être ; il voudrait dire ce que c'est, mais tout ce qui fut dit auparavant sur Aglaurée le tient emprisonné et l'oblige à répéter au lieu d'énoncer quelque chose d'inédit.

Ainsi, les autochtones croient encore vivre dans une Aglaurée uniquement bâtie autour du nom d'Aglaurée, et ne remarquent pas l'Aglaurée plantée dans le sol. Même les voyageurs les plus expérimentés qui voudraient garder distinctes les deux villes en leur mémoire ne parviennent à parler que d'une seule, car le souvenir de l'autre, en l'absence de mots pour la fixer, est désormais perdu.

• Italo Calvino, *Le città invisibili*, Turin, 1972.

AIAIÉ

Ile à l'extrémité est de la Méditerranée ou peut-être en mer Noire. Habitée par la magicienne Circé et ses domestiques qui vivent dans une maison de pierre polie enfouie dans les arbres et les buissons d'une grande vallée.

Les touristes doivent savoir que Circé a pour habitude de changer les hommes en loup, en lion ou en pourceau.

• Homère, *Odyssée*, IXe-VIIIe siècle av. J.-C. env.

AIGLY

Moyenne bourgade construite en bordure d'un canal, dans l'extrême Sud du Dhôtelland. Comme les autres bourgs du Dhôtelland, Aigly n'a rien de pittoresque. Les visiteurs peuvent cependant faire des découvertes intéressantes en inspectant les rigoles des trottoirs où l'on trouve parfois quelques débris d'émaux cloisonnés. Sur la place, il faut admirer l'hôtel de ville sur les marches duquel ne descend jamais personne et le kiosque qui brille par son absence de musiciens.

Les habitants d'Aigly sont d'incorrigibles bavards qui pensent que "le monde n'est qu'une immense fermentation de cancans". Un certain nombre d'entre eux ne terminent jamais leurs phrases et laissent aux visiteurs le soin de les compléter. Tous sont à la recherche d'une couleur bleue qu'on n'aurait jamais vue et dont les eaux du canal, certains soirs, seraient l'équivalent lointain.

• André Dhôtel, *La Tribu Bécaille*, Paris, 1963.

AIGUILLE CREUSE

Repaire secret d'Arsène Lupin, gentleman cambrioleur de son état qui, avant de prendre sa retraite dans un petit pavillon de banlieue et y cultiver un petit parterre de fleurs et de lupins, avait amassé un trésor incomparable dans une caverne naturelle qui occupe une arche de la falaise d'Etretat. On y trouve encore en parfaite conservation, malgré l'atmosphère iodée environnante, l'original de la

Joconde et le trésor des rois de France.
Ne pas confondre cet endroit avec le château de l'Aiguille, qui se trouve dans la Creuse, que Lupin visita, mais qui ne présente aucune particularité.

• Maurice Leblanc, *L'Aiguille creuse*, Paris, 1909.

ALALI

Village de femmes géantes au cœur de l'impénétrable forêt des Grandes-Epines, en Afrique. On atteint le village en traversant une étroite gorge de granit, où l'érosion a sculpté des formes fantastiques qui font apparaître un paysage de rêve.
La société d'Alali est entièrement dominée par les femmes qui possèdent une emprise absolue sur les hommes. Ne pouvant ni les aimer ni les admirer, elles les traitent avec brutalité et mépris. Les filles ne sont nourries au sein que quelques mois, puis doivent se débrouiller pour trouver leur nourriture. Les garçons sont enfermés jusqu'à l'âge de quinze ou dix-sept ans, puis lâchés dans la forêt, où ils sont chassés comme du gibier, même par leur propre mère. Les mâles plus vieux sont tués à coups de matraque, réduits à l'esclavage, ou employés à une bien triste procréation.

• Edgar Rice Burroughs, *Tarzan and the Ant Men*, New York, 1924.

ALASTOR

Caverne située quelque part dans le Caucase, au milieu de pics et de gouffres, et découverte par le rêveur Alastor qui partit en quête d'étranges vérités dans des terres inconnues. Voyageurs qui rêvez d'un tel lieu, ne le cherchez pas, car il apporte tristesse et désespoir à ceux qui en dessinent les contours.
La caverne est un labyrinthe au bout duquel on retrouve la lumière du jour tout en débouchant sur un maelström. Tourbillonnantes, les eaux élèvent les bateaux, et, par une faille dans le roc, débordent et entourent une calme étendue d'herbe. Un ruisseau murmurant s'éloigne de l'abîme au milieu d'arbres et de fleurs jaunes. Plus loin, les frondaisons se rejoignent au-dessus de l'eau et, le long des rives escarpées, des grottes à la gueule béante frappent l'œil du voyageur. Chênes, bouleaux, cèdres et, plus haut, frênes et acacias forment un toit de plus en plus épais. Sous les arbres pousse l'herbe des prairies, et un val particulièrement sombre s'enorgueillit de roses musquées et de jasmin. Le ruisseau poursuit sa course à travers des paysages variés : ravins moussus ou pierreux, plaines et montagnes échevelées par de hautes graminées poussant dans les racines de pins séculaires ancrés dans le sol avare.
Sur l'une de ces montagnes, on trouve la tombe d'Alastor : un coin tranquille,

entièrement couvert de lierre, au milieu des racines et des éboulis.

• Percy Bysshe Shelley, *Alastor or the Spirit of Solitude*, Londres, 1816.

ALBINO

Minuscule pays aux frontières mal définies, quelque part en Afrique centrale. Ses habitants sont albinos, leurs traits ressemblent à ceux des Noirs des contrées voisines, mais ils sont plus petits. Leurs yeux sont semblables à ceux des perdreaux et leurs cheveux blancs ont l'apparence du coton très fin.

Les Albinos sont peu nombreux, et l'on ignore tout de leur vie sociale et politique.

• Voltaire, *Essai sur les mœurs et l'esprit des nations et sur les principaux faits de l'histoire depuis Charlemagne jusqu'à Louis XIII*, Genève, 1756.

ALBRACA

Citadelle ou ville forte, capitale du royaume de Galafrone, à la frontière orientale de Cathay. Angélique, fille de Galafrone, qui rendit Orlando fou et séduisit de nombreux chevaliers de Charlemagne, s'y réfugia pour échapper au roi de Tartarie. Ce dernier assiégea la ville et fut tué par Orlando.

• Matteo Maria Boiardo, *Orlando innamorato*, posth., Venise, 1506.

• L'Arioste, *Orlando furioso*, Ferrare, 1516.

ALBUR

Etat le plus vaste de Pluton*, le monde souterrain du centre de la Terre. Bien que relativement petit – à peine cent vingt lieues de long sur soixante-quinze lieues de large –, le pays possède quatre cents villes et abrite une population de quarante-cinq millions d'habitants ! Les gens d'Albur font environ soixante centimètres de haut. Ils ont la peau blanche et comptent parmi les êtres les plus évolués de ce monde miniature. Leur agriculture est complexe et l'usage d'armes et d'outils de bronze, répandu.

Les visiteurs découvriront que toutes les villes d'Albur sont construites selon le même plan. La capitale, Orasulla, se distingue des bourgs de province par sa taille. Orasulla est ceinte de murs et construite selon un schéma circulaire. Elle a une circonférence d'une lieue et une population d'un million d'habitants. Les rues rayonnent à partir d'une place centrale où se dresse une pyramide, cœur de la vie religieuse du pays.

Albur a pour régime une monarchie héréditaire. La société est fondée sur un ordre hiérarchique aux échelons identifiables à la couleur des vêtements. Seul dans le pays, le roi s'habille de rouge ; les ministres, les prêtres et les magistrats sont vêtus de bleu, des ceintures de couleurs différentes indiquent leurs fonctions et leur rang ; les poètes et les écrivains sont de blanc vêtus. Ces ordres forment l'aristocratie d'Albur – le premier groupe, par droit de naissance. Les paysans portent du noir et les marchands du vert clair ; les docteurs, les mineurs, les cuisiniers et les croque-morts sont habillés de noir ; les artisans, de gris. Quant aux valets, tout au bas de l'échelle sociale, ils portent du jaune. Les femmes des ministres, des prêtres et des magistrats portent du rose, et celles des poètes et des écrivains anoblis, du blanc. Les femmes des membres des autres ordres sont habillées des mêmes couleurs que leur mari, mais dans un ton plus clair. La reine, vêtue de blanc, porte une ceinture rouge. Aux termes d'une loi promulguée du temps du roi Brontes, aucune louange ne peut être adressée au monarque régnant et nul monument ni statue ne peut être érigé à sa gloire, de son vivant. Les pièces de monnaie portent l'effigie du roi précédent – à condition, toutefois, qu'il ait été un homme vertueux.

Tous les visiteurs de la capitale sont tenus de porter le costume du pays et de se conformer à ses coutumes morales. Ils doivent aussi respecter l'interdiction de manger de la viande ou du poisson, interdiction dont l'origine remonte à l'adoration du dieu Pluton.

La faune d'Albur comprend des éléphants à peine plus grands que des veaux ; ils tirent les voitures et servent de montures aux soldats. Les plus grands animaux du pays, les *lossines*, sont des lézards qui atteignent une longueur d'un mètre quatre-vingts. Ils semblent aimer les hommes et les riches fermiers les emploient souvent comme chiens de garde.

La religion alburienne est consacrée au Père de la Nature, nommé simplement "le Grand O". Il n'y a qu'une prière, dite quatre fois par jour, dont la simplicité est émouvante : les gens se tiennent en silence, la main droite dressée vers le ciel et la main gauche placée sur le cœur. Ils s'écrient alors : "O Dieu qui lis dans nos cœurs, tes enfants te bénissent."

Il est conseillé aux visiteurs de se rendre à l'une des nombreuses cérémonies funéraires alburiennes. Les corps des morts vertueux sont incinérés et leurs cendres conservées dans des globes de bronze abrités dans le temple. Seuls les criminels sont enterrés. Il semble normal de punir leur corps en le laissant se décomposer dans la terre. Les jeunes gens qui désirent se marier doivent en informer leurs parents huit jours avant la cérémonie. Les célibataires de plus de trente ans sont privés de leurs droits civiques et politiques, et ceux qui meurent célibataires sont enterrés et non incinérés.

Les mariages à Albur sont d'ordinaire heureux et réussis, et l'infidélité y est rare. Une femme qui commet l'adultère est condamnée à vivre dans une maison de courtisanes publiques et ne peut plus sortir dans la rue ni fréquenter des femmes honorables. Quelques femmes choisissent de leur plein gré la vie de courtisane. Celles qui ont choisi cette profession sont autorisées à sortir dans la rue, mais elles sont distinguées des autres femmes par la couleur de leurs vêtements. Personne ne leur parle en public et il leur est interdit de se rendre dans des maisons privées.

La vie culturelle et artistique de la nation est concentrée à l'Académie d'Orasulla. Cette dernière ne comprend que douze membres, désignés pour étudier la langue nationale et pour examiner toute innovation linguistique. Tous les poèmes, romans et autres productions littéraires sont lus par les membres de l'Académie, qui corrigent les fautes de grammaire ou de vocabulaire et qui censurent les ouvrages jugés immoraux sur quelque base que ce soit.

Le grand musée de la capitale est formé de quatre immeubles entourant un carré. Le premier contient des sculptures, le second, la collection nationale de peintures, dont une série de cent vingt scènes agricoles, le troisième est consacré à des expositions historiques et abrite une collection de médailles, le quatrième expose des inventions récentes en même temps que des costumes et des armes du passé.

Albur fut découvert en 1806 par un groupe de marins anglais et français qui firent naufrage dans l'océan Arctique et trouvèrent le chemin de Pluton par le pôle Nord, dans les montagnes de Fer. D'abord bien accueillis, ils furent priés de quitter le pays quand on découvrit qu'ils avaient mangé de la viande. Avant de partir, ils visitèrent l'Empire banois, traversèrent plusieurs provinces de Pluton et remontèrent à la surface de la terre par le pôle Sud.

• Collin de Plancy, *Voyage au centre de la Terre ou Aventures de quelques naufragés dans des pays inconnus. Traduit de l'anglais par M. J. Saint-Albin (J.-A.-S. Collin de Plancy)*, Paris, 1823.

ALCA, ou île des **PINGOUINS** Ile-république flottant dans la Manche et désormais rattachée à la France. De hautes montagnes dominent un paysage vert et riant où abondent des espèces particulières de gazon salé, de chênes, de saules et de figuiers. La côte nord de l'île forme une baie profonde. A l'est, une bande littorale rocailleuse, surnommée la côte des Ombres, servirait de demeure aux âmes des trépassés. Au sud, la baie des Plongeurs est entourée de vergers ; on y trouve aussi une église et un monastère, édifiés par le révérend Maël que le diable envoya sur une île déserte de l'océan Arctique.

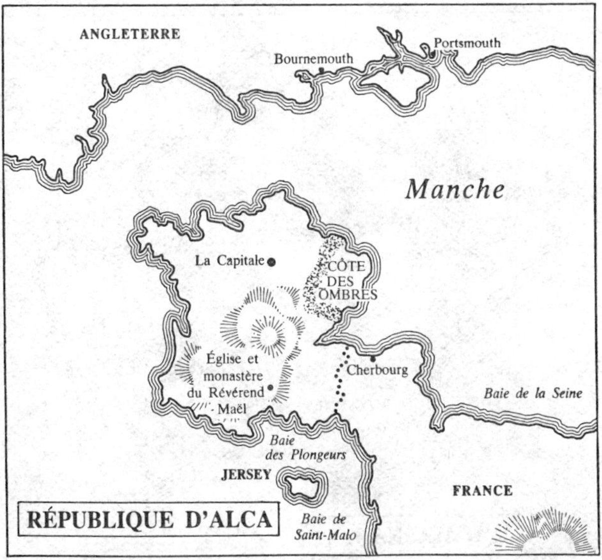

Là, cet homme naïf et généreux décida de baptiser les pingouins. La légende raconte que l'archange Raphaël changea les pingouins en hommes et fit dériver Alca jusqu'aux abords de la côte française. Les hommes-pingouins ont parcouru toutes les étapes de la civilisation, découvrant d'abord, comme Adam et Eve, la nudité, puis la propriété, et enfin, la lutte des classes. L'histoire moderne d'Alca est rapportée dans la célèbre *Gesta Pingouinorum*. Gloire d'Alca, l'empereur Trinco conquit la moitié du monde et fonda les Etats des Pingouins, abolis plus tard. De nos jours, Alca est une république de plus de cinquante millions d'habitants dont les verts pâturages ont été dévorés par les usines et les immeubles de bureaux. Au cours de sa dérive, l'île d'Alca aurait, paraît-il, atteint la côte est de l'Amérique latine. Durant le règne de Charles II, Sir John Narborough l'aurait revendiquée pour la Couronne britannique, exigence dont nous ne possédons aucune preuve historique.

• Anatole France, *L'Ile des pingouins*, Paris, 1908.

• Daniel Defoe, *A New Voyage Round the World, by a Course never Sailed before. Being a Voyage Undertaken by some Merchants, who afterwards Proposed the Setting up of an East-India Company in Flanders*, Londres, 1724.

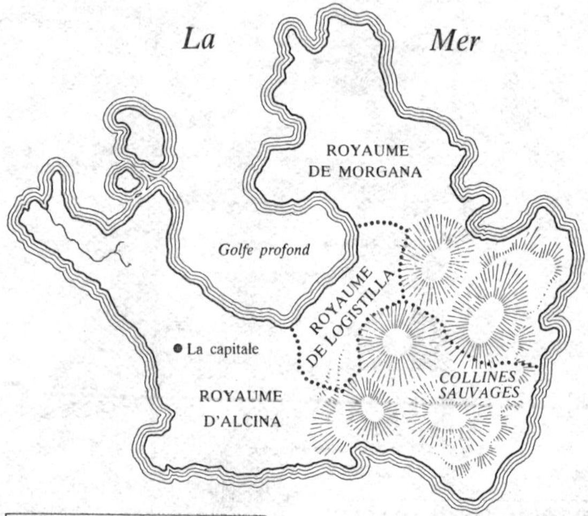

ILE D'ALCINA

ALCINA

Ile que certains situent près de la côte japonaise, d'autres dans les Caraïbes. C'est une grande île, de la taille de la Sicile, à la végétation luxuriante : des bosquets de lauriers, de palmiers, de cèdres, de myrthes et d'orangers poussent parmi les pâturages et sur les pentes douces des collines. La faune est restreinte : lièvres, lapins, cerfs, chèvres et quelques monstres. La situation politique d'Alcina est relativement complexe ; à la mort du roi, sa fille légitime Logistilla hérita de plein droit du trône ; cependant, le roi avait eu d'un autre lit deux magiciennes, Alcina et Morgana. Elles combattirent Logistilla et ne lui abandonnèrent qu'une étroite bande de terre, entre un ravin et une montagne escarpée. Grâce au chevalier Ruggiero, qui devint l'amant d'Alcina, on connaît en détail les mœurs de la reine, qui donnait libre cours à sa luxure en attirant d'innombrables amants, qu'elle transformait ensuite en plante ou en pierre. Elle avait sous ses ordres une armée de monstres mâles, femelles ou hermaphrodites, ainsi que des centaures, des hommes-singes, des hommes-chats et des hommes-chiens. Par magie, elle érigea au centre de sa capitale une cité splendide défendue par une muraille d'or, sans doute le palais le plus merveilleux et le plus joyeux du monde. Séduit par la beauté d'Alcina, Ruggiero devint son amant, mais, grâce à un anneau magique, il s'aperçut qu'elle n'était qu'une sorcière, vieille et laide. Il se réfugia alors dans le royaume de Logistilla tandis qu'une autre magicienne, Mélissa, rompait les charmes jetés par Alcina et rendait forme humaine à ses malheureux amants.

• L'Arioste, *Orlando furioso*, Ferrare, 1516.

ALÉOFANE, ou JOYAU DE VÉRITÉ

Ile de l'archipel Riallaro, dans le Sud-Est de l'océan Pacifique. Son abord est difficile, défendu par des falaises abruptes et des baies de sable mouvant. Dans l'intérieur, au fond d'un fleuve, s'élève la cité de marbre Aléofane, dont le nom signifie "Joyau de Vérité". De nombreux palais bordent le fleuve, et les marches de marbre des débarcadères mènent à de hautes terrasses. La ville est ceinturée par des kilomètres de taudis sordides et de baraquements. Les temples ornés de mosaïques, de fresques, de sculptures et d'autels rehaussés de pierres précieuses, sont dignes d'intérêt.

Aléofane fut peuplée à l'origine par les hypocrites bannis de Limanora*. Ils fondèrent une monarchie qui s'appuie sur un système très complexe de castes. La religion repose sur le concept du renoncement de soi. La philosophie aléofanienne établit que le monde entier est compris dans le "moi", produit de la pensée, si bien que tous les inconvénients qu'entraîne le principe du renoncement sont évités. L'individu fait partie du Plus-Grand-Moi qui inclut la planète entière. Un acte de dévotion annuel suffit pour accomplir les devoirs de la religion. Depuis de nombreuses années déjà, les missionnaires ont introduit le monothéisme, mais les anciens héros et les dieux préhistoriques continuent d'être adorés en tant que manifestation d'une seule divinité. Les séminaires sont très nombreux. L'Eglise est une institution d'Etat dont le chef est responsable devant le gouvernement. Les ecclésiastiques reçoivent un salaire de misère et dépendent, pour survivre, de la charité. On n'entre pas en religion volontairement. Aux criminels, on donne le choix entre le clergé et le journalisme, tant les deux sont liés : ceux dont l'influence est grande deviennent fonctionnaires, et les journalistes ne font que transcrire la parole de l'Eglise. Depuis la fusion historique du théâtre et de l'Eglise, on imagine des services religieux à la mise en scène élaborée afin d'attirer les foules (ce spectacle est vivement conseillé aux visiteurs). Le ministère de l'Adoration publique, le plus riche du gouvernement, utilise des médecins comme confesseurs intégrés à la hiérarchie. Le bureau de la Renommée, un ministère d'Etat, détient le monopole de la publicité et emploie les meilleurs poètes, écrivains ou artistes de l'île. Chacun est libre d'acheter une réputation, depuis des chuchotements jusqu'à la manifestation publique. Il faut payer le prix fort pour se faire une réputation durable de citoyen loyal, généreux et probe. Mais les tarifs varient : ainsi, pour une réputation de franchise, un journaliste devra débourser plus qu'un paysan. Les réputations posthumes ou ancestrales sont également en vente.

Il faut aussi attirer l'attention des voyageurs sur les us et coutumes d'Aléofane, tel le *fallallaroo*, divertissement à la mode dans la haute société. Il s'agit de faire la roue autour d'une pièce, au rythme d'une musique rapide. Des connaissances nouées au cours de telles réunions mondaines se terminent souvent par des mariages. Fumer la pipe est réservé aux hommes : il faut aspirer par les narines la fumée des feuilles de *kooannoo*, à l'arôme nauséabond ; fumer est considéré comme un exercice de mortification corporelle. On ne trouve ni vin, ni boisson fermentée. Le même mot *pyrannidee* est utilisé pour désigner le diable et l'alcool, qui n'est vendu que sur ordonnance médicale. Les règles morales sont très strictes, surtout pour les filles. Les contrevenants sont expulsés de chez eux.

Le langage d'Aléofane est tonal ; la signification des mots change selon l'intonation et les mouvements faciaux. Le même mot peut vouloir dire une chose et son contraire (comme au pays de Brodie*) ; seuls l'expression du visage ou un geste en révéleront le sens. Un clin d'œil, un haussement de sourcils valent de nombreuses règles de grammaire et correspondent à des lexiques entiers. Les formules hyperboliques de courtoisie se rencontrent souvent : "Son Altesse la plus noble de tout l'univers", ou "Madame la comtesse la plus belle du monde".

• Godfrey Sweven, *Riallaro, the Archipelago of Exiles*, New York et Londres, 1901 ; *Limanora, the Island of Progress*, New York et Londres, 1903.

ALLIANCES, île des,
voir **ENNASIN**

ALSONDONS, empire des
Situé dans les mers du Sud, au nord de la France antarctique*. C'est un petit empire souterrain qui s'étend dans une immense grotte traversée par une large rivière. Des chutes d'eau à l'entrée et à la sortie de la grotte la rendent virtuellement inaccessible.

La capitale, Tentennor, présente la particularité d'avoir des maisons creusées dans le roc, mais certaines sont construites sur le plat. Les rues droites de la cité sont éclairées par des lampes à huile.

L'endroit était originellement une mine d'or, qui fut obstruée par un tremblement de terre, et les mineurs – des criminels condamnés à passer leur vie sous terre – devinrent les fondateurs du nouvel Etat. Les Alsondons sont généralement appelés "gnomes" et parlent le langage gnomique.

Le temple, bâti en l'honneur du dieu-soleil, Grondinabondo, est particulièrement intéressant à visiter. C'est un édifice circulaire que l'on atteint en passant par un dédale de corridors. Le toit, un dôme d'or bruni, est percé d'une ouverture par laquelle on peut apercevoir le soleil. Pour un peuple accoutumé à vivre à la lumière des lampes à huile, la vue du soleil est un miracle, une manifestation divine, surtout quand sa lumière se reflète sur le plafond d'or et dans les miroirs des murs.

L'Empire fut découvert par un certain Grégoire Merveil, sauvé par les Alsondons après que son bateau eut été englouti dans une chute d'eau. Durant son séjour, il apporta un certain nombre d'innovations : il améliora l'éclairage, construisit des écluses pour annihiler les dangers de la chute d'eau, et enseigna aux Alsondons l'art de l'horlogerie mécanique. On peut évidemment avoir la nostalgie de l'ancienne méthode employée pour mesurer le temps : sur la place publique, une jeune fille aux seins nus montait sur un piédestal. Un jeune homme lui posait les mains sur les seins, comptant à voix haute les battements de son cœur. Chaque battement équivalait à une seconde.

• Robert-Martin Lesuire, *L'Aventurier françois ou Mémoires de Grégoire Merveil*, Londres, 1784-1789.

ALTA PLANA

Contrée hérissée de pics sauvages et envahie de glaciers, à l'est de Marina* dont elle devint le lieu de refuge après sa chute. Une pléthore de petits monuments et la tombe des Héros commémorent la guerre contre le Grand Forestier de Maurétanie*.

• Ernst Jünger, *Auf den Marmorklippen*, Francfort, 1939.

AMAN

Royaume situé dans l'extrême Est de la Grande Eau ou Grande Mer de l'Ouest, et connu également sous le nom de royaume bienheureux des Immortels. Au risque de se perdre dans le cercle protecteur des îles Enchantées, les individus du commun des mortels ne peuvent s'en approcher.

Dans la nuit des temps, le royaume des Valars, seigneurs de la Terre, avoisinait les Terres du Milieu* et la "route droite" y menait ; c'est alors

qu'Aman quitta la Terre. Depuis, aucun humain n'a jamais pu poser le pied sur son sol.
La haute chaîne des Pelóri ou montagnes d'Amour qui borde Aman fait écran à la mer. Au-delà se déroulent les plaines de Valinor où sont disséminés les palais des Valars avec leurs jardins et leurs tours, ainsi que Valmar, leur ville. Le Mahanaxar, ou cercle du Destin, est scellé devant la porte dorée de la cité, lieu de réunions publiques et de délibérations. A l'est de Valinor se dressent les cavernes de Mandos, le Juge, et les maisons des Morts. Les elfes, premiers-nés du Ilúvatar, Père de Tous, s'y rendent lorsque leur enveloppe terrestre est détruite, ou bien si la vie sur terre devient trop assommante. Des tapisseries racontant l'histoire de Vairë, la Tisseuse, et femme de Mandos, couvrent les murs. Imo, le maître du Désir, seigneur des apparitions et des rêves, ouvre les portes de ses jardins de Lórien à tous ceux qui cherchent paix et repos. De son côté, Manwe, le premier des Valars, réside sur Taniquetil, le plus haut sommet des Pelóri. Quant aux elfes, ils se sont installés dans l'Eldamar, sur la côte est d'Aman, et Tirion, leur cité immaculée, coiffe la verte colline de Túna. Ils sont à la fois proches de leur mer adorée et des étoiles, et peuvent jouir de la lumière des Deux Arbres créés par Yavanna, la Dispensatrice des fruits, sur la colline Ezellohar. Chacun d'eux éclaire pendant sept heures de suite ; l'un avec la rosée argentée de sa floraison et le second avec la pluie dorée de ses fleurs. Les Valars évaluent le temps dans leur cité dorée selon le changement de lumière.
Cependant, proche de ces territoires et villes bénies, se dessine Aman Avathar, les Ombres, contrée maudite sur la côte d'Eldamar. Dans cette région abandonnée rôdait Ungoliant, la grande araignée qui tissait ses sombres toiles de tout rayon de lumière qu'elle pouvait capturer. Melkor, le plus puissant des Valars, qui fut bientôt dévoré de jalousie devant les créations de ses pairs, jura leur perte et eut recours aux bons offices de la grande araignée pour assouvir sa vengeance. Ungoliant absorba la clarté des Deux Arbres, les assécha, et les empoisonna. Mais la lumière de Telperion et de Hauselin était en outre conservée dans trois pierres, les Silmarils ; or, Melkor s'en empara également. Yavanna ne put sauver les arbres qui moururent en laissant exhaler une dernière fleur et un ultime fruit. Enfermées dans un coffret, ces précieuses reliques furent relâchées dans les cieux et devinrent le Soleil et la Lune. Depuis, leurs circonvolutions règlent la mesure du temps.
A la fin du Troisième Age, les Valars eurent définitivement raison de Melkor et transportèrent Aman loin

des Terres du Milieu. Désormais, seuls les elfes et leurs amis peuvent accéder à cette contrée par la “route droite”.

• John Ronald Reuel Tolkien, *The Return of the King*, Londres, 1955 ; *The Silmarillion*, posth., Londres, 1977.

AMANTS, grotte des, voir **MINNEGROTTE**

AMAZONIE

Quelque part entre la mer Caspienne et le fleuve Thainy, à la frontière de l’Albanie et de la Chaldée. Cet empire de femmes ne tolère pas la présence d’hommes libres à l’intérieur de son territoire.

Elles n’ont qu’un contact annuel avec les représentants du sexe opposé, lors d’une fête organisée pour assurer la reproduction de la race. Elles y invitent quelques hommes particulièrement naïfs qui, après avoir servi d’étalons, sont transformés en eunuques ou rapidement expédiés. Les Amazones n’élèvent que les enfants de sexe féminin conçus au cours de ces festivités. Les enfants mâles sont envoyés dans d’autres pays.

Guerrières émérites, les Amazones se coupent un sein pour bander plus aisément leur arc. Leur empire est riche en or et en pierres précieuses, mais on ne sait rien de ses villes et on ignore l’usage que les habitantes font de leurs richesses.

• Sir John ou Jehan de Mandeville, *Voiage de Sir John Maundevile*, Paris, 1357.

• Sir Walter Raleigh, *The Discoverie of the Lovlie, Rich and Beautiful Empire of Guiana, With a Relation of the Great and Golden City of Manoa (Which the Spanyards Call El Dorado) and the Provinces of Emerria, Arromania, and of Other Countries, With Their Rivers Adjoyning. Performed in the Year 1595 by Sir Walter Ralegh, Knight, Captain of Her Majesty’s Guard, Warder of the Stanneries and Her Majesty’s Lord Lieutenant of the Countie of Cornewalle*, Londres, 1596.

AMBRE GRIS

Ile située quelque part dans l’océan Indien. On ne connaît pas sa situation exacte, car l’unique description est due à Sindbad le marin qui y fut rejeté au cours d’une tempête.

C’est une terre large et montagneuse dont les côtes sont jonchées par les épaves d’innombrables naufrages. On y trouve tant d’objets – soieries, bijoux, œuvres d’art – que les plages ressemblent à un bazar des *Mille et Une Nuits*. En outre, le voyageur découvrira de grandes quantités de bois précieux, d’aloès et d’ambre gris. En raison de la chaleur torride qui règne dans la journée, l’ambre fond comme de la cire et coule dans la mer. Il est avalé par des cétacés qui le gardent un moment dans leur estomac avant de le recracher dans les flots. A la suite de ce traitement, l’ambre prend la dureté du diamant et la légèreté de la plume. Les vagues le rejettent sur la rive où d'avides marchands, qui ne viennent sur l'île que dans ce but, en ramassent de grandes quantités qu'ils vendent à travers le monde à des prix fabuleux.

• Anonyme, *Les Mille et Une Nuits*, XVe siècle env.

AMIOCAP

Ile du royaume souterrain de Pellucidar*, située dans la Korsar* Az. C'est un bout de terre étroit, à la côte profondément entaillée d'anses et de baies. Le rivage est frangé de vertes collines qui moutonnent vers les hauts plateaux de l'intérieur, recouverts de grandes herbes ondulantes jusqu'à hauteur de la poitrine. Ailleurs règne la végétation tropicale typique du royaume de Pellucidar. La faune d'Amiocap est relativement peu nombreuse par rapport à celle qui peuple le reste de ce royaume souterrain, ce qui rend la vie des habitants plus paisible. Dans les hauts plateaux vivent le *tarag*, tigre à dents de sabre, et le *ryth*, ours des cavernes, mais ils ne s'aventurent guère sur le littoral. Aussi les Amiocapiens chassent-ils surtout, tant pour sa chair que pour ses défenses d'ivoire, cette espèce de mammouth qu'ils nomment *tandor*. Les chasseurs traquent l'animal en groupe : tandis que deux hommes armés de haches rampent silencieusement pour approcher le mastodonte, les autres font du bruit pour distraire son attention. Quand les chasseurs sont à portée de hache, ils frappent par surprise le gigantesque pachyderme qui est immédiatement criblé de flèches et de lances. Cette chasse est véritablement un art : il s'agit moins de force physique que de ruse. Mais malheur au chasseur qui rate son coup, car il a peu de chances de sortir vivant de l'aventure !

Les Amiocapiens sont beaux : ils ont un visage aux traits réguliers et un noble maintien. Ils vivent sous l'autorité d'un chef et les relations entre les communautés sont généralement pacifiques.

Amiocap (qu'il ne faut pas confondre avec Figléfia*) est connue pour être "l'île de l'amour", car tendresse et amour sont les fondements de la vie tribale. L'amour libre y est monnaie courante. Les filles déclarent leur flamme aux hommes sans ressentir ni honte ni culpabilité. Les relations entre les hommes ne sont pas, comme partout ailleurs, celles d'une rivalité meurtrière, mais sont fondées sur une joyeuse amitié. Si les Amiocapiens sont de grands amoureux, ils sont également d'excellents guerriers, craints et respectés par les hommes de Hime, leurs voisins qui, parfois, tentent quelques raids sur l'île pour leur enlever des femmes. Ce culte de l'amour, pourtant, ne s'étend pas aux étrangers ni aux captifs qui sont brûlés sur un bûcher lors d'une fête rituelle, ou attachés à des poteaux et sacrifiés au peuple du Dessous.

Les Coripies (le peuple du Dessous) sont des troglodytes qui vivent dans de profondes cavernes sous Amiocap. Ils sont bipèdes ; mais là s'arrête leur ressemblance avec des êtres humains, car ils ont des pieds plats aux orteils palmés et des bras courts terminés par trois griffes redoutables. Leur corps nu a la pâleur nauséeuse d'un cadavre. Leur tête est impressionnante : deux petits orifices leur servent d'oreilles. Leur bouche, retroussée par un rictus, révèle deux rangées de crocs redoutables. Leurs narines se réduisent à deux minuscules ouvertures au-dessus de la bouche et leurs yeux sont deux globes protubérants sans cils ni paupières. L'organisation tribale et le langage des Coripies sont tout à fait archaïques. Les différentes tribus sont à couteaux tirés et le cannibalisme est de règle. Ils se nourrissent de lézards, de crapauds et du poisson qu'ils pêchent dans leurs lacs souterrains. S'ajoutent à ce menu les carcasses des animaux qu'ils trouvent lors de leurs rares expéditions à la surface. Ils ne rêvent que de manger de la chair fraîche et dévorent tous les humains qui tombent dans leur antre. A de très rares exceptions près, nul ne sort vivant des grottes du sous-sol d'Amiocap.

• Edgar Rice Burroughs, *Tanar of Pellucidar*, New York, 1930.

AMORPHE

Ile ainsi appelée en raison de son absence de forme – elle ressemble plutôt à un corail mou, amibien ou protoplasmique, et ses arbres sont semblables à des cornes d'escargot.

L'île Amorphe est une oligarchie, gouvernée par six rois. Le premier vit de la dévotion de son harem. Un jour, afin d'échapper à la justice du Parlement, il rampa par les égouts et parvint à atteindre un monolithe situé au centre de l'île. Il le rongea de l'intérieur, si bien qu'il n'en demeura qu'une fine croûte. Comme Simon le Stylite, il vit au centre de cette colonne creuse, travaillant, mangeant, buvant et faisant l'amour sur une échelle qui sert aussi à donner des banquets ; les invités s'assoient sur les barreaux. Le roi a également inventé le tandem, ce qui a permis d'étendre l'usage de la bicyclette aux quadrupèdes.

Le second roi, très versé dans l'halieutique, vit de ses lignes de chemin de fer, qui ressemblent aux lits des rivières. Etant naturellement sans pitié, les trains chassent les poissons et bouleversent l'équilibre écologique.

Le troisième roi a redécouvert la langue du paradis, devenue inintelligible aux animaux eux-mêmes. Il a également fabriqué des libellules électriques, et dénombre les innombrables fourmis de l'île, en comptant jusqu'à trois et en recommençant.

Le quatrième membre de l'oligarchie est surtout remarquable par son visage glabre. Il donne aux visiteurs d'excellents conseils sur la manière de passer leurs soirées et d'être reconnus par les institutions publiques.
Les marionnettes sont le passe-temps favori du cinquième monarque. Les automates royaux miment les actions humaines. Pour qu'il n'y ait pas d'équivoque sur la pureté des intentions de ses marionnettes, le roi leur a coupé tout ce qui est au-dessous de la ceinture.
Le dernier des souverains est l'auteur d'une œuvre monumentale célébrant les vertus des Français. On ne sait rien d'autre de ce chef valeureux.

• Alfred Jarry, *Gestes et Opinions du docteur Faustroll, pataphysicien*, posth., Paris, 1911.

AMOUR, île d', voir FIGLÉFIA

AMOUR

Rivière et fontaine dans les Ardennes françaises. L'albâtre et l'or ouvragé de la fontaine illuminent de leurs reflets les verts pâturages alentour. Merlin l'Enchanteur érigea cette fontaine afin que Tristan y bût et s'éprît de la reine Iseult (ses eaux ont la propriété de changer l'indifférent en amoureux et l'amoureux en indifférent). Non loin, coule la rivière de l'Amour dont les eaux éveillent la passion chez celui qui y goûte. Pour avoir fait l'expérience de l'une et de l'autre, Rinaldo aima puis oublia la belle Angélique, fille du roi d'Albraca*.

• Matteo Maria Boiardo, *Orlando innamorato*, posth., Venise, 1506.

AMR

Tombe située au pays de Galles près d'un ruisseau nommé Llyead Amr. C'est là qu'est enterré Amr, fils du roi Arthur de Camelot*. Pour des raisons demeurées obscures, Arthur tua son fils et l'enterra à cet endroit. La tombe a des pouvoirs magiques et ses dimensions ne sont jamais les mêmes deux jours de suite.

• Nennius, *Historia Britonum*, IXe siècle.

ANASTASIA

Ville d'Asie. Des canaux concentriques l'irriguent et des cerfs-volants la survolent. Bien des objets de valeur peuvent y être acquis : agates, onyx, chrysoprases et autres variétés de calcédoine. Les voyageurs ne doivent pas manquer de goûter la chair des faisans dorés, cuits au feu de bois de cerisier et saupoudrés d'oignons. Les femmes d'Anastasia qui se baignent dans le bassin d'un jardin invitent parfois un étranger à se dévêtir avec elles et à les poursuivre dans l'eau.
Cependant, tout cela ne forme pas l'essence véritable de la ville ; car si la description d'Anastasia éveille un à un les désirs du voyageur, ce n'est que pour l'obliger à les refouler.

Lorsqu'un beau matin, il se trouve au cœur de la cité, tous ses désirs s'éveillent pour l'assiéger. La ville lui semble alors un gouffre où nul désir n'est perdu et dont il fait partie ; et puisqu'elle jouit de tout ce dont il ne jouit pas, il ne peut rien faire d'autre qu'habiter ce désir et en être satisfait. Tel est le pouvoir désigné parfois comme malfaisant, parfois comme bienfaisant, que possède Anastasia, ville traître.
Si le voyageur travaille huit heures par jour à tailler l'agate, l'onyx et les chrysoprases, son œuvre qui donne forme au désir prend du désir sa forme et il croit alors jouir d'Anastasia, quand il n'est que son esclave.

• Italo Calvino, *Le città invisibili*, Turin, 1972.

ANDORRE

Petite république à ne pas confondre avec la principauté du même nom. Le pays est traversé de vallées étroites ; des champs pierreux occupent les versants abrupts. On y récolte traditionnellement les olives et le seigle. Comme la nature du terrain ne permet pas l'introduction de machines agricoles modernes, on y fait encore la moisson comme au Moyen Age, en coupant le blé à la faucille. Les Andorriens sont fiers de leur tradition chrétienne et aiment à penser qu'ils sont des gens pieux. Politique et religion sont intimement mêlées. La procession de la statue de la Vierge est accompagnée par un cortège de soldats en uniforme gris olive, baïonnette au canon. Le jour de la Saint-Georges, les vierges d'Andorre se livrent à une tâche dictée par la tradition : elles blanchissent à la chaux toutes les maisons de la capitale.
Pays traditionnellement pacifique, la république d'Andorre fait montre d'une certaine xénophobie : elle est connue pour son antisémitisme.

• Max Frisch, *Andorra*, Zurich, 1961.

ANDOUILLES, voir FAROUCHE

ANDROGRAPHE

Pays aux frontières inconnues, où l'Etat est considéré comme une grande famille et chaque famille comme un Etat miniature, l'un et l'autre organisés sous le signe de l'autorité et de la naissance.
Villes et villages sont gouvernés par un sénat composé de magistrats et de sages. Les femmes dépendent de l'autorité de leur mari. A l'intérieur de cette hiérarchie, l'égalité règne : égalité des sexes, des classes d'âge et des métiers, chacun relevant toutefois de son supérieur hiérarchique. Les villages dépendent des villes, les villes des capitales régionales, qui dépendent elles-mêmes des capitales placées sous l'autorité du roi ou du magistrat suprême. A l'intérieur de

chaque famille, la domination patriarcale est absolue.

La terre est divisée entre les différentes familles qui disposent du bétail nécessaire à leurs besoins. Les parents de famille nombreuse jouissent d'une considération particulière ; le mariage est obligatoire pour tous les individus en bonne santé. Dès l'âge de dix-huit ans, les jeunes gens sont obligés de subvenir aux besoins de deux personnes au moins afin de se préparer convenablement aux joies du mariage et de la famille. Visiter Andrographe est un vrai plaisir pour les amateurs d'art, car la littérature et le théâtre y sont hautement prisés. L'éducation est stricte, et personne ne peut se marier ni exercer un métier s'il ne possède un minimum de connaissances. Les lieux de réunion publique sont des bâtiments circulaires bâtis dans toutes les villes. Ils servent à la fois d'entrepôts pour la nourriture et de salle à manger pour les repas pris en commun. C'est également là que, chaque samedi, la *Gazette nationale* est lue à haute voix : on y discute de tous les événements importants survenus au cours de la semaine. Les voyageurs désireux de se renseigner pour savoir que faire et que voir en Andrographe pourront y recevoir conseils et informations.

• Restif de la Bretonne, *L'Andrographe ou Idées d'un honnête homme sur un projet de règlement proposé à toutes les nations de l'Europe pour opérer une réforme générale des mœurs et, par elle, le bonheur du genre humain*, La Haye, 1782.

ÂNES D'OR, île des

Près de l'île de Polypragmosyne*. C'est là que, pour s'être mêlés de choses qui ne les regardaient pas, les Sages de Gotham et d'autres habitants de Polypragmosyne finissent leurs jours transformés en ânes aux oreilles longues d'un mètre. On dit qu'ils resteront transformés en baudets jusqu'à ce que les chardons de l'île deviennent des roses. En attendant, ils se consolent à l'idée que plus longues sont leurs oreilles, plus épais est leur cuir, ce qui les protège contre les mauvais traitements. Les visiteurs peuvent les monter à leur gré.

• Charles Kingsley, *The Water-Babies : A Fairy Tale for a Land-Baby*, Londres, 1863.

ANGBAND

Ruines d'une gigantesque forteresse-prison haut perchée, située derrière la vallée des montagnes de Glace dans l'extrême Nord-Ouest des Terres du Milieu. Le voyageur à l'esprit naturellement macabre pourra en atteindre les vastes portes à partir du sud, du côté des vertes plaines d'Ard-Galen, après avoir traversé des gorges noires grouillant de serpents et escaladé des falaises escarpées où rôdent des vautours. Au-dessus se dressent les formidables tours de Thangorodrim ou montagnes de la Tyrannie, aussi hautes que les montagnes noires et nues qui furent jadis bâties avec la cendre des fournaises souterraines, les scories des mines et d'où s'élève parfois une noire fumée diabolique.

Derrière les tours commence un labyrinthe d'escaliers et de tunnels. Le trône de Morgoth – entouré d'instruments de mort et de torture – se tient habituellement dans le couloir le plus profond. Morgoth, ennemi noir du monde, est l'architecte de cette seconde forteresse, la première étant Utumno. C'est ici qu'il se réfugia après avoir détruit, avec l'aide d'Ungoliant, l'araignée gigantesque, les Deux Arbres de lumière dans la plaine bénie d'Aman*. Il s'empara également des Silmarils, les trois pierres de lumière. Après les avoir serties dans une couronne de fer, il entendit régner en tant que “roi du Monde”. C'est dans les profondeurs du donjon que Sauron, à la tête des Balrogs (démons du feu) et de l'armée des Orcs, entreprit de résister aux premiers assauts des Valars, seigneurs de la Terre. En réponse, ces derniers assiégèrent Angband. Mais, au cours des années, la vigilance des elfes s'étant relâchée, Morgoth en profita pour engager la guerre du Feu instantané. Les flammes qui s'élancèrent alors des tours de Thangorodrim brûlèrent les plaines d'Ard-Galen. Lorsque Glaurung, premier dragon de Morgoth, s'engagea dans la bataille, les Valars décidèrent d'en finir avec cette guerre qui ravageait les Terres du Milieu. Morgoth fut finalement détrôné au terme d'une formidable bataille entre les Balrogs et les aigles géants. Les Valars l'expulsèrent du Monde dans le Néant par la Porte de la Nuit, mais Sauron-le-Détesté et d'autres créatures diaboliques survivent encore dans les Terres du Milieu.

• John Ronald Reuel Tolkien, *The Fellowship of the Ring*, Londres, 1954 ; *The Silmarillion*, posth., Londres, 1977.

ANIMAUX, république des

Ile introuvable, habitée par différentes espèces animales débarrassées de la tyrannie des hommes.

Les visiteurs découvriront que l'île est à l'image des rêves des poètes classiques : les agneaux se promènent avec les loups, les faucons volent de concert avec les pigeons, les cygnes entretiennent des relations mondaines avec les serpents, et les poissons nagent en compagnie des castors et des loutres. La république est gouvernée par un phénix, oiseau singulier dont les ambassadeurs sont des singes. Les tigres et les lions font fonction de soldats, les oies et les chiens d'interprètes, les cigognes de médecins, et la licorne, animal solitaire oublié par Noé au temps du Déluge, est responsable des antidotes qu'elle doit trouver pour toutes les sortes de poison.

Il existe deux religions principales : l'adoration du Soleil, à laquelle la plupart des animaux croient, et le culte de la Lune. Les adeptes de cette dernière secte se multiplient et sont protégés par les éléphants.

Les visiteurs admireront le palais du phénix qui donne des spectacles superbes, dont *La Parade des couleurs*, où les oiseaux de paradis sont en vedette.

Après avoir réprimé une révolte fomentée par les serpents et les basilics, probablement originaires du pays de Basilic*, la république des Animaux a fini par retrouver la paix.

• Nicolas Frémont d'Ablancourt, *Dialogue des lettres de l'alphabet, où l'usage et la grammaire parlent. Supplément de l'*Histoire véritable. *Lucien, de la traduction de N. Perrot, sieur d'Ablancourt*, Paris, 1654.

ANOSTUS

Région et son golfe aux confins d'une grande île sans nom, à l'entrée de la Méditerranée. Pas de retour pour qui va au-delà. Il n'y fait ni jour ni nuit ; la lumière est crépusculaire, vaguement teintée de rouge. Deux rivières roulent leurs eaux entre des futaies d'arbres vénérables.

Si le visiteur mange l'un des fruits des arbres qui bordent la rivière de la Douleur, il passera le reste de sa vie dans les larmes et l'affliction et mourra de chagrin. Les arbres de la rivière du Plaisir donnent des fruits bénéfiques : celui qui en goûte est libéré de tous ses désirs et, s'il a aimé, il oublie l'objet de son amour ; il rajeunit, revit sa jeunesse et meurt sous la forme d'un nouveau-né.

• Elien, *Historiae variae*, entre les IIe et IIIe siècles apr. J.-C.

ANTANGIL

Vaste royaume insulaire de quelque deux cents lieues de long et d'une circonférence de mille soixante lieues à six degrés au nord du tropique du Capricorne et à environ cinquante degrés du pôle antarctique. Quatre importantes rivières l'irriguent.

Dans les différentes régions d'Antangil, on trouve simultanément de doux étés, de durs hivers, d'agréables printemps et des automnes ensoleillés, si bien qu'un voyageur visitant la région à n'importe quelle époque de l'année doit être habillé pour toutes les saisons. Dans tous les hôtels et auberges, la loi exige que les prix soient affichés. Le pourboire est interdit, car les habitants pensent qu'ils doivent seulement être rémunérés pour leur travail.

Le haut volcan de l'île Corylée, au large de la côte sud-ouest d'Antangil, est perpétuellement en activité et fait office de phare pour les navigateurs.

La capitale, Sangil, s'élève au nord du lac Bacico, dans le centre de l'île. Au sud, le golfe de Pachinquir fait une entaille de cent lieues dans la

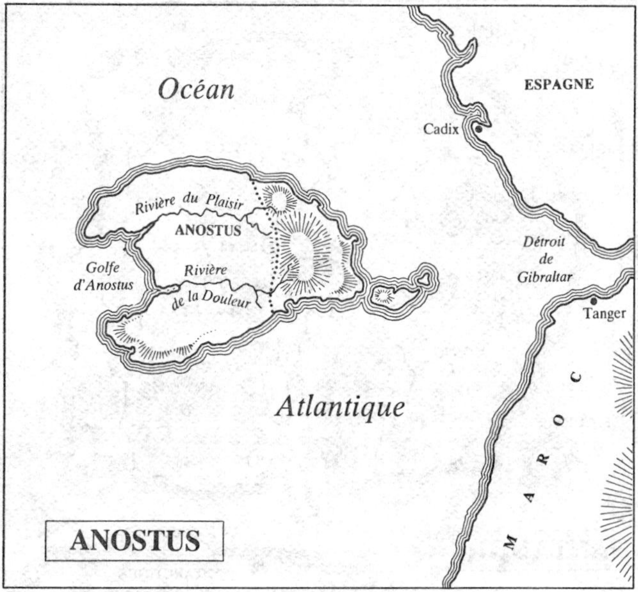

terre. Les régions alentour sont renommées pour leurs pierres précieuses et leurs perles magnifiques. Dans les eaux du golfe, on trouve un animal inoffensif à tête de lion et corps de cheval, moitié recouvert de poils, moitié d'écailles. Il nage à grande vitesse, mais, étant amphibie, il semble également apprécier la compagnie des hommes.

Toutes les richesses d'Antangil appartiennent au peuple, qui peut décider d'accroître ou de réduire les taxes publiques et privées. Seules les filles des familles nobles reçoivent une éducation, dosée selon l'importance de leur fortune. Les filles les plus riches quittent l'Académie à l'âge de vingt-quatre ans.

La religion d'Antangil est un catholicisme épuré d'un certain nombre de rites : on n'honore pas les saints, on n'adore pas les symboles religieux, et on ne fait pas carême. La pauvreté est inconnue dans le royaume, et les chômeurs sont envoyés dans les mines des monts Sariche, où ils échappent aux pièges de l'oisiveté, mère de tous les vices.

• Joachim Du Moulin, *Histoire du grand et admirable royaume d'Antangil inconnu jusques à présent à tous historiens et cosmographes : composé de six vingts provinces très-belles & très-fertiles. Avec la description d'icelui, de sa police nonepareille, tant civile*

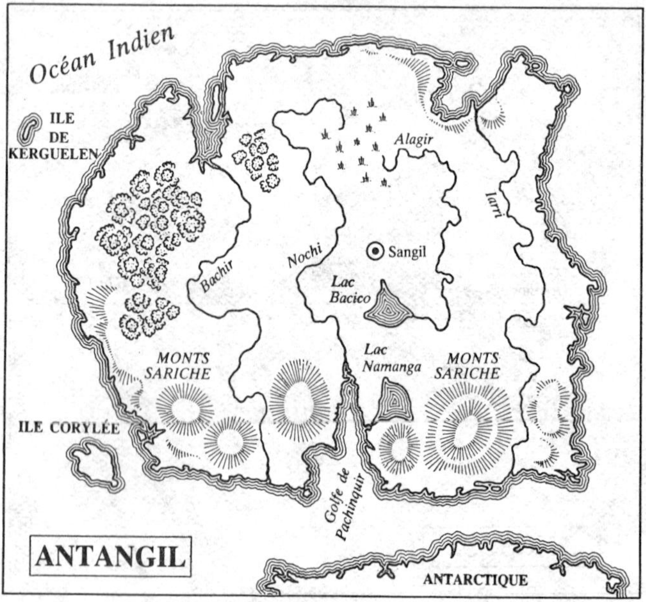

que militaire. De l'instruction de la jeunesse. Et de la religion, par I. D. M. G. T., Saumur, 1616.

APEDEFTES, île des

Près de grands rochers, séparée d'un fjord étroit du pays des Chats fourrés. Les habitants de l'île vivent dans un grand pressoir à vin, où l'on peut accéder en grimpant une cinquantaine de marches. Elle est entourée de nombreux pressoirs à vin de formes et de tailles variées, de galères pour les voleurs et de nombreux gibets. Les dirigeants de l'île sont appelés "Messieurs de la Cour" par les habitants. Ils ressemblent à de grands oiseaux jaunes, tout habillés de vert, avec des mains aussi longues que les pieds d'une grue mécanique et des ongles d'au moins trente centimètres qu'il leur est interdit de ronger. Evidemment, ces derniers finissent par être aussi longs et crochus qu'une facture ou qu'un grappin.

L'occupation principale de la population consiste à fabriquer de "l'or potable", vin typique du pays provenant de différentes variétés de vignes, toutes d'appellation contrôlée : "Emprunt", "Don", "Domaine", "Offrande". La meilleure qualité étant celle que l'on appelle "Epargne". Lorsque ce dernier vin est pressé, ces "Messieurs de la Cour" s'en délectent pendant au moins six mois. On dit que le pressoir est fabriqué avec le bois de la sainte Croix.

Les habitants de l'île sont appelés Apedeftes en raison de leur ignorance absolue. Tout ce qui existe dans l'île doit, par décret, être administré dans la plus grande ignorance. Aucune raison ne doit être fournie de ce que l'on fait. Les seules raisons que l'on soit en droit d'invoquer sont : "Messieurs l'ont dit", "Messieurs le veulent ainsi", "Messieurs l'ont ainsi ordonné".

Les Apedeftes eux-mêmes sont répugnants à voir, et la faune de leur île est immonde. On y trouve une créature appelée "Dupple", sorte de grand dogue avec deux têtes de chien, le ventre d'un loup et qu'on nourrit de lait d'amandes. Tendrement aimé de ces Messieurs, il coûte pour chacun d'eux le prix de la location d'une ferme. Sa mère, "Quadruple", ressemble à sa progéniture, mais elle possède quatre têtes, deux têtes mâles et deux têtes femelles. Créature redoutable, elle l'est moins toutefois que sa propre grand-mère, "Omission de recette", que l'on tient enfermée dans un cachot.

Les visiteurs intrigués par le grand pressoir remarqueront un vieil homme enchaîné, demi-ignorant, demi-savant, androgyne, diabolique, caparaçonné de lunettes comme la tortue l'est d'écailles, et s'alimentant de la révision des comptes. Il est enchaîné là depuis des temps immémoriaux. Au grand regret de ces Messieurs qui tentent obstinément de le faire mourir de faim.

• François Rabelais, *Le Cinquiesme et Dernier Livre des faicts et dicts héroïques du bon Pantagruel*, Paris, 1564.

APHANIA

Royaume d'Europe centrale. Le pays est célèbre pour ses clochers et ses carillons ainsi que pour la statue du roi Rumti, qui fut changé en pierre pour avoir négligé de donner l'aumône à un mendiant.

Aphania est un pays résolument littéraire. Il y existe un code pénal pour les fautes de style et une Cour des lettres présidée par six juges qui reçoivent d'énormes salaires, à seule fin de s'astreindre à ne pas écrire. Le plagiat est puni de trois ans de bagne. Les adaptations du français sont assimilées à la contrebande ; la violation de la syntaxe entraîne la peine capitale sans l'assistance d'un prêtre. Tout présomptueux se permettant d'écrire une phrase telle que : "Ces lois de grammaire, à l'origine promulguées par Vaugelas et *qu'ont été* approuvées par l'usage", serait exécuté sur-le-champ.

Afin de préserver la pureté du style, tous les adjectifs sont gardés à la

Bibliothèque nationale, et aucun écrivain n'a le droit d'en utiliser plus de trois par jour, sauf autorisation spéciale accordée par trois juges des Lettres au moins. Malgré cette rigueur, un grand nombre de livres – la plupart de qualité – sont publiés chaque année. Les règlements aphaniens sont particuliers quant à l'édition : pour payer le prix du papier, de l'impression et de la reliure, l'éditeur n'encaisse sur chaque livre vendu qu'un pourcentage limité, allant de un à cinq pour cent du prix total, selon la qualité de l'ouvrage. Considérant que l'éditeur doit être le meilleur juge de la qualité des livres, le décret précise qu'il subira, seul, toutes les pertes en cas d'échec. Les écrivains, au contraire, perçoivent tout ce que le livre rapporte (à l'exception du pourcentage de l'éditeur). Le succès d'une œuvre dépend entièrement de la valeur ajoutée par l'auteur au papier, à l'impression et à la reliure.

Les salaires ne sont versés qu'à ceux qui ne font rien ; s'il en était autrement, on pourrait penser que ceux qui travaillent le font davantage par esprit de lucre que par un sens inné du devoir. Le Remémorateur royal est gardien de l'Histoire. Sa tâche consiste à tout rappeler au souverain. Il fut nommé par le roi Buffo LXI qui eut le haut du crâne (où se tient le siège de la mémoire) coupé au cours d'un combat avec le géant usurpateur Swashdash. Les Aphaniens réprouvent la guerre. Mais comme elle existe et que les tambours sont bruyants, le district de Bootinter fut spécialement créé en bord de mer pour l'entraînement des soldats et l'essai des grands tambours. De fascinantes manœuvres s'y déroulent, tel le "combat des Tambours contre le Coton hydrophile".

• Tom Hood, *Petsetilla's Posy*, Londres, 1870.

APODIDRASKIANA, voir **JEPOSEDEUXETJERETIENSUN**

ARABIAN TUNNEL

Passage sous-marin qui fait communiquer la mer Rouge et la Méditerranée. La force des courants est telle qu'on ne peut le traverser que du sud au nord. L'entrée se trouve à cinquante mètres sous le golfe de Suez et la sortie dans le golfe de Tinah, proche des ruines sous-marines de l'antique cité de Péluse.

Selon le professeur Aronnax, auteur des *Mystères des grandes profondeurs de la mer*, le tunnel fut découvert par le capitaine Nemo. Observant qu'on retrouvait exactement les mêmes espèces de poissons dans la Méditerranée et dans la mer Rouge, le capitaine Nemo acquit la conviction qu'il devait exister un passage entre les deux mers. Pour démontrer sa théorie, il captura et marqua de rouge des poissons du golfe de Suez qu'il remit ensuite à l'eau. Quelques mois plus tard, il retrouva près des côtes de Syrie un certain nombre de ces poissons témoins.

De nos jours, il vaut mieux emprunter l'Arabian Tunnel que le canal de Suez.

• Jules Verne, *Vingt mille lieues sous les mers*, Paris, 1870.

ARAIGNÉE

Vaste lieu habité par une araignée de la taille d'un homme. Les visiteurs qu'on y emmène passent le reste de leur vie, terrifiés, à la regarder.

• Fedor Mikhaïlovitch Dostoïevski, *Besy*, Moscou, 1870.

ARBRES MOUVANTS

Ile de l'Atlantique nord assez grande, couverte de riche végétation. Son nom provient d'une erreur faite par certains navigateurs qui arrivèrent là au début du XVIIe siècle. Lorsqu'ils s'approchèrent de l'île (ils arrivaient par l'embouchure de la rivière), ils virent un groupe d'arbres bondir d'une rive à l'autre. Terrifiés, les navigateurs décidèrent de s'en retourner. D'autres voyageurs découvrirent plus tard que les arbres mouvants étaient en fait des péniches de pêcheurs ornées de branches épaisses aux feuilles multicolores.

• Cervantes, *Trabajos de Persiles y Sigismunda. Historia septentrional*, Madrid, 1617.

ARCADIEN

Tunnel souterrain reliant Arcadie à Naples, emprunté seulement par les amants malheureux. Pour le traverser, il vaut mieux s'assurer les services d'une nymphe. L'entrée et la sortie sont infestées de satyres, de nymphes vagabondes, de rossignols chanteurs, de bergères énamourées, de tourterelles solitaires, d'herbes aromatiques, d'hirondelles au vol bas, de pommes parfumées, de criquets-crécelles, de sépulcres tranquilles et de papillons de toutes les couleurs.

• Iacopo Sannazaro, *Arcadia*, Naples, 1501.
• Félix Lope de Vega Carpio, *Arcadia*, Madrid, 1598.

ARCHAOS

Royaume d'Europe centrale. Capitale : Trémènes, dans la province d'Onirie. Très connu pour son régime libéral d'essence monarchique. Govan Eremetius, roi d'Archaos, jeta les fondements de la constitution, basée sur la paix avec ses voisins, les rois de Bilande et d'Arborée. Lorsque ces souverains se présentèrent avec leurs armées devant le château de Trémènes, le roi Govan se montra en habit de gala, demanda où avait lieu la représentation et offrit du vin à la ronde ; les deux rois quittèrent Archaos à moitié ivres, et riant aux éclats.

D'après la constitution, les habitants doivent travailler pour le Trésor royal.

Quand les caisses sont pleines, le roi partage l'argent entre tous. Une fois vides, le peuple retourne au travail. Lors d'une famine, le roi Govan promulgua la loi n° 14 : "Tout est gratuit" ; l'argent perdit alors tout usage, et les habitants se partagèrent les marchandises entreposées dans les boutiques. A Archaos, une autre loi stipule que "chacun doit faire ce qu'il lui plaît", ou, selon une formulation plus récente qui correspond mieux aux exigences de la foi religieuse : "Tout le monde fait ce qu'il veut avec la grâce de Dieu." La philosophie archaosite explique que les fruits de l'amour valent mieux que ceux de l'argent ou de la guerre, que personne ne doit travailler plus qu'il n'est nécessaire, et que le savoir-vivre peut résoudre tous les problèmes. "Nous cueillons les fleurs, jouons avec les chats, et nous remercions Dieu pour un coucher de soleil réussi", tels sont les propos tenus par les habitants. Valent particulièrement la visite : le château royal, ouvert par le roi à toutes les femmes fuyant un père furieux, un mauvais mari, ou des fiançailles forcées ; l'Institut de nécessité publique, bordel créé par le roi qui le fréquente souvent, et le couvent d'Onagre, monastère consacré à la jouissance du présent et à la méditation.

• Christiane Rochefort, *Archaos ou le Jardin étincelant*, Paris, 1972.

ARD

Capitale de l'Ardistan*. La capitale originale fut abandonnée et devint la cité des Morts lorsque la rivière Suhl se tarit. Ard est située dans un bassin naturel complètement entouré de chaînes montagneuses, au centre duquel se rejoignent quatre rivières : le Pison, le Gibo, le Tigre et l'Euphrate, dont les noms sont mentionnés dans la Bible, le Coran et les textes védiques.

On dit que la ville occupe l'emplacement du Paradis terrestre, et la rumeur court que les fondations du palais d'Ard furent établies par Dieu lui-même. Selon une légende ardistane, Dieu commanda aux races géantes d'Assyra et de Babyla de commencer à construire ce qui allait devenir le palais du Mir d'Ardistan ; mais les chrétiens chassèrent les géants et achevèrent le travail en ajoutant des croix aux flèches et aux dômes. Furieux de leur arrogance, le Mir d'Ardistan les exila et fit détruire les croix.

Légende ou réalité, le palais est un édifice extraordinaire qui domine la ville entière tant par sa taille que par sa beauté. Le centre est occupé par un dôme de vastes proportions flanqué aux quatre points cardinaux de tours dont les flèches effilées sont si hautes qu'elles semblent se perdre dans le ciel.

Les demeures et les jardins de la ville s'étendent sur des kilomètres le long des berges des quatre rivières. Quoique de style varié, les maisons possèdent toutes un gong et un marteau de bois suspendus à la porte d'entrée, qui servent de sonnette. Chacun reconnaît le son de son propre gong et vient ouvrir quand il l'entend.

• Karl Friedrich May, *Ardistan*, Bamberg, 1909 ; *Der Mir von Djinnistan*, Bamberg, 1909.

ARDISTAN

Vaste région montagneuse au sud d'El Hadd, en bordure du Tshobanistan* et du Djunubistan*. Malgré la vaste étendue de côtes, il n'y a aucun port et donc peu ou pas de commerce. A l'intérieur, le pays est fertile et très riche, surtout autour de la nouvelle capitale, Ard*.

L'Ardistan a longtemps été sous la tutelle d'une lignée de despotes ou Mirs qui opprimèrent la plupart des pays voisins.

Tous les Mirs qui régnèrent sur l'Ardistan avaient la particularité de faire le même rêve, dans lequel ils se trouvaient jugés par leurs ancêtres défunts qui leur annonçaient que leur âme ne connaîtrait pas le repos tant que l'un d'eux ne se serait pas sacrifié pour expier leurs crimes.

Que le voyageur se rassure : malgré la prédominance du christianisme, de l'islamisme et du lamaïsme en Ardistan, la liberté des cultes y est respectée.

• Karl Friedrich May, *Ardistan*, Bamberg, 1909 ; *Der Mir von Djinnistan*, Bamberg, 1909.

ARGIA

Ville complètement enterrée où la terre remplace l'air. Certains pensent que les habitants parviennent à se déplacer en élargissant les galeries creusées par les vers ou les fissures par où les racines s'insinuent. En fait, l'humidité qui défait les corps ne laisse que peu de force aux habitants qui restent allongés, immobiles dans le noir. De la surface, on ne voit rien, mais certains voyageurs ont localisé Argia en collant l'oreille contre le sol. En effet, il arrive qu'on entende battre une porte.

• Italo Calvino, *Le città invisibili*, Turin, 1972.

ARIMASPIE

Pays voisin des montagnes de la Lune, en Afrique, habité par une race de cyclopes qui combattent sur des griffons. Ces animaux, mi-aigle, mi-lion, sont capables de soulever deux bœufs ou un homme à cheval ; on trouve aussi des griffons au pays des Merveilles*, en Angleterre.

Dans les pâturages du Sud vivent les Mermécolions, nés d'une semence de lion et d'un œuf de fourmi. Leurs antérieurs sont ceux du lion, leurs postérieurs des pattes de fourmi. Leur sexe est monté à l'envers. Leur double nature leur interdit de consommer viande ou graine ; c'est pourquoi ils meurent de faim. Les pains-papillons ont les mêmes difficultés nutritionnelles ; alors que leurs ailes sont de minces tartines de pain beurré, leur corps est en croûte et leur tête en sucre. Ils consommeraient volontiers du thé léger avec un nuage de lait, mais ils n'en trouvent pas et sont condamnés à mourir.

• Hérodote d'Halicarnasse, *Histoires*, IVe siècle av. J.-C.
• Pline l'Ancien, *Naturalis Historia*, Ier siècle apr. J.-C.
• Marco Polo, *Il milione*, Venise, 1295.
• Sir John ou Jehan de Mandeville, *Voiage de Sir John Maundevile*, Paris, 1357.
• Lewis Carroll, *Through the Looking-Glass, and What Alice Found There*, Londres, 1871.
• Anonyme, *Physiologus latinus*, éditions préliminaires versio B. Etablies par Francis J. Carmody, Paris, 1939.

ARKHAM

Vieille ville du Massachusetts, traversée par le Miskatonic, un fleuve aux eaux fangeuses. Fondée au début du XVIIe siècle, elle a très peu changé depuis. La rumeur circule, selon laquelle, depuis son origine, d'effroyables cérémonies se déroulent dans les sombres collines voisines et sur l'île déserte du Miskatonic. Bien des maisons d'Arkham sont les témoins silencieux de sombres forfaitures, telle la maison de la Sorcière, habitée par Keziah Mason qui causa un innommable scandale lors de son procès en 1692.

L'université de Miskatonic, l'un des centres culturels de la Nouvelle-Angleterre, est spécialisée dans l'occultisme, et nombre d'étudiants célèbres – le Dr Armitage, le professeur Wilmarth, Randolph Carter – ont arpenté ses salles vénérables. La bibliothèque de l'université est renommée pour ses livres rares et dangereux : le *Nécronocomicon* de l'Arabe dément Abdul Alhazred ; le *Livre d'Eibon*, l'*Unaussprechlichen Kulter* de von Junzt, les *Manuscrits pnakotiques*, les *Fragments du Sussex* et le *Culte des Goules* du comte d'Erlette.

L'histoire d'Arkham est une succession d'épisodes abominables. Les voyageurs désireux de visiter la ville le feront à leurs risques et périls : les conséquences d'une telle visite peuvent les empêcher de dormir pour le restant de leurs jours.

• Howard Phillips Lovecraft, *The Outsider and Others*, posth., Sauk City, 1939 ; *Beyond the Wall of Sleep*, posth., Sauk City, 1943.

ARNHEIM

Domaine des Etats-Unis créé par le millionnaire américain Ellison, amateur de jardins. On se rend à Arnheim par la rivière.

Quittez la ville au point du jour ; vous longerez avant midi un rivage d'une beauté tranquille. A l'approche du soir, la rivière se rétrécit, les rives deviennent plus abruptes, plus sombres, et l'eau plus transparente. Après mille méandres, les flots pénètrent dans une gorge dont les parois s'élèvent à plus de cinquante mètres, et masquent la lumière du jour. Entre ces murailles, roulent des eaux aussi pures que le cristal. Soudain, vous pénétrez dans un bassin circulaire de deux cents mètres de diamètre, entouré de collines couvertes jusqu'au sommet d'un tapis de fleurs splendides. Le bassin est pavé de galets d'albâtre, et dans l'onde se mirent les fleurs des pentes. Ici, abandonnez votre embarcation pour un léger canoë d'ivoire, décoré d'arabesques écarlates. Sur le fond doublé d'hermine repose une seule pagaie de bois satiné. Comme il n'y a pas de batelier, vous manœuvrez seul l'esquif. Le canoë prend peu à peu de la vitesse tandis qu'une douce et mélancolique musique se fait entendre. Au-delà d'un portique minéral se déroule un vaste plateau d'émeraude dont les lointains se perdent à l'horizon. La rivière semble soudain barrée par une immense porte d'or bruni aux motifs délicatement ciselés. La porte s'ouvre sur un vaste amphithéâtre entouré de montagnes pourpres.

Un parfum pénétrant se mêle à un monde merveilleux de couleurs. Vous découvrirez alors des arbres exotiques, des massifs de plantes, des vols d'oiseaux bariolés, des lacs bordés de lys, des champs de violettes, de tulipes, de coquelicots, d'hyacinthes et de roses. Au milieu de ce paysage de rêve se dresse un château, mi-gothique mi-oriental, qui paraît suspendu dans les airs comme par miracle. Miradors, minarets et clochetons brillent par centaines dans le rouge du couchant. Vous êtes enfin arrivé à Arnheim.

• Edgar Allan Poe, "The Domain of Arnheim", in *Tales of the Grotesque and Arabesque*, Philadelphie, 1840.

ARROY

Forêt située à huit jours de cheval de Camelot*. Elle est composée de futaies de chênes et de hêtres, et entourée d'épines blanches. Des murs de ronces semblent la protéger des étrangers. Au centre de la forêt, une vallée abrite les ruines d'un ancien édifice d'origine inconnue, bâti au bord d'un ruisseau.

Arroy est le domaine de trois damoiselles, âgées de quinze, trente et soixante ans, dont la tâche est de guider les chevaliers en quête d'aventures. Elles les accompagnent pendant un an puis reviennent dans la forêt. Ce lieu fut également témoin de la rencontre entre sire Pelléas et Nynève, dame responsable de la séquestration de Merlin l'Enchanteur.

• Sir Thomas Malory, *Morte Darthur*, Londres, 1485.

• John Steinbeck, *The Acts of King Arthur and His Noble Knights From the Winchester Manuscripts of Sir Thomas Malory and Other Sources*, New York, 1976.

ARTHUR, palais d'

Situé sur une hauteur dans une ville encadrée d'une lointaine ceinture de montagnes. Depuis les créneaux du palais, on a une vue panoramique sur la mer gelée qui enserre les pieds de la ville dont les murs lisses et transparents se reflètent dans la glace. Sur la place, devant le palais, un magnifique jardin de fleurs et de fruits d'ivoire coloré a été aménagé. Les effets de lumières et de couleurs sont tout à fait réussis. La fontaine de la source du milieu, prise dans les glaces, ne dégèle qu'avec la mer. Devant les fenêtres du palais, sont disposés des récipients d'argile débordant de fleurs de glace et de neige. L'éclairage intérieur est si intense que par les hautes fenêtres multicolores une lumière rougeâtre baigne les ruelles, les colonnes et les murs. Un tapis précieux orne la salle du trône, lui-même taillé dans un bloc de cristal de soufre. Un oiseau parleur au plumage exotique se tient souvent dans le fond. De larges escaliers mènent de la salle du trône à la coupole où le roi aime à se tenir. La famille royale apprécie particulièrement un jeu de cartes couvert de signes mystérieux. Les cartes soigneusement mélangées sont tirées et étalées, tandis que l'on s'efforce de construire, avec les signes complexes, des figures harmonieuses. Les étoiles qui brillent à travers la coupole transforment ensuite les figurines des cartes en tableaux vivants.

• Novalis, *Heinrich von Ofterdingen*, 1802.

ASTOWELL

Ile de l'archipel Terremer*, qui se trouve le plus à l'est, parfois appelée par les habitants "Terredernière". Il n'existe qu'un seul port sur cette petite île, une crique entre de hauts rochers, sur la côte nord. Le voyageur découvrira que la ville à laquelle le port est rattaché est faite de huttes d'argile brute, toutes orientées nord-ouest, comme pour se tourner vers la race des hommes et vers le reste du grand archipel.

Il n'y a pas de bois sur Astowell et les seules embarcations sont faites de corail. Il ne semble pas y avoir de métal non plus, et les armes des habitants de l'île sont des couteaux en coquillage et des haches de pierre brute. Rares sont les bateaux qui mouillent à Astowell, car la population de l'île ne fait pas de commerce et la mer alentour est mauvaise et dangereuse. Cette île est si primitive qu'elle n'a ni sorcier ni magicien, et ses habitants ignorent tout de la magie, ce qui est curieux, car cet art est très répandu parmi les autres peuples de Terremer.

• Ursula Kroeber Le Guin, *A Wizard of Earthsea*, New York, 1968.

ASTRAGALUS

Royaume perché dans les neiges des Hautes-Alpes. Servi par les Esprits alpins, le souverain Astragalus est toujours prêt à aider les voyageurs en détresse. Non seulement il les remet dans le droit chemin, mais il leur prodigue des conseils moraux et guide les âmes perdues dans leur quête du Vrai.

• Ferdinand Raimund, *Der Alpenkönig und der Menschenfeind*, Stuttgart, 1868.

ATLANTE

Château érigé sur un roc à pic, creusé de grottes et de gouffres terrifiants dans une vallée sauvage des Pyrénées. De loin, la forteresse semble brûler comme une torche rageuse ceinte de murailles de fer, forgées selon la légende par les démons de l'enfer. C'est d'ici qu'Atlante-le-Magicien prépare ses expéditions. Monté sur son hippogriffe – cheval ailé issu d'un griffon et d'une jument –, il éblouit et renverse ses victimes avec son bouclier magique. Il parcourt ainsi le monde en quête de jeunes beautés qu'il ramène dans son château pour les violer.

• L'Arioste, *Orlando furioso*, Ferrare, 1516.

Le château d'Atlante.

ATLANTEJA

Cité sous-marine construite par les Atlantes et découverte par les survivants de l'explosion du tunnel Atlantique*, à environ cent cinquante milles marins des côtes de Bretagne. Les ruines millénaires se composent de colonnes intactes ou brisées, de temples abattus, telles des forêts soufflées par la tempête, de maisons occupées par des algues et des poissons, de palais envahis de débris qui remplacent un ameublement jadis raffiné. De larges rues, débordantes de végétation sous-marine, quadrillent la cité et se perdent dans l'horizon marin. Les ruines doivent leur beauté à une phosphorescence bleue qui inonde la ville comme une pluie de poussière d'étoiles, et donne l'illusion de la vie. Cette lumière provient du grand nombre de méduses qui hantent ces eaux sombres.

• Luigi Motta, *Il tunnel sottomarino*, Milan, 1927.

ATLANTIDE

Vaste continent immergé sous les eaux de l'océan Atlantique aux alentours de l'an 9560 av. J.-C. Certaines parties sont encore habitées et peuvent être visitées. L'ancien continent, qui s'étendait sur cinq cent trente-trois kilomètres du nord au sud et sur trois cent cinquante-cinq kilomètres d'est en ouest, avait une forme d'ellipse. Il était constitué d'un plateau élevé entouré de montagnes abruptes qui dominaient la mer. Un précieux minerai, l'orichalque, que les habitants prisaient plus que l'or, était extrait des carrières souterraines. L'industrie et l'art étaient florissants, et les vaisseaux de l'Atlantide visitaient les ports d'Europe, d'Afrique et d'Amérique. L'Atlantide avait une vocation colonisatrice, qui menaça même l'Egypte et la Grèce. On raconte que les Athéniens furent l'un des rares peuples à avoir repoussé avec succès une invasion atlante. Ces terres englouties furent vraisemblablement visitées au XIXe siècle par le capitaine Nemo à bord de son *Nautilus**.

La capitale, située au centre du plateau, était construite selon une conception très spéciale : une série de terrassements circulaires séparés par des canaux. Protégé par un mur d'orichalque de neuf cents mètres de circonférence, le noyau central contenait la forteresse, le palais royal et le temple de Poséidon, niché au creux d'un bois sacré. La muraille d'orichalque était séparée du second cercle par le premier canal qui servait également de port intérieur. Le second cercle était défendu par un mur de pierre recouvert d'étain. Puis venait (après un second canal) le troisième cercle, ou cercle principal, si large qu'on y trouvait plusieurs petites forêts et de nombreux édifices, comme le gymnase et le champ de courses – sport favori des Atlantes. Le troisième cercle était protégé par un mur de bronze et séparé du quatrième par le troisième canal, qui abritait le grand port de l'Atlantide. Le quatrième cercle, enfin, contenait les entrepôts et les quartiers des marchands. Tous les canaux et les ports étaient reliés par des tunnels sous-marins. Entre les différents cercles, d'immenses grottes secrètes avaient été aménagées pour loger les trirèmes atlantes.

Deux parties du continent échappèrent miraculeusement à l'effroyable cataclysme qui détruisit l'Atlantide : l'une à quelque deux cents milles au sud-ouest des Canaries, sous la mer, l'autre, dans le désert du Sahara. Ces deux colonies ont évolué différemment, mais à travers elles les voyageurs pourront

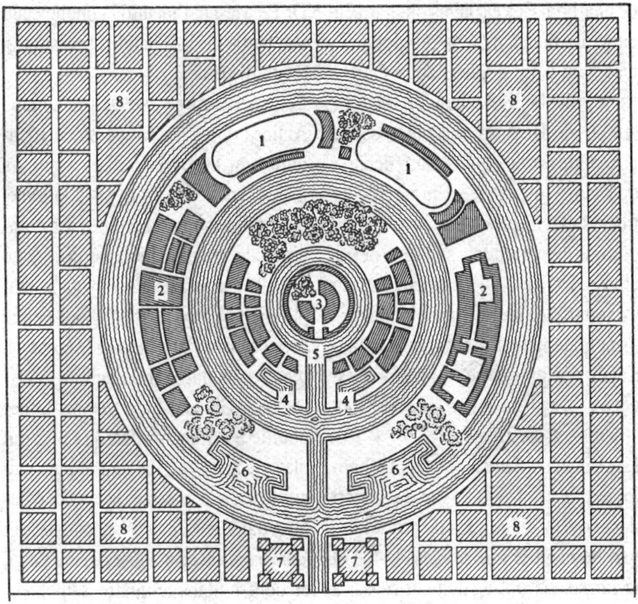

Atlantide / La capitale : 1. Champ de course. 2. Gymnase. 3. Forteresse, palais royal, temple de Poséidon. 4. Second port. 5. Port intérieur. 6. Premier port et grand port d'Atlantide. 7. Tours de guet. 8. Entrepôts et quartiers des marchands.

retrouver certains traits communs à l'ancienne vie de l'Atlantide.

La partie sous-marine du continent fut découverte en 1926 par le professeur Maracot, qui explora les profondeurs de l'Océan dans une cloche de plongée. Il s'aperçut que la population vivait dans un immense bâtiment probablement construit avant le cataclysme, pour servir d'arche ou de refuge. Les siècles avaient accumulé tant de limon sur cet édifice qu'on ne pouvait plus y pénétrer que par le toit. Autour de la construction originale, des excavations avaient été creusées pour aménager des laboratoires et des centrales électriques. On voit encore, entourant l'abri, les rues de la vieille cité et les ruines d'un temple situé dans le second ou le troisième cercle.

Les habitants de cette province sous-marine ont la peau noire. Ils sont servis par une race d'esclaves blancs descendant probablement des captifs grecs qui travaillent dans les mines de charbon. Ces esclaves ont gardé le culte d'Athéna, mais la religion officielle de cette contrée sous-marine est le culte de Moloch ou de Baal. Le temple de Baal est une pièce carrée aux portes d'or et aux murs décorés de figures grotesques. Entouré de lumières électriques, le prêtre s'assoit comme un bouddah sur une petite chaise. Derrière lui se trouve un four où sont rôties des victimes humaines, principalement les enfants des mariages mixtes – entre seigneurs et esclaves –, car de telles liaisons sont strictement interdites.

Les savants atlantes ont une technologie très avancée : ils ont découvert des moyens chimiques de reproduire parfaitement le vin, le café, le thé et la farine. Ils ont également réussi à préserver leur histoire et leurs traditions en projetant sur un écran des images mentales grâce auxquelles les voyageurs pourront revivre comme s'ils y étaient la destruction de l'Atlantide.

L'autre partie miraculeusement préservée fut découverte quelques années plus tôt, en 1897, par une expédition française dirigée par Morhange et Saint-Avit. Après avoir mis au jour des inscriptions étranges dans une grotte au pied des monts Géni dans le massif Ahaggar, ces deux officiers furent drogués au haschisch par leurs guides et se réveillèrent dans la plus belle oasis du Sahara. Un membre de l'expédition, le Dr Le Mesge, l'identifia comme étant une partie de l'Atlantide depuis longtemps disparue.

Cette oasis est gouvernée par la reine Antinéa qui n'encourage pas particulièrement le tourisme. Les visiteurs mâles sont d'abord promis à la reine, puis mis à mort et momifiés. La technique de momification est différente de celle que les anciens Egyptiens employaient. La peau est d'abord peinte avec des sels d'argent, puis le corps est placé dans un bain de sulfate d'orichalque. Grâce à l'électrolyse, la dépouille est transformée en ce métal plus précieux que l'argent et plus rare que l'or. On expose ces splendides statues dans des niches spéciales, qui sont, paraît-il, au nombre de cent vingt, et dont cinquante-quatre seulement sont occupées. Avis aux amateurs.

• Platon, *Critias ou De l'Atlantide*, IVe siècle av. J.-C.
• Jules Verne, *Vingt mille lieues sous les mers*, Paris, 1870.
• Gustave Flaubert, *La Tentation de saint Antoine*, Paris, 1874.
• Pierre Benoit, *L'Atlantide*, Paris, 1918.
• Sir Arthur Conan Doyle, *The Maracot Deep*, Londres, 1929.

ATLANTIQUE

Tunnel sous-marin construit pour recevoir un chemin de fer de quelque quatre mille sept cents kilomètres de long. Conçu par l'ingénieur français Adrien Géant, il devait relier l'Europe à l'Amérique.

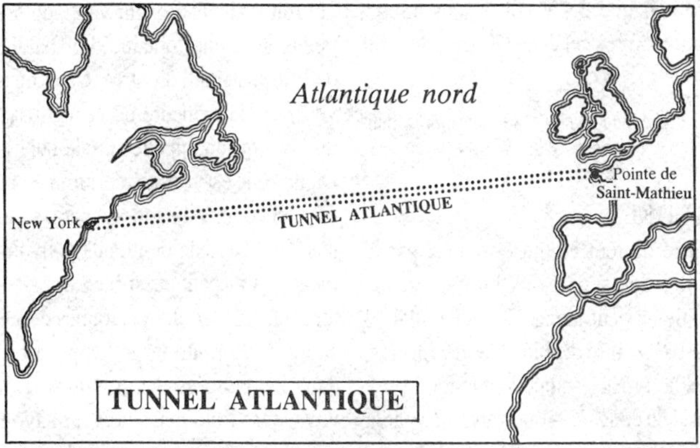

Les travaux de percement débutèrent en 1924, dans l'île de Manhattan. D'énormes tuyaux doublés d'un ciment protecteur pour éviter la corrosion du métal par l'eau de mer furent descendus à l'aide de câbles puis assemblés sous l'eau. Pour assurer une étanchéité parfaite, chaque boulon fut enduit de caoutchouc. Au fur et à mesure de l'avancement des travaux, une seconde équipe tendait un filet protecteur aux mailles d'acier, pour empêcher les épaves des bateaux d'endommager le gigantesque tube. Quand l'océan devint trop profond et que les sections ne purent être descendues en toute sécurité, d'énormes caissons hermétiques furent jetés à la mer et disposés en deux lignes parallèles. On les relia entre eux par de gros câbles qui reçurent les tuyaux. Le tunnel devint ainsi une sorte de pont sous-marin, une immense route signalée par de gigantesques bouées. Bientôt, il toucha l'Europe à la pointe de Saint-Mathieu, près de Brest.

Le 12 mai 1927, jour de l'inauguration, le premier trajet du train sous-marin fut brutalement interrompu par une explosion qui détruisit la plus grande partie du tunnel. Le train resta coincé sous l'eau, mais les passagers parvinrent à s'en échapper en revêtant des casques de scaphandrier qui leur permirent de regagner l'Europe à pied. En chemin, ils eurent la chance de découvrir Atlanteja*, une des cités englouties, fondées par le peuple de l'Atlantide*. L'auteur de cet attentat, un certain MacRoller, commit ce crime par dépit contre Adrien Géant dont il était le rival en amour et en affaires.

La mer, lentement, rongea ce qui restait du tunnel, et une visite ne permet de voir que des vestiges sans importance. Après cet échec, le projet ne fut jamais repris.

• Luigi Motta, *Il tunnel sottomarino*, Milan, 1927.

AUDELA

Terre de tout ce qui est caché par le voile des sensations humaines. Ce voile ne peut jamais être levé, mais il arrive qu'il se déchire. Ces déchirures, les hommes les appellent le feu.

Audela était autrefois gouvernée par la reine Freydis qui prit forme humaine pour séduire Manuel de Poictesme. Elle vit aujourd'hui retirée sur l'île de Sargyll.

• James Branch Cabell, *Figures of Earth. A Comedy of Appearances*, New York, 1921.

AU-DELÀ-DU-MONDE

Contrée de collines boisées au-delà du pays de l'Ours*. On y rencontre de nombreuses essences forestières : chênes, charmes, sorbiers, noisetiers et châtaigniers. Au sud, le pays est limité par un désert pierreux et par une chaîne de montagnes qui se termine par une falaise dominant abruptement la mer. Une race particulière de nains peuple la région. Plutôt benêts, ils pullulent comme des lapins en certains endroits, et se déplacent soit sur leurs deux jambes, soit à quatre pattes.

Le bois Au-delà-du-monde n'abrite que deux édifices dont le principal, la Maison dorée, est de marbre blanc. Un toit couleur d'or lui vaut son appellation et une fontaine d'or babille dans le vaste hall d'entrée. Cette merveille est la demeure de la maîtresse du bois, qu'on appelle simplement la Dame ; elle est considérée comme une mère et comme une déesse par ses sujets. Elle possède de grands pouvoirs magiques et peut aussi bien transformer l'apparence des personnes et des choses, que contrôler le temps et lire dans les pensées des hommes. Les voyageurs libidineux doivent savoir que ses pouvoirs magiques disparaîtront en même temps que sa virginité.

• William Morris, *The Wood Beyond the World*, Londres, 1894.

AUENTHAL

Village d'Allemagne proche de la ville de Scheerau. Il est célèbre pour avoir été le village de Maria Wuz, organiste et maître d'école, qui écrivait des livres en utilisant les titres d'autres auteurs. Cette habitude, doublée d'un souverain mépris pour l'anachronisme, le mena à croire que tous les autres ouvrages étaient des plagiats des siens.

Il ne possédait que le catalogue de la Foire des livres de Leipzig, qu'il considérait comme la meilleure source d'inspiration. On ne sait pas si les œuvres de Maria Wuz ont été publiées.

• Jean-Paul, *Leben des vergnügten Schulmeisterleins Maria Wuz in Auenthal, Eine Arte Idylle*, Berlin, 1793.

AUËRSPERG

Château dans la Forêt-Noire, dans le Nord-Est de l'Allemagne. Fief de la famille d'Auërsperg.

Axël, l'héritier, s'y initia aux pratiques de la magie noire, au milieu du XIXe siècle. Cette demeure médiévale a probablement été reconstruite plusieurs fois. Elle possède des tours remarquables et une salle étonnante où ont été soigneusement rassemblés quelques-uns des instruments du rituel de la magie noire : carcasses d'animaux morts depuis longtemps, nécessaire d'alchimiste, modèles de sphères astrales et livres alignés sur des rayonnages d'ébène. Les murs sont hérissés d'armes sarrasines et de boucliers auxquels se mêlent des vautours et des aigles aux ailes déployées. Une cheminée monumentale occupe un pan. Les portes sont masquées par des tapisseries, le plancher est recouvert de peaux d'ours et de renard. Les fenêtres gothiques donnent sur les sombres sapinières de la Forêt-Noire. Tous les meubles sont frappés aux armes des Auërsperg : deux sphinx dorés portant la devise *AltiUs rEsurgeRe SPERo Gemmatus.*

Sous le château, des statues des héros antiques ornent un vaste labyrinthe souterrain qui mène vers des cryptes où, depuis des temps immémoriaux, sont enterrés les membres de la famille.

• Villiers de L'Isle-Adam, *Axël*, Paris, 1890.

La cheminée de la grande salle du château d'Auërsperg, en Forêt-Noire.

AUSPASIE

La loquacité des habitants de ce royaume est telle, qu'on a pu dire que sa capitale était plus bruyante que New York. On retrouve ce babil incessant jusqu'au Parlement qui n'est rien d'autre qu'un salon de papotages.

A Auspasie, le pouvoir, constamment déchiré par des querelles de mots, est concentré dans les mains de quelques individus passés maîtres dans l'art de la rhétorique.

Une foule immense aime applaudir toute intervention orale intempestive. Le fond étant secondaire par rapport à la forme, l'improvisation est particulièrement appréciée. Certains orateurs connus d'Auspasie ont amassé des fortunes colossales et mené une carrière politique fulgurante en multipliant simplement les interventions lors des meetings.

Cette passion de l'art oratoire se trouve à l'origine de la guerre civile qui a déchiré le pays.

Cette passion auspasienne du discours explique aussi l'enthousiasme de ses habitants pour le théâtre, mais cet intérêt est si vif qu'aucune œuvre ne parvient à être fidèlement représentée, et finit par être méconnaissable tant elle est remaniée par les acteurs, les producteurs et même les machinistes. Justin Babilot est un des dramaturges les plus connus d'Auspasie.

• Georges Duhamel, *Lettres d'Auspasie*, Paris, 1922 ; *Le Dernier Voyage de Candide*, Paris, 1938.

AUTRE-FIN-DE-NULLE-PART

Immense bâtiment plus affreux que le plus sinistre asile de fous. La technique de construction de ses murs immenses reste encore à éclaircir. La bâtisse est gardée par des matraques de police dotées d'un œil à leur extrémité supérieure. Nul besoin d'hommes pour les porter ; elles font leur travail toutes seules, et ont un crochet par lequel elles peuvent se suspendre pendant leurs heures de loisir. Un portier détient la liste des habitants de l'Autre-fin-de-nulle-part. Ce dernier est un tromblon chargé de plombs à ras bords. Les voyageurs qui, pour une raison quelconque, ont mal agi chez eux sont immédiatement incarcérés dans l'Autre-fin-de-nulle-part et sont bombardés de larmes maternelles solidifiées. Cette pénible expérience est destinée à susciter le remords.

C'est ici que se rendit Tom, le bébé-des-eaux, au cours de son voyage autosacrificiel ; il y retrouva Grimes, le balai qui l'avait tant maltraité sur Terre. Emprisonné dans une cheminée, Grimes suppliait qu'on lui apportât une pipe et de la bière, interdits ici bien évidemment. Chaque soir, il était torturé par les larmes qui tombaient d'abord comme une pluie légère pour se transformer ensuite en une grêle de plombs. Lorsque, enfin, il consentit à exprimer quelques regrets, il fut autorisé à quitter la cheminée. Les larmes sincères qu'il versa alors le purifièrent pour la première fois de sa vie.

Par la suite, on l'envoya balayer le cratère de l'Etna pour le restant de ses jours et, jusqu'à nouvel ordre, il doit toujours s'y trouver…

• Charles Kingsley, *The Water-Babies : A Fairy Tale for a Land-Baby*, Londres, 1863.

AVALON

Ile rocheuse abritant un beau lac entouré de prairies, de vergers et de combes boisées. Aucun vent n'y souffle et la pluie, la neige et la grêle y sont inconnues.

On trouve sur l'île une chapelle édifiée par Joseph d'Arimathie. Le reste d'Avalon est habité par une race de femmes qui connaissent les secrets de toutes les magies du monde.

Le lac est célèbre pour le prodige qui y prit place : le roi Arthur de Camelot* y fut conduit par l'enchanteur Merlin, et une main, celle de la Dame du Lac, sortit de l'eau pour lui offrir Excalibur, l'épée qui le servirait si fidèlement durant sa vie.

Obligé de la rendre au moment de sa mort, il demanda à sire Bedivere de la rejeter dans le lac. La main réapparut, s'empara de l'épée et la brandit quelques instants avant de disparaître.

• Anonyme, *La Mort Artu*, XIIIe siècle.
• Sir Thomas Malory, *Morte Darthur*, Londres, 1485.
• Alfred, Lord Tennyson, *The Idylls of the King*, Londres, 1872.

AVEUGLES, pays des

Vallée des Andes, en Equateur, à près de cinq cents kilomètres du mont Chimborazo. Autrefois ouverte sur le monde extérieur, la vallée accueillit plusieurs familles de métis péruviens fuyant la tyrannie d'un gouvernement espagnol. Lors d'une éruption du Mindobamba qui, durant dix-sept jours, obscurcit le ciel de Quito, un pan de la crête de l'Arauca s'effondra et coupa la vallée du reste du monde.

Tous les habitants sont aveugles à la suite d'une épidémie qui se déclara après l'éruption, et la cécité devint héréditaire. Le pays possède une eau claire, des pâturages pour les lamas, et, à flanc de coteaux, une terre brune qui convient parfaitement aux arbres fruitiers. Le climat y est doux. Les maisons étonnamment propres s'alignent régulièrement le long d'allées pavées de pierres noires et blanches. Elles ont des portes, mais pas de fenêtres. Les murs sont barbouillés d'une sorte d'enduit de couleur grise aux nuances variées allant du gris-brun au gris ardoise.

La population parle un espagnol archaïque et rudimentaire, dont tous les mots qui touchent à la vue sont sans signification. Par contre, le sens auditif est très aiguisé.

On ne connaît qu'un seul visiteur ayant atteint le pays des Aveugles, un montagnard de la région de Quito, répondant au nom de Nunez ou de Bogota. Il accompagnait un groupe d'Anglais qui tentèrent l'ascension du Parascotopetl. L'expédition se termina par un désastre, et Nunez se retrouva par hasard dans la vallée dont il s'échappa peu après.

Malgré la beauté du site, les visites ne sont pas recommandées.

• Herbert George Wells, *The Country of the Blind*, Londres, 1911.

AVONDALE

L'un des nombreux phalanstères qui se constituèrent à la fin du XIXe siècle dans le Sud de l'Angleterre. Il est situé dans un paysage agréable et

entouré de merveilleux jardins. Cette communauté hiérarchique est gouvernée par le Hiérarque et les Frères aînés. Elle est vouée au développement de l'humanité, et tous ses membres se considèrent comme les serviteurs de l'humanité de demain. Tous les membres du phalanstère travaillent, mais la journée de travail a été réduite à cinq heures. Chaque membre a droit à un jour de repos tous les dix jours. On se réfère à ces périodes comme à des "décades". L'agriculture domine toute autre entreprise, d'où les immenses potagers qui entourent les lieux. Les tâches sont réparties selon les sexes ; la majorité des femmes célibataires travaillent comme infirmières. Le visiteur découvrira à quel point les sentiments individuels doivent toujours se soumettre au mieux-être de la communauté.
Comme le phalanstère est dédié au progrès de l'humanité tout entière, tous les enfants difformes sont tués, sans douleur. Cela n'est pas considéré comme un meurtre, mais comme un don fait à l'enfant, ainsi délivré d'une vie à laquelle il n'était pas adapté.

• Grant Allen, "The Child of the Phalanstery", in *Twelve Tales*, Londres, 1899.

AXEL

Petite île rocheuse dans la mer souterraine de Lidenbrock*, découverte par Axel, le neveu du professeur Lidenbrock, lors de la fameuse expédition qui atteignit le centre de la terre par le couloir de Saknussemm* en 1863. L'île se trouve à environ six cent vingt lieues à l'est-sud-est de l'Islande, c'est-à-dire sous l'Angleterre.
Sa forme est celle d'un immense cétacé. En son centre jaillit un énorme geyser dont la température est de 163 °C ; la pression des vapeurs d'eau étant variable, les éruptions du geyser sont imprévisibles.

• Jules Verne, *Voyage au centre de la Terre*, Paris, 1864.

AZANIA

Grande île de l'océan Indien, au large de la côte africaine, séparée de la république de Somalie par le détroit de Sakuyu. Ancienne capitale : Matodi sur la côte sud. Pendant les deux siècles de domination arabe, l'île s'appela Sakuyu.
L'empereur Amurath le Grand fonda à deux cents miles à l'intérieur des terres une nouvelle capitale, Debra-Dowa, et chargea les Français de construire le Grand Chemin de fer impérial d'Azania pour relier les deux capitales. En remerciement, Amurath reçut du président de la République française un très beau sceptre d'ivoire qui, avec la couronne d'or d'Azania, constitue un des principaux trésors de l'Empire. A sa mort, son petit-fils, Seth, fraîchement émoulu d'Oxford,

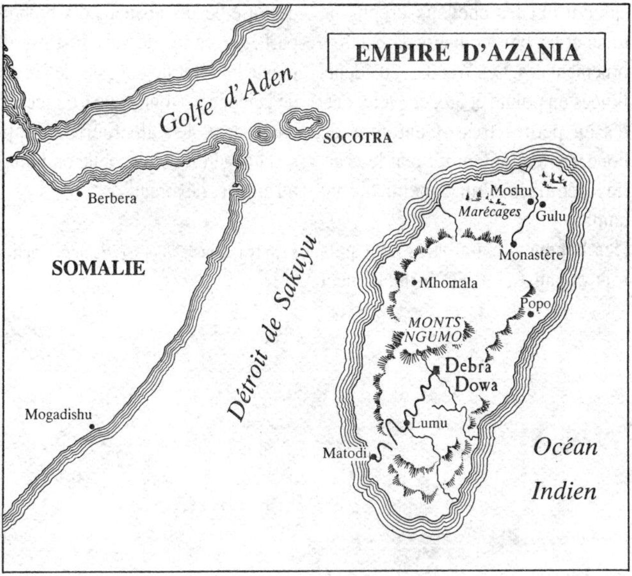

lui succéda et connut un règne plutôt mouvementé avant de mourir empoisonné.

Il y a pléthore de religions dans l'empire d'Azania : anglicane, catholique, nestorienne (toutes ont leur cathédrale à Debra-Dowa), quaker, morave, baptiste, mormone et luthérienne. Les Arméniens, les juifs, les orthodoxes grecs et les Indiens disposent aussi d'un lieu de prière.

Le palais impérial de Debra-Dowa, une villa de stuc de style français, est entouré de cahutes plus ou moins grandes servant de cuisines, d'étables ou de quartiers pour les domestiques. L'enceinte abrite aussi une sorte de hangar recouvert de chaume, où se déroulent les banquets officiels, une chapelle au dôme octogonal et une construction massive de pierre et de bois où sont reçus les hôtes royaux. A l'extérieur, les boutiques, les baraques, les huttes indigènes se mêlent aux missions, aux riches villas et aux légations étrangères.

L'armée occupe une place prédominante : la garde impériale porte un uniforme de campagne gris ; l'infanterie, organisée par un Irlandais, le général Connolly, a des uniformes effilochés, aux bandes molletières avachies et aux calots pointant dans toutes les directions ; les guerriers sakuyu ont les cheveux crépus, le torse et les bras couverts de balafres ornementales. Les Wandas, aux dents limées en pointe et aux cheveux nattés en petites tresses enduites de boue, portent autour du cou les parties génitales d'un ennemi tué au combat.

Des banquets cannibales sont parfois organisés : il est formellement déconseillé aux visiteurs d'y prendre part. Au cours de tels festins, on risque en effet de déguster les restes de la jeune personne que l'on recherchait dans les alentours, où elle s'était égarée, et à laquelle on portait un amour "dévorant".

• Evelyn Waugh, *Black Mischief*, Londres, 1932.

B

BABAR, royaume de,
voir **CÉLESTEVILLE**

BABEL

Ville à la position géographique indéterminée, célèbre pour sa bibliothèque. A ne pas confondre avec la Babel biblique (Genèse, XI, 1-9). Cette bibliothèque, qu'on appelle aussi l'Univers, renferme un nombre indéfini, et peut-être infini, de galeries hexagonales et d'étages inférieurs et supérieurs ; la disposition des galeries est invariable, mais ne dépasse pas celle d'une bibliothèque ordinaire. L'antichambre offre, à droite, un petit placard pour y dormir debout et, à gauche, un cabinet de toilette ; un escalier en spirale et un miroir complètent la décoration de la pièce. La présence de ce miroir a pu faire croire que la bibliothèque n'était pas infinie ; sinon, comment justifier cette duplication illusoire ?...
Chaque rayon de la bibliothèque compte trente-cinq livres de quatre cent dix pages d'un format identique. Une page contient quarante lignes et chaque ligne quatre-vingts lettres noires. Comme l'alphabet ne comprend que vingt-cinq signes, et que la bibliothèque est infinie, tout ce qui peut être écrit dans n'importe quelle langue est conservé ici : l'histoire minutieuse et détaillée du futur, les autobiographies des archanges, l'inventaire complet de la bibliothèque, des milliers de faux catalogues, le récit authentique de la mort de chaque homme, la traduction de tous les livres dans toutes les langues. C'est ainsi que, de génération en génération, les bibliothécaires parcourent les galeries à la recherche du "Livre".

• Jorge Luis Borges, "La biblioteca de Babel", in *El jardín de senderos que se bifurcan*, Buenos Aires, 1941.

BABILARY

Ile située dans la mer de Chine orientale et gouvernée par les femmes. De la capitale, Ramaja, on retiendra surtout la place du Marché au centre de laquelle trône la statue de la reine Rafalu qui la fit construire au XVIIe siècle. L'ensemble ornemental est complété par les statues des femmes illustres de Babilary.
Les femmes prirent le pouvoir après la bataille de Camaraca, combat mémorable à l'issue duquel la reine Aiginu Ire vainquit l'armée de son mari en plaçant les plus jolies filles en première ligne de ses troupes : la victoire fut remportée sans verser une seule goutte de sang.
La reine possède un harem, composé surtout de beaux étrangers. Elle y choisit un mari qu'elle consent à garder un an. Ce prince consort doit être bien élevé, timide et jamais impudique. Les femmes, guerrières ou pirates, sont aussi musiciennes ou poètes.

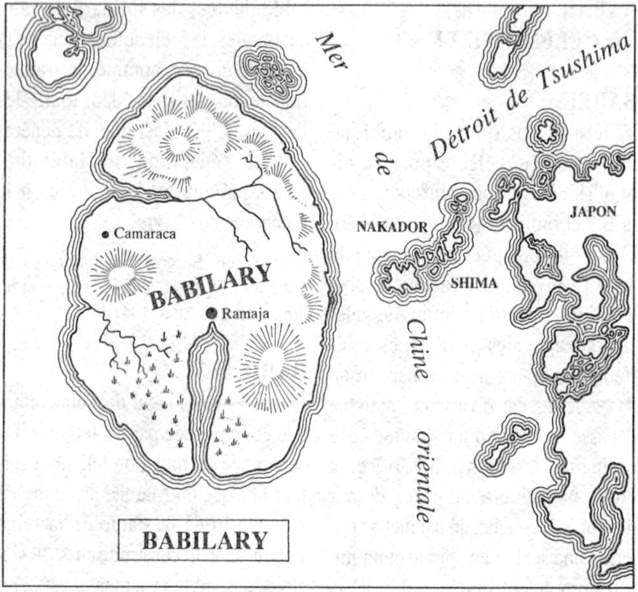

Les hommes ne reçoivent aucune éducation et n'ont d'autre souci que celui de leur beauté. Le mariage n'est pas pris au sérieux par les femmes qui ont le droit de demander le divorce, ce qui est interdit aux hommes.

Le tribunal littéraire, composé de sept femmes, juge toutes les pièces de théâtre. La reine récompense les meilleurs auteurs ; elle punit les mauvais en leur interdisant d'écrire. Le tribunal de mode, composé d'hommes, dicte le style des vêtements et des coiffures. Dans la religion babilarienne, Ossok est le dieu des femmes, Ossokia, celui des hommes.

Dans la langue du pays, Babilary signifie : "A la gloire des femmes."

• Pierre François Guyot, abbé Desfontaines, *Le Nouveau Gulliver ou Voyage de Jean Gulliver, fils du capitaine Gulliver. Traduit d'un manuscrit anglois par M. l'abbé de L. D. F.*, Paris, 1730.

BACHEPOUSSE

Ile parfumée de l'archipel Chichi dont la végétation est tropicale. Les indigènes vous y accueillent les bras chargés de bouquets de toutes les couleurs, de fruits, de viande et de miel.

Au centre de l'île s'élèvent trois collines et un petit volcan qui, à chaque éruption, couvre d'une lave fertile les pentes de la montagne. Ainsi régénéré, le sol se trouve parsemé de fleurs d'or que les habitants cueillent et qu'ils échangent contre de la nourriture ou d'autres marchandises avec les habitants des îles voisines.

Les indigènes, paresseux, possèdent néanmoins un sens artistique certain : avant d'être mené au pâturage, le bétail est peint en gris si le temps est orageux, en bleu lorsque le soleil brille, en blanc et pourpre si les bourrasques se déchaînent.

Les femmes se lavent dans une eau de pétales de roses et les enfants font leurs besoins dans des carrés de soie. A l'âge de la puberté, les jeunes filles se percent les mamelons afin de les orner de roses qu'elles portent avec une sensuelle élégance.

• Robert Pinget, *Graal Flibuste*, Paris, 1956.

BAHARNA

Port important de l'île d'Oriab, dans la mer du Sud du Monde-du-Rêve*, à onze jours de voile de Dylath-Leen*. Les quais de Baharna sont de porphyre, et la cité s'étage en multiples terrasses de pierre et en ruelles escarpées parfois coiffées d'un pont reliant deux édifices. Il faut voir les phares jumeaux, Thon et Thal, et le grand canal qui traverse la ville et mène au lac Yath qui abrite les ruines d'une très ancienne cité. Il est fortement déconseillé d'y dormir. Les amateurs de pittoresque risquent de se réveiller sans leurs montures (généralement des zèbres), saignées à blanc pendant la nuit, et dont il ne reste que les carcasses. Si une partie de leurs bagages a disparu, les empreintes d'énormes pieds palmés leur révéleront l'identité des voleurs.

• Howard Phillips Lovecraft, "The Dream-Quest of Unknown Kadath", in *Arkham Sampler*, posth., Sauk City, 1948.

BALADAR, voir COMME-AVANT

BALBRIGES et BOULOULABASSES, république des

Pays d'Europe centrale. A noter le splendide palais du roi balbrige Kaboul Ier, empereur des îles Vertes. Le palais est construit sur une colline ; ses hautes salles sont remplies de plantes qui grimpent jusqu'au plafond, et d'aquariums géants où nagent des poissons rouges. D'immenses jardins sont disposés en terrasse, où orangers et palmiers poussent entre le sol de marbre, les tapis rares, les statues et les fontaines.

L'histoire récente des Balbriges et des Bouloulabasses est marquée par la vie d'un marmiton nommé François Gauwain. Quand les Bouloulabasses eurent attaqué le palais du roi Kaboul Ier, Gauwain les en chassa en les enfumant dans les caves royales où ils avaient trouvé astucieux de se cacher. Mais comme le roi Kaboul refusait de lui donner la main de sa fille en mariage, Gauwain changea de camp et offrit ses services au roi des Bouloulabasses, Bridabatu XXIV, qui eut ainsi l'occasion de prononcer la phrase historique : "Celui qui a su étouffer mon armée dans une cave saura bien la rendre glorieuse sur un champ de bataille."

Gauwain fut cependant vaincu et fait prisonnier par le roi Kaboul Ier qui ne reconnut pas son ancien marmiton. Ce dernier parvint à verser du poison dans les citernes du palais et causa la mort de tous les Balbriges. Il épousa alors la princesse Julie qu'il avait épargnée, et réunit les deux royaumes en une seule république.

• Max Jacob, *Histoire du roi Kaboul Ier et du marmiton Gauwain*, Paris, 1903.

BALEUTA

Une des îles de la Sagesse*, vaste archipel peu connu du Pacifique nord. Baleuta a délibérément fondé sa civilisation et sa culture sur l'idéal politique défini par Platon.

Baleuta prétend être le seul Etat du monde à avoir mis en pratique les idées du philosophe. L'Etat se trouve sous le contrôle des philosophes qui ont appris l'art de gouverner à l'université.

Il faut savoir que le service des postes a récemment été mis sous la dépendance du ministère de l'Ethique transcendantale, après qu'on eut découvert que quatre-vingts pour cent du courrier ne parvenait pas à destination. Les habitants de Baleuta pratiquent la mise en commun des femmes et des enfants.

Les services de santé sont organisés selon les critiques de Platon relatives à la médecine d'Hippocrate et à son souci de maintenir la vie. Afin d'éviter que le taux de mortalité ne descende trop bas, les épidémies sont favorisées et les docteurs ne guérissent pas les maladies curables. L'avortement est utilisé pour contrôler la croissance démographique. Le système de santé tout entier est contrôlé par le ministre de la Philosophie médicale qui, selon certaines rumeurs, serait sur le point d'achever une étude capitale sur *Les Devoirs des hommes envers les microbes de la furonculose, avec une référence particulière au* De officiis *de Cicéron.*

L'application stricte des principes de Platon a donné lieu à quelques conflits politiques. En effet, en dépit de la règle platonicienne qui veut que les poètes soient bannis de la cité, certains d'entre eux sévissent encore dans plusieurs parties de l'île et défient la Constitution.

Il faut cependant admettre qu'en général le taux de criminalité a considérablement baissé grâce à l'introduction du principe socratique : "Mieux vaut subir l'injustice que de la commettre."

Aucune tradition artistique n'existe

dans l'île ; le principe, selon lequel la beauté doit être recherchée pour elle-même, est considéré comme un luxe immoral. Les architectes ont eu recours à un compromis : si les maisons de Baleuta ont des façades lamentablement délabrées, elles sont, par-derrière, remarquablement aménagées. Tous les bâtiments publics ressemblent à des silos ou des hangars, excepté les magasins qui sont souvent conçus d'après les modèles de l'Acropole.

Au centre de la capitale se dresse une énorme statue en bronze qui montre Platon portant Kant sur ses épaules. Comme on peut s'y attendre dans un Etat qui raille officiellement le rôle de l'artiste, les silhouettes, les formes sont grotesques, et tout sens de la perspective est ignoré. Afin de symboliser la théorie kantienne des antinomies, des lieux d'aisance publics ont été installés à l'intérieur du socle du mémorial. Ces toilettes s'appellent l'*Heracliteon* et portent l'inscription *Panta rhei* ("Tout coule").

L'éducation à Baleuta est fondée sur l'étude des classiques, avec une référence particulière à Platon. Afin de faciliter l'enseignement de la grammaire, Homère et Horace sont utilisés comme livres de textes principaux, mais les élèves sont invités à mépriser le contenu poétique des œuvres et à les employer comme manuels de grammaire. La principale festivité de l'île est sans doute la célébration de l'anniversaire de l'Université platonicienne, au cours de laquelle des chars parcourent la ville ; y sont représentées les vies des philosophes ou les découvertes scientifiques les plus importantes.

Les visiteurs de Baleuta sont tous tenus de remplir une fiche à leur arrivée. Outre les questions ordinaires, il leur est demandé de faire état de leurs convictions philosophiques. Le ministère des Affaires philosophiques peut ainsi prendre les mesures qui s'imposent pour encourager ou décourager certaines convictions. Les visiteurs sont par ailleurs avertis qu'il leur faudra payer l'hospitalité que leur consentiront les autorités au cours de leur séjour dans l'île.

• Alexander Moszkowski, *Die Inseln der Weisheit, Geschichte einer abenteuerlichen Entdeckungsfahrt*, Berlin, 1922.

BALNIBARBI

Ile située entre le Japon et la Californie. Capitale : Lagado, dont la taille est environ la moitié de celle de Londres. Toutes les maisons, d'une architecture très originale, sont dans un état lamentable. Vêtus de haillons, les habitants errent dans les rues avec des yeux hagards. Dans la campagne, les paysans utilisent des outils variés, sans qu'on puisse dire exactement ce qu'ils en font. Sur le sol, pourtant fertile, ne poussent ni herbe, ni céréale.

Laboratoire de recherche expérimentale en équilibre architectural de l'académie de Lagado à Balnibarbi.

De soi-disant *planificateurs* sont, pour une grande part, à l'origine de la pauvreté qui règne sur l'île. En 1660, quelques personnes s'embarquèrent pour Laputa* et en revinrent cinq mois plus tard, la tête pleine de formules mathématiques et d'idées fumeuses, qu'ils mirent en application. Aucun des plans ne donna le moindre résultat. Le pays resta en friche. Quelques seigneurs ou *munodi* tentèrent de s'opposer aux *planificateurs*, mais, à leur tour, ils furent contraints de sacrifier leurs anciennes demeures et d'en rebâtir de modernes pour éviter la colère du peuple et la défaveur du roi. Un des *projets* typiques des *planificateurs* consiste à extraire des concombres des rayons du soleil, à les stocker dans des flacons, et à les ouvrir, par temps gris. Autre exemple : à la suite de recherches poussées en laboratoire, un architecte propose de commencer par le toit pour finir par les fondations, imitant ainsi les merveilleux procédés des abeilles et des araignées.

A l'Ecole des langues, les *planificateurs* ont simplifié la méthode d'enseignement, en coupant les polysyllabes et en abandonnant verbes et participes, partant du principe que toute chose imaginable se réduit à un nom. Le *projet* de l'abolition des mots est à l'étude : son auteur affirme réduire ainsi l'usure des poumons. La logique sous-jacente de ce *projet* est la suivante : si les mots représentent une chose, il est plus pratique d'emporter la chose avec soi que de la décrire. L'Ecole des sciences politiques a aussi préparé des *projets* pour découvrir les complots contre le gouvernement : on imagine d'examiner la nourriture des suspects et d'analyser leurs excréments, car un homme n'est jamais plus sérieux, pensif et résolu, que lorsqu'il est sur le trône, en train de déféquer.

• Jonathan Swift, *Travels Into Several Remote Nations of the World. In Four Parts. By Lemuel Gulliver, First a Surgeon, and Then a Captain of Several Ships*, Londres, 1726.

BANZA
Capitale du Congo (à ne pas confondre avec l'Etat africain du même nom). La ville est célèbre pour ses pièces de théâtre – les meilleures de toute l'Afrique – qui sont données dans des salles minables. Elle est également le siège de la plus belle et de la moins efficace académie de devins du monde.
Banza est gouvernée par le sultan Mangogoul, 1 234 500e descendant de la même dynastie, établie en l'an 1 500 000 003 200 001 de la création du monde.
Homme profondément religieux, Mangogoul est en excellents termes avec les divinités congolaises, en particulier avec le dieu Cucufa, un vieil hypocondriaque qui, de peur d'être dérangé par les problèmes du monde et ceux des autres dieux, s'est réfugié dans le vide. Là, il peut mettre en pratique les saintes vertus de se gratter, se pincer, s'ennuyer, se mettre en colère et se laisser mourir de faim. Il repose sur un matelas de bambou, le corps cousu dans un sac, les bras repliés contre la poitrine ; de la cagoule qui recouvre sa tête ne dépasse qu'une barbe. Il a pour compagnons un hibou, quelques rats qui grignotent son matelas et des chauves-souris qui lui volettent autour.
On attribue à Cucufa de grands pouvoirs. Il se sert parfois de ses bagues pour disparaître, et il a le don de faire parler les bijoux des femmes.

• Denis Diderot, *Les Bijoux indiscrets*, Paris, 1748.

BARANKA, île de,
voir **COMTE ZAROFF**

BARATARIA
Seule île au monde à être entourée de terre, elle est située au cœur de la province espagnole de la Manche. Elle est célèbre pour avoir été gouvernée avec droiture pendant une semaine par Sancho Pança, l'écuyer de don Quichotte, qui abandonna brusquement le gouvernement de l'île après avoir repoussé une invasion, armé de deux tables de bois attachées à la ceinture. Il fit des commentaires amers sur la cuisine de l'endroit, qu'il compara à un régime de prison par temps de famine.
Le voyageur qui serait invité à gouverner Barataria doit connaître les conseils que don Quichotte prodigua à son écuyer :

D'abord, crains Dieu : la peur de Dieu est le commencement de la sagesse et un sage ne peut se tromper.
Un homme doit considérer ce qu'il a été et s'efforcer de savoir ce qu'il est, tâche difficile entre toutes.
Un homme ne doit pas être gouverné par son caprice.
Un homme doit être plus sensible aux larmes des pauvres qu'à l'apparat des riches.

Si la balance de la justice vient à pencher, que ce soit par le poids de la pitié et non par celui d'un cadeau.

Qu'un gouvernement suive ces règles, et il aura longue vie, sera récompensé de toutes ses peines, jouira d'une gloire éternelle et d'un bonheur indicible.

• Cervantes, *El ingenioso hidalgo Quijote de la Mancha*, Madrid, 1605-1615.

BARBE-BLEUE, château de

Quelque part en France. Célèbre pour son mobilier somptueux et raffiné, ses tapisseries et ses psychés aux riches cadres dorés. Les femmes qui visitent le château doivent se montrer extrêmement prudentes. L'entrée d'une chambre est en effet interdite. Les curieuses qui passeront outre seront punies par la vision d'un spectacle horrible : le sol de marbre est poisseux de sang et des corps de femmes en décomposition sont enchaînés aux murs.

Peut-être gagnerez-vous, lors de la visite du château, à vous faire accompagner d'une proche parente, de préférence une sœur qui, s'extasiant au sommet de la plus haute tour, sur l'herbe qui verdoie et le soleil qui poudroie, pourra éventuellement vous tirer d'affaire.

• Charles Perrault, "La Barbe-Bleue", in *Histoires ou Contes du temps passé ou Contes de ma mère l'Oye*, Paris, 1697.

BASILIC

Pays d'Afrique du Sud. Contrée désertique habitée par un serpent qui fend les roches, assèche les prairies et tue les animaux par la seule puissance de son regard. Seules les belettes ne sont pas affectées par la présence du monstre que le chant d'un coq peut effrayer. A défaut de coqs ou de belettes, on peut emporter un miroir pour s'en défendre : le basilic, confronté à sa propre image, tombe raide mort.

Selon les uns, il s'agirait d'un serpent à plumes ; selon les autres, d'un coq couronné, campé sur quatre pattes aux ergots semblables à des pointes, aux plumes jaunes, aux ailes blanches et à la queue de serpent terminée soit par un crochet, soit par une crête hérissée de dards qu'il lance comme des flèches et qui font saigner les feuilles des arbres. Les œufs de basilic sont couvés par les crapauds pendant la saison de l'Etoile du chien.

Près de la côte, vivent les mantichores, gigantesques lions rouges à face humaine et aux yeux bleus très doux. Leurs trois rangées de dents s'emboîtent les unes dans les autres. Leur rugissement peut se comparer à un duo de flûte et de trompette. Ces monstres sont remarquables par leur rapidité et leur goût pour la chair humaine.

• Pline l'Ancien, *Naturalis Historia*, Ier siècle apr. J.-C.

• Lucain, *Pharsalia*, entre 39 et 65 apr. J.-C.

• Gustave Flaubert, *La Tentation de saint Antoine*, Paris, 1874.

Manoir des Baskerville à Dartmoor, Angleterre.

BASKERVILLE

Manoir ancestral dans le Dartmoor, en Angleterre, à quatorze miles de la grande prison de Princeton. Le détective Sherlock Holmes et le Dr John H. Watson y séjournèrent du 25 septembre au 20 octobre 1888 afin d'éclaircir le mystère d'un chien monstrueux qui, selon une légende du XVIIIe siècle, hantait les landes désolées des environs. Le manoir des Baskerville et ses terres appartiennent probablement aujourd'hui au National Trust.

• Sir Arthur Conan Doyle, *The Hound of the Baskervilles*, Londres, 1902.

BASTIANI

Enorme forteresse ; exemple typique du génie militaire. Elle garde l'entrée de l'unique passage entre le désert des Tartares* et les pentes méridionales de la haute chaîne ininterrompue de montagnes abruptes qui délimitent la frontière entre les Etats du Sud d'un pays sans nom. Solitaire, la forteresse paraît faire corps avec les rocs d'un plateau. La ville la plus proche, San Rocco, est à deux jours de cheval, et de chaque côté de la forteresse s'étendent, sur des lieues, des monts sauvages et impénétrables. Malgré son importance stratégique (qui décline, faute d'invasions), Bastiani offre un aspect extérieur assez banal. Partant du bloc central – qui ressemble à un quelconque baraquement –, deux murailles crénelées relient de chaque côté les redoutes latérales. Encaissée entre d'immenses falaises abruptes, la passe est ainsi complètement bloquée. La Nouvelle-Redoute, un fortin situé au-dessus d'une colline dominant le désert des Tartares, se trouve à trois quarts d'heure de marche de la forteresse. C'est un poste de garde très avancé, totalement isolé, et planté là pour donner l'alarme. La relève de la garde est d'une extrême rigueur. Les officiers doivent connaître trois mots de passe : celui qui permet d'entrer dans la redoute, celui que l'on utilise pendant le tour de garde et celui qui permet d'en sortir. Dans les cercles militaires du Sud, les trompettes d'argent de Bastiani sont célèbres pour leurs cordonnets de soie rouge et leurs sonneries cristallines.

• Dino Buzzati, *Il deserto dei Tartari*, Milan, 1940.

BAUCIS

Après sept jours de marche à travers bois, le voyageur qui se rend à Baucis ne peut voir la ville, alors même qu'il est arrivé. Les minces pilotis, qui s'élèvent du sol à grande distance les uns des autres et se perdent dans les nuages, soutiennent la métropole. Il faut prendre des escaliers pour atteindre la cité dont les habitants ne se montrent que rarement sur le sol : ils ont tout le nécessaire au sommet et préfèrent ne pas descendre. Rien dans cette ville ne touche la terre sinon les longues pattes des phénicoptères sur lesquelles elle repose, et une ombre angulaire qui se profile à travers le feuillage, sur le sol, au cours des journées ensoleillées.

On peut faire trois hypothèses sur les habitants de Baucis : qu'ils haïssent la terre, qu'ils la respectent au point d'éviter tout contact avec elle ou qu'ils l'aiment comme elle existait avant eux et qu'au moyen de jumelles, de télescopes, ils l'examinent feuille par feuille, pierre par pierre, fourmi par fourmi, et la contemplent, fascinés par leur propre absence.

• Italo Calvino, *Le città invisibili*, Turin, 1972.

BEAULIEU

Ville fortifiée, à environ quarante milles d'une des plus grandes métropoles de la Nouvelle-Angleterre, aux Etats-Unis. Ville vierge d'affiches et de cheminées d'usines.

Les voitures ne sont pas admises au-delà de la muraille qui encercle Beaulieu. On peut louer à l'auberge des chevaux ou une calèche, seuls moyens de transport autorisés. L'octroi, strictement appliqué, taxe toutes les marchandises qui pénètrent dans la ville. Les articles taxés par l'administration de "luxe inutile", comme le télégraphe et le téléphone, sont interdits.

Pour entrer dans Beaulieu, il suffit de passer sous une large voûte, au puissant écho. On débouche d'abord sur une petite place, entourée de maisons à pignons. Le bâtiment principal est la Bourse, grand bâtiment à arcades. C'est là que se vendent les surplus : produits fermiers, grains, tissus, impôts payés en nature.

Beaulieu a remis sur pied un véritable artisanat, réduisant au minimum l'usage des machines et bannissant la machine à vapeur. On considère à Beaulieu que les systèmes mécaniques doivent disparaître, car ils rendent le travail dégradant et affaiblissent l'esprit.

La rue principale débouche sur la grand-place ; d'admirables bâtiments publics aux belles proportions et aux riches couleurs lui donnent élégance et beauté.

A côté de la grand-place, on parvient, par un passage voûté, au Grand Marché. A l'extrémité de ces halles, une rue mène, au bout de cinquante mètres, au square des plaisirs. Là, on trouve un théâtre, un opéra, les bains publics, une grande auberge et plusieurs cafés.

Il y a de nombreux théâtres et salles de concerts, mais le cinéma est interdit. Par contre, tous les autres arts sont pratiqués couramment. Les musées d'art n'existent pas, parce qu'on estime qu'il y a contradiction entre ces deux termes.

Le système politique a abandonné la théorie du XIXe siècle qui définit le vote comme un droit naturel. Le vote est, ici, un privilège qui n'est exercé que par les propriétaires. Les cours de justice diffèrent totalement des tribunaux européens. Le but de la cour est d'administrer la justice, de défendre ce qui est bien et de réprimer ce qui est mal. La procédure est de peu d'importance : tout appel se référant à des irrégularités techniques ou à des points de procédure est interdit ; pour un avocat, y recourir équivaut à la radiation.

L'éducation recherche le développement de la personnalité. Elle n'est jamais dissociée de la religion. L'idée d'un enseignement strictement laïc, trouvaille du XIXe siècle, fait horreur aux citadins qui lui attribuent la décadence du XXe siècle, en particulier l'amollissement des caractères, la perte des valeurs essentielles et la disparition de la prépondérance occidentale. L'enseignement n'est pas obligatoire mais les parents ont le devoir de veiller à ce que leurs enfants sachent lire, écrire et compter. Seuls, ceux qui désirent poursuivre leurs études vont à l'université dont le niveau est l'égal des meilleures écoles du monde. C'est sans doute le plus beau bâtiment de la ville.

Il est rappelé aux visiteurs que l'entrée de Beaulieu est sévèrement limitée. Inutile d'essayer d'entrer si l'on n'est pas prêt à renoncer au monde extérieur.

• Ralph Adams Cram, *Walled Towns*, Boston, 1919.

BEAUREPAIRE

Puissant château de bel aspect. L'approcher paraît impossible, car il n'est entouré que de mer, d'eau et de terres désolées. Pour l'atteindre, le voyageur doit traverser un pont qui ne supportera peut-être pas son poids. Tous les habitants, sans exception, sont épuisés

Façade sud du château de la Belle au Bois Dormant.

par le jeûne et la veille. La misère est partout visible : deux monastères que le château renferme, l'un de nonnes éperdues, l'autre de moines désemparés, sont sans décoration ni tentures, et les murs ne sont que brèches et lézardes, les tours privées de toiture. La très belle châtelaine, elle aussi accablée par la misère et le malheur, conduit le voyageur dans une chambre au plafond décoré.

Au cours de la nuit, alors que vous dormez d'un profond sommeil, vous êtes éveillé par les larmes de la belle, très peu vêtue. C'est alors qu'elle vous révèle le nom de l'auteur de tous ses malheurs : Anguinguerron, sénéchal de Clamadeu de Iles. Après avoir passé la nuit auprès d'elle, il vous est désormais impossible de refuser de combattre son ennemi mortel.

• Chrétien de Troyes, "Perceval chez Blanchefleur", in *Le Conte du Graal*, XIIe siècle.

BELLE AU BOIS DORMANT

Château situé dans un royaume d'Europe centrale et qui possède d'innombrables chambres, cabinets, escaliers dérobés et vieilles tours. Dans l'une d'elles, les visiteurs peuvent admirer un vieux rouet et, dans le hall central, une collection de douze assiettes d'or.

Selon certains historiens, un sort fut jeté sur le château par une sorcière, au cours de la célébration de la naissance de la princesse Rosemonde, au début du XVIIIe siècle.

Le sortilège prit effet le jour du quinzième anniversaire de la princesse qui, en se piquant le doigt avec le fuseau du vieux rouet, tomba immédiatement dans un profond sommeil, suivie du reste de la cour, des animaux dans les étables, du vent dans les arbres et des moucherons dans le soleil. Seules les haies d'épines qui entouraient les jardins ne furent pas touchées, mais grandirent et s'épaissirent au-delà de toute proportion, enserrant le château d'une enceinte infranchissable.

C'est cent ans plus tard qu'un jeune prince, en traversant la forêt d'épines, trouva la princesse endormie et la réveilla d'un baiser. Alors, le palais entier sortit de son sommeil, le prince et Rosemonde se marièrent immédiatement et ils vécurent heureux jusqu'à leur mort.

Des imitations de ce château ont été construites par le roi Louis II de Bavière et par M. Walt Disney, de Chicago.

• Charles Perrault, "La Belle au bois dormant", in *Histoires ou Contes du temps passé ou Contes de ma mère l'Oye*, Paris, 1697.
• Jacob et Wilhelm Grimm, "Dornröschen", in *Kinder- und Hausmärchen*, Heidelberg, 1812-1822.

BELZÉBUTH, château de,
voir **DÉMON**

BENGODI

District de Berlinzone ou terre des Basques (à ne pas confondre avec Biscaye dans les Pyrénées-Orientales), célèbre pour sa montagne de parmesan râpé dont le sommet est habité par des gens qui passent leur temps à faire des macaronis et des raviolis qu'ils cuisent dans du jus de poulet. Ils les envoient ensuite rouler en bas de la montagne à la grande joie des indigènes de la plaine, qui s'en régalent.

Non loin de là, le voyageur rencontrera une rivière de vin (semblable à celle qui coule à travers l'île Bénie) et qui descend des fameux vignobles de Bengodi. Les paysans bouturent les vignes avec des saucisses, afin de rehausser la saveur de leur vin.

Il y a, à Bengodi, nombre de pierres curieuses : l'héliotrope, ou jaspe sanguin, qui a la propriété de rendre invisible, et les meules de pierre du pays qui, montées en bagues, exaucent les vœux de ceux qui les portent.

• Boccace, *Il Decamerone*, Florence, entre 1350 et 1355.

BENNET

Ile du cercle polaire antarctique par 82° 50' de latitude sud et 42° 20' de longitude ouest. C'est une petite île rocheuse de deux kilomètres de circonférence, où ne pousse qu'une espèce de figuier de Barbarie. L'unique curiosité est un rocher en saillie, visible quand on vient du nord, qui ressemble à s'y méprendre à un amas de balles de coton.

L'île porte le nom du copropriétaire du schooner *Jane Guy* de Liverpool. C'est le capitaine de ce bateau qui la découvrit le 17 janvier 1828.

• Edgar Allan Poe, *The Narrative of Arthur Gordon Pym of Nantucket*, New York, 1838.

BENSALEM

Archipel du Pacifique sud. La plus importante institution, la maison de Salomon, a été fondée par Solamona. Elle est dédiée à l'étude des travaux et des créatures de Dieu.

Dans la bibliothèque est conservé le livre du roi Salomon que l'on croyait perdu, *Histoire naturelle* (cf. Livre des Rois, IV, 33). Des recherches scientifiques y sont menées. Elles ont permis le développement de machines volantes, d'engins sous-marins, de plantes sans semence, d'un piano-violon et de péniches aux ailes d'avion et aux rotors d'hélicoptère. La science n'a pas entraîné un déclin de la religion. Bien au contraire, elle lui est subordonnée : la nature est le langage de Dieu, et la science, l'interprète de la nature. Les doctrines religieuses ont abandonné des thèses insoutenables comme celle de la création du monde. Une union harmonieuse entre la philosophie, la science et la religion a fait prendre conscience au peuple de sa place dans l'univers et des possibilités de la race humaine. Aux murs des églises est simplement inscrit : "Amour, Vérité, Energie." Les grands prophètes y ont leur portrait. Il n'y a pas de clergé, mais des laïcs sélectionnés par les bureaux de placement. Les services sont ponctués de périodes de silence où la télépathie donne le sentiment d'une réelle communion spirituelle.

L'espérance de vie de la population de Bensalem a considérablement augmenté ; elle est de quatre-vingts ans et les individus âgés de cent dix ans sont légion. Les recherches médicales ont éliminé toutes les maladies bactériennes, et un sérum extrait du crabe est utilisé contre le cancer. Diffusée immédiatement auprès de toutes les instances médicales du monde, cette découverte a été dédaignée, car elle n'était accompagnée d'aucune référence.

La langue de Bensalem est d'origine inconnue. Elle comporte des consonances vaguement roumaines, et son graphisme rappelle un peu celui de l'amharique. La langue possède plus de trente mots pour décrire les odeurs.

Les hommes s'habillent dans un style vaguement élisabéthain : chemise, fraise, culottes à mi-jambes et veste cintrée assez longue. Les femmes s'enveloppent l'été dans une espèce de sari et s'emmitouflent l'hiver dans des capes et des vestes fourrées. Tous les tissus sont synthétiques. Les familles possèdent également un pavillon à la campagne, où les routes sont peintes en vert pour que l'on ne les remarque

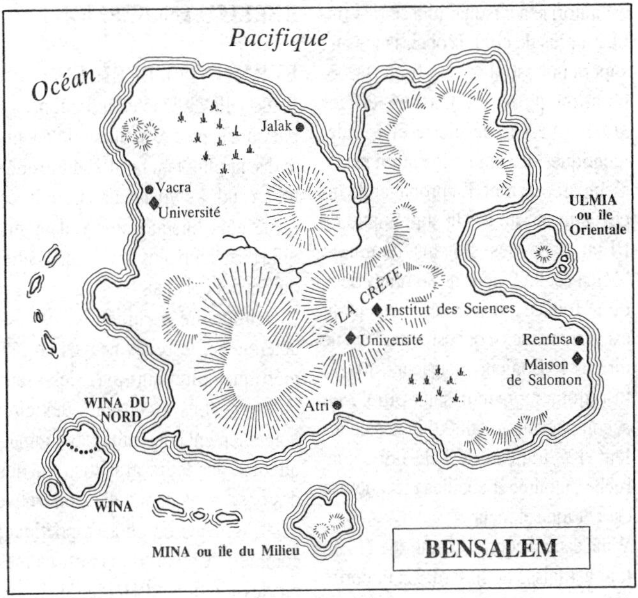

pas. Il est surprenant de voir dans les villes une foule d'animaux se promener en liberté : cerfs, gazelles, kangourous, koalas, singes et écureuils. Tous à demi domestiqués, ils se nourrissent dans les mangeoires publiques et ne causent aucun dommage aux jardins. Les chats ont été éliminés, car on n'a trouvé aucun moyen de les empêcher de chasser les oiseaux.

Si l'accès à Bensalem est strictement contrôlé, le vieux code du roi Solamona précise que seuls sont autorisés à entrer dans le pays les voyageurs n'ayant pas fait couler de sang depuis une période déterminée.

La visite des îles de l'archipel est plus périlleuse. Ulmia est connue sous le nom d'Union des idéalistes pour la logique de la matière. Son drapeau représente une fourche croisée d'une scie et porte la devise : “Le matérialisme dirige l'homme.” A l'origine, Ulmia était une société égalitaire qui prônait la misère pour tous plutôt que le confort pour quelques-uns. Mais, depuis la Révolution, la famine et la pauvreté ont décimé la population, et les dirigeants tendent à être moins dogmatiques.

Mina, l'île du Milieu, vit sous le régime militaire d'un dictateur. Nul n'y est autorisé à s'isoler, ni à se rassembler à plus de cinq. L'obéissance aux supérieurs est absolue. Toute la population porte un masque et des armes (massue de pierre et fronde) identiques. Le but de la nation est de s'emparer de tout. La propagande incessante insiste sur la suprématie de l'Etat avec des slogans comme : "Mina est tout, nous ne sommes rien" ou : "Tout ce que le gouvernement dit est vrai, même ce qui est faux." On ne dit pas : "Bonjour monsieur", mais : "Bonjour monsieur-sans-pitié", en accompagnant le salut d'un geste violent. Le drapeau de l'île porte une ruche entourée d'abeilles et sa devise est : "Pique et meurs."

Wina est, au contraire, une société où tout est laissé au hasard. La majorité pauvre travaille pour entretenir une petite classe oisive, qu'elle considère comme supérieure.

Les villes sont hérissées de panneaux publicitaires. Un développement sauvage a défiguré les côtes et les ordures polluent le pays. Les accidents de la route sont fréquents. L'alcool et la drogue se consomment en grande quantité. Les habitants, d'humeur facile, sont très superstitieux. Ils tiennent le 9 pour un chiffre néfaste et considèrent que "toucher du vert" détourne le mauvais sort.

• Francis Bacon, *Nova Atlantis*, Londres, 1627.

• Viscount Herbert Louis Samuel, *An Unknown Land*, Londres, 1942.

BERLIEU, voir **BERMONT**

BERMONT ou **BERLIEU**

Seule ville du Dhôtelland qui ne soit pas située avec exactitude. D'aucuns la disent plutôt au nord, d'autres plutôt au sud. Le voyageur sait qu'il est à Bermont lorsqu'il arrive dans une ville beaucoup plus grande que celles qu'il a déjà visitées.

L'architecture bermontoise est très hétérogène, les cités neuves et géométriques alternant avec les vieux quartiers. Les ascenseurs des cités nouvellement construites sont remarquables par leurs graffitis. Au lieu des obscénités habituelles, on trouve des fragments de phrases poétiques comme : "Ce soir, le lac est calme" ou des citations d'Héraclite. Le ou les auteurs de ces chefs-d'œuvre sont inconnus, de même que le mystérieux individu qui écrivit sur les murs de la salle des fêtes les inscriptions suivantes : "Lumineux est un voleur. Lumineux est un hâbleur. Lumineux est un coureur" et paracheva son œuvre en écrivant à la craie sur le perron de la mairie : "Lumineux, rentre chez toi."

Ville non pittoresque, Bermont vaut surtout par ses enclaves, qui méritent le détour. Il faut citer le quartier Sainte-Soline aux maisons superposées sur des assises de tuf, la cour des Choules, où les habitants fouillent dans les ordures dans l'espoir de recueillir des nouvelles du Paradis, la torride rue des Freux, près de l'usine à gaz, où les habitants parlent, le soir, d'un domaine immense survolé par un aigle blanc ; enfin, la rue des Aulnes, qui est si tranquille qu'elle semble n'être habitée que par des fantômes.

L'orgueil de Bermont n'est ni un monument, ni une église, mais la serre de M. Fulbert Dogreau, cactéophile, qui parle en mettant le pommeau de sa canne dans sa bouche. Les visiteurs pourront y admirer des milliers de cactus parmi lesquels *Aloë polyphylla* et *Pseudolithos cubiformis*, espèces présumées éteintes et n'existant plus dans la nature. A la suite de nombreux vols, il faut prévenir les visiteurs cactéophiles tentés de glisser subrepticement un cactus dans leur poche qu'ils risquent un coup de fusil.

• André Dhôtel, *Les Premiers Temps*, Paris, 1953 ; *Le Ciel du faubourg*, Paris, 1956 ; *Lumineux rentre chez lui*, Paris, 1967 ; *Des trottoirs et des fleurs*, Paris, 1981.

BERSABÉE

Les habitants de la ville croient qu'il existe une autre Bersabée suspendue dans les cieux et où se manifestent les vertus et les sentiments les plus élevés de la cité ; et qu'il suffirait que la Bersabée terrestre prenne modèle sur sa céleste réplique pour ne faire qu'une avec elle. L'image propagée par la tradition est celle d'une métropole d'or massif, aux serrures d'argent, aux grilles de diamants, une cité-joyau, sertie comme peut l'être une matière de la plus grande valeur. Fidèles à leur foi, les habitants honorent tout ce qui suggère la ville céleste : ils accumulent les métaux précieux et les pierres rares, ils renoncent à tout excès éphémère et élaborent des formes rigoureuses. Ils croient aussi qu'une autre Bersabée existe sous terre, réceptacle de tout ce qui est immonde, de tout ce qui leur arrive de méprisable, et leur souci constant est d'effacer tout lien ou ressemblance avec cette jumelle renégate. Ils imaginent cette cité souterraine chapeautée de poubelles au lieu de toits, et de croûtes de fromage, de papiers gras, d'arêtes de poissons, d'eaux de vaisselle, de restes de spaghettis, de vieux bandages. Ou même que sa substance est noire, poisseuse, épaisse comme le contenu des boyaux humains, tombant de trou noir en trou noir, jusqu'à son écrasement sur le plus souterrain des sols souterrains, et que du bouillonnement putrescent s'élève, couche après couche, une cité fécale, aux clochers torsadés.

Les croyances de Bersabée contiennent une part de vérité, et une part d'erreur. S'il est vrai que deux projections d'elle-même accompagnent la ville, l'une céleste, l'autre infernale, les citoyens s'égarent quant à

leur consistance. L'enfer qui gronde au plus profond du sol de Bersabée est une cité conçue par les architectes les plus autorisés, construite avec les matériaux les plus luxueux et dotée de tous les mécanismes et de tous les équipements possibles.
Affairée à empiler ses carats de perfection, la ville ignore simplement que ses seuls moments d'abandon généreux sont ceux au cours desquels elle se détache d'elle-même, se laisse aller, se répand dans le trésor des rejets : épluchures de pommes de terre, parapluies cassés, vieilles chaussettes, tickets d'autobus, rognures d'ongles, coquilles d'œufs. C'est là et là seulement que le voyageur trouvera la ville céleste.

• Italo Calvino, *Le città invisibili*, Turin, 1972.

BÊTE, château de la
Au fond des forêts françaises, vieil édifice aux innombrables recoins, rempli d'escaliers dérobés et de cours poussiéreuses.
Des statues vivantes d'hommes et de chiens de meute ornent de vastes terrasses et d'inexpugnables portes forment des arches dans les murs massifs. Il fut un temps où tout voyageur qui arrivait au château était, par d'invisibles mains, mené dans un sombre corridor, éclairé de loin en loin par des candélabres tenus par des bras humains qui jaillissaient des murs. Dans une salle, un somptueux repas était dressé sur une table veillée par deux bustes vivants.
La Bête, seigneur des lieux, apparaissait alors et demandait au voyageur réparation pour quelque vétille : la cueillette d'une rose blanche, par exemple. L'intrus devait payer ce délit de sa vie, si une jeune fille ne s'offrait à prendre sa place. Ce fut la fille d'un de ces voyageurs imprudents qui rendit à la Bête sa forme première en versant des larmes sur son agonie et en la suppliant de vivre encore. Le chagrin de la jeune fille brisa le sortilège et le prince réapparut sous la dépouille de la Bête.
On peut encore voir, dans l'une des innombrables chambres du château, un miroir qui reflète n'importe quel endroit du monde.

• Mme Marie Leprince de Beaumont, “La Belle et la Bête”, in *Le Magasin des enfants, contes moraux*, Toulouse, 1757.

BIBOUILLEURS, pays des
Désert de sable à la frontière du pays des Cadrats dans le royaume d'Oz*. On n'y trouve que des palmiers au pied desquels on aperçoit d'étranges objets, semblables à des bouilloires retournées qui ne sont autres que les maisons des habitants de l'endroit : les Bibouilleurs. Ils ont des cheveux écarlates hérissés sur la tête et se promènent presque nus, des peaux de bêtes autour de la ceinture et des bracelets aux poignets et aux chevilles.

Les Bibouilleurs sont des nocturnes qui fuient la lumière du soleil. Ils sortent la nuit de leurs habitats circulaires pour jouer et danser sous la lune. Bien qu'agressifs et mal lunés, ils tolèrent les gens qui se joignent à leurs jeux.

• Lyman Frank Baum, *The Patchwork Girl of Oz*, Chicago, 1913.

BIENHEUREUX, île des

Longue de huit cents kilomètres, dans l'océan Atlantique, gouvernée par le Crétois Radamante. L'or a servi à bâtir la capitale aux murs d'émeraude percés de sept portes de cannelle, et aux rues pavées d'ivoire. Tous les dieux possèdent des temples de béryl où, sur des autels d'améthyste, sont offerts des sacrifices humains. La participation à ces cérémonies est déconseillée au voyageur qu'effraie la vue du sang.

L'île ignore le jour et la nuit, et baigne constamment dans le clair-obscur de l'aurore. Un doux zéphir souffle sans fin dans un printemps perpétuel. Toutes les variétés de fleurs et de plantes poussent sur cette terre. Les vignes sont vendangées douze fois par an ; les pommiers, les grenadiers et les autres arbres fruitiers donnent des fruits treize fois par an, car il y a deux floraisons durant le mois de Minossa. Le pain est moissonné directement, car il lève sur la tige du blé, tel un champignon.

Autour de la ville, coule un fleuve profond, au cours navigable. Il exhale un parfum délicat. Il y a sept rivières de lait, huit de vin et de nombreuses fontaines d'eau, de miel et de parfum.

Une robe de toile d'araignée, de couleur pourpre, tient lieu de costume national. Si les habitants n'ont pas de corps, ils parlent et se déplacent normalement. Ils ressemblent à de purs esprits à qui des toiles d'araignée donneraient forme humaine.

• Lucien de Samosate, *Histoire véritable*, IIe siècle apr. J.-C.

BINGFIELD

Ile perdue quelque part dans les Indes orientales. Surtout remarquable par sa faune : on y trouve l'oiseau-chien, un grand oiseau incapable de voler, au corps couvert de longs poils hirsutes, à la tête de lévrier et à la queue en tire-bouchon. Ses longues pattes se terminent par des griffes qui ressemblent à celles d'une panthère. Bien qu'il soit ovipare, l'oiseau-chien allaite ses petits. C'est une bête féroce qui tue les grands chats sauvages de l'île en leur sautant sur le dos et en leur labourant la chair à coups de griffes et de dents. Apprivoisé, l'oiseau-chien est un merveilleux auxiliaire pour la chasse. L'île abrite aussi un étrange animal amphibie qui vit dans les marais. Cette créature plus grosse qu'un éléphant, avec une tête tenant à la fois du bœuf et du cheval, possède de petites oreilles plaquées au crâne et un cou de taureau.

L'île porte le nom de William Bingfield, un Anglais qui y échoua après le naufrage de son bateau. Avec deux compagnons, il vécut deux années entières dans une petite grotte. Un jour, Bingfield aperçut des cannibales se préparant à tuer et manger leurs victimes. Parmi elles, il reconnut sa fiancée, Sally Morton, de qui il avait été séparé en Angleterre. Avec l'aide des oiseaux-chiens qu'il avait dressés pour la chasse, il réussit à la sauver, mais fut obligé de tuer l'un de ses compagnons et de blesser grièvement l'autre, les deux lascars ayant eu la détestable idée d'essayer de violer l'infortunée Sally.

• William Bingfield, *The Travels and Adventures of William Bingfield Esq. ; Containing, as Surprizing a Fluctuation of Circumstances, Both by Sea and Land, as Ever Befell one Man. With an Accurate Account of the Shape, Nature and Properties of That Most Furious, and Amazing Animal, the Dog-Bird*, Londres, 1753.

BISM, ou **MONDE-DU-DESSOUS**
Profondément enfoncé sous la surface de la Terre, ce pays a rarement été visité. On y pénètre par certaines fissures qui s'ouvrent parfois et permettent d'accéder au grand fleuve de feu, scintillant de bleu, de vert et de rouge. Même les gnomes de Bism ne peuvent survivre dans ces eaux, qui font les délices des salamandres, semblables à de petits dragons et réputées pour leur vivacité d'esprit.

Les gnomes de Bism sont amicaux et hospitaliers, bien qu'ils trouvent de très mauvais goût qu'on vienne leur rendre visite. Hauts de dix-huit à trente centimètres, ils sont tous très différents les uns des autres : certains sont barbus, d'autres pas ; les uns ont des cornes au centre du front, d'autres un nez semblable à une petite trompe. Tous ont de grands pieds mous pourvus de dix ou douze orteils.

L'or, l'argent et les pierres précieuses poussent à Bism comme des fleurs. Les rubis sont comestibles et les diamants pressés comme des fruits donnent un jus délicieux. D'après les gnomes, les prétendues mines du reste de la Terre ne produisent que des joyaux morts.

Au-dessous de Bism s'étend un pays appelé le Sous-Sol, et ancien repaire de la sorcière qui tua la femme du prince Caspian de Narnia*. Au terme d'une longue quête entreprise à la demande d'Aslan, le fondateur de Narnia, le règne de la sorcière prit fin. Il avait duré dix ans. Ce fut un soulagement pour les gnomes qu'elle avait obligés à creuser des tunnels pour envahir le Monde-du-Dessus, ce qui les obligeait à se tenir beaucoup plus près de la surface qu'ils ne pouvaient le supporter. Les grottes creusées là pour sauver les prisonniers de la sorcière sont encore visibles aujourd'hui et sont la promenade favorite des Narniens par les grandes journées d'été.

• Clive Staples Lewis, *The Silver Chair*, Londres, 1953.

BLACKLAND

Ruines d'une cité détruite en 1905 et localisée au centre du Sahara par 1° 40' de longitude est, et 13° 50' de latitude nord.

Baptisée par son fondateur, cette cité demeura ignorée du reste du monde, en dépit de ses mille huit cent huit habitants. Construite sur la rive droite d'un oued resté à sec jusqu'au jour où Harry Killer le remplit d'eau courante, son implantation forme un demi-cercle parfait.

Elle était divisée en trois sections très inégales que limitaient d'infranchissables murailles semi-circulaires et concentriques. La première abritait l'aristocratie de Blackland, les *Merry Fellows.* Organisés d'une façon militaire, ils dirigeaient à coups de matraque les esclaves noirs, et constituaient en même temps la garde du chef dont ils exécutaient aveuglément les moindres volontés.

La section la plus éloignée du centre était réservée aux Blancs qui, sous le nom de *Civil Body*, s'adonnaient au commerce en attendant dans ce purgatoire qu'une place devienne libre dans le paradis des *Merry Fellows* – ce qui n'était jamais très long étant donné les mœurs brutales et sanguinaires qui régnaient à Blackland.

La dernière section était un enfer où vivaient les esclaves noirs. Ceux qui n'étaient pas occupés aux soins de la ville sortaient tous les matins par les quatre portes percées dans la muraille, pour se livrer aux travaux agricoles dans le désert transformé en un jardin où poussaient aussi bien les végétaux d'Europe que ceux d'Afrique. Beaucoup mouraient sous les coups de leurs gardiens, mais les razzias accomplies par les Blancs chez les populations voisines avaient vite fait de combler les vides en main-d'œuvre.

Au fond d'une large esplanade se trouvait l'Usine, une véritable ville autonome. Dotée des perfectionnements les plus modernes, elle occupait une centaine d'ouvriers spécialisés qui n'avaient aucune possibilité de communiquer avec le reste de la population. Ces honnêtes travailleurs, français ou anglais pour la plupart, étaient venus de leur plein gré à Blackland, attirés par des salaires mirobolants. D'après leur contrat, ils pouvaient retourner en Europe quand ils le désiraient. A signaler que les os de ceux qui avaient opté pour cette solution blanchissent quelque part dans le désert...

• Jules Verne, *L'Etonnante Aventure de la mission Barsac*, posth., Paris, 1919.

BLACKSTAFF

Royaume entre la Paflagonie et la Crimée des Tartares. Il est gouverné par la fée à la baguette noire Blackstaff, qui parcourt le monde, allant de baptême en baptême, pour distribuer des cadeaux aux enfants. Ceux qui reçoivent un anneau font des mariages heureux et mènent des vies tranquilles. Les récipiendaires d'une rose sont consumés par les flammes de la passion et finissent leur vie dans les transes du désespoir amoureux.

• Michaël Angelo Titmarsh, "The Rose and the Ring", in *Christmas Books*, Londres, 1857.

BLANCHE, maison

Petit cottage dans le **Kent**, en Angleterre, non loin de Rochester. La maison n'a rien de remarquable, excepté son toit qui semble avoir été conçu par un architecte dans un moment d'égarement. Cette chaumière solitaire est située entre une carrière de craie et une sablière où cinq enfants découvrirent une Psammide, ou Fée des sables, en creusant un trou pour se rendre en Australie.

Unique survivante de son espèce, la Psammide a des yeux rétractiles perchés au bout de longues cornes comme ceux des escargots, des oreilles semblables à celles des chauves-souris, un corps d'araignée couvert de fourrure, des mains et des pieds de singe. Elle prétend être vieille de plusieurs milliers d'années. Il semble que, dans les temps préhistoriques, l'espèce était tout à fait commune. Les Psammides vivaient sur les plages de sable où les enfants de l'âge de la pierre leur bâtissaient des châteaux de sable qu'ils s'amusaient à inonder. Le résultat est que les Psammides attrapaient froid et mouraient. Le spécimen découvert dans la sablière eut plus de chance que les autres. Seul le bout de son favori gauche fut mouillé, et elle s'enfouit dans le sable pendant des milliers d'années, où elle ne rencontra pas âme qui vive.

Les voyageurs doivent savoir que la Fée des sables peut réaliser des vœux, qui ne durent cependant que jusqu'au coucher du soleil. Pour accomplir un vœu, elle retient son souffle, sort ses yeux au bout de ses cornes, gonfle son corps et pousse un profond soupir. Le vœu se réalise immédiatement. Comme l'expérimentèrent les enfants, les résultats sont souvent embarrassants. Ils voulurent devenir aussi beaux que le jour, mais leur famille ne les reconnut pas et les chassa de la maison. Ils souhaitèrent que la sablière fût remplie d'or, mais l'or n'étant pas monnaie courante en Angleterre, ils eurent des ennuis avec la police. Enfin, lorsqu'ils désirèrent des ailes, ils se retrouvèrent au sommet d'une église lorsque le sortilège prit fin à la tombée du jour.

Les voyageurs doivent donc prendre un maximum de précautions avant d'accepter les offres tentantes de la Psammide.

• Edith Nesbit, *Five Children and It*, Londres, 1902.

BLEFUSCU

Petite île séparée de Lilliput par un chenal de huit cents mètres. C'est le refuge habituel des exilés de l'empire voisin, incapables de se conformer à la doctrine lilliputienne selon laquelle les œufs doivent être ouverts par le petit côté. En taille et en apparence, le peuple de Blefuscu ressemble aux Lilliputiens.
Selon le code local, répandre de l'eau à l'intérieur de la ville est un crime capital. Sans le savoir, Gulliver enfreignit la loi quand il urina sur le palais royal pour éteindre un incendie allumé par la négligence d'une servante. Depuis cet incident, sur l'ordre de l'impératrice, le palais détruit n'a pas été restauré.

• Jonathan Swift, *Travels Into Several Remote Nations of the World. In Four Parts. By Lemuel Gulliver, First a Surgeon, and Then a Captain of Several Ships*, Londres, 1726.

BLEMMYAE

En Afrique, pays habité par des gens qui n'ont pas de tête et dont le visage est situé au milieu de la poitrine. Cela ne semble pas les gêner beaucoup. Cependant, comme ils n'ont pas de cou, ils sont obligés de tourner tout leur corps quand ils veulent regarder autour d'eux. Ce sont de redoutables cannibales, et les voyageurs n'ont pas intérêt à se laisser duper par leurs allures flegmatiques.

• Anonyme, attribué à Pline l'Ancien, *Inventorum Natura*, Ier siècle apr. J.-C.

BLOKULA

Petit royaume d'elfes situé dans l'extrême Nord de la Suède, et gouverné par une reine-enfant du nom de Serafica. Construit autour d'une cour centrale, le château est orné de nombreuses statues de bois représentant des hommes. Ces statues, très réalistes et de mauvais goût, sont beaucoup plus grandes que les elfes qui habitent le château.
Les sujets de Serafica passent leur temps à se chamailler et à faire leur arbre généalogique. Ils boivent comme des trous, et leurs festins sont si bruyants que le nom de Blokula est associé à celui d'horribles ripailles.

• Sylvia Townsend Warner, *Kingdoms of Elfin*, Londres, 1972.

BOHU, voir TOHU

BOIS-SAUVAGE

Grande étendue de bois frangeant les prairies humides de la Berge-de-la-Rivière. Vu de loin, le Bois-Sauvage est dense, compact et a l'air menaçant. Il est rarement visité par les habitants de la Rivière, et ceux qui s'y sont risqués parlent de "la terreur du Bois-Sauvage".

Dès que l'on y pénètre, on a l'impression d'être observé et épié par des yeux inquisiteurs à l'affût sous les frondaisons. On entend des bruits de pas et des coups de sifflet dans les buissons, car les habitants signalent immédiatement la présence d'un intrus. Il est impensable de se rendre dans le bois sans connaître les mots de passe ni les signaux utilisés par les habitants, et il est conseillé de se munir d'une provision de plantes que l'on place dans sa poche. Le Bois-Sauvage est habité par de nombreuses créatures. Les écureuils, les hérissons et les lapins sont inoffensifs (bien que ces derniers soient aussi insolents qu'ils sont couards), mais dans les endroits sombres rôdent des renards, des belettes, des hermines et de pâles furets aux yeux rouges. La plupart ne sont animés d'aucune mauvaise intention, mais il ne faut surtout pas leur faire confiance.

Il semble qu'autrefois le Bois-Sauvage était une ville habitée par les hommes et abandonnée pour des raisons inconnues. Peu à peu, la nature sylvestre reprit ses droits : les rejets repoussèrent et l'humus recouvrit le sol. Alors, les animaux commencèrent à revenir.

Au centre du Bois-Sauvage se trouve la demeure souterraine de M. Blaireau, sans doute l'animal le plus sage de ces lieux. Il vit dans un immense labyrinthe de tunnels, dont beaucoup reproduisent la forme des squares et des rues enfouis de la ville défunte. Tunnels et passages se prolongent loin sous les bois ; certains s'étendent même au-delà, et la plupart d'entre eux ont des entrées cachées connues de leur seul propriétaire. La demeure de Blaireau est chaude et confortable, avec une impressionnante cuisine aux murs de briques. Des bancs à dossier de chêne encadrent l'âtre illuminé devant lequel est installé un fauteuil, et dans les coins de la cheminée de briques on peut agréablement s'asseoir à l'abri des courants d'air. Aux poutres de bois sont suspendus des jambons, des bottes d'herbe et de longs chapelets d'oignons. Les autres pièces de la maison ont des tailles variées. Certaines sont à peine plus grandes que des armoires, d'autres sont presque aussi vastes que la grande salle des banquets de la Crapaudière. M. Blaireau a la réputation d'être peu sociable, mais c'est en fait un hôte agréable et un ami loyal. Les mères belettes du bois se servent de lui pour effrayer leur marmaille en leur disant que Blaireau va venir les enlever. En réalité, ce dernier aime beaucoup les enfants, mais l'avertissement produit l'effet désiré.

• Kenneth Grahame, *The Wind in the Willows*, Londres, 1908.

BORGNES, royaume des

En Afrique occidentale, la coutume du pays veut que les sujets imitent leur monarque de façon assez poussée. Aussi lorsque dans un lointain passé naquit une reine borgne, immédiatement le peuple se creva un œil. La tradition s'est toujours maintenue. Il faut savoir qu'il est tout à fait inconvenant de se présenter à la cour avec deux yeux.

La population considère qu'il est bon que les ministres n'aient qu'un œil, car, s'ils en avaient deux, ils en garderaient toujours un fixé sur leurs propres intérêts. On peut prévoir que s'il se trouve un jour un roi sans nez les sujets se sentiront tenus de couper le leur.

Une visite au palais royal est chaudement recommandée ; sur un lit recouvert de trente peaux de tigre, la reine offre ses faveurs aux étrangers. Ceux qui les refusent sont battus et, s'ils persistent dans leur refus, ils sont coupés en morceaux, passés à la broche et dévorés.

• Jean-Gaspard Dubois-Fontanelle, *Aventures philosophiques*, Paris, 1766.

BOSSART, voir **BOSSES**

BOSSES, île des, ou **BOSSART**

Ile de localisation incertaine ; pays natal des nombreux "oiseaux" établis sur l'île Sonnante*. Dans l'île des Bosses, les enfants naissent bossus, borgnes, boiteux, manchots, podagres, ou contrefaits. Incapable de les supporter après l'âge de sept ou neuf ans, leur mère leur coupe une touffe de cheveux en prononçant des paroles incantatoires, ce qui a pour résultat de les transformer en oiseaux qui émigrent sur l'île Sonnante.

Cette ignoble malédiction n'empêche guère les femelles, toutes Clergesses, Monagesses ou Abbegesses, de s'abîmer dans de continuelles dévotions pour leurs parents et amis qui les changèrent en volatiles.

• François Rabelais, *Le Cinquiesme et Dernier Livre des faicts et dicts héroïques du bon Pantagruel*, 1564.

BOU CHOUGGA

Ville en ruine dans le Sahara. Sous ses fondations s'étendrait une grande cité habitée par des chrétiens qui se réfugièrent là lorsque les Arabes envahirent l'Afrique du Nord, et détournèrent les cours d'eau qui, jadis, arrosaient la région. S'ils consentaient à regagner la surface, le désert, à nouveau arrosé, pourrait refleurir, mais on les soupçonne d'être heureux sous terre.

Le seul vestige de Bou Chougga qui a résisté aux tempêtes de sable est un énorme puits de pierre de quatre à cinq mètres de haut. En principe, il est à sec. Mais si le voyageur colle son oreille contre la pierre, il pourra discerner le murmure lointain de l'eau qui, autrefois, l'alimentait.

• Alphonse Certeux, *L'Algérie traditionnelle*, Paris, 1884.

Le puits de pierre de Bou Chougga.

BOUDINS SAUVAGES, voir **FAROUCHE**

BOULOULABASSES, voir **BALBRIGES**

BOUT-DU-MONDE

Ile située à l'orient extrême de Narnia*, au-dessus de laquelle planent des constellations nouvelles. La seule "construction" de l'île, une large cour pavée, est entourée de colonnes grises, occupée par une table recouverte d'une nappe écarlate et par des chaises de pierre richement sculptées et garnies de coussins de soie. Chaque jour, de grands oiseaux blancs venant de l'est l'approvisionnent en mets délicieux. Tandis qu'ils descendent sur l'île en tournoyant, ils chantent dans une langue inconnue, mais qui est indiscutablement humaine.

L'île est habitée par l'étoile Ramadu qui y fait une cure de jouvence. Dans le ciel de Narnia, les étoiles ont des cheveux et des vêtements d'argent.

L'île baigne dans les eaux de la mer Ultime, qui sont si parfaitement claires que l'ombre d'un bateau se découpe sur le fond. Cette eau dispense le voyageur de se nourrir et de dormir. Un paysage de montagnes, de collines, de forêts et de parcs s'étale sous les eaux transparentes. Les vallées, sombres et dangereuses, sont le repaire de divers monstres marins, calmars et serpents de mer, mais les collines sont claires et tranquilles, et c'est là que sont bâtis villes et châteaux, notamment celui qu'un journaliste américain décrivit comme le trône de la Mort. Les édifices sont couleur de perle ou d'ivoire surmontés de nombreux clochetons, dômes et minarets. Le peuple de la mer a la peau couleur de vieil ivoire et les cheveux pourpre sombre. Le roi et son entourage portent des couronnes et des colliers de perles ; des serpentins orange ou vert émeraude flottent de leurs épaules dans le courant. L'un des passe-temps les plus populaires est la chasse. Les nobles chevauchent des hippocampes, et de féroces petits poissons sont utilisés comme meute pour traquer les autres espèces.

Il n'y a dans cette mer ni vagues ni vents, mais un unique courant d'environ quarante pieds de large qui file d'ouest en est. Plus on s'éloigne vers l'est, plus la lumière devient brillante, si bien qu'on finit par regarder le soleil en face sans être ébloui et qu'on voit les oiseaux qui se préparent à s'envoler vers l'île du Bout-du-Monde. La dernière étendue d'eau est appelée la mer d'Argent, car elle est couverte de fleurs étincelantes semblables à des lis. L'eau devient de moins en moins profonde et il faut une barque pour atteindre le Bout-du-Monde, qui est marqué par ce qui semble, de loin, être un mur. C'est en fait une vague énorme, perpétuellement gelée, derrière laquelle le soleil se lève. Au-delà, s'étend le pays d'Aslan.

• Edgar Allan Poe, "The City Under the Sea", in *The Raven and Other Poems*, New York, 1845.
• Clive Staples Lewis, *The Lion, the Witch and the Wardrobe*, Londres, 1950 ; *Prince Caspian*, Londres, 1952 ; *The Voyage of the "Dawn Treader"*, Londres, 1952.

BRAGMAN, ou pays de la FOI

Ile de l'océan Indien. Ses habitants y vivent selon les dix commandements. L'ennui que distillent les mœurs des insulaires déprima tellement Alexandre le Grand qu'il renonça à envahir ce territoire.

A l'exemple de ce grand conquérant, il est recommandé au touriste de s'abstenir de visiter l'île.

• Sir John ou Jehan de Mandeville, *Voiage de Sir John Maundevile*, Paris, 1357.

BRAN

Ile proche du pays de Dentelles*, dans la mer d'Habundes, et faite du corps en décomposition du baron Hildebraud. Stérile et désolée, cette terre est à l'image de l'aristocrate géniteur qui, atteint de la gourme, était glabre. Des oiseaux, noir sur blanc, telle l'écriture, s'ébattent dans le ciel. La cécité des habitants ne les gêne pas pour aller en pèlerinage quotidien rendre hommage au baron. Ils sont guidés par la lumière aveugle d'un phare souterrain, alimentée par la matière pure qu'exhale le noble cadavre. Les touristes pieux rendront visite aux vieux qui blanchissent leur barbe à élever une chapelle à la gloire de la Maxime catholique.

• Alfred Jarry, *Gestes et Opinions du docteur Faustroll, pataphysicien*, posth., Paris, 1911.

BRANDIGAN

Forteresse, sise non loin d'un verger, où règne le roi Evrain qui interdit aux bourgeois de la ville de recevoir tout étranger afin de pouvoir – lui seul – offrir l'hospitalité au château.

Tout chevalier digne de ce nom est attiré en ce lieu par l'aventure que l'on connaît sous le nom mystérieux de Joie de la Cour, et dont on dit qu'elle n'apporte que deuil et douleur. Au château, le voyageur trouve sa chambre parfumée d'encens, de myrrhe et d'aloès, et est chaleureusement convié à un souper d'oiseaux, de fruits et de vins excellents. Il verra – s'il persévère dans sa folle entreprise – le verger riche en herbes médicinales, en épices précieuses, en fleurs et en fruits mûrs, et clôturé par un mur d'air infranchissable. A l'ombre d'un sycomore, un lit d'argent couvert d'un drap brodé d'or et sur lequel est étendue une fort belle demoiselle l'invite perfidement au repos. Prendre place à ses côtés fait immédiatement surgir de l'ombre le propre neveu du roi Evrain, Mabonagrain, armé jusqu'aux dents et résolu à vous trancher la tête.

Un cor pendu au tronc d'un arbre attend pourtant depuis des siècles celui qui parviendra à le faire résonner et dont la gloire et la renommée feront enfin la Joie de la Cour.

C'est alors seulement que le voyageur stupéfait apercevra des heaumes plantés sur des pieux et, sous chaque heaume, une tête d'homme. Le seul pieu à ne pas porter de heaume est celui qui lui est réservé.

• Chrétien de Troyes, *Erec et Enide*, XIIe siècle.

BRIGALAURE

Ile mal localisée sur les cartes, où les charcutiers font des saucisses avec les oreilles des marins assez infortunés pour y échouer.

• Anonyme, longtemps attribué à Rabelais, *Panurge, disciple de Pantagruel*, XVIe siècle.

BRISEVENT, ou îles MERVEILLEUSES

Archipel de l'Atlantique sud peuplé de centaures, de cyclopes et d'hommes-singes. D'autres créatures sont couvertes d'yeux ou d'oreilles. On y trouve aussi quelques géants et une multitude de nains dont le souci principal est de lutter contre les insectes.

Des femmes venues d'Amazonie* occupent la plus grande île de l'archipel ; elles parquent les hommes sur la rive opposée d'un fleuve qui partage l'île et les capturent quelquefois pour les garder auprès d'elles une ou deux "lunes" (équivalent à un ou deux jours), avant de s'en débarrasser. Sur une île voisine, quelques hommes rescapés d'Amazonie ont fondé un Etat avec l'aide de leurs maîtresses que, par vengeance, ils traitent comme des esclaves. Aussi est-il courant de voir ces dernières chanter sous le balcon de leurs maîtres, se coucher sur le sol à leur passage, mâcher leur nourriture et se transformer pour eux en chaufferette, l'hiver venu.

• Charles Sorel, *La Maison des ieux. Où se prennent les divertissements d'une compagnie, par des narrations agréables, et par des ieux d'esprit, et autres entretiens d'une honeste conversation*, Paris, 1642.

BRISSONTE

Rivière proche du delta du Nil, et dont la source demeure introuvable. Au milieu de ses eaux, une île est

habitée par des hommes sans tête, hauts de sept pieds, les Epigisti.
Le long du fleuve vit une autre tribu aux doigts de pieds tournés vers l'arrière. Des touristes se sont perdus en essayant de suivre leurs traces.

• Anonyme, *Liber monstrorum de diversis generibus*, IXe siècle.

BROBDINGNAG

Vaste péninsule sur la côte californienne, découverte en 1703. Barrée au nord-est par une chaîne de volcans de dix lieues de haut ; personne ne sait ce qui existe sur l'autre versant. La capitale, Lorbrulgrud, ou “Fierté de l'Univers”, s'élève exactement au centre du royaume. Le monument le plus important est la tour du temple qui a trois mille pieds de haut, c'est-à-dire environ la hauteur de la flèche de la cathédrale de Salisbury. Une épaisse muraille ceint la cité. Le pays est peuplé d'une race de géants aussi grands que des clochers d'église, qui font des enjambées de cinq toises. Tout, dans le pays, a des proportions gigantesques. Les épis de blé atteignent quarante pieds de haut, les rats sont aussi gros que des chiens, les mouches ressemblent à des alouettes. Les orages laissent tomber des grêlons dix-huit fois plus gros que la normale. Trébucher sur une coquille d'escargot équivaut à une fracture du crâne. Les os et les têtes découverts suggèrent que les ancêtres des Brobdingnagiens étaient

Partie ouest des remparts de Lorbrulgrud à Brobdingnag.

encore plus grands que la race actuelle qui, en comparaison, paraît chétive. La monarchie est basée sur le bon sens, la raison, la justice et la clémence. Par exemple, un fermier qui améliore la moisson de son champ est considéré comme un personnage plus important qu'un politicien.
Les lois du pays sont énoncées de façon claire et simple, et calquées sur l'alphabet qui ne dépasse pas vingt-cinq lettres. L'éducation se limite à l'enseignement de la morale, de l'histoire, de la poésie et des mathématiques où les géants excellent. Ils font aussi de très bons mouvements d'horlogerie. Comme les Chinois, les géants connaissent l'art de l'imprimerie depuis des temps immémoriaux, mais leurs bibliothèques ne

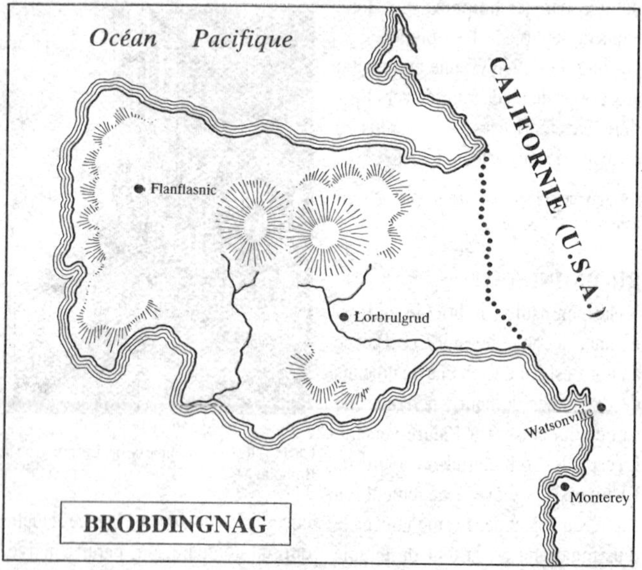

sont pas immenses. La plus grande, celle du roi, ne contient qu'un millier de volumes, conservés dans une galerie de douze cents pieds de haut. Le style littéraire dominant est clair, viril et pur, ce qui évite les fioritures et les mots superflus. L'architecture laisse à désirer : il n'est qu'à voir le palais du roi à Lorbrulgrud, qui n'est qu'un amas irrégulier de bâtiments.

Parmi la faune du royaume, le *splacknuck*, élégant et gracieux, est de taille humaine. On pourrait facilement le prendre pour un touriste, ce qui n'est pas forcément un avantage, les humains étant tenus par le roi de Brobdingnag comme "la plus pernicieuse vermine ayant jamais rampé à la surface de la Terre".

• Jonathan Swift, *Travels Into Several Remote Nations of the World. In Four Parts. By Lemuel Gulliver, First a Surgeon, and Then a Captain of Several Ships*, Londres, 1726.

BROCÉLIANDE

Au fond de la forêt de Bretagne. Le plus important et le plus élégant royaume-fée d'Europe. La cour prétend avoir conservé les anciennes traditions persanes (la Perse étant le pays natal de tous les elfes).

La reine porte un turban rose et la baguette royale est faite d'un bois qui vient des rives de l'Euphrate. Elle est si lourdement incrustée de joyaux qu'il faut plusieurs courtisans pour l'agiter. Brocéliande est célèbre pour l'eau de rose fabriquée par les dames d'honneur de la cour et pour la race de chats spéciale qu'on y élève. C'est le seul royaume connu qui croit encore au monde surnaturel des Afrits, créatures aux pouvoirs incalculables.

La vie de la cour est dominée par la mode du jour, qui peut aller de la purification du langage aux courses de chats. On organise des pique-niques, des chasses au daim et des expéditions sur les côtes pour assister aux naufrages. Bien que la mode change sans cesse, le jeu reste une préoccupation constante. De grosses sommes changent de mains et on parie sur n'importe quoi : de quel côté le chat va-t-il sauter ? ou, de ces deux grêlons, lequel va-t-il fondre le premier ? Toutes les dettes de jeu étant des dettes d'honneur, vivre à Brocéliande coûte cher. Cependant, les ambassadeurs des cours étrangères en recherchent le poste, qui est très prisé.

L'arrivée du printemps et de l'hiver est célébrée par des rites qui ne tiennent pas compte de la température de la saison. Ainsi, les courtisans se retrouvent vêtus de fourrures sous de beaux soleils de printemps et grelottent dans des vêtements d'été tout le long d'humides et froids hivers.

L'étiquette de la cour est stricte. Aucune fée bien née ne vole, à moins que ce ne soit absolument nécessaire. L'emploi des ailes est considéré comme une activité vulgaire, réservée aux servantes et aux fées des classes populaires. A Brocéliande, c'est une règle avec laquelle on ne transige pas.

Quand Melior devint reine de Brocéliande, elle décida d'introduire des eunuques. Deux enfants de fée (enfants mortels kidnappés par les elfes) furent choisis et on les fit châtrer par un chirurgien venu de Constantinople. Pendant des années, les deux jeunes garçons furent employés au service de la reine, puis ils servirent d'assistants à l'astronome de la cour, en rapport constant avec les Afrits qui sont particulièrement stricts sur le chapitre de la virginité. Bientôt lasse de ses deux castrats, la reine suggéra qu'on les exilât sur l'île du Repos, au large de la pointe du Raz, connue des Bretons sous le nom d'île des Morts. Mais ces dames de la cour protestèrent ; la révolte gronda. Craignant de se voir déposer, la reine fit marche arrière et décida de restaurer un vieil ermitage dans le parc où les deux ex-favoris coulèrent des jours heureux jusqu'à leur mort.

Selon d'autres historiens, Merlin l'Enchanteur fut emprisonné par Viviane dans un chêne creux de la forêt de Brocéliande et y est encore. Cette version est contredite par celle qui affirme qu'on peut voir Merlin dormir de son sommeil éternel dans la Tombe* de Merlin. Ni l'une ni l'autre théorie n'ont été réfutées.

• Chrétien de Troyes, *Yvain ou le Chevalier au lion*, XIIe siècle.
• Alfred, Lord Tennyson, *The Idylls of the King*, Londres, 1872.
• Sylvia Townsend Warner, *Kingdoms of Elfin*, Londres, 1972.

BRODIE, terre de,
ou **MLCH**, pays des

Quelque part en Afrique du Nord. En guise de salut, les habitants, qui portent rarement un nom, se jettent au visage une poignée de bouse ou se roulent sur le sol en gémissant. Leur alimentation se compose de fruits, de racines, de petits reptiles et leur boisson, de lait de chatte ou de chauve-souris. Ils pêchent avec leurs mains. Si manger se fait en cachette ou en fermant les yeux, toutes les autres fonctions naturelles se déroulent en public. Ils dévorent tout cru le corps des sorciers et des rois afin d'en acquérir la sagesse. Ils se promènent à peu près nus, ignorant tout des arts du vêtement et du tatouage. Au lieu de vivre sur le plateau large, herbeux, ombragé et agrémenté de nombreuses sources d'eau fraîche, ils ont choisi d'habiter les marécages environnants.
Un roi gouverne les Mlch ; son pouvoir est absolu. Afin d'éviter que la tentation ne le détourne de la sagesse, il est châtré, ses yeux sont brûlés, ses mains et ses pieds amputés. Il est confiné dans une caverne appelée *Qzr* (le château) où ne peuvent pénétrer que quatre sorciers et deux femmes esclaves qui s'occupent de lui et l'oignent de bouse. En cas de guerre, les sorciers le sortent de sa grotte, l'exhibent devant les soldats pour exciter leur courage, et le transportent sur leurs épaules, au plus fort de la bataille, en guise d'étendard ou de talisman. Il est rare qu'il ne meure pas immédiatement sous la grêle de pierres que lui jettent les hommes-singes.
La reine vit dans une autre grotte ; elle se pare de bracelets de métal et d'ivoire et, signe de faveur royale, plante une épingle d'or dans la chair de celui qu'elle a élu. Il est fréquent de voir des hommes s'enfoncer eux-mêmes une épingle pour faire croire qu'ils ont été remarqués.
Les Mlch ont une très mauvaise mémoire : à peine se rappellent-ils les événements vieux de quelques heures. Par contre, leur esprit est tourné vers l'avenir, et ils prédisent comme s'ils s'en souvenaient les menus événements du lendemain.
Ils conçoivent l'Enfer et le Paradis de façon originale. L'Enfer, sec, lumineux, est le refuge des malades, des vieux, des maltraités, des hommes-singes, des léopards et des Arabes. Le Paradis, marécageux, couvert de nuages, est la demeure du roi et de la reine, des sorciers et de tous ceux qui, sur Terre, ont été heureux, impitoyables et assoiffés de sang. Les

Mlch adorent un dieu nommé Bouse qu'ils ont sans doute conçu à l'image de leur roi : aveugle, mutilé, châtré, et jouissant d'un pouvoir sans limite. Ce dieu a coutume de prendre l'apparence d'un serpent ou d'une fourmi. La langue mlch est complexe. Chaque terme monosyllabique correspond à une idée générale et le sens précis dépend du contexte ou des mimiques. Par exemple, le mot *nzr* suggère une dispersion de points et peut désigner un ciel étoilé, un léopard, un vol d'oiseaux, l'acte de jeter, d'être éclaboussé, ou la fuite après la défaite. Prononcé d'une autre manière ou accompagné de certaines grimaces, un mot prend un sens très différent. La révélation d'un poète donne lieu à une cérémonie rituelle. Il arrive en effet que dans l'esprit d'un homme s'imposent six ou sept mots généralement énigmatiques. L'homme ne peut se contenir et crie ces mots au cours d'une cérémonie où il se tient debout au milieu d'un large cercle formé par les sorciers et les hommes de la tribu, allongés sur le sol. Si les mots n'émeuvent pas l'assemblée, rien ne se passe ; mais si le public réagit, il s'écarte du poète, sans un mot, comme effrayé. Sentant que l'esprit l'a touché, personne, pas même sa mère, ne parlera à l'élu ni ne le regardera plus. Désormais, il n'est plus un homme mais un dieu, et tout le monde a le droit de le tuer.

Parure de quatre épingles d'or et d'un bracelet appartenant à la reine de Brodie.

• Jorge Luis Borges, *El informe de Brodie*, Buenos Aires, 1970.

BROOLYI, ou île de la **PAIX**

Ile de l'archipel Riallaro dans le Sud-Est du Pacifique. C'est une île haute aux falaises abruptes et aux récifs déchiquetés que les vagues ont sculptés en des formes fantastiques. D'un côté du cap s'abritent un grand port et la ville de Broolyi ; de l'autre se dessine Kayoss, l'île de l'Anarchie. Broolyi est gouvernée par une monarchie absolue, et ses insulaires croient en la paix. Ils affirment que, le jour où la guerre atteindra à la perfection, tout combat cessera. Ils ajoutent que la peur de la mort est un principe universel et que la cause de la paix est parfaitement servie par la guerre. La religion de l'île est singulière. Les temples sont actionnés par des machines à partir d'une usine à religion. Des prêtres automatiques, en cire, célèbrent la messe et prennent part aux processions. De temps en temps, des épidémies dévastent l'île de la Paix ; elles sont fatales à tous les habitants, sauf aux esclaves. Pendant la peste, les Broolyiens se réfugient dans les montagnes et les esclaves célèbrent l'événement par un carnaval de pillages et de tueries. Il est préférable d'éviter l'île à cette époque.

• Godfrey Sweven, *Riallaro, the Archipelago of Exiles*, New York et Londres, 1901 ; *Limanora, the Island of Progress*, New York et Londres, 1903.

BÛCHEURS, île des

Peuplée des malheureux enfants que leurs parents obligent à travailler toute la semaine, et même à apprendre leurs leçons au lieu d'aller jouer. Leur tête devient ainsi de plus en plus grosse, leur corps de plus en plus petit et leurs jambes prennent racine.

Devenus des navets, ils reprennent sans arrêt le refrain des Bûcheurs : "On peut pas apprendre la leçon quand le pion est sur les talons", pendant que l'Examinateur-des-Examinateurs fait les cent pas et les accable de travail d'une voix stridente et dictatoriale. Terrorisés, les navets se gavent de savoir et éclatent par douzaines. Il n'y a aucun moyen d'échapper à l'Examinateur qui fourre son nez, long de quatorze mille kilomètres, partout. La seule autre créature de l'île est une canne au pommeau sculpté qui représente un buste d'Edouard VI. La canne attend avec une impatience mal dissimulée le jour où Mme Lamaréchalenousvoilà l'autorisera à corriger l'Examinateur-des-Examinateurs.

A leur arrivée, les visiteurs sont immédiatement assaillis par les navets qui leur posent des questions érudites : "Quel est le nom du chat de la servante de la grand-mère du treizième cousin de Mucius Scaevola ?", ou "Comment s'appelle l'endroit dont personne n'a jamais entendu parler ?".

Sur le rivage, une colonne porte l'inscription suivante : "Ici, les jouets sont interdits."

• Charles Kingsley, *The Water-Babies : A Fairy Tale for a Land-Baby*, Londres, 1863.

BURZEE

Forêt ancestrale qui s'étend au-delà du désert de la Mort à la frontière ouest de Oz*, proche de Santerre. Au centre de ses chênes géants, un cercle magique a été tracé sur le gazon lisse et velouté par les pieds des elfes et des fées qui viennent ici danser à la pleine lune.

Collection de cratères à hydromel du royaume de Bustrol.

L'histoire veut qu'une nuit, fatiguées de danser, les fées décidèrent de faire quelque chose pour les mortels. Il leur vint l'idée de tisser un manteau magique qui exaucerait tous les vœux de celui qui le porterait, à la seule condition que le manteau n'ait pas été volé à celui qui le portait précédemment. La reine Lulea tissa elle-même le fil magique qui conférait au manteau son pouvoir.

Scintillant de toutes les couleurs de l'arc-en-ciel, aussi lisse que du duvet de cygne mais pratiquement indestructible, le manteau était un miracle de beauté. L'homme de la lune suggéra que l'une des fées l'emportât à Santerre et le donnât à la première personne malheureuse qu'elle rencontrerait.

C'est ainsi qu'il échut à une orpheline, Meg (*alias* Fleh), dont le frère devint plus tard roi de Santerre.

Volé par la reine Zixi d'Ix, le manteau magique fut finalement repris par les fées. On ignore complètement ce qu'il en est advenu.

• Lyman Frank Baum, *Queen Zixi of Ix or the Story of the Magic Cloak*, New York, 1907.

BUSTROL

Royaume situé sur une île au sud de Madagascar, par 60° de longitude est et 40° de latitude sud. Pour l'atteindre, il faut traverser une vaste forêt de chênes gigantesques qui mène à un lac entouré de hautes falaises. De grandes loutres vivent sur les rives du lac, et les bois résonnent des cris des oiseaux extraordinaires que l'on peut manger rôtis comme des dindes. Au début du XVIIIe siècle, Bustrol comptait huit millions deux cent vingt-trois mille habitants et sa population n'a pas beaucoup augmenté depuis. La polygamie y est courante ; les hommes se marient à l'âge de trente ans et les femmes à vingt ans. Ces dernières ne sont ni timides, ni hypocrites.

Les Bustroliens, des bourreaux du travail, sont spécialisés dans l'arboriculture et les cultures maraîchères. Le touriste gourmet ne doit pas manquer de goûter au fameux hydromel de Bustrol servi dans de ravissants cratères.

• Simon Tyssot de Patot, *Voyage et Avantures de Jaques Massé*, Bordeaux, 1710.

BUTUA

Royaume du centre de l'Afrique du Sud, dont la superficie est égale à celle du Portugal.

Le Nord, très boisé, est infesté de tigres et de lions. Dans le Sud, parmi les troupeaux de girafes, s'ébat une bête un peu plus petite qu'une vache, fruit du croisement d'un cerf et d'une jument. Les reptiles, nombreux, sont très venimeux ainsi que certaines espèces de plantes dont les habitants de Butua extraient un poison qui tue en moins d'une minute.

Les hommes du pays sont petits mais râblés. Ils ont un corps sain, bien proportionné, une peau noire, des dents solides et des cheveux bouclés. Rien ne dépasse en dépravation les coutumes de Butua, où toutes les sortes de passions criminelles sont pratiquées : la luxure, l'envie, la cruauté, la superstition. Les hommes sont ignorants, coléreux, perfides. Les femmes possèdent des corps superbes, des dents blanches et des yeux brillants. Elles sont si cruellement traitées par leur mari qu'à trente ans elles perdent tout leur charme et, à quarante ans, leur vie. On considère à Butua que les femmes sont nées pour le plaisir de l'homme et n'ont pas à être aimées. Chaque mâle dispose d'autant d'épouses qu'il peut en nourrir, et le roi, comme les gouverneurs de province, possède des harems dont la taille ne dépend que de sa fortune. Chaque mois, un tribut de cinq mille femmes est envoyé de toutes les parties du royaume au souverain qui en choisit deux mille pour son harem. Douze mille femmes, constamment renouvelées, composent le harem royal. Les plus fortes et les plus grandes forment la garde du palais ; celles de vingt à trente ans effectuent les gros travaux de jardinage et les besognes domestiques ; les jeunes filles de seize à vingt ans sont offertes en sacrifice aux dieux. Enfin, les plus belles et les plus tendres adolescentes, jusqu'à l'âge de seize ans, sont réservées aux plaisirs du roi. Malgré ses nombreux crimes, le peuple est très dévot, superstitieux, et croit au serpent créateur du monde. La statue d'un dieu mi-homme, mi-serpent, copie d'une idole qui se trouve au palais royal, est adorée dans les temples.

Le roi a le privilège de prier dans une chapelle privée où, comme dans tous les autres temples de l'île, ont lieu des sacrifices humains.
La cuisine nationale utilise le maïs, le poisson pendant la saison de pêche, et la chair humaine, disponible dans toutes les bonnes boucheries, ainsi que la viande de singe, un peu moins prisée. Les habitants s'enivrent facilement avec une boisson beaucoup plus agréable que le gin. Totalement dépourvus de sensibilité, ces sauvages ne peuvent concevoir que la mort d'un ami ou d'un parent puisse causer le plus léger chagrin. Le spectacle de la mort ne les affecte en rien. Il est courant de hâter la fin des malades incurables ou des vieillards. Les funérailles se résument à l'abandon du cadavre au pied d'un arbre.
La population de Butua est en constante diminution, phénomène dont la seule cause ne réside pas dans les habitudes criminelles des habitants : l'usage veut, en effet, qu'une femme soit impure vingt-deux jours par mois, et qu'elle s'abstienne de toute relation trois ans après avoir accouché.

• Donatien Alphonse François, marquis de Sade, *Aline et Valcour*, Paris, 1795.

C

CABBALUSSA

Ile de l'Atlantique peuplée d'Indiennes féroces et anthropophages dont les mains et les pieds sont des sabots d'ânesse. Les voyageurs contraints d'aborder l'île sont invités à coucher avec les habitantes. Ils sont ensuite enivrés, puis dévorés.

• Lucien de Samosate, *Histoire véritable*, IIe siècle apr. J.-C.

CAERLEON ou CARLION

Ville fortifiée sur les rives de l'Usk au pays de Galles, dont l'une des curiosités est l'escalier de deux cent huit marches menant à la chambre autrefois habitée par Merlin l'Enchanteur.

C'est là qu'Arthur de Camelot* coucha avec la femme du roi Lot d'Orkney sans savoir qu'il s'agissait de sa propre sœur Morgane-la-Fée*.

• Chrétien de Troyes, "Perceval et l'Orgueilleux de la Lande", in *Le Conte du Graal*, XIIe siècle.
• Anonyme, *Mabinogion*, XIIIe siècle.
• Sir Thomas Malory, *Morte Darthur*, Londres, 1485.
• Terence Hanbury White, *The Once and Future King*, Londres, 1939.

CAFFOLOS

Ile de l'océan Pacifique. L'amitié est le principal souci de ses habitants : quand un ami tombe malade, il est pendu à un arbre parce qu'il est préférable d'être grignoté par les oiseaux, qui sont les anges de Dieu, que d'être rongé par les vers. Les incurables sont étouffés par des chiens dressés à cet effet pour que leurs soient épargnées les souffrances d'une mort naturelle ; puis on les mange, afin d'éviter tout gaspillage.

• Sir John ou Jean de Mandeville, *Voiage de Sir John Maundevile*, Paris, 1357.

CAIRN DE GAFALL

Simple empilement de pierres au pays de Galles. Dans celle du sommet, on peut voir l'empreinte d'une patte de chien. Cette empreinte est celle que Gafall, l'un des chiens de la meute du roi Arthur de Camelot*, laissa au cours de la chasse au sanglier Erwyd.

Des visiteurs ont à maintes reprises essayé d'emporter cette pierre particulière, mais ils n'ont jamais réussi à la conserver plus d'un jour et une nuit. Le lendemain matin, elle revient inévitablement à sa place, au sommet du cairn de pierres.

• Nennius, *Historia Britonum*, IXe siècle.

CALIBAN, île de, voir PROSPERO

CALONACK

Royaume insulaire très fertile situé au-delà de Pathan.

Le roi dispose d'un millier d'épouses, choisies parmi les plus belles vierges de l'île, qui lui donnent des centaines d'enfants. La légende prétend qu'en obéissance au précepte divin : "Croissez et multipliez", les eaux de l'île

Château de bois transporté par les éléphants de Calonack.

reçoivent la visite de poissons de toutes les parties du monde. Chaque espèce vient une fois par an, reste trois jours, puis laisse la place à la suivante. Les poissons arrivent en si grand nombre qu'ils obscurcissent les flots. Les insulaires les capturent et les mangent à satiété.

Sur la terre ferme, de nombreux éléphants, les *warkes*, sont utilisés pour la guerre et portent des châteaux de bois sur le dos. Le roi entretient à lui seul une armée de quatorze mille éléphants. Parmi de nombreuses variétés d'escargots, il en existe qui possèdent de si grandes coquilles qu'elles servent de logement aux habitants de l'île. Les superbes villages en coquilles sont un des aspects pittoresques de Calonack.

• Sir John ou Jean de Mandeville, *Voiage de Sir John Maundevile*, Paris, 1357.

CAMAALOTH, voir **CAMELOT**

CAMELOT ou **CAMAALOTH**

Dans le Sud de l'Angleterre. Capitale du royaume de Logres* gouverné par le roi Arthur.

Camelot est dominé par un gigantesque château bâti au sommet d'une colline, qui domine la rivière. Les murs de la salle sont décorés de sculptures et de symboles mystiques, séparés en quatre groupes : des bêtes dévorant des hommes, des hommes tuant des bêtes, des chevaliers parfaits et des anges. Les douze vitraux des fenêtres illustrent les plus grandes victoires d'Arthur. Le vitrail, situé à l'extrémité est de la salle, montre Arthur recevant sa fidèle épée, Excalibur, à Avalon.

• Anonyme, *La Quête du Saint-Graal*, XIIIe siècle.

• Anonyme, *La Mort Artu*, XIIIe siècle.

• Sir Thomas Malory, *Morte Darthur*, Londres, 1485.

• Alfred, Lord Tennyson, *The Idylls of the King*, Londres, 1872.

• Mark Twain, *A Connecticut Yankee in King Arthur's Court*, New York, 1889.
• Terence Hanbury White, *The Once and Future King*, Londres, 1939.

CAMFORD

Ville universitaire anglaise, célèbre pour sa chaire d'anatomie comparée, tenue, en 1903, par le professeur Presbury. Sherlock Holmes révéla les recherches secrètes du professeur dont le but était de transformer un homme en singe, en lui injectant un sérum simiesque. Le projet du professeur Presbury – découvrir un sérum de jouvence – échoua, tout comme la tentative menée par son collègue écossais, le Dr Jekyll.

• Sir Arthur Conan Doyle, "The Adventure of the Creeping Man", in *The Case Book of Sherlock Holmes*, Londres, 1927.

CAMPAGNA

Contrée située au nord de Marina* dont elle est séparée par les falaises de Marbre*. En été, c'est un chaud pays de brumes qui devient sec et solitaire en automne.

Campagna est peuplée de bergers semi-nomades qui sont farouches et sauvages et vivent comme aux jours où on ne connaissait ni maison, ni métier de tisserand. Ils obéissent à un fruste sentiment de justice et d'équité, dont l'unique mesure est la loi du talion. "Affaire de Campagna", tel est le nom que les juristes de Marina donnent à tout ce qui leur est soumis de grossier et d'absurde.

Aux endroits où les sentiers des pâturages délimitent les frontières, on voit souvent se dresser les petits dieux des bergers. Ce sont des idoles taillées dans la pierre ou le vieux chêne et on les devine de loin à l'odeur de rance qu'ils répandent. L'offrande traditionnelle consiste en effet à verser en libations brûlantes du beurre fondu et la graisse que le couteau des sacrifices laisse de côté. Leur offrande accomplie, les bergers conservent toujours de ces feux un rameau carbonisé dont ils marquent, durant la nuit du solstice, tous les corps qui doivent enfanter, femme ou bétail. Non loin de la Corne aux Tanneurs, dans un bosquet de saules pleureurs, on trouve l'image d'un taureau, les naseaux rouges, la langue rouge et le sexe peint en rouge. L'endroit passe pour être mal famé et l'on parle à son propos de fêtes atroces.

• Ernst Jünger, *Auf den Marmorklippen*, Francfort, 1939.

CAMPHRÉE

Ile quelque part dans l'océan Indien. Elle tire son nom des nombreux camphriers qui y poussent. Les arbres ont des ramages si étalés que plus de cent personnes peuvent s'asseoir à leur ombre. Pour obtenir du camphre, on doit percer le feuillage avec une canne pointue. Des feuilles blessées jaillit une eau qui, au contact de l'air, devient aussi dense que du caoutchouc. Un étrange animal, le *karkadann*, qui est plus gros qu'un chameau et se nourrit de foin, gambade dans l'île. Il porte une corne au milieu du front. Parfaitement stupide, il lui arrive d'empaler, sans s'en rendre compte, les éléphants qu'il croise en chemin, et de poursuivre distraitement sa route. Mais, au soleil de midi, la graisse d'éléphant lui inonde la gueule, lui entre dans les yeux et l'aveugle. Le *karkadann* se dirige alors vers la plage, où il est saisi par un oiseau appelé *rukh* ou roc*, qui les prend, lui et l'éléphant mort, dans ses serres et les emporte dans son nid pour les donner en pâture à ses petits.

• Anonyme, *Les Mille et Une Nuits*, XVe siècle env.

CANCAN

Grande île située non loin de l'île des Anes d'Or*. On y compte – selon les derniers recensements – plus de trente royaumes et une demi-douzaine de républiques, la plupart du temps en guerre les unes contre les autres pour d'obscures raisons. La principale stratégie militaire consiste à boucher les oreilles des soldats, et à crier : "A d'autres !" avant de s'enfuir à toutes jambes.

Cancan est sans doute un paradis pour les coureurs. Comme il s'agit d'une île, les gens finissent immanquablement par tourner en rond autour de la côte. Les visiteurs remarqueront qu'ils sont précédés par un gentleman en train de tondre un cochon. Les cris de la bête les encouragent à courir plus vite et l'idée qu'ils finiront par avoir de la laine de cochon maintient leur moral au beau fixe. Ils sont poursuivis par un géant qui paraît fait de fil de fer et de baume du Canada. Bien que ne buvant que de l'eau, le géant empeste l'alcool. Il porte des lunettes, tient à la main un filet à papillons et est bardé d'un attirail hétéroclite de cartes d'état-major, scalpels et forceps. Chose étrange, il court à reculons et prétend que les gens de l'île le poursuivent depuis des centaines d'années en lui jetant des pierres et en l'accablant d'anathèmes shakespeariens qu'il ne comprend pas. Son seul désir est de devenir l'ami des insulaires, mais ceux-ci refusent obstinément d'avoir le moindre rapport avec lui. Aussi, pour la plus grande joie des visiteurs, la poursuite continue-t-elle toujours…

• Charles Kingsley, *The Water-Babies : A Fairy Tale for a Land-Baby*, Londres, 1863.

CANTAHAR

Ile séparée de Saint-Erlinique par un bras de mer, à quelque deux mille lieues de l'île sauvage de Tristar, au sud-ouest du cap de Bonne-Espérance.

L'île est une monarchie gouvernée par un *Kincandior*, mot-valise signifiant "justice", "clémence" et "valeur". Les habitants sont généreux, hospitaliers et jaloux en matière d'honneur. Ils sont tous ambidextres, forts et agiles, vivent plus de cent ans et adorent les jeux de hasard. Les mariages sont organisés au cours d'une fête annuelle où les hommes choisissent leur épouse et font état en public de leur richesse et de leur santé.

Le soleil – *Monsky* – et la lune – *Raka* – sont les seuls objets de culte. Les habitants de Cantahar sont convaincus que Monsky punit leurs désirs coupables. Il vole l'or de l'avare, met des mouches dans les plats de ceux qui font des embarras, des miettes dans le lit du paresseux, et de l'eau dans le vin de l'ivrogne. Tous les enfants mâles sont voués à Monsky, et toutes les filles – considérées comme des plantes qui porteront un jour des fruits – à Raka.

Les habitants de Cantahar sont très friands de sacrifices humains qu'ils offrent à leurs divinités sur les autels de pierre imprégnés de sang, et célèbrent tout événement avec une pompe inouïe. Les enterrements, par exemple, sont conduits par une musique militaire. Vêtu de vêtements superbes, le défunt est incinéré dans l'allégresse générale. Les quatre saisons offrent au voyageur des distractions variées : au printemps, ont lieu les Jeux olympiques de Cantahar, en été, des combats d'animaux sauvages, en automne, le Festival de l'eau et, en hiver, des concours de poésies. La faune de Cantahar possède un certain nombre d'espèces uniques.

Autel de pierre utilisé pour les sacrifices humains à Cantahar.

Les horloges, les cadrans solaires et les montres sont inconnus à Cantahar ; le temps est mesuré au moyen d'une plante, le *rigody*, dont chaque branche produit une seule feuille, qui tourne pendant six heures, très lentement.

La langue de Cantahar est le *gondo*. En raison de sa difficulté, il est conseillé aux voyageurs d'apprendre certains signes qui lui permettront de se faire comprendre : par exemple, on salue un supérieur en posant la main sur la poitrine, puis sur le sol, pour signifier que l'on se met à ses pieds. Pour un inférieur, on pose la main sur

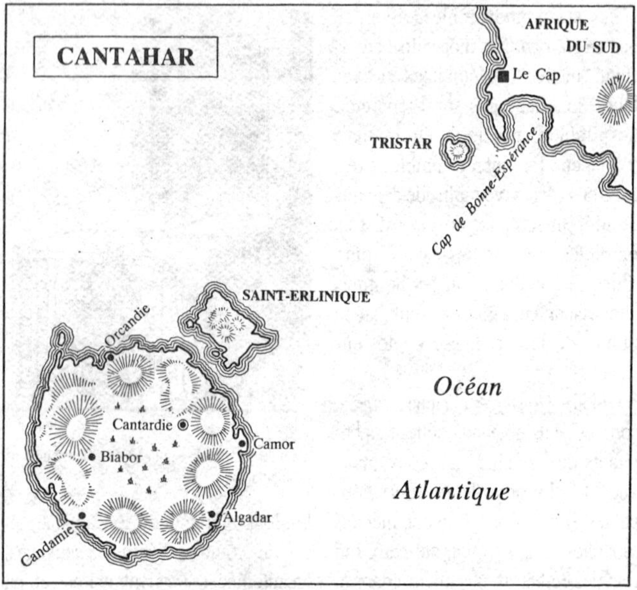

le front, ce qui signifie : "Je me souviens de vous." Enfin, on salue les femmes en croisant les mains sur la poitrine et les hommes en se grattant le coude.

• De Varennes de Mondasse, *La Découverte de l'Empire de Cantahar*, Paris, 1730.

CAPA BLANCA

Archipel de l'Atlantique appartenant à l'Espagne.

La capitale, Monteverde, est une vieille ville aux rues étroites et tortueuses, à peine assez larges pour des charrettes. Les étages supérieurs des maisons s'avancent sur la rue et, d'une mansarde à l'autre, on peut se toucher la main. Monteverde dispose d'une profusion de cafés et de restaurants, où l'on sert une nourriture excellente jusque tard dans la nuit. Les corridas dominicales ont été supprimées, à la suite d'un pari dont l'enjeu était la suppression des courses de taureaux, lancé aux meilleurs toréa dors, par le Dr Dolittle, naturaliste anglais. Connaissant la langue des taureaux, le docteur n'eut aucune difficulté à les convaincre de chasser le matador hors de l'arène. Depuis ce jour, aucune corrida ne s'est plus déroulée aux îles Capa Blanca.

• Hugh Lofting, *The Voyages of Doctor Dolittle*, Londres, 1923.

CAPILLARIA

Pays immense et sous-marin, compris entre la Norvège et les Etats-Unis. Les habitantes – les hommes y sont inconnus – sont des femmes superbes, très grandes, dont les cheveux blonds flottent autour d'elles comme des nuages. Leur visage est angélique, leur corps doux, aux lignes fluctuantes. Leur peau satinée, cristalline, laisse transparaître leurs organes internes : un squelette fragile et gracieux, des poumons doux et bleus, un cœur telle une arène rose. Ces femmes sont des *Oihas*, ce qui signifie “être humain” ou “perfection de la nature”. La mythologie veut qu'elles descendent d'une première *Oiha* qui élimina l'organe inconfortable et laid qui, à l'intérieur d'elle-même, l'avait fécondée. Depuis, cet organe a continué d'exister comme un parasite, vivant avec l'éternel et vain désir de se réunir au corps qui l'avait écarté.

Créature primitive, le sexe mâle, appelé *bullpop*, mesure quelque neuf ou dix centimètres de long, son corps est cylindrique, son visage humain, sa tête noble et chauve. Deux étranges orifices lui tiennent lieu de nez. Ses bras et ses mains sont petits, mais ses jambes sont très bien développées et très fortes, avec de longs orteils dont les ongles peuvent servir d'ailes rudimentaires. Les *bullpops* nagent verticalement, comme des hippocampes, et sont totalement méprisés par les *Oihas* qui les dégustent comme un mets raffiné. Il existe des sous-espèces *bullpops* : les “kants”, les “strindbergs”, les “goethes”, les “wildes”, les “dannunzios”, qui se cherchent constamment querelle.

Quand naît une *Oiha*, environ deux cents *bullpops* sont expulsés de la matrice dans le placenta, d'autres sont contenus dans les excréments de l'enfant *Oiha*. Lorsque l'eau lave le placenta et les excréments, les petits *bullpops* s'accrochent aux branches de corail ou se mélangent à la boue du fond des mers.

L'attitude des *bullpops* à l'égard des *Oihas* varie. Certains tentent d'imiter les *Oihas*, afin de leur plaire ; ils se battent pour l'honneur de se glisser dans une marmite, croyant que les *Oihas* vont les manger par amour, plutôt que par appétit. D'autres adoptent une attitude quasi religieuse, observant les *Oihas* avec admiration et dessinant leur portrait. Ces tableaux très pornographiques montrent des couples d'*Oihas* dans des postures obscènes. Quelques *bullpops* y figurent afin d'obtenir les faveurs de l'*Oiha* divine.

Dans les tours construites pour elles par les *bullpops*, les *Oihas* vivent dans le luxe. Le mobilier est comestible, en sucre ou en chocolat. Toute leur vie est orientée vers le plaisir qui, dans leur langage, signifie “philosophie”. La sensibilité est la qualité la plus recherchée ; elle est, en fait, synonyme de raison ou de sagesse. Un mets, une musique, une couleur suscitent en elles un état proche de l'orgasme. Tous leurs sens sont en éveil. Dès leur naissance, et jusqu'à leur mort, elles sont plongées dans une eau mouvante qui les caresse à fleur de peau et leur procure une infinie volupté. Leur vie amoureuse, dont est écartée toute idée de reproduction, est de l'art à l'état pur, une sorte d'expérience spirituelle.

La langue des *Oihas* n'appartient à aucun groupe linguistique connu. Les mots, qui ignorent les idées abstraites, ne se réfèrent qu'aux sensations procurées par les objets qu'ils décrivent : le mot "Oiha" n'est d'ailleurs qu'une éjaculation, un cri d'extase.

Il est conseillé aux visiteurs mâles qui voudraient voir de près les *Oihas*, de ne pas révéler leur sexe ; ceci, pour des raisons évidentes.

• Frigyes Karinthy, *Capillaria*, Budapest, 1921.

CAP-VED, île de, voir QUAIS-VERTS

CARABAS

Château quelque part en France. Cette demeure appartenait à l'origine à un ogre quelque peu naïf, que le Chat botté dévora après l'avoir hypocritement prié de se transformer en rat. Il s'agissait pour le chat – à la fois botté et culotté – de l'offrir à son maître, dernier rejeton d'un obscur meunier qui put de cette manière s'octroyer sans l'ombre d'un scrupule le titre de marquis de Carabas et épouser la fille du roi.

Le Chat botté – *self-made cat* ambitieux – est devenu depuis un haut personnage de la cour.

• Charles Perrault, "Le Maître Chat ou le Chat botté", in *Histoires ou Contes du temps passé ou Contes de ma mère l'Oye*, Paris, 1697.

CARADIGAN

Château où le roi Arthur tient sa cour, en perpétuant contre le gré de certains chevaliers la vieille coutume de la chasse au Blanc Cerf.

Celui qui tue le Blanc Cerf gagne le droit de donner un baiser à la plus belle des jeunes filles de la cour. Respecter un tel usage provoque toujours une grande exaspération chez les chevaliers, convaincus que leur amie est incontestablement la plus belle.

• Chrétien de Troyes, *Erec et Enide*, XIIe siècle.

CARLION, voir CAERLEON

CARPATHES

Château situé dans une région sauvage de Transylvanie, le comté de Klausenburg, sur un plateau solitaire près du mont Vulkan, dans la région d'Orgall. Le village le plus proche est Werst, sur le versant sud du massif de Plesa. La route qui mène au château des Carpathes est aujourd'hui envahie par la végétation, et du château lui-même il ne reste que quelques ruines nues.

Le château des Carpathes, construit au XIIe ou au XIIIe siècle, appartenait à la famille du baron Gortz. Le dernier descendant, le baron Rodolphe de Gortz – que son amour de l'opéra et sa passion pour une certaine cantatrice italienne avaient rendu célèbre – disparut vers la fin du XIXe siècle, après avoir pris part à l'une des nombreuses révoltes roumaines contre la sauvage oppression hongroise. Après sa disparition, le château resta abandonné, suscitant dans l'imagination du peuple transylvain des visions de fantômes et d'esprits.

Une légende naquit autour d'un grand hêtre qui poussait près des remparts du château. Lorsque le baron Rodolphe disparut, l'arbre perdit l'une de ses branches, et il en fut désormais ainsi tous les ans. Selon la légende, la chute de la dernière branche du hêtre marquerait la destruction du château. Pendant de nombreuses années, ces superstitions éloignèrent de ce piton du mont Vulkan les habitants de la contrée, et la route qui menait au château fut envahie par les broussailles. En 1892, un berger aperçut, à sa grande stupeur, de la fumée qui s'élevait des cheminées du château, et il déclara aux villageois qu'il avait vu un prodige. Après avoir longuement hésité, deux d'entre eux décidèrent de faire une enquête. L'un fut terrassé par une force invisible tandis qu'il tentait d'enjamber une petite clôture ; l'autre s'enlisa dans la boue de la douve. Finalement, un noble roumain, le comte Frank de Télek, résolut le mystère du château des Carpathes. Accompagné d'un fidèle serviteur, il escalada les murailles et aperçut sur les remparts la splendide silhouette de la cantatrice italienne bien-aimée de Gortz, que le monde croyait morte depuis longtemps, donnant un récital de quelques-uns de ses plus beaux airs.

Troublé par cette apparition, le comte pénétra dans le château et trouva le baron Gortz, vivant et en bonne santé, qui habitait là en compagnie d'un vieux serviteur, expert en électricité. Le comte découvrit que la voix de la chanteuse avait été enregistrée sur un phonographe et que l'apparition était une illusion optique créée au moyen d'un procédé électrique. Des miroirs disposés selon un angle précis et une lampe puissante agrandissaient, jusqu'à lui donner des proportions humaines, un petit portrait de la cantatrice. Elle apparaissait ainsi aussi belle que de son vivant, au temps où elle régnait sur la scène italienne.

Voyant son secret découvert, le baron Gortz fit exploser son château et mourut enseveli sous les ruines. Le visiteur remarquera qu'une installation similaire fut mise en place par M. Morel sur les îles Villings*.

• Jules Verne, *Le Château des Carpathes*, Paris, 1892.

CARTOGRAPHIQUE

Petit empire situé probablement à la lisière de l'URSS et de la Mongolie. Il a été décrit pour la première fois par le voyageur espagnol Suárez Miranda, en 1658.

Aujourd'hui, il n'en reste, dans le désert occidental, que les débris d'une immense carte établie par les géographes de l'Empire au XVIIe et abandonnée par les générations suivantes. Le territoire, quant à lui, a été envahi par des hordes de bêtes sauvages et de mendiants.

• Suárez Miranda, *Viajes de varones prudentes*, Lerida, 1658.

• Jorge Luis Borges et Adolfo Bioy Casares, *Cuentos breves y extraordinarios*, Buenos Aires, 1973.

CASEOSA, ou île du LAIT

Ile de l'océan Atlantique, environnée d'eaux laiteuses. Entièrement blanche, Caseosa a la forme et la consistance d'un fromage bien fait. Sa circonférence est de quarante kilomètres. Sur l'île inhabitée s'élève un temple consacré à la nymphe Galatée.

Les raisins que produisent les vignes de l'île sont, bien évidemment, gorgés de lait.

• Lucien de Samosate, *Histoire véritable*, IIe siècle apr. J.-C.

CASPAK

Grande île dans le Sud de l'océan Pacifique. Sa situation exacte est inconnue, mais elle se trouve certainement proche du pôle Sud, en raison des icebergs qui l'entourent. Les falaises de l'île tombent à pic, et il n'existe pas d'endroit où débarquer. On voit clairement, depuis la mer, l'éclat brun des pyrites et le vert-de-gris des minerais de cuivre dont elle est incrustée. Le seul moyen d'accès à l'île est une rivière qui serpente à travers un tunnel creusé dans les falaises, au-dessous du niveau de la mer. Au-delà de la barrière rocheuse, la rivière fait surface et on peut la suivre jusqu'à sa source, un vaste lac intérieur.

La flore de Caspak est semblable à celle que l'on trouvait dans les autres parties du monde aux temps préhistoriques, dans les forêts : les fougères géantes y ont plus de deux cents pieds de haut. On y voit aussi des pieds de maïs de six à huit mètres, dont les épis ont la taille d'un homme, et des grains, gros comme le poing.

La faune est également très diverse. La rivière et le lac sont habités par des reptiles antédiluviens. Le ciel est plein de ptérodactyles, et les eaux de l'île grouillent de lézards plus petits ou de reptiles qui, tous, sont de redoutables tueurs.

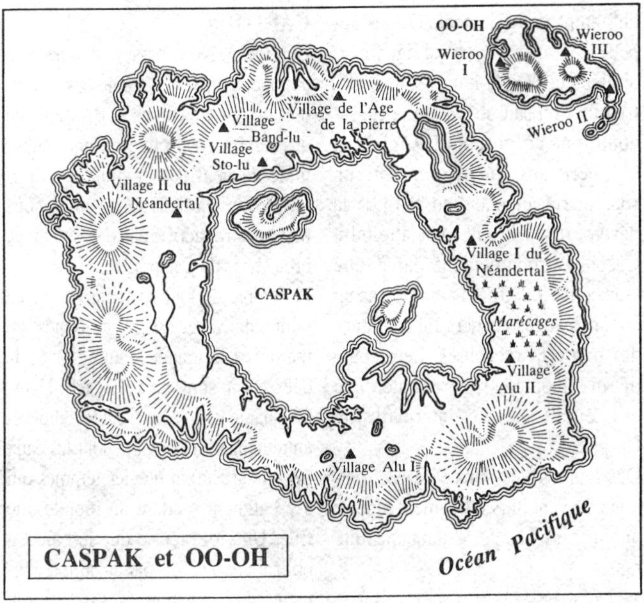

A l'intérieur, on trouve de grands troupeaux d'antilopes et de daims rouges, et les plaines sont livrées aux aurochs et aux redoutables rhinocéros laineux. Trois espèces de chevaux cohabitent : la plus petite n'est pas plus grosse qu'un chien et la plus grande mesure environ seize paumes. Caspak est peuplée par de nombreuses races depuis des hommes-singes semblables à ceux de Neandertal jusqu'aux hommes de l'âge de la pierre. Tous sont extrêmement agressifs et tuent les étrangers à vue. Ils parlent des variantes d'un même langage et il est curieux de remarquer que plus on remonte vers le nord, plus le vocabulaire s'enrichit et plus la syntaxe se complique.

Si personne n'a jamais vu d'enfants ni de bébés dans aucune des tribus, c'est que la vie naît dans les mares chaudes, proches des villages caspak. Ces mares, pleines d'œufs et de têtards, sont protégées des prédateurs par des cordons de sérum empoisonné. Les œufs, déposés dans les mares, descendent en flottant vers la mer, se développant au cours de leur voyage. Certains deviennent des reptiles ou des poissons, d'autres, des singes ou des grands primates. Quelques Galus enfantent normalement. On les appelle les *Cos-ata-lu*, ce qui signifie littéralement “les hommes-sans-œuf”. Ce que l’on sait de Caspak a été raconté par un groupe d’Anglais et d’Américains qui capturèrent un sous-marin allemand en 1916. A la dérive, ils finirent par atteindre Caspak, probablement parce que leur coque fut attirée comme par un aimant par les rochers magnétiques des barrières rocheuses. Leur sous-marin remonta la rivière souterraine et atteignit les eaux intérieures de Caspak.

Dès leur arrivée dans l’île, les visiteurs doivent impérativement repérer un itinéraire leur permettant une fuite rapide.

• Edgar Rice Burroughs, *The Land That Time Forgot*, New York, 1918 ; *Out of Time’s Abyss*, 1918.

CASSIS

Rivière s’écoulant dans la haute Ardenne sur des fonds de granit rouge. On y accède en s’enfonçant dans les sapinaies où plusieurs vents plongent. Les voyageurs s’arrêtant dans les clairières pour regarder le ciel entre les sapins ne doivent pas s’étonner de rencontrer des paysans qui boivent le verre de l’amitié en trinquant avec leur moignon.

• Arthur Rimbaud, *Illuminations*, Paris, 1886.

CASTORA

Contrée gouvernée par une reine. Son emplacement est inconnu. Les hommes en ont été bannis et l’Assemblée des femmes a décrété qu’un visiteur mâle ne peut passer plus de vingt-quatre heures dans le royaume sous peine d’être sacrifié à la déesse Pallas, protectrice de Castora.

Le temple de Pallas mérite une visite pour ses vingt-quatre colonnes de marbre et la grande statue d’or de la déesse où sont gravées ses vertus. Cinquante vestales servent le temple et entretiennent la fontaine dont les eaux miraculeuses font que les femmes qui s’y baignent mettent au monde une fille. Une loi précise que le bain est obligatoire une fois par an, afin d’augmenter la population, et la richesse du royaume. Castora est entourée de montagnes habitées par des magiciennes qui, à l’aide de nombreuses plantes, fabriquent des charmes. Médée elle-même y aurait obtenu ses poisons. On doit se rendre à la tour des Regrets, sinistre forteresse, où fut enfermée une princesse qui avait mis au monde un garçon. Le palais et le jardin magiques, tout proches, vaudraient d’être visités s’ils n’étaient invisibles. Le seul moyen de transport utilisé à Castora est un char volant attelé à des oiseaux. En cas d’absolue nécessité, on a recours à un attelage de rats.

• Marie-Anne de Roumier Robert, *Les Ondins, conte moral*, Paris et Londres, 1768.

CATHNÉ

Ville fortifiée entièrement en or, située dans la vallée d'Onthar, en Afrique. On peut l'atteindre par le mont Xarator, un haut pic volcanique au cratère débordant de lave en fusion. Cathné se situe entre une forêt et la courbe d'une rivière enjambée par le mont d'Or. La rivière elle-même est extrêmement dangereuse et bien des voyageurs sont tombés dans ses eaux bouillantes.

Le temple de Thoos est l'une des merveilles de la ville. C'est un édifice de trois étages, couronné au centre par un immense dôme. A l'intérieur de celui-ci, les murs sont rehaussés de mosaïques. A la cérémonie de Thoos, le roi assiste au sacrifice d'une jeune fille donnée en pâture à un lion en cage. En dehors de la ville, le champ des lions est une sorte d'arène dans laquelle les prisonniers livrent bataille aux bêtes sauvages.

Les citoyens de Cathné ont des tenues qui rappellent celles des anciens Romains. Les hommes portent de courtes tuniques et les femmes, des robes très dénudées qui cachent à peine leurs seins.

• Edgar Rice Burroughs, *Tarzan and the City of Gold*, New York, 1933 ; *Tarzan the Magnificent*, New York, 1936.

CAUCHEMAR, abbaye du

Vénérable demeure de famille située sur une bande de terre entre la mer et les marais, à la limite du Lincolnshire, en Angleterre. Cette bâtisse à moitié démolie, mais très pittoresque, est la résidence de M. Christopher Glowrey. La tour sud-ouest, en ruine, abrite une colonie de hiboux et de chouettes. La tour nord-ouest contient les appartements de M. Glowrey, avec vue sur les marais et les douves. La tour sud-est est réservée au fils Glowrey, auteur d'un traité intitulé *Le Gaz philosophique : projet d'une illumination générale de l'esprit humain*, vendu à sept exemplaires. La tour nord est attribuée aux domestiques. La terrasse, appelée “le jardin”, est envahie de lierre et de mauvaises herbes.

Le propriétaire, Christopher Glowrey, qualifie l'abbaye de vaste chenil où chacun mène une vie de chien. Il est l'auteur d'un commentaire de l'Ecclésiaste, qui démontre, d'une manière incontestable, que tout n'est que vanité. Collectionneur, il a accumulé un certain nombre d'objets intéressants, notamment un bol à punch, confectionné dans le crâne d'un ancêtre qui se pendit un jour de pluie, dans un accès de *tædium vitæ*. On remarquera également les domestiques, choisis en fonction de leur visage triste ou de leur nom sinistre : Corbeau, le maître d'hôtel ; Hideux, l'intendant ; Squelette, le valet de chambre ; Pioche et Tombe, hommes à tout faire. Un prétendu valet de pied du nom de Diggory Tête-de-Mort fut renvoyé à cause de son visage bienveillant. Il ne quitta le prieuré qu'après avoir séduit toutes les servantes et avoir ainsi peuplé les lieux de toute une colonie de petits Tête-de-Mort. Mieux vaut éviter l'esprit chagrin qui hante l'abbaye et s'en prend aux invités !

• Thomas Love Peacock, *Nightmare Abbey*, Londres, 1818.

CÉLÉPHAIS

Célèbre et merveilleuse cité sur les rives de la mer Cérénérienne, au pays d'Ooth-Nargai, dans le Monde-du-Rêve*. Arrivant par mer, les voyageurs découvriront d'abord le pic neigeux du mont Aran dont les premières pentes sont couvertes de ginkgos, l'arbre aux quarante écus. De là, on aperçoit les minarets étincelants de Céléphais, les murs de marbre toujours brillants et leurs statues de bronze, puis le grand pont de pierre.

Derrière la ville, s'élèvent de douces collines semées de bosquets et de jardins d'asphodèles, de chalets et de petits oratoires. Au loin se dresse la ligne pourpre de la chaîne des Tanarians, à la puissance mystique. En bas de la rue des Colonnes se trouve le temple turquoise de Céléphais, où les grands prêtres adorent le dieu Nath-Horthath. On adore également d'autres dieux à Céléphais, où les chats sont considérés avec la même vénération que les vaches aux Indes.

Pour visiter le palais de cristal rose des Soixante-Dix Délices, il vaut mieux s'adresser au vieux chef des chats de Céléphais, un digne et gris personnage, que l'on trouve habituellement en train de se dorer au soleil, sur le pavé d'onyx.

• Howard Phillips Lovecraft, "The Dream-Quest of Unknown Kadath", in *Arkham Sampler*, posth., Sauk City, 1948.

CÉLESTE

Cité située au-delà des monts Délectables*, entourée par la rivière de la Mort, dans le pays de Chrétien. L'eau de la rivière de la Mort a un goût amer, qui disparaît très vite. Aucun pont ne l'enjambe et les voyageurs doivent la traverser à gué. Certains la trouvent très profonde, d'autres pas du tout.

La ville elle-même – où se trouve l'Arbre de Vie – est un ruissellement de perles et de pierres précieuses ; ses rues sont pavées d'or pur. Elle est entourée de vergers, de vignobles et de jardins, où les habitants déambulent. Les voyageurs qui surmontent les dangers du long voyage depuis la cité de la Destruction sont accueillis par une sonnerie de trompette ; les habitants de la cité Céleste se rassemblent pour les voir traverser la rivière. Ils pénètrent dans la ville somptueusement vêtus, le front couronné de guirlandes d'or. Au-dessus de la porte de la ville, ils peuvent lire cette inscription en lettres d'or : "Bénis soient ceux qui ont suivi Ses commandements : ils pourront franchir les portes de la ville et auront accès à l'Arbre de Vie."

• John Bunyan, *The Pilgrim's Progress from this World to that which Is to Come. Delivered under the Similitude of a Dream. Wherein Is Discovered the Manner of his Setting out, his Dangerous Journey and Safe Arrival at the Desired Country*, Londres, 1678 (1re partie) et 1684 (2e partie).

CÉLESTEVILLE

Ville éléphant, capitale du royaume de Babar, fondée par le roi Babar sur les rives d'un lac bleu où les oiseaux viennent se baigner et chanter au milieu de luxuriantes plantes tropicales qui embaument l'air.

Après avoir découvert ce site de toute beauté, le roi Babar décida d'y importer les principaux matériaux nécessaires à la construction de sa capitale. De magnifiques jardins furent tracés autour du palais royal et un théâtre fut construit pour le divertissement de la population. Babar gratifia d'un cadeau chacun de ses sujets et une grande fête fut organisée, avec bal costumé et soirée de gala à l'Opéra.

Dans l'école de Célesteville, dirigée par la Vieille Dame, une amie de Babar, les plus jeunes comme les plus vieux éléphants peuvent venir s'instruire.

Célesteville porte le nom de la reine Céleste, épouse bien-aimée de Babar.

• Jean de Brunhoff, *Le Roi Babar*, Paris, 1933.

CENTRE PITÈRE ET POTRON CHIER

Nœud ferroviaire à l'embranchement du Pèse-Nerfs. La gare de départ est l'Ombilic des Limbes*, celle d'arrivée, l'asile de Rodez. Les voyageurs désireux de faire le circuit touristique complet peuvent acheter des billets à prix réduit avec détour par l'Irlande ou le pays des Tarahumaras. Il est fortement conseillé de manger des frites sur le parvis de la cathédrale de Rodez. En levant les yeux, on voit un homme enchaîné vivant dans la rosace.

• Antonin Artaud, "Suppôts et Supplications", posth., in *Œuvres complètes*, Paris, 1978.

CENTRUM TERRAE

Région située à quelque mille cinq cents kilomètres au-dessous de la surface de la Terre. On l'atteint en passant par plusieurs lacs dont le plus connu est celui de Mummelsee*.

Toutes les entrées lacustres aboutissent au palais du roi, qui gouverne Centrum Terrae à la manière d'une reine abeille. Ses sujets, les esprits de l'eau, vivent jusqu'à trois cents ans et sont invulnérables : on ne peut pas les tuer et la maladie ne les atteint pas. Leur mort est une simple disparition. Incapables de pécher, ils n'encourent pas les foudres de la colère de Dieu. Les lacs ont été créés pour quatre raisons principales : offrir aux esprits de l'eau une fenêtre sur le monde ; ancrer mers et océans à la surface de la Terre, un peu comme des clous fichés aux quatre coins du globe ; constituer des réserves d'eau ; enfin, exprimer la volonté de Dieu. Les esprits de l'eau qui vivent sous ces lacs ont pour fonction de garder la terre humide. Ils cultivent des perles encore molles qui sont aussi grosses que des œufs.

• Hans Jakob Christoffel von Grimmelshausen, *Der Abenteuerliche Simplicius Simplicissimus*, Nuremberg, 1668 ; *Continuatio des abenteuerlichen Simplicissimi oder Schluss desselben*, Nuremberg, 1669.

CESSARES

République du versant occidental des Andes, située entre le Chili et l'Argentine, par 43° ou 44° de latitude sud.

L'accès du pays est interdit aux Espagnols et quiconque en révèle l'emplacement exact est exécuté pour haute trahison. Cet Etat fut fondé au XVIIe siècle par un groupe de cent cinquante familles hollandaises, sous la direction d'un certain Alphen, qui en fut le premier gouverneur. Trois bateaux, dont l'un fit naufrage dans le détroit de Magellan, transportèrent quelque deux cents orphelins, des semences, des outils, des animaux de trait et de boucherie, de la nourriture pour deux ans en cas de mauvaise récolte, des vêtements, des médicaments, et dix maisons préfabriquées pour disposer d'habitations dès l'arrivée. Deux de ces maisons furent réservées aux hommes, quatre aux femmes et aux enfants. Les quatre autres servirent de magasins.

La capitale, Salem, s'étend sur deux kilomètres carrés, au centre de la région, dans une zone fertile, traversée par plusieurs canaux. Les rues, dont les noms sont peints de couleurs brillantes, s'entrecroisent. Les maisons à deux étages sont propres, bien rangées, et identiques. Toutes possèdent un petit jardin. Des arbres, plantés au centre des rues, donnent de l'ombre et rafraîchissent l'air. A noter, la bibliothèque, le Muséum des curiosités naturelles et les écoles.

La république est divisée en comtés, formés chacun de vingt-cinq paroisses de dix kilomètres carrés. Elle est régie par une constitution simple : aucun homme ne peut posséder plus de vingt hectares. Tous les citoyens sont frères. Chacun pourvoit par son travail à sa subsistance et à celle de sa famille, à l'exception des veuves et des orphelins que l'Etat prend en charge. Pour être citoyen, il faut avoir vingt et un ans révolus, être

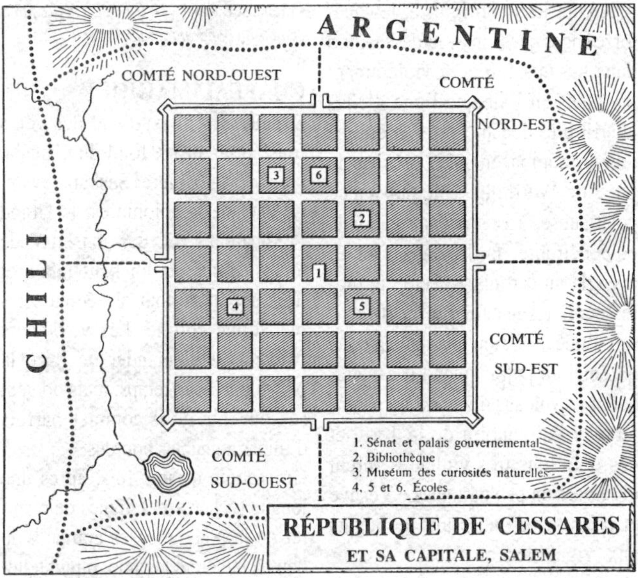

marié et protestant. Aucun catholique ne peut participer au gouvernement de la république. La torture est interdite. Les cimetières sont entourés de plantes aromatiques pour combattre les odeurs de putréfaction.

• James Burgh, *An Account of the First Settlement, Laws, Form of Government and Police of the Cessares : A People of South America, in Nine Letters. From Mr Vander Neck, one of the Senators of that Nation, to his Friend in Holland, with Notes by the Editor*, Londres, 1764.

• Fray Diego de Ocaña, *Relación del viaje a Chile, año de 1600,* separata de los anales de la universidad de Chile, Santiago.

CHALLENGER

Pré situé dans le Sussex, en Angleterre. De Londres, prendre le train à la gare Victoria et descendre à Storrington.

A la fin du XIXe siècle, un mardi 21 juin, à 11 h 30, le professeur G. E. Challenger, membre de l'Académie, docteur en médecine, docteur ès sciences, y tenta une curieuse expérience. C'est par un puits encore visible que le professeur blessa la planète Terre qui, comme chacun le sait depuis, est un animal vivant ressemblant à une sorte d'oursin. Certains se souviennent encore de l'horrible hurlement dont l'écho se répercuta jusqu'en France, les quatorze cages que l'on avait descendues dans le puits furent si violemment projetées en l'air que l'une d'elles atterrit près de Chichester et qu'une autre retomba en mer, près de la jetée de Worthing. Une substance gélatineuse, à l'odeur nauséabonde et pénétrante, jaillit dans l'air et aveugla un aéroplane. Selon le professeur Dreisinger de Berlin, il s'agirait d'une sécrétion analogue à celle qu'émet un putois quand il est attaqué. Les volcans du monde répercutèrent l'indignation de la Terre et des éruptions très violentes furent observées un peu partout. Le Vésuve et l'Etna causèrent tant de dégâts aux vignobles que le professeur Challenger fut condamné par les tribunaux italiens à verser un demimillion de lires de dommages et intérêts. L'expérience n'a pas été renouvelée depuis.

• Sir Arthur Conan Doyle, *When the World Screamed*, Londres, 1892.

CHANEPH, ou île de **CHIEN**

Ile habitée par des hypocrites, des hydropiques et toutes sortes de marmotteurs, de noms saints, hommes ou femmes, jeunes ou vieux.

En dépit de toutes ces grenouilles de bénitier, il est tout à fait possible aux voyageurs – en toute honnêteté – de prendre quelques hypocrites plaisirs avec les dames de l'île.

• François Rabelais, *Le Quart Livre des faicts et dicts du bon Pantagruel*, Paris, 1552.

CHAPEAU-MAGIQUE

Repaire des blizzards et des vents fous, situé au fin fond du Canada, près de la rivière Saskatchewan. Le chef de la colonie est le Grand Prédicateur, roi des faiseurs de temps, assis sur un haut tabouret dans une haute tour élevée au sommet d'une colline. Les voyageurs peuvent lui demander de faire la pluie ou le beau temps, mais doivent se souvenir qu'il commet parfois d'impardonnables bourdes.

On raconte qu'une fois, après une longue sécheresse, fatigués de respirer de la poussière, les animaux du lieu réclamèrent la pluie. Il plut tellement que leurs queues furent trempées, et un gel, qui suivit, les glaça. Pour couronner le tout, un vent terrible se mit à souffler et les balaya. Les animaux à longue queue la trouvèrent particulièrement mauvaise.

• Carl Sandburg, *Rootabaga Stories*, New York, 1922.

CHAPEAUX-VIDES

Ville gouvernée par une reine majestueuse. Les seuls habitants sont des chapeaux vides. On aperçoit parfois dans les rues de gros rats, de gros chats et de grosses chauves-souris qui sont également considérés comme des chapeaux vides. Les rares voyageurs qui ont visité la ville la décrivent comme un endroit terrifiant qui vous transforme en chapeau vide. La reine ne cesse de marmonner : “Il y a un boulon de dévissé ou un robinet qui fuit quelque part.” Personne ne connaît le sens de ces phrases énigmatiques.

• Carl Sandburg, *Rootabaga Stories*, New York, 1922.

CHARIOT

Un des châteaux de la fée Morgane, sœur du roi Arthur de Camelot*. Il est situé légèrement au nord des bois impénétrables de la forêt Sauvage, et il est entièrement fait de friandises, afin d'attirer les enfants chez la magicienne. Le château s'élève au milieu d'un lac de lait aux reflets crémeux et le pont-levis de beurre exhale une odeur très douce. Normalement, seuls les enfants y pénètrent, mais, victime d'un charme jeté par la démoniaque Morgane, Lancelot y fut emprisonné.

• Terence Hanbury White, *The Once and Future King*, Londres, 1939.

CHARYBDE et SCYLLA

Deux îlots en Méditerranée. Ils portent les noms des étranges occupants qui rendent périlleux le passage des navires dans leurs eaux.

Le sommet de l'île montagneuse de Charybde est couronné d'un grand figuier. Le monstre Charybde vit près du rivage. Trois fois par jour, il aspire et recrache une si grande quantité d'eau que la mer se creuse de dangereux tourbillons.

L'autre île, Scylla, n'est qu'un rocher où la pierre lisse et stérile semble vouloir atteindre le ciel. Son pic aigu est perpétuellement encapuchonné dans un nuage sombre. A mi-hauteur, le rocher est creusé en une grotte obscure où vit l'habitant éponyme. Scylla, avec ses douze pieds, ses six têtes, ses douze bouches aux trois rangées de dents, se penche par l'ouverture de son antre et dévore les marins au passage.

• Homère, *Odyssée*, IXe-VIIIe siècle av. J.-C. env.

• Pausanias le Périégète, *Périégèse ou Description de la Grèce*, IIe siècle apr. J.-C.

• Ovide, *Les Métamorphoses*, IIe siècle av. J.-C.

CHÂTEAU, LE

Forteresse sans nom, située quelque part en Bohême. Le Château est un vaste conglomérat de bâtiments à deux étages alternant avec des maisons basses, serrées les unes contre les autres. Les visiteurs non avertis que l'édifice est un château croiront se trouver dans une petite ville.

Le Château n'a qu'une seule tour ronde, en partie recouverte de lierre et percée de quelques fenêtres. Les créneaux de la tour paraissent incertains, irréguliers, et semblent s'accrocher au ciel comme le dessin tremblant d'un enfant négligent ou timide.

Le Château domine un village à l'atmosphère oppressante situé sur les

bords d'une rivière. Personne n'a le droit d'y résider ou d'y passer une nuit sans la permission du comte, seigneur des lieux. Les habitants possèdent une étrange caractéristique physique : leur crâne paraît déformé par les coups et leur visage est un masque douloureux.
L'hiver dure longtemps dans cette région, et le village est généralement couvert de neige.

• Franz Kafka, *Das Schloss*, Munich, 1926.

CHÂTEAU-DES-FRÊNES

Vieux royaume féerique situé dans une vallée dominée par Mynnyd Prescelly, la montagne la plus occidentale du pays de Galles.
A l'origine, les fées ne construisaient pas de maisons et s'envolaient le soir pour aller dormir dans les branches des frênes. C'est de là que le royaume tire son nom. Aujourd'hui, cette coutume est abandonnée, et les fées du Château-des-Frênes ont adopté l'étiquette en vigueur dans les autres royaumes d'elfes : seules les fées prolétaires volent, l'aristocratie ne s'abaissant pas à ces trivialités. Les habitantes du Château-des-Frênes sont célèbres pour l'incomparable hydromel qu'elles préparent et pour leur pratique de l'art vocal. Bonnes voisines, elles tolèrent les vaches et les enfants qui font intrusion dans leur royaume.
Leur plus grand exploit est, sans conteste, de faire apparaître et disparaître la montagne qui domine leur vallée. Le chant et l'escamotage de la montagne sont devenus coutumiers, et les humains de la région voient dans la réapparition de la crête le signe du début de la moisson.
Les reines du Château-des-Frênes se sont toujours appelées Morgane et leur lignée remonte jusqu'à Morgane-la-Fée*. La plus grande cantatrice du royaume a sans doute été Morgane-Gorge-d'Or. Lui succéda Morgane-la-Fileuse. Sous le règne de cette dernière, les fées prirent l'habitude de se déguiser en mortelles pour aller écouter les récitals d'orgue à la cathédrale de Worcester et, plus tard, pour se rendre au Festival des Trois Chœurs.

• Sylvia Townsend Warner, *Kingdoms of Elfin*, Londres, 1972.

CHATS FOURRÉS, pays des, voir GUICHET

CHAUDRON, lac du

Quelque part en Irlande. Son nom provient du chaudron qui y fut pêché par un homme gigantesque aux cheveux blonds. Si on y plonge un homme mort, il revient à la vie, mais se trouve à jamais incapable de prononcer une parole. Les gens ainsi ressuscités sont, paraît-il, de fameux guerriers.

• Anonyme, *Mabinogion*, XIIIe siècle.

CHELM

Ville juive d'URSS dont les habitants seraient originaires d'une ville de Pologne orientale avec laquelle ils n'ont plus aucun contact. Les citoyens de Chelm sont connus pour leur étrange faculté de raisonner par l'absurde.

Pour compenser l'absence de lumière à l'hôtel de Chelm, qui n'a aucune fenêtre, les habitants y apportent de grands baquets pleins de soleil, mais cela n'y fait rien.

A Chelm, le centre du monde se trouve simultanément en plusieurs endroits. En effet, quel que soit l'endroit choisi, il peut être le centre d'un autre endroit et il est inutile d'essayer de démontrer qu'il en est autrement. On marche sur la chaussée tandis que les attelages roulent sur les trottoirs, car, bien que la route soit large et les trottoirs étroits, il est logique, l'être humain étant de loin plus important que le cheval, qu'il manifeste sa supériorité en empruntant la voie la plus vaste.

Les habitants de Chelm ont une manière infaillible de distinguer une cane d'un canard. Ils jettent un croûton de pain à l'oiseau. S'il se précipite, c'est un canard. Si elle se précipite, c'est une cane.

• Samuel Tenenbaum, *The Wise Men of Chelm*, New York, 1965.

CHIAOHU

Temple chinois. Celui qui désire un bon mariage sera invité par le prêtre à entrer dans un magnifique oreiller de jade, percé d'une petite ouverture. Là, le futur marié pourra contempler de splendides demeures et des pavillons rouges. Un grand officier lui donnera sa fille en mariage ; elle portera six enfants ; tous ses fils deviendront secrétaires impériaux. Le visiteur restera une dizaine d'années dans l'oreiller sans songer à un retour. Un jour, sans crier gare, il se trouvera expulsé, comme à la fin d'un rêve, au milieu du temple, et pendant long temps il sera inconsolable.

• Anonyme, *Géographie Taiping*, 981.

CHIEN, île de, voir **CHANEPH**

CHITA

Ile des Petites Antilles, dans la mer des Caraïbes. Découverte par l'Ange-du-Nord, autour des années quarante, elle reçut le nom de la maîtresse cubaine du chef de l'expédition, qui devait retrouver l'emplacement d'un trésor minutieusement décrit dans un document découvert dans une librairie de Pont-Aven, en Bretagne.

L'île basse et agréable ressemble à une mosaïque très verte, avec des bandes de terre rouge et quelques collines pourpres. On ne trouve sur l'île ni insectes, ni oiseaux, mais une espèce d'arbre en forme de laitue. Chita est gouvernée par un bourreau chinois, qui retient sur l'île un grand nombre de mutilés comme sujets d'observation. La plus grande prudence est recommandée aux visiteurs.

• Pierre Mac Orlan, *Le Chant de l'équipage*, Paris, 1918.

CHRÉTIENNE

Cité proche de la forêt d'Hercynish dans la principauté d'Argilia. C'est un lieu de refuge pour tous les persécutés. Les voyageurs aspirant à une vie respectable et dévote trouveront que la cité Chrétienne est un vrai paradis. Tous les excès y sont interdits ; l'ordre et la discipline sont strictement observés. La loi est aux mains de l'Eglise qui réprime la moindre entorse à la morale chrétienne.

Le mariage étant considéré comme particulièrement important pour le bonheur public, toute demande est examinée avec le plus grand soin. Le candidat interrogé doit présenter de solides garanties, tant physiques que mentales. On ne sait rien de plus de cette cité parfaite.

• Johann Michael, Freiherr von Loen, *Der Redliche Mann am Hofe : oder die Begebenheiten des Grafen von Rivera*, Francfort, 1740.

CHRISTIANOPOLIS

Ville de l'île de Caphar Salama, fondée par un exilé de nationalité inconnue. Mendiants, charlatans, comédiens oisifs, prétentieux, fanatiques, rosicruciens et fabricants de potions qui déshonorent la science pharmaceutique sont interdits en ville.

Christianopolis s'inscrit dans un carré de sept cents pieds de côté, fortifié par un mur d'enceinte massif et par quatre tours. La ville est divisée selon trois fonctions : l'alimentation, l'instruction militaire, la beauté.

Les monuments les plus intéressants de la ville sont certainement le temple et la bibliothèque. Le premier est un édifice circulaire aux nombreuses fenêtres ; un crucifix en constitue l'unique décoration. Dans la partie réservée aux fidèles, les sièges sont taillés dans le roc de façon si habile que tous sont à égale distance de l'orateur. Tous les trois mois s'y déroule un spectacle de comédies sacrées. La bibliothèque est l'une des plus complètes du monde ; chaque livre que l'on croyait perdu s'y trouve, et toutes les langues terrestres y sont présentes.

Quatre cents personnes vivent à Christianopolis. Les femmes savent filer, tisser, coudre et broder et aucune d'elles n'a honte de son rôle domestique ; elles n'ont voix ni à l'église, ni au conseil. Les hommes font les travaux pénibles, ce qui n'affecte en rien leur douce nature. Les soldats ne sont pas des ogres répugnants, mais des hommes sobres et bien lavés. Chaque citoyen a les mêmes devoirs civiques : il lui faut surveiller les ennemis, garder les murs de la ville, semer et vendanger, entretenir les routes, construire les maisons, drainer

Vue de la tour sud-est de la ville de Christianopolis.

les champs, aider dans les fabriques. Tous les habitants sont chrétiens. Les prêtres n'appartiennent pas à l'Eglise romaine et sont mariés. Trois messes sont dites chaque jour.

L'argent n'existe pas, et chacun reçoit selon ses besoins. La peine de mort n'est pas considérée comme une sanction satisfaisante et les malfaiteurs sont simplement corrigés. Huit hommes gouvernent la ville, aidés de huit subordonnés.

A Christianopolis, tout le monde est heureux.

• Johann Valentin Andreae, *Republicae Christianapolitanae descriptio*, Strasbourg, 1619.

CIRCÉ, île de, voir **AIAIÉ**

CIRCETO-DES-HAUTES-GLACES

Lieu dont on ne sait absolument rien. Certains prétendent que c'est un hôtel de passe, d'autres un glacier et d'autres encore, un cirque ambulant. La seule indication concernant ce lieu est un cryptogramme livré depuis un siècle à la sagacité des voyageurs : "A Lulu – démon – qui a conservé un goût pour les oratoires du temps des Amies et de son éducation incomplète." Bonne chance pour le décryptage.

• Arthur Rimbaud, *Illuminations*, Paris, 1886.

CITROUILLES

Archipel du Nord de l'Atlantique. Les énormes citrouilles qu'on y trouve peuvent peser deux tonnes. Une fois séchées et vidées de leur pulpe, elles servent de vaisseaux, leur tige faisant office de mât et leurs feuilles, de voiles. Les insulaires, des brigands qui pillent les îles voisines, ont été surnommés "pirates aux citrouilles" par leurs ennemis, les Noixnautes de l'île des Noix* ; en effet, ces derniers sont constamment victimes des attaques de la flotte des citrouilles colossales.

• Lucien de Samosate, *Histoire véritable*, IIe siècle apr. J.-C.

CITTABELLA

Egalement connue sous le nom de "ville des trous", probablement en Europe centrale.

Les voyageurs doivent se familiariser avec la topographie particulière du site, c'est-à-dire avec les différentes espèces de trous. Les trous les plus fréquents et qui causent le moins d'ennuis sont de la taille d'une casserole ordinaire. Ils sont ronds et leurs bords dentelés résultent d'un brusque affaissement du sol, dont la surface – couleur aubergine – repose sur une couche plus molle, marron foncé. L'intérieur de cette "casserole" est rugueux et irrégulier ; dans le fond, des cailloux et des petites mottes de terre boueuse craquent ou s'émiettent quand on marche dedans. Par temps de pluie, les trous se transforment en petites mares vaseuses où il n'est pas rare de trouver des papillons noyés.

Les habitants de Cittabella avancent soit en enfonçant leurs pieds dans les trous, ce qui manque de tenue, soit par grandes enjambées en évitant d'écraser les bords, ce qui est plus convenable. Les enfants, eux, adorent sauter par-dessus.

Nettement plus dangereux, viennent ensuite de vastes trous ronds et couleur chocolat, si profonds que deux maisons s'y engloutiraient facilement. Leur fond se remplit d'eau de pluie, et ne s'assèche jamais. De nombreuses grenouilles y vivent parmi les nénuphars et les roseaux. On est prié de ne pas tomber dans ces trous pour ne pas déranger les grenouilles et détruire l'équilibre écologique.

Les trous les plus dangereux sont presque invisibles. Ces ouvertures traîtresses paraissent à peine assez grandes pour y enfoncer une aiguille. Méprise fatale ! Qu'un imprudent s'en approche, et aussitôt la terre s'effondre. Il arrive fréquemment que des carrosses tirés par des attelages de huit chevaux et plus disparaissent pour toujours dans ces cavités imprévisibles. Ces trous sont particulièrement gênants, car ils interrompent constamment les défilés et les cérémonies dont les habitants de Cittabella sont très friands.

Il est impossible de se dégager d'une autre catégorie de trous, une fois qu'on a marché dedans ; l'espèce de store qui semble les recouvrir vous claquera au nez aussi brusquement qu'une femme vous met à la porte. Les habitants de Cittabella semblent constamment chercher quelque chose par terre : soit qu'ils se trouvent dans un quartier dont les trous leur sont inconnus, soit qu'ils recherchent quelque cousin de province fraîchement débarqué et aussitôt porté disparu. Il peut aussi s'agir d'un cocher qui – une fois de plus – a perdu son attelage et sa diligence. Dans ce dernier cas, il est conseillé d'abandonner des recherches épuisantes et rarement couronnées de succès.

• Lia Wainstein, *Viaggio in Drimonia*, Milan, 1965.

CIVILISATION

La plus importante des îles Viti en Polynésie. Déclarée française, en 1831, par le commandant de la *Calembredaine*, premier bateau à avoir atteint cette terre montagneuse, boisée et parfois noyée dans la brume. Le roi de Civilisation est en bois de rose. C'est un automate remonté par le premier ministre. Il peut approuver jusqu'à trente décrets par séance en utilisant une belle signature en écriture anglaise. A l'île de la Civilisation, on ne plaisante pas avec les responsabilités, ni avec les citoyens ; chaque ministre porte un nœud coulant au cou, afin que tout électeur puisse l'étrangler en cas d'abus de pouvoir. Les membres du Parlement étant sourds et muets, on coupe assez facilement court aux discussions oiseuses.

Le progrès scientifique a sensiblement modifié le paysage de l'île, puisque le vieux chemin de fer a été remplacé par un système de transport fonctionnant au fluide électrique. La locomotive, qu'on appelle le "pistolet d'arçon" en raison de sa forme, est reliée par un anneau d'acier à un wagon de verre où s'assoit le passager. L'attelage file à une vitesse vertigineuse sur un mince rail métallique. La nuit, la friction produit des étincelles qui illuminent les deux côtés de la voie. Cet ingénieux moyen de transport n'accepte malheureusement qu'un seul passager à la fois, pour éviter l'électrocution.

Par ailleurs, un dispositif portable, utilisant la phosphoriculine – substance recueillie par un tube fixé au rectum et aux parties génitales – fournit l'éclairage dont la qualité dépend étroitement de l'alimentation du producteur. Oignons, pois, lentilles et navets produisent une lumière particulièrement brillante. On reconnaît le lymphatique à sa lumière blanche, le nerveux à sa lumière bleue, les bilieux à l'éclat jaune de leur flux et les sanguins, à leur caractéristique faisceau rouge.

• Henry-Florent Delmotte, *Voyage pittoresque et industriel dans le Paraguay Roux et la Palingénésie australe par Tricadé-Nafé-Théobrôme de Kaout't'chouk, gentilhomme breton*, Mons, 1835.

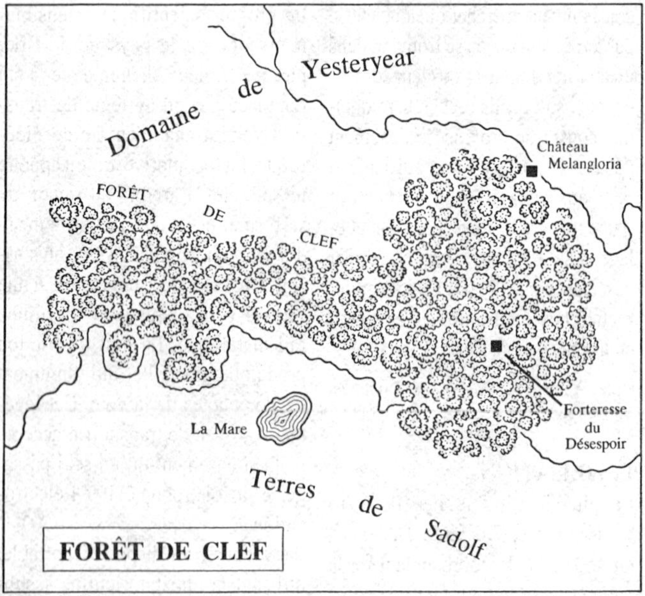

FORÊT DE CLEF

CLEF

Forêt en forme de clef entre le domaine de Yesteryear et les terres du comte Sadolf. La forêt fut gagnée aux échecs par le père du comte Yesteryear, qui défia Sadolf, un voleur de grand chemin. La revanche dont la forêt demeure l'enjeu doit être rejouée tous les vingt ans.

A l'orée des bois s'élève le château aérien de Melangloria, demeure du comte Yesteryear et au fin fond des taillis, là où les oiseaux ne chantent pas, se cache la forteresse du Désespoir qui abrite une population de perpétuels infortunés.

Les habitants de la forêt sont curieusement persuadés qu'ils sont les pions d'un gigantesque jeu d'échecs manœuvrés par des joueurs invisibles. Une philosophie semblable, quoique peut-être moins cohérente, est partagée par les ressortissants du pays du Miroir*.

• Paul Hulshof et Robert Vincent Schipper, *Glazewijn en het schaakschandaal*, Amsterdam, 1973.

COAL CITY

A mille cinq cents pieds sous terre, ville fortifiée construite sur les rives d'un immense lac souterrain, le loch Malcolm, où nagent des bancs de poissons aveugles.

Les maisons de brique des mineurs et de leurs familles s'élèvent sur les rives du loch, sous le grand dôme de la grotte centrale. Coal City est chauffée et éclairée à l'électricité. De l'immense voûte du plafond et des piliers de roc pendent des ampoules électriques que l'on peut éteindre pour qu'il "fasse nuit". Toutes les ampoules sont entièrement protégées pour éviter une possible explosion de méthane. Une chapelle dédiée à saint Gilles s'élève sur un gros rocher au-dessus du loch.

Coal City est non seulement une mine extrêmement productive, mais une attraction touristique majeure. On y descend par un tunnel en pente dont l'entrée se trouve à sept miles au sud de Callender. New Aberfoyle est aéré par une série de tunnels et de cheminées dont l'une émerge à l'intérieur des ruines du château de Dundonald*.

Les habitants de Coal City sont très heureux de leur sort et parlent du monde "d'en haut" comme d'un univers livré aux tempêtes et au mauvais temps. Ils sont très fiers de la sombre beauté de leur royaume souterrain et s'aventurent rarement à la surface.

• Jules Verne, *Les Indes noires*, Paris, 1877.

COCAGNE,
ou SCHLARAFFENLAND

Petit pays proche de l'Allemagne. Selon certains voyageurs, on y entre

Porte fortifiée de Coal City.

en empruntant une rivière. Au centre de la région s'élève le volcan Mecca. A chaque éruption jaillissent des raviolis et autres *paste* qui couvrent les pentes fromagères du volcan et aboutissent dans un val rempli de beurre fondu. Bonbons et chocolats surgissent au coin des bois, les pigeons volent déjà rôtis et il pleut, non des cordes mais des cakes.

Les singes y jouent aux échecs, la famille royale dort dans un lit de saucisses. Les faisans rôtis gambadent au son des trompettes, les chapons pleuvent du ciel, le sol produit des truffes aussi grosses que des maisons et les fleuves regorgent de lait et de vin. En hiver, les montagnes sont couvertes de fromage blanc, tandis que, toute l'année, de succulentes pâtisseries fleurissent le long des routes. Les maisons sont construites selon les canons de la gastronomie italienne et des fiacres sans chevaux traversent les ponts de salami.

Quiconque veut rajeunir n'a qu'à se laver dans les eaux d'une petite fontaine destinée à cet usage. Les femmes enfantent en chantant et les nourrissons parlent et marchent dès leur naissance. L'avenir appartenant à ceux qui se lèvent tard, si l'on surprend quelqu'un en train de travailler, on l'envoie immédiatement en prison.

• Anonyme, *Le Dit de Cocagne*, XIIIe siècle.
• Anonyme, *Trionfo dei poltroni*, XIVe siècle.
• Sebastian Brant, *Das Narren Schyff*, Bâle, 1494.
• Anonyme, *Capitolo di Cuccagna*, XVIe siècle.
• Hans Sachs, *Das Schlaraffenland*, Nuremberg, 1530.
• Anonyme, *Storia del Campriano contadino*, XVIIe siècle.
• Marc-Antoine Le Grand, *Le Roy de Cocagne*, Paris, 1719.
• Jacob et Wilhelm Grimm, *Kinder- und Hausmärchen*, Heidelberg, 1812-1822.

COCAIGNE

Au-delà de Sargyll. Royaume insulaire d'Anaitis, également connue sous le nom de Dame du Lac, que l'on dit fille du Soleil et parente de la Lune. La mission de ce personnage consiste à vous détourner du droit chemin. Ayant une prédilection toute particulière pour les ascètes, qu'elle s'amuse à écarter de la sainteté, c'est elle qui fit don d'Excalibur à Arthur de Camelot* et qui rendit sa femme Guenièvre amoureuse de Lancelot. Le palais royal de l'île est entouré d'un parc plongé dans la pénombre, où l'on devine la présence d'indescriptibles créatures. Un sentier étroit mène à une cour de marbre jaune couronnée de dômes et de pinacles. Le seul ornement de cette cour est la statue d'un dieu à trente-quatre bras et à dix têtes. Occupé à caresser une femme, il en retient une autre de ses mains libres. Jonchée de jouets érotiques et de symboles, la pièce la plus splendide du palais est la bibliothèque. Les murs sont peints avec les douze Asan de Cyrène et sur la voûte du plafond une fresque représente un corps de femme, qui s'allonge entre la corniche est et la corniche ouest. La bibliothèque contient les archives de tout ce que l'homme a inventé dans le domaine du plaisir ainsi que de rares manuscrits d'Astyanas, d'Elephantisis et de Satades. On peut également y voir une collection de formules dionysiaques et un tableau des postures érotiques. Deux volumes uniques, *La Litanie du centre des délices* et *Les Trente-Deux Moyens de parvenir*, sont l'orgueil de la bibliothèque.

Rien ne change jamais à Cocaigne et la vie est un interminable flot de plaisirs curieux où le regret n'existe pas. Selon la légende, à l'heure du jour la plus agréable de la plus agréable saison de l'année, le temps s'endormit dans l'île. On peut le voir enfermé dans un sablier de cristal gardé dans une petite chambre bleue du palais. Si on trace deux triangles croisés dans le sable qui s'écoule du sablier, on voit s'élever des vapeurs au travers desquelles on distingue des contrées lointaines.

Les hôtes de Cocaigne sont emmenés dans une pièce blanche aux murs couverts de plaques de cuivre. Là, ils sont baignés par quatre filles qui leur prodiguent d'étonnantes caresses. Ils sont ensuite oints de quatre huiles différentes, puis habillés avant de goûter à la nourriture de l'île : œufs, orge, grenades, gâteaux rouges triangulaires et vin mêlé de miel.

• James Branch Cabell, *Jurgen. A Comedy of Justice*, New York, 1919.

COIMHEADACH

Ile de l'Atlantique nord. Pour l'atteindre, il faut très prudemment traverser le pays de Galles et, de là, soit monter en Ecosse jusqu'aux îles Hébrides, soit passer en Irlande et parvenir aux îles Blasket, Aran ou Achille. Coimheadach s'étend à l'ouest, au-delà de l'horizon du grand Atlantique. Le visiteur s'embarquera sur le *Saint-Ursula*, vieux rafiot transporteur de bétail disposant de quatre cales et d'un salon-bar. Le bateau, roulant, tanguant, trace vaille que vaille son chemin dans la nuit. A l'aube, l'île se détache sur l'horizon, tel un tas de crottin, et le soleil illumine ce monstrueux bloc de granit, déchet abandonné par le Créateur quand il eut achevé l'Europe.

Assailli par l'odeur de poisson et de mazout, le voyageur qui débarque a l'impression d'être un nouveau Gulliver avec sa taille démesurée et sa voix caverneuse. Dans la ville, les rues sont pavées de la même pierre grise que les murs des longues et sombres maisons, des porcheries ou des boutiques qui vendent du whisky, du fil de fer barbelé ou des boîtes de conserve. Les habitants sont bruns, petits, et leur anatomie rappelle celle des corps rabougris trouvés dans les tombes préhistoriques. Leurs mouvements rapides et adroits sont freinés par les rhumatismes et l'abus de la pomme de terre.

Pour atteindre la montagne sacrée de Coimheadach, il faut d'abord traverser une multitude de petits champs plantés de pommes de terre et de pâturages où paissent des vaches à long poil noir frisé, et dont la viande est la principale richesse de l'île. Ces champs sont isolés de leurs voisins par des murs de pierre sèche, aux dessins compliqués, aussi variés et personnels que les décors des chandails de grosse laine. Dans la structure des murs sont inscrits les noms des bâtisseurs et, sur les réparations, les patronymes de ceux qui leur ont succédé. Et puis les murs s'arrêtent. Les champs meurent. Ici, au sommet, il ne reste que le cœur de granit de Coimheadach et la bruyère drue qui croît sur son flanc massif. Les moutons marqués à l'encre détalent, flânent, s'évanouissent. Les voix des enfants, les barrières ont disparu. Le chemin vire autour de l'extrémité ouest de l'île et court droit vers la plénitude de l'espace où se dresse l'abbaye de Coimheadach.

• Helen Wykham, *Ottoline Atlantica*, Londres, 1980.

COLLINE NOIRE

Petite baie et hameau sur la côte du Devon, en Angleterre, proche de l'auberge de l'amiral Benbow, une hostellerie isolée sur la route de Bristol. On y trouve le gîte et le petit déjeuner. Les visiteurs ne doivent pas ignorer que, dans cette auberge, furent découverts les papiers et la carte donnant les indications relatives à l'île au Trésor*. Tout voyageur qui entendrait le cliquetis d'une jambe de bois devra traiter cette illusion sonore par le plus profond mépris, car son possesseur a depuis longtemps quitté ce monde.

• Robert Louis Stevenson, *Treasure Island*, Londres, 1883.

COLONIE-PÉNITENTIAIRE

Trou entouré de tous côtés par des rochers nus, au fond d'une petite vallée sableuse. Non loin des baraquements coule une rivière. D'interminables marches mènent au ferry où débarquent les visiteurs. Le climat est tropical.

Les baraquements de la Colonie sont presque identiques, dans un état de délabrement avancé, y compris le quartier général et le salon de thé. Le baraquement le plus intéressant est celui qui contient l'instrument punitif. Profondément enfoncé dans la terre, l'appareil comprend trois parties qui, au cours du temps, ont reçu, chacune, un surnom. La partie la plus basse est appelée le "lit", la plus haute est le "scribe" et la partie moyenne, qui est mobile, est la "herse". Le principe moteur de la Colonie-Pénitentiaire étant qu'un prisonnier est toujours coupable, la personne condamnée est bâillonnée afin d'éviter d'inutiles mensonges. On la couche sur le lit, recouvert de coton hydrophile spécialement absorbant, face contre terre et complètement nue, puis on lui lie les mains, les pieds et le cou. Dès que le prisonnier est attaché, le lit se met en mouvement, et ses mouvements correspondent exactement à ceux de la herse, instrument de la sentence.

Cette sentence inconnue du prisonnier est inscrite sur le corps par les aiguilles de la herse. Il y a deux sortes d'aiguilles, formant des dessins différents. Une aiguille longue alterne toujours avec une aiguille courte. Tandis que la longue écrit, la courte vaporise de l'eau pour diluer le sang et garder l'inscription propre. Recueillis dans de petits entonnoirs, l'eau et le sang passent ensuite dans un conduit principal menant directement à la tombe déjà prête. Pour que les visiteurs, assis sur de confortables chaises cannées, puissent suivre les progrès de la sentence, la herse est transparente.

Afin que l'écriture ne tue pas immédiatement le prisonnier, la calligraphie employée est complexe et se déploie avec une abondance de fioritures autour du torse, le reste du corps étant réservé aux embellissements. Durant les six premières heures, tandis que les aiguilles écrivent de plus en plus profond, le prisonnier n'éprouve que de la douleur. Le bâillon est enlevé au bout de deux heures, car le supplicié n'a plus la force de hurler. Un peu de bouillie de riz tiède est versée dans un récipient électriquement chauffé à la tête du "lit". Le prisonnier peut, s'il en éprouve le désir, laper autant de bouillie qu'il veut. Aucun d'ailleurs ne s'en prive. Ce n'est que vers la sixième heure que le prisonnier perd tout désir de manger. Il se calme alors, une lumière inonde ses yeux, et les officiels disent que c'est un moment d'émotion si intense qu'on a presque envie de se trouver sous la herse avec lui. Puis le prisonnier pince les lèvres comme s'il écoutait et commence à comprendre le sens de l'inscription. En raison des fioritures, il est difficile pour lui de la lire, mais il parvient peu à peu à la déchiffrer avec ses blessures.

Finalement, la herse le perce de part en part et le jette dans la tombe où il plonge dans un puits de sang, d'eau et de coton hydrophile. La sentence est ainsi exécutée.

• Franz Kafka, *In der Strafkolonie*, Leipzig 1919.

COMÉDIENS, île des,
voir **MUSICIENS**

COMME-AVANT

Autrefois, île de l'archipel Baladar, aujourd'hui rattachée à l'Europe. Appelée jadis île Sans-la-Moindre-Importance ou petite île de Rien-du-Tout, son nom se modifie encore selon l'humeur du moment : d'île Redoutable ou Imprévue, elle devient île Fériée ou Sans-Arrière-Pensées. L'archipel auquel elle appartenait semble avoir disparu et, malgré d'intensives recherches, les îles A-Part, Subito Presto et Incognito demeurent introuvables.

Comme-Avant n'a ni jardiniers, ni vendeurs de parfums, ni fleuristes, ni cuisiniers, ni boulangers, ni poètes. La mairie est dirigée par Quatre-mains-à-l'ouvrage, balayeur municipal qui sauva l'île des incursions de Tue-Tue-Paon-Paon, capitale du Grand Continent. Pour toute information, il est souhaitable de consulter les périodiques, *Le Charlatan*, *Le Transigeant* ou *Les Echos de la Caverne et de la caserne des Brigands.*

• Jacques Prévert, *Lettre des îles Baladar*, Paris, 1952.

COMMUTARIA

Village du Sud de l'Angleterre, sur la ligne de chemin de fer Portsmouth-Waterloo, fondé pour remonter le moral des banlieusards fatigués le lundi matin.

En ce triste jour, les yeux gonflés de sommeil, le voyageur de banlieue regarde fixement à travers la fenêtre sale de son compartiment ; soudain, le paysage revêt une clarté presque éblouissante. Le train s'arrête lentement, sans à-coups, comme au ralenti. Les portes s'ouvrent silencieusement, et l'air se remplit d'une musique douce (rappelant celle des films romantiques de troisième ordre que l'on peut voir le samedi soir dans les cinémas de quartier).

L'un voit alors surgir une plage de sable fin battue par de grands rouleaux, l'autre, un feu de bois, un fauteuil confortable, un verre de vieux whisky, un grand chien jaune et un roman inédit d'Agatha Christie. Un troisième a la meilleure place pour la finale de la Coupe du monde de football. Un employé de bureau de Surbiton se retrouve dans un petit jardin à la française, sarclé, prêt à être planté de roses. Une vendeuse de Liphook débarque dans les décombres d'un grand supermarché qui fume encore.

Dès que le voyageur désire repartir, le train se met en marche et arrive en gare de Waterloo à heure pile.

• Elspeth Ann Macey, "Awayday", in *Absent Friends and Other Stories*, Londres, 1955.

COMTÉ, LE

Contrée fertile et idyllique, au doux climat, située dans la région d'Eriador, dans le Nord-Ouest des Terres du Milieu*.

Les habitants du Comté sont les aimables Hobbits. Parents éloignés des humains, ils ont à peu près la même taille que les nains (trois à quatre pieds), mais sont moins trapus et moins forts. Ils ont une physionomie joyeuse, des joues rouges, des cheveux bruns et frisés et des pieds poilus dont la plante a la consistance du cuir, de sorte qu'en général ils ne portent pas de chaussures. Ils savent fabriquer, de leurs longs doigts habiles, toutes sortes d'objets beaux et utiles. D'une intelligence remarquable, ils ont aussi une ouïe très fine et une excellente vue. En cas de danger, ils disparaissent comme par enchantement. Maîtres du tir à l'arc, ils préfèrent exercer leur talent à la chasse plutôt qu'à la guerre. Manger est leur passe-temps favori : aussi prennent-ils du plaisir à se consacrer à l'agriculture. Sur les pentes méridionales de la montagne Bree pousse un merveilleux tabac, ce qui explique que la pratique de la pipe soit devenue pour eux un art à part entière. Les Hobbits aiment par-dessus tout se réunir pour fumer, chanter et se poser des devinettes. Ils adorent les fêtes, notamment pour pouvoir échanger des cadeaux, et les nombreux anniversaires de leur longue vie leur en donnent fort souvent l'occasion.

A l'origine, tous les Hobbits vivaient dans des terriers sommaires, mais, aujourd'hui, seuls les plus pauvres occupent encore ces habitats primitifs. Les riches préfèrent des terriers confortables et très bien équipés, les *smials*. Les artisans, en particulier, ont adopté le mode de construction à l'air libre des humains et des elfes, tout en conservant souvent des fenêtres et des portes rondes, ainsi que la forme longue et basse de leurs habitats traditionnels. Les Hobbits vivent pour la plupart en famille, et se regroupent en petites communautés. Les familles règlent leurs affaires entre elles, mais respectent cependant "les Principes" qui leur viennent du royaume ancien d'Arnor. Leur chef, le Thain, préside le parlement populaire et commande l'armée du Comté ainsi que les forces hobbit ; mais il n'exerce son pouvoir qu'en cas de nécessité. Le seul fonctionnaire est le Lord Maire, chargé notamment de présider les banquets. Il a sous ses ordres les postiers, qui travaillent intensément car les Hobbits aiment beaucoup écrire, et les officiers de la sûreté, qui ont moins à s'occuper des habitants que des animaux errants.

En s'installant dans le Comté, les Hobbits adoptèrent la langue commune, le westron, mais conservèrent leurs noms propres et certains mots de leur idiome. Ils ont aussi un calendrier particulier, qui correspond à leurs festivités. L'étude n'est pas leur point fort. Cependant, comme certains parmi eux jouèrent un rôle de premier plan dans la guerre de l'Anneau, ils en vinrent à étudier l'histoire avec enthousiasme. Le Livre rouge de Westmarch, qui était à l'origine le journal de M. Bilbo et fut, plus tard, enrichi et réécrit par de nombreux auteurs, est le document le plus important qui existe sur les événements de la période où Mordor* fut définitivement détruit et où un roi régna de nouveau en Gondor.

• John Ronald Reuel Tolkien, *The Hobbit or There and Back Again*, Londres, 1937 ; *The Fellowship of the Ring*, Londres, 1954 ; *The Two Towers*, Londres, 1954 ; *The Return of the King*, Londres, 1955 ; *The Silmarillion*, posth., Londres, 1977.

COMTE ZAROFF, île du, ou île de **BARANKA**

Située dans les Caraïbes. Sur les vieilles cartes, elle est encore appelée île des Pièges. Les marins en ont une peur superstitieuse. Elle est entourée de tous côtés par des rochers déchiquetés et couverte d'une jungle dense jusqu'au bord des falaises. Au sud-ouest s'étend une zone de sables mouvants appelée le marais de la Mort. Sur un éperon rocheux, à l'extrémité nord de l'île, un phare semble indiquer une passe sûre. NE PAS EN TENIR COMPTE : il a été construit pour tromper les bateaux, et les faire s'échouer sur les récifs.

L'île entière est dominée par la silhouette sinistre du château du comte Zaroff, surmonté de nombreuses tours pointues. Construit sur une falaise à pic, il est entouré de trois côtés par la mer. Somptueusement meublé, ses murs sont décorés de nombreux trophées de chasse – humains ou non –, car le comte est un chasseur invétéré.

Les voyageurs doivent savoir que le comte laisse au "gibier humain" trois heures d'avance avant de se mettre en chasse. Si l'homme traqué n'est pas tué dans les trois jours, le comte lui rend la liberté. Aucun gibier n'a réussi à franchir ce délai.

On a prétendu que le comte était mort dévoré par ses propres dogues dans des circonstances mal élucidées. Rien n'est moins sûr.

• Richard Connell, "The Most Dangerous Game", in *Stories*, New York, 1927.

CONFETTI, palais des

Unique palais du pays des Meidosems, quelque part dans les Plis. Polymorphes par excellence, les Meidosems peuvent prendre les formes les plus variées. Trente-quatre lances enchevêtrées composent un Meidosem souffrant. Une gale d'étincelles dans un crâne douloureux compose un Meidosem heureux. Pour rêver, ils prennent la forme de bulle, pour s'émouvoir, la forme de liane. L'accouplement d'un Meidosem et d'une Meidosemme donne parfois un produit de qualité : l'enfant d'âme.

• Henri Michaux, *La Vie dans les Plis*, Paris, 1949.

COOPÉRATIVE

Cité dans le Maine, aux Etats-Unis. Construite dans le premier quart du siècle par l'Association américaine coopérative dans le but de faire du XXe siècle l'ère de la maxime : "Qu'il en soit ainsi sur la Terre comme au ciel." A ce jour, la ville compte cent mille habitants.

Les plans de la Cité Coopérative furent publiés dans la revue *Le monde est un grand magasin*. On y décrit un système coopératif qui jugule les effets néfastes de la société industrielle et crée le paradis sur terre.

La vie dans la Cité repose sur l'usage de coupons-chèques qui remplacent l'argent. Ils servent à toutes sortes de transactions ; ils ont ainsi mis fin aux prêts, à la spéculation et à la bourse. L'investissement est calculé selon la valeur attribuée par l'Association à chaque individu : un compte de cent vingt dollars par an est automatiquement ouvert à sa naissance. La somme déposée s'accroît à mesure que l'enfant grandit, et des crédits supplémentaires sont accordés selon ses résultats scolaires. Aucun membre de l'Association ne touche moins de mille cinq cents dollars par an. Ces comptes ne produisent pas d'intérêts. Le chômage est inconnu et la charité consiste à créer des emplois suivant le principe : "Pas de travail, pas de pain."

La Cité et l'Association sont régies par un Bureau exécutif et différents services (départements de la Propriété foncière, de l'Agriculture, de la Fabrication, etc.). Responsables de la production et de la distribution, ils livrent directement aux entrepôts qui, à leur tour, approvisionnent les commerces de détail. Les intermédiaires sont supprimés. La journée de travail est réduite à six heures. On change souvent de profession afin de tester ou de développer ses capacités et d'éviter la monotonie d'un même travail pendant une vie entière.

La Cité, construite sur le plan carré d'une grille, aligne le long de ses rues des immeubles résidentiels où chaque pièce reçoit la lumière du jour. Des allées fleuries remplacent les ternes petites cours des immeubles traditionnels. Chaque bâtiment est haut de trois étages et possède une façade de quarante-cinq à cinquante-cinq pieds. Il contient deux séries d'appartements séparés par un large couloir central. Des maisons particulières sont également à vendre, mais leur construction doit répondre aux normes du service Foncier et de l'office d'Architecture. Un point original est à noter : les cuisines ont été supprimées dans les appartements et les maisons, et des restaurants sont installés partout. Ils confectionnent aussi des plats à emporter. La nourriture y est délicieuse. Ouverts de six heures du matin à minuit, ils ne servent pas d'alcool.

Bien que l'Association soit fondée spécifiquement sur des préceptes chrétiens, aucune église n'est privilégiée. Les services religieux ont lieu dans une espèce de forum pouvant contenir plus de cinq mille personnes : là se tiennent également les réunions publiques et les spectacles. De courtes allocutions ont remplacé les longs et pénibles sermons. Elles sont prononcées par des hommes ou des femmes connus pour leur vie exemplaire et ne contiennent que des maximes de bon sens. Le public paie sa place comme pour tout autre spectacle. Les ministres du culte et les prêcheurs travaillent en étroite relation avec le service de l'Education.

Les domestiques existent encore mais, loin d'être considérés comme des inférieurs, ils sont traités en amis ou en aides. On ne perçoit nulle trace de servilité dans leur comportement.

L'office central d'imprimerie qui publie tous les livres et brochures de la ville édite également un journal, *The Daily American*, d'où publicité et gros titres sont absents. Bien sûr, il ne paraît pas le dimanche. La publication hebdomadaire pour les enfants est rédigée en grande partie par des pédagogues.

• Bradford Peck, *The World, a Department Store. A Story of Life under the Cooperative System*, Londres, 1900.

COQUINS, port des, voir POLYPRAGMOSYNE

CORBENIC

Château situé sur une haute falaise dominant les eaux tempétueuses de la mer de Collibe. On ne peut l'atteindre qu'en naviguant sur la nef de Salomon.

Cette dernière abrite dans ses flancs un lit très vaste sur lequel repose une épée étincelante au pommeau taillé dans la masse d'une pierre qui réfléchit toutes les couleurs du monde. Ses poignées sont faites des côtes de deux bêtes extraordinaires aux pouvoirs magiques : celle d'un serpent de Calédonie, le *Papaluste*, et celle d'un poisson de l'Euphrate, l'*Ortenaus*. Il faut savoir que seuls les vrais preux peuvent manier cette épée. Toute main impure essayant de la tirer de son fourreau est immédiatement blessée par la lame ; le roi Pellès en fit l'amère expérience et reçut des estafilades aux deux cuisses.

Au terme de la longue quête du Graal, seuls Galaad, Bors et Perceval traversèrent la mer de Collibe. Tous les autres, y compris le beau Lancelot, restèrent sur le rivage.

• Anonyme, *La Quête du Saint-Graal*, XIIIe siècle.

• Sir Thomas Malory, *Morte Darthur*, Londres, 1485.

• Alfred, Lord Tennyson, *The Idylls of the King*, Londres, 1872.

• Terence Hanbury White, *The Once and Future King*, Londres, 1939.

CORBIN

Château hanté, dont une pièce, en particulier, doit être évitée en raison des êtres surnaturels qui la visitent et attaquent quiconque y dort.

C'est là que Lancelot guérit de sa folie, grâce à la présence du Saint-Graal dans une tour voisine. C'est également là que, trompé, il fit l'amour avec Elaine, ce qui provoqua l'ire de la reine Guenièvre, de Camelot*.

• Sir Thomas Malory, *Morte Darthur*, Londres, 1485.

• Terence Hanbury White, *The Once and Future King*, Londres, 1939.

COUCOU-LES-NUÉES, ou **NÉPHÉLOCOCCYGIE**

Ville construite dans les airs, à la verticale de la plaine de Phlégra, en Grèce. La ville fut fondée vers 400 av. J.-C. par l'Athénien Pisthétairos pour servir de forteresse aux oiseaux. On peut encore apercevoir aujourd'hui les ruines de la cité et, en particulier, les vestiges de la porte du Grand Mur, construite en bois par des colonies de pélicans. On raconte que, retranchés dans leur forteresse, ces oiseaux prétendent devenir les maîtres du monde. En utilisant les murailles pour empêcher les oiseaux sacrifiés par les hommes de parvenir jusqu'au ciel, ils ont réussi à affamer les dieux et à les soumettre à leur volonté.

• Aristophane, *Les Oiseaux*, 414 av. J.-C.

CSTWERTSKST

Petite ville de Poldavie, célèbre pour son école des Bonnes-Ames, instaurée par Marichelle Borboïe, vieille fille très âgée, qui gagna son entrée au paradis en offrant ses charmes au régiment local ; Cstwertskst enseigne à ses visiteurs la préparation de l'âme à un monde meilleur.

Donner du plaisir est – par exemple – un excellent moyen d'échapper à l'enfer. D'autres tâches édifiantes peuvent être efficaces : ne pas payer d'impôts pour empêcher l'Etat de devenir trop riche et trop puissant ou encore voler des bijoux aux têtes couronnées d'Europe afin de les distribuer ensuite aux étudiants bohèmes.

• Marcel Aymé, "Légende poldève", in *Le Passe-Muraille*, Paris, 1943.

CUBA, voir **LAMIAM**

CUCCAGNA, voir **COCAGNE**

CUEILLEURS-DE-BALLONS

Pays situé entre les faubourgs du Dessus-Dessous* et le pays des Rutabagas*.

A la fin de l'été, le ciel est rempli de ballons de toutes les couleurs qui sont la "spécialité" du pays. Les pêches, les melons d'eau, le pain de seigle, les galettes de froment aussi bien que les saucisses ou les côtes de porc produisent des ballons. La cueillette s'effectue sur des échasses. Il arrive parfois que l'un des moissonneurs chante si gaiement qu'il devient de plus en plus léger et s'envole avec ses ballons. Quand il a fini de chanter, son cœur redevient lourd et il retombe sur ses échasses.

A la frontière du pays sont fabriqués les clowns de cirque. Ils sont cuits dans de grands fours, pour les grands clowns, et dans de petits fours, pour les petits clowns. Dès qu'un clown est cuit, on le sort du four et on l'appuie contre une palissade. Alors deux hommes s'approchent : le premier l'arrose de feu blanc et le second lui insuffle un vent rouge. Le clown devient immédiatement vivant et commence à faire la roue sur la piste couverte de sciure située près de la palissade.

• Carl Sandburg, *Rootabaga Stories*, New York, 1922.

CUIVRE

Cité abandonnée, en Afrique du Nord, où se trouve un palais de marbre au décor somptueux. Une porte toujours ouverte mène à deux larges escaliers de marbre coloré. Les plafonds et les murs sont décorés d'or, d'argent et de pierres précieuses. Au-dessus de l'entrée, une inscription en grec rappelle la fragilité des choses humaines.

Le palais semble désert et abrite, sous une vaste coupole qui s'élève vers les cieux, une grande salle aux huit portes de bois de santal cloutées d'or et enrichies de joyaux. Dans cette vaste pièce, parmi quatre cents tombeaux, le plus grand est celui de Koosh Ibn Sheddad ibn Ad le Grand, possesseur de mille chevaux et de mille concubines, père de mille enfants et vieux de mille ans, plus riche enfin que l'ensemble des rois de la Terre.

Le mur de la ville de Cuivre, en granit noir, surmonté de tours de cuivre, est percé de vingt-cinq portes qui, invisibles de l'extérieur, ne s'ouvrent que de l'intérieur. La cité se compose de grands pavillons, de dômes élancés et dorés, de demeures somptueuses sur les rives des fleuves de cristal. Pour entrer, le visiteur peut suivre les instructions laissées par l'émir Moosa ibn Nuseyr : s'il voit dix femmes d'une très grande beauté l'inviter, il ne doit pas céder à la tentation. Il est plus prudent d'emprunter le chemin de ronde jusqu'à l'une des tours de cuivre.

Dans un pavillon au dôme d'or rouge, tendu de brocart que retiennent des oiseaux d'émeraude sur un nid de perles, une jeune fille morte, d'une grande beauté, est étendue sur une couche décorée de joyaux. Ses yeux d'argent donnent l'illusion de la vie. A ses pieds, une tablette d'or révèle le secret de la cité de Cuivre. Ceux qui connaissent l'arabe apprennent que durant le règne de Tedmur, fille du roi des Amakélites, sept années de famine et de sécheresse s'abattirent sur la ville. Quand les réserves furent épuisées, la reine envoya des messages pour échanger ses fabuleuses richesses contre des vivres ; tous les messagers revinrent avec les trésors qu'ils avaient emportés, mais sans la moindre provision. La reine décida alors d'exposer ses richesses, de fermer les portes de la ville et de se soumettre au décret du Seigneur, laissant ses merveilleuses possessions comme un monument éternel à la futilité de l'opulence.

• Anonyme, *Les Mille et Une Nuits*, XVe siècle env.

CYCLOPES, île des

Quelque part en Méditerranée. Cette île est en friche, car personne ne la cultive ; le blé, le maïs, la vigne y poussent naturellement et les troupeaux de chèvres y abondent. Ses habitants, des géants pourvus d'un seul œil au milieu du front, vivent, tels des sauvages, dans de profondes cavernes en pleine montagne. Ils ont la détestable habitude de se nourrir de chair humaine et, de plus, comme les *snarks*, sont totalement dépourvus de sens de l'humour.

• Homère, *Odyssée*, IXe-VIIIe siècle av. J.-C. env.

CYRIL

Ile-volcan mobile et introuvable, propulsée par de puissantes hélices. Son aveuglant rougeoiement et la lave crachée la rendent difficile à percevoir ; pour y remédier, les enfants du pays transportent des lampes afin de guider les visiteurs. Ces enfants vivent et meurent, sans jamais vieillir, en différents points d'une péniche rongée par les vers.

L'île est le foyer et le vaisseau du capitaine Kid, qu'on voit quelquefois en train de boire du gin et d'allumer sa pipe de lave fumante.

• Alfred Jarry, *Gestes et Opinions du docteur Faustroll, pataphysicien*, posth., Paris, 1911.

D

DAMES, cité des

Uniquement habitée par des femmes qui se considèrent, en vertu de leur sexe, comme supérieures aux hommes.

Elle est construite avec d'énormes blocs de pierre portant chacun le nom d'une femme célèbre : Sémiramis, Amazone, Zénobie, Artémis, Bérénice, Clélie et Frédégoride, bien qu'on ne se souvienne plus de leurs actes.

Pour que s'ouvrent les portes de la ville, la voyageuse doit résoudre l'énigme de la formule : "Prudence, économie et procréation." On ne fait cas d'aucune autre instruction à suivre pour visiter la cité des Dames vertueuses.

• Christine de Pisan, *La Cité des Dames*, Paris, 1405.

DAMES, île des,
voir **GRAND-MÈRE**

DANS-LE-MUR

Entrée d'un jardin qui change de place. Tout y est beau et tout le monde y est délicieusement heureux.

Passé la porte, que l'on peut trouver en plusieurs endroits du monde, un long et large chemin, bordé de parterres fleuris entourés de marbre, mène jusqu'à une grande et belle jeune fille à la voix douce et à d'autres personnages tout aussi beaux, qui divertiront les voyageurs.

La faune du jardin surprend : panthères tachetées, singes et perroquets. Un palais spacieux et frais orné de colonnades et de ravissantes fontaines se dresse dans un jardin.

Les voyageurs qui découvrent la porte du jardin se trouvent, en général, devant une alternative embarrassante : ne pas manquer un rendez-vous important ou pénétrer ces lieux de délices. On se doit néanmoins de les avertir qu'après un certain nombre de visites ce jardin d'extase peut devenir leur tombe.

• Herbert George Wells, "The Door in the Wall", in *The Country of the Blind*, Londres, 1911.

DAVENPORT

Aux Amériques, ville portuaire sans cesse assiégée par les Espagnols.

Elle est circulaire et entourée de remparts. De nombreux chevaux fous errent dans les prairies. Les serviteurs et les vieillards portent tous des vestes rouges. A l'intérieur de l'enceinte, des couples devisent et se lutinent amoureusement, tandis qu'une foule de chiens lèchent les pierres et que les boulets de canon fusent.

Les voyageurs désireux de se rendre à Davenport doivent s'inscrire à l'agence Jonathamour, dont le siège social est 50, rue Monge. Les formalités d'inscription dépendent en grande partie de la concierge, qui recherche volontiers l'injure, et d'une mystérieuse jeune fille rousse, maîtresse des formulaires. Les fils de gitanes, ainsi que les natifs d'Auxerre, semblent bénéficier d'un traitement de faveur et obtiendront probablement des tarifs à prix réduits.

Les billets pour Davenport sont toujours des allers simples. Le retour n'est pas garanti. La ville est en effet, depuis des siècles, assiégée par les Espagnols qui n'ont jamais réussi à emporter la place, car les défenseurs de Davenport paraissent indestructibles : un boulet vient-il à décapiter l'un d'eux que le malheureux ramasse sa tête et la remet sur ses épaules.

• Michel Chaillou, *Jonathamour*, Paris, 1968.

DÉCOURAGEMENT, bourbier du Gigantesque marécage situé entre la cité de la Destruction et la porte qui donne accès à la cité Céleste*. Le marais est l'un des premiers et des plus dangereux obstacles que les voyageurs doivent surmonter. Beaucoup y ont disparu, aspirés par la boue.

Il semble impossible d'assainir le marais, immense bourbier de vase et d'écume. On multiplie les tentatives depuis presque deux mille ans, mais le résultat est dérisoire. Les ouvriers envoyés par le prince de la cité Céleste s'attellent toujours à la tâche, qui est loin d'être terminée, car, sous prétexte d'assainissement, des traîtres jettent encore plus de saletés dans la fosse. Il existe cependant un gué pour franchir ce passage périlleux, mais l'eau glauque et la fange le masquent aux yeux des aventureux.

• John Bunyan, *The Pilgrim's Progress from this World, to that which Is to Come. Delivered under the Similitude of a Dream. Wherein Is Discovered the Manner of his Setting out, his Dangerous Journey and Safe Arrival at the Desired Country*, Londres, 1678 (1re partie) et 1684 (2e partie).

DÉLECTABLES

Hautes montagnes situées dans le pays de Chrétien, et dominant la plaine du Repos*. Des plus hautes pentes, on aperçoit la rivière qui entoure la cité Céleste*.

C'est un pays agréable, couvert de vignobles et de bois, où jaillissent de nombreuses sources et fontaines. Dans les hauts pâturages, les moutons sont gardés par quatre bergers : Savoir, Sincérité, Expérience et Vigilance, qui font fonction de guides. Ces montagnes sont un asile sûr pour les voyageurs, hormis ceux qui transgressent la loi ou dont la foi est chancelante. Sur les pentes du mont de la Prudence, on aperçoit des aveugles qui titubent au milieu des tombes. Il s'agit des voyageurs qui ont quitté le droit chemin dans la plaine du Repos et sont tombés entre les mains du géant Désespoir qui les a aveuglés dans le château du Doute.

Sur le mont Innocent, un homme vêtu de blanc est continuellement agressé par le Préjudice et la Malveillance qui lui lancent des saletés, mais ses vêtements ne sont jamais souillés et restent d'un blanc pur. Un peu plus loin, sur le mont de la Charité, un homme distribue sans cesse des vêtements aux pauvres ; il a beau en distribuer, il lui en reste toujours autant.

• John Bunyan, *The Pilgrim's Progress from this World to that which Is to Come. Delivered under the Similitude of a Dream. Wherein Is Discovered the Manner of his Setting out, his Dangerous Journey and Safe Arrival at the Desired Country*, Londres, 1678 (1re partie) et 1684 (2e partie).

DEMAIN

Ile par 46° 2' 25,5" de latitude nord et 33° 39' 48,6" de longitude ouest. Séparée de la côte de Francobolie par le détroit de Maupertuis.

En dépit de l'effrayante pauvreté qui y règne – on dit que le chloroforme manque à l'hôpital et que les malades meurent pendant les opérations –, l'île présente certaines particularités qui valent le déplacement. Elle est célèbre pour les nombreuses apparitions de saints, qui ont entraîné un certain nombre de changements dans les noms des lieux. Dans la capitale, le square de la Révolution a été ainsi rebaptisé square du Sacré-Cœur.

On peut louer des sièges pour voir les apparitions, qui reviennent à date fixe, et choisir parmi une douzaine de saints patrons. Toutes les boutiques de l'île vendent des images-souvenirs et des statues miniatures de saints dans des œufs transparents.

• Henri Château, *La Cité des idoles*, Paris, 1906.

DÉMON

Grand jardin clos qui s'étend autour du château de Belzébuth, tout près de la porte donnant accès à la route qui mène de la cité de la Destruction à la cité Céleste.

Les voyageurs doivent savoir que Belzébuth s'amuse à tirer des flèches sur ceux qui ont réussi à traverser le bourbier du Découragement* et qui essaient de passer la porte. Le jardin est une grande tentation, car de merveilleux fruits pendent au-dessus du mur qui surplombe l'étroit sentier. Ces fruits sont empoisonnés et bien des voyageurs sont morts après y avoir goûté. Les terribles douleurs d'estomac provoquées par leur absorption ne peuvent être soignées que par le médecin qui vit dans la maison de la Vigilance sur la colline de la Difficulté.

• John Bunyan, *The Pilgrim's Progress from this World to that which Is to Come. Delivered under the Similitude of a Dream. Wherein Is Discovered the Manner of his Setting out, his Dangerous Journey and Safe Arrival at the Desired Country*, Londres, 1678 (1re partie) et 1684 (2e partie).

DENTELLES, pays de

Royaume insulaire, à quelques heures de l'île de Her*. A son approche, le navigateur est quasi aveuglé par une lumière éblouissante et pure, plaquée sur les ténèbres en un contraste autrement plus violent qu'au jour de la création. Avec cette lumière, le roi de Dentelles tisse des myriades de tableaux : madone et son bambin, bijoux, perroquets, et silhouettes humaines qui s'entremêlent comme dans les danses des jeunes filles du Rhin. Des dessins très clairs s'impriment sur l'obscurité absolue de l'air environnant, telles les formes peintes sur les fenêtres par la gelée, et puis elles disparaissent à nouveau dans l'ombre.

• Alfred Jarry, *Gestes et Opinions du docteur Faustroll, pataphysicien*, posth., Paris, 1911.

DERRIÈRE-LE-VENT-DU-NORD

Royaume que l'on atteint en traversant le vent qui souffle à l'entrée du grand désert arctique. On ne possède sur cette région que des renseignements contradictoires. Le premier explorateur du lieu, l'écrivain italien du Quattrocento Durante, raconte avoir traversé une porte de feu et s'être retrouvé dans un pays plein de senteurs parfumées, constamment rafraîchi par la brise, où le mois de mai dure l'année entière. Les habitants, selon Durante, portent des couronnes ou des mitres et jouissent d'une heureuse liberté.

Il a fallu attendre plusieurs siècles avant d'obtenir des renseignements complémentaires : la fille d'un paysan écossais, s'étant endormie dans un bois, se réveilla dans le royaume arctique, d'où elle revint un mois plus tard. Elle parla d'un pays lumineux, traversé par un ruisseau d'eau pure, un pays sans soleil ni lune, sans nuit ni ombre, où la pluie ne tombe jamais et où le vent ne souffle pas. Le récit le plus complet date du XIXe siècle. Diamant, fils d'un conducteur de fiacre londonien, fut transporté par le Vent du Nord lui-même et se retrouva dans une contrée où il n'y avait plus ni neige ni glace. Il n'aperçut pas le soleil, mais une lumière pure, qui semblait irradier toutes choses. Une rivière merveilleuse recouvrait les longues herbes ondulantes des prairies. Selon lui, rien ne changeait jamais dans ce pays, ni en bien ni en mal. D'autre part, Diamant affirma que les gens se regardaient et se comprenaient sans avoir besoin de parler ; il ajouta que si tous avaient l'air heureux, une ombre de tristesse passait parfois sur leur visage, comme s'ils attendaient quelque félicité à venir. Il semble que ce royaume soit peuplé par ceux que le Vent du Nord y amène après avoir coulé leurs bateaux. Une fois installés dans le pays, ils ont la possibilité de revoir ceux qu'ils aiment en grimpant au sommet d'un arbre particulier, qui est assez grand pour accueillir tous les habitants du royaume.

• George Macdonald, *At the Back of the North Wind*, Londres, 1870.

DÉSERT

Cité romaine oubliée, cachée dans les replis de l'Atlas, habitée par une tribu de juifs qui font commerce d'or, d'argent et de tissus.

On raconte que l'un des habitants de la ville, Abdias, haï en raison de sa richesse, persécuté par ses rivaux, défiguré par la maladie et accompagné par sa fille aveugle, s'établit dans une aride vallée des monts de Bohême dont le paysage désolé lui rappelait celui de son pays natal. Un éclair rendit la vue à sa fille et, pour lui plaire, Abdias transforma la région sinistre en jardin fleuri. Cependant, la jeune fille sortit imprudemment pour observer un orage, et la foudre, cette fois-ci sans pitié, la tua. Abdias devint fou mais vécut encore trente ans dans le jardin qu'il avait créé.

• Adalbert Stifter, "Abdias", in *Osterreich-Novellenalmanach*, Vienne, 1843.

DÉSESPOIR, île du, voir ROBINSON CRUSOÉ

DESPAIRIE

Pays désolé, de pierre et de sable, à l'ouest de la Jansénie*. Il n'exporte rien mais importe cordes, couteaux, linceuls, pierres tombales et plaques de cuivre pour les épitaphes.

• Père Zacharie de Lisieux, *Relation du pays de Iansénie, où il est traitté des singularitez qui s'y trouvent, des coûtumes, mœurs et religion de ses habitans. Par Louys Fontaines, Sieur de Saint-Marcel*, Paris, 1660.

DESPINA

Il y a deux façons d'atteindre la ville de Despina : par bateau ou à dos de chameau.

Lorsque le chamelier aperçoit à l'horizon le haut des gratte-ciel, les antennes de radars et les cheminées vomissant la fumée, il sait qu'il s'agit là d'une cité, mais il la voit comme un vaisseau qui va l'emmener loin du désert ou comme un bateau à vapeur avec sa chaudière vibrante, et il songe à tous les ports, aux marchandises exotiques que les grues déchargent sur les docks, aux tavernes où les équipages des différentes nations se brisent des bouteilles sur la tête les uns des autres, aux fenêtres éclairées des rez-de-chaussée, chacune avec une femme qui se brosse les cheveux.

A travers la brume de la côte, le marin distingue la forme d'une bosse de chameau, une selle brodée aux franges scintillantes, qui avance et oscille. Il sait qu'il s'agit d'une ville, mais il y songe comme à un chameau dont le dos serait couvert de gourdes, de sacs de fruits confits, de dattes, de feuilles de tabac et, déjà, il se voit à la tête d'une longue caravane qui l'emmène du désert à la mer, à travers les oasis aux eaux fraîches, à l'ombre des palmes, parmi des palais aux murs épais, peints à la chaux, et aux cours dallées où dansent, nu-pieds, des jeunes filles aux bras ondulants.

Chacune de ces deux villes, qui est toujours Despina, reçoit sa forme du désert auquel elle s'oppose. Ainsi, le navigateur et le chamelier voient-ils Despina comme une cité frontière entre deux déserts.

• Italo Calvino, *Le città invisibili*, Turin, 1972.

DESSOUS-L'EAU, pont

Un des accès possibles, avec le pont de l'Epée, au domaine où se trouve prisonnière la reine Guenièvre, épouse du roi Arthur. Le nom de ce cruel passage provient de ce qu'il se trouve vraiment sous l'eau, entre le fond et la surface. Il n'a qu'un pied et demi de large et autant d'épaisseur.

• Chrétien de Troyes, *Lancelot ou le Chevalier à la charrette*, XIIe siècle.

DESSUS-DESSOUS

Nom donné à certains faubourgs du pays des Cueilleurs-de-ballons* où il est impossible de se croiser sans passer par-dessus ou par-dessous celui qu'on croise. Par exemple, lorsque deux trains se rencontrent, l'un passe par-dessus ou par-dessous l'autre.

• Carl Sandburg, *Rootabaga Stories*, New York, 1922.

DHÔTELLAND

Contrée située entre Aisne et Meuse, découverte par l'explorateur Maurice Nadeau, en 1952. Pays de rivières, de canaux, de bois, de vaux étranges, le Dhôtelland a une géographie confuse, qui déroute les visiteurs. Il est difficile de se repérer dans cet enchevêtrement de lieux qui ressemblent, à s'y méprendre, à des non-lieux. Le seul visiteur à avoir exploré entièrement le Dhôtelland est le poète Jean Queval, qui partit un jour à bicyclette et explora le pays comme s'il faisait le tour des pétales rayonnants d'un aster de la Nouvelle-Belgique.

Les Dhôtellanders sont volontiers migrants. Ils ont colonisé une partie de la côte normande, plusieurs villages du Jura et deux îles grecques. Les âmes naïves croient qu'ils cherchent un pays où l'on n'arrive jamais. En réalité, qu'ils soient cactéophiles, comptables ou ferblantiers, ils ont tous un point commun : ce sont des chercheurs d'anges.

• Maurice Nadeau, "La méthode d'André Dhôtel", in *Le Roman français depuis la guerre*, Paris, 1952.

DIAMANT

Chaîne montagneuse sur une île anonyme de l'océan Indien. Ces montagnes doivent leur nom aux quantités vertigineuses de diamants, qui étincellent de mille feux au fond des vallées. Pour la cueillette, les marchands de l'île égorgent une truie, la dépouillent, la coupent en morceaux et la jettent du haut de la montagne. Immédiatement, les diamants se ruent sur ces appâts. C'est vers le soir qu'aigles et vautours descendent dans la vallée, qu'ils prennent dans leurs serres les morceaux de viande fraîchement attaqués par les diamants et les apportent à leurs petits, près desquels veillent les marchands désireux de s'emparer des diamants carnivores et de les vendre à travers le monde à d'innocents bijoutiers.

• Anonyme, *Les Mille et Une Nuits*, XVe siècle env.

DIANA'S GROVE

Ruines d'un manoir dans le Staffordshire en Angleterre, à quelques pas de la ferme de la Pitié. Le seul vestige de la demeure est un trou rond qui s'enfonce dans les entrailles de la Terre. Cet orifice servait auparavant d'entrée au repaire du ver blanc, créature monstrueuse héritée de la préhistoire, qui avait survécu dans des marécages entre deux couches d'argile. Au cours des siècles, elle prit la forme d'une femme magnifique qui s'abreuvait de sang, de mort et de pouvoir.

• Bram Stocker, *The Lair of the White Worm*, Londres, 1911.

DICTIONOPOLIS, ou ville des MOTS

Cité rivale de Digitopolis*. Au pied de la Confusion et bénéficiant des vents de la mer du Savoir. Tous les mots du monde sont cultivés dans les vergers de cette ville fortifiée. Une fois par semaine, se tient le grand marché des mots où l'on peut acquérir des lettres au détail pour composer ses propres mots ou échanger des termes hors d'usage. Il est bon – avant tout achat – de connaître la saveur de l'alphabet : le fin bouquet de A ; Z, qui est très sec et fait penser à de la sciure de bois ; X et son odeur de renfermé ; I glacé et rafraîchissant ; le croustillant de C et les pépins de P. On pourrait également, sur les conseils en sonnet d'un poète français, goûter la couleur des lettres.

La monarchie constitutionnelle a pour souverain Aàz-en-vingt-volumes. L'Etat garantit que tous les mots vendus existent et ont un sens.

Au cours des banquets royaux, les convives sont invités à mâcher leurs mots. Lors de grandes occasions, on savoure des idées toutes faites.

Rien-de-macabre, grand-tante du roi, fut chargée des décrets d'application des mots, mais le zèle qu'elle déploya afin d'appliquer à la lettre l'adage selon lequel : "Ce que l'on conçoit bien s'énonce clairement", puis : "Le silence est d'or", fit baisser à tel point le cours des mots qu'elle fut jetée aux oubliettes.

Selon la loi, il est interdit aux chiens d'aboyer sans compteur, aux citoyens de semer la confusion, de brouiller les cartes ou de mettre les pieds dans le plat.

Quant au voyageur qui traverse la ville en *shandrydan* (carriole de bois), il lui est conseillé de garder le silence, car le *shandrydan* va sans dire.

• Norton Juster, *The Phantom Tollbooth*, Londres, 1962.

DIGITOPOLIS, ou ville des NOMBRES

Petite ville gouvernée par un Mathémagicien, dans le Nord du royaume de la Sagesse.

La principale ressource du pays est la production de nombres, extraits des mines, puis polis ou exportés dans le monde entier. Les nombres cassés servent aux fractions. Les mines produisent également de grandes quantités de pierres précieuses que l'on juge sans valeur. A noter l'escalier qui mène à la terre de l'Infini, où sont conservés le plus grand et le plus petit, le plus long et le plus court, le plus et le moins de tout, et réciproquement ; il s'agit d'un pays pauvre dont les habitants ne peuvent jamais joindre les deux bouts.

Il y a plusieurs manières de visiter Digitopolis. Le voyageur peut tout effacer et recommencer, prendre la plus courte distance entre deux points, tirer un trait entre eux, ou se démultiplier pour être en plusieurs points en même temps. Il est déconseillé de se restaurer à Digitopolis : la fameuse daube à soustraction a pour effet d'augmenter la faim à mesure que l'on s'en repaît. Les indigènes prennent leur repas quand ils sont rassasiés et se nourrissent jusqu'à ce qu'ils aient faim. On considère cette façon de se sustenter comme la plus logique et la plus économique.

• Norton Juster, *The Phantom Tollbooth*, Londres, 1962.

DIONYSOS

Ile de l'océan Atlantique, à quatre-vingts jours des Colonnes d'Hercule. Selon les voyageurs qui l'ont vue, elle est verte et boisée, et doit son nom aux vestiges laissés par le dieu grec du vin. A quelque distance de la côte se dresse une colonne de bronze, où l'on distingue la phrase à demi effacée : "Ensemble, Hercule et Dionysos ont voyagé jusqu'ici." Un peu plus loin, à l'intérieur, coule un fleuve de vin, comparable à celui de Chio, si large que son cours est par endroits navigable. La source, contre toute attente, n'est pas une fontaine mais un bosquet de grandes vignes dont les grappes distillent, goutte à goutte, un filet rouge. Les poissons y ont le goût et la couleur du vin.

Dans l'île pousse une espèce d'énormes ceps larges et robustes, tous prolongés par un torse et une tête de femme. Du bout de leurs doigts pendent des grappes de raisin, et leur chevelure est formée de vrilles et de tiges. Elles parlent grec, lydien ou hindi. Elles hurlent de douleur dès qu'on cueille les grappes. Les voyageurs ne doivent pas se laisser tenter par les baisers de ces créatures arborescentes : ils seraient pris de vertiges et s'enivreraient au point d'oublier tout honneur, toute famille, toute patrie. Faire l'amour avec l'une d'entre elles vous transforme sur-le-champ en pied de vigne.

• Lucien de Samosate, *Histoire véritable*, IIe siècle apr. J.-C.

DIRANDA

Grande île de l'archipel Mardi* divisée en deux royaumes. En débarquant à Diranda, le voyageur sera surpris par le grand nombre d'aveugles, de culs-de-jatte, de manchots et d'estropiés divers, tous victimes de la coutume locale qui veut que soient très fréquemment organisés des combats de gladiateurs où s'affronte la jeunesse des deux royaumes. Les Dirandains apprécient beaucoup ces jeux cruels et les considèrent comme une excellente occasion de faire preuve de courage, vertu prisée entre toutes. En réalité, pour les deux rois, ces combats résolvent le problème de la surpopulation. Il est fortement déconseillé aux voyageurs d'y prendre part.

• Herman Melville, *Mardi and a Voyage Thither*, New York, 1849.

DISPARUE

Ville énorme, quelque part sous la mer. Au loin, le voyageur ne voit que l'eau profonde remuée par les vents. Mais, en plongeant sous les flots, une ville de briques apparaîtra devant ses yeux. Des tours, des bazars, des fabriques, des arcs, des palais autrefois vibrant du son de luths mélodieux, donnent à Disparue l'aspect d'une hydre. Dans les parcs, qui entourent le palais royal où les reines venaient se baigner nues, les visiteurs pourront admirer l'épave d'un cotre ayant appartenu à Tristan Corbière lui-même. Sur la coque du petit navire, on peut encore lire l'inscription suivante : "Hugo, l'homme apocalyptique L'homme ceci-tuera-cela, Meurt garde national épique Il n'en reste qu'un – celui-là."

• Victor Hugo, "La ville disparue", in *La Légende des siècles*, 1859.

DJINNISTAN

Mystérieuse contrée au nord d'El Hadd. Peu de gens l'ont visitée car elle est extrêmement reculée et très difficile d'accès, cernée par des volcans qui s'étendent au sud jusqu'au Djebel Allah. On raconte qu'au-delà du Djinnistan s'élèvent les montagnes qui entourent ce qui fut le paradis terrestre. Les habitants du Djinnistan ont une curieuse coutume : ils se voilent la face quand ils font un serment et n'enlèvent le voile que lorsqu'ils ont accompli leur vœu.

• Karl Friedrich May, *Ardistan*, Bamberg, 1909 ; *Der Mir von Djinnistan*, Bamberg, 1909.

DJUNUBISTAN

Pays riche et fertile à la frontière du Tshobanistan*. Peu d'étrangers l'ont visité et les quelques renseignements que l'on possède proviennent des voyageurs djunubs. Leurs vêtements ostensiblement rehaussés d'or et de joyaux et leurs turbans souvent truffés de perles attestent de la richesse du pays.

La vie sociale est dominée par un système de castes. La nourriture, par exemple, préparée par un domestique pour son maître, doit être consacrée par un prêtre avant que le maître la mange. Les membres des hautes et des basses classes ne prennent jamais aucun repas ensemble, par peur de la contamination. Les gens se considèrent bouddhistes et tiennent le Maha-Lama ou grand prêtre pour une vivante incarnation de Dieu.

La plupart des peuples voisins considèrent les Djunubs comme une race arrogante et paresseuse, dont l'environnement naturel est si riche qu'ils croient que tout leur est dû. L'étiquette djunub exige de manger bruyamment. Le rot, tenu à la fois pour compliment et signe d'appréciation, est le comble de la politesse.

• Karl Friedrich May, *Ardistan*, Bamberg, 1909 ; *Der Mir von Djinnistan*, Bamberg, 1909.

DOCTEUR MOREAU, île du, ou île de **NOBLE**

Par 5° 3' de latitude sud et 101° de longitude ouest. Petite île basse et volcanique couverte d'une végétation luxuriante. Les tristes plages de sable gris remontent jusqu'à une crête, qui s'élève à environ soixante-dix pieds au-dessus du niveau de la mer. Vers le nord, jaillit une source d'eau chaude et, au sud, une forêt pétrifiée enclot un marécage jaunâtre d'où s'élèvent des vapeurs nauséabondes.

L'île a été visitée pour la première fois en 1867 par le Dr Moreau, un biologiste anglais, accompagné par son assistant Montgomery. Ils y ont établi un laboratoire de recherche scientifique.

Aucune information récente n'est parvenue de l'île, mais on sait qu'elle a été habitée par une tribu d'Indiens Kanakas que l'on trouve également en Nouvelle-Calédonie et par un groupe d'hommes-animaux. Le Dr Moreau a essayé, à l'inverse de Circé (voir Aiaié*), de transformer des bêtes en hommes. Il a créé entre autres un certain nombre de monstres : hommes-taureaux, hommes-lions ; hommes-singes, qui, bien que doués de parole, sont retournés à leur condition initiale. Il est conseillé aux visiteurs de l'île de se tenir constamment sur le qui-vive, car rencontrer l'une de ces créatures n'est pas une expérience agréable.

Au retour d'une visite à l'île du Docteur Moreau, on est en général frappé par la ressemblance qui existe entre un certain nombre de nos concitoyens, en apparence normaux, et les hommes-animaux. On s'aperçoit tout à coup que les femmes rôdent et miaulent, que les ouvriers exsangues ont des yeux de daim blessé et que les vieillards ressemblent aux hommes-singes. Les visages vides des gens dans les trains et les autobus paraissent alors particulièrement hideux. Il n'est pas interdit de penser qu'un certain nombre d'hommes-animaux se sont échappés de l'île.

• Herbert George Wells, *The Island of Doctor Moreau*, Londres, 1896.

DODON

Royaume d'URSS, proche de la mer. En guerre depuis des années avec ses voisins, le roi Dodon essaya de trouver un moyen de faire la paix. Pour veiller sur le royaume, un magicien errant fit don au souverain d'un coq d'or qui, perché sur le plus haut clocher de la capitale, donnerait l'alerte en gonflant sa crête rouge et en ébouriffant ses plumes dorées. Pendant des années, le pays vécut en paix, mais un jour le coq se tourna vers l'est en poussant des cris. Le roi envoya une armée à la rencontre de l'ennemi supposé, mais l'armée ne revint jamais. Après avoir dépêché une seconde armée, qui ne revint pas non plus, le monarque décida d'aller voir lui-même de quoi il retournait. Dans une vallée encaissée entre les montagnes de l'Est, il découvrit les deux armées massacrées et une femme d'une grande beauté, assise sous une tente de soie. Elle se présenta comme étant la reine de Shemakhan et le roi tomba fou amoureux d'elle. Le magicien qui lui avait donné le coq d'or apparut alors et lui demanda, en échange de l'oiseau fabuleux, la main de la belle reine. Furieux, le roi refusa et retourna dans sa capitale avec sa conquête. A l'arrivée du couple royal, le coq d'or s'envola de son perchoir, attaqua le roi et l'étendit raide mort devant la porte de son palais. La reine de Shemakhan disparut en fumée, le magicien ne revint jamais dans le royaume, et le coq se transforma en girouette dorée au sommet du plus haut clocher de la capitale.

• Alexandre Pouchkine, *Skazka o zolotom petushke*, Moscou, 1835.

DOLDRUMS, ou pays du POT-AU-NOIR

Province du royaume de la Sagesse, où rien ne change, ni n'arrive jamais. Le pays est habité par les Léthargiens que l'on distingue mal, car ils prennent la couleur de ce qui les entoure. Les lois des Doldrums interdisent de

Heaume du roi de Dominora.

penser, de penser à penser, de conjecturer, de présumer, de raisonner, de méditer, ou de spéculer. S'il est défendu de rire, le sourire est autorisé deux jeudis par mois. Les Léthargiens ne font rien de la journée, ce qui finit par être épuisant ; aussi, une fois par semaine, partent-ils en vacances, sans aller nulle part. Ils vivent dans la terreur de Tick et Tack, grands chiens au corps de réveille-matin. Les voyageurs qui désirent parvenir aux Doldrums n'ont qu'à conduire sans penser à rien.

• Norton Juster, *The Phantom Tollbooth*, Londres, 1962.

DOMINORA

Ile au nord de l'archipel Mardi* dans le Pacifique sud. Pour justifier les pluies violentes qui s'abattent sur l'île, les guerriers affirment que les cieux aussi paient un tribut liquide à leur gloire. Les visiteurs ne doivent pas manquer de voir le roi dans son costume traditionnel : sa couronne est une sorte de heaume, surmonté d'un oursin et d'une dent d'hippopotame ; deux flèches barbelées lui traversent les oreilles et il porte, attaché à la ceinture, un petit carquois en peau de requin. Sur sa poitrine, un tatouage bleu représente la carte de l'archipel. Les noms des héros nationaux sont écrits sur son bras droit et, sous la plante du pied droit, il s'est fait tatouer l'emblème de son ennemi ancestral, le roi de Franko, qu'il peut ainsi constamment piétiner.

• Herman Melville, *Mardi and a Voyage Thither*, New York, 1849.

DONDUM

Archipel au sud de Silha dans l'océan Atlantique. Le roi de Dondum étend sa souveraineté sur cinquante-quatre îles de l'archipel, qui lui doivent obéissance. Les habitants sont des géants hideux que leur œil unique au milieu du front apparente aux Cyclopes. Ils ne mangent que de la viande crue. Les malades sont étouffés, puis coupés en morceaux et mangés au cours d'une cérémonie où sont invités les amis et le clergé. Les os sont enterrés.

Les nombreuses îles qui s'étendent au sud de Dondum sont habitées par des races variées : des indigènes de petite taille, sans tête, aux yeux enfoncés dans les épaules ; une tribu de visages plats dépourvus de nez et de bouche ; un peuple aux lèvres si grandes qu'ils peuvent s'en couvrir le visage pour dormir en plein soleil ; des nains sans bouche qui se nourrissent par un trou au sommet de la tête ; une race vêtue de peaux et de plumes, qui marche à quatre pattes et se déplace d'arbre en arbre comme des singes ; des indigènes qui marchent sur les genoux et possèdent huit orteils à chaque pied ; enfin, des hermaphrodites issus d'une colonie antérieure – probablement celle de la république des Hermaphrodites*. Ils seraient tous le fruit des amours de femmes avec des démons, venus sur la Terre lors du règne de Nemrod le Géant, le constructeur de la tour de Babylone.

• Sir John ou Jean de Mandeville, *Voiage de Sir John Maundevile*, Paris, 1357.

DOONHAM

Rivière qui marque la limite des marches du pays d'Antan, où les dieux, les héros et les poètes se retrouvent après avoir accompli leur mission terrestre. Pendant neuf mille ans, la princesse Evashera fut condamnée à vivre dans cette rivière sous la forme d'un crocodile pour avoir volé à son père six gouttes d'eau-à-faire-bouillonner-l'océan. Elle voulait en effet en asperger son amant, cette eau ayant le pouvoir de conférer une vigueur éternelle.

Evashera apparaît parfois sous la forme d'un crocodile, parfois sous sa forme humaine, parfois sous la forme d'un papillon aux ailes sombres.

• James Branch Cabell, *Something about Eve*, New York, 1929.

DRACULA

Château de Transylvanie, dans les Carpates. Construit au bord d'un précipice vertigineux, ce nid d'aigle est absolument imprenable.

Vue de l'aile ouest du château de Dracula.

L'aile ouest, la plus confortable, n'est plus habitable. Ses fenêtres s'ouvrent sur une vallée encaissée et sur des montagnes aux arêtes fortement déchiquetées. La chapelle, qui tombe en ruine, renferme les cercueils du comte Dracula et de sa famille. Un service régulier de diligence et la voiture personnelle du comte se relaient depuis Besztercze pour amener le voyageur au château un peu avant minuit.

Il est impératif de se munir de crucifix, de gousses d'ail et, éventuellement, de pieux.

• Bram Stocker, *Dracula*, Westminster, 1897.

DRAGONS, repaire des

Il s'agit d'un labyrinthe de petits récifs et d'îles dont l'approche est extrêmement périlleuse.

Si certains récifs à moitié envahis par les vagues et recouverts d'anémones de mer ressemblent à d'étranges monstres aux prises avec l'eau bleue, d'autres se dressent, droits comme des clochers, des tours ou des arches construits par des hommes. Toutes les roches hautes prennent des formes fantastiques, mais l'une d'elles est surprenante. Vue du sud, elle ressemble à une tête et à des épaules d'homme. L'effet de ressac semble animer la mer et lui donner une voix. Quelques voyageurs l'ont entendue prononcer la syllabe "ahw" qui, dans le vieux dialecte de Terremer*, signifie "le début", "autrefois" ou "il y a longtemps". D'autres prétendent que le son ressemble davantage à "ohb", qui signifie "la fin". Derrière ce rocher, l'eau devient plus profonde, et l'une des petites îles du Dragon, une falaise noire nommée Kalessin, descend jusqu'à des profondeurs inouïes. Les falaises de Kalessin sont cylindriques, semblables à des piliers faits de roche, pressés les uns contre les autres par de puissantes forces géologiques, ce qui donne à l'île l'apparence d'un immense, d'un très obscur château.

• Ursula Kroeber Le Guin, *A Wizard of Earthsea*, New York, 1968 ; *The Farthest Shore*, Londres, 1973.

DREXARA

Région déserte, située au-delà des Appalaches en Amérique du Nord. L'endroit est boisé, montagneux, giboyeux et habité par des bandes d'Indiens nomades. Voyageurs, sachez que ces Indiens appartiennent aux tribus les plus sauvages et que la viande humaine est leur plat préféré. On dit aussi qu'ils vendent leurs captifs aux marchands d'esclaves espagnols, en échange d'alcools et d'autres marchandises.

• Antoine François, abbé Prévost d'Exiles, *Histoire de M. Cleveland, fils naturel de Cromwell, écrite par lui-même ou le Philosophe anglois*, Amsterdam, 1732-1739.

DRIMONIA

Peut-être dans les Balkans. Pour atteindre ce pays, il faut suivre l'itinéraire indiqué par le signor Olindo Lindi dans son *Guide du voyageur en Drimonia.*

Le voyageur n'aura besoin d'apprendre que deux expressions. La première, *trunca*, signifie "oui", mais sa traduction littérale s'énonce ainsi : "Si telle est la volonté du grand et tout-puissant Oskutchawa, telle sera aussi la mienne." Le voyageur curieux de l'identité du grand Oskutchawa recevra plusieurs réponses, dont aucune n'est définitive. D'aucuns croient qu'il s'agit d'un dieu très ancien dont le culte est tombé en désuétude depuis des siècles. D'autres prétendent qu'il fut un prophète dévoré par les loups, alors qu'il leur prêchait les vertus du régime végétarien. Selon une dernière hypothèse, plus vraisemblable, Oskutchawa fut un brigand vivant à la fin du XIIIe ou au début du XIVe siècle. Grand buveur, auteur de chansons satiriques, il finit ses jours sur l'échafaud, où l'avaient mené ses nombreux mensonges.

La deuxième expression à connaître est *narta*, généralement traduite par "non", mais dont le sens plus précis est : "Comme il m'est impossible de prévoir s'il pleuvra aujourd'hui ou demain, je ne peux pas m'engager."

• Lia Wainstein, *Viaggio in Drimonia*, Milan, 1965.

Ruines du château de Dundonald.

DUNDONALD

Château en ruine situé à environ deux miles d'Irvine, petit port proche de l'embouchure de l'estuaire de la Clyde, en Ecosse. On crut longtemps que le château était hanté par les Filles du Feu qui apparaissaient au sommet des tours par les nuits sombres. On voyait alors des jets de flammes courir le long des ruines ou fuser du haut des tours.

Au milieu du XIXe siècle, ces jets de flammes causèrent la perte du brick norvégien *Motala*, en route pour Glasgow avec une cargaison de bois. Le capitaine confondit un jet de flamme avec le phare d'Irvine et son bateau alla s'échouer sur les rochers, où il fut complètement brisé. L'enquête qui suivit ne révéla pas la moindre trace d'activité humaine dans le château en ruine et le mythe des Filles du Feu prit une nouvelle force. C'est peu après l'incident du naufrage que la vérité fut enfin découverte : un tunnel caché relie le canal aux grottes de New Aberfoyle et de Coal City*, et les jets de flammes résultent de la combustion de méthane.

• Jules Verne, *Les Indes noires*, Paris, 1877.

DUN VLECHAN

Haute terre boisée dans le Nord du Poictesme. Tout au fond des bois, on trouve une hutte grise, étayée par les os des pattes de quatre grands oiseaux. Aux quatre coins sont sculptés un lion, un dragon, un basilic et une vipère, qui symbolisent les misères de la chair, de l'esprit, de l'orgueil et de la mort. Près de la porte trône une citrouille.

Cette hutte est la demeure de Misère-sur-Terre, que l'on peut faire venir en préparant une certaine soupe. Une tête d'argile sans corps apparaît alors et demande qu'on la laisse entrer. Misère est la même depuis la création du monde. Son modelage fut interrompu par la venue du Sabbat, car son Créateur, un juif orthodoxe, ne travaillait jamais ce jour-là. Il laissa donc inachevée la dernière création du monde. Il est bon de savoir que, n'étant qu'une tête, Misère n'a pas de cœur et donc pas de pitié.

• James Branch Cabell, *Figures of Earth. A Comedy of Appearances*, New York, 1921.

DUNWICH

Village du Massachusetts aux Etats-Unis.

C'est là que dans la famille Matheley naquit une créature d'épouvante, un monstre innommable, à l'image de son père spectral. Sorte d'œuf énorme muni de pattes et de trompes, il ne fut aperçu qu'une fois avant d'être tué par un trait de foudre, tombé du ciel. Une puanteur épouvantable envahit alors le pays. Les arbres, l'herbe et les buissons se tordirent comme des mèches de fouet. Le feuillage se flétrit et devint d'un gris jaunâtre, tandis que les champs et la forêt se couvraient d'oiseaux morts. La puanteur disparut peu à peu mais, aux alentours de Dunwich, la région ne fut plus jamais la même.

• Howard Phillips Lovecraft, "The Dunwich Horror", in *The Outsider and Others*, posth., Sauk City, 1939.

DYLATH-LEEN

Grande ville bourdonnante du Monde-du-Rêve*, regorgeant d'étranges marins, venus de tous les coins du monde. Il est difficile de glaner la moindre information dans les tavernes, car commerçants et marins parlent en baissant le ton de certaines galères noires, chargées de cargaisons de rubis, provenant d'un port inconnu. Leur apparition à l'horizon fait frissonner la ville entière. D'ailleurs, les marchands qui descendent de ces galères ont des bouches un peu trop grandes et les chaussures les plus petites et les plus étranges de tout le Monde-du-Rêve. Ce sont les rameurs invisibles qui effraient toutefois le plus les habitants de Dylath-Leen. Chaque galère a trois rangs de rames, dont le mouvement rapide est inquiétant, car on ne voit jamais l'équipage. Etrange aussi, que ni les taverniers, ni les épiciers, ni les bouchers n'envoient jamais la moindre provision à bord. En échange de leurs rubis, les marchands, hautains, n'acceptent que de l'or et de vigoureux esclaves noirs. Jamais rien d'autre.

• Howard Phillips Lovecraft, "The Dream-Quest of Unknown Kadath", in *Arkham Sampler*, posth., Sauk City, 1948.

E

EBUDA

Dans l'Atlantique nord, au large de l'Irlande. Ses habitants, peu nombreux, vivent à l'état sauvage. Ils perpétuent une ancienne et terrifiante tradition : celle de livrer, chaque jour, une jeune fille à un orque. L'origine de cette odieuse cérémonie se perd dans la nuit des temps.

Protée, gardien des troupeaux de Neptune, tomba amoureux de la fille du roi de l'île, puis l'abandonna, enceinte, au bord de la mer. Furieux, le roi la mit à mort. Pour se venger, Protée déchaîna contre Ebuda toute la faune marine. Des lions de mer et des orques envahirent l'île, ravagèrent les troupeaux, dévorèrent les hommes et assiégèrent la ville. Les habitants consultèrent un oracle qui leur ordonna d'offrir quotidiennement à Protée une très belle vierge, afin qu'il oublie la jeune fille morte ; mais il demeura inconsolable. Donc, chaque jour, liée à un rocher, une jeune fille est dévorée par un orque ; et les habitants d'Ebuda écument encore les mers à la recherche de belles victimes pour Protée.

• L'Arioste, *Orlando furioso*, Ferrare, 1516.

ELDORADO

Royaume situé quelque part entre l'Amazone et le Pérou. Il tire son nom de la commémoration d'une ancienne coutume : une fois par an, le roi est oint d'huile et couvert de poudre d'or. Il devient ainsi "El Dorado", littéralement "Le Doré". En dépit de leurs fabuleuses richesses, les habitants ignorent la cupidité et considèrent que leurs trésors sont superflus : l'or, qui ne sert qu'à embellir les palais et les temples, est jugé inférieur à la nourriture et à la boisson.

Les voyageurs arrivant dans l'Eldorado sont chaleureusement accueillis. Il leur est recommandé de déguster les spécialités locales, comme l'estouffade de perroquets et les colibris farcis. Tentés par les innombrables pépites d'or et pierres précieuses qui sont à portée de main, n'hésitez pas à les ramasser. Vous courez seulement le risque d'essuyer la moquerie des habitants.

• Sir Walter Raleigh, *The Discoverie of the Lovlie, Rich and Beautiful Empire of Guiana, with a Relation of the Great and Golden City of Manoa (which the Spanyards Call El Dorado) and the Provinces of Emerria, Arromania, and of Other Countries, with their Rivers Adjoyning. Performed in the Year 1595 by Sir Walter Ralegh, Knight, Captain of Her Majesty's Guard, Warder of the Stanneries and Her Majesty's Lord Lieutenant of the Countie of Cornewalle*, Londres, 1596.

• Garcilaso de la Vega, *Comentarios reales que tratan del origen de los Incas*, Madrid, 1609.

• Voltaire, *Essai sur les mœurs et l'esprit des nations et sur les principaux faits de l'histoire depuis Charlemagne jusqu'à Louis XIII*, Genève, 1756 ; *Candide ou l'Optimisme*, Paris, 1759.

• Paul Alperine, *L'Ile des vierges rouges*, Paris, 1936.

ELFHAME
Royaume fée, situé sous une colline proche de l'observatoire d'Eskdalemuir, à la frontière écossaise. La colline est couronnée par un petit lac, qu'on appelle le loch des Fées, où l'on plonge les bébés qui souffrent de croup. Il n'y a pas d'herbe dans le loch, car le fond, en cristal, sert de lucarne au royaume des elfes, situé en dessous. On y entre par une porte à flanc de colline, qui s'ouvre par magie sur un dédale de corridors et aboutit à la salle du trône. La pièce circulaire est entourée d'une galerie qui ressemble à un promenoir de cathédrale. Centre de la vie du royaume, c'est le lieu de rencontre favori des courtisans qui viennent y cancaner, flirter ou jouer de l'argent.

Les habitants d'Elfhame ne sont ni immortels, ni très petits, comme le veut la tradition populaire. Ils ont à peu près la taille d'un être humain et vivent simplement très longtemps. Si la légende de leur immortalité est née, c'est sans doute que, outre leur vie très longue, ils ne vieillissent pas et conservent le même aspect fringant jusqu'à leur mort.

La vie de la cour est centrée sur la mode et les divertissements. Banquets, intrigues amoureuses, tournois de whist et loteries. Elfhame est gouverné par une reine, qui a un amant attitré : on le distingue au ruban vert qu'elle lui donne. Périodiquement, elle le congédie en lui remettant une feuille morte et prend un nouvel amant. Les spéculations et les commérages vont bon train avant chaque nouveau choix, tout le monde essayant de deviner le nom de l'élu.

Les membres de l'aristocratie ont, entre autres caractéristiques, celle d'adorer les enfants mais de n'en avoir presque jamais. Ils volent de temps en temps des enfants mortels et les remplacent par des enfants de fée. Les enfants volés sont amenés à la cour où ils sont choyés et gâtés. L'arrivée d'un nouvel enfant est saluée par des cérémonies qui durent une semaine. Chaque jour, une belette, mise à la diète depuis un certain temps, vient mordre l'enfant au cou et boit son sang pendant trois minutes. Le sang est remplacé par une quantité égale de rosée, de suie et d'aconit. La mixture est un succédané de sang d'elfe et contient plusieurs substances inanalysables. L'air magnétique en fait sans doute partie. Elle procure une longévité considérable et les enfants humains ainsi traités atteignent souvent cent cinquante ans (les elfes vivent plusieurs siècles).

Le plus souvent, la mort d'un monarque est annoncée par des présages. A Elfhame, c'est en général l'apparition de cygnes noirs, qui volent pendant des jours au-dessus du lac. La reine nomme alors celle qui doit lui succéder. Si personne n'est désigné, on use de moyens divinatoires. Des alouettes sont baguées et lestées de plomb, chaque oiseau représentant une candidate. A midi, le chancelier, l'astrologue, l'archiviste et le chambellan se coiffent d'une cagoule noire et vont en procession jusqu'à la chambre du Savoir, une cave contenant un puits sans fond. L'une après l'autre, les alouettes sont lancées dans l'eau, et la noble dame dont l'alouette est la dernière à se noyer est élue reine.

On ne connaît pas l'origine du langage des elfes, bien que la même langue soit parlée dans tous les royaumes, avec des variantes locales. Elle ne ressemble à aucune langue humaine connue, mais certains érudits la pensent proche du gaélique. C'est un parler doux, plein de chuintements et de chuchotis.

• Syvia Townsend Warner, *Kingdoms of Elfin*, Londres, 1972.

ELFWICK

Royaume fée du comté de Caithness, en Ecosse, gouverné par la reine Gruach. Le palais royal, situé sur les falaises dominant la mer, est célèbre pour sa bibliothèque qui, outre nombre de classiques, contient les traités des pères de l'Eglise, Jérôme, Chrysostome et Origène.

Les effets conjugués de la mer et de cette immense bibliothèque apportèrent la ruine à Sir Bodach. Le bruit des vagues se brisant sans cesse contre les falaises et l'immensité de ce corps liquide induisirent Sir Bodach à méditer sur l'infini. Pour satisfaire sa curiosité, il s'inscrivit aux universités de St Andrew's et d'Oxford et, lisant par-dessus l'épaule d'étudiants mortels, découvrit l'idée de l'immortalité. Il se rendit en outre en Allemagne où il entendit les conférences d'un certain Dr Faust ; mais c'est en volant au-dessus de la mer qu'il acquit la certitude de posséder une âme immortelle.

Les elfes rejetant l'idée de l'immortalité de l'âme comme antisociale et subversive, Sir Bodach fut condamné pour hérésie et exilé à Catmere, dès qu'il commença à discuter de l'immortalité en public. Durant son exil, il rompit sa promesse de ne pas faire de prosélytisme et faillit être exécuté. Devenu marin, il fut inhumé dans les flots, après une longue vie heureuse.

• Sylvia Townsend Warner, *Kingdoms of Elfin*, Londres, 1972.

ÉMANGLONS, pays des

En Grande Garabagne* ; le sommeil est le problème numéro un des Emanglons. Aussi ont-ils approprié de façon exemplaire les positions qui engagent au sommeil à la variété de leurs humeurs. Quel que soit le mode employé, on en revient à ceci : il faut que le candidat au sommeil sente qu'il est inutile de lutter, qu'il est battu d'avance.

Les Emanglons de la presqu'île d'Avor ont des ennuis à cause de leur maison : ils vivent dans l'inquiétude qu'elle leur tombe dessus. Ils passent continuellement la main dans leurs cheveux, comme si elle était déjà pleine de gravats et des débris vermoulus du toit. Ils n'aiment pas les fenêtres, mais comme ils sont très courtois, ils veulent vivre exactement comme dans les pays où l'on en use ; aussi ont-ils des maisons avec de nombreuses fenêtres, mais toutes sont fausses. Une vraie fenêtre, susceptible un jour d'être ouverte, les rend malade. Le malade (chronique, s'entend) occupe chez les Emanglons de la principauté d'Aples une place spéciale. C'est un coupable ou un imbécile. Les malades ayant la réputation d'être de bon conseil, tous les ministres sont des malades et même des malades accablés. Ils ont à leur solde des commis dévoués qu'ils envoient deçà delà, et dont le rapport oriente leurs décisions. La nuit, les malades sont veillés par des chiens. Si le chien n'aboie pas et reste tranquille, le malade ne court aucun danger, quand bien même il ne serait plus que l'ombre de lui-même. *Jamais un homme n'est mort auprès d'un chien endormi.* Le chien se réveille toujours à temps pour hurler.

Quand un Emanglon respire mal, on l'étouffe. A la campagne, on s'entend à plusieurs et, un soir, on va chez lui et on l'étouffe. A la ville, pour l'étouffer, on choisit une belle jeune fille vierge. La performance consiste à la fois à être douce et à serrer fort.

• Henri Michaux, *Voyage en Grande Garabagne*, Paris, 1936.

ÉMERAUDE

Capitale d'Oz*, occupe le centre exact du pays. Les arbres qui poussent sur les vertes pelouses de la capitale ne se rencontrent nulle part ailleurs. Ils ont des feuilles frisées comme des plumes d'autruche et miroitent de toutes les couleurs de l'arc-en-ciel.

La cité d'Emeraude est entourée d'une haute muraille percée d'une seule porte, cloutée d'émeraudes, qui donne sur une salle de garde, située à l'intérieur du mur lui-même. Tous les visiteurs sont introduits dans cette haute pièce voûtée avant d'avoir la permission d'entrer dans la ville d'une étincelante beauté. Les rues et les trottoirs sont de marbre lisse, parsemés d'émeraudes. Les maisons, de grands édifices, sont couronnées de tours et de dômes. Pour la décoration des intérieurs, on utilise toutes sortes de pierres précieuses et de métaux, mais, du dehors, on n'entrevoit que les éclairs de l'or et des émeraudes. Au centre de la ville, s'élève le palais royal, demeure d'Ozma, reine de tout le pays d'Oz. Entouré par un mur englobant de vastes terres, c'est un chef-d'œuvre d'architecture baroque. La ville est gardée par un unique soldat aux longs favoris verts, car elle n'a pas besoin de défenses. Au-dessus de la grille, on a suspendu un aimant d'amour, qui magnétise tous ceux qui passent.

Même la prison est un bâtiment luxueux. Elle est couverte d'un dôme de verre coloré et les murs sont plaqués d'or et décorés de gemmes. Les prisonniers peuvent se distraire en feuilletant des livres ou en admirant une collection de rares et curieux objets. Aucune des trois portes n'est jamais fermée. Ozma d'Oz pense que l'on ne peut pas commettre un crime lorsqu'on est brave et fort, et que l'on doit être emprisonné jusqu'à ce qu'on apprenne à être les deux. Comme c'est la gentillesse qui nous rend braves et forts, il s'ensuit que les prisonniers doivent toujours être traités avec la plus grande sollicitude. De mémoire d'homme, la prison d'Oz n'a jamais contenu qu'un seul et unique captif.

• Lyman Frank Baum, *The Wonderful Wizard of Oz*, Chicago, 1900 ; *The Marvelous Land of Oz*, Chicago, 1904 ; *Ozma of Oz*, Chicago, 1907 ; *Dorothy and the Wizard in Oz*, Chicago, 1908 ; *The Road to Oz*, Chicago, 1909 ; *The Emerald City of Oz*, Chicago, 1910 ; *The Patchwork Girl of Oz*, Chicago, 1913.

EMO

Ile volcanique, entourée d'un récif de corail, à quelques semaines de voile de l'île de Corail. Riche en bois de santal.

Emo est habitée par des cannibales qui vivent dans des cabanes de bambou, ouvertes à tous vents. La société cannibale est strictement hiérarchisée, commandée par un chef dont chaque parole a force de loi.

La religion est centrée sur le tabou. Si un homme choisit un arbre pour dieu, les fruits de cet arbre deviennent automatiquement tabous pour lui. Le chef est lui-même tabou ; si quelqu'un touche un chef mort ou vivant, il devient lui aussi tabou et doit être tué. Le chef se coiffe les cheveux de telle façon qu'il semble porter un turban. Sa coiffure demande beaucoup d'attention et une grande science de la part des coiffeurs, dont les doigts ne doivent pas être utilisés à des fins profanes. Les coiffeurs sont ainsi nourris à la cuillère comme des bébés.

Les habitants de l'île adorent aussi une énorme anguille, conservée dans un bassin d'eau stagnante. Long de trois mètres soixante et aussi épais que le corps d'un homme, l'animal apparaît au son d'un sifflement très doux, émis par le serviteur qui le nourrit.

Le corps des chefs et des hommes d'Etat est tatoué de signes complexes. Le tatouage est exécuté par des artistes spécialisés ; l'épreuve est longue et pénible ; elle commence à l'âge de dix ans et se termine à trente. Les visiteurs auraient tort de se prêter à cette opération, qui cause d'affreuses douleurs, d'insupportables inflammations et mène parfois à une mort pénible.

• Robert Michael Ballantyne, *The Coral Island*, Londres, 1858.

EMPI

Archipel assez proche des îles Fortunées dans l'Atlantique, qui a la particularité d'être constamment noyé dans un brouillard à l'odeur insupportable, faite de chair humaine qui brûlerait sur un brasier de poix, de soufre et de bitume. L'air humide et sombre s'épaissit encore lors des pluies de poix. Les visiteurs seront surpris par le vacarme incessant. Mélange de cris et de lamentations proféré par une foule en douleur, il semble s'élever de nulle part. Une seule île de l'archipel a été explorée. Son sol rocheux, infertile, dénué d'eau et d'arbres, est hérissé d'épines et de lames à nu. Trois fleuves coulent dans l'île : l'un de boue, l'autre de sang, et le troisième de feu. Les poissons, nombreux, ressemblent à des tisons ou à des charbons ardents.

• Lucien de Samosate, *Histoire véritable*, IIe siècle apr. J.-C.

ENCHANTÉ

Bois situé au-delà de la porte du profond sommeil, dans le Monde-du-Rêve*. Dans les tunnels de ces bois tourmentés, formés de chênes prodigieusement bas sur lesquels poussent des champignons phosphorescents, habitent les Zoogs, peuple sournois, détenteur d'obscurs secrets. Certaines rumeurs colportent que les Zoogs seraient responsables tant en Europe qu'en Amérique de faits divers ou d'enlèvements.

Ce sont de petites créatures brunes, qui vivent en terriers ou dans les troncs des grands arbres. Les champignons constituent leur nourriture principale, mais on raconte qu'ils ne dédaignent pas la chair humaine : certains voyageurs qui se sont aventurés dans le bois Enchanté n'en sont jamais ressortis.

• Howard Phillips Lovecraft, "The Dream-Quest of Unknown Kadath", in *Arkham Sampler*, posth., Sauk City, 1948.

ENCHANTÉE

Terre boisée proche de la rivière qui entoure la cité Céleste*. Difficiles à repérer, les pistes de la forêt sont boueuses et glissantes. Elles serpentent sous un couvert presque impénétrable. Comme les parages sont infestés de voleurs et de monstres, les voyageurs doivent s'armer. La forêt ne compte que quelques gîtes qu'il est conseillé d'éviter : quand on s'endort dans la terre Enchantée, on ne se réveille plus jamais.

La forêt est sous le charme d'une sorcière, Mme Chimère, qui se croit la maîtresse du monde et prétend rendre tous les hommes heureux. Ceux qui succombent à sa beauté n'atteindront jamais le but de leur pèlerinage.

Mme Chimère porte une grande bourse à la ceinture et y plonge sans cesse la main pour faire sonner des pièces de monnaie, comme si l'argent était la musique même de son cœur. Elle ne s'intéresse qu'aux riches, dédaigne les pauvres hères et tente immanquablement de se faire passer pour une déesse. Elle adore les fêtes et on la voit souvent aux tables des banquets. Elle promet royaumes et couronnes à tout voyageur passant par là, mais ne tient jamais ses promesses, car elle entend détourner les pèlerins du droit chemin en les incitant à la débauche et à l'orgueil. Elle sème la discorde entre souverains et sujets, hommes et femmes, et même entre la chair et l'esprit.

• John Bunyan, *The Pilgrim's Progress from this World, to that which Is to Come. Delivered under the Similitude of a Dream. Wherein Is Discovered the Manner of his Setting out, his Dangerous Journey and Safe Arrival at the Desired Country*, Londres, 1678 (1re partie) et 1684 (2e partie).

ENFANT-DE-LA-HAUTE-MER

Village perdu quelque part dans l'Atlantique nord. Il est bâti sur une île flottante, vue pour la dernière fois par 55° de latitude nord et 35° de longitude ouest. Les visiteurs ont de grandes difficultés à l'atteindre, car il s'évanouit dès qu'un bateau surgit à l'horizon. Il n'a qu'un habitant, une fillette de douze ans, fille d'un certain Charles Lievens de Steenvoode qui disparut en haute mer. On prétend qu'il existe de nombreux villages flottants semblables à celui-ci, construits par les enfants noyés dont le corps n'a jamais été retrouvé.

• Jules Supervielle, *L'Enfant de la haute mer*, Paris, 1931.

ENNASIN, ou île des **ALLIANCES**

Triangulaire, elle ressemble à s'y méprendre à la Sicile. Ses habitants ressemblent à des Poitevins rouges avec un nez en forme d'as de trèfle.

Tous les insulaires sont unis entre eux par le sang et par les mariages, ce dont ils sont très fiers. Les degrés de parenté sont si compliqués et les unions consanguines si fréquentes que tout le monde est la mère, le père, la tante, le cousin ou le neveu de quelqu'un.

Les couples se donnent entre eux des petits noms variés et curieux : "ma seiche", "mon marsouin", "ma cognée", "mon bureau", "mon procès", "mon coquin", "mon matelas", "ma courtepointe", "mon fourgon", "ma savate", "ma bottine", "ma pantoufle", "mon gant", "ma couenne", "mon lard", "mon omelette", "mon œuf", "ma tripe", "mon fagot", "ma gousse", "mon pois", "ma muse" ou "ma corne".

Si le voyageur est amicalement incité à ne pas se choquer de ces marques de tendresse, il lui est conseillé en revanche de ne pas prendre part à ces extravagants mariages.

• François Rabelais, *Le Quart Livre des faicts et dicts héroïques du bon Pantagruel*, Paris, 1552.

ENTÉLÉCHIE

Ile d'un royaume inconnu. Le port principal est Matéotechnie ou maison de la Science futile.

Si la reine de l'île est connue sous le nom de Quinte Essence, son nom véritable est aussi celui que lui donna son parrain, Aristote : Entéléchie. Les voyageurs trouveront la reine jeune, belle et fort élégante, bien qu'elle ait, en vérité, mille huit cents ans. La reine guérit toute maladie en jouant un air approprié aux symptômes du patient ; il lui est inutile de le toucher. Les tuyaux de son instrument miraculeux sont faits d'un purgatif en forme de canon, ses touches, en rhubarbe, ses pédales, en laxatif. Un air joué sur cet instrument guérit aussitôt l'aveugle, le sourd et le muet, le lépreux et le diabétique.

La reine guérit elle-même les "incurables" ; les maladies moins graves sont confiées à ses officiers : les "abstracteurs", les "spodizateurs", les "massitères" et les "prégoustes". Eux guérissent autrement qu'en jouant de la musique. Les maladies vénériennes sont soignées en touchant trois fois avec un morceau de galoche la vertèbre dentiforme ; la fièvre, en pendant une queue de renard à la gauche de la ceinture du malade. Le mal de saint François, ou pauvreté, se guérit en attachant le malade avec une corde à une boîte de six mille écus exposée au soleil. Enfin, on purifie les maisons qui renferment un air pestilentiel en les jetant par la fenêtre.

L'un des membres du service de la famille royale a le pouvoir de rendre aux femmes leur jeunesse. De vieilles peaux édentées sont transformées en ravissantes jeunes filles de seize ans. Le rajeunisseur s'arrête aux talons et la femme restaurée reste donc plus petite qu'elle ne l'était du temps de sa première jeunesse. Ceci explique pourquoi elles ont tendance à s'effondrer si soudainement lorsqu'elles rencontrent un homme.

Parmi les autres travaux entrepris sur l'île, on compte le blanchissement des Ethiopiens, l'extraction de l'eau des pierres ponces, la traite des boucs, la tonsure des ânes et l'étude du saut des puces. Quelques membres de la cour font de vessies lanternes, les autres de nécessité vertu.

La vue de la reine Entéléchie guérissant les malades suffit à mettre un homme en état d'extase, au point de lui faire perdre connaissance ; il ne la retrouve que grâce aux roses blanches qu'elle porte toujours sur elle. Les visiteurs seront surpris par les libertés que la reine prend avec la langue et avec la philosophie. Voulant bien accueillir le voyageur, il lui arrive de dire à peu de chose près ceci : "L'honnêteté scintillante en la circonférence de vos personnes, jugement certain me fait de la vertu latente ou centre de vos esprits, et voyant la suavité magnifique de vos alertes révérences, je me persuade facilement le cœur que le vôtre ne nourrit rancune aucune comme aucune stérilité de savoir littéral et hautain. Vous abordez ainsi en plusieurs pérégrines et rares disciplines, lesquelles à présent sont plus faciles par les usages communs que le vulgaire impose, désirer que rencontrer. C'est la cause pourquoi, je, dominant par le passé à toute affection privée, maintenant contenir ne puis plus vous dire le mot trivial, c'est que soyez les bien, les plus, les très que bien venus."

Excellente hôtesse, la reine se plaît à offrir une table magnifique à ses invités ; elle-même ne boit que du nectar et ne mange que de l'ambroisie céleste. Ses masticateurs mâchent pour elle sa nourriture, versée ensuite dans son estomac par un entonnoir d'or.

Pour le reste, autant dire que la reine fiente par procuration.

• François Rabelais, *Le Cinquiesme et Dernier Livre des faicts et dicts héroïques du bon Pantagruel*, Paris, 1564.

ENTRE-LES-MONDES

Bois paisible, propice au rêve, où il n'y a ni mouvement, ni bruit, ni l'ombre d'un oiseau ou d'une bête. On n'entend que le bruit des arbres qui poussent. Tout paraît baigner dans la chaude lumière verte d'un matin perpétuel.

Entre les arbres, on accède par des mares à des milliers d'autres mondes. L'eau de ces mares n'a rien à voir avec des flaques d'eau ordinaires et ne mouille pas.

Il est extrêmement difficile de faire une distinction entre les différentes mares et on se trompe fréquemment de monde. Les plus grandes précautions sont donc conseillées. Pour retourner dans le bois, il faut enfiler un anneau jaune et replonger dans la mare appropriée.

Les voyageurs qui ont visité le bois Entre-les-Mondes disent qu'en dépit de son calme il est secrètement vivant et aussi "riche qu'un gâteau aux raisins". Ils racontent aussi qu'une fois dans le bois ils ne se rappellent plus clairement comment ils y sont arrivés et qu'ils ont le sentiment d'y être déjà venus, comme si leur vie antérieure n'était qu'un rêve en train de s'évanouir.

• Dante Gabriel Rossetti, "Sudden Light", in *Poems*, Londres, 1870.

• Clive Staples Lewis, *The Magician's Nephew*, Londres, 1955.

ÉOLIE

Ile flottant le plus souvent en Méditerranée occidentale. C'est un rocher nu, ceint d'un mur de bronze indestructible. Eole Hippotades, roi des vents, y a construit un palais magnifique pour lui, sa femme, ses six filles et ses six fils ; tous s'adonnent à l'inceste. Les voyageurs qui ont la chance de plaire au roi se voient offrir des outres, où sont enfermés les ouragans. Ainsi, pendant leur voyage de retour, les tempêtes les épargneront-ils. Il va de soi que mieux vaut ne pas ouvrir ces sacs.

• Homère, *Odyssée*, IXe-VIIIe siècle av. J.-C. env.

Outre à ouragans de l'île d'Eolie.

ÉPINGLES-A-CHAPEAUX

Village niché dans l'Ouest du pays des Rutabagas*. On y fabrique toutes les épingles à chapeaux du pays qui sont surtout expédiées au village des Choux-à-la-crème. En une occasion, les Epingles-à-chapeaux sauvèrent le village de la catastrophe : une forte tempête ayant emporté le village dans le ciel, les Epingles-à-chapeaux s'accrochèrent aux nuages et l'empêchèrent d'aller plus loin. Quand le vent tomba, elles se décrochèrent et le village se posa à sa place originelle.

Dans l'une des ruelles habite une vieille dame, connue sous le nom de Grand-mère Fourre-Tout, car elle porte un grand sac sur le dos. Personne ne l'a jamais vue ni y mettre, ni en retirer quoi que ce soit, et elle refuse de dire ce qu'il contient. Grand-mère Fourre-Tout porte des tabliers à grandes poches bourrées de cadeaux pour les petits garçons et les petites filles. Elle ne parle jamais aux adultes, mais quand elle rencontre un enfant en pleurs, elle sort de son tablier une poupée minuscule qui récite l'alphabet et chante des chansons sino-assyriennes.

• Carl Sandburg, *Rootabaga Stories*, New York, 1922.

ÉPOUSE PARFAITE

Montagne située au nord de Hsin-hsien, dans le Wuchang, en Chine. La légende raconte que, dans les temps anciens, l'empereur envoya un soldat marié combattre loin de sa demeure. Accompagnée de leur jeune enfant, sa fidèle épouse le regarda s'éloigner au pied de la colline et l'attendit là pendant des jours, des mois, des années, jusqu'à être finalement changée en pierre.

• Anonyme, *Géographie Taiping*, 981.

EREWHON

Royaume dans le Centre ou le Nord de l'Australie. Les voyageurs ont toujours refusé de dévoiler sa situation exacte.

Les Erewhoniens sont un peuple de type méditerranéen et possèdent un superbe maintien. Ils ont le nez grec et leur apparence rappelle à la fois les races égyptienne, italienne et grecque. Les femmes sont belles, courtoises et douces. Les visiteurs blonds aux yeux bleus qui font escale à Erewhon sont très appréciés et bénéficient d'un régime de faveur.

Les villes sont nombreuses et la campagne très agréable. Le long des petites routes, on voit souvent des niches qui renferment des statues de grande beauté. Elles représentent des hommes ou des femmes à tous les âges de la vie. En passant, les Erewhoniens les saluent.

Les rivières sont pléthore : les plus larges ont un bac. Au bord du fleuve qui donne accès au pays, s'élève le Stonehenge d'Erewhon. Les statues, six ou sept fois plus grandes que nature, sont taillées dans quatre ou cinq blocs de pierre. Elles représentent, malgré l'érosion et le lichen qui les recouvrent, des personnages barbares et grossiers au sourire malveillant et à l'expression surhumaine. Jadis, les Erewhoniens leur sacrifiaient les difformes et les malades pour écarter les fléaux. Le vent qui souffle dans ces statues creuses fait entendre une mélodie réminiscente de Haendel :

De loin, on ne voit des villes que des dômes ou des clochers. Chacune possède une banque musicale, un hôpital pour les Ennuyeux incurables, et parfois un musée des Vieilles Machines comme celui de Sunchildston, dont la prison est célèbre. Les autres villes principales sont Fairmead et Bridgeford. On y trouve les statues d'Erewhoniens célèbres. Tous les cinquante ans, un jury de vingt-quatre hommes se réunit pour décider de détruire des statues et d'en garder d'autres. Leur choix est dicté par les derniers canons de la beauté.

Les villages ressemblent à ceux des Alpes ou de Lombardie. Une bouteille et un verre indiquent les auberges dont le confort et la propreté sont à souligner.

La naissance est un sujet douloureux qu'il est préférable de ne pas aborder, car il est lié à la souffrance. Les Erewhoniens croient en la préexis-

Statues du Stonehenge erewhonien.

tence et en la volonté de venir au monde avant d'y être invité. A la naissance, on fait signer à l'enfant un certificat qui atteste que c'est de son plein gré qu'il est venu au monde. La mort est moins odieuse que la maladie. Les morts sont incinérés, et la superstition veut que les cendres deviennent les gardiens de la Terre pour l'éternité. Lors d'un décès, les amis de la famille envoient de petites boîtes à condoléances remplies de larmes artificielles, de deux à seize, selon le degré de parenté ou de connaissance.

L'éducation est diffusée par les collèges de Déraison, dont le siège se trouve à deux ou trois jours de Métropolis, la capitale. On peut y passer son diplôme en hypothétique. Il semble en effet inutile d'apprendre aux jeunes Erewhoniens la nature des choses qui les entourent, quand on peut leur ouvrir l'esprit et préparer leur intelligence à la rencontre de l'absurde et de l'impossible. Une caractéristique de leur forme de pensée est de ne jamais croire ce dont ils sont tout à fait sûrs. Ils sont persuadés qu'ils avancent dans la vie à reculons et qu'ils progressent dans l'avenir comme dans un sombre couloir. Il existait jadis une race d'hommes qui connaissaient mieux l'avenir que le passé : en un an, ils en sont tous morts de chagrin.

La pauvreté est un crime. La perte de sa fortune ou d'un ami cher est punie de la même façon que la délinquance par le tribunal des pertes personnelles. Ces lois ont donné lieu à d'étranges habitudes. Ainsi, il est poli de s'enquérir de l'humeur de quelqu'un, comme on le fait en Europe de sa santé. Mais comme les maladies sont d'horribles trahisons, l'étiquette exige de dire : “J'ai volé

Boîte à condoléances d'Erewhon.

une paire de chaussettes" ou : "J'ai volé les chaussettes" (légèrement trivial) pour exprimer une indisposition passagère. Afin de se garder en bonne santé, les Erewhoniens se font fouetter une fois par semaine et, pour se punir, se mettent au pain et à l'eau deux ou trois mois par an sous la surveillance du redresseur de famille. Il est à noter que l'Erewhon évolue rapidement. Les renseignements concernant ce pays datant de plusieurs années, les éditeurs déclinent toute responsabilité quant à l'exactitude de ce que vous venez de lire.

• Samuel Butler, *Erewhon or Over the Range*, Londres, 1872 ; *Erewhon Revisited*, Londres, 1901.

ERIKRAUDEBYG,
ou pays d'ÉRIC LE ROUGE

Contrée encerclée par les Dents-du-Diable et située dans le Nord-Est du Groenland, à dix-sept jours de voyage de la côte.

L'Erikraudebyg est tout ce qui reste du royaume d'Eric le Rouge, découvreur du Groenland au Xe siècle. C'est le seul bastion viking à avoir survécu à la conquête eskimo. Le village central est formé de plusieurs centaines de huttes de bois ou de pierre coiffées de hauts toits en pente, avec des fenêtres d'obsidienne donnant sur les jardins. Le village est divisé en deux zones par un chemin qui le coupe en son centre et mène au palais royal situé au pied d'une montagne.

La faune d'Erikraudebyg est un vrai paradis pour le naturaliste. Les mammouths abondent ainsi que des ours colossaux, plus grands que les ours polaires et avec un pelage de grizzly. Les habitants de l'Erikraudebyg sont grands et ont la peau blanche. Les hommes portent de longs cheveux roux et des moustaches tombantes, et les femmes sont blondes – preuve de leur ascendance viking. Les bateaux de guerre des Vikings sont des formidables drakkars longs de quarante mètres, avec quinze rameurs de chaque côté et une grande voile rayée. Les autochtones parlent le langage guttural des Vikings (dont certaines sonorités sont semblables à celles des langues scandinaves actuelles) et ils pratiquent le culte d'Odin. Le système constitutionnel est de type monarchique. Les rois sont élus et ils ressemblent généralement physiquement au fondateur de la dynastie. Ils prennent le nom d'Eric, suivi d'un surnom (par exemple "l'Eclairé") en accédant au trône. La justice, basée sur le combat ou l'ordalie, est administrée par l'Helmar ou grand prêtre, qui a une forte influence sur le choix du roi. Le peuple de l'Erikraudebyg veut absolument préserver le secret de sa terre. Une légende circule selon laquelle le pays ne survivra que si aucun étranger ne l'atteint. Pourtant, selon la tradition, tous attendent que quelqu'un ressemblant à Eric le Rouge vienne de nouveau gouverner et sauver la ville d'un grand danger. Les voyageurs à cheveux roux et à moustache tombante feraient bien de garder cela présent à l'esprit en visitant le pays.

• Paul Alperine, *La Citadelle des glaces*, Paris, 1946.

ERRANTS

Groupe de récifs dérivant quelque part en Méditerranée. Les bateaux qui s'en approchent sont pris dans de puissants courants et viennent se briser sur leurs rives déchiquetées. Jason, au cours de son fameux voyage, réussit à les franchir sans dommage, mais les voyageurs inexpérimentés feraient mieux de ne pas s'y frotter.

• Homère, *Odyssée*, IXe-VIIIe siècle av. J.-C. env.

• Apollonios de Rhodes, *Les Argonautiques ou la Conquête de la Toison d'or*, Alexandrie et Rhodes, IIIe siècle av. J.-C.

ERSILIE

Afin d'établir les relations essentielles à la vie de la cité, les habitants suspendent des fils aux coins des maisons. Ces derniers sont blancs, gris ou noirs selon qu'ils symbolisent une relation de parenté, d'affaire, d'autorité. Lorsque les fils sont si nombreux qu'on ne peut plus passer entre eux, les habitants partent, les maisons sont démolies. Seuls les fils et leurs supports demeurent.

Les réfugiés d'Ersilie campent avec leur mobilier sur une montagne, d'où ils regardent le labyrinthe de fils et de piliers érigé sur la plaine. La ville d'Ersilie existe toujours, mais ses habitants ne sont plus rien.

Ils reconstruisent Ersilie ailleurs. Ils tissent le même genre de fils, mais dont ils voudraient l'enchevêtrement plus complexe et aussi plus régulier que les autres. Puis ils l'abandonnent et se transportent avec leur maison plus loin.

Ainsi, le voyageur traversant Ersilie rencontrera les ruines des villes abandonnées, sans murs, car ils ne durent pas, ni ossements, car le vent les a balayés : des toiles d'araignées de relations complexes qui semblent quêter une forme.

• Italo Calvino, *Le città invisibili*, Turin, 1972.

ESCALOT

Château sis non loin de Winchester, en Angleterre. Lancelot s'y arrêta une fois avant de prendre part à une joute à Winchester. Pendant son séjour, Elaine, la fille du seigneur du château, tomba amoureuse de lui, et Lancelot accepta de porter ses couleurs au tournoi.

• Anonyme, *La Mort Artu*, XIIIe siècle.
• Alfred, Lord Tennyson, *The Idylls of the King*, Londres, 1872.

ESCLOTS, île des, voir **SABOTS**

ESPRITS, montagnes des

Domaine des Templiers, près de Soria, en Espagne.

Il est recommandé de visiter la montagne des Esprits la nuit de la Toussaint. Une cloche fantomatique tinte dans l'air brumeux. Les revenants, vêtus de suaires déchirés et sanglants, sortent de leur tombe pour chasser des renards fantômes. Les loups hurlent de peur, les cerfs brament de terreur, les serpents sifflent d'effroi, la montagne entière résonne du fracas des sabots. Au matin, les traces de la chasse sont visibles sur la neige.

Si le visiteur a de la chance, il pourra apercevoir la pâle silhouette échevelée d'une belle jeune femme qui, un foulard bleu à la main, fuit, les pieds ensanglantés. Il s'agirait d'une noble dame de Soria, appelée Béatrice, qui avait demandé à son amant de retourner sur la montagne des Esprits, par une nuit de Toussaint, pour y chercher une écharpe oubliée. On le trouva, au matin, à moitié dévoré par les loups, le visage figé par l'horreur. A son réveil, Béatrice découvrit l'écharpe teintée du sang de son amant à côté de son lit.

• Gustavo Adolfo Bécquer, *Leyendas*, posth., Madrid, 1872.

ESTOTILANDA

Ile de l'Atlantique, plus petite que l'Islande, dominée en son centre par une montagne et traversée par quatre rivières. Elle se trouve au nord de Drogio, île où les hommes se mangent entre eux dans des temples splendides. Les habitants d'Estotilanda pratiquent tous les arts connus, mais sont incapables d'utiliser un compas de marine.

• Francesco Marcolini, *Dello scoprimento dell'Isole Frislandia, Eslanda, Engrovelanda, Estotilanda e Icaria, fatto sotto il Polo Artico dai due fratelli Zeno, M. Nicolo et M. Antonio*, Venise, 1558.

ÉTERNITÉ, terre d', voir **MAG-MELL**

ETIDORHPA

Région souterraine dont l'entrée s'ouvre quelque part dans le dédale des grottes du Kentucky aux Etats-Unis. A travers une colline, un torrent s'est creusé un passage voûté.

Les visiteurs doivent remonter le cours de cette rivière, en nageant s'il le faut, car le tunnel est parfois inondé jusqu'au plafond. Ils atteignent alors une grotte plus vaste où s'engage un chemin qui s'écarte de l'eau. Là, l'obscurité est moins dense et une lumière étrange, sans origine définie, flotte dans l'air. Il n'est pas rare de rencontrer des créatures qui, dépourvues d'yeux, ont développé la capacité de voir avec leur corps tout entier. On arrive ensuite dans une grotte de cristal blanc dont le sol est jonché de blocs de verre d'un pied de haut. Au-delà s'ouvre un immense gouffre, long de plusieurs kilomètres. Puis le chemin descend lentement jusqu'à une nappe d'eau qui nourrit le volcan Epomeo en Italie. Le voyageur se trouve maintenant à deux cent cinquante kilomètres sous terre.

A ce stade de leur voyage, les visiteurs fatigués pourraient être tentés par la salle des Ivrognes, vaste amphithéâtre de mille pieds de diamètre. En son centre, d'immenses cuves où fermente de l'alcool sont placées sur une estrade de pierre. Une race d'êtres dégénérés vit là. Jadis intelligents, maintenant rabougris et difformes, leur corps minuscule présente une main, une jambe ou un front gigantesque. Alors que, sur Terre, l'excès de boisson endommage le cerveau, ici, c'est le corps qui est touché. Ils essaieront sans doute de faire boire les nouveaux arrivants et de les attirer dans leur soûlographie, mais les touristes ne devraient pas succomber, car ces monstres disparaîtront bientôt, laissant la place à un groupe de femmes splendides qui danseront sur une musique douce. La plus belle de toutes est la vierge Etidorhpa.

La flore du pays d'Etidorhpa est constituée surtout par des forêts de champignons géants exhalant une odeur d'ananas ou de fraise, et dont les troncs portent des dessins géométriques. Les plantes se colorent de toutes les teintes primaires, plus le blanc ; dans ce pays, comme les teintes primaires se décomposent en une gamme de couleurs secondaires plus étendue que sur Terre, l'échelle des nuances y est donc plus large. La faune relativement pauvre se compose d'insectes, d'oiseaux et de créatures volantes assimilables à des reptiles préhistoriques.

• John Uri Lloyd, *Etidorhpa or the End of the Earth, the Strange History of a Mysterious Being and the Account of a Remarkable Journey as Communicated in Manuscript to Llewellyn Drury who Promised to Print the Same but Finally Evaded the Responsibility which Was Assumed by John Uri Lloyd*, Cincinnati, 1895.

ETTINSMOOR

Vaste et lugubre lande à l'extrémité de la rivière Shribble, qui limite la zone nord-ouest de Narnia* derrière laquelle s'étendent les plaines sauvages du Nord. Aucun pont ne traverse la Shribble, mais comme elle est peu profonde les visiteurs trouvent des gués pour la passer. La gorge est la promenade favorite des géants des plaines du Nord, qui s'en servent comme d'une rue. On les voit souvent là, les coudes posés sur ses hauteurs, comme sur une balustrade, balançant leurs pieds au fond de la gorge.

Leur sport préféré est le lance-pierre. C'est un des rares jeux qu'ils sont aptes à comprendre. Le voyageur a tout intérêt à ne pas s'approcher d'une partie en cours. Des querelles éclatent souvent, durant lesquelles les géants se tapent sur la tête à coups de hache de pierre.

• Clive Staples Lewis, *The Silver Chair*, Londres, 1953.

EUDAEMON

Capitale de l'île de Macaria. C'est une ville magnifique faite pour le bonheur. Ses habitants ont une haute conscience morale et placent le bien de la République avant les intérêts particuliers. Riches et pauvres, bourgeois et prolétaires, travaillent ensemble au bonheur commun. Le système des lois est très strict ; l'ivresse est sévèrement punie et les agents de l'Etat sont privés de leur poste à la moindre infraction. On coupe la langue aux blasphémateurs. Les classes populaires n'ont pas le droit de vote et ne peuvent participer au gouvernement de la cité. On trouve, placardée dans tous les lieux publics, la notice suivante : *Vulgus pessimus rerum gerendarum auctor est.* Le visiteur remarquera que tous les avis affichés dans la ville sont en latin ou en grec. Les citations grecques sont tirées de l'*Hécube* d'Euripide.

La religion d'Eudaemon est un évangélisme sans superstition. Les disputes religieuses ne sont pas tolérées en public, et seuls les ministres du culte peuvent exprimer une opinion religieuse. Les philosophes fauteurs de troubles sont bannis de la cité.

Eudaemon est ceinte d'une série de murailles infranchissables, chacune séparée par une douve. Quatre portes bien protégées font face aux quatre points cardinaux. Les visiteurs admis à l'intérieur de la ville sont bien reçus et aidés de toutes les manières possibles.

• Gaspar Stiblinus, "Commentariolus de Eudaemonensium Republica", in *Coropaedia*, Bâle, 1555.

EUDOXIE

Ville d'Asie qui s'étend vers le haut et vers le bas, parcourue de ruelles tortueuses, de marches, d'impasses. On conserve, à Eudoxie, un tapis sur lequel les visiteurs peuvent contempler la véritable forme de la ville. A première vue, rien ne semble ressembler moins à Eudoxie que le dessin de ce tapis fait de motifs symétriques dont les schémas se répètent le long de lignes droites ou circulaires. Mais, si l'on procède à un examen attentif, on finit par reconnaître que chaque point de la ville est représenté sur le tapis selon des relations réelles qui échappent à l'œil distrait par la cohue, le va-et-vient, la foule, le hennissement des chevaux, les taches de goudron, l'odeur du poisson. Mais le tapis prouve qu'il existe un point d'où la ville révèle ses proportions véritables, le schéma géométrique implicite au moindre détail près.

Il est facile de se perdre à Eudoxie, mais, si le voyageur se concentre et fixe le tapis, il reconnaît la rue qu'il cherche en écarlate ou en indigo et elle lui indiquera le lieu pourpre de sa destination réelle. Chaque habitant d'Eudoxie compare l'image immobile du tapis avec sa propre vision de la ville – une angoisse très personnelle –, et chacun peut trouver sous les arabesques une réponse ; l'histoire de sa propre vie ; les fantaisies de son destin.

Un oracle fut interrogé sur le lien mystérieux entre deux objets si dissemblables que le tapis et la ville. L'un des deux objets, répondit-il, a la forme que les dieux donnèrent au ciel étoilé et aux orbites dans lesquels le monde se meut ; l'autre en est la réflexion approximative, comme tout ce qui tient de la création humaine.

Durant quelque temps, les augures prétendirent que le tapis était d'origine divine. La prophétie fut interprétée dans ce sens. Mais le voyageur peut tout autant parvenir à la conclusion inverse : que la carte véritable de l'univers est la ville d'Eudoxie, juste comme elle est, une tache qui s'étale, sans forme, avec des rues contournées, des maisons qui se déglinguent et s'effondrent les unes sur les autres au milieu de nuages de poussière, de feux, de cris dans l'obscurité.

• Italo Calvino, *Le città invisibili*, Turin, 1972.

EUGÉE

Ile de l'Atlantique. Les insulaires, les Symphytes, sont un peuple doux et courageux. Ils colonisèrent l'île, défrichèrent la forêt, cultivèrent le sol, construisirent des maisons pour leur famille et dotèrent leurs cités de lois. De ces temps reculés datent les rites et les principes de la religion fondée par un sage qui préféra voir son nom oublié. Le dieu suprême, Théose, est vénéré seize fois par an, car il est "l'inconcevable auteur d'un monde inconcevable".

La déesse Pyscholie anime la nature et les êtres ainsi que les hommes. Elle féconda de son feu la déesse Syngénie qui symbolise les propriétés chimiques de la matière. De multiples divinités représentent les forces essentielles de l'univers, forces décrites bien longtemps après par Sir Isaac Newton.

• Louis Jean Népomucène Lemercier, *L'Atlantide ou la Théogonie newtonienne ; poème en six chants*, Paris, 1812.

EUPHONIA

Petite ville d'environ douze mille habitants dans les monts du Harz, en Allemagne, qui n'est, selon certains voyageurs, qu'un gigantesque conservatoire de musique, car cette dernière est l'unique activité de ses habitants. Tous les Euphoniens quels qu'ils soient, hommes, femmes et enfants, chantent, jouent d'un instrument ou exercent une activité en rapport avec la musique. Cela peut aller de la simple fabrication d'un instrument à des recherches élaborées dans le domaine de l'acoustique.

Musiciens et chanteurs se partagent les différents quartiers de la ville, où les rues portent le nom d'une voix ou d'un instrument (rue du Hautbois, ou des Barytons), habitées par les instrumentistes et les chanteurs spécialisés. Il ne serait pas juste de dire que le régime militaire d'Euphonia est une tyrannie despotique. L'ordre qui y règne a favorisé la création d'extraordinaires chefs-d'œuvre, et le gouvernement allemand a tout fait pour que les Euphoniens mènent la vie la plus agréable qui soit. En retour, il demande qu'on lui envoie, deux ou trois fois par an, un millier de musiciens pour prendre part aux diverses festivités.

Les Euphoniens quittent rarement leur cité, parce qu'elle attire tous ceux qui s'intéressent aux arts musicaux. Chaque année, un vaste amphithéâtre semblable à un cirque grec ou romain, conçu pour contenir une troupe de dix mille exécutants et un public de vingt mille personnes, accueille d'innombrables touristes qui passent des tests sévères avant d'être admis.

L'éducation des enfants commence très tôt : ils étudient d'abord les gammes, puis choisissent un instrument avant d'apprendre le chant et l'harmonie. Au moment de la puberté, quand les passions touchent à l'absolu, les adolescents reçoivent des cours d'expression et de *bello stile*. C'est la sincérité, qualité la plus rare de l'expression, qui est considérée comme la qualité suprême. Les adolescents qui n'en font pas montre sont exilés de la ville, même s'ils possèdent une maîtrise parfaite de leur art. Certains sont autorisés à vivre dans des maisons éloignées, où ils se contentent d'accorder des instruments.

Un orgue gigantesque, placé au sommet d'une tour commandant la ville entière, annonce le début ou la fin des heures de travail et de repos. Vieux de cinq siècles, cet orgue à vapeur est audible à quatre lieues à la

ronde. Il distribue des informations dans un code musical que seuls les Euphoniens comprennent.
Quand on crée une œuvre, chaque partie est d'abord étudiée séparément pendant trois ou quatre jours. Puis l'orgue annonce le rassemblement à l'opéra. Le maître de chapelle répartit les chanteurs en différentes chorales composées chacune d'une centaine de voix. Chaque chœur s'arrête à tour de rôle, mais comme les pauses n'excèdent jamais le quart des voix, le flot de la musique est ininterrompu.
L'œuvre est d'abord étudiée sous le rapport de la fidélité au texte, puis elle prend peu à peu son expression et son style propres. Les membres du chœur ne doivent en aucun cas faire le moindre geste pour accompagner le rythme de la musique. Pour parfaire leur technique, les chanteurs s'exercent dans un silence qui pourrait tromper un aveugle ; le moindre bourdonnement d'insecte serait immédiatement perçu. Un travail similaire est accompli par l'orchestre et ce n'est que lorsque l'union parfaite des deux masses, vocale et instrumentale, est réalisée, que l'œuvre est présentée au public. Personne n'est admis à assister aux répétitions.
Grâce à une technique ingénieuse, le chef d'orchestre dirige chaque musicien sans que le public voie les mouvements de sa baguette. Les exécutants sont ainsi immédiatement alertés et l'attention du public n'est pas distraite.
La philosophie de la musique est une discipline importante, à Euphonia. L'un des philosophes euphoniens de la musique a donné naissance à une étrange coutume : faire entendre, à certains moments de l'année, de mauvais concerts. Ainsi, les Euphoniens sont tous les ans conviés à écouter (afin d'en éviter les défauts) les monstruosités que le reste du monde a admirées pendant des siècles et qui sont enseignées dans les meilleurs conservatoires de France, d'Italie et d'Allemagne. On joue dans ces concerts les *cavatine e finali* de la musique italienne du début du XIXe siècle et les fugues à plusieurs voix, d'inspiration plus ou moins religieuse, écrites avant le XXe siècle.
Il est presque impossible d'entrer à Euphonia sans y avoir été invité. Outre le fait de posséder une voix merveilleuse et de savoir jouer d'à peu près tous les instruments, les voyageurs passent des tests de personnalité qui sont très sévèrement jugés par les spécialistes euphoniens.

• Hector Berlioz, "Euphonia ou la Ville musicale", in *Revue et gazette musicale de Paris*, Paris, 1844.

EUSAPIE

Ville vouée à la jouissance totale de la vie. Pour rendre moins brutal le passage de la vie à la mort, les habitants ont construit une copie de leur ville, identique, sous terre. Tous les cadavres, séchés de telle façon que le squelette demeure enveloppé d'une peau jaunâtre, sont descendus là pour y poursuivre leurs activités précédentes. La première place revient, parmi ces activités, aux loisirs ; la plupart des cadavres sont assis autour de tables plantureusement servies ou placés en position de danseurs ou de joueurs de trompette. Mais tous les commerces et toutes les professions de l'Eusapie vivante sont à l'œuvre aussi dans l'Eusapie souterraine, ou du moins tous les métiers que les vivants exercent avec plus de plaisir que d'irritation : l'horloger – parmi les horloges arrêtées de sa boutique – porte à son oreille une montre de grand-père déréglée ; un barbier passe un blaireau sec sur les joues d'un acteur en train d'apprendre son rôle en étudiant le script avec des orbites vides ; une jeune fille au crâne souriant trait la carcasse d'une génisse.

A vrai dire, bien des vivants désirent trouver, après leur mort, un destin différent de celui qui leur fut imparti durant leur vie. Ainsi, la nécropole est bondée de chasseurs de fauves, de mezzo-sopranos, de banquiers, de violonistes, de duchesses, de courtisanes, de généraux, en bien plus grand nombre que la cité n'en a jamais compté.

La tâche, consistant à accompagner les morts à l'intérieur et à les placer à l'endroit désiré et dans la pose convenue, est assumée par une confrérie de frères encapuchonnés. Personne d'autre n'entre dans l'Eusapie des morts et tout ce que l'on sait à son propos est appris d'eux.

Ils prétendent qu'une même confrérie existe parmi les morts et qu'elle ne manque jamais de leur prêter main-forte. La rumeur veut que certains d'entre eux soient déjà morts mais continuent de monter et de descendre. L'autorité de cette confrérie sur l'Eusapie des vivants est évidemment considérable.

On dit aussi que chaque fois qu'ils descendent, ils trouvent quelque chose de changé dans l'Eusapie souterraine ; les morts innovent dans leur ville ; de petites transformations sans doute, mais qui sont certainement le fruit de réflexions sérieuses et non de caprices temporaires. D'une année à l'autre, dit-on, l'Eusapie des morts devient méconnaissable. Afin de ne pas se trouver dépassés par les morts, les vivants veulent faire, eux aussi, tout ce qu'on leur rapporte des entrailles de la Terre. Si bien que l'Eusapie des vivants s'est mise à copier son double souterrain.

En fait, on peut penser que ce sont les morts qui ont construit l'Eusapie du haut à l'image de leur propre ville. Et, des villes jumelles, le voyageur sera bien en peine de dire qui est vivant et qui est mort.

• Italo Calvino, *Le città invisibili*, Turin, 1972.

EV

Royaume au nord-ouest du désert qui entoure Oz* et vers le sud du pays des Nomes*, contrée du roi Roquat des Rochers. Ev est dirigé par un jeune monarque, Evraldo XV.

Les régions côtières d'Ev sont recouvertes d'une forêt épaisse, mais la capitale, Evena, se déploie dans une magnifique vallée d'arbres fruitiers et de champs verdoyants, parsemée de fermes, et abrite l'état-major de Smith et Tinker, les ingénieurs bien connus qui ont construit Tiktak, l'homme-machine. Le palais royal se dresse hors les murs dans un parc orné de fontaines, de statues de marbre, de pelouses et de parterres de fleurs.

Evraldo XIV, le père du roi actuel, était un tyran qui battait à mort tous ses serviteurs. Incapable d'endommager Tiktak – qu'on peut faire penser et parler si on le remonte correctement –, il l'enferma dans une cave près de la mer et jeta la clé dans les eaux. Sa dernière vilénie fut de vendre sa femme, ses cinq filles et ses cinq fils au méchant roi des Nomes, qui les transforma en ornements pour son palais souterrain. Puis, pris de remords, il se noya.

Le pays n'étant plus gouverné, la nièce du roi, Langwidere, en profita pour s'emparer du pouvoir et s'installer au palais. Les habitants d'Evena ne reconnaissaient leur reine qu'à la clé de rubis qui pendait à sa ceinture, et qui ouvrait le cabinet où dormait sa collection de trente têtes. Il y en avait donc une pour chaque jour du mois et elle s'amusait à en changer à tour de bras.

Sur les arbres du royaume poussent des paniers de déjeuners et des plateaux de dîner tout préparés, qui sont la propriété de la couronne. Par ailleurs, tous les récipients mis à la disposition des voyageurs sont frappés aux initiales royales. Un écriteau annonce : “Attention aux Hommes-à-roues.” Mais il n'est guère utile d'en tenir compte, car ces derniers habitent les zones les plus reculées d'Ev et, malgré leur aspect féroce, ils sont tout à fait inoffensifs, encore que malicieux. Si, physiquement, ils ressemblent à des êtres humains, leurs bras et leurs jambes de même longueur se terminent par des roues. Sur terrain plat, les Hommes-à-roues peuvent se déplacer très vite, mais ils sont incapables de traverser des terrains rocheux. S'il leur arrive de renverser des piétons, ils ne les blessent pas sérieusement. En fait, ils sont absolument sans défense et ne se protègent qu'en se faisant passer pour féroces. Les Hommes-à-roues portent des vêtements bariolés et des chapeaux de paille.

• Lyman Frank Baum, *Ozma of Oz*, Chicago, 1907 ; *The Road to Oz*, Chicago, 1909.

EWAIPANOMA

Nom donné à une région des environs de la Coara, affluent de l'Orénoque. Le pays est couvert d'une jungle épaisse. Les indigènes, des guerriers valeureux, ont le contrôle absolu de leur territoire. Ceux qui les ont vus, et ils sont rares, les décrivent comme ayant des yeux dans le dos, des bouches au milieu de la poitrine et une traîne de longs cheveux qui leur poussent entre les épaules.

• Sir Walter Raleigh, *The Discoverie of the Lovlie, Rich and Beautiful Empire of Guiana, with a Relation of the Great and Golden City of Manoa (which the Spanyards call El Dorado) and the Provinces of Emerria, Arromania, and of Other Countries, with their Rivers adjoyning. Performed in the Year 1595 by Sir Walter Ralegh, Knight, Captain of Her Majesty's Guard, Warder of the Stanneries and Her Majesty's Lord Lieutenant of the Countie of Cornewalle*, Londres, 1596.

EXHAM

Prieuré constitué par les ruines d'une noble et ancienne demeure près du village d'Anchester, au pays de Galles. Il est demeuré inhabité durant trois siècles après l'innommable tragédie qui frappa le maître de maison, cinq de ses enfants et plusieurs domestiques, jetant un nuage de suspicion sur le troisième de ses fils. L'architecture du prieuré est complexe : les tours sont gothiques mais reposent sur des fondations plus anciennes, saxonnes ou romaines, pouvant même remonter à l'époque druidique.
En 1923, le nouveau propriétaire des lieux, descendant de la famille du prieuré, eut l'idée de visiter les sous-sols en compagnie d'un ami. Stupéfaits, ils découvrirent d'abord une vaste salle jonchée de squelettes humains et à demi humains. En contrebas, dans une sinistre grotte, étaient amoncelés d'autres squelettes dans des positions diaboliques, vraisemblablement les restes de prisonniers dont la chair avait été donnée en pâture à des rats carnassiers. Quelques jours plus tard, on devait retrouver les deux hommes portés disparus ; le propriétaire, tel un rat démoniaque, se repaissait de la dépouille à demi dévorée de son ami. En commettant cet acte, il avait ainsi expié les péchés de ses ancêtres.

• Howard Phillips Lovecraft, "The Rats in the Walls", in *The Outsider and Others*, posth., Sauk City, 1939.

EXOPOTAMIE

Vaste région déserte que l'on peut atteindre de deux façons. La première est de prendre de Paris un train jusqu'à la côte, puis un bateau, puis un nouveau train, puis une voiture louée ou un taxi. Il est prudent de louer à l'avance. Il faut savoir que le bateau est généralement si bondé qu'il touche presque le fond de la mer, et que le capitaine est un vieux satyre, qui adore pincer les fesses des jeunes filles.

La seconde manière d'arriver en Exopotamie est de prendre le 975 à partir du terminus. De temps en temps, le chauffeur devient fou et lance le bus sur une autoroute qui va jusqu'en Exopotamie. Le conducteur ne fait pas payer le trajet supplémentaire.

En raison de l'absence totale d'oxygène dans l'air, l'atmosphère semble particulièrement saine. En marchant sur le sable doré d'Exopotamie, les voyageurs doivent faire très attention, car ceux qui s'arrêtent risquent de prendre racine.

La végétation est plutôt pauvre. Le *spinifex*, un arbuste qui arrive aux chevilles, a des épines blessantes. Certaines plantes rampantes s'amusent à chatouiller la plante des pieds de ceux qui n'ont pas de chaussures. Si on coupe ces plantes, une forte odeur de résine embaume l'atmosphère et de grosses gouttes d'une sève collante tombent sur le sol. Dans l'herbe rase, on trouve de petits escargots jaunes et des *lumettes* que les enfants s'amusent à chasser. Les *lumettes* ne sont pas comestibles et les enfants qui en mangent tombent malades. Si on met par inadvertance le pied sur un escargot jaune, il sort de la coquille brisée une goutte d'eau en forme de cœur.

Le soleil, qui ne répand pas une lumière égale sur tout le pays, semble rayé de bandes sombres et claires : les parties du pays éclairées par les bandes claires sont remarquablement chaudes, les autres, froides. Si, se tenant dans une zone claire, on tend la main dans une zone sombre, la main disparaît.

Le fameux hôtel-restaurant tenu par Joseph Barrizone, *alias* Pippo, *alias* La Pipe, a aujourd'hui disparu. Un grand trou avala le bâtiment entier. La ligne de chemin de fer traverse l'emplacement de l'hôtel.

L'Exopotamie étant un désert, il y a beaucoup de place et, comme il y a beaucoup de place, les gens y affluent.

• Boris Vian, *L'Automne à Pékin*, Paris, 1947.

EXPIATIONS

Ville quelque part en Europe au bord d'un grand fleuve qui traverse une plaine. Entourée de hautes murailles, percée d'une seule porte, la cité est divisée en deux : la ville haute abrite le gouvernement, les administrations et les commerces ; la ville basse est occupée par ceux qui expient. Surnommée "le désert", car elle est murée à l'intérieur de l'enceinte, elle comprend soixante quartiers ou régions, où les hommes

vivent séparés des femmes. Dans la banlieue, les maisons avec jardin ou les fermes sont habitées par ceux qui ont fini leur expiation.
Seul responsable devant le roi, un dictateur gouverne la ville. Sa résidence, un gigantesque bloc de granit entouré de jardins, rappelle l'ancienne Egypte. Non loin, se trouve le tribunal, un bâtiment sans fenêtre et à une seule porte, adjacent à la prison. Les maisons de la ville basse, en forme de tente, n'ont qu'une pièce. Le mobilier est modeste : un lit, une table, une chaise, une lampe, une horloge et un volume du *Manuel chrétien.* Au sol, un plancher ; aux fenêtres, des barreaux ; à la porte, une serrure qui s'ouvre de l'extérieur. Les maisons sont disposées sur les trois côtés d'un square, dont le quatrième est fermé par la demeure du surveillant général. Au centre, une fontaine et quelques arbres fruitiers. Dans toute la ville, les visiteurs remarqueront les statues des poètes et des philosophes considérés comme des bienfaiteurs de l'humanité. Mais le plus intéressant reste le temple entouré de douves, dont aucune porte n'est visible. On vous y conduira les yeux bandés. A l'intérieur, le plafond est doré, le sol, recouvert de mosaïques. Une grande colonnade mène à un gigantesque obélisque. L'édifice est couronné par un dôme bleu d'une grande beauté et soutenu par un cercle de cariatides. La ville des Expiations a été créée pour recevoir ceux qui recherchent une rééducation sociale ou qui désirent fortifier leurs convictions morales ou spirituelles. En y arrivant, on les considère comme civilement morts. Le nouveau venu est enfermé dans une prison ou "tombeau". Sa vie passée est annulée et, pendant trente jours, il perd son nom. Puis des prêtres et des juges lui expliquent la doctrine chrétienne. Il reçoit alors un nom et une résidence dans la ville basse. Pendant son séjour, il lui est interdit de donner les raisons de sa venue dans la ville. Toute référence à son passé aboli est une faute grave qui peut entraîner les plus sévères châtiments. On le fait constamment changer de résidence pour imprimer en lui que rien dans la vie n'est stable, et que l'existence n'est qu'un voyage vers l'exil. Si on l'autorise à écrire à sa famille ou à ses amis, ses lettres sont censurées. Le célibat et le silence sont observés : les seuls bruits proviennent des prières du soir et du matin. Son temps d'expiation terminé, rien n'empêche le repenti de rentrer dans son pays d'origine.
Les touristes doivent être munis de lettres d'introduction pour visiter la ville. Ils seront logés dans l'unique hôtel et ne pourront en sortir qu'accompagnés d'un guide.

• Pierre Simon Ballanche, *La Ville des expiations*, Paris, 1907.

F

FAKREDDIN

Belle vallée gouvernée par l'émir Fakreddin, entre Samarah et le palais en ruine d'Ishtakar. La vallée est bordée de buissons en fleurs et en partie recouverte d'un bois de palmiers à l'ombre desquels s'élève un gracieux édifice couronné de dômes élancés. Sur chacune de ses neuf portes de bronze, on peut lire l'inscription suivante : "Voici l'asile des pèlerins, le refuge des voyageurs et le reliquaire des secrets du monde entier."

A l'intérieur, les hôtes sont reçus sous un vaste plafond concave illuminé par des lampes en cristal de roche. On y sert des sorbets dans des coupes de cristal ainsi que mille autres friandises, comme du riz bouilli dans du lait d'amandes ou de la soupe au safran. Un fin voilage de soie couleur chair masque l'entrée qui conduit aux bains de porphyre et au harem.

Au-delà du palais s'étend une plaine arrosée par d'innombrables cours d'eau et des prairies, où se déroulent les fêtes en plein air et maintes célébrations.

La vallée est le lieu de rendez-vous de pèlerins qui viennent parfois des Indes. Les infirmes et les malades se rendent également en ce lieu, assurés que l'émir et sa suite pourront soigner leurs maux. Il faut savoir que les montagnes dominant la vallée sont habitées par une race de nains, qui aident les voyageurs égarés à retrouver leur chemin. Les nains vivent dans une cabane de joncs et de roseaux, un véritable nid que les aigles eux-mêmes leur envient. Leur principale occupation est de lire le Coran.

• William Beckford, *Vathek, an Arabian Tale*, Lucerne, 1786.

FALUN

Mines dont le grand puits à ciel ouvert mesure près de trois cent soixante mètres de long sur cent quatre-vingts de large, pour une profondeur de soixante mètres.

Déjà, dans son *Voyage à travers la Scandinavie*, Hausmann décrivait la grande faille de Falun comme une gueule béante ouverte sur une vision d'apocalypse. Les parois d'un brun noirâtre, abruptes à l'entrée du puits, s'aplatissent en énormes monceaux de décombres et d'éboulis. Le fond est aménagé en départs de galeries soutenues par des charpentes métalliques, selon le mode de construction des blockhaus. Aucune végétation, aucune lumière ; on y découvre un amoncellement confus de pierres, de scories, peu de minerai, mais surtout des vapeurs suffocantes. Il est aisé d'imaginer que ce fut par une entrée similaire que Dante descendit aux Enfers.

Pourtant, le voyageur au cœur pur ne doit pas craindre de s'enfoncer avec les mineurs dans les entrailles si peu accueillantes. Se concrétiseront pour lui ses rêves les plus magnifiques qu'une adoration pour la reine, une ferveur quasi mystique feront naître. Ebaudi, il assistera à la transformation du décor de monstres difformes et pétrifiés en une vision hautement céleste, paradisiaque. Grâce à la puissante reine auquel le voyageur est désormais voué, les plantes merveilleuses et secrètes surgiront du sol, d'un métal éblouissant, à la fois forgées et rendues vivaces, parce que d'une grande pureté. Le sol deviendra transparent, il sera intéressant d'observer les racines, mais aussi d'entrapercevoir les charmantes silhouettes d'innombrables jeunes filles qui se tiennent enlacées, et vous appellent de leurs bras blancs. Elles paressent, lascives, sous des arbres magnifiques de métal rare où pendent, tels des fruits ou des fleurs, des pierres à l'éclat fulgurant. La puissante reine maternelle attire vers le fond le voyageur au cœur pur, à l'âme naïve et mélancolique qui se détourne des plaisirs terrestres. Elle le transperce d'un rayon ardent pour l'anéantir dans une mer de félicité. Il convient de se prémunir contre les coups de grisou ; la reine est très jalouse. Elle récompense ses hardis mineurs en demandant au prince des Métaux de lui indiquer les filons de trapp, ou veines riches en fer qui se concentrent au lieu de se perdre en se ramifiant dans les inclinaisons de salbandes. Elle est prête à céder un horoscope gravé dans l'almandine aux feux rouge sang, dissimulé dans le chlorite et le mica du fond de la mine. Mais elle enterrera ceux qui auront gardé dans leurs cœurs une parcelle d'amour pour quiconque du monde à ciel ouvert.

• Ernst Theodor Amadeus Hoffmann, *Die Bergwerke zu Falun*, Berlin, 1819.

FANATTIA

Ile de l'archipel Riallaro, dans le Sud-Est de l'océan Pacifique, proche de l'île de Spectralia*. Fanattia est habitée par des exaltés, qui jugent nuisibles pour leur santé un certain nombre de manières de se nourrir, de boire, de s'habiller, de se comporter. Ils consacrent toute leur énergie à l'abolition de ces vices et, tels des scorpions dans une bouteille, ils s'entre-tuent sauvagement pour défendre leurs opinions.

• Godfrey Sweven, *Riallaro, the Archipelago of Exiles*, New York et Londres, 1901 ; *Limanora, the Island of Progress*, New York et Londres, 1903.

FANGORN

Restes d'une forêt préhistorique qui s'étendait autrefois à la frontière septentrionale des montagnes Bleues, dans le Nord-Ouest des Terres du Milieu*. Les voyageurs non prévenus, pénétrant dans cette jungle glauque et sombre que n'anime nul souffle, se sentiront immédiatement envahis par un sentiment d'oppression mêlé de crainte, comme s'ils se trouvaient entourés d'êtres invisibles. Cette terre est en effet le domaine des Ents, gardiens des arbres, qui punissent quiconque endommage leurs végétaux. Depuis leur arrivée sur terre, ils protègent l'ensemble de la végétation, la défendant contre les Nains qui cherchent à la détruire pour les besoins de leur industrie minière. Par osmose, les Ents ressemblent à diverses essences, tel par exemple le noyer, avec leur corps d'écorce sombre, leurs doigts effilés et leurs jambes courtes et grisâtres. La plupart d'entre eux possèdent trois orteils et certains en comptent même jusqu'à neuf, mais tous présentent des yeux identiques, mouchetés de vert. Seuls vivent des Ents masculins adultes dans cette forêt ; en effet, les femmes et les jeunes filles ont déserté l'endroit pour partir à la recherche de jeunes pousses et ne sont jamais revenues. Depuis cette époque, le bois ne retentit plus du cri des enfants.

Les Ents sont théoriquement immortels, mais ils peuvent être tués. Durant la guerre de l'Anneau, ils furent prodigieusement effrayés lorsque Saruman le magicien les combattit avec son lance-flammes. Ils sont cependant très appréciés dans l'armée, car leur vitesse et leur rapidité d'action sont fulgurantes, et lorsqu'ils se mettent en colère tout le monde fuit.

• John Ronald Reuel Tolkien, *The Fellowship of the Ring*, Londres, 1954 ; *The Two Towers*, Londres, 1954 ; *The Return of the King*, Londres, 1955 ; *The Silmarillion*, posth., Londres, 1977.

FANTIPPO

Royaume d'Afrique occidentale. La capitale du même nom est bâtie à l'embouchure de la Petite Fantippo qui se jette dans la baie du Bénin. Son port n'est guère important puisqu'il ne reçoit que deux ou trois bateaux par an.

Fantippo est remarquable à deux titres : les postes, et la célébration de Noël dans ce pays non catholique. Le système postal fut introduit par le roi Koko. Emerveillé par le système européen, il décida d'imprimer des timbres et d'installer des boîtes à lettres à tous les coins de rue. Ce fut malheureusement une erreur. Persuadé du pouvoir magique des timbres, son peuple ne comprit pas la fonction des facteurs. Rectifiant la situation, le roi Koko importa des uniformes et mit ses hommes au travail. Le système se mit à fonctionner si parfaitement que sa popularité se solda par un échec. Les timbres furent si convoités que la population s'en fit des vêtements de gala. Visitant Fantippo au retour d'une de ses expéditions, le Dr John Dolittle remédia au mauvais fonctionnement du système postal : il remplaça les facteurs par des oiseaux migrateurs. Une des conséquences de la réorganisation de la poste fut l'introduction des fêtes de Noël ; indignée d'apprendre que les facteurs ne recevaient pas d'étrennes pour Noël, une hirondelle londonienne qui travaillait à la poste de la capitale menaça de déclencher une grève des volatiles postaux. Ainsi, quand les premiers missionnaires visitèrent le pays, ils furent très surpris de voir les habitants échanger des cadeaux à la fin décembre et célébrer la Nativité.

• Hugh Lofting, *Doctor Dolittle's Post Office*, Londres, 1924 ; *Doctor Dolittle and the Secret Lake*, Londres, 1949.

FARGHESTAN

Pays s'étendant à travers la mer des Syrtes. La capitale, Rhages, se dresse au pied du Tangri, un volcan en principe éteint.

Le Farghestan a connu de nombreuses invasions au cours des siècles, la dernière en date étant celle des Mongols ; c'est pourquoi sa culture allie le raffinement oriental à la barbarie – souvent propre aux civilisations nomades. Le fanatisme religieux de ses habitants reflète ce mélange et peut se manifester sous différentes formes allant des haines raciales à un vague mysticisme qui, du moins pour un temps, rassemble le pays sous la bannière de quelque sauveur.

Un coup d'Etat ayant eu lieu il y a peu, il est recommandé aux voyageurs de s'informer avant leur départ de la situation politique.

• Julien Gracq, *Le Rivage des Syrtes*, Paris, 1951.

FAROUCHE

Ile des Andouilles, ennemies jurées du roi Quaresmeprenant de l'île de Tapinois*. En dépit de longues négociations, il a été impossible de réconcilier les deux nations. Les Andouilles sont les plus sûres alliées des Boudins sauvages et des Saucissons montigènes. C'est le refus de Quaresmeprenant d'inclure ces derniers dans le traité de paix qui amena la rupture finale des pourparlers.

Les Andouilles descendent des cochons. Leur dieu tutélaire, en temps de guerre, est le fondateur de leur race, Mardigras, un grand, gras et gros cochon au plumage cramoisi, pourvu d'ailes aussi larges que celles d'un moulin à vent, de dents couleur topaze, d'oreilles d'un tendre vert laitue, d'yeux aussi flamboyants que des escarboucles, de pieds blancs, diaphanes et palmés, et d'une longue queue noire. Quand Mardigras paraît sur le champ de bataille pour encourager les Andouilles, il asperge le sol de moutarde, ce qui est pour les Andouilles l'équivalent du Saint-Graal et du baume céleste. Il suffit d'appliquer une petite quantité de moutarde sur les Andouilles blessées pour les voir aussitôt guérir, et même ressusciter.

L'île Farouche est gouvernée par la reine Niphleseth. Quand Pantagruel débarqua sur l'île, il fut pris pour Quaresmeprenant et, dans la formidable bataille qui s'ensuivit, un grand nombre d'Andouilles furent tuées. La reine réalisa son erreur et conclut immédiatement la paix avec le géant, puis elle s'offrit à envoyer de riches présents à son père Gargantua. Le lendemain, soixante-dix-huit Andouilles furent, à bord de six brigantins, expédiées à Gargantua qui en fit don au roi de France. Malheureusement, par suite du changement d'air et du manque de moutarde, la plupart des Andouilles périrent. Selon le vœu du roi de France, elles furent enterrées dans une rue de Paris qui s'appelle encore aujourd'hui la rue Pavée-d'Andouilles.

Pour répondre à la générosité de la reine, Pantagruel lui offrit un couteau de la manufacture du Perche.

• François Rabelais, *Le Quart Livre des faicts et dicts du bon Pantagruel*, Paris, 1552.

FAY

Petite île circulaire, au milieu d'un fleuve, près d'une cascade, quelque part aux Etats-Unis. L'herbe y est rase, moelleuse, parfumée et piquée de touffes d'asphodèles. Les arbres y sont souples, gais, lumineux, droits, avec une écorce bigarrée, lisse et brillante. La partie est de l'île est située dans l'ombre la plus noire : elle est étoilée de petits monticules verts qui marqueraient les tombes des habitants, les Fays, dont le cycle de vie est étrangement bref : passer de l'ombre à la lumière équivaut, pour eux, à sauter de l'hiver à l'été.

• Edgar Allan Poe, "The Island of the Fay", in *Tales*, New York, 1845.

FÉES, pays des

Plus ou moins nettement délimité, il ne peut être visité que par les voyageurs ayant une bonne raison d'y venir. On l'atteint par plusieurs sentiers, qui s'enfoncent au cœur d'une épaisse forêt.

Outre les fées, la forêt est peuplée de lutins qui vivent dans un royaume souterrain où ne poussent ni arbres ni plantes, et parlent un langage incompréhensible aux humains. Après environ un jour de marche dans la forêt, le voyageur arrive devant une colline rocheuse aux pentes escarpées. Au pied de cette colline se trouve une petite grotte ornée d'un bas-relief représentant l'histoire de Pygmalion. Après un autre jour de marche, le voyageur atteint une ferme qui fait déjà partie du pays des Fées.

Plusieurs endroits valent vraiment la visite. La maison de l'Ogre est une longue hutte basse, appuyée contre un grand cyprès au milieu d'une clairière. Le voyageur qui ouvre la porte d'un certain placard trouvera une ombre qui le suivra ensuite partout.

La chaumière des quatre chênes située dans le Sud du pays des Fées.

Le palais de marbre blanc du pays des Fées est situé en bordure d'une rivière. Dans la cour jaillit une fontaine de porphyre. Les visiteurs auront la surprise de constater que leur chambre, préparée par d'invisibles mains, est la réplique exacte de leur propre chambre à coucher. Une salle au plafond bleu contient une piscine aussi grande qu'une mer souterraine avec de magnifiques grottes et des coraux de toutes les teintes.

Les livres de la bibliothèque sont si passionnants que le lecteur y entre comme dans la réalité : il devient héros de roman ou voyageur de livre d'aventures.

Enfin, il faut absolument visiter la chaumière de la péninsule, que l'on peut atteindre par plusieurs tunnels. Tant que le feu brûle dans l'âtre, il fait toujours jour dans la chaumière. A l'intérieur, il y a quatre portes : la porte de l'enfance, la porte des soupirs, la porte de l'épouvante et la porte de l'éternité. Pour revenir, il suffit de repousser n'importe laquelle d'entre elles, après avoir touché le signe =, gravé dans le bois.

• George Macdonald, *Phantastes*, Londres, 1858.

FÉLICITÉ

Ile de la mer Egée, gouvernée par la reine Félicité, appelée aussi Théone. Son accès est rendu difficile par un nombre important d'obstacles naturels : précipices, torrents, rapides, lions, tigres et panthères sauvages, serpents cachés au cœur des roses. Le voyageur qui réussit néanmoins à pénétrer dans le royaume de Théone est plongé dans un présent éternel, où rien ne vieillit jamais. Maladies, soucis et craintes n'existent pas. L'air est parfumé par la rosée de l'ambre gris ; les orangers tempèrent la chaleur du soleil ; les fleurs miroitent dans les rivières et les fruits sont toujours mûrs. L'île est habitée par des nymphes d'une éternelle jeunesse. La plus vieille n'a pas quinze ans. Le palais de Théone, fermé aux visiteurs, est en or massif. Une inscription, à l'entrée, conseille aux amants infidèles de s'éloigner. Pendant trois cents ans, la reine a été heureuse avec l'homme qu'elle aimait. Il l'a quittée, et il faudra deux mille ans à Théone pour se consoler de cet abandon.

• Fanny, comtesse de Beauharnais, *L'Isle de la Félicité ou Anaxis et Théone ; poème philosophique en trois chants. Précédé d'une épître aux femmes, et suivi de quelques poésies fugitives*, Paris, 1801.

FÉLINIA

Royaume en bordure de la Nolandanie* et de l'Empire banois, au centre de la Terre. Comme dans les autres contrées de Pluton*, les Féliniens sont extrêmement superstitieux. Ils attachent une très grande importance à l'interprétation des rêves qui, selon eux, prédisent l'avenir et prévoient les résultats des loteries publiques, ce qui a donné lieu à d'innombrables banqueroutes.

La religion est fondée sur les enseignements du prophète Burma, dont la première action fut de prendre un œuf et de le briser ; un oiseau en sortit à tire-d'aile, symbole de l'âme délivrée du corps et des principes de l'immortalité. Le miracle le plus impressionnant de Burma fut le suivant : il donna l'ordre à un chêne de s'enfoncer sous terre, et fit apparaître à sa place une fontaine d'eau rose, puis deux autres fontaines – l'une bleue, l'autre couleur d'or. On bâtit un temple autour d'elles et les visiteurs peuvent toujours admirer, une heure par jour, les eaux étincelantes. Des petites bouteilles-souvenirs, remplies d'eau rose, bleue ou or, sont vendues aux touristes par les soixante prêtres qui desservent le temple.

Pour convaincre les sceptiques de l'existence du paradis, Burma emmena dix hommes vertueux sur une montagne élevée, stérile, dans le Sud du pays, et leur distribua des chapeaux métalliques. Dès qu'ils les eurent coiffés, les hommes disparurent, engloutis par les cieux d'où ils ne revinrent jamais. Aujourd'hui, les prêtres vendent encore de tels chapeaux, objet indispensable à tout candidat au suicide.

• Collin de Plancy, *Voyage au centre de la Terre ou Aventures de quelques naufragés dans des pays inconnus. Traduit de l'anglais par M. J. Saint-Albin (J.-A.-S. Collin de Plancy)*, Paris, 1823.

FER, île de,
voir **MARBOTIKIN DULDA**

FERGUS

Château du comte Fergus, bâti sur une petite île de la rivière Cam. Le château a des proportions légères et gracieuses. Le pont-levis qui enjambe les douves est défendu par une double herse. C'est là sa seule protection.

Le château et la région environnante furent jadis sous la menace de Taulurd, un géant stupide et infantile, qui mangeait les chevaux qu'on attelait aux charrues pour labourer les champs. Le pays devint inculte. Durant sa vie, Taulurd acquit ce qu'il pensait être un fabuleux trésor, mais il manquait tellement de discernement qu'il ramassait aussi bien des vieux morceaux de faïence que de l'or, de l'argent ou des joyaux. Il fut tué par sire Marhalt, l'un des chevaliers de la Table ronde, conduit là par une pucelle qu'il avait rencontrée dans la forêt d'Arroy*. Sire Marhalt n'avait aucune envie de tuer ce géant, qu'il trouvait plutôt pathétique, mais il dut s'y résoudre quand Taulurd l'attaqua. Nul autre géant n'est jamais revenu hanter les parages et le château, qui ne recèle aucun danger, est intéressant à visiter.

• John Steinbeck, *The Acts of King Arthur and His Noble Knights from the Winchester Manuscripts of Sir Thomas Malory and Other Sources*, New York, 1976.

FERREMENS

Ile déserte et inhabitée, à deux jours de voile de l'île Sonnante*. Les arbres ressemblent à des animaux, dont ils ont la peau, la graisse, la chair, les os, et probablement les organes internes. Ils ont la particularité de pousser à l'envers : la tête (le tronc) en bas, les cheveux (les racines) en terre, et les pieds (les rameaux) en l'air. En guise de fruits, ils donnent toutes sortes d'outils et d'armes : pioches, faux, faucilles, bêches, truelles, serpes, ciseaux, tenailles, poignards, dagues et canifs. Il suffit à quiconque désire un outil ou une arme de secouer un arbre, et les articles désirés tombent comme des prunes. Quand ils touchent le sol, ils rencontrent une espèce de plante qu'on appelle "fourreau", et s'y engainent. Les voyageurs doivent faire attention à ne pas être blessés par les armes ou les outils qui tombent. En certains endroits, les plantes qui poussent ont la forme du manche de l'outil ou de la poignée de l'arme auxquels elles vont s'accoupler. En général, tout se passe bien (par exemple, la hampe d'une lance rencontre son fer), mais il arrive qu'il y ait des erreurs. Une demi-pique peut rencontrer une brosse de balai et une hampe de hallebarde, le fer d'une faux ; ce qui n'a pas de conséquences graves, puisque, avec la première, on fait un instrument à ramoner les cheminées et, avec la seconde, un faux hermaphrodite.

• François Rabelais, *Le Cinquiesme et Dernier Livre des faicts et dicts héroïques du bon Pantagruel*, Paris, 1564.

FEU, montagne de, voir HES

FIGLÉFIA, ou île d'AMOUR

Dans l'archipel Riallaro, dans le Sud-Est du Pacifique. Elle fut peuplée, à l'origine, par des Epicuriens exilés de Limanora*, qui se dépravèrent, vécurent dans la promiscuité et réduisirent en esclavage les femmes qu'ils enlevaient dans les autres parties de l'archipel. Officiellement, ils sont monogames, mais, en fait, ils séduisent les femmes mariées à tour de bras.

On les considère comme des ennemis publics sur certaines îles, où ils sont pourchassés comme de la vermine. Les Figléfiens assurent cependant que leur mission est de repeupler la Terre et de renouveler la race humaine par le métissage et la stérilisation sélective.

• Godfrey Sweven, *Riallaro, the Archipelago of Exiles*, New York et Londres, 1901 ; *Limanora, the Island of Progress*, New York et Londres, 1903.

FLOTTANTES

Iles canadiennes sur le lac Supérieur. Ce groupe d'îles est gouverné par un dieu chagrin à qui les Indiens rendent hommage en jetant des parures et du tabac dans l'eau. Cependant, le dieu égoïste, jaloux de ses possessions, étend un épais brouillard sur l'archipel et les dérobe à la vue du voyageur qui voudrait s'en approcher. Toute tentative pour poser le pied sur une de ces îles est, dès lors, vouée à l'échec.

• Charles Montgomery Skinner, *Myths and Legends of Our Own Land*, Philadelphie et Londres, 1896.

FLOZELLA-A-NINA

Ile de l'archipel Mardi* célèbre pour sa beauté. De la mer, l'île s'étage sur trois immenses terrasses de fleurs et d'arbres fruitiers, véritables jardins suspendus. La signification de son nom, "la dernière strophe du chant", fait référence à une ancienne légende. Il y a très longtemps vivaient, avec les Mardiens, des créatures ailées, douces et bonnes. Leur gentillesse causa leur perte. Bien qu'elles eussent choisi de vivre parmi eux, les hommes les haïrent. A cette haine, ces êtres supérieurs ne répondirent pendant des années que par l'amour, donnant l'exemple de la justice et de la charité. Intraitables, les Mardiens pourchassèrent ces créatures d'île en île, puis, un jour, ils les virent ouvrir leurs ailes et retourner au ciel. Privés de cette influence bénéfique, ils en vinrent bientôt à commettre toutes sortes de péchés, connurent la souffrance et devinrent ce que sont leurs descendants. La légende dit que l'ode écrite alors comportait autant de strophes que l'archipel comptait d'îles. Un groupe de jeunes gens en habits de fête fit le tour du lagon dans une pirogue de cérémonie pour chanter à chaque île sa stance. Flozella fut la dernière atteinte et, pour commémorer l'événement, la reine lui donna le nom sous lequel elle est connue aujourd'hui.

• Herman Melville, *Mardi and a Voyage Thither*, New York, 1849.

FLUORESCENTE

Ville où le chanteur des rues met l'ombre à l'épreuve du silence répandu comme une tache de vin rouge. Des monceaux de fruits sont placés aux carrefours de la cité. Certains d'entre eux atteignent la hauteur d'une maison de trois étages.

Dans la ville Fluorescente, les nouvelles sont affichées au moyen de signaux de bateaux enfilés sur des cordages. Les hommes ne parlent plus et les femmes chantent certaines phrases dépourvues de sens, dont l'usage est rigoureusement déterminé et le nombre limité. Tous les vendredis, on change d'expressions et l'on mate les bruits en enduisant d'une mince couche de caoutchouc tout ce qui est susceptible de produire un son aigu. A cet effet, toutes les aiguilles des horloges ont été arrachées à même les racines. Aux heures d'affluence, on lâche des meutes de chiens invisibles à travers la ville.

On peut y voir les habitants se toucher les mains par politesse ; en aucun cas ils n'ont à rendre compte du prolongement éventuel de ces voluptueux attouchements. Le voyageur pourra se laisser prendre à la parfaite exécution de mannequins-témoins, postés dans des poses banales aux arrêts des autobus. Fabriqués en matières comestibles incrustées de perles, ils sont l'objet des éternelles plaisanteries de certains badauds qui s'obstinent à leur faire une cour assidue.

Il faut savoir que dans la ville Fluorescente l'envie de rire est garantie, mais qu'il est interdit au rêve d'accoster les femmes dans la rue.

• Tristan Tzara, *Grains et Issues*, Paris, 1935.

FOI, pays de la, voir **BRAGMAN**

FOIRE-AUX-VANITÉS

Grande ville sur le chemin des pèlerins qui mène de la cité de la Destruction à la cité Céleste*. La ville doit son nom à la foire permanente qui s'y tient, établie à l'origine par Belzébuth, premier seigneur de la ville, en compagnie de Légion et d'Apollyon. Les citoyens d'honneur sont la Cupidité, la Luxure, le Désir et la Débauche. Tout ce qui est à vendre à la Foire est l'œuvre de la vanité ; l'éventail des marchandises est infini et va des âmes aux pierres précieuses, en passant par les maisons, les terres, les femmes, les prostituées et les entremetteuses. La Foire grouille de jongleurs, de joueurs et d'escrocs, sans parler des meurtriers et des voleurs. Les rues de la ville portent le nom du pays d'où proviennent les marchandises vendues : rue d'Angleterre, rue d'Italie, rue d'Espagne. Comme dans la plupart des foires, on y présente certaines denrées plus recherchées que d'autres. A la Foire-aux-Vanités, ce sont les articles venus de Rome qui sont les plus appréciés.

Dans le passé, l'endroit était extrêmement dangereux pour les voyageurs. Ceux qui refusaient d'acheter étaient arrêtés et emprisonnés. Certains étaient même battus et jetés en basse-fosse, avant d'être inculpés pour avoir perturbé le commerce et causé les dissensions religieuses dans la ville. Déclarés coupables, les voyageurs étaient alors brûlés en place publique.

Il semble que la ville soit maintenant devenue moins dangereuse et que les voyageurs puissent la visiter sans risque. Ce changement est dû à Grand Cœur : en guidant les pèlerins jusqu'à la cité Céleste, il a introduit la miséricorde dans la ville, ce qui a contribué à soulager les souffrances des malades et des miséreux.

La Foire-aux-Vanités est quelquefois attaquée par un monstre au corps de dragon, pourvu de sept têtes et de dix cornes. Dans le passé, cette hydre a tué un nombre incalculable d'enfants et forcé nombre de citadins à lui céder leur âme.

Malgré sa férocité, ce dragon peut obéir à une femme. Récemment, la bête monstrueuse a été traquée et blessée par des guerriers commandés par Grand Cœur. Ses raids sur la ville ont pratiquement cessé et l'on pense qu'il a fini par mourir de ses blessures.

• John Bunyan, *The Pilgrim's Progress from this World to that which Is to Come. Delivered under the Similitude of a Dream. Wherein Is Discovered the Manner of his Setting out, his Dangerous Journey and Safe Arrival at the Desired Country*, Londres, 1678 (1re partie) et 1684 (2e partie).

FOND-DE-LA-MER

Royaume situé dans le vaste océan, à un endroit où l'eau est aussi bleue que le plus beau des bleuets, aussi claire que le cristal le plus limpide, et si profonde qu'il faudrait superposer une multitude de clochers avant d'atteindre la surface. La végétation y est d'une étonnante beauté : troncs, tiges et feuilles sont si légers qu'ils ondulent de-ci, de-là, au gré du courant, comme s'ils étaient vivants. Le palais du roi de la Mer a des murs de corail et de hautes fenêtres d'ambre. Le toit est tapissé de coquilles de moules qui, caressées par les vagues, s'ouvrent et se ferment continuellement, offrant au regard l'éclat lumineux de nombreuses perles, dont chacune pourrait devenir l'ornement le plus précieux de la couronne d'un souverain. Quand les fenêtres sont ouvertes, des poissons nagent dans les pièces comme les hirondelles dans le monde d'en haut. Ils mangent dans la main des filles du roi et réclament des caresses.

Quand les flots sont calmes, le soleil apparaît, telle une fleur pourpre d'où émane la lumière du monde.

A quinze ans, les sirènes reçoivent la permission de monter à la surface de la mer pour s'asseoir sur les rochers au clair de lune et regarder voguer les bateaux. Si l'une d'elles tombe amoureuse d'un mortel et veut le rejoindre, elle doit subir une effroyable épreuve. Il lui faut rendre visite à l'Enchanteresse dont la maison est faite d'os de naufragés. Là, elle reçoit un philtre qu'elle doit boire sur le rivage ; sa queue rétrécit alors et fait place à deux jambes humaines. Cette transformation est très douloureuse et, à chaque pas, il lui semble marcher sur le fil d'une épée. Il lui est dès lors interdit de retourner au royaume du Fond-de-la-Mer et elle perd le privilège de l'immortalité. Si celui qu'elle aime en épouse une autre, elle meurt et son corps se dissout en écume.

• Marie-Anne de Roumier Robert, *Les Ondins, conte moral*, Paris et Londres, 1768.
• Hans Christian Andersen, *Den lille Havfrue*, Copenhague, 1835.

FONSECA

Ile à quelques milles à l'est de La Barbade : les circonstances de sa découverte et de sa colonisation demeurent inconnues ; la plus ancienne référence à Fonseca se trouve dans les lettres de deux capitaines de vaisseau turcs, qui visitèrent l'île en 1707. Fonseca étant souvent ensevelie sous d'épais nuages, les voyageurs l'ont décrite comme apparaissant et disparaissant de façon magique.

La monnaie de Fonseca se présente sous forme de petits morceaux de papier aux bords ondulés, couverts de curieuses inscriptions. Etant donné que toutes les opérations commerciales sont menées au milieu des jurons, il est en général admis que cette inscription magique rend grâce aux esprits de discorde. Emporter des devises.

• Anonyme, *A Voyage to the New Island, Fonseca, Near Barbados. With Some Observations Made in a Cruize among the Leward Islands. In Letters from Two Captains of Turkish Men of War, Driven Thither in the Year 1707. Translated out of Turkish and French*, Londres, 1708.

FOOLGAR, voir LOONARIE

FOOLLYK, ou île des POÈTES

Ile d'un archipel montagneux à proximité de la Terre de Feu, découverte par Magellan en 1520.

Les habitants de l'île, qui prétendent descendre du poète antique Hérosome, fils du Soleil et de la Lune, s'expriment exclusivement en vers, respectant les hémistiches, les rimes masculines et féminines. Leur style elliptique abonde en métaphores et s'éloigne le plus possible de la langue triviale. Riches de fables, d'épigrammes et de poèmes épiques, les habitants sont cependant très pauvres, car le commerce de la poésie n'est pas très lucratif.

• Pierre François Guyot, abbé Desfontaines, *Le Nouveau Gulliver ou Voyage de Jean Gulliver, fils du capitaine Gulliver. Traduit d'un manuscrit anglois par M. l'abbé de L. D. F.*, Paris, 1730.

FORMOSA

A ne pas confondre avec Taiwan, grande île de l'océan Pacifique, entre les Philippines et les îles Ryūkyū. Sa situation géographique coïncidant avec celle de Taiwan, on les a souvent confondues, mais les voyageurs

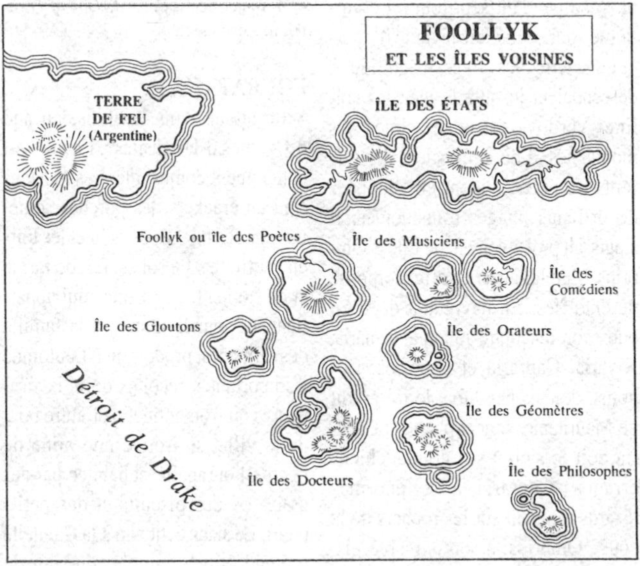

avertis feront facilement la différence.

Les indigènes de Formosa sont nus, à l'exception d'une plaque d'or ou d'argent qui leur couvre le sexe. Ils se nourrissent surtout de serpents, qu'ils tuent à coups de branches. En s'acharnant à mordre les branches, les serpents perdent leur venin, ce qui permet de les cuire ensuite à la mode du pays. Les habitants parlent un langage qui ne ressemble à aucun autre : il est donc très difficile à apprendre. La religion formosane exige des sacrifices humains : vingt mille enfants de moins de neuf ans sont immolés chaque année. Les habitants détestent les chrétiens. Quand un visiteur arrive à Formosa, on lui présente un crucifix et on lui demande de le frapper. S'il refuse, il est aussitôt exécuté, mais sans manifestation de colère ou de mépris, car les Formosans sont gens courtois, d'un naturel doux.

• George Psalmanaazaar, *Description de l'île Formosa en Asie*, Amsterdam, 1705.

FORTUNÉES

Iles situées immédiatement à l'entrée de la Méditerranée. Une description incomplète de ces îles nous est parvenue grâce à un druide de Skerr, à qui une voix ordonna d'embarquer sur un mystérieux vaisseau et qui navigua pendant sept jours. Le huitième jour, au soleil levant, il aperçut une terre : les arbres, magnifiques, descendaient jusqu'à la mer, les collines verdoyaient et les cimes des montagnes, d'où jaillissaient des torrents limpides, étaient enveloppées de brillants nuages translucides. Il s'agissait probablement de l'île d'Ombrios. L'archipel est en effet composé de cinq îles. En naviguant d'est en ouest, on rencontre Junonia, Canaria, Nivaria, Capraria et Ombrios. Ces noms, donnés par Juba, le roi érudit de Mauritanie, sont explicites : Canaria doit le sien à ses grands chiens errants ; Capraria, à ses énormes lézards rampant sur les rochers de la côte ; Ombrios, à son agréable piscine au milieu des montagnes ; Nivaria, aux brumes et aux neiges éternelles qui couronnent ses hauteurs.

• Homère, *Odyssée*, IXe-VIIIe siècle av. J.-C. env.
• Cicéron, *Epistulae ad atticum*, 68-44 av. J.-C.
• Plutarque de Chéronée, "Sertorius", in *Vies des hommes illustres ou Vies parallèles*, Ier siècle apr. J.-C.
• Pline l'Ancien, *Naturalis Historia*, Ier siècle apr. J.-C.
• Claude Ptolémée, *Traité de géographie*, posth., Vicence, 1464.
• James Macpherson, *An Introduction to the History of Great Britain and Ireland*, Dublin, 1771.
• Julien-Jacques Moutonnet de Clairfons, *Les Iles Fortunées ou les Aventures de Bathylle et de Cléobule, par M. M. D. C. A. S.*, Paris, 1778.
• Sir Walter Scott, *Count Robert of Paris*, posth., Londres, 1898.

FOURAPAIN

Ville située dans les bois, au sud d'Oz, près d'Ustensiles*. La ville est entièrement comestible. Les maisons sont en crackers, les porches soutenus par des miches de pain et les toits en gaufrettes. Le sol est fait de farine et de froment. Les arbres, qui appartiennent pour la plupart à la famille des farinacés, produisent à l'automne d'importantes récoltes de noix farineuses ou fromentines. A l'autre bout de la ville, se trouve une mine de beurre. Fourapain est habitée par des crackers, des biscuits et des petits pains. Le sieur Petitpain à la Cannelle prétend être le premier citoyen de la ville et appartenir à l'une des familles les plus aristocratiques de Fourapain, ce qui reste une affirmation contestable.

• Lyman Frank Baum, *The Emerald City of Oz*, Chicago, 1910.

FRAGRANTE

Ile fortifiée de madrépores qui se rétractent dans leurs casemates corallines lorsque le voyageur l'aborde. Le roi de l'île est nu dans une barque, la taille ceinte d'un diadème blanc et bleu, drapé de ciel et de verdure.
Sa fonction est de sauvegarder pour son peuple l'image des dieux qu'il fixe avec trois clous au mât de sa barque.

Au-dessus de la demeure de ses femmes, il enchaîne les pâmoisons et les torsions d'amour dans un ciment divin. Dans l'entrelacs des seins et des croupes, on lit la formule du bonheur : "Soyez amoureuses et soyez mystérieuses."

Le voyageur peut quelquefois surprendre les femmes du roi occupées à chasser de l'île un petit cul-de-jatte herbu comme un crabe, vêtu d'un maillot de lutteur de foire et qui essaie en vain – pour s'en sortir – de gravir l'omnibus de Corinthe.

• Alfred Jarry, *Gestes et Opinions du docteur Faustroll, pataphysicien*, posth., Paris, 1911.

FRANCE ANTARCTIQUE

Péninsule rocheuse ayant la superficie de la France et qui bénéficie du même climat. Située dans les mers du Sud, de hautes montagnes la protègent des vents froids et la population vit dans une vallée fermée, cachée et coupée de la côte par des déserts de sable.

La capitale fortifiée, La Nouvelle-Paris, est une réplique de l'original, et tout voyageur familier des rues de Paris n'éprouvera aucune difficulté à s'y repérer. Les taudis parisiens ont été remplacés par d'élégantes maisons, et la ville nouvelle est plus belle que l'ancienne.

Le pays, monarchie héréditaire, est traditionnellement gouverné par une reine d'une grande beauté, que les habitants appellent Ninon.

Les arts et la technologie européens – à l'exception des constructions navales – existent dans ce pays sans port, où bien des coutumes, comme celle des bals masqués par exemple, sont inspirées de celles du XVIIe siècle français. La meilleure époque pour visiter la France antarctique est celle de la fête des Mariages, durant laquelle les plus jolies filles sont vendues aux enchères en présence de la reine et de ses ministres, l'argent récolté étant destiné à la recherche de maris complaisants pour les laiderons.

Il est conseillé aux voyageurs de sexe masculin d'éviter la province des Viragos, habitée par celles qui n'ont pas déniché de mari. Au sud, on rencontre une secte d'immortels, des vieillards qui paraissent extrêmement jeunes : ayant passé des années en hibernation dans un glacier, ils retrouvent périodiquement une vie léthargique en fumant de l'opium.

• Robert-Martin Lesuire, *L'Aventurier français ou Mémoires de Grégoire Merveil*, Londres, 1784-1789.

FRANCE-VILLE

Par 43° 11' 13" de latitude nord et 124° 41' 173" de longitude ouest, sur la côte du Pacifique, aux Etats-Unis. France-Ville fut fondée en 1872 par le Dr François Sarrasin. La construction de la cité fut financée par la somme fabuleuse de cinq cent vingt-sept millions de francs que Sarrasin hérita de son grand-oncle, qui épousa la bégum Gokool, au Bengale.

En janvier 1872, le territoire était déjà reconnu, mesuré, jalonné, et une armée de vingt mille coolies chinois, sous la direction de cinq cents contre-maîtres et ingénieurs européens, était à l'œuvre. Des affiches placardées dans tout l'Etat de Californie, un wagon-annonce, ajouté en permanence au rapide qui traverse le continent américain, et une petite annonce quotidienne dans les vingt-trois journaux de cette ville avaient suffi à assurer le recrutement des travailleurs. Il avait même été inutile de faire appel à la publicité, utilisée généralement, qui consiste à sculpter des lettres gigantesques sur les flancs des montagnes Rocheuses.

Les voyageurs désirant se rendre à France-Ville doivent fournir de bonnes références, être aptes à exercer une profession utile ou libérale, et s'engager à observer les lois de la ville. L'oisiveté n'est pas tolérée.

Les enfants sont astreints dès l'âge de quatre ans à suivre les exercices nécessaires à leur développement cérébral et musculaire. On les habitue tous à une propreté si rigoureuse qu'ils considèrent une simple tache sur leurs vêtements comme un véritable déshonneur.

La propreté individuelle et collective a du reste été la préoccupation principale des fondateurs de France-Ville. "Nettoyer, nettoyer sans cesse de manière à détruire les miasmes qui émanent constamment d'une agglomération humaine", telle est l'œuvre principale du gouvernement central.

L'eau coule partout à flots. Les rues, pavées de bois bitumé, et les trottoirs de pierre sont aussi brillants que le carreau d'une cour hollandaise. Les marchés alimentaires sont l'objet d'une surveillance incessante, et des peines sévères sont appliquées aux négociants qui osent spéculer sur la santé publique. Un marchand qui vend un œuf pourri, une viande avariée ou un litre de lait tourné, est tout simplement traité d'empoisonneur public. Cette police sanitaire, nécessaire et délicate, est confiée à de véritables spécialistes, dont la juridiction s'étend jusqu'aux blanchisseries.

Grâce à ces précautions, les hôpitaux sont peu nombreux et réservés aux étrangers sans asile et à quelques cas exceptionnels. L'idée d'entasser dans un même foyer d'infection sept ou huit cents malades n'a pu entrer dans la tête du fondateur de France-Ville. Vingt, trente malades au plus (chacun ayant sa chambre particulière) peuvent se trouver groupés dans ces baraques légères, en bois de sapin, que l'on brûle tous les ans. Construites sur le même modèle, elles ont l'avantage de pouvoir être transportées à volonté dans tel ou tel coin de la ville, selon les besoins. En arrivant dans la cité modèle, chaque voyageur reçoit une petite brochure, où les principes les plus importants d'une vie réglée selon la science sont exposés en un langage clair et précis.

• Jules Verne, *Les Cinq Cents Millions de la bégum*, suivi de *Les Révoltés de la "Bounty"*, Paris, 1879.

FREDONS, île de l'ordre des frères, voir **SABOTS**

FRIANDISES

L'une des trois régions qui entourent la mer des Hardes, les deux autres étant la montagne des Bêtises et le pays des Vieux Papiers. Le sol du territoire des Friandises est fait de mauvais caramel mou et collant. Il est également plein de crevasses et d'ornières encombrées de fruits que le vent a fait tomber, et de toutes les cochonneries que les petits enfants mangent quand ils peuvent mettre la main dessus. Les fées font de leur mieux pour les dissimuler, mais de mauvais esprits s'appliquent à fabriquer toutes sortes de potions qu'ils vendent dans les foires, avec l'intention expresse d'empoisonner les enfants. Dans les régions qui entourent le territoire des Friandises, les petits habitants du monde écrivent des livres sur leurs petits voisins, probablement parce qu'ils n'ont aucun autre centre d'intérêt. Ces livres n'ont qu'une portée et une ambition limitées, ainsi qu'en témoignent des titres comme *Le Monde Riquiqui, Les Collines du Blabla* ou *Le Verbiage des enfants.*

• Charles Kingsley, *The Water-Babies : A Fairy Tale for a Land-Baby*, Londres, 1863.

FRIVOLE

Découverte par l'amiral anglais Anton aux environs de 1750, dans l'océan Pacifique, près de l'île de Juan Fernández. L'île est gouvernée par Son Elégance impériale, depuis le palais qui domine une grande place entourée de boutiques, au centre de la capitale.

Tout est léger dans l'île Frivole ; les arbres, par exemple, ont tous l'élasticité du caoutchouc. Leurs fruits, à peine comestibles, fondent dans la bouche comme s'ils étaient en mousse. Quelques bêtes féroces hantent les forêts, mais leurs dents, ainsi que leurs griffes, sont molles et leur grognement a le crissement de la soie.

Les insulaires élèvent des chevaux inutilisables, qui s'effondrent sous le moindre fardeau.

L'agriculture est un jeu d'enfant ; les femmes soufflent dans un petit sifflet dont le son suffit à creuser le sillon dans la poussière légère ; les hommes jettent alors paresseusement quelques semences au vent, qui les dépose avec douceur dans les sillons. Le pain, aussi léger que l'oubli, parvient à nourrir tous les habitants.

• Gabriel-François, abbé Coyer, *Découverte de l'isle Frivole*, Paris, 1750 env.

FULWORTH

Dans le Sussex, en Angleterre. Village côtier, situé dans l'anse de Fulworth, à quelques miles de la maison de campagne où Sherlock Holmes se retira en 1903, pour se consacrer entièrement à sa passion de l'apiculture.

• Sir Arthur Conan Doyle, "The Adventure of the Lion's Mane", in *The Case Book of Sherlock Holmes*, Londres, 1927.

FUTURA

Royaume situé on ne sait où. Pour l'atteindre, la route est longue et la progression lente. Arrivé sur un rocher, il faut encore passer sept portes, toutes de métal différent et correspondant aux sept planètes. La huitième, en or massif, est réservée au roi et ne peut être ouverte que par lui. Les portes sont sous la protection successive de dragons, de flammes, de géants, de serpents ailés, de sirènes et d'un phénix. Arrivé là, le voyageur devra, pour se purifier, traverser un petit lac situé au sommet du rocher. Il se retrouvera alors devant le château de Futura dont aucune description n'est possible.

Futura tire son nom de la passion de ses habitants pour l'avenir. Leurs spéculations contradictoires les conduisent à se quereller sans cesse.

• Marie-Anne de Roumier Robert, *Les Ondins, conte moral*, Paris et Londres, 1768.

G

GAALDINE, voir Gondal

GAIPAYS

Contrée située au sud-est de Santerre. La reine est une délicieuse poupée de cire à la robe pailletée, ornée de fanfreluches. Ses yeux de verre ont un regard fixe, mais l'expression générale de son visage, peint de couleurs délicates, est agréablement séduisante. Ses gardes du corps, des soldats de bois aux couleurs vives, sont armés de fusils de bois.

Dans ce royaume vit aussi le bonhomme Candi qui, comme son nom l'indique, est entièrement fait de sucre. En effet, ce petit homme grassouillet passe son temps à se saupoudrer de sucre pour ne pas coller à ce qu'il touche.

• Lyman Frank Baum, *Queen Zixi of Ix or the Story of the Magic Cloak*, New York, 1907 ; *The Road to Oz*, Chicago, 1909.

GALA

Royaume d'Asie, quelque part dans la zone tempérée septentrionale, gouverné par un monarque absolu, plus européen qu'oriental. Outre son climat agréable et la fertilité de ses terres, Gala est très riche en matières premières.

Sur le plan politique, le système fiscal présente une particularité intéressante. Les Galiens ont en effet découvert un des plus sûrs et des plus indolores moyens de lever l'impôt direct, en instituant une loterie nationale obligatoire. Tout citoyen doit, selon la loi, acheter un nombre de billets de loterie proportionnel à ses revenus. Le gagnant du tirage reçoit en prix le vingtième de la somme collectée. Aussi les Galiens se rendent-ils joyeux à la perception – avec, parfois, un empressement quasi malsain. Autre innovation, d'ordre économique cette fois-ci : tous les intermédiaires sont supprimés. L'Etat achète la totalité de la production industrielle et agricole et la met directement en vente par l'entremise d'une chaîne de magasins nationalisés.

Toutes ces réformes ont fait de Gala l'Etat le plus prospère d'Asie. Si grande est sa richesse que sa politique étrangère consiste en l'achat des pays voisins plutôt qu'en leur conquête par les armes dans un bain de sang.

• André-François de Brancas-Villeneuve, *Histoire ou Police du royaume de Gala, traduite de l'italien en anglois, et de l'anglois en françois*, Paris, 1754.

GALOCHES, île des,
voir **SABOTS**

GALVOIE

Borne située en un lieu redoutable où la perfidie des habitants est proverbiale. Jamais chevalier n'a pu le franchir ni en revenir vivant. Au-delà de la borne se trouve un château fort dont les douves donnent sur la mer ;

il est si grand qu'il peut accueillir des navires. Comme le bourg, le château est clos par de puissantes murailles. Sur le chemin qui mène à la forteresse, le voyageur peut y rencontrer, tel Gauvain, la méchante jeune fille dont la compagnie apporte le malheur, la souffrance, le chagrin, la tristesse et la misère.

• Chrétien de Troyes, "Gauvain et la méchante jeune fille", in *Le Conte du Graal*, XIIe siècle.

GANGARIDIA

Royaume riche en diamants, sur la rive est du Gange. Les Gangarides sont des bergers paisibles qui gardent de vastes troupeaux de moutons à la laine magnifique. Ils habitent des maisons décorées d'ivoire et de bois d'oranger et dorment dans des lits de roses. Ils sont végétariens et considèrent tous les animaux comme leurs frères.

On y trouve des licornes. C'est à la fois le plus gentil et le plus redoutable des animaux : cent bergers gangarides montés sur leurs licornes sont capables de vaincre une armée. Tous les animaux parlent. Gangaridia est aussi la patrie du phénix.

A la pleine lune, on se rassemble dans des temples de bois de cèdre afin de remercier Dieu de ses bontés ; hommes et femmes se rendent dans des temples séparés afin d'éviter toute distraction. Les oiseaux se retrouvent dans un bois et les quadrupèdes se rencontrent sur une magnifique pelouse pour faire leurs dévotions ; certains perroquets sont des prêcheurs particulièrement brillants.

Le roi des Indes tenta un jour d'envahir Gangaridia avec une armée d'un million de soldats et dix mille éléphants. Les licornes empalèrent les éléphants et les soldats furent taillés en pièces. Le roi des Indes et six mille hommes furent capturés ; le roi prit alors des bains dans le Gange et fut nourri de mets végétariens : son pouls se calma et son humeur devint moins sanguinaire. Les captifs ne furent autorisés à retourner chez eux qu'une fois le conseil de Gangaridia et les licornes satisfaits. Depuis, les Indiens ont pour les Gangarides le plus grand respect.

• Voltaire, *La Princesse de Babylone*, Paris, 1768.

GARGOUILLES

Pays souterrain, accessible par l'escalier en spirale que les voyageurs trouveront sous le mont Pyramide*. Tout est en bois dans ce pays – le sol est de sciure et les cailloux sont des nœuds d'arbres. Des fleurs en bois sculpté poussent dans les jardins, où l'herbe est en copeaux. Des oiseaux de bois volent dans les airs. La ville des Gargouilles est également en bois. Les maisons construites comme des tours sont de formes variées, quelques-unes carrées, d'autres hexagonales ou octogonales. Les plus belles paraissent vieilles et patinées par le temps. Les Gargouilles elles-mêmes sont en bois. Elles ont moins de vingt centimètres de haut, des jambes courtes, mais des bras d'une longueur extraordinaire. Leur tête est trop grande pour leur corps et leur visage sculpté est incroyablement laid. Le sommet de leur tête est décoré d'une grande variété de figures grotesques, qui combinent légumes et formes géométriques. Elles portent des ailes en bois qui leur permettent de voler plutôt que de marcher, leurs jambes ne leur étant d'aucune utilité. Pour dormir, les Gargouilles ôtent leurs ailes et les pendent au mur.

Le trait le plus étrange de ce pays est le silence qui règne partout. Les Gargouilles ne font aucun bruit lorsqu'elles volent et communiquent par signes ou gestes des doigts ; le bétail ne mugit pas et les oiseaux ne chantent pas. Les visiteurs doivent toujours se rappeler que les Gargouilles ont peur du bruit, et que celui-ci représente donc, en dehors du feu, l'arme la plus efficace en cas d'attaque.

• Lyman Frank Baum, *Dorothy and the Wizard in Oz*, Chicago, 1908.

GASTE FORÊT

C'est au cœur de ce bois perdu que celui qui pensait avoir exclusivement pour nom *Mon fils* vécut son enfance avec sa mère, qui l'éleva avec un amour sans bornes dans l'ignorance de tout ce qui n'était pas dans les saintes Ecritures.

C'est là aussi qu'il eut spontanément la révélation de son vrai nom : Perceval le Gallois, qu'il déclina respectueusement lorsqu'il aborda les chevaliers de la cour du roi Arthur.

• Chrétien de Troyes, "Perceval et sa mère", "Perceval chez Blanchefleur", in *Le Conte du Graal*, XIIe siècle.

GAUNES

Royaume situé dans l'Ouest de la Gaule et gouverné par le roi Bors, oncle de Lancelot.

• Anonyme, *La Mort Artu*, XIIIe siècle.

GAURS

En Grande Garabagne*, pays de mœurs grossières, les Gaurs ne cuisent pas leur nourriture. Ce n'est qu'aux dieux qu'ils offrent des aliments cuits. Un maître saucier fait sans cesse mijoter quantité de mets, des moutons entiers ou de la volaille. Le dieu Banu préfère les poulets, le piment et les yeux d'antilope. Le dieu Khan les grillades, les victimes consumées jusqu'à l'os. Le dieu Sanou se repaît d'entrailles et d'animaux vivants cuits au bain-marie. Le dieu Zirnini préfère les amuse-gueules, les alouettes, les rossignols, mais il faut qu'ils soient lentement réduits en cendres fines, fines, fines. Le dieu Kambol, qui a goûté à l'homme, hélas, est friand de l'homme, ou plutôt de la jeune fille, des chairs qui aspirent à la plénitude de la femme, des chairs "qui gravissent encore la pente".

On essaie naturellement de le tromper avec des porcs encore jeunes, entre porc et porcelet, et, par-ci, par-là, pour mieux l'induire en erreur, il y a une main, un doigt, un bras délicat étendus sur ces cochonnailles. A l'écart, dans une mare d'eau infecte, vit un dieu à qui le sacrifice ne suffit pas. Il faut martyriser et martyriser ce que l'on aime. Il suffit, pour que ses yeux brillent, qu'un père vienne lui sacrifier le fils qu'il aime tendrement.

• Henri Michaux, *Voyage en Grande Garabagne*, Paris, 1936.

GÉANT ÉGOÏSTE, jardin du

Grand et beau jardin, envahi par une tendre herbe verte, piquée de fleurs semblables à des étoiles, quelque part en Angleterre. Au milieu du jardin se dresse le château du géant, avec ses hautes fenêtres et ses tours et, dans le coin le plus éloigné, un arbre perpétuellement couvert de fleurs blanches étend ses rameaux d'or chargés de fruits d'argent. Au pied de cet arbre gît le corps du géant, recouvert d'un linceul de fleurettes immaculées.

On visite de nos jours ce jardin, mais tel n'a pas toujours été le cas. Il y a bien longtemps, le géant propriétaire des lieux regagnait son domaine après une absence de sept années, passées en villégiature chez son cousin, l'ogre de Cornouailles. Quelle ne fut pas sa surprise à son retour, de retrouver le jardin peuplé d'une joyeuse ribambelle d'enfants, qui avaient pris l'habitude d'y venir jouer après l'école ! Furieux de cette intrusion, le géant dressa illico de hauts murs autour du parc, pour en interdire l'accès à la jeune compagnie. Mais, sans les enfants, les oiseaux refusèrent de chanter et le printemps de venir refleurir. La neige, le froid, la grêle et le vent du nord s'installèrent, comme si l'hiver devait être éternel. Un jour pourtant, le géant crut entendre de la musique. Quand il sortit du château, l'hiver avait cessé : les enfants avaient réussi à se glisser par un trou du mur et ils avaient ramené le printemps avec eux. Dans un coin reculé du jardin, un bambin, plus petit que les autres, ten tait, mais en vain, de grimper à un arbre toujours secoué par le vent du nord. Emu, le géant le prit dans ses bras et l'installa sur la plus haute branche ; à peine l'eut-il fait que les rameaux se couvrirent de fleurs. Honteux de son égoïsme, le géant s'empara alors d'une grande hache, abattit les murs et partagea les jeux des enfants. Mais le petit garçon qui avait fait fondre son cœur ne revint jamais. Les années passèrent. Devenu faible et vieux, le géant passait son temps à regarder jouer ses petits protégés.

Puis, se réveillant un beau matin d'hiver, il ne put en croire ses yeux : l'arbre du fond du jardin était couvert de fleurs blanches et de fruits argentés et, dessous, se tenait le petit garçon qu'il chérissait tant. Ebloui, il se précipita vers lui, mais son visage se durcit lorsque, arrivé près de l'enfant, il distingua les traces de deux clous sur ses paumes et des traces semblables sur ses petits pieds.

Mais la douce voix enfantine arrêta net l'élan de colère du géant : "Tu m'as laissé jadis jouer dans ton jardin, lui dit-il. A ton tour, maintenant, d'entrer dans le mien : c'est le paradis."

• Oscar Wilde, "The Selfish Giant", in *The Happy Prince and Other Tales*, Londres, 1888.

GÉOMÈTRES

L'une des nombreuses îles montagneuses bordant la Terre de Feu. Sèche et stérile, avec de vastes cités silencieuses au dessin parfaitement régulier. Les habitants passent leur temps à dessiner des plans sur le sable.

• Pierre François Guyot, abbé Desfontaines, *Le Nouveau Gulliver ou Voyage de Jean Gulliver, fils du capitaine Gulliver. Traduit d'un manuscrit anglois par M. l'abbé de L. D. F.*, Paris, 1730.

GIPHANTIE

Ile située dans une mer de sables mouvants entourée de déserts, qui s'étendent dans le Nord de l'Afrique occidentale. Elle se présente au voyageur comme une immense plaine, dont la végétation grandit à mesure qu'il avance, jusqu'à ce que les arbres touchent le ciel et forment un vaste amphithéâtre.

L'île est habitée par des esprits provenant des quatre éléments. C'est le seul lieu du monde où la nature conserve encore son énergie originelle, et produit sans cesse de nouvelles espèces d'animaux et de plantes. Si toutes ne survivent pas, les esprits font de leur mieux pour les préserver et les répartir à travers le monde. Lorsqu'ils voyagent à l'étranger, les esprits deviennent nymphes, naïades ou gnomes. Ils sont gouvernés par un préfet, dont le visage ressemble à un reflet dans une eau boueuse.

Près d'une colonne purificatrice se trouve une colline que l'on atteint par un escalier de cent marches. Au sommet, un globe représentant le monde est relié à chaque pays par d'imperceptibles canaux. Les informations rassemblées sont chaotiques, mais si l'on touche le globe d'une certaine façon il devient possible d'entendre ce qui arrive en n'importe quel point de la planète.

Il existe trois arbres remarquables à Giphantie. Le premier est l'arbre d'amour. Il n'est affecté ni par la chaleur ni par le froid, si extrêmes soient-ils. Une fois, cependant, il sembla se flétrir. Les esprits réussirent à le sauver mais ne purent éviter d'altérer sa nature ; c'est pour cela que l'amour humain est à présent source de discorde et non d'union. Le deuxième arbre n'a ni fleurs, ni feuilles, ni fruits, mais porte une infinité de minces vrilles terminées par de minuscules vers. Ces vers deviennent des mouches, dont les piqûres provoquent des passions et des manies déraisonnables. D'où l'expression "Quelle mouche l'a piqué ?". Le troisième arbre n'est pas plus haut qu'un homme et ses branches s'étendent à l'horizontale le long d'un mur de pierre. Pas une de ses feuilles ne ressemble à une autre. Chacune possède des nervures d'une forme particulière : une colonnade, un instrument scientifique, un problème mathématique ou une machine. Lorsqu'elles tombent, elles deviennent si fines qu'elles peuvent pénétrer par les pores dans le sang du premier venu ; elles reprennent alors leur forme originale et provoquent un accès de fièvre. Le cerveau de la personne atteinte finit par percevoir le dessin de la feuille et par produire l'invention correspondante.

• Charles-François Tiphaigne de la Roche, *Giphantie*, Paris, 1760 ; *L'Empire des Zaziris sur les Humains ou la Zazirocratie*, Paris, 1761.

GLOUTONS

L'une des îles qui bordent la Terre de Feu. Comme les insulaires ne pensent qu'à s'empiffrer, ils sont trop gros et dépensent la fortune, qu'ils ont aussi grasse que la bedaine, sur l'île du Docteur Moreau*.

Baratrogulo, leur dieu, est un énorme colosse vautré sur une table constamment chargée de victuailles.

Les prêtres qui prêchent des recettes sont ventriloques.

• Pierre François Guyot, abbé Desfontaines, *Le Nouveau Gulliver ou Voyage de Jean Gulliver, fils du capitaine Gulliver. Traduit d'un manuscrit anglois par M. l'abbé de L. D. F.*, Paris, 1730.

GLUBBDUBDRIB

Petite île d'environ un tiers de la taille de l'île de Wight. A cinq cents lieues à l'ouest de Balnibarbi*. Glubbdubdrib signifie, en fait, île des sorciers et des magiciens.

Cette terre riche et fertile est gouvernée par le chef de la tribu des magiciens qui vit dans un noble palais, au milieu d'un parc de trois cents hectares entouré de vingt murs.

L'art de la nécromancie permet au roi d'avoir une foule de serviteurs. Il ne peut cependant conserver ces fantômes plus de vingt-quatre heures à son service.

• Jonathan Swift, *Travels Into Several Remote Nations of the World. In Four Parts. By Lemuel Gulliver, First a Surgeon, and then a Captain of Several Ships*, Londres, 1726.

GLYN CAGNY

Val d'Irlande proche de la grotte des Dormeurs d'Erin et de Gort Na Cloca

Mora. On prétend que les saumons de la rivière du val sont les plus sages et les plus instruites des créatures vivantes.

Le val est associé à deux philosophes qui vécurent dans les bois de pins voisins avec leurs femmes : la Femme maigre et la Femme grise. Ils étaient si doctes qu'ils pouvaient résoudre toutes les difficultés et répondre à toutes les questions imaginables. Ils communiquaient avec les farfadets de Gort Na Cloca Mora et conversaient avec les nombreux elfes de la région. La fille du premier, Caitilin, fut enlevée par le dieu Pan, en visite en Irlande, mais finit par épouser Angus Og et vit à présent avec lui dans la grotte des Dormeurs d'Erin.

Le second, qui n'avait plus rien à apprendre, décida de mourir. Après avoir dégagé le centre de sa cabane, il enleva son manteau et ses bottes et se tint sur la pointe des pieds au milieu de la pièce. Il se mit alors à tourner sur lui-même, de plus en plus vite, jusqu'à ce que ses mouvements devinssent aussi réguliers que ceux d'une toupie. Au bout d'un quart d'heure, il tomba raide mort, le visage serein. Sa femme essaya d'en faire autant mais, plus solide, elle mit plus longtemps à mourir. Leurs corps sont enterrés sous la pierre du foyer de leur cabane.

• James Stephens, *The Crock of Gold*, Londres, 1912.

GNAPHISTHASIA

A cent soixante kilomètres au sud-ouest de Calnogor, dans Atvatabar. La ville est construite sur le flanc d'une montagne surplombant une riche vallée. Les immeubles de porcelaine sont décorés de belles moulures. Au centre, un demi-cercle de tours coniques, reliées par des murs sculptés, brille comme un gigantesque joyau. Il s'agit du palais des Arts qui accueille tous les artistes du pays. Un haut-parleur hurle constamment la liste des vingt-deux principaux arts atvatabariens.

• William Bradshaw, *The Goddess of Atvatabar, Being the History of the Discovery of the Interior World and Conquest of Atvatabar*, New York, 1892.

GONDAL et GAALDINE

Iles du Pacifique. Gondal est située dans le Nord de l'océan ; sa capitale est Régina. La région septentrionale de l'île est montagneuse et on y trouve de nombreux lacs : le lac Aspin, près du château d'Aspin, le lac Elderno, profond et sujet à de soudaines tempêtes, enfin, le lac Elnor, cerné par les landes, au pied de montagnes aux neiges éternelles. Dans sa partie méridionale, l'île abrite le célèbre collège du Sud. Gondal est divisée en plusieurs provinces : Alcona, Almeda, Elbë, Angora (au nord), Exina (au sud).

Grande île du Pacifique sud, Gaaldine faisait partie d'un archipel découvert et colonisé par les Gondaliens. Elle

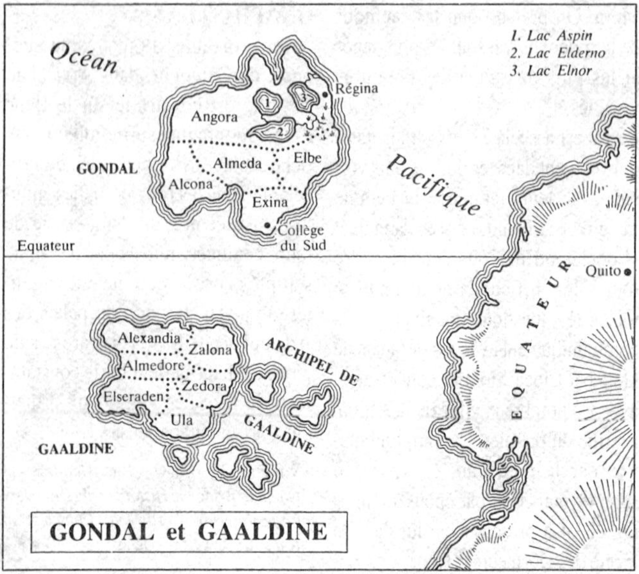

est divisée en plusieurs royaumes : Alexandia, Almedore, Elseraden, Ula, Zedora et Zalona. Le drapeau d'Almedore est rouge vif, celui de Zalona, vert d'eau.

Les archives historiques concernant Gondal et Gaaldine sont rares et fragmentées. Les voyageurs désireux de se documenter plus sérieusement devront compulser de minuscules carnets à l'écriture presque illisible, conservés dans certains presbytères célèbres du Yorkshire.

• Emily Jane Brontë, *The Complete Poems*, Columbia, 1941.
• Charlotte et Branwell Brontë, *The Miscellaneous and Unpublished Writings*, Londres, 1936-1938.
• William Doremus Paden, *An Investigation of Gondal*, New York, 1958.

GONDOUR

République dont on ne connaît pas la localisation. Après de nombreux tâtonnements, le gouvernement de Gondour est parvenu à une forme très particulière de démocratie. La population commença par adopter le suffrage universel pur et simple, mais le résultat fut décevant, car ce procédé donnait tout le pouvoir aux ignorants et à ceux qui ne payaient pas d'impôts. On décida alors judicieusement d'élargir le suffrage universel : la constitution donnait droit à un vote par personne, mais n'interdisait pas de donner deux ou dix votes à certains individus. On vota alors un amendement pour préciser le nombre de votes dont pourrait disposer chaque citoyen. Les pauvres et les ignorants eurent (démocratiquement) droit à un vote. Avoir une bonne éducation (même sans fortune) donnait droit à deux votes ; une éducation universitaire pouvait donner droit à quatre voix. Certains diplômes valaient neuf voix, même si le citoyen ne possédait aucune propriété. Ainsi, le savoir étant prioritaire et plus facilement accessible que les richesses, les hommes cultivés devinrent puissants et prirent le dessus sur les hommes fortunés. Un phénomène curieux se développa. Alors qu'auparavant un homme était honoré en fonction de sa fortune, sa grandeur fut désormais mesurée au nombre de votes qu'il possédait. Un homme qui avait droit à un vote levait respectueusement son chapeau devant son voisin qui avait droit à trois voix. Un esprit d'émulation gagna tous les rangs. Les votes fondés sur le capital sont désormais appelés "votes mortels", car ils peuvent être perdus, ceux fondés sur le savoir sont appelés "immortels" car ils sont permanents, et ont, en raison de leur valeur impérissable, plus de prestige que les autres.

Les visiteurs seront étonnés du haut niveau intellectuel de la population de Gondour.

• Mark Twain, *The Curious Republic of Gondour*, Atlanta, 1875.

GORMENGHAST

Fief héréditaire des comtes d'Enfer. Situé à quelques miles de la sinistre montagne de Gormenghast, dont les pentes sont couvertes d'inextricables fourrés d'épines. La montagne se dresse contre le ciel comme un doigt mutilé, blasphémateur, et le château lui-même sort de terre telle une malédiction. Entre la montagne et le château, un paysage lugubre et désolé de terres incultes est coupé de marécages, où les échassiers barbotent au milieu des roseaux dont le plumet rouge est dans tout le paysage la seule tache de couleur. Le marais cède ensuite la place à un plateau de rocs d'un noir verdâtre, au-dessous duquel coule le fleuve qui alimente les bourbiers. On n'entend, dans ces lieux désolés, que le cri des vanneaux et des courlis dans la tourmente.

En été, l'énorme et monstrueux château est comme un animal malade, inerte. L'édifice tout entier sue, et les colonies de lézards aux écailles brillantes se dorent dans la poussière des ruines. L'eau croupissante des douves, qui entourent partiellement le château, prend alors l'épaisseur d'une soupe. A l'extérieur du château, des milliers de huttes en pisé sont disséminées sur les pentes et s'accrochent aux murs, comme des arapèdes lépreuses à un rocher. Ce semis de masures, semblables à des taupinières, est traversé par d'étroites ruelles poussiéreuses, au-dessus desquelles les toits des taudis se rejoignent. La nuit, si des lanternes n'étaient pas suspendues au-dessus des portes, l'obscurité serait d'un noir de poix. Aussi, lorsque deux personnes se croisent dans ces ruelles, elles se placent sous la lanterne la plus proche, afin que leur visage puisse être reconnu.

Par de méchantes fenêtres, on aperçoit à l'intérieur des huttes le sol de terre battue et les mauvaises paillasses. Ce peuple du dehors s'appelle les brillants sculpteurs. C'est une communauté extrêmement pauvre, rongée par une terrible maladie. Elle met tout son orgueil à réaliser des sculptures et à prêter allégeance à la maison d'Enfer. Les gens sont fiers de leur dénuement : chercher la gloire et la fortune ailleurs serait pour eux une honte et une humiliation.

Les sculptures sont jugées par le comte, et les trois plus belles vont prendre place dans la galerie des Brillantes Sculptures, à l'intérieur de l'aile nord du château, où aucun visiteur ne viendra jamais. On octroie au vainqueur l'unique privilège de marcher sur les remparts qui dominent les huttes en terre, tous les deux mois, sous la pleine lune.

La plupart des fantaisies architecturales du château sont à présent plus ou moins en ruine, mais l'édifice le plus sinistre est sans conteste la tour des Silex. Son histoire est associée à la fin macabre de Lord Tombal, le soixante-seizième comte d'Enfer qui, après une longue période de dépression mélancolique, se prit pour un hibou et commença à manger des rats : il se les fit apporter de la Grande Cuisine, installée dans les entrailles du château. Une nuit, apportant un cadavre en offrande aux hiboux, il pénétra dans la tour des Silex, où sa chair fut mise en pièces par les serres mortelles.

La plus grande pièce de l'aile ouest est l'immense salle à manger de pierre, avec ses colonnades alignées. Le sol est dallé et le plafond décoré de pâles chérubins s'entre-regardant dans un ciel qui s'écaille. Ils furent peints par le soixante-quatorzième comte, avec l'aide d'un serviteur, qui se tua en tombant malencontreusement d'un escabeau. La salle est toujours sombre, comme si elle avait été construite pour défier la lumière du soleil.

Le chef-d'œuvre de l'aile sud est certainement la chambre des Racines, pièce semi-circulaire, aux grandes fenêtres en losange, complètement obstruée par les racines d'un arbre mort qui s'emmêlent et se tordent en un écheveau inextricable. Chaque racine a été peinte d'une couleur différente par les jumelles idiotes, Cora

et Clarice d'Enfer, sœurs de Lord Tombal, dans l'espoir d'attirer les oiseaux, car elles vécurent seules dans ces appartements, totalement isolées du reste du château, jusqu'à leur mort.
Les cuisines de Gormenghast forment un véritable monde souterrain dont le centre est la Grande Cuisine, une pièce aux proportions massives, éclairée par des fenêtres situées très haut dans les murs. Les cuisines sont nettoyées par la confrérie des Laveurs gris qui, dès l'adolescence, sont voués à la tâche que leurs pères accomplissaient avant eux : gratter les murs et le sol des cuisines jusqu'à ce qu'ils soient immaculés. Ils commencent à travailler dès l'aube et achèvent leur tâche tard dans la matinée, ce qui gêne considérablement les cuisiniers, à cause des échafaudages dressés contre les murs. A force de frotter, les Laveurs gris ont de longs bras et un air abruti. Ils sont vaguement sourds, et leur visage prend, avec les années, la pâleur grise de la pierre, qu'ils frottent chaque jour que Dieu fait.
Une école à l'intérieur des murs du château est dirigée par seize professeurs et un principal. Toutes les salles de classe ont des murs tendus de crin de cheval. Les pupitres et le sol de la salle carrée sont lavés chaque matin avec du soda, alors que la classe voisine ressemble à un tunnel sombre, où le jour ne pénètre que par une unique lucarne.
Quiconque se promène dans les parties les plus désertes du château ressent l'impression fort désagréable que quelqu'un (ou quelque chose) vient juste de quitter la pièce.
Les vieux serviteurs, qui ont une sorte d'instinct du lieu et de ses étranges coutumes, savent immédiatement si quelque règle immémoriale a été transgressée. Les rituels sont consignés dans des milliers de tomes, dont la connaissance requiert le sacrifice d'une vie entière. Le sens premier de la plupart des coutumes s'est perdu au cours des âges, mais les rites qui occupent chaque heure de la journée sont toujours aveuglément suivis. Deux fois par an, par exemple, le comte régnant doit ouvrir une armoire de fer et y graver une demi-lune avec un couteau destiné à cet usage. Il y a plus de sept cents demi-lunes gravées sur le métal, mais personne ne connaît l'origine, ni le but de cette cérémonie.

• Mervyn Peake, *Titus Groan*, Londres, 1946 ; *Gormenghast*, Londres, 1950 ; *Titus Alone*, Londres, 1959.

GRAAL FLIBUSTE

Pays à la frontière de la Transarcidonie, qui n'est pas très éloigné de l'archipel Chichi (voir aussi Bachepousse*). Il ne possède pas de routes. Il vaut mieux éviter la province du Vent, hantée par des spectres ennuyeux, et la ville de Crachon, puante agglomération de maisons sales, où les habitants conservent leurs ordures et leurs excréments comme des trésors.

Dans les montagnes, le roi Gnar, prudent comme un vieux serpent, rumine de sombres fantasmes, alors que, près du palais royal, dans une chapelle noire, un organiste solitaire, aussi tordu qu'une racine de mandragore, répète éternellement la même phrase musicale.

Graal Flibuste est le nom du protecteur des banquiers, dieu du pays. Son temple est situé au milieu de la vallée de Chanchèze, un endroit désolé, infesté de rats.

La flore du pays est d'une richesse extraordinaire : on y trouve des lavandes-phalènes, des pensées-vertiges, des plantes-confitures et des *molodies*, sortes de pins dont le tronc de cristal reflète la lumière.

Le voyageur rencontrera aussi des oiseaux-tigres, des singes-papillons et d'étranges chevaux-cygnes qui secouent leur crinière en effleurant la surface du lac. Lorsqu'ils se chauffent au soleil sur les rives, on peut les voir chercher, avec des yeux presque humains, une impossible femelle : ils sont tous châtrés.

• Robert Pinget, *Graal Flibuste*, Paris, 1956.

GRAND CYPRÈS

Marais proche de la ville de Gainesville, aux Etats-Unis. Vallée humide et profonde, émergeant d'une mousse d'herbes flasques, aux longues racines, et enveloppée d'une vapeur tiède et fétide, qui semble s'élever des rochers pourrissants sur lesquels suinte un ignoble liquide provenant sans doute des entrailles de la Terre. Randolph Carter a, le premier, ouvert la voie au tourisme, dont vous pouvez bénéficier si vous avez le cœur bien accroché, dans un paysage d'urnes, de mausolées et de tombes, aux inscriptions effacées par le temps. Carter tentait de retrouver alors les traces d'un ami, Harley Warren, qui, avant de disparaître, lui avait décrit, par téléphone, l'horreur de ces lieux. D'une voix rauque, profonde, inhumaine, Warren lui avoua, juste avant de raccrocher, qu'il était déjà mort.

• Howard Phillips Lovecraft, "The Statement of Randolph Carter", in *Weird Tales*, New York, 1925.

GRAND-DUCHÉ

Modeste Etat, quelque part en Allemagne. On peut toujours visiter l'agréable village de Sieghartsweiler et s'extasier devant les beautés du Roc-au-Vautour, mais le Grand-Duché est surtout célèbre pour être le pays natal du chat Murr, l'unique matou au monde à avoir percé le secret de la philosophie féline. Auteur des célèbres *Divertissements biographiques sur le toit*, Murr fut le premier à établir une distinction scientifiquement

Village de Sieghartsweiler dans le Grand-Duché. Au fond, le Roc-au-Vautour.

et philosophiquement fondée, entre le chat étudiant, errant, des toits, à la voix tonitruante, à l'âme pure et au ventre creux, et le chat philistin, roulé en boule sur son coussin, à proximité d'un hareng frit et d'une délicieuse écuelle de lait, toujours prêt à trouver de bonnes excuses pour ne pas partager son repas.

Les habitants du Grand-Duché passent leur temps à se dédoubler, si bien qu'il est difficile au voyageur de savoir à qui il a affaire. On raconte qu'un nain du nom de Zachée devint le ministre Cinabre, et qu'un moine, Médard, se transforma en gentilhomme polonais. Le Grand-Duché entretient des relations diplomatiques privilégiées avec l'Italie, à l'époque du carnaval. La distinction suprême est l'ordre du Tigre-moucheté-de-vert. Le nombre de boutons de la jaquette indique la hiérarchie dans l'ordre.

Pour se rendre au Grand-Duché, il est conseillé aux voyageurs de se rendre d'abord à Berlin et de faire de longues stations dans les tavernes en buvant du vin du Rhin, du bourgogne ou du punch. Quiconque voit un archiviste intime dans son bol de punch est arrivé au Grand-Duché.

• Ernst Theodor Amadeus Hoffmann, *Der Goldene Topf*, Bamberg, 1814 ; *Die Elixiere des Teufels*, Berlin, 1816 ; *Klein Zaches Genannt Zinnober*, Berlin 1819 ; *Lebensansichten des Katers Murr*, Berlin, 1822 ; *Prinzessin Brambilla – Ein Capriccio nach J. Callot*, Breslau, 1820.

GRANDE EUSCARIE

Pays souterrain dans le Sud-Ouest de la France. On peut y entrer soit par les grottes de Fauzan dans les Pyrénées-Orientales, soit par la caverne de Dardilan.

La Grande Euscarie est habitée par un troupeau de mammouths intelligents qui y ont trouvé refuge après la première ère glaciaire.

Dès leur arrivée, les visiteurs sont priés de manifester le plus grand respect envers le mammouth bleu *(Elephas Primigenius)* qui règne sur les autres mammouths avec le titre de “Roi du monde” *(Khen-Aren-Khen)*.

Le troupeau vit dans la capitale – Yalna –, immense conglomérat de cubes de pierre polie d'environ quinze mètres de haut. La ville est dominée par un dôme colossal. Les visiteurs trouveront, à l'intérieur, des salles vides revêtues de tapis somptueux que les mammouths tissent eux-mêmes. Ces derniers sont protégés contre toute maladie par un puissant médicament, l'*ohim*, qui leur donne un sens aigu de la morale et la haine du mensonge. Les centaures avec qui ils partagent le royaume de Grande Euscarie ont refusé d'adopter l'*ohim*. Ils sont par conséquent victimes de passions violentes telles que l'amour, la jalousie, la colère, etc. La Grande Euscarie fut décrite par le célèbre géologiste français Vernon, fondateur en 1920 des *Annales de spéléologie* et auteur des *Etudes sur les galeries horizontales dans le système orographique souterrain des Causses*. Vernon y développe la théorie remarquable, selon laquelle le langage des mammouths, l'escuara, est en fait la langue basque originale, enseignée par les mammouths aux hommes préhistoriques qui erraient dans les Pyrénées, il y a des milliers d'années. Un dictionnaire basque sera utile au voyageur visitant la région.

• Luc Alberny, *Le Mammouth bleu*, Paris, 1935.

GRANDE GARABAGNE

Vaste contrée à la géographie sans cesse mouvante, située quelque part dans l'Espace-du-Dedans. On y peut distinguer le pays des Hacs*, le pays des Emanglons*, le pays des Gaurs*, le pays des Nonais et des Oliabaires*, enfin le pays des Hivinizikis*. Il n'est pas facile d'arriver en Grande Garabagne. Certains y parviennent après un long usage de la mescaline. D'autres préfèrent la séance de sac ou la mitrailleuse à gifles. Le voyageur le plus connu est un certain Plume.

• Henri Michaux, *Ecuador*, Paris, 1929 ; *Voyage en Grande Garabagne*, Paris, 1936 ; *Meidosems*, Paris, 1948.

GRAND LAC

Dans le Nord de l'Angleterre, entre la forêt Malfaisante et le château de la Quête. La forêt dense n'a pas de chemin ; personne n'ose y chasser, ni venir s'y réfugier. De nombreuses légendes entourent cette forêt : l'une dit que la mort y rôde, l'autre qu'elle est un repaire de démons, d'autres encore qu'elle est l'entrée de l'enfer ou le jardin du diable. A la lisière de la forêt, on trouve la ville de Toutanfoin et plus loin, au bord du lac, la maison de la Sorcière. Les voyageurs désireux de traverser le lac et de visiter les îles doivent prendre le *Messager*, navire sans gouvernail. Avant de s'embarquer, ils verseront une goutte de sang sur le bastingage et prononceront l'invocation suivante :

Que ce vin chaud
D'aile de corbeau
Soit vie nouvelle.
Le chemin franc
Tu t'y engages
A tire d'aile
Sans autre gage
Que ton sang.

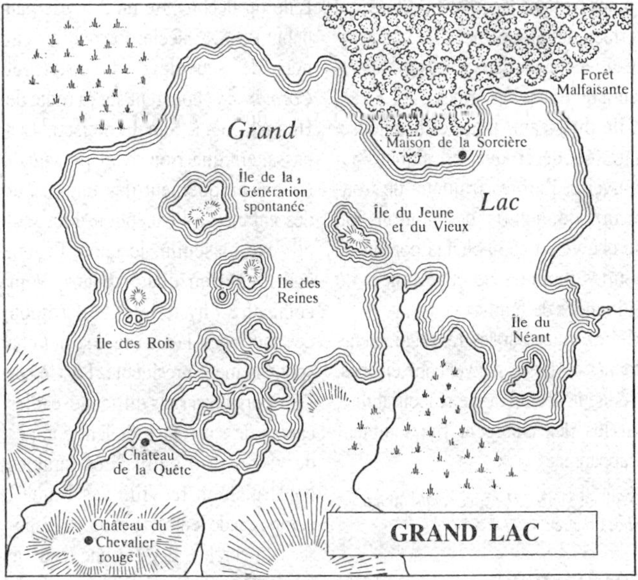

Au sud-ouest du Grand Lac, s'élève le château de la Quête, forteresse de taille moyenne, de pierre et de chaux. Tant que les seigneurs du lieu n'auront pas retrouvé leurs amours perdues, l'entrée restera interdite aux femmes. Le Grand Lac compte cinq îles principales, qui méritent une visite : l'île de la Génération spontanée, où les moissons poussent toutes seules ; l'île du Jeune et du Vieux, habitée par une multitude d'enfants, de cinq à quinze ans, qui ne grandissent plus ; l'île des Reines, connue pour son splendide palais de pierres blanches. Dans la grande salle, des femmes magnifiques sont assises en silence autour d'une table. Sur une estrade, gît le corps d'un roi, une épée rougie de sang en travers de la poitrine, une reine à genoux près de lui. Ces personnages immobiles semblent vivants, mais ils sont morts depuis des années. L'île est peuplée d'anciens chevaliers en guenilles, qui n'osent pas entrer dans le palais. On entend la nuit leurs lamentations profondes. Sur l'île des Rois, qui est rocheuse, le château jaillit des falaises escarpées. Dans le hall richement décoré, trois rois et trois sages sont assis autour d'une table. Un dais abrite le corps d'une femme ravissante, poignardée. Les seules occupantes du lieu sont des jeunes femmes légèrement vêtues, qui forment un groupe pétrifié. Aucun oiseau ne chante dans l'île, où l'air retentit du fracas des armes.

L'île du Néant, plate et brumeuse, autrefois désertique, est aujourd'hui couverte d'arbres fruitiers, de troupeaux de bœufs, de moutons ou de chèvres. Les habitants portent de courtes tuniques de laine ornées de guirlandes de feuilles vertes.

Méfiez-vous, car les renseignements donnés ci-dessus peuvent être erronés. L'éditeur décline toute responsabilité, car les îles changent fréquemment d'apparence.

• William Morris, *The Water of the Wondrous Isles*, Londres, 1897.

GRAND-MÈRE, ou île des **DAMES** République de femmes située dans l'océan Pacifique. Cette île montagneuse, qui mesure cinq à six kilomètres de long, est disposée en fer à cheval autour d'un large golfe qui constitue l'unique port. Ailleurs, la côte est escarpée.

Un mince panache de fumée se tient constamment au-dessus de l'un des deux pics volcaniques de plus de trois mille pieds d'altitude. Audessous des montagnes, s'étend une vallée fertile étagée en terrasses, avec des sources claires. Café, tabac, poivre, cannelle, canne à sucre y sont cultivés et le gibier, la volaille et le poisson sont abondants.

L'île fut découverte un 2 février, au début du XXe siècle, lorsque les canots de sauvetage du paquebot *Cormoran* échouèrent sur la route de Hong-Kong à San Francisco. Les passagers que l'on avait pu sauver étaient uniquement des femmes et des enfants, à l'exception d'un seul de sexe masculin, le jeune Phaon, âgé d'environ quatorze ans. Pour combattre l'hystérie et le désespoir des naufragés, la plus âgée se nomma spontanément présidente. La vie sur l'île s'organisa sans difficulté, car les canots de sauvetage étaient équipés de vivres et d'outils. Les femmes construisirent la Ville des Dames, composée de tentes de bambou disposées en cercles. Il y eut une tente de lecture et, grâce à une Bible sauvée du désastre, une tente-église, Notre-Dame-des-Dames. Dès la première année, fut inaugurée une Maison de réunions, dont la salle à manger fut meublée dans le style Van de Velde, grâce au concours d'une femme, ancien membre de la colonie artistique de Darmstadt. Le matériel d'écriture que l'on avait sauvé permit de tenir dès le début une chronique de la vie sur l'île. Les femmes se sentaient très bien sur l'île, méprisant la vie qu'elles avaient menée jusque-là dans un monde patriarcal. Environ un an après le naufrage, l'une des femmes mit au monde un fils qu'elle regarda comme l'incarnation de Krishna et le fils du dieu Mukalinda qui lui était apparu dans une union mystique. D'autres procréations surnaturelles faisaient naître chaque mois de nouveaux enfants sur l'île. Les efforts en vue de découvrir quelque paternité naturelle restèrent très peu enthousiastes. Un véritable culte prit forme autour de ces accouplements mythiques et un temple de Mukalinda avec culte linga fut érigé dans l'île. Le nombre croissant d'enfants parmi lesquels se trouvaient naturellement des garçons était tel que les femmes voyaient leur culte et leur matriarcat menacés. Elles prirent la décision d'exiler les garçons dès l'âge de cinq ans dans un coin éloigné de l'île, qu'elles appelèrent "pays de l'Homme", en opposition farouche au "pays des Mères".

Tandis que les femmes continuaient à s'adonner à leur culte, les jeunes gens, dirigés par Phaon, se tournaient vers des réalités très concrètes.

Dans les dix années qui suivirent, ils développèrent de nombreux secteurs artisanaux, en particulier ceux qui concernaient l'utilisation du bois. L'habileté manuelle fit apparaître un dieu particulier au pays de l'Homme : la main sacrée.

Au bout d'un certain temps, le recul inexplicable des naissances fit éclater au pays des Mères une sorte de psychose. Les jeunes filles se précipitèrent dans les enceintes du temple et mirent le feu aux bâtiments ; les jeunes gens s'opposèrent à elles dans une ivresse exaltée et hissèrent dans l'enceinte du temple le nouveau drapeau de l'île, qui portait l'inscription *Homme.*

A ce moment, Phaon quitta l'île avec Diodata qui avait à peine un an lorsqu'elle était arrivée avec les passagers sauvés du naufrage.

• Gerhart Hauptmann, *Die Insel der Groben Mutter oder das Wunder von Ile des Dames. Eine Geschichte aus dem utopischen Archipelagus*, Berlin, 1924.

GRANLABLE

Pays connu pour son grand lac, le Pipple-popple, et pour la ville de Tosh, où se trouve le notoire musée municipal, que le visiteur ne doit à aucun prix manquer.

Sept familles célèbres y sont conservées : les Perroquets, les Cigognes, les Oies, les Hiboux, les Cochons d'Inde, les Chats et les Poissons, dans sept immenses flacons en verre, absolument hermétiques.

Après avoir été mises en quarantaine, en raison de la mauvaise conduite de leurs enfants, ces familles se marinèrent elles-mêmes dans une grande quantité de poivre de Cayenne, de liqueur et de vinaigre. Elles laissèrent dans leur testament des instructions précises, afin que les bouchons soient scellés avec de la cire bleue, les flacons étiquetés en parchemin et placés sur une table de marbre, aux

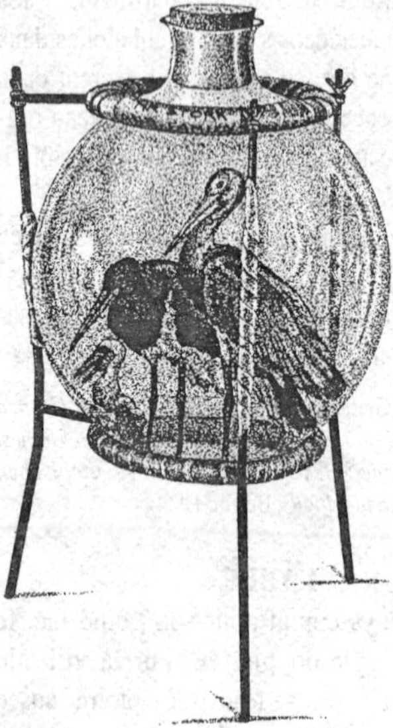

Famille des Cigognes conservée au musée de Tosh en Granlable.

pieds d'argent, afin d'être contemplés et quotidiennement étudiés par un public étonné.

Les visiteurs trouveront ces bocaux sur la quatre-vingt-huitième table de la quatre cent vingt-septième salle du corridor droit de l'aile gauche du bâtiment central du musée de Tosh.

• Edward Lear, "The History of the Seven Families of the Lake Pipple-popple", in *Nonsense Songs, Stories, Botany and Alphabets*, Londres, 1871.

GRIMMBART

Grand-duché d'Allemagne du Sud, gouverné depuis des siècles par la maison ducale de Grimmbart. C'est un pays calme, qui tire l'essentiel de sa richesse de l'agriculture et des forêts. Ces dernières sont chères à l'âme du peuple et figurent aussi bien dans les ballades et les chants populaires que dans les œuvres des artistes du duché. Il y a aussi quelques mines de sel et d'argent, et des eaux minérales, mais celles-ci sont insuffisantes pour que l'on y fasse une véritable cure thermale, comme celles qui ont acquis une renommée européenne.

• Thomas Mann, *Königliche Hoheit*, Francfort, 1909.

GROENKAAF

Ile dont le nom signifie "couronne blanche", située à quelque cinq cents lieues des Bermudes. Les indigènes semblent avoir conservé leur innocence première et ne pas distinguer le vice de la vertu. Leurs seules lois sont tatouées sur le bras des enfants une semaine après leur naissance : "Aime Dieu" sur le bras droit et "Aime ton prochain" sur le bras gauche.

• Louis Rustaing de Saint-Jory, *Les Femmes militaires : relation historique d'une isle nouvellement découverte, enrichie de figures*, Paris, 1735.

GUÉ-PÉRILLEUX, ou MAL-PAS

Gué profond et marécageux, aux rives escarpées que personne, à moins d'être tout à fait exceptionnel, n'ose à aucun prix franchir. Celui qui, par une chance extraordinaire, y parvient, doit savoir que cet exploit lui vaudra d'acquérir la plus grande gloire du monde. Jusqu'à présent, seuls Lancelot et son cheval ainsi que la reine Iseult juchée sur les épaules de Tristan déguisé en lépreux y ont réussi.

C'est là également que, la tête enfoncée sous l'aubépine qui borde le ravin, le nain Frocin, pris d'ébriété, révéla aux barons traîtres du roi Marc le secret de leur souverain : il était affublé d'une paire d'oreilles de cheval, à la suite du sort que Frocin lui avait jeté. Averti de cette trahison par les barons, le roi fit sauter sur-le-champ la tête du nain malfaisant.

• Chrétien de Troyes, "Gauvain au Gué Périlleux", in *Le Conte du Graal*, XIIe siècle.
• Béroul, *Le Roman de Tristan*, XIIe siècle.

GUETTEUR, coin du

A la frontière d'un désert lugubre, quelque part en Asie Mineure. Gardé par une créature monstrueuse qui marche de long en large, absorbée dans la contemplation de l'horizon. Quand les voyageurs lui demandent ce qu'il fait là, le monstre ne répond pas. Mais si la question est posée durant les premières heures de la soirée, le monstre, las de guetter, de marcher et d'attendre, s'assoit sur un rocher, tourne son visage ravagé vers l'horizon, puis vers le visiteur, puis de nouveau vers l'horizon et murmure comme pour lui-même : "J'attends un chameau avec deux bougies allumées sur ses bosses." Le monstre raconte alors l'histoire du chameau merveilleux qui sauva un géant malheureux, puis s'en alla dans le désert, une bougie allumée sur chaque bosse, apporter lumière et joie aux hommes, mais qui n'est pas encore revenu.

• Der Nister, *Gedakht*, Berlin, 1922.

GUICHET

Non loin du pays des Chicanoux qu'on appelle aussi Procuration*, cette île est habitée par les redoutables Chats fourrés, qui mangent les petits enfants et paissent sur des pierres de marbre. Ce sont des bêtes épouvantables dont le poil pousse à l'intérieur et dont les griffes sont si longues, si fortes et si acérées qu'elles ne lâchent jamais leur proie. Les uns ont la tête couverte de bonnets à quatre gouttières, d'autres de mortiers ou de caparaçons en forme de mortier. Tous portent comme symbole ou devise une gibecière ouverte, attachée autour du cou ou en écharpe, sur le cul, la bedaine ou le flanc.

Leur chef est l'archiduc Grippeminault, monstre aux griffes de harpie, au museau à bec de corbeau, aux dents de sanglier et aux yeux comparables à la gueule de l'enfer. Ses trois têtes, l'une de lion rugissant, l'autre de chien flattant, la troisième de loup hurlant, sont couvertes de mortiers entrelacés de pompons, et seules apparaissent les griffes.

L'archiduc siège sur un râtelier tout neuf et l'image de la justice est représentée par une vieille femme portant besicles, tenant une faucille de la main droite et une balance de la gauche. Les plateaux de la balance sont deux antiques gibecières de velours, l'une vide, l'autre pleine de bouillon. Cette représentation symbolique dispense de commentaires sur la justice du pays, dont les lois sont semblables à une toile d'araignée, destinée à prendre tous les petits moucherons et les jolis papillons, mais facilement rompue par les gros taons (voleurs et tyrans trop durs à digérer).

On aborde facilement le Guichet, mais on ne peut en sortir que si l'on est acquitté par la cour. Le seul moyen d'obtenir l'acquittement est de sortir sa bourse et de remplir d'écus les gibecières des Chats fourrés. La corruption est leur principal revenu et des vaisseaux chargés de venaisons, de levreaux, de chapons, de velours, de satin et de damas abordent l'île, venant du monde entier. Chez eux vice est vertu, méchanceté est bonté, trahison est loyauté, et vol a pour nom libéralité. Leur devise est "Pillerie". Les voyageurs doivent savoir que les pestes, les famines, les guerres et autres cataclysmes du monde entier ne doivent pas être attribués à la conjonction des planètes ou à toute autre cause, naturelle ou surnaturelle, mais "à l'énorme, indicible, incroyable et inestimable méchanceté continuellement forgée et exercée en l'officine des Chats fourrés".

Si rien ne les arrête, puissant pouvoir ou lois draconiennes, il est à craindre qu'un jour ils ne règnent sur le monde entier.

• François Rabelais, *Le Cinquiesme et Dernier Livre des faicts et dicts héroïques du bon Pantagruel*, Paris, 1564.

GYNOGRAPHIE

Pays où les femmes sont complètement dominées par les hommes et où les lois sont une prérogative essentiellement masculine.

Une quinzaine de jours après ses noces, la jeune épousée doit jurer qu'elle exécutera tous les travaux domestiques nécessaires. Le mariage n'est pas une affaire de cœur mais de compatibilité. Chaque solstice, des listes de jeunes gens et jeunes filles déclarés aptes à convoler sont rendues publiques et les parents peuvent ainsi faire leur choix. Les filles qui ne peuvent pas trouver un mari sont destinées à assumer certaines fonctions qui leur sont dévolues selon leur rang social : les nobles deviennent abbesses, les bourgeoises, nonnes, et les sans-ressources, domestiques.

On inculque aux filles une éducation fort différente de celle des garçons. Contrairement à ces derniers, bébés, elles sont emmaillotées afin de leur apprendre le plus tôt possible le sens de l'humilité et la contrainte.

Il est conseillé aux voyageurs de se rendre à Gynographie à l'époque des festivités d'hiver ou d'été qui ont lieu à travers tout le pays. En juin, des prix sont décernés aux meilleurs travailleurs, aux meilleurs danseurs, etc. En décembre, sont récompensées les jeunes filles les plus modestes, les plus aimables et les plus capables. Il est impératif de ne pas tenter de pénétrer dans un gynécée : à l'exception des pères ou des frères des occupantes des lieux, aucun homme ne peut en franchir la porte sous peine de mort.

Les Gynographes sont persuadés que l'âme d'une femme est différente de celle d'un homme, et que plaire à tout prix est le penchant le plus naturel de cette race inférieure.

• Restif de la Bretonne, *Les Gynographes ou Idées de deux honnêtes femmes sur un projet de règlement proposé à toute l'Europe, pour mettre les femmes à leur place et opérer le bonheur des deux sexes*, La Haye, 1777

H

HACS, pays des

Situé en Grande Garabagne. Célèbre pour ses spectacles, qui portent tous un numéro. Le spectacle n° 30 est intitulé : *La Mort reçue dans une cour du palais*. La famille du condamné en tire un grand honneur et le condamné lui-même, après une triste vie, éprouve enfin une satisfaction. Dans la province de Van, le public ne parle pas, ne crie pas, mais hue. Les voyageurs doivent savoir qu'il ne faut pas sortir vers les quatre heures, sauf accompagnés de solides molosses, car c'est l'heure des lâchers d'ours et de loups, qui font partie du numéro 76.

Les Hacs ont pour spécialité les combats d'animaux. Ils savent qu'il suffit de modifier un tout petit peu le terrain pour qu'un animal exemplairement sage devienne une bête furieuse. Il y a ainsi des chenilles féroces et des canaris-démons, des crève-yeux et des crève-tympans, devant lesquels on s'enfuit épouvanté.

• Henri Michaux, *Voyage en Grande Garabagne*, Paris, 1936.

HADLEYBURG

Ville des Etats-Unis qui a pu jouir pendant trois générations d'une réputation d'honnêteté et de droiture. On inculquait les principes de l'honnêteté dès le berceau et l'on éloignait des jeunes gens toute tentation, afin que leur honnêteté, en s'affermissant, devînt partie intégrante d'eux-mêmes. Jalouses de cette suprématie, les villes voisines se moquaient de l'orgueil d'Hadleyburg et parlaient de vanité pathologique, même si elles étaient obligées de reconnaître qu'il s'agissait d'une ville incorruptible. D'ailleurs, tout jeune homme en quête d'un emploi sérieux n'avait qu'à déclarer, pour l'obtenir, qu'il était natif d'Hadleyburg.

Un voyageur, désireux de se venger d'un mauvais accueil, proposa toutefois un sac de pièces d'or à tout homme qui se souviendrait lui avoir adressé des paroles de réconfort durant son séjour – paroles qui, évidemment, n'avaient jamais été prononcées. Les plus honorables citoyens ayant prétendu avoir été cette personne généreuse furent confondus devant la ville entière.

Par décret, Hadleyburg changea de nom (mais on ignore comment elle s'appelle aujourd'hui) et prit pour devise : "Soumets-nous à la tentation."

• Mark Twain, *The Man who Corrupted Hadleyburg and Other Stories*, New York, 1899.

HAM ROCK

Ilot d'origine basaltique dans l'océan Atlantique, par 18° 5' de latitude nord et 45° 53' de longitude ouest. Découvert le 30 octobre 1869 par le *Chancellor*, au cours de l'un de ses voyages entre Charleston et Liverpool.

L'îlot fut nommé Ham Rock en raison de sa ressemblance avec un jambon d'York. Comme il était désert et que les oiseaux de mer ne s'y posaient pas, les voyageurs en déduisirent qu'il n'y avait pas longtemps qu'il était sorti de la mer.

L'îlot semble aujourd'hui très difficile à retrouver et l'on pense qu'il a dû s'enfoncer de nouveau sous les flots.

• Jules Verne, *Le "Chancellor"*, Paris, 1875.

HANS-BACH

Ruisseau souterrain, dont l'eau ferrugineuse a un léger goût d'encre. Il fut ainsi nommé en l'honneur de l'Islandais Hans Bjelke, chasseur d'eiders, qui guida l'expédition Lidenbrock dans son voyage au centre de la Terre, en 1863. Hans Bjelke fit jaillir le ruisseau en forant un trou dans une paroi de granit, épaisse de soixante centimètres. Il détourna ainsi le cours et le fit couler jusqu'à la mer Lidenbrock, ce qui permit aux voyageurs de se désaltérer.

• Jules Verne, *Voyage au centre de la Terre*, Paris, 1864.

HANTÉE

Ile solitaire, au milieu d'un grand lac canadien, dont les eaux fraîches attirent les habitants de Montréal et de Toronto durant les chaleurs caniculaires. Truites et autres poissons de choix nagent dans les profondeurs et remontent lentement à la surface, à la fin du mois de septembre, quand les érables se couvrent d'or et de sang, et que le rire sauvage des grèbes retentit dans des criques restées silencieuses tout l'été.

Un chalet à deux étages se dresse sur l'île. Un voyageur infortuné, qui voulut y passer la nuit, vit sa chambre soudain envahie par des spectres d'Indiens gigantesques qui se mirent à scalper un homme devant lui. Horrifié, le voyageur découvrit que la tête de l'homme scalpé était la sienne.

• Algernon Blackwood, "A Haunted Island", in *Ancient Sorceries and Other Stories*, Londres, 1906.

HARMONDIE

Royaume introuvable, gouverné par les Pluramons. L'hymne national d'Harmondie, l'*Hymunion*, fait partie, avec d'autres chants nationaux, d'une vaste composition électroacoustique, l'*Hymnen* pour quatre solistes et instruments électroniques. L'*Hymunion* dure trente-deux minutes.

• Karlheinz Stockhausen, *Hymnen*, Francfort, 1968.

HARMONIE (1)

Groupe de phalanges, fondé au milieu du XIXe siècle. Les phalangistes étant tenus au secret, on ne connaît pas précisément la situation de la ville, mais on pense qu'elle doit exister quelque part au fond d'une vallée proche de Bruxelles ou dans les faubourgs de Lausanne.

Chaque colonie comprend entre mille cinq cents et mille six cents membres rassemblés dans un phalanstère où l'on trouve tout ce qui est utile et agréable : un observatoire, une tour de signalisation et un télégraphe.

La vie communautaire se caractérise par une absence totale de répression. Ainsi, le voyageur apprendra-t-il à ses dépens que ce qu'il tient pour des règles de politesse et de bonne éducation est considéré comme aberrant par les phalangistes. Par exemple, les enfants qui se roulent dans la poussière et se vautrent dans la boue sont des enfants modèles, car ils sont l'image même de l'insalubrité de la ville. Habillés comme des hussards et montés sur des poneys fougueux, ils caracolent autour de chaque colonie dans un tintamarre de trompettes, de cloches et de cymbales.

La société est fondée sur la répartition des individus selon leurs passions. Au cours de la journée, cependant, il n'est pas interdit de changer de catégorie, et on peut ainsi passer du travail (qui n'est jamais le même deux jours de suite) au jeu, et du jeu à l'accomplissement de ses fonctions naturelles.

Les touristes seront soumis à un grand nombre de tests avant d'être classés dans un groupe et de pouvoir entrer à Harmonie.

• Charles Fourier, *Théorie des quatre mouvements*, Paris, 1808 ; *Traité de l'association domestique agricole*, Paris, 1822 ; *Le Nouveau Monde industriel et sociétaire*, Paris, 1820 ; *Le Nouveau Monde amoureux*, posth., Paris, 1967.

HARMONIE (2)

Pays à la localisation incertaine, gouverné par un monarque libéral et hédoniste. Selon les lois du pays, chaque couple a le droit d'habiter l'un des nombreux palais, pavillons et grottes de la région et d'être servi par des satyres et des nymphes. Tous les actes doivent découler des principes de la beauté, de l'amour et de l'harmonie. Rien ne doit contredire le critère esthétique de Pater ou de Ruskin. L'université sélectionne les couples en fonction de leur pedigree, associant ainsi les principes esthétiques à la force naturelle du désir.

• Georges Delbruk, *Au pays de l'harmonie*, Paris, 1906.

HASARD

Ile au large des côtes des Etats-Unis. Région touchée par de fréquents tremblements de terre. Toutes sortes de monstres y sont produits par une nature désordonnée, qui semble ne se trouver encore qu'à un stade d'expérimentation. Les habitants naissent avec des sabots de cheval à la place des mains et, comme ils sont aussi bêtes que les chevaux, ils passent leur temps à brouter l'herbe des champs. Les canassons, en revanche, travaillent de leurs mains dans des ateliers ou des échoppes de tailleur. Ils savent jouer de plusieurs instruments de musique, le hasard les ayant pourvus de membres qui, dans les autres pays, ont assuré la suprématie de l'homme.

Dans le Sud de l'île, une forêt est habitée par une espèce d'animal dont le corps est constitué d'une hasardeuse combinaison d'organes : deux ou huit doigts, une bouche verticale, des yeux derrière la tête, tout cela distribué selon les lois du hasard. De plus, les espèces se multipliant de manière totalement imprévisible, on enregistre, certaines années, un surplus de crocodiles, d'autres, au contraire, une pénurie d'animaux domestiques. En attendant un monde meilleur, les animaux s'entraînent à lire et à écrire. Les visiteurs seront ravis de jouer au jeu du dé à huit faces où ne figurent que des lettres. Le gagnant est celui qui, par un hasard absolu, parvient à composer le plus grand nombre de mots et de phrases. En 1789, un tremblement de terre fit tomber le cornet à dés : les lettres qui sortirent formèrent le discours de Louix XVI aux états généraux.

• Abbé Balthazard, *L'Isle des philosophes et plusieurs autres, nouvellement découvertes & remarquables par leurs rapports avec la France actuelle*, Chartres, 1790.

HAULTE-MER

Aux confins de la mer Glaciale. C'est là que les cris des hommes, les pleurs des femmes, et même le hennissement des chevaux gèlent en plein air. Dès la rigueur de l'hiver passée, le temps du dégel fait fondre toutes paroles qui peuvent être alors distinctement entendues.

On peut, pour s'assurer de leur réalité, en prendre et en jeter à pleines mains telles des dragées de toutes les couleurs.

Pourvu qu'une bataille ait eu lieu sur cette mer glacée, et que vous souhaitiez réchauffer deux ou trois mots, peut-être serez-vous surpris d'entendre quelques paroles inconvenantes.

• François Rabelais, *Le Quart Livre des faicts et dicts héroïques du bon Pantagruel*, Paris, 1552.

HEKLA

Volcan islandais, près duquel se trouve un gouffre profond où les hommes noyés réapparaissent le jour anniversaire de leur noyade, même si l'accident a eu lieu à des kilomètres de là. Si quelque voyageur leur demande vers quoi ils se dirigent, ils répondent en soupirant qu'ils vont vers le mont Hekla. On entend souvent une plainte pathétique. Elle provient des glaces environnantes.

Non loin du mont Hekla, brûle un feu qui ne produit pas de cendres, et coule de l'eau qui, loin d'éteindre le feu, l'attise en se consumant comme du bois.

• Tommaso Porcacchi, *Le isole più famose del mondo*, Milan, 1572.

HELIKONDA

Une des îles de la Sagesse* dans le Pacifique nord. Comme les autres îles du groupe, Helikonda est vouée à une philosophie particulière acquise dans les livres étrangers qui repose sur le principe de "l'art pour l'art". Helikonda est une île prospère qui doit beaucoup à son fondateur, véritable mécène à la manière des Médicis. La capitale est une ville circulaire, construite autour d'une place centrale à colonnades, où l'on donne des concerts et des représentations dramatiques. Le plus grand auditorium peut recevoir trois mille acteurs et un public de plus de douze mille personnes. On trouve également sur cette place des ateliers, des galeries et les principaux musées de la ville. Les rues d'Helikonda rayonnent à partir de ce centre et portent toutes des noms de compositeurs, de poètes, de peintres, de sculpteurs. Les artistes les plus conservateurs habitent près de la place ; l'avant-garde loge à la périphérie.

Le gouvernement d'Helikonda est républicain ; le chef d'Etat est un préfet, choisi parmi les représentants des divers arts. C'est d'habitude un musicien, car les musiciens sont les plus nombreux.

D'abord rudimentaire, l'art d'Helikonda a été enrichi de façon considérable par les apports de l'art européen. Des siècles d'art furent digérés, et l'on se mit à rechercher des formes nouvelles. Celles du passé sont conservées comme des vestiges pétrifiés ; un concerto de Mozart, par exemple, ne sera joué, puis analysé, que pour mettre en valeur la supériorité de la musique actuelle sur celle du passé. L'art contemporain comprend des performances futuristes : un homme suspendu par les dents à une corde joue un solo de violon, un cavalier sur un cheval au galop peint un tableau cubiste sur une toile immobile. Les voyageurs amateurs d'art doivent savoir que les trois grands artistes du moment sont le compositeur Kakordo, célèbre pour ses symphonies logarythmiques et ses quatuors à cordes sur les parallélogrammes de forces, le poète Dadalabra et le peintre-sculpteur Patzoka, dont l'œuvre la plus célèbre est une toile qui combine le cubisme sphéroïde au prismatisme cylindrique. Ce tableau, aujourd'hui conservé au musée d'Helikonda, est un assemblage de boutons de mercerie, fixés sur la toile avec virtuosité. Vue sous un certain angle, elle révèle un paysage idéal. L'artiste lui-même trouve aujourd'hui son chef-d'œuvre dépassé. L'une des inventions les plus surprenantes d'Helikonda est l'*optophone*, qui transmue tout objet en son équivalent musical. L'appareil peut aussi faire l'inverse et donner par exemple une représentation visuelle de la

Grotte de Fingal de Mendelssohn. La perception des images auditives ou visuelles demande néanmoins un bon développement du système sensoriel, et la plupart des visiteurs ne verront ni n'entendront rien. Les instruments de musique ont été remplacés par un producteur de sons transcendantaux, qui peut être utilisé pour évoquer tous les sons possibles. L'ambition avouée des grands artistes d'Helikonda est de parvenir à l'unification de tous les arts en un seul, qui serait perçu par l'odorat. Kakordo a déjà entrepris une symphonie odoriférante qui, une fois achevée, éclipsera tout le reste. On murmure que les trois grands artistes se rencontrent en secret la nuit pour jouer de la musique de chambre – Vivaldi et consorts – et que leurs concerts privés sont excellents. Mais c'est sans doute un mensonge abominable, inventé par la bourgeoisie mécontente.

• Alexander Moszkowski, *Die Inseln der Weisheit, Geschichte einer abenteuerlichen Entdeckungsfahrt*, Berlin, 1922.

HÉLIOPOLIS

Ville d'Egypte dont le nom signifie "cité du Soleil", construite dans le style égyptien, avec une profusion de pyramides et de colonnades. Au centre de la cité, un bois masque un temple dédié à la déesse de la sagesse, et deux autres temples plus petits, l'un dédié à la raison, l'autre à la nature. Les jardins d'Héliopolis débordent de fleurs, de roses surtout, et sont habités par des bêtes féroces que l'on apprivoise sans peine au son de flûtes enchantées (Mozart trouva l'idée amusante).

Non loin de la ville, s'étend une région de montagnes hideuses, souvent ravagées par les incendies et les inondations. C'est là que les citoyens et certains visiteurs désireux d'entrer dans les ordres sacrés de la ville sont soumis à des épreuves initiatiques.

Le gouvernement d'Héliopolis est une sorte de despotisme intellectuel. Au sommet de la hiérarchie se trouvent les prêtres, dirigés par un pontife. Vient ensuite toute une série de classes sociales : en tête les guerriers, puis les interprètes (appelés aussi "génies") suivis des plébéiens, à la fois chasseurs et bergers, connus également sous le nom de *papagenos*. Les esclaves, enfin, sont tous de race noire.

La religion d'Héliopolis est un mélange de franc-maçonnerie et de culte solaire, riche en symboles trinitaires, liée au culte d'Isis et d'Osiris. Les lois sociales sont fondées sur l'amour fraternel. Les classes inférieures, qui n'ont que des besoins primaires (boire, manger et dormir), sont satisfaites et se disent heureuses. Les esclaves sont traités avec une rigoureuse bonté.

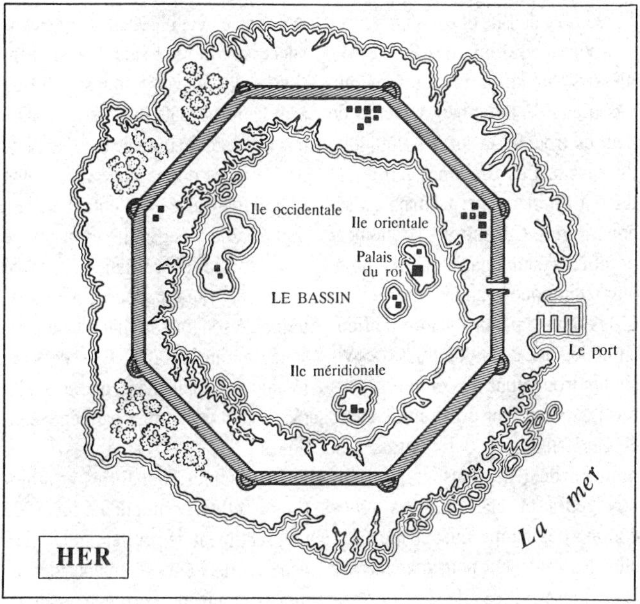

Il faut savoir que le pontife d'Héliopolis punit d'exil quiconque transgresse ces règles. Les esclaves qui tombent amoureux de femmes blanches ou se rebellent, les femmes qui affichent une indépendance excessive, sont immédiatement exilés. Les exclus peuvent trouver refuge dans le pays voisin, le royaume de la Nuit, dont le gouvernement est strictement matriarcal.

• Abbé Tenasson, *Sethos*, 1731.
• Anonyme, "Le Djinnistan", in *Contes orientaux* publié par Wieland, 1786.
• Emmanuel Schikaneder, *Die Zauberflöte*, Vienne, 1791.

HER

Ile à la situation incertaine. C'est un roc de pierre précieuse, enchâssé dans des fortifications octogonales, qui ressemble à une fontaine de jaspe. Sur beaucoup de cartes, elle est appelée Herm, parce que païenne et consacrée à Mercure, mais ses habitants l'appellent l'île d'Hort, en raison de ses jardins somptueux. La surface est un bassin d'eau calme, aussi claire qu'un miroir, sur lequel règne un cygne silencieux et blanc, qui, de temps en temps, fait battre ses ailes. Les visiteurs doivent profiter de ces instants précis pour admirer l'ensemble de l'île et ses nombreuses et ravissantes fontaines. Les jardiniers d'Her ne permettent pas aux jets d'eau de retomber sur terre, de peur de troubler la surface immobile du bassin. Les fontaines jaillissent donc à l'horizontale, formant un second miroir. Ces miroirs strictement parallèles sauvegardent en abîme leur réciproque vacuité.

L'île est régie par un cyclope inoffensif et peuplée de ses femmes. Les visiteurs trouveront très empressés les serviteurs qui leur offriront du sucre et des friandises délicieuses. Les femmes de l'île dansent pour les voyageurs et étalent leurs jupes comme des paons faisant la roue ; elles les soulèvent pour marcher sur les pelouses vitrées de l'île, et révèlent ainsi leurs sabots de chèvres et des sous-vêtements crasseux.

• Alfred Jarry, *Gestes et Opinions du docteur Faustroll, pataphysicien*, posth., Paris, 1911.

HERLAND

Pays dont on ignore la situation ; les seuls étrangers qui l'ont visité ont juré de ne pas révéler le secret. Le pays a plus ou moins la taille de la Hollande et comprend une population d'environ trois millions d'habitants.

Les indigènes qui vivent au pied des montagnes frontalières parlent de Herland comme d'un pays de femmes, dangereux à visiter pour les hommes. A la fin de l'ère chrétienne, après une succession de massacres et d'éruptions volcaniques, il ne resta plus un seul habitant mâle dans le pays. Dix ans plus tard, le miracle eut lieu : une des femmes donna naissance à une fille. Il fut décidé que l'enfant était un don des dieux, et la mère fut placée sous stricte surveillance dans le temple de Maïa, la déesse de la maternité. A son tour, la fille donna naissance à cinq enfants, tous de sexe féminin. Et finalement, une nouvelle race naquit de femmes parthénogénétiques.

Les habitantes sont fortes et athlétiques, elles semblent dénuées de tout sentiment de peur et ont les cheveux courts. Leurs vêtements, des tuniques moulantes sur des pantalons, sont confortables et très pratiques. Toute la culture de Herland est centrée sur la maternité et l'éducation des enfants. Le langage lui-même a été simplifié de manière délibérée pour le bien des filles de la nation ; il est direct et rationnel, comme l'espéranto. Fondé sur le système phonétique, il est très facile à lire, à écrire et à apprendre, mais, malgré sa simplicité, il s'apparente à ceux des civilisations les plus riches et les plus anciennes.

L'éducation des enfants est considérée comme le plus éminent des arts, et Herland est un véritable paradis pour les bébés.

Le Capitole, sur la place centrale, dans l'île des Hermaphrodites.

La religion est devenue ce qu'on pourrait appeler un panthéisme maternel et il serait difficile de séparer la religion de Herland des autres aspects de sa culture.

• Charlotte Perkins Gilman, *Herland*, New York, 1915-1916.

HERMAPHRODITES, île des

Morceau de terre dérivant au large du port de Lisbonne. Les habitants, mi-homme, mi-femme, parlent latin. On attribue au dieu du Soleil assyro-phénicien, Héliogabalos, la création de la République hermaphrodite. Le visiteur peut se croire au pays du théâtre en plein air, car les rites religieux exigent que, toute l'année et un peu partout, les Hermaphrodites jouent des pièces inspirées des classiques : *L'Enlèvement des Sabines, Artaxerxès et sa fille, Actéon dévoré par ses chiens, Les Occupations lascives de Sardanapale*... L'architecture hellénistique présente de magnifiques constructions.

Il faut remarquer les colonnes au long des rues : leur fût représente un corps de femme, leur chapiteau une tête d'homme barbu. Au centre de l'île s'élève la statue d'Héliogabalos ; à ses pieds, les tables de la Loi sont gravées dans la pierre.

La devise de la République est : "A tous accords." La beauté est la reine des lois, et la volupté, l'égale de la sainteté. Les auteurs favoris des Hermaphrodites sont Ovide, Catulle, Tibulle, et Properce. Chaque mois, on célèbre le mois de mai.

• Thomas Artus, *Description de l'isle des Hermaphrodites nouvellement découverte, contenant les mœurs, les coutumes & les ordonnances des habitans de cette isle, comme aussi le discours de Jacophile à Limne, avec quelques autres pièces curieuses. Pour servir de supplément au Journal de Henri III*, Cologne, 1724.

HES, ou montagne de **FEU**

Gigantesque volcan blanc s'élevant solitaire dans les plaines de Kaloon. Pendant des centaines d'années, Hes a été le sanctuaire d'un culte du feu célébré par une grande prêtresse. Il y a vingt siècles, Rassen, l'un des généraux d'Alexandre le Grand, conquit Kaloon, devint khan, et instaura le culte d'Isis sur le volcan, qui fut nommé Hes en l'honneur de la déesse. La première grande prêtresse de Hes a introduit certains changements dans le culte originel, remplaçant la pure et simple adoration du feu par l'adoration de la vie et de la nature. Les prêtres parlent une forme de grec ancien.

Autour de Hes vivent des tribus sauvages d'origine tartare, qui vénèrent la grande prêtresse et lui apportent des présents. Leur croyance en la déesse du feu est assortie de certains rites primitifs et barbares. L'un des plus curieux est celui auquel on donne le nom de chasse aux sorcières. Le shaman de la tribu récite d'abord des incantations avec un gros chat blanc sur la tête. Il met le chat dans une boîte et passe devant les suspects, qui ont les mains liées derrière le dos. Si le chat saute au visage de l'un d'eux, c'est une preuve irréfutable de sorcellerie, et le coupable est brûlé vif sur un bûcher.

• Henry Rider Haggard, *Ayesha. The Return of She*, Londres, 1905.

HIVINIZIKIS, pays des

En Grande Garabagne. L'Hiviniziki vit dans la rue. L'Hiviniziki vit à cheval. Il en crèvera trois en une journée. Toujours monté, toujours galopant, voilà l'Hiviniziki.

Toujours pressés, en avant d'eux-mêmes, fébriles, courant de-ci, de-là, affairés, ils perdraient jusqu'à leurs mains. Impossible de leur donner une satisfaction un peu prolongée.

Même dans la magistrature, on n'est jamais arrivé à posséder un cadre d'esprit vraiment pondéré. Ayant à juger un criminel, le président de la cour s'énerve : "Je ne sais pas, dit-il. Supposons que ce soit moi, le criminel." Il demande un couteau, feint le meurtre, s'agite, sort, rentre, s'enfuit, se fait arrêter par les gendarmes, et il n'est pas rare que l'accusé en profite pour prendre ses jambes à son cou, parfois en tenue de président.

Un général, aux grandes manœuvres, gagne une bataille et met l'ennemi en fuite, puis, ne sachant plus dans quel camp il se trouve, se fait battre par une misérable arrière-garde ennemie qu'il croyait être à lui.

Au théâtre, les acteurs commencent par une comédie, glissent vers le deuxième acte d'un drame, s'engagent dans une autre pièce du répertoire, et terminent sur une brillante improvisation.

• Henri Michaux, *Voyage en Grande Garabagne*, Paris, 1936.

HOOLOOMOOLOO

Ile de l'archipel Mardi*, amas de rocs couverts d'inextricables fourrés nains. On la connaît également sous le nom d'île des Infirmes, car les habitants de l'archipel, opposés à la coutume barbare de tuer à leur naissance tous les enfants anormaux, mais également désireux de les éloigner de leur vue, ont depuis longtemps bâti un asile pour infirmes à Hooloomooloo. Leurs descendants y vivent encore, gouvernés par un roi de leur choix et selon leurs coutumes propres. Il leur est interdit de quitter l'île, car les autres habitants de l'archipel ne veulent pas en entendre parler. Les natifs d'Hooloomooloo ne sont pas certains d'être des infirmes et expliquent aux visiteurs que la beauté ou la laideur des gens dépend de qui les juge.

• Herman Melville, *Mardi and a Voyage Thither*, New York, 1849.

HORRIBLE NUIT, ville de l',
voir **NUIT**

HORSELBERG,
voir **VÉNUSBERG**

HOUYHNHNMS

Ile des mers du Sud, découverte en 1711 par le capitaine Lemuel Gulliver, qui fut abandonné là par son équipage lors d'une mutinerie.

La race dominante du pays est constituée par des chevaux gracieux, les Houyhnhnms, terme qui signifie "perfections de la nature". Cultivant l'amitié et la bienveillance, sages et sophistiqués, ils excellent dans la poésie et ont un sens aigu des analogies et des métaphores. Coupés du monde, les chevaux ont formé une civilisation où les tensions politiques sont inconnues, où le calme et la décence sont comparables à ceux des villes d'eau suisses.

Les visiteurs découvriront que la société des Houyhnhnms n'est pas égalitaire. Les chevaux bais, pommelés et noirs, sont physiquement et mentalement supérieurs aux chevaux blancs et gris, qui forment une classe de serviteurs et ne cherchent pas à en sortir. La hiérarchie est naturelle, et nul ne songerait à la critiquer ou à la remettre en question.

Les Houyhnhnms se servent de la partie creuse de leurs sabots de la même façon que les humains de leurs mains.

La population vit dans de longs bâtiments bas aux toits de chaume, avec de grandes pièces au sol jonché de paille ; des râteliers et mangeoires sont alignés le long des murs.

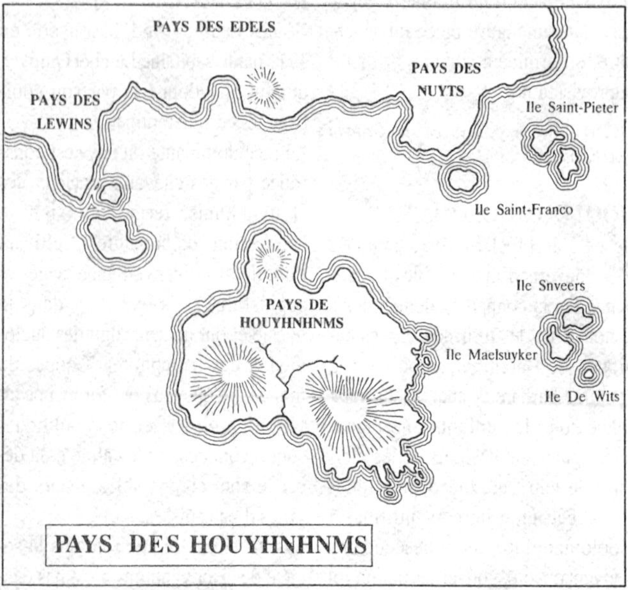

Il n'y a ni maladie, ni médecin. La plupart des chevaux vivent jusqu'à soixante-dix ou soixante-quinze ans ; quelques-uns atteignent quatre-vingts ans.

Les mariages sont soigneusement prévus et planifiés afin de ne pas faire dégénérer la race. Les couples vivent ensemble dans l'amitié et l'harmonie ; l'adultère est inconnu. Afin d'éviter la surpopulation, ils n'ont que deux poulains. La classe des serviteurs peut, néanmoins, en avoir trois de chaque sexe afin de procurer des domestiques aux familles nobles.

Les deux sexes reçoivent la même éducation, dont les grands principes sont l'ardeur au travail, l'exercice et la propreté.

La langue des Houyhnhnms ressemble au hollandais, en plus euphonique, toutefois.

Les Houyhnhnms ne sont pas les seuls habitants de ce paisible pays. Les Yahous ressemblent aux êtres humains, mais leur tête et leur poitrine sont couvertes de cheveux crépus et ils ont des poils le long de la colonne vertébrale. Les femelles sont plus petites que les mâles et leurs seins touchent presque terre lorsqu'elles marchent.

Les Yahous ont de fortes dispositions pour la méchanceté et la saleté. Ils vivent en bande, dominés par un chef, l'être le plus laid et le plus difforme du groupe. Ce dernier est en général accompagné d'un favori dont le rôle est de lécher les pieds et le derrière de son maître. Il est haï par le reste de la meute, et reste constamment au côté du chef, qui le protège. S'il vient à tomber en disgrâce, il est couvert d'excréments de la tête aux pieds. Comme la plupart des animaux, les Yahous se partagent leurs femmes et ne forment pas de couples. Ce sont les seuls animaux de l'île à souffrir de maladie, de dépression et de spleen.

Les Yahous sont forts et agiles. Ils se battent pour la nourriture, même quand elle est abondante. Les femelles, surtout les jeunes, sont extrêmement lascives, et souvent à l'origine de bagarres entre les mâles.

Procréant très rapidement, ils menacèrent un moment d'envahir l'île, et les Houyhnhnms leur firent systématiquement la chasse. Aujourd'hui, ils sont élevés en captivité, gardés dans des niches, et utilisés comme bêtes de somme.

• Jonathan Swift, *Travels Into Severals Remote Nations of the World. In Four Parts. By Lemuel Gulliver, First a Surgeon, and then a Captain of Several Ships*, Londres, 1726.

HSUAN

Continent situé dans le Nord de la mer de Chine. Il couvre près de vingt mille kilomètres carrés et s'enorgueillit de posséder de nombreuses villes, que l'on dit gouvernées par des saints ou des fées.

La flore est composée de plantes d'or et de jade. Les voyageurs seront heureux d'apprendre que dans la troisième année de l'ère Cheng Ho, en 90 av. J.-C., lorsque l'empereur Wu Ti vint à Hsuan, les gens de la ville lui offrirent un encens spécial qui a la propriété de ressusciter les morts. Les voyageurs qui seraient tentés d'utiliser cet aromate l'essaieront avec précaution : sauf en quelques cas classiques, la résurrection des morts a toujours provoqué des tragédies.

• Shuo Tung-Fang, *Accounts of the Ten Continents*, Ier siècle av. J.-C.

HUIT DÉLICES ET DU VIN DE BACCHUS

Petite île introuvable. Ses habitants, les Hyperboréens (à ne pas confondre avec la population d'Hyperboréa*), sont surtout des paysans, des pêcheurs ou des artisans, qui vivent de troc. Les artistes et les savants sont nourris et habillés par la communauté qui les traite comme des abeilles butineuses. Les maladies ont à peu près disparu et le taux de mortalité est si faible qu'on y meurt patriarche.

L'assassinat, le vol, la fraude n'existent pas. Les tribunaux ne connaissent

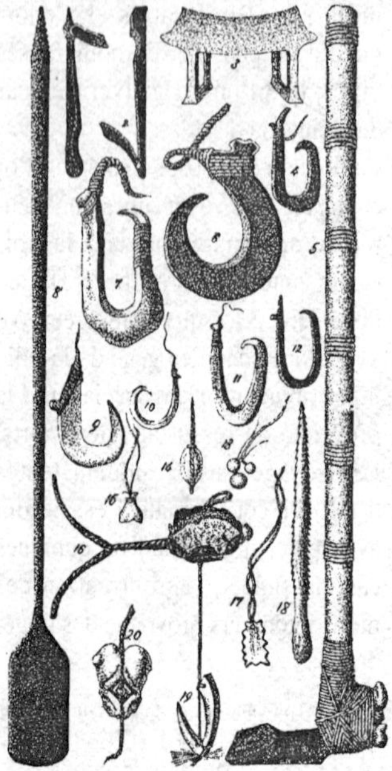

Sélection d'objets provenant de l'île des Huit Délices et du Vin de Bacchus.

que des cas de larcin, de calomnie ou d'adultère, qu'ils condamnent à une peine unique : le criminel doit porter un costume spécial et s'asseoir dans un coin pendant les assemblées communautaires. Il attend là que quelqu'un en appelle au juge. C'est alors que, solennellement, il enfile des vêtements normaux ; le gouverneur l'embrasse au nom de la communauté, et une fête splendide célébrera sa réintégration dans la société.

Paganisme et christianisme coexistent dans l'île, où les attaques personnelles sont interdites. Chrétiens et païens ont étudié leurs croyances respectives et partagent les mêmes articles de foi. Les théologiens affirment que si le paganisme opère "à l'horizontale", et intègre la nature dans le divin, le christianisme jaillit vers l'infini. Ils s'entrecroisent donc comme les fils d'un métier à tisser, et forment une étoffe divine aux motifs de bonté et de paix.

La principale fête de l'année est "le miracle du vin" ; on la célèbre le 6 janvier, dans le temple de Dionysos.

• Stefan Andres, *Wir sind Utopia*, Berlin, 1943.

HULAK

Ville bâtie dans un ancien cratère, près du fleuve Xangu, au Brésil, par 10° de latitude sud et 55° de longitude ouest.

Elle est habitée par les Hulas, appartenant à une race blanche, que l'on dit venue d'Atlantide*. Les hommes sont petits, blonds et portent des tuniques de soie bleue ; les femmes sont plus fortes et spécialisées dans les transmissions radio. Elles ont inventé un rayon bleu mortel avec lequel elles terrifient leurs ennemis. Ce rayon fut cependant capté et utilisé contre elles par un jeune explorateur anglais, Allan Upton, qui réduisit la population (déjà décimée par un tremblement de terre trois cents ans auparavant) à une douzaine de survivants.

Les visiteurs trouveront la ville agréable. Les édifices, qui ont plus de cent mètres de haut, sont en pierre rouge. Le grand temple, avec son immense disque d'or incrusté de joyaux représentant le Soleil, vaut la visite.
L'entrée d'Hulak est bloquée par un énorme rocher que les voyageurs déplaceront avec précaution.

• T. C. Bridges, *The Mysterious City*, Londres, 1928.

HUMILIATION

Vallée située entre la vallée de l'Ombre de la Mort et la colline de la Difficulté. Certains disent qu'elle est hantée par le mal, mais il s'agit en fait de l'un des endroits les plus fertiles et les plus reposants de la région. D'humbles fermiers cultivent de riches terres et des bergers gardent des moutons sur les pentes. Lieu propice à la contemplation et à la vie méditative, c'est là qu'autrefois le seigneur de la cité Céleste avait sa résidence de campagne et que les hommes rencontraient des anges et trouvaient des perles dans les champs.

• John Bunyan, *The Pilgrim's Progress from this World to that which Is to Come. Delivered under the Similitude of a Dream. Wherein Is Discovered the Manner of his Setting out, his Dangerous Journey and Safe Arrival at the Desired Country*, Londres, 1678 (1re partie) et 1684 (2e partie).

HUR-AT-HUR, voir **KARGAD**

HURLUBIÈRE

Vaste empire d'Europe occidentale. La capitale, Hurlu, est si grande que les écuries royales occupent à elles seules la même superficie que la ville de Paris. L'empereur Hurlubleu est le descendant direct du célèbre Hurluberlu et porte le titre de Grand Manifafa. Cette dynastie impériale descend de la Divine Chauve-Souris qui, chaque nuit, couvre le soleil de ses ailes pour que Son Altesse impériale et ses sujets puissent trouver l'ombre fraîche dont ils ont besoin pour reposer.
Les guerres de religion ont déchiré autrefois l'empire. Deux des plus grands philosophes hurlubiériens, Bourbouraki et Barbaroko, soutinrent deux théories contraires sur la naissance de la Divine Chauve-Souris : le premier démontra que le céleste chiroptère était né d'un œuf blanc, le second, d'un œuf rouge. Le Grand Manifafa essaya de concilier les deux théories en suggérant que l'œuf était blanc à l'extérieur et rouge à l'intérieur, ou vice versa, mais aucun des deux penseurs ne voulut en démordre. Un étranger du nom de Berniquet, qui était devenu le bouffon de l'empereur, finit par démontrer qu'un mammifère vivipare et anthropomorphe tel que la Divine Chauve-Souris n'avait pu naître d'un œuf. Le Grand

Manifafa fit décapiter les deux philosophes en public, au milieu des chants et des rires du peuple en liesse. Aujourd'hui, les voyageurs ne trouveront plus aucune trace de ce schisme sanglant.

• Charles Nodier, *Hurlubleu, Grand Manifafa d'Hurlubière*, Paris, 1822.

HYGÉIA

Ville modèle, conçue en 1876 pour assurer la santé de la population, en abaissant au minimum le taux de mortalité et en élevant au maximum le taux de longévité. L'eau y est filtrée avec soin et sa pureté est contrôlée deux fois par jour. Si nécessaire, on y ajoute de l'ozone.

La ville est bâtie en damier : trois boulevards principaux, orientés est-ouest, sont coupés à angle droit par d'importantes avenues. Les rues secondaires sont parallèles aux boulevards. Le métro circule sous les avenues principales, où les encombrements sont interdits. Hygéia compte cent mille habitants. Les maisons sont construites en brique colorée et vernissée. L'assortiment des couleurs dépend du goût des propriétaires. Comme les briques sont très agréables à regarder, le papier peint est superflu, ce qui élimine les problèmes d'humidité. Les briques sont perforées dans le sens transversal, afin que l'air circule à travers les murs. L'air frais est introduit par des ouvertures latérales qui peuvent, si on le désire, être chauffées. Les toits sont légèrement inclinés, couverts d'asphalte ou de tuiles, et entourés de balustrades de fer. La plupart sont utilisés comme jardins. La cuisine est située juste en dessous, pour éviter que les odeurs ne pénètrent dans toute la maison.

Les chambres à coucher, de trois cent soixante mètres cubes par personne, sont ensoleillées et bien aérées. Tout mobilier inutile en est exclu. Les odeurs sont facilement évacuées jusqu'au passage souterrain où les poubelles ont été déposées.

Il y a vingt hôpitaux à Hygéia, tous bâtis sur le même modèle. Les enfants atteints de maladies infectieuses sont logés dans des bâtiments séparés. Grâce au plan d'urbanisme et au système hospitalier, les maladies infantiles, le typhus, le choléra, la typhoïde et les différents maux liés à l'éthylisme ont été éliminés. Le contrôle de la population a presque éliminé les affections pulmonaires, et le taux de mortalité est estimé à huit pour mille. Les cimetières sont situés à l'extérieur des villes. La surface disponible pour les tombes est composée de terre à forte teneur en carbone, où les plantes poussent rapidement. Les morts sont mis en terre soit dans des paniers d'osier, soit simplement dans un linceul, afin que la décomposition soit rapide et efficace.

Qu'elles soient publiques ou privées, les maisons sont toutes soumises au contrôle antipollution. Les cheminées sont reliées à des conduits centraux, où la fumée est filtrée par des fourneaux à gaz qui brûlent toute trace de carbone. L'eau et le gaz sont placés sous le contrôle général des autorités. L'eau distillée est accessible à un prix modéré. Un générateur municipal produit de l'ozone, utilisé comme désinfectant. Il est conseillé aux visiteurs d'apporter avec eux leurs cigarettes et leur whisky : ces denrées ne sont pas en vente à Hygéia.

• Sir Benjamin Ward Richardson, *Hygeia, a City of Health*, Londres, 1876.

HYPERBORÉA

Terre délicieuse et fertile, peut-être au nord de l'Ecosse. De hautes falaises aux formes féminines constituent l'entrée du détroit qui mène à la mer Hyperboréenne. Les visiteurs devraient ne pas aborder la mer Hyperboréenne la nuit, car c'est alors que ces falaises s'animent, prennent vie et détruisent tout bateau qui passe. Le soleil ne se lève qu'une fois par an, au milieu de l'été, et ne se couche qu'une fois au milieu de l'hiver. Les habitants scient le matin, cultivent à midi, et cueillent les fruits aux arbres à la tombée du jour ; ensuite, ils se retirent pour la nuit dans leurs grottes. Leurs premiers fruits sont offerts à Apollon.

Le rocher de la Mort, à Hyperboréa.

A Hyperboréa, le chagrin est inconnu. Les habitants choisis sentent le moment de leur mort, prétexte à des banquets et à des réjouissances ; puis ils mettent fin à leurs jours en se jetant dans la mer, du haut d'un rocher.

• Pline l'Ancien, *Naturalis Historia*, Ier siècle apr. J.-C.

I

IANICUM, voir **LAMIAM**

IBANSK

Ville située quelque part au centre des vastes plaines de l'Europe de l'Est, à mi-chemin entre Varsovie et l'Oural. Ses dimensions exactes et le nombre de ses habitants ne sont pas connus, mais on dit qu'Ibansk est une ville tentaculaire, aux proportions gigantesques, à cheval sur l'Europe et l'Asie. Tous les habitants de la ville s'appellent sans exception Ibanov. Grâce aux efforts des savants d'Ibansk, les habitants dépassent d'une tête les autres populations asiatiques ou européennes. C'est là l'une des conséquences de la dialectique de l'histoire, revue et corrigée par une juste théorie, où chacun des actes des habitants d'Ibansk prend une dimension historique. Certes, ils n'en ont pas toujours conscience, ils n'y prennent pas toujours part, il arrive même qu'ils ne fassent rien du tout, mais leur position est correcte.

De l'avis général, le bâtiment de l'ISAM (Institut supérieur de l'aviation militaire) est la construction la plus majestueuse de la ville. Construit un peu avant la guerre, il englobe les ruines d'un palais aristocratique, d'une maison inachevée d'un marchand et d'une synagogue. Après avoir vu la construction de ses propres yeux, Le Corbusier, petit-bourgeois moderniste, affirma qu'il ne lui restait plus rien à faire et s'en retourna dans son pays. Après cet incident, le fameux critique d'art Ibanov, dans un article intitulé “Pourquoi je ne suis pas moderniste”, fit remarquer que, Le Corbusier parti, personne ne le regrettait. Le bâtiment de l'ISAM a deux façades de styles si différents, que les touristes et même certains habitants croient qu'elles appartiennent à deux édifices distincts. A cause de cette disposition singulière, le gouvernement, avant la guerre, installa dans le bâtiment les bureaux de deux organisations différentes : l'aéroclub et la coopérative laitière.

Un voyageur tournant le dos à l'Ibanouchka – le fleuve qui traverse la ville – et se tenant devant la grande façade de l'ISAM comprendra immédiatement la justesse de la remarque d'Ibanov qui, lors de la cérémonie officielle d'inauguration, prédit un avenir glorieux, où chaque travailleur vivrait dans de semblables palais.

La façade du bâtiment est décorée de neuf cents colonnes, de tous les styles d'architecture connus, et le toit est couronné de tourelles qui, pointées vers le ciel, imitent à la perfection les inimitables dômes de l'église d'Iban le Bienheureux. Saisi par tant de majesté, l'éditorialiste Ibanov écrivit dans *Aurora Bore Orientalis*, le journal semestriel d'Ibansk : “Confronté à une beauté aussi surnaturelle, un homme ne peut qu'écarquiller les yeux et tirer son chapeau."

Un autre Ibanov, considérant les aspects esthétiques du bâtiment – selon lui, aberrants – et examinant avec circonspection la statue d'un héros national, haute de trois étages, chuchota à l'oreille d'un deuxième Ibanov, cadet de l'armée : "Nous avons enfin surpassé les Grecs, au moins en ce qui concerne le nombre de colonnes par habitant. Nous sommes à présent la plus grande puissance «colonnale du monde»." Ibanov le cadet rapporta aussitôt cette phrase à ses supérieurs et le sort du diffamateur fut réglé sur-le-champ.

Les architectes qui dessinèrent les plans du bâtiment de l'ISAM ne firent qu'une petite omission, mais elle joua un grand rôle dans le développement de la littérature, connue sous le nom de *Réalisme sanitaire* : ils ne prévirent pas de lieux d'aisances. On construisit des W.-C. de fortune dans la cour, loin des bureaux. Mais, comme la nuit venue, une visite aux toilettes équivalait souvent à souiller leur uniforme, les cadets y allèrent de moins en moins, même pendant la journée. Ils se rabattirent sur le vide-ordures de la cour et les toilettes ne furent plus fréquentées que par quelques intellectuels décadents et solitaires, en veine d'exhiber leur ego.

En face de la grande façade de l'ISAM, les voyageurs peuvent admirer la statue colossale d'un héros national, connu pour être le père des peuples. Elle fut érigée sur un piédestal en granit, qui s'affaissa soudain sans raison, de sorte que la statue se mit à pencher en avant de manière intolérable, comme si le père des peuples allait tôt ou tard plonger son nez camus dans le fleuve Ibanouchka. Il est inutile de dire que cette attitude coupable fut jugée avec sévérité

L'histoire d'Ibansk est un tissu d'événements qui ont failli se produire, mais qui ont été retardés au dernier moment, qui étaient attendus mais ne sont jamais survenus, ou bien qui sont survenus alors qu'ils n'étaient pas attendus, de la pire façon, au plus mauvais moment et dans le pire endroit, ou bien encore qui sont arrivés, mais dont on nie qu'ils le soient vraiment, c'est-à-dire qui sont arrivés sans être arrivés puisque personne ne reconnaît qu'ils aient eu lieu.

• Aleksandr Zinoviev, *Ziyayushchie Vysoty*, Lausanne, 1976.

ICARIE

République sans doute située en Méditerranée, et séparée du pays des Marvols par un bras de mer. L'entrée est interdite au voyageur qui souhaiterait y faire du commerce. Seuls les touristes désireux de rapporter dans leur pays les principes de la sagesse icarienne sont acceptés. S'il est vrai

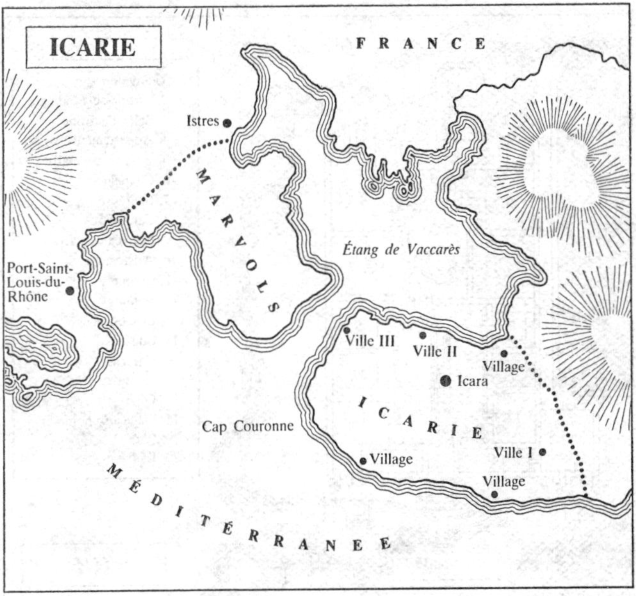

qu'une petite somme doit être versée à l'arrivée en proportion du temps de séjour, tout le reste est gratuit. Il n'y a ni policiers, ni douaniers, ces professions étant jugées dégradantes. Après avoir étudié avec soin les plus belles villes du monde, les architectes d'Icara, la capitale (à ne pas manquer), l'ont dotée du meilleur de chacune. Les hôpitaux, les étables, les boulangeries, les usines et les entrepôts ont été installés dans les faubourgs extérieurs. Le centre de la ville est réservé à l'habitation. Les rues sont propres, larges et droites. Les maisons, de quatre étages maximum, ont des balcons, et chacune possède un joli jardin particulier dont l'entretien est la fierté et le devoir de tout citoyen.

La satisfaction personnelle n'est pas le but des Icariens qui définissent eux-mêmes leur communauté comme une "société fraternelle".

• Etienne Cabet, *Le Voyage en Icarie*, Paris, 1839 ; *Adresse du fondateur d'Icarie*, Paris, 1856.

ICI

Nom des ruines d'un palais situé quelque part sur la côte égyptienne de la mer Rouge. La courte et tragique histoire de ce palais jette une lumière nouvelle sur la vie et la mort

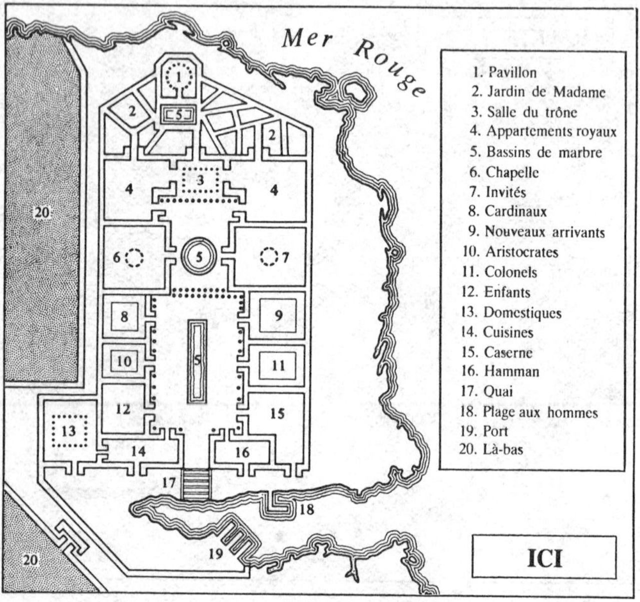

de quelques-uns des personnages les plus importants du XXe siècle.

Son Altesse impériale, la grande-duchesse Olga, fille aînée du dernier tsar de toutes les Russies, Nicolas II, n'a pas été assassinée avec les autres membres de sa famille. Vers la fin de 1917, avec l'aide de sa gouvernante française, Vera Lioubov, elle réussit à s'échapper du palais de Tsarskoïe Selo, où sa famille était emprisonnée. Les deux femmes mirent trois ans à atteindre la Roumanie, où la reine Marie, cousine d'Olga, reçut la grande-duchesse à bras ouverts. Encline, depuis son jeune âge, à mener une vie aventureuse et dépravée, Olga s'amouracha d'un jeune officier roumain, Constantin Comène. Quoiqu'ils aient rêvé de rétablir le trône impérial de Russie et de reconquérir l'Empire byzantin (Comène se prenait pour le dernier empereur de Byzance), ils n'obtinrent jamais la moindre reconnaissance politique. Toujours accompagnés par la fidèle gouvernante, Olga et Constantin quittèrent la Roumanie pour Londres, et Londres pour Berlin, gagnant leur vie en fabriquant des faux.

Ce sont eux qui fabriquèrent la fameuse lettre de Zinoviev au Parti communiste anglais, lettre dont Stanley Baldwin, le premier ministre, se servit au bon moment pour obtenir une retentissante victoire sur les travaillistes. La grande-duchesse Olga eut alors la brillante idée de faire chanter le gouvernement en menaçant de révéler que la victoire de Baldwin était le résultat d'une escroquerie. Pour éviter un scandale, le gouvernement de Sa Très Gracieuse Majesté consentit à rendre à Olga les bijoux de l'impératrice douairière de Russie, confiés jusqu'alors au roi George, à condition que le trio quittât à jamais l'Europe. Vera Lioubov, ensorcelée par les découvertes ésotériques de Gurdjieff, choisit de rester dans la maison de campagne d'une amie intime et, au début de l'année 1925, seuls la grande-duchesse et Constantin quittèrent l'Europe pour l'Egypte.

A cette époque vivait à Alexandrie un brillant jeune homme, Félix Rollo, ami de Constantin, passionné d'altesses et de plaisir. Quand le roi Fouad offrit à la grande-duchesse Olga un pavillon dans son château de Montezeh, Constantin et Rollo convainquirent Olga (ou Madame, comme elle se faisait appeler) de transformer le pavillon en tripot. Tout le "gratin" de la société alexandrine – ministres, administrateurs du canal de Suez, et le roi lui-même – se mit à fréquenter assidûment ce casino. L'argent et le champagne coulèrent à flots ; le scandale menaça.

Russel Pacha, cousin du duc de Bedford et chef de la police égyptienne, supplia le roi d'accorder à Madame une terre située loin de la capitale, où elle pourrait recevoir ses amis et donner libre cours à ses passions, sans menacer l'intégrité de l'Etat égyptien.

On se souvint alors d'un palais, construit par Kadi Abbas, en 1860, sur une petite péninsule de la mer Rouge et plus ou moins abandonné depuis des années. L'idée de fonder une principauté enthousiasma Madame. Bien qu'à demi envahi par les sables, l'immense palais plut à cette dernière, qui appela son royaume Ici. Cent fellahs se mirent à nettoyer les chambres, réparer les toits, construire de nouvelles terrasses et planter un jardin. Le seul vrai problème était le manque d'eau. La source la plus proche était à trente kilomètres, dans une petite baie cachée par des rochers où un monastère copte était établi depuis des siècles. Les effets conjugués de l'assaut d'un escadron de jeunes filles et de l'adresse de menaces non déguisées décidèrent les moines à décamper pour aller se réfugier chez leurs frères du Wadi Natrum, un désert situé à l'est d'Alexandrie. On dépensa une immense fortune pour amener l'eau jusqu'au palais, et nombre d'ouvriers moururent d'insolation ou de maladies, mais, au bout de trois mois de travail acharné, l'eau coulait dans les bosquets des jardins, dans les chambres, le hammam et les bassins de marbre.

Sous l'emblème de la Russie impériale (aigle noir sur champ d'or), la cour de Madame devint un bordel de luxe. La mode étant aux travestis, les hommes de la cour étaient habillés en femmes et les femmes en hommes. Même sous le régime de Nasser, la cour continua d'être florissante, car Madame finançait en partie les projets belliqueux du raïs.

Le modèle suivi était celui des cours européennes du XVIIIe siècle. L'électricité étant considérée comme l'un des pires maux de l'humanité, on ne s'éclairait qu'aux chandelles et aux lampes à pétrole. Le même principe était appliqué à la lecture : les romanciers du XVIIIe siècle étaient tous représentés (ainsi qu'un certain nombre d'ouvrages érotiques des années 1700), mais on ne trouvait dans la bibliothèque aucun livre publié après 1900. Seuls les jours de la semaine étaient mentionnés, jamais le mois, ni l'année.

Madame ne voulant pas que l'amour maternel vienne détruire la belle harmonie de son bordel, les enfants étaient échangés à la naissance et élevés comme chanteurs ou danseurs, contribuant par là à la richesse d'Ici, dont les danseurs de claquettes étaient célèbres jusqu'au Congo belge et les chanteurs de chorale, réclamés depuis la Hollande jusqu'en Perse. Des jeunes filles étaient également troquées un peu partout dans le monde, contre du haschisch ou de l'opium.

Disgraciés, malades ou vieillards étaient exilés dans un endroit lugubre, appelé Là-Bas, en dehors des murs du palais. Ils y vivaient dans la crasse, gagnant leur pain en travaillant comme des bêtes pour le beau peuple d'Ici. Incapables de supporter plus longtemps ce traitement, les exilés finirent par se révolter et creusèrent un tunnel jusqu'au palais de Madame. Aidés par Nasser – qui avait découvert du pétrole en mer Rouge et voulait récupérer la péninsule –, ils envahirent Ici et massacrèrent tout le monde.

Un mystère demeure, cependant. On raconte que Maurice Sachs, avant de mourir des mains de l'un des jeunes amants de Madame, révéla que celle-ci n'était pas la grande-duchesse Olga, mais Vera Lioubov, la gouvernante aventurière qui aurait pris la place de la princesse, après sa mort en 1924. Les visiteurs trouveront une confirmation de cette théorie dans une absurde église russe bâtie en marbre, avec un dôme d'or où, sur une mosaïque vaguement byzantine, on peut lire : "A Son Altesse impériale, Vera Lioubov."

• Philippe Jullian, *La Fuite en Egypte*, Paris, 1968.

IGNORANCE

Chaîne de montagnes dans le royaume de la Sagesse. Tantôt rudes et escarpées, tantôt molles et couvertes de mousse, les montagnes de l'Ignorance sont peuplées d'un grand nombre d'étranges créatures comme l'Eternel Pique-Mot qui niche dans les falaises escarpées. C'est un oiseau ébouriffé dont le bec aiguisé vole les mots à peine prononcés. Son habitat naturel, le Contexte, est si rébarbatif qu'il préfère le fuir la majeure partie du temps. Quant au Terrible Trivium, démon des tâches mesquines et des travaux sans intérêt, ogre des efforts inutiles, monstre de l'habitude, c'est un élégant gentilhomme au visage dépourvu de nez, de bouche et d'yeux. Convaincu de l'importance qu'il y a à accomplir des choses futiles parce qu'elles ont l'avantage de ne mener nulle part, le Terrible Trivium se laisse facilement distraire de son activité. Le géant Gélatineux, lui, est complètement informe, et il essaie d'emprunter les contours de ce qui est à proximité : un pic dans les montagnes, un arbre dans la forêt, un gratte-ciel dans la ville. Très féroce parce qu'il a peur de tout, il ne peut assimiler les idées, denrées trop dures à digérer.

Les trois Démons du Compromis tournent en rond. Quand l'un dit blanc, l'autre dit noir, et le troisième est d'accord avec eux.

Les horribles Regardencoins, gorgones pleines de haine et de malice, ressemblent à de gigantesques escargots, à la coquille molle et aux yeux flamboyants. Elles laissent des traînées de bave derrière elles.

L'arrogant Jesaistout n'est qu'une bouche, toujours prête à fournir de faux renseignements. Il chasse avec la Grosse Exagération qui a usé ses dents à déchiqueter la vérité.

La Banalexcuse, petite créature vêtue de lambeaux, récite encore et toujours la même excuse. Il ne faut pas se fier à son aspect inoffensif, car elle s'agrippe à sa victime sans jamais lâcher prise.

• Norton Juster, *The Phantom Tollbooth*, Londres, 1962.

IMAGINAIRE

Pays insulaire non localisé, où les filles ne sont pas admises, et où l'on peut arriver de trois façons différentes : en s'endormant, en tombant de son berceau, ou en y étant transporté par Peter Pan.

Les enfants qui s'endorment l'aperçoivent parfois, mais il peut également être atteint par les bébés qui tombent de leur landau pendant que leur nurse regarde ailleurs. Si ces bébés (surtout ceux de Kensington Gardens, à Londres) ne sont pas retrouvés au cours de la semaine suivante, ils sont envoyés au pays Imaginaire, où ils deviennent les Garçons Perdus. Enfin,

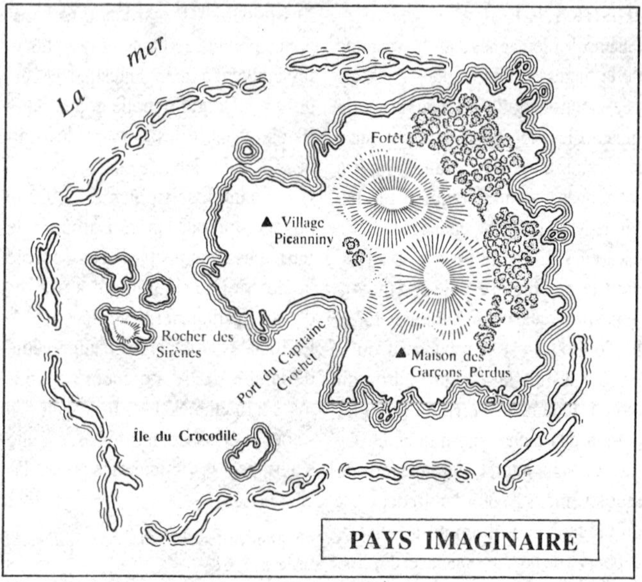

on peut être invité sur l'île par Peter Pan, éternel petit garçon qui prétend s'être enfui le jour de sa naissance, refuse de grandir et a le don de voler grâce à une poudre magique, dont il asperge également ses invités. La seule fille à avoir jamais visité le pays Imaginaire est Wendy Chérie, qui est venue vivre sur l'île avec ses deux petits frères pour servir de mère aux Garçons Perdus.

Les Garçons Perdus vivent dans une maison souterraine, où l'on pénètre par les troncs de sept arbres creux. Il n'y a qu'une grande pièce, au milieu de laquelle s'élève un arbre imaginaire que l'on scie chaque matin au ras du sol. A l'heure du thé, il a suffisamment repoussé pour servir de table et, après le thé, il est à nouveau coupé afin de laisser davantage de place pour jouer. Tout autour de l'arbre, poussent des champignons qui servent de tabourets aux Garçons Perdus. Le soir, à six heures et demie, un grand lit collé au mur est basculé au centre de la pièce, où il prend presque toute la place. C'est là que dorment les Garçons Perdus qui, pour ne pas se gêner, ont décidé de se tourner tous du même côté à un signal convenu.

Outre les mets "pour rire", les Garçons Perdus se nourrissent de fruits à pain, d'ignames, de noix de coco, de rôti de porc et de bananes, le tout arrosé de jus de paw-paw. Ils sont vêtus avec les peaux des ours qu'ils ont tués, ce qui les fait ressembler à des boules de fourrure.

Pour les distraire, Peter Pan, leur chef, joue de la flûte et leur raconte les histoires qu'il recueille, le soir, en écoutant aux portes des chambres des autres enfants. En son absence, il ne se passe rien d'intéressant.

On trouve également au pays Imaginaire une tribu d'Indiens scalpeurs, renommée pour sa cruauté. Son chef est Grande Petite Panthère et sa fille, la belle Lis Tigré, sort la hache de guerre chaque fois qu'on lui parle de mariage. Lis Tigré fut sauvée des griffes des pirates par Peter Pan et, depuis ce jour, les Indiens sont les amis et les alliés des Garçons Perdus.

L'île était jadis un repaire de pirates commandés par l'infâme capitaine Crochet. Peter Pan lui coupa la main et la donna à manger à un énorme crocodile qui, ayant autrefois avalé un réveil, tictaque au moindre mouvement.

Les grottes de corail, sous le lagon, sont habitées par des sirènes qui passent leurs journées à se dorer au soleil et à peigner leurs longs cheveux. Bien que très belles, les sirènes ont la réputation d'être des créatures malignes et peu amicales. Les touristes peuvent les voir jouer à une sorte de football avec les bulles que font naître les pluies d'orage. Les buts sont les deux extrémités de l'arc-en-ciel et les joueuses frappent les bulles avec leur queue. Seules, les gardiennes de but sont autorisées à se servir de leurs mains.

Le pays Imaginaire est également le domaine des fées qui vivent dans des nids, au sommet des arbres. L'une des plus célèbres est la fée Clochette, longtemps la compagnie de Peter Pan. En règle générale, les fées ne vivent guère plus d'un an.

Elles naissent chaque fois qu'un nouveau-né rit, et meurent chaque fois qu'un enfant dit qu'il ne croit pas aux fées. Une méthode bien connue pour ramener une fée consiste à battre des mains. De grandes séances de réanimation, les "revues-féeries", sont organisées chaque année au moment de Noël, principalement en Angleterre. Chez les fées, les garçons sont vêtus de mauve et les filles de blanc, bien que quelques nigaudes insistent pour porter du bleu. Elles brillent tant qu'elles sont éveillées, ce qui les dispense d'éclairer leurs demeures.

La faune est riche en prédateurs et mangeurs d'hommes : ours, loups, lions et tigres abondent. L'île est aussi le seul repaire connu de l'oiseau imaginaire, qui niche dans un chapeau flottant, sur le lagon. Ce chapeau, que Peter Pan porte en certaines circonstances, est quelquefois remplacé par un nid.

• Sir James Matthew Barrie, *Peter Pan or the Boy Who Wouldn't Grow Up*, Londres, 1904 ; *Peter Pan in Kensington Gardens*, Londres, 1906 ; *Peter and Wendy*, Londres, 1911.

IMMORTELS, cité des

En Ethiopie, près du golfe d'Aden, à l'intérieur des terres. La ville en ruine s'élève sur un plateau. Un système de galeries basses conduit à une vaste chambre ronde où s'ouvrent neuf portes. Huit d'entre elles mènent à un labyrinthe, qui renvoie perfidement à la grande chambre. La neuvième, par un labyrinthe différent, conduit à une autre chambre circulaire.

Des dieux fous semblent avoir été les architectes négligents de cette cité qui abonde en culs-de-sac, en fenêtres inaccessibles, en portes sinistres s'ouvrant sur des cachots ou des puits, en incroyables escaliers qui ne mènent nulle part.

Les Troglodytes, qui l'habitent, préfèrent vivre dans des terriers de sable, car ils se nourrissent de serpents. Ils sont muets. Ce sont eux les célèbres Immortels : depuis qu'ils ont bu l'eau sale d'un fleuve qui longe la ville, ils ne meurent plus. Engourdis pendant de longues périodes, ils n'ont alors besoin que d'un peu d'eau et de quelques miettes pour se maintenir en vie.

Homère, qui appartient à leur confrérie, a passé de nombreux siècles à chercher un fleuve, dont l'eau lui donnerait le droit de mourir. Il a fini par le trouver, puisque sous l'identité de Joseph Cartaphilus, marchand d'antiquités à Smyrne, il est mort à bord du *Zeus*, en octobre 1929, et a été enterré sur l'île d'Ios.

• Jorge Luis Borges, "El inmortal", in *El Aleph*, Buenos Aires, 1949.

INDIENNE

Ile dans la région du cap Horn, à près de cinq jours de navigation de l'île du Capitaine Learding. Ses habitants sont originaires de Baldivia, qu'ils ont fuie en raison de la cruauté des colons espagnols. Ils sont bons et hospitaliers, encore que leur haine et leur méfiance subsistent à l'égard des Espagnols. Mais, excepté ces derniers, ils considèrent tout homme comme leur frère. Ils ne possèdent aucun bien personnel en dehors du strict nécessaire. Leurs activités principales sont la pêche et la chasse. En temps de guerre, ils utilisent des flèches empoisonnées. Il est conseillé aux voyageurs espagnols d'emporter des antidotes.

On connaît peu la religion des indigènes. A la pleine lune, ils se rendent en bateau dans les îles voisines, sans doute pour adorer quelque idole que personne à ce jour n'a encore pu décrire.

• André Guillaume Contant d'Orville, *La Destinée ou Mémoires du Lord Kilmarnoff, traduits de l'anglois de Miss Voodwill*, Paris, 1766.

Une des nombreuses chambres de la cité des Immortels.

INNSMOUTH

Ancien port de pêche du Massachusetts, aux Etats-Unis, séparé du reste du pays par de vastes déserts. Il fut fondé en 1643 sur les berges de la Manuxet et devint bientôt un important chantier de constructions navales. Aujourd'hui, c'est un port qu'il vaut mieux éviter : une puante odeur de poisson plane sur la ville dont les habitants présentent un curieux aspect amphibie que les chevaux, les chiens et les autres animaux semblent détester.

Vers 1830, un certain capitaine Obed Marsh quitta Innsmouth et fit voile vers le Pacifique, où il découvrit une petite île volcanique, peuplée de ruines fantastiques et de monstres hideux. Les indigènes d'une île voisine lui expliquèrent que les ruines étaient hantées par des créatures mi-poisson mi-crapaud, qui échangeaient vivres et bijoux d'or contre des victimes humaines. Ils avouèrent que, dans le passé, ils s'étaient accouplés avec ces créatures, et que leur descendance était immortelle. Le capitaine Marsh vit dans tout cela l'occasion d'un commerce rentable et acheta aux indigènes quantité de bijoux d'or à très bas prix. Quelques années plus tard, les occupants des îles voisines, lassés ou effrayés par ce commerce écœurant, surprirent ces insulaires et les massacrèrent. Ne voulant pas perdre un commerce aussi lucratif, le capitaine Marsh décida d'essayer d'entrer en contact avec la race amphibie et lança dans la mer un poids de plomb que l'un des chefs indigènes lui avait donné, avec son mode d'emploi.

Il est probable que Marsh réussit à communiquer avec les monstres, car, peu après sa tentative, une étrange église où était adoré le monstre marin Dagon fut construite à Innsmouth. On vit des créatures semblables à des poissons errer dans les rues. Bien que l'histoire d'Innsmouth demeure obscure, les voyageurs pourront voir des exemples de l'art des monstres marins à l'université Miskatonic d'Arkham et à l'Institut d'études historiques de Newburyport, Essex, dans le Massachusetts.

Il y a tous les jours deux diligences pour Innsmouth : elles partent de Newburyport à 10 heures et à 19 heures.

• Howard Phillips Lovecraft, "The Shadow over Innsmouth", in *The Outsider and Others*, posth., Sauk City, 1939.

INSOMNIAQUE

Ville du Nord du Nigeria. Ayant la singulière habitude de ne jamais dormir, les habitants n'ont aucune idée de ce qu'est le sommeil.

Dans cette ville, les étrangers courent les plus graves dangers : tout voyageur qui viendrait à s'assoupir serait immédiatement enterré en grande pompe, car les indigènes le décréteraient mort.

• Arthur John Newman Tremearne, *Hausa Superstitions and Customs*, Londres, 1913.

INSULAE INCOGNITAE, ou îles du SOLEIL

Groupe de sept îles de même taille entourées d'eau douce dans l'océan Indien, près de l'équateur.

Sur les prés fleuris de ces îles rondes, situées à égale distance les unes des autres, les habitants mènent une vie naturelle et idyllique. Ils jouissent d'une surabondance de biens offerts par une nature prodigue, dans un climat éternellement doux. Ils sont d'une grande beauté et se ressemblent beaucoup. Grands et minces, ils ont des os extrêmement souples et, partant, sont d'une grande élasticité. Leurs oreilles se ferment à l'aide d'une sorte de couvercle. Leur langue est, en vérité, ce qu'ils ont de plus extraordinaire : elle se divise en deux lobes. Aussi peuvent-ils produire à plusieurs voix tous les sons possibles, mais aussi parler de choses différentes à deux personnes à la fois. Ils atteignent un âge très avancé, en général cent cinquante ans. Ils vivent groupés en associations familiales, qui comptent jusqu'à quatre cents membres. C'est toujours le plus âgé qui détient le pouvoir absolu sur la tribu. Il existe des communautés de biens, de femmes et d'enfants. Une loi sévère leur prescrit de se suicider s'ils ont quelque faiblesse physique ou s'ils ont dépassé l'âge de cent cinquante ans. Ils attachent beaucoup de prix à l'étude des signes, lesquels peuvent, selon leur modulation, désigner vingt-huit sons.

Parvenus à un certain âge, leurs enfants sont soumis à une épreuve de courage et d'esprit. Ils doivent voler sur un oiseau qu'ils ont eux-mêmes dressé pour l'occasion. Celui qui est en proie à la crainte ou au vertige est éliminé. En cas d'accident, le sang d'un animal inconnu dans nos pays aidera à recoller les membres écartelés. Certaines sources, ainsi que différents rituels de nourriture, servent à maintenir les gens en bonne santé. Aussi, pendant quelques jours, ne mangent-ils que du poisson, d'autres jours uniquement des oiseaux ou des olives.

Dans ces îles heureuses, ni ambition, ni agitation, ni émeute. Tous vivent ensemble dans une harmonie parfaite.

• Jambulos, "Insulae incognitae in Oceano meridionali", in *Diodori Siculi bibliotecae historicae libri*, Londres, posth., 1933-1957.

INTERPRÈTE

Maison située juste à l'entrée de la voie qui mène à la cité de la Destruction à la cité Céleste*, dans le pays de Chrétien.

Elle a été construite pour servir de lieu de repos aux pèlerins : ils y reçoivent les vêtements blancs qu'ils porteront tout au long de leur pèlerinage. L'interprète fournit aux voyageurs un guide qui les informe de ce qui les attend sur leur chemin. La plupart des informations sont allégoriques, mais l'interprète les décode. Les pièces de sa maison ont également un sens métaphorique. Ainsi, dans l'une d'elles, on voit un homme jouer avec un râteau à fumier et balayer la paille du sol : il est l'illustration vivante des faiblesses de l'esprit charnel. Un grand parloir, plein de poussière, n'est jamais balayé : il représente le cœur d'un homme qui n'a jamais été touché par la grâce, et la poussière symbolise le péché originel et la corruption. Si on tente de balayer la pièce, on ne fait que soulever d'épais nuages de poussière. La seule manière de la nettoyer est de l'asperger d'eau et d'enlever ensuite la poussière, l'eau étant le symbole évident de l'évangile.

• John Bunyan, *The Pilgrim's Progress from this World to that which Is to Come. Delivered under the Similitude of a Dream. Wherein Is Discovered the Manner of his Setting out, his Dangerous Journey and Safe Arrival at the Desired Country*, Londres, 1678 (1re partie) et 1684 (2e partie).

IREM ZAT EL-EMAD, ou IREM DES HAUTES TOURS

Ville située dans le désert du Yémen. Ses pavillons, cernés par d'énormes fortifications, s'élèvent haut dans le ciel. On entre dans la cité par deux portes gigantesques, serties de joyaux et d'hyacinthes. Les pavillons sont composés de pièces aux plafonds élevés, aux murs d'or et d'argent, ornés de rubis, de chrysolites, de perles et de pierres précieuses de toutes les couleurs. Les sols sont recouverts de perles et de boules de musc, d'ambre gris ou de safran, aussi grosses que des noisettes. Des rivières coulent sous les maisons et les grandes avenues de la ville sont bordées d'arbres fruitiers.

Irem fut découverte par un chamelier, Abd-Allah ibn Abou-Kilabeh, qui cherchait un chameau égaré. La nouvelle de la découverte parvint aux oreilles du calife Mo'awiyeh, qui demanda à son vizir, Kaab-el-Ahbar, de lui raconter l'histoire de cet endroit merveilleux.

Selon le vizir, la ville fut construite par le roi Sheddad qui découvrit un jour, dans un de ses livres anciens, la description du paradis, et décida aussitôt de construire un endroit semblable sur la Terre. Le roi Sheddad, suzerain de cent mille rois, eux-mêmes de cent mille vassaux, ayant sous leurs ordres cent mille vaillants guerriers, les convoqua tous et leur ordonna de trouver l'endroit idyllique où bâtir une cité d'or et d'argent. Les travaux durèrent trois cents ans et, lorsqu'ils furent achevés, le roi décida de ceindre la ville de fortifications imprenables. Cela prit encore vingt ans. Le roi Sheddad enjoignit alors à ses mille vizirs, à ses officiers, à ses troupes, à ses femmes, à ses concubines et à ses eunuques, de se préparer pour le voyage. Ces préparatifs durèrent encore vingt ans, puis ils partirent. Quand ils arrivèrent enfin à un jour de marche d'Irem Zat El-Emad, un cri terrifiant éclata dans les cieux et tous tombèrent raides morts. Aujourd'hui, les voyageurs qui ont la chance d'atteindre la ville la trouvent inhabitée et sont libres de prendre tous les trésors qu'ils peuvent emporter.

• Anonyme, *Les Mille et Une Nuits*, XVe siècle env.

ISAURA

Ville aux mille puits et que l'on dit surgie au-dessus d'un lac profond et souterrain, quelque part en Asie. De tous côtés, les habitants à la recherche d'eau ont creusé de longs puits dans le sol. Les frontières de la ville reproduisent les contours sombres du lac enterré. C'est ainsi qu'un paysage invisible conditionne le paysage visible. Tout ce qui bouge au soleil est animé par la vague enfermée sous le ciel calcaire des rochers.

On pratique deux sortes de religion à Isaura. Selon les uns, les dieux de la ville vivent dans les profondeurs, dans le lac noir qui nourrit des courants souterrains. Selon les autres, les dieux vivent dans les seaux qui remontent du puits grâce aux poulies, dans les pompes, les manivelles, dans les ailes des moulins à eau, dans les réservoirs perchés sur les toits,

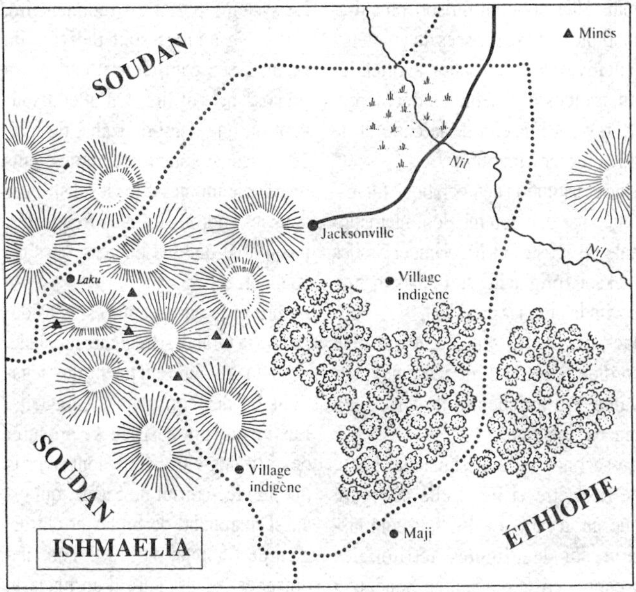

dans les arches des aqueducs, dans toutes les colonnes d'eau, les tuyaux verticaux, les gouttières, dans les girouettes qui surmontent les échafaudages aériens d'Isaura, une ville où tout va toujours vers le haut.

• Italo Calvino, *Le città invisibili*, Turin, 1972.

ISHMAELIA

Pays inaccessible au sud du Soudan et au nord des territoires français de l'Afrique du Nord-Est. Jusqu'à une époque récente, on n'accédait à Ishmaelia qu'avec le chemin de fer, qui partait d'un petit port italien sur la mer Rouge. Le voyage, qui durait au moins trois jours, était très inconfortable : le train traversait un désert brûlant, puis s'enfonçait dans des broussailles infestées de moustiques qui grimpaient au flanc des montagnes d'Ishmaelia. Durant la saison des pluies, il n'était pas rare que le train prenne trois heures de retard et que les bagages se perdent en route. Ishmaelia doit son isolement à des facteurs historiques. En 1870, les premiers missionnaires européens et les voyageurs furent dévorés jusqu'au dernier. Les Occidentaux organisèrent des expéditions punitives, mais elles subirent un sort plus dramatique encore. Lassées de voir leurs tentatives de colonisation avorter, les puissances occidentales décidèrent de rayer Ishmaelia de la carte et de lui conférer l'immunité.

Une constitution démocratique fut instituée par une commission internationale de juristes et M. Samuel Smiles Jackson, originaire de l'Alabama, en devint le premier président.

Jacksonville, la capitale, est un lieu sordide. La grand-rue ressemble davantage à un chemin de terre qu'à une rue citadine.

La seconde ville d'Ishmaelia, Laku, ne peut être visitée : elle ne figure que sur la carte. En 1898, la commission sur les limites territoriales y campa en se rendant au Soudan et demanda à un autochtone le nom de l'endroit où elle campait. Il répondit *laku*, qui est le terme ishmaélite pour “je ne sais pas”, et, depuis, le nom a été recopié à partir des cartes établies par la commission.

Les Ishmaélites sont à la fois chrétiens et cannibales. La polygamie est fréquente, la corruption, courante. N'importe qui peut sortir de prison pour cinq livres. Les gens d'Ishmaelia sont friands de discours : sermons, conférences, programmes politiques, panégyriques des vivants et des morts, et même appels à la charité. Il semble qu'ils se délectent du son de la voix humaine.

Le système postal est rudimentaire. Les télégrammes sont délivrés de façon assez capricieuse, car aucun préposé ne sait lire. On attend souvent qu'une demi-douzaine de télégrammes se soient accumulés, puis on envoie un messager les distribuer dans les endroits les plus fréquentés, jusqu'à ce que les intéressés les réclament.

La présence européenne est considérable : la Grande-Bretagne, la Suède, l'Allemagne entretiennent des légations ou des consulats à Ishmaelia. Les voyageurs désirant se procurer des articles européens sont avertis que le vice-consul de Suède, qui est aussi marchand de bibles et chirurgien de l'hôpital de la Mission suédoise, est propriétaire d'un magasin qui fait office de salon de thé et de pharmacie à Jacksonville.

• Evelyn Waugh, *Scoop, a Novel about Journalists*, Londres, 1938.

ISLANDIA

Petit pays au sud du continent de Karain, traversé par le massif des montagnes islandaises, qui culmine avec le mont Islandia, en forme de dôme, toujours enneigé. Le paysage typique d'Islandia est fait d'une alternance de champs, de montagnes et de bois, avec des échappées sur des fermes, disséminées entre les arbres. Toutes les villes sont entourées de remparts qui se dressent brusquement

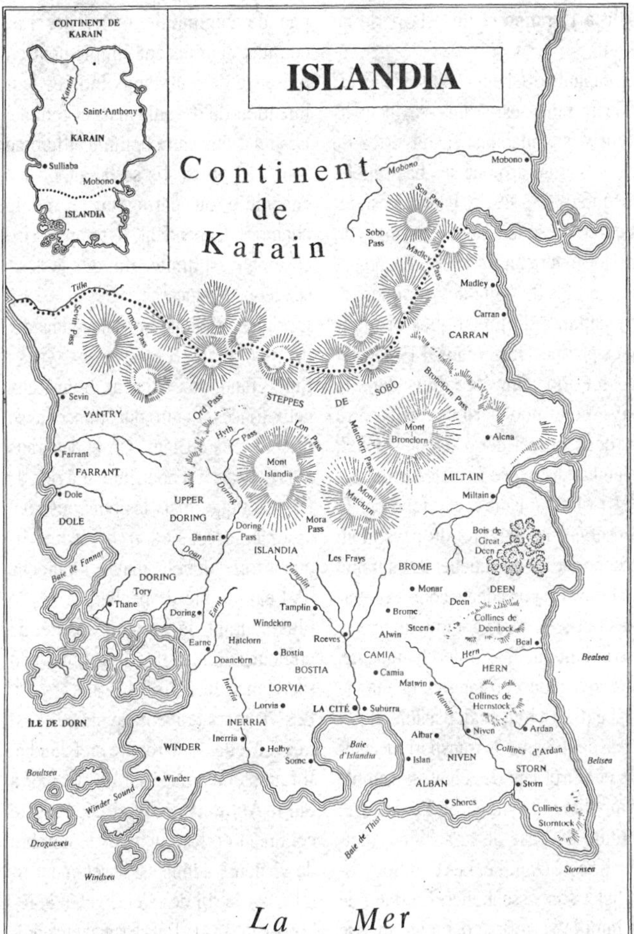

au milieu des terres cultivées. Les voyageurs ne devront pas manquer de visiter la ville de Doring, bâtie sur six îlots, au milieu du fleuve, et entourée d'une enceinte de granit rose. La cité semble flotter sur les eaux dont le vert contraste admirablement avec les couleurs des maisons qui vont du rose pâle à l'orange et du gris perle au bleu.

La capitale d'Islandia, dite la Cité, est célèbre pour ses jardins, ses balcons fleuris, ses maisons recouvertes de vigne vierge et pour ses bas-reliefs. Jusqu'au XIXe siècle, Islandia est demeurée presque totalement isolée du monde extérieur. En 1906, cependant, aux termes du traité de Mora, les représentants diplomatiques et quelques prospecteurs venus d'Europe et d'Amérique ont été admis dans le pays pour une période probatoire de deux ans et demi. Depuis 1908, Islandia est coupée du reste du monde. Cet isolationnisme s'explique par le conservatisme culturel du pays, dont l'économie est essentiellement agraire. La ferme est considérée comme un tableau et le fermier comme un artiste travaillant sur une toile changeante. Les voyageurs constateront que la vie à Islandia est tout à fait paisible. Il n'y a pas de moyens de transport mécanisés et le trot lent des chevaux semble symboliser le rythme de l'existence. L'unité de base de la société islandienne est la famille. Les traditions familiales sont essentielles. Le statut de la famille se reflète dans le langage même, où un pronom spécifique est utilisé pour signifier "nous", dans le sens de "moi et ma famille".

Le mariage est surtout considéré comme un moyen de perpétuer la lignée et le nom de la famille. Il n'y a pas de cérémonie officielle. Les couples manifestent simplement en présence de leurs amis intimes leur intention de devenir mari et femme. Les relations entre homme et femme sont très libres. Ils se baignent nus ensemble ou partagent la même chambre. Cependant, le temps passé ensemble est limité, afin que le désir sexuel ne s'exacerbe.

L'origine ethnique des Islandiens demeure obscure. Il existe deux types : l'un, grand, aux cheveux bruns, aux yeux foncés, l'autre plus mince, avec des cheveux châtain clair et des traits plus délicats. La nourriture n'a rien de très exotique, mais les boissons sont assez épicées. Le *sarka* est une liqueur forte, dont le goût se rapproche de l'eau-de-vie de pêche. Le vin le plus courant, légèrement résiné, de couleur sombre, très lourd, est peu sucré, mais très rafraîchissant.

Les visiteurs doivent savoir qu'il est très difficile de se rendre en Islandia. Il faut s'embarquer sur un steamer à Saint-Anthony, port situé dans le continent de Karain, mais le nombre de visiteurs admis est strictement limité par la loi des Cent, votée après la crise de 1841. Tous les visiteurs doivent passer un examen médical très sévère avant d'embarquer. Les étrangers n'ont pas le droit de s'installer dans le pays et ne peuvent y séjourner plus d'une année. L'import-export est interdit, sauf pour les livres et les cadeaux. Les investissements étrangers ne sont pas autorisés. Pour en savoir plus, consulter l'ouvrage *Introduction à Islandia, histoire, coutumes, lois, langage et géographie*, préparé et présenté par Basil Davenport, New York, 1942.

• Austin Tappan Wright, *Islandia*, New York, 1944.
• Mark Saxton, *The Islar or Islandia Today – A Narrative of Lang III*, Boston, 1969.

IVANIKHA

Village d'URSS, où tous les paysans s'appellent Ivan et se distinguent par leur surnom : Ivan-le-Morfal (qui se mangea l'oreille en dormant), Ivan-le-Chauve, Ivan-au-Grand-Pif, Ivan-le-Mollard. Les Ivans du village sont célèbres pour avoir voyagé dans des contrées étrangères, persuadés que le sol et l'eau d'ailleurs étaient meilleurs que ceux d'Ivanikha. Ils creusèrent un trou si profond qu'ils atteignirent le ciel, de l'autre côté de la Terre. Déçus de ne pas avoir trouvé un sol meilleur, ils retournèrent à Ivanikha sans oser raconter leur histoire, de peur d'être pris pour des Marseillais.

• Yevgeniy Zamyatin, "Ivany", in *Dva Rasskaza dlja vzroslych detej*, Moscou, 1922.

IX

Royaume à l'ouest de Santerre. La capitale, qui porte également le nom d'Ix, est une ville imposante, avec de nombreux jardins et bosquets parfaitement entretenus. L'édifice le plus remarquable de la capitale est le palais royal, bâti au milieu d'un parc entouré de murs de marbre blanc, le long desquels s'alignent statues et fontaines.

Aussi loin que l'on s'en souvienne, Ix a été gouverné par la reine Zixi : les cheveux blonds, un teint de lis, des yeux noirs brillants, elle ne paraît pas avoir plus de seize ans. En fait, il y a plusieurs centaines d'années qu'elle est montée sur le trône d'Ix, car elle est âgée de six cent quatre-vingt-trois ans, et certains vont même jusqu'à prétendre qu'elle a plusieurs milliers d'années. Si Zixi est une sorcière, elle n'est pas malfaisante ; ses sujets sont gouvernés avec sagesse et libéralisme.

Quand elle se regarde dans une glace, elle ne voit que l'image d'une affreuse vieille femme. Tous les miroirs de son palais, par ailleurs richement meublé, ont donc été supprimés.

• Lyman Frank Baum, *Queen Zixi of Ix or the Story of the Magic Cloak*, New York, 1907 ; *The Road to Oz*, Chicago, 1909.

J

JABBERWOCKY

Bois situé quelque part en Angleterre. La seule information que l'on possède sur ce lieu provient d'un poème anglo-saxon publié dans le pays du Miroir*. Selon cette source, le bois fut la scène d'une bataille épique entre un jeune homme et un monstre, le *jabberwocky*, célèbre pour ses yeux de flammes, ses griffes avides et ses mâchoires dévorantes. Le crâne de la bête peut aujourd'hui être contemplé dans une exposition à proximité du bois. Deux autres créatures, le *bandersnatch* et l'oiseau *jubjub* (voir aussi île du Snark*), ont la réputation d'être dangereuses, et il est recommandé de les éviter.

Près de la lisière du bois, sur une pelouse verte, on a élevé un cadran solaire. Sur le *wabe* (ainsi nommé car il s'agit d'une large surface plantée d'herbe qui entoure le cadran solaire), vivent un grand nombre d'animaux. Les *toves*, souples et grêles, résultat d'un croisement entre le lézard et le blaireau, au nez pointu comme un tire-bouchon, font leur nid sous le cadran solaire et ne se nourrissent que de fromage. Les *borogoves*, oiseaux chétifs, d'allure misérable, ont un plumage hérissé qui les fait ressembler à des balais. Les *raths*, sortes de cochons verts, mugissent et sifflent lorsqu'ils ont perdu leur chemin et se regroupent sur le *wabe*. La seule plante qui vaille la peine d'être mentionnée parmi toutes les espèces existant dans le bois de Jabberwocky est l'arbre *tumtum*, dont on sait très peu de chose.

• Lewis Carroll, *Through the Looking-Glass, and What Alice Found There*, Londres, 1871.

JACASSO, voir LOONARIE

JANSÉNIE

Terre agréable et fertile qui borde la Libertinie, la Despairie* et la Calvinie. Au sud, s'étend une mer tempétueuse et sans fond. La capitale est au centre du pays, à égale distance entre les trois royaumes voisins : on l'atteint en quatre jours.

Le pays compte de nombreux cours d'eau, des rivières et un lac remarquable, qui ressemble, en plus profond, au lac Léman.

A l'origine, la Jansénie était une colonie flamande, mais elle est maintenant formée de nationalités diverses. Les Jansséniens prétendent que la capitale fut bâtie au VIe siècle par le prince d'Hypone, encore que certains archivistes démontrent que le fondateur en fut un prince de Tarse, éduqué par Gailiel.

Les habitants sont très petits, bien que les tableaux anciens révèlent une taille normale chez leurs ancêtres. Ils ont la tête dure et le crâne épais. Certains possèdent deux cœurs, ce qui pourrait expliquer leur absence notoire de sincérité. Les visiteurs les trouveront très méfiants. Ils entretiennent des armées entières d'espions, aussi leurs voisins n'éprouvent-ils aucune sympathie pour eux.

Dans ce pays, les affaires sont négociées de nuit. Les maisons, par ailleurs semblables à celles de l'Europe, s'ouvrent à l'arrière, afin que leurs habitants puissent aller et venir sans être vus. Les Janséniens prétendent être les gens les plus sages du monde et les seuls à savoir distinguer le bien du mal.

La maladie chronique du pays est caractérisée par un gonflement de tout le corps. Elle est souvent fatale et la seule cure consiste à quitter le pays. Les Janséniens n'autorisent toutefois personne à s'en aller et, s'il le faut, ils sont capables de retenir de force tout candidat au départ.

La vie, en Jansénie, est dominée par la religion, une forme de christianisme qui leur fut transmise par Margalicus. Les Janséniens croient que le Christ est mort pour ne sauver que certains individus. Le salut dépend de la grâce de Dieu, qui n'est garantie que pour un très petit nombre. Ils ne reconnaissent pas l'infaillibilité papale. Les papes qui ont attaqué les doctrines jansénistes ont été supprimés du calendrier et remplacés par d'autres, plus compréhensifs.

Il n'y a pas de moines dans le pays. Seuls, des reclus volontaires exercent des métiers artisanaux et vendent leurs produits sur les marchés. Les dévots considèrent ces objets comme des reliques. Les nonnes sont nombreuses ; aussi y a-t-il une rivalité entre les prêtres, désireux d'aller les confesser dans les couvents.

L'art le plus cultivé en Jansénie est celui de l'imprimerie. Grand papier, beaux caractères sont mis à contribution pour éditer des livres magnifiques, remplis de coquilles, d'erreurs, de mensonges. Les Janséniens s'en moquent, car ils ne se soucient que de l'apparence des livres : ils soutiennent les meilleurs cercles littéraires d'Europe et d'Amérique.

Les défaites subies sur les champs de bataille sont célébrées comme des victoires dans les églises. Les drapeaux pris à l'ennemi sont exposés (en vérité, ils sont tissés en Jansénie). Aucune arme n'est fabriquée dans le pays même. La poudre à canon a la particularité d'être silencieuse : les fusils et les canons ne faisant aucun bruit, les Janséniens sont des ennemis fort dangereux. Les montres, en Jansénie, sont réglées sur la Lune ; comme elles sont de très mauvaise fabrication, les gens n'ont qu'une vague idée du temps.

La Jansénie est sujette aux grands vents et aux orages violents. Les voyageurs visitant la célèbre tombe du prince découvriront qu'elle a été récemment détruite par la foudre : il n'en subsiste que quelques magnifiques blocs de pierre. Quant à l'épée du fondateur, exposée comme une relique, ce n'est qu'un faux moderne, mais il est de bonne facture.

• Père Zacharie de Lisieux, *Relation du pays de Iansénie, où il est traitté des singularitez qui s'y trouvent, des coûtumes, mœurs et religion de ses habitans. Par Louys Fontaines, Sieur de Saint-Marcel*, Paris, 1660.

JEAN-QUI-PLEURE

Grande ville située sur une colline dans le Sud d'Oz*. Comme la ville de Rigmarole*, celle des Jean-qui-pleure constitue l'une des défenses d'Oz. Quiconque dans le pays a le moindre symptôme de la maladie de Jean-qui-pleure y est immédiatement envoyé. Les Jean-qui-pleure se plaignent sans arrêt de peurs imaginaires et sont obsédés par les désastres qui s'abattront sur eux si telle ou telle chose arrive. Par exemple, un Jean-qui-pleure se plaindra de ne pouvoir dormir, car pour dormir il lui faudra fermer les yeux. Mais s'il les ferme, il est possible que ses paupières se collent et qu'il soit aveugle pour la vie. Il conviendra que rien de comparable n'est jamais arrivé, mais ajoutera qu'il serait affreux que cela arrivât, et le seul fait d'y penser le rend nerveux au point de l'empêcher de dormir.

• Lyman Frank Baum, *The Emerald City of Oz*, Chicago, 1910.

JEPOSEDEUXETJERETIENSUN

Ville de l'Etat d'Apodidraskiana, aux Etats-Unis. Ses habitants se sont tous enfuis de leur ville originaire. Leur héros, M. Timothy Encaissedépart, est un banquier londonien, qui s'enfuit en emportant la caisse. Très respecté pour s'être échappé les poches pleines, il est maintenant propriétaire de deux mille hectares et imprime la monnaie de la ville. Il vit avec son assistant, M. Vole-le-Caissier, dans une somptueuse villa bâtie par ses esclaves.

Les groupes sociaux les plus prospères de la cité sont les pêcheurs méthodistes, les dresseurs d'esclaves et les fabricants de billets de banque. Des volontaires, les régulateurs, agressent les visiteurs dont la tête ne leur revient pas et les forcent à quitter la ville. Les lois de Jeposedeuxetjeretiensun ne manquent pas d'originalité. Les juges peuvent être physiquement attaqués sur les points de procédure, ou être amenés à parier sur les procès qu'ils tranchent.

• Thomas Love Peacock, *Crotchet Castle*, Londres, 1831.

JERIMADETH

Ville du Proche-Orient, de quatre pieds de long, célèbre pour son calme, la nuit. Son nom rime avec la troisième personne de l'imparfait des verbes du premier groupe. On ne possède aucune autre information sur cette ville.

• Victor Hugo, "Booz endormi", in *La Légende des siècles*, Paris, 1883.

JEU

Pays enchanté où tout paraît démesuré aux yeux de ses habitants lilliputiens. Les trèfles sont de véritables arbres et les flaques d'eau, des lacs sur lesquels les feuilles voguent comme des navires. A l'exception de quelques insectes – bourdons, araignées, mouches, fourmis et libellules –, le pays du Jeu est habité par de petites créatures rêveuses aux cuirasses vertes, noires, pourpres, dorées ou bleues. Certaines ont des ailes, mais ne s'en servent pour ainsi dire pas, et passent leur temps à regarder les minuscules voyageurs, qui font voile sur les océans de flaques d'eau. On atteint le pays du Jeu en fermant les yeux et en s'envolant dans les airs. Le voyage de retour est toujours surprenant, en raison du contraste entre ce monde miniature et la taille des objets du monde quotidien.

• Robert Louis Stevenson, "The Little Land", in *A Child's Garden of Verses*, Londres, 1885.

JEUX

Cité toscane, en Italie, où l'on parvient à l'aube, en montant dans un coche qui s'arrête un peu partout. Le transport est gratuit. La voiture est tirée par douze paires d'ânes de même taille et de même couleur, chaussés de sandalettes blanches. Le conducteur est un gros petit homme, onctueux et doucereux comme une motte de beurre, avec un visage joufflu comme une pomme, une grande bouche toujours souriante et une voix caressante comme celle d'un chat qui minaude. Quand ses ânes semblent à bout de forces, il les réconforte d'un baiser sur l'oreille. La ville des Jeux est uniquement peuplée d'enfants qui jouent aux billes, à cache-cache, font de la bicyclette ou galopent sur des chevaux de bois. Certains jouent à colin-maillard, d'autres, déguisés en clowns, exécutent des numéros comiques, font des culbutes ou marchent sur les mains. Les rires, les hurlements, les chants et les applaudissements font un vacarme étourdissant. Chaque square a son guignol, et sur tous les murs on lit : "Vive les vacances, à bas la pénitence." D'un bout à l'autre de la ville, les visiteurs ne trouveront pas la moindre trace d'écoles, de maîtres ni de livres. La semaine comporte six mercredis et un dimanche et les vacances vont du 1er janvier au 31 décembre. Après cinq mois passés dans la ville, les enfants se transforment en ânes, et sont vendus un bon prix par l'aimable cocher. C'est le seul désagrément de la ville des Jeux.

• Carlo Collodi, *Le avventure di Pinocchio. Storia di un burattino*, Florence, 1883.

JOLLIGINKI

Royaume sur la côte est de l'Afrique. Le palais royal, aux murs de torchis, a

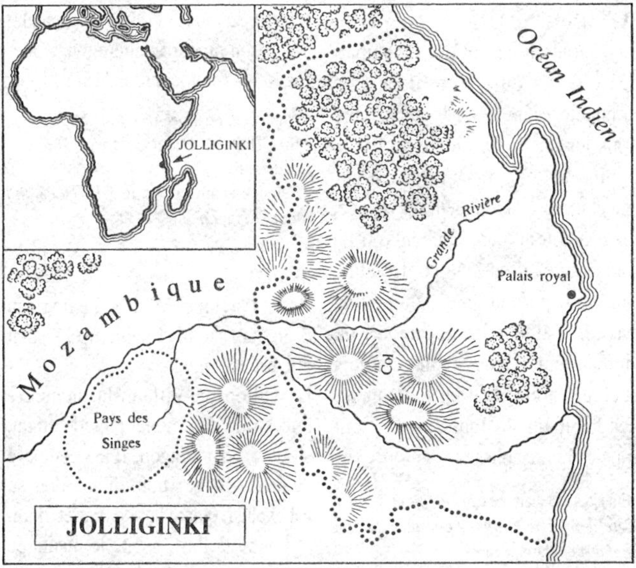

une fenêtre brisée qui n'a jamais été réparée. Non loin se trouve le donjon de pierre (les visiteurs verront encore l'unique fenêtre à barreaux, tout en haut de la muraille), dans lequel le Dr Dolittle de Pataugas-les-Marais fut emprisonné avec tous ses animaux. Pour atteindre la région voisine, le pays des Singes, il faut traverser une rivière. Le seul moyen est de franchir le pont des singes, un pont vivant formé de singes qui font la chaîne.

C'est de ce pays que le Dr Dolittle a rapporté, en Angleterre, l'animal le plus rare du monde, dont les singes lui firent cadeau pour le remercier de les avoir guéris. Cet animal timide et poli, le *poussemoi-tiretoi*, n'a pas de queue, mais une tête à chaque extrémité du corps et des cornes pointues sur chaque tête. Il descend, par sa mère, de la gazelle abyssinienne et du chamois asiatique, et la dernière licorne n'était autre que son arrière-grand-mère.

La capture du *poussemoi-tiretoi* est très difficile : étant donné que l'animal a deux têtes, il est impossible de le surprendre ou de lui tomber dessus par-derrière. Malheureusement, cette race a disparu aujourd'hui.

• Hugh Lofting, *The Story of Doctor Dolittle*, Londres, 1922.

JOURSANSPAIN

Pays situé on ne sait où. La plupart des oiseaux qui vivent dans l'île Sonnante* sont nés à Joursanspain. Tous les ans, ils y émigrent, car la famine les guette s'ils restent sur place. Malgré la longueur du voyage, ils n'hésitent pas, sachant qu'ils sont assurés d'une vie confortable. Ceux qui partent sont démunis de travail, malheureux en amour, ou bien fuient après avoir commis quelque larcin. Peu en reviennent. Les habitants de Joursanspain sont appelés les Asaphsars.

• François Rabelais, *Le Cinquiesme et Dernier Livre des faicts et dicts héroïques du bon Pantagruel*, Paris, 1564.

JOYAU DE VÉRITÉ, voir ALÉOFANE

JOYEUSE GARDE

Château en Angleterre, à plusieurs jours de cheval de Camelot*. La maçonnerie extérieure est chromée, aussi le château brille-t-il tel de l'or au soleil. Le toit est couvert d'ardoises et de tuiles, entrecoupé par des tours que relient des passerelles. A l'origine, le nom du château était Douloureuse Garde, mais il fut rebaptisé par Lancelot qui, pour son premier exploit, s'en rendit maître, après avoir été armé chevalier à l'âge de dix-huit ans.

C'est à Joyeuse Garde que Lancelot vécut son amour adultère avec Guenièvre, la femme du roi Arthur.

• Anonyme, *La Mort Artu*, XIIIe siècle.
• Sir Thomas Malory, *Morte Darthur*, Londres, 1485.
• Terence Hanbury White, *The Once and Future King*, Londres, 1939.

JUAM

Ile de l'archipel Mardi*. Le marteau d'un titan semble l'avoir ciselée, tant elle est déchiquetée.

Le vallon de Villamilla, demeure ancestrale des monarques de Juam, s'ouvre sur un lagon. Il est composé de deux villages, dont l'un, à l'ouest, est exclusivement habité l'après-midi, et l'autre, à l'est, habité le matin, ce qui permet aux habitants de passer toute la journée au soleil.

L'architecte qui a présidé à la construction de la maison du matin ayant semé des graines de cocotier dans les fondations, il a fallu – pour obtenir l'effet baroque que produisent les arbres-piliers – attendre patiemment cinq cents lunes. Sur le toit, des plantes aromatiques poussent à l'ombre des cimes des palmiers, où chantent des oiseaux au chatoyant plumage. Trois ruisseaux miroitants traversent le palais, bordé de haies de *diomi*, dont les fleurs, les *lenora* ou "douces haleines", exhalent un parfum merveilleux.

Un labyrinthe mène au cœur de la citadelle : retraite impénétrable du roi de Juam qui – telle la noix dans sa coquille – trône dans toute sa gloire, entouré par l'univers, ceinturé par le zodiaque, ceint par l'horizon, cerné par la mer, bouclé par la montagne, enrubanné de l'écharpe des récifs et couronné par la royauté, Sa Majesté – sphère intérieure à toutes les sphères – se tenant elle-même embrassée. Les voyageurs invités à dîner à Juam doivent se familiariser avec les coutumes de l'île. Le tronc d'un gros arbre, évidé et rempli d'eau, sert de table liquide. Les mets, présentés sur de petites assiettes, sont poussés sur l'eau et voguent d'hôte en hôte. On n'en sait pas davantage.

• Herman Melville, *Mardi and a Voyage Thither*, New York, 1849.

JUKAN

Vallée couverte de grandes forêts dans le royaume souterrain de Pellucidar*, qui traverse les montagnes d'Oog, non loin d'Azar.

Les villages sont situés dans les clairières ; Meeza peut, en réalité, être considérée comme une ville. On n'y rencontre pas deux bâtisses semblables et les matériaux les plus divers, boue séchée, herbe et bois, ont servi à leur construction. Au centre de Meeza s'élève le palais royal, un édifice bas fait de coins et de recoins, qui couvre près d'un hectare. Il s'agit d'un véritable village à l'intérieur de la ville, mais il ne semble pas que l'on ait établi un plan rationnel pour le bâtir. Des corridors tortueux débouchent soudain sur des murs aveugles, et des pièces noires comme des fours s'ouvrent sur des couloirs ensoleillés. Certaines parties du palais sont surpeuplées et encombrées de meubles, alors que des quartiers entiers semblent avoir été abandonnés depuis des années. Sans l'aide d'un guide, il est pratiquement impossible de trouver son chemin.

Les Jukans paraissent souffrir de folie héréditaire. Ils sont imprévisibles et enclins à la violence, dès qu'on les contredit. Ils tuent alors à la moindre provocation. Si les scènes de rues de Meeza offrent, pour le non-initié, un spectacle hallucinant, les habitants n'y prêtent aucune attention. On y voit aussi bien un homme se frapper la tête avec un morceau de roc, qu'un autre essayer de s'étrangler ou une femme torturer son enfant avec un couteau de pierre. Les Jukans se coupent en général les cheveux très court ; ils portent des pagnes, des amulettes en peau de singe et des colliers de dents humaines.

Leur dieu, Ogar, est une créature obscène, mi-homme, mi-bête, auquel les visiteurs sont sacrifiés. Devant l'idole, des gens font la roue : ce sont les prêtres qui prient au nom du village entier.

Les Jukans se croient le peuple le plus beau et le plus puissant du royaume entier de Pellucidar. Chacun d'eux

Le palais de Jundapur, de style palladien, avec ses hauts minarets et son dôme doré.

prétend invariablement être la seule personne saine d'esprit du village et affirme avec véhémence que tous les autres sont fous à lier.

Le visiteur doit savoir qu'il faut, dans la mesure du possible, se prêter à tous les caprices des Jukans.

• Edgar Rice Burroughs, *Land of Terror*, New York, 1944.

JUNDAPUR

Petit Etat indien, gouverné par un rajah. Le palais de pierre grise est une construction du XVIIIe siècle, de style palladien, avec huit minarets et un dôme doré. Il s'élève au milieu d'un parc, mais les murs d'enceinte sont en ruine et le bétail broute les pelouses. Derrière le palais, s'étend un lac et, au milieu du lac, une petite île boisée. C'est en ces lieux que, selon la légende, la fille du rajah tomba amoureuse d'un batelier sans reconnaître en lui le dieu Krishna. Elle s'échappa une nuit et vint sur le rivage se blottir dans les bras de son amant. Le frère de la jeune fille les surprit et donna l'alarme, mais on n'entendit que le cri d'un héron, car le lac avait été ensorcelé par le dieu. A la vue de l'intrus, Krishna révéla son identité. Le frère s'évanouit et la sœur mourut de peur. Mais, selon une autre légende, ils furent tous deux transformés en hérons et l'on entend leur cri, après minuit, lorsque monte la lune.

• Paul Scott, *The Birds of Paradise*, Londres, 1962.

K

KADATH

Immense cité de glace qui n'a jamais été explorée par des voyageurs. On la trouve au-delà du plateau de Leng. On dit qu'elle recèle des mystères qui dépassent tout ce qui se peut imaginer. Les voyageurs désireux de visiter Kadath doivent solliciter l'aide des Goules.

La ville, avec son énorme palais d'onyx, est la capitale inviolée du Monde-du-Rêve*.

• Howard Phillips Lovecraft, "The Dream-Quest of Unknown Kadath", in *Arkham Sampler*, posth., Sauk City, 1948.

KARGAD

Empire formé de quatre îles, Karego-At, Atuan, Atnini et Hur-at-Hur, à l'est de l'archipel Terremer*.

Si l'empire vit à présent en paix avec l'archipel, il n'en fut guère de même dans le passé, car une cruelle guerre sépara les deux voisins des siècles durant. Les Kargs, pirates redoutables, accompagnaient leurs raids sur les îles de terribles pillages. Distincts, sur les plans ethnique et linguistique, du peuple des îles, ils demeurent hostiles et distants.

La haine entre les deux communautés semble remonter à fort loin. Selon les Kargs, les magiciens de Terremer envahissaient l'empire, en principe pour tuer des dragons, mais pour se livrer, en fait, à toutes sortes de rapines. Le conflit connut son apogée lorsque Erreth-Akbe, le roi mage de Terremer, se rendit à Awabath, capitale de l'empire, pour se joindre à un groupe de rebelles et tenter de s'emparer du pouvoir. Erreth-Akbe fut vaincu, et le grand prêtre le dépouilla de son pouvoir magique. Privé de ses dons, le roi mage s'enfuit vers l'occident, où il fut tué par un dragon dans la lointaine île de Sélidor*. La défaite d'Erreth-Akbe eut des conséquences importantes, à la fois pour l'empire et pour l'archipel. L'anneau que portait le magicien fut brisé ; une moitié fut enterrée dans les tombes d'Atuan ; l'autre fut donnée à un seigneur karg. La perte de cet anneau signifia le début du lent déclin de Terremer. Ce n'est que lorsque les deux moitiés furent réunies que l'archipel connut un nouvel essor sous l'égide d'un roi unique, couronné à Havnor.

• Ursula Kroeber Le Guin, *A Wizard of Earthsea*, New York, 1968 ; *The Tombs of Atuan*, Londres, 1972 ; *The Farthest Shore*, Londres, 1973.

KARKAR

Sans doute une portion de l'Atlantique, près de la côte nord-ouest du Maroc. Elle est habitée par une tribu de Noirs qui parlent une langue incompréhensible et s'habillent de fourrures étranges. Ils ont une certaine connaissance de l'islam, car ils reçoivent souvent la visite d'une personne venue de la mer, qui diffuse une lumière intense ; elle annonce

Une des bonbonnes en cuivre pleine de djinns de la mer de Karkar et offerte à l'émir Moosa ibn Museyr.

qu'il n'y a d'autre dieu que Dieu et que Mahomet est son Prophète. Chaque vendredi soir, une lumière s'allume sur cette étendue de mer et une voix appelle à la prière.

L'émir Moosa ibn Museyr a rendu visite à cette tribu, à son retour de la ville de Brass. Il a obtenu d'elle douze bonbonnes de cuivre, dans lesquelles l'empereur Salomon avait enfermé un grand nombre de djinns. En outre, il a reçu en cadeau l'une des plus grandes merveilles de la mer, un poisson à forme humaine. Cependant, sur le chemin du retour, en raison de la grande chaleur, le poisson est mort. On n'a jamais retrouvé son pareil.

• Anonyme, *Les Mille et Une Nuits*, XVe siècle env.

KINKENADON

Ville côtière du pays de Galles. Comme la cité et ses environs sont riches, le roi Arthur les choisit comme résidence pour les fêtes de la Pentecôte. Ce fut au cours de ces célébrations que sire Gareth arriva pour la première fois à la cour d'Arthur. Fils de Lot d'Orkney et de Margawse, sœur d'Arthur, Gareth était également le frère de Gauvain. C'est lui qui défit successivement le chevalier Noir, le chevalier Vert, le chevalier Bleu et le chevalier Rouge, qui allaient servir, plus tard, à la cour d'Arthur.

• Sir Thomas Malory, *Morte Darthur*, Londres, 1485.

KIORAM

A cinq cents miles de Calnogor, dans Atvatabar. C'est une cité entièrement taillée dans une montagne de marbre blanc. La forteresse et le palais, qui occupent le centre d'une grande place, dominent la ville.

La plus grande réalisation de Kioram est le temple mobile de Rakamadeva ou temple de la Locomotive sacrée. Il s'agit d'une machine d'or, de platine, de terrelium, d'aqualium et de plutulium, qui se déplace sur un rail unique et surélevé. Le poids de l'engin repose sur douze roues dissimulées, six à l'avant, six à l'arrière. Ce véhicule sacré n'est utilisé que pour

transporter les voyageurs royaux de Kioram à Calnogor. Il met seulement cinq heures à accomplir le trajet.
Kioram est aussi la région d'Atvatabar où l'on fabrique le meilleur vin, le *squang*. Les touristes qui y ont goûté le comparent aux meilleurs crus de l'Alaska.

• William Bradshaw, *The Goddess of Atvatabar, Being the History of the Discovery of the Interior World and Conquest of Atvatabar*, New York, 1892.

KIRAN
Ville située sur les berges de l'Oukranos, qui traverse le Monde-du-Rêve* et se jette dans la mer Cérénérienne.
Ses terrasses de jaspe descendent jusqu'aux bords de la rivière et précèdent un beau temple, où le roi d'Ilek-Vad vient une fois l'an, en palanquin doré, prier le dieu d'Oukranos. Tout en jaspe, le temple couvre un arpent de terrain avec ses salles et ses cours, ses tours à clochetons et son mausolée intérieur, où la rivière s'engouffre en empruntant des canaux secrets.
La nuit, quand la lune brille sur le temple, les voyageurs peuvent entendre une voix très douce chanter d'étranges mélodies, mais le roi d'Ilek-Vad est l'unique personne à connaître le sens de cette musique, car il est seul autorisé à entrer dans le temple.

• Howard Phillips Lovecraft, "The Dream-Quest of Unknown Kadath", in *Arkham Sampler*, posth., Sauk City, 1948.

KLED
Immense jungle parfumée du Monde-du-Rêve*, dans laquelle les voyageurs trouveront des palais dormants en ivoire, solitaires, inviolés, qui abritaient jadis de puissants monarques régnant sur une terre dont le nom est oublié. Un sort, jeté par les dieux du Monde-du-Rêve, a protégé ces palais de la ruine. Il est d'ailleurs écrit dans certains livres sacrés de la région que l'on aura, un jour, de nouveau besoin de ces palais. Bien que des troupeaux d'éléphants les aient aperçus de loin, au clair de la lune, personne n'ose s'en approcher, de peur des gardiens qui, selon la légende, veillent dans leur ombre.

• Howard Phillips Lovecraft, "The Dream-Quest of Unknown Kadath", in *Arkham Sampler*, posth., Sauk City, 1948.

KLEPSYDRA
Sanatorium dans l'Est de la Pologne, dit parfois "le sanatorium du sablier". Il est très difficile à atteindre, car il n'y a qu'un train par semaine pour cette destination. Les wagons, spécimens antédiluviens, sont pleins de courants d'air. Certains, aussi grands que des salons, sont remplis de paille et d'ordures semées dans les couloirs, comme si les passagers y avaient dormi pendant des mois.
A Klepsydra, il n'y a pas vraiment de gare, puisque ce n'est qu'un arrêt facultatif. Si le rendez-vous est pris à

l'avance, une voiture attend les visiteurs à la gare. Autrement, la seule manière d'atteindre le sanatorium est de traverser le sombre parc à pied. Les environs sont dominés par une forêt qui couvre les pentes d'une vallée comme un décor de carton-pâte. Au fond de la dépression, le sanatorium est situé derrière une passerelle aux incertaines rampes de bouleau. C'est un grand bâtiment en fer à cheval, dirigé par le Dr Gotard, qui a découvert que le temps était réversible. Grâce à ses recherches, tout, dans la clinique, a l'air de retarder ; les patients que l'on a cru voir mourir ailleurs sont toujours vivants quand ils arrivent. On ne peut cependant complètement occulter leur mort, qui laisse certaines traces dans leur existence.

On encourage les malades à dormir pendant de longues périodes. Comme ils n'ont rien d'autre à faire, cela préserve leur vitalité. Les visiteurs du sana sont souvent choqués par la poussière accumulée ; ils affirment qu'en dépit de la qualité de l'accueil et de la nourriture infirmiers et internes deviennent rapidement indifférents à leur présence. Certains patients prétendent avoir l'impression, en quittant leur chambre, d'être observés, derrière la porte, par quelqu'un qui disparaît aussitôt à l'angle du couloir. On voit souvent des meutes de chiens dans le voisinage. Des chiens noirs, de toutes tailles et de toutes espèces, courant, au crépuscule, dans les sentiers des alentours, vaquant à leurs affaires. Ils ne paraissent pas remarquer la présence des humains, bien qu'ils grondent parfois en les frôlant au passage. Pour des raisons obscures, un énorme chien-loup est enfermé dans une cour, derrière le sana. Il s'agit d'une bête monstrueuse, aussi satanique et sauvage qu'un loup-garou. Un visiteur prétend l'avoir vu prendre une forme humaine.

Le sanatorium est proche d'une cité sans nom, où les rues sont d'ordinaire vides et le ciel toujours assombri. La plupart des boutiques – dont certaines sont tenues par des malades du sana – semblent fermées ou sur le point de l'être. L'air est riche, et d'une douceur lourde, et les visiteurs ont du mal à garder les yeux ouverts ou à lutter contre la somnolence et la léthargie qui s'emparent d'eux peu à peu.

Les habitants de la ville semblent passer la plupart de leur temps à dormir, assoupis aux terrasses des cafés et des restaurants, ou même succombant au sommeil quand ils marchent dans les rues. Ils paraissent n'avoir aucun sens de la continuité du temps et se contentent de mener des existences fragmentaires, en lambeaux. Les femmes et les jeunes filles marchent d'une manière bizarre, en regardant droit devant elles, ignorant tous les obstacles, comme mues par la certitude de leur excellence et de leur supériorité.

Certains bruits circulent selon lesquels la ville aurait récemment été envahie par une armée ennemie. Cet événement aurait poussé des citoyens désenchantés, vêtus de noir, avec des sangles blanches sur la poitrine, à s'armer de fusils et à terroriser la ville entière. On parle d'exécutions et d'incendies, mais à quelle source d'information se fier ?

• Bruno Schulz, *Sanatorium pod Klepsydra*, Varsovie, 1937.

KLORIOLE

Ile montagneuse de l'archipel Riallaro, dans le Sud-Est du Pacifique. Au centre de l'île, un escalier creusé dans le roc permet d'accéder à l'immense bâtiment qui couronne une colline. Les marches partent de la mer et sont tachées du sang de ceux qui n'ont pas réussi à prendre pied sur l'île.

Dès l'arrivée, le visiteur rencontrera de nombreux personnages, vêtus de costumes fantastiques et assis dans les hautes niches. Ils semblent méditer, écrivant ou faisant évoluer des cerfs-volants. Ce sont les acolytes inférieurs du temple de la Renommée littéraire et les cerfs-volants qu'ils lancent transportent leurs écrits jusqu'aux prêtres les plus puissants. Plus haut, derrière de solides barrières, se tiennent les suppliants, et au sommet se prélassent des poètes adipeux. Chaque barrière porte l'inscription suivante : “Ce grand temple ne reconnaît d'autres dieux que ceux qui en ont réussi l'ascension.” Le temple renferme de nombreuses niches : chacune porte la momie d'un poète vainqueur.

Un peu plus loin, à l'intérieur de l'île, dans une profonde vallée, s'étend un cimetière de papier et d'ossements que ratissent constamment les lettrés, à la recherche des reliques du passé. Pour protéger l'approche du côté de la terre, l'île élève un troupeau d'oies sauvages, qui se repaît de jeunes poètes. Les prêtres de Kloriole ont introduit dans les règles de l'écriture tant de formalisme et de précision que la littérature est devenue l'art de ne rien dire ; les babils d'enfants sont même enregistrés comme des compositions littéraires. De temps en temps, des révoltes d'esclaves menacent le pouvoir des prêtres, surtout quand émerge un génie naturel. Ces émeutes prennent fin dès que la nouvelle idole prend place dans le temple.

• Godfrey Sweven, *Riallaro, the Archipelago of Exiles*, New York et Londres, 1901 ; *Limanora, the Island of Progress*, New York et Londres, 1903.

KORSAR

Ville proche de l'entrée du pôle Nord du royaume souterrain de Pellucidar*. Construite à l'embouchure d'un grand fleuve sinueux, la ville est l'un des plus grands ports du continent. Ses bassins grouillent de péniches, de bateaux de pêche et de vaisseaux corsaires. A l'exception de Sari et des communes du Xexotland, Korsar est la seule vraie ville du Pellucidar. Les maisons blanches couvertes de toits de tuiles rouges, les minarets et les dômes bariolés de bleu, de rouge et d'or, et l'immense front de mer où s'active une foule de gens forment un spectacle à ne pas manquer. Le palais du Cid, dont l'architecture et le style portent des traces évidentes de l'influence mauresque, reçut la visite de Lord Greystoke, également connu sous le nom de Tarzan, qui tenta de sauver l'empereur du Pellucidar.

Les Korsars sont des pirates qui s'habillent à la manière des boucaniers espagnols du temps jadis : ceintures voyantes, grandes bottes à revers et casques brillants. Leurs vaisseaux sont d'immenses galions avec des figures de proue peintes de couleurs vives représentant des sirènes ou des femmes nues. Les vaisseaux de Korsar sont, à l'exception de la flotte récemment construite à Sari, les plus efficaces du Pellucidar. Ils sont considérés comme le plus précieux des biens, et voler un bateau ou même une petite barque est passible de mort. L'activité principale des habitants est la piraterie. Ils entretiennent cependant quelques relations commerciales avec d'autres îles dont Hime.

L'origine des Korsars est mal définie. Ils descendent probablement de l'équipage d'un bateau pirate, qui découvrit l'entrée polaire du Pellucidar et s'établit sur ce continent. Cela expliquerait le style de leurs maisons, leur architecture navale et le titre de leur chef : le Cid. Selon les légendes korsars, les fondateurs de la race viendraient d'une mer prise par les glaces.

Les Korsars sont des Blancs qui méprisent les autres peuples. Ils sont cruels, prompts à s'enflammer, à tuer, et à torturer leurs prisonniers par plaisir. La plupart des captifs sont exécutés sur-le-champ, mais certains sont ramenés à Korsar, jetés dans d'obscurs cachots situés sous le palais du Cid, et abandonnés dans les ténèbres, au milieu des serpents et des rats géants qui infestent ces prisons sinistres. Accoutumés à un soleil perpétuel, les Pellucidariens trouvent que cette torture est la pire de toutes.

Au nord de Korsar, la végétation tropicale typique du Pellucidar cède peu à peu la place à une flore comparable à celle que l'on trouve dans le Nord du Canada ou en Scandinavie. Les forêts de cèdres et de pins sont remplacées par des steppes battues par les vents, où ne poussent que quelques arbres rabougris. Tout à fait au nord se trouve une mer qui n'a jamais été explorée et, de la côte septentrionale, on aperçoit le soleil qui illumine la Terre, seul lieu du Pellucidar où cet astre soit visible.

• Edgar Rice Burroughs, *Tarzan at the Earth's Core*, New York, 1930 ; *Tanar of Pellucidar*, New York, 1930 ; *Land of Terror*, New York, 1944.

KOSEKIN

Contrée s'étendant sous l'Antarctique, décrite pour la première fois au début du XIXe siècle par Adam More, de Cumberland, qui rédigea la chronique de son voyage et l'enferma dans un cylindre de cuivre avant de le jeter à la mer. Le manuscrit fut découvert le 15 février 1850, près de Ténériffe, puis publié.

Après avoir traversé l'Antarctique, le voyageur arrivera en vue d'une côte sinistre, habitée par de petits hommes noirs, maigres et laids, aux longs cheveux nattés. Il est préférable de ne pas débarquer, car ce peuple est friand de chair humaine. S'il se laisse porter par les courants, le visiteur parviendra à un canal souterrain aboutissant à une mer également souterraine, infestée de monstres marins aux cous de serpents, aux dents acérées et aux queues cinglantes.

C'est sur cette mer que se trouve le pays de Kosekin. Sur un fond de prés glacés se déploie un paysage de champs cultivés, de belles forêts de fougères géantes coupées de villes populeuses, de routes, de cultures en terrasses, de longues files d'arcades, de pyramides et de murs fortifiés. Le climat est chaud et la faune, intéressante. Des oiseaux sans ailes, forts comme des bœufs, sont harnachés pour tirer les voitures et courent plus vite que des pur-sang. On y trouve également l'*athaleb*, un animal glouton, que l'on classe à mi-chemin entre la chauve-souris et le crocodile ailé. La ville principale du pays de Kosekin est bâtie à flanc de montagne. La plupart des maisons ont des toits pyramidaux.

Les intérieurs ressemblent à des grottes. Du plafond voûté pendent des lampes dorées et les murs sont ornés de riches tapisseries. Le sol est jonché de tapis, de coussins moelleux, de divans profonds et d'ottomanes.

Les Kosekins sont petits, sveltes, avec des cheveux noirs et drus. Etant donné que le soleil est éclatant, ils ont la vue fragile, aussi gardent-ils les yeux mi-clos. Tous les six mois, ils partent à la "chasse sacrée". Leur gibier est un monstre marin, qui a une tête d'alligator, un cou long de vingt pieds, un corps cuirassé et de formidables nageoires. Les Kosekins le criblent de javelots et font preuve d'une intrépidité qui peut paraître suicidaire ; ils considèrent la mort comme une excellente chose. De nombreux rites funéraires ont lieu dans le Cheder Neblin, dit caverne de la Mort, où une multitude de lampes

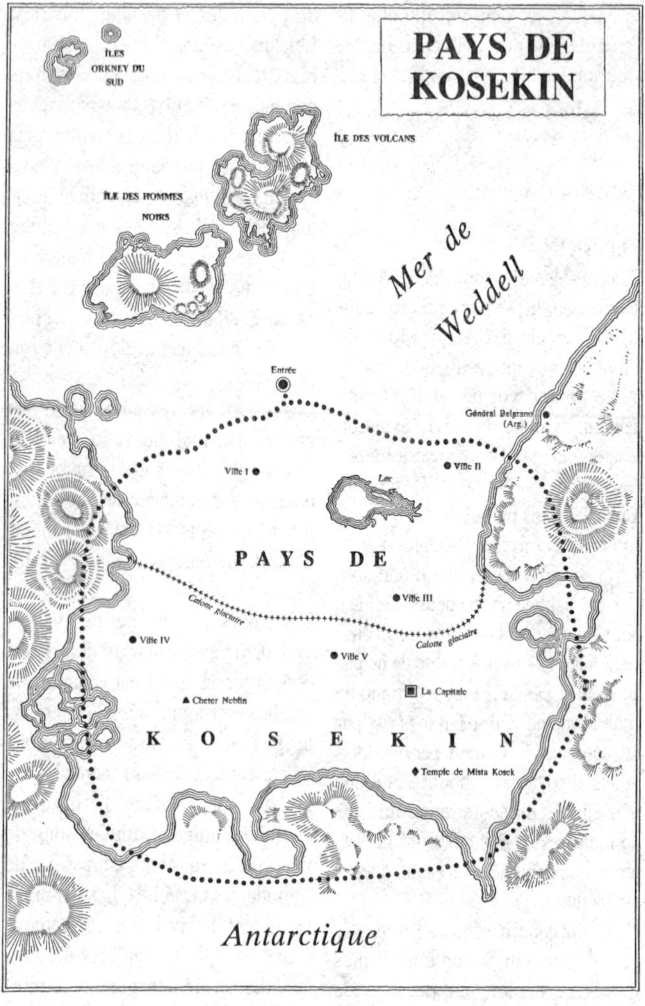

diffusent une lumière tamisée. Les sacrifices ont lieu lors de la fête des six mois aux chants de *Sibgu Sebgin ! Ranenu ! Hodu Lecosk !* ("Sacrifions les victimes et réjouissons-nous ! Remercions l'obscurité !") La venue de la Saison sombre est célébrée à la Mista Kosek, ou fête de l'Obscurité,

Salon en forme de grotte d'une demeure citadine au pays de Kosekin.

dans une vaste crypte ressemblant à une cathédrale gothique. On peut rapprocher la langue kosekin de l'arabe. L'écriture possède des caractères irréguliers et isolés comme les caractères d'imprimerie. Les lettres de l'alphabet sont P K T B G D F Ch Th M L N S H et R, plus trois autres qui n'ont pas d'équivalent en français. Les voyelles sont rajoutées à la lecture. Les livres sont en papyrus.

La poésie kosekin chante l'amour malheureux. Il existe ainsi des odes à la défaite et non à la victoire, car il est glorieux pour une nation de se sacrifier à une autre. Les poèmes célèbrent les balayeurs des rues, les éboueurs, les allumeurs de réverbères, les laboureurs et, bien sûr, les indigents. La musique en est triste et lancinante, jouée sur des guitares carrées à douze cordes.

Différentes espèces de volailles au goût de dinde, d'oie et de perdrix, constituent la base de la cuisine. Les Kosekins boivent des eaux sucrées, du vin doux et un alcool léger, à peine fermenté.

• James De Mille, *A Strange Manuscript Found in a Copper Cylinder*, New York, 1888.

KOUPHONISI

Proche de l'île de Symi, dans le Dodécanèse, à la frontière de l'Asie Mineure, cette île est rocailleuse et déserte, à l'exception des mines de plomb où triment des ouvriers presque réduits à l'esclavage. Le contremaître, Epaminondas, a l'habitude de cocher, sur des règles, les souvenirs marquants de sa vie. On lui en vola une, ce qui le mit au désespoir, car il fut incapable de retrouver le souvenir marquant d'un certain mois d'avril. Les voyageurs seront accueillis par la vieille Taria Tarella, dans une bicoque où l'hôtesse confectionne d'infâmes spaghettis, qu'il faudra manger comme si c'était le mets le plus délicat du monde. Dans le désert pierreux de l'île pousse, une fois tous les dix ans, une orchidée appartenant vraisemblablement au genre *Serapias.*

• André Dhôtel, *Ce lieu déshérité*, Paris, 1949.

KRADAK

Une des îles de la Sagesse*, dans le Pacifique nord. Les livres du monde entier sont à la source de sa culture. Les habitants s'habillent comme ils le désirent, sans respect pour la mode. On voit des hommes en tablier de cuir, hauts-de-forme brillants et dentelles multicolores. Les jeunes femmes portent volontiers un mélange de tenues d'infirmière, de cocotte et de paysanne. La grande occupation des habitants est la recherche du plaisir, souvent lié à la douleur et même à un certain masochisme. La loi, totalement neutre, n'interdit ni n'encourage les recherches dans ce domaine. Les visiteurs seront donc libres de passer leur temps couchés sur un lit de clous, délicieusement battus par une plantureuse walkyrie. Ils peuvent préférer lire quelques pages choisies de Schopenhauer.

La philosophie de l'île cherche à révéler l'amoralité de la nature et à libérer l'homme, en encourageant la recherche de sensations et d'idées nouvelles. Les découvertes les plus originales sont récompensées par une flagellation publique. Le ministère de la Sélection envoie sur l'île de Gulliu les êtres anormaux ou étranges, afin qu'ils donnent naissance à une race nouvelle à la pensée illogique. L'arithmétique a déjà évolué : 2 + 2 font maintenant 5, attribuant ainsi aux nombres des valeurs flottantes. Mais c'est là un processus courant dans d'autres pays tels l'Argentine, l'Iran, le Chili, la Pologne ou le Butua.

Les visiteurs seront plus étonnés par la nourriture servie sur l'île : les combinaisons d'aliments sont multipliées à l'infini. On y sert, par exemple, du fromage de chèvre fondu avec des sardines grillées, une langue de bœuf nappée de crème à la vanille et, plat très populaire, une salade de feuilles de coca, appréciée pour ses effets hallucinogènes.

Les cigarettes vendues sur l'île contiennent peu de tabac mais beaucoup de jusquiame, de ciguë, de pissenlit et deux narcotiques proches de la nicotine : la scille et la daème. Pour échapper à tout risque d'accoutumance, il serait plus prudent d'apporter vos propres cigarettes.
Kradak est aussi surnommée "l'île des Perversions".

• Alexander Moszkowski, *Die Inseln der Weisheit, Geschichte einer abenteuerlichen Entdeckungsfahrt*, Berlin, 1922.

KUKUANALAND

Vaste plateau au sud de l'Afrique centrale, entouré par les monts Suliman qui forment une barrière impénétrable. Là s'élèvent deux montagnes de cinq mille mètres de haut, connues sous le nom de Seins de Saba.
Les habitants, originaires du Zoulouland, parlent un zoulou qui correspond à peu près au français de Villon par rapport au français moderne. Ce peuple descendrait des mineurs que Salomon fit venir pour extraire ses trésors. Les Kukuani sont beaux, fiers et courageux. Ils mesurent environ deux mètres et portent des coiffures ornées des plumes noires de l'oiseau sakabwla.

• Henry Rider Haggard, *King Solomon's Mines*, Londres, 1886.

KUMMEROW

Village de Basse-Poméranie, encerclé de montagnes, dont les habitants ne peuvent supporter les baptêmes. Prétextant qu'il faut être absolument pur avant de baptiser les catéchumènes, les Kummerowiens plongèrent les envoyés du Seigneur dans les eaux glacées d'un ruisseau voisin et les firent patienter des heures dans le froid, jusqu'à ce qu'ils s'évanouissent et oublient complètement la cérémonie qu'ils étaient venus accomplir.
Aujourd'hui, les voyageurs sont autorisés à assister à la fête au cours de laquelle le roi de Kummerow est choisi parmi ceux qui restent le plus longtemps dans les eaux glacées.

• Ehm Welk, *Die Heiden von Kummerow*, Berlin, 1937.

KUNLUN

Montagne de Chine, une des deux capitales basses de l'Empire céleste. Elle est gardée par Lu Wu, une créature à neuf queues, au corps et aux griffes de tigre, et au visage humain. Le mont Kunlun mesure des milliers de mètres de haut et s'étend sur deux cent cinquante mètres carrés. Il pousse sur son sommet un arbre de quinze mètres de haut que cinq hommes, se donnant la main, ne pourraient embrasser.
C'est là qu'habite la reine mère de l'Ouest, un monstre qui a une queue de léopard, des dents de tigre, une voix stridente, et porte une tiare scintillante sur sa tignasse.

• Anonyme, *Le Livre des montagnes et des mers*, IVe siècle av. J.-C.

L

LAÏQUHIRE

Grande île de l'Atlantique nord, divisée en deux régions naturelles : les Hautes-Terres et les Basses-Terres. Les habitants des montagnes, ou divinités invisibles, se matérialisent parfois pour participer aux activités humaines. Ils peuvent, selon leur choix, prendre l'apparence d'un homme ou d'une femme. Ces déités utilisent un langage sacré, où abondent superlatifs et hyperboles. Les dilois des Basses-Terres sont subordonnées aux fantaisies des dieux qui envoient des messagers aux insulaires quand ils désirent de la compagnie ou des divertissements.

Le voyageur atteignant les Hautes-Terres devinera, d'après l'accueil qui lui sera réservé, le sort qui l'attend. Si on l'oint d'un baume fortement parfumé, il peut considérer qu'il est sauf, car ce baume est le signe distinctif des déités et leur permet de s'annoncer, tout en restant invisibles. On ne sait rien de plus.

• Anonyme, *Voyage curieux d'un philadelphe dans des pays nouvellement découverts*, La Haye, 1740.

LAISSEDONCLECIELENPAIX

Endroit très calme, quelque part entre l'Autre-Fin-de-Nulle-Part* et les Contes-de-Bonne-Femme. Le soleil y aspire l'eau de la mer jusqu'à former des colonnes de vapeur que le vent noue en nuages ouvragés comme de la dentelle de Chantilly. L'effet de ces objets, suspendus en plein ciel et évoquant Crystal Palace, est fort apprécié des visiteurs.

• Charles Kingsley, *The Water-Babies : A Fairy Tale for a Land-Baby*, Londres, 1863.

LAIT, île du, voir CASEOSA

LAMARY

Petite île de l'océan Indien. Le climat est si chaud que les indigènes y vivent nus. Les femmes, tout comme les terres et la propriété, sont mises en commun. Les habitants de Lamary sont cannibales. Ils achètent à des marchands des enfants qu'ils engraissent, avant de s'en régaler. C'est, d'après eux, la viande la plus savoureuse du monde. Quelquefois, en cas d'extrême nécessité, ils croquent aussi les marchands.

• Sir John ou Jehan de Mandeville, *Voiage de Sir John Maundevile*, Paris, 1357.

LAMIAM, ou IANICUM, ou CUBA

Ile de la mer d'Oman voguant sous un soleil de plomb. Issus d'une race de géants anthropophages, les habitants vivent à peu près nus dans des grottes.

Un des principaux attraits de Lamiam est la tour des Deux-Dragons, érigée au sommet d'une colline, et sous laquelle gît une mine d'or. Gardée par deux dragons, cette tour renferme

Tour des Deux-Dragons à Lamiam.

des icônes en bois, représentant ces monstres. La coutume exige de ceux qui veulent s'emparer de l'or le sacrifice de leurs parents, dont le sang doit gicler sur les icônes.

A faible distance de Lamiam flotte une île qui, selon la légende, est une portion de paradis emportée par le Gange. Cette île est riche en pierres précieuses, en or et en épices. La population, éparse, est odieuse. Les femmes ont la langue couverte de vers, dont elles se débarrassent à l'aide de couteaux en silex. Les blessures sont soignées avec des herbes, et les vers, vendus aux Italiens qui les utilisent pour faire du poison. Il est fortement conseillé aux Français d'éviter cet endroit depuis que des voyageurs, venus de France, y ont été écorchés comme des lapins.

• William Bullein, *A Dialogue both Pleasant and Pitiful, Wherein Is a Goodly Regimente against the Fever Pestilence, with a Consolation and Comfort against Death*, Londres, 1564.

LANTERNOIS

A quatre jours de navigation du pays de Satin*. Lorsque les visiteurs approchent du port, ils peuvent reconnaître la lanterne du phare de La Rochelle, de même que celles du Pharos, de Nauplie et d'Acropolis. Les habitants de l'île, les Lychnobiens, sont des lanternes, lorsqu'ils sont femelles, et des falots, quand ils sont mâles. Les seuls autres îliens travaillent tard dans la nuit et vivent des lanternes comme les moines vivent des nonnes. Ce sont gens laborieux et méritants, en compagnie desquels Démosthène passa, une fois, toute la nuit à lire. La reine est servie par des lanternes d'honneur : la lanterne d'Aristophane et la lanterne de Cléanthe. Elle est vêtue de damasquinure, doublée et incrustée de gros diamants. Les lanternes de Sang royal préfèrent le strass ou le stuc doré, tandis que les dames de la cour portent du papier et de la toile cirée. Les falots s'habillent aussi selon leur rang et l'ancienneté de leur maison. Parmi les splendeurs de la cour, une lanterne prédomine : celle d'Epictète, pour laquelle on a déjà refusé trois mille drachmes. La lanterne du Droit se reconnaît à la jolie touffe de soie pourpre qu'elle porte sur la tête. Deux autres lanternes se distinguent par des seringues à clystère, portées à la ceinture ; ce sont les Grandes et les Petites Lumières des Pharmaciens.

A la mi-mai, on donne une grande fête. C'est alors que se règlent les affaires importantes du pays. Assistent à cette manifestation toutes les lanternes du monde. Elles paradent deux par deux dans la salle du trône, où la reine est assise sur une haute chaise couverte d'un tissu d'or, sous une panoplie de satin pourpre, incrustée d'or et de pierres précieuses. Lorsque l'on a fini de traiter les affaires de l'Etat, les lanternes participent à un banquet, cérémonie au cours de laquelle sont servis des mets inoubliables.

Tous les événements importants de Lanternois se déroulent de nuit. Selon l'adage qu'il n'est de bonne chère que de nuit, aucun voyageur ne devrait manquer le délicieux spectacle des lanternes sortant en compagnie de leurs falots.

• Anonyme, longtemps attribué à Rabelais, *Panurge, disciple de Pantagruel*, Paris, XVIe siècle.
• François Rabelais, *Le Cinquiesme et Dernier Livre des faicts et dicts héroïques du bon Pantagruel*, Paris, 1564.

LAPINVILLE

Ville entourée d'une haute muraille de marbre. Par l'unique portail que l'on appelle "le Guichet", on examine attentivement tous les visiteurs. Les étrangers ne sont admis à Lapinville, refuge des lapins blancs de la forêt, que s'ils ont des lettres d'introduction d'Ozma d'Oz* ou de Glinda la Bonne Sorcière.

Lapins et lapines blanches y portent de riches habits de soie et de satin de couleur, rehaussés de pierres précieuses. Les lapines se parent de robes d'une rare splendeur et de bonnets à plumes, piqués çà et là de gemmes. Pour pénétrer dans la ville, il suffit qu'un coup de baguette magique vous réduise à la taille d'un lapin.

• Lyman Frank Baum, *The Emerald City of Oz*, Chicago, 1910.

LAPUTA

Ile flottante ou volante errant au-dessus de l'île de Balnibarbi*. Laputa est circulaire, a trois mille neuf cent dix-neuf toises de diamètre, et une surface totale de quarante mille hectares.

Le fond de l'île est un socle en acier d'une épaisseur de quatre cents pieds, recouvert par les strates habituelles de minéraux et par une couche de terre végétale riche et fertile. Les pentes s'inclinent vers le centre de l'îlc où quatre grands bassins recueillent les eaux de pluie. Quand l'évaporation naturelle n'est pas suffisante et qu'ils débordent, on élève l'île au-dessus des nuages de pluie. Les côtés de l'île flottante sont percés d'escaliers et de galeries qui rendent Laputa accessible du dessous. Les communications avec Balnibarbi sont assurées par des messages descendus au bout de ficelles. La nourriture et la boisson sont hissées grâce à des palans. La pêche se pratique à partir de la plus basse des galeries. Au centre de l'île s'ouvre une crevasse d'environ vingt-cinq toises de diamètre, par laquelle les astronomes laputiens descendent dans une vaste grotte, appelée *Flandona Gagnole* ou caverne des Astronomes.

Cette grotte est située à environ une cinquantaine de toises au-dessous de la surface du socle d'acier. Elle est éclairée par vingt lampes, qui brûlent sans cesse. En se réfléchissant sur l'acier, la lumière vive éclaire tous les recoins de la caverne qui est remplie de sextants, de cadrans, de télescopes, d'astrolabes et autres instruments d'astronomie. L'objet le plus curieux (celui dont le sort de l'île dépend) est un aimant d'une taille prodigieuse, dont la forme ressemble à une navette de tisserand, long de trois toises environ. Cet aimant est traversé en son milieu par l'axe d'acier, autour duquel il tourne ; il est équilibré avec une telle justesse qu'une simple pression de la main peut le mettre en mouvement. Il est entouré d'un cylindre d'acier creux, de six toises de diamètre, placé à l'horizontale et reposant sur huit pieds d'acier de trois toises de haut chacun. Les deux extrémités de l'axe s'emboîtent dans une rainure entaillée au milieu de la face concave du cylindre.

Aucune force au monde ne peut déplacer la pierre aimantée, étant donné que le cylindre et ses supports font partie du socle d'acier – le fond même de l'île. C'est grâce à cet aimant que l'île monte, descend et se déplace d'un point à un autre. En effet, l'une des extrémités de la pierre est fortement attirée vers Balnibarbi, le pôle d'attraction, tandis que l'autre extrémité constitue le pôle de répulsion. Si le pôle d'attraction est tourné vers le bas, l'île descend vers la Terre. Dans le cas inverse, elle monte vers le ciel. Quand la position de la pierre est oblique, l'île se déplace de biais, le champ magnétique se constituant toujours parallèlement à la direction de l'aimant, mais quand la pierre est parallèle au plan de l'horizon, l'île reste immobile : dans ce cas, les deux pôles étant à égale distance de la Terre, les forces d'attraction et de répulsion s'annulent, et aucun mouvement n'est plus possible.

Cet aimant est manœuvré par les astronomes, qui l'orientent selon les indications du roi. Ils passent une grande partie de leur vie à observer les corps célestes, à l'aide de télescopes beaucoup plus perfectionnés que ceux que l'on trouve aujourd'hui en Europe ou au Japon.

Les voyageurs remarqueront que les gens de Laputa ont la tête penchée soit à droite, soit à gauche, un œil tourné vers l'intérieur et l'autre fixé sur le zénith. Constamment absorbés par leurs spéculations, il leur faut un stimulus pour parler ou être attentifs aux paroles des autres. Aussi les riches ont-ils des serviteurs, des donneurs de claques ou *climenodes*, qui portent des outres remplies de petits cailloux ou de pois secs. Ils se servent de ces projectiles pour frapper gentiment la bouche de celui qui parle et l'oreille droite de celui qui est censé écouter. Ils collent aussi des œillères à leurs maîtres pour les empêcher de buter sur les obstacles et de se cogner à leurs congénères.

Les seules préoccupations des Laputiens sont la musique, les mathématiques et l'astronomie. Ils ont répertorié l'existence de dix mille étoiles fixes et découvert des satellites jumeaux de Mars. Leurs observations leur permettent de calculer avec exactitude les mouvements des quatre-vingt-treize comètes qu'ils connaissent.

Cette virtuosité théorique ne s'assortit d'aucun sens pratique. Dans la vie quotidienne, les Laputiens sont extrêmement maladroits : leurs maisons n'ont ni angles, ni murs droits, les maçons étant incapables de comprendre la complexité des plans. De même, pour les vêtements, les mesures sont prises au compas et soigneusement notées, mais les effets eux-mêmes sont la plupart du temps mal ajustés, les tailleurs étant incapables de calculer correctement.

Les Laputiens s'inquiètent avant tout des changements qui surviennent dans la nature, du comportement des corps célestes et de leur influence sur la Terre. Ils se font, par exemple, un sang d'encre à l'idée que le Soleil se rapproche constamment de la Terre et risque de carboniser la planète. Très querelleurs, ils ne supportent pas la contradiction. Ils n'ont aucune idée de ce que sont l'imagination, la fantaisie ou l'invention. Ces mots n'existent d'ailleurs pas dans leur langue, par ailleurs douce et fort agréable à entendre, assez semblable à l'italien, puisque le vocabulaire fait souvent partie du domaine de la musique et de celui des mathématiques. Cet intérêt se retrouve jusque dans la nourriture. Les ingrédients n'ont rien d'exceptionnel, mais les plats ont des formes mathématiques ou musicales : le mouton est découpé en triangles équilatéraux, les canards sont troussés en forme de violon et les saucisses ressemblent à des flûtes.

Les femmes de Laputa ont du tempérament et très envie de voir le monde, ce qu'elles ne peuvent faire sans le consentement du roi. Elles prennent d'ordinaire les hommes de Balnibarbi pour amants, ce qui leur est d'autant plus facile que leurs maris sont toujours absorbés dans leurs pensées. Les voyageurs puritains seront certainement choqués par ce que peuvent faire une femme laputienne et son amant devant un mari trop pauvre pour se payer un donneur de claques, mais suffisamment riche pour s'acheter des papiers et des instruments mathématiques.

• Jonathan Swift, *Travels Into Several Remote Nations of the World. In Four Parts. By Lemuel Gulliver, First a Surgeon, and then a Captain of Several Ships*, Londres, 1726.

LE DOUAR

Ile au large de la côte bretonne, engloutie au XIIIe siècle par la mer, après avoir été retournée comme une coquille de noix. La barrière montagneuse qui la ceinturait forma alors une sorte de gigantesque cloche sous laquelle les habitants du Douar vécurent en parfaite harmonie. Au cours des siècles, leur organisme s'est adapté aux conditions physiologiques nouvelles créées par la pression de l'eau. Ils se nourrissent d'une espèce de grand champignon qu'on ne trouve nulle part ailleurs, et s'éclairent avec du radium, dont ils ont éliminé les effets nocifs.

Les visiteurs seront surpris du développement technologique de l'île car, dès 1747, les habitants avaient inventé le sous-marin avec lequel ils voyagent dans le lit de l'Océan. L'île du Douar fut découverte par les Anglais, qui la pillèrent. Les habitants demandèrent aide et protection aux Français, si bien que l'île appartient désormais à la France.

• Joseph Henri Boex Rosny aîné, *L'Enigme du "Redoutable"*, Paris, 1930.

LEIXLIP

Château qui s'élève près de Dublin, en Irlande, et qui appartient, aujourd'hui encore, à une ancienne et honorable famille irlandaise, celle des Colonny. En s'adressant aux descendants actuels, il est possible d'obtenir, par un bail de trois ans, la location du château, demeuré inoccupé depuis deux siècles. Le grand avantage, c'est que le château donne l'impression de se trouver à des centaines de kilomètres de Dublin et de tout lieu habité, alors qu'il dresse fièrement ses tours, à la fois dignes et délicates, à une dizaine de kilomètres de la capitale de la république.

En venant de Lucan, on y accède aisément par le pont de Leixlip, dont l'arche unique enjambe la Liffey. Depuis ce pont trapu, qui dissimule un coude de la rivière, on découvre soudain un paysage admirable, qui forme le plus beau parc du monde. Alerte, la rivière enserre avec adresse le château, avant d'aller se recueillir, calme et posée, auprès des murs bas de la chapelle. Elle s'élargit ensuite, s'étale sous la tonnelle et longe une barque à fond plat, tout en se laissant caresser par une brise, qui frise les sous-bois. C'est là une vision inoubliable, faite de sérénité et d'éternité heureuse. Le locataire sera ravi de flâner parmi une végétation luxuriante, au long des sentiers en terrasse du domaine de Leixlip, et d'admirer la savante disposition des bosquets ou les temples grecs, perchés sur les collines.

Néanmoins, il convient de garder en tête, durant toute la visite ou à peine aura-t-on loué le château, que jadis, à la suite d'une innocente promenade, une intelligente et belle jeune fille, héritière de Sir Redmond Blaney, un baron, premier locataire du lieu, fut soumise à un sortilège, sur lequel toute la lumière n'a pas encore été faite. Il faut aussi conserver en mémoire, chaque fois que l'on se rend à la cuisine, qu'il est possible d'y entrevoir, fût-ce de manière diffuse, Jane Blaney, qui réapparaît, frigorifiée et affamée, au retour de sa promenade d'il y a deux siècles. Que le locataire n'oublie jamais qu'il trouvera, dans l'une des chambres du château, les traces du crime commis par le mari de la sœur aînée de Jane Blaney le jour même de son mariage, lorsqu'il égorgea sa jeune épouse avant de se faire justice. Le nouveau locataire pourra enfin relever les témoignages d'un autre forfait, dans l'une des pièces de l'aile opposée, bien qu'il s'agisse là d'un assassinat perpétré en Ecosse. Ce nouveau drame causa la ruine d'Anne, la troisième fille du baron.

Il est donc aisé de se voir confirmer, lors d'un court séjour, que le château est bien hanté et qu'une malédiction pèse sur lui pour l'éternité.

• Charles Robert Maturin, *Le Château de Leixlip*, Dublin, 1820.

LÉONIE

Ville remise à neuf tous les jours. Chaque matin, les voyageurs se réveillent dans des draps frais, se lavent avec un savon tout droit sorti de son emballage, portent des vêtements flambant neufs, prennent, dans le réfrigérateur de l'année, des pots de lait inentamés, tout en écoutant le refrain en vogue sur un poste de radio dernier modèle.

Sur les trottoirs, enfermés dans des sacs de plastique impeccables, les restes de la Léonie d'hier attendent les ramasseurs des poubelles qui contiennent, outre des tubes de pâte dentifrice aplatis, des emballages, des bouilloires, des encyclopédies, des pianos et des services de vaisselle en porcelaine.

Ce n'est pas seulement aux produits manufacturés, vendus ou acquis quotidiennement, que l'on peut mesurer l'opulence de Léonie, mais plutôt d'après les choses qui y sont jetées chaque jour, afin de faire place à d'autres.

Certains voyageurs se sont demandé si la véritable passion de Léonie était réellement, comme les habitants l'affirment, le plaisir de posséder du neuf, du différent, et non pas, plutôt, la joie de rejeter, d'exclure, de se débarrasser d'une impureté récurrente. Le fait est que les éboueurs sont accueillis ainsi que le seraient des anges, et que leur travail de déblai des résidus de la veille est entouré d'un silence respectueux, comme s'il s'agissait d'un rituel qui inspirerait de la dévotion, peut-être parce qu'une fois les objets jetés plus personne n'aime à leur accorder une pensée. Nul ne se demande où l'on dépose, tous les jours, ce qui a été rejeté. Hors de la ville, sans doute, mais puisque la ville s'agrandit chaque année, les ramasseurs de poubelles doivent s'en aller sans cesse plus loin. Le volume des ordures s'accroît et les piles deviennent plus hautes, se prétrifient, s'étendent dans un périmètre plus étendu. Et puis, à mesure que Léonie montre plus de talent pour fabriquer de nouveaux matériaux, les ordures se perfectionnent, résistent au temps, aux éléments, aux fermentations, aux combustions. Ainsi une forteresse de déchets indestructibles cerne-t-elle Léonie.

Les immondices de Léonie envahiraient le monde peu à peu si, derrière la crête des énormes tas qu'ils constituent, les balayeurs des rues d'autres pays ne se pressaient, poussant de leur côté des montagnes de débris devant eux. Peut-être le monde entier, par-delà les limites de Léonie, est-il recouvert de cratères d'ordures, chacun entourant une métropole en constante éruption. Les frontières entre les villes étrangères – hostiles – sont envahies de remparts, où les détritus de chacun supportent ceux de l'autre. A mesure que l'altitude s'élève, le danger d'un glissement de terrain augmente, une boîte de conserve, un vieux pneu, pourraient désormais suffire à entraîner à leur suite, s'ils tombaient, une avalanche de chaussures dépareillées, d'anciens calendriers, de fleurs fanées, qui submergeraient la

Les tours de Scaricrotariparagorgouleo, capitale de Letalispons.

ville d'un passé qu'elle a en vain tenté de rejeter, un passé qui se mêlerait à celui des autres villes, enfin nettoyées. Un cataclysme aplatirait alors les chaînes de montagnes sordides, effaçant toute trace de la cité toujours vêtue de neuf. Dans les villes voisines, tous sont déjà prêts : ils attendent avec des bulldozers pour aplanir le terrain, pénétrer dans le nouveau territoire, s'y répandre, et rejeter, plus loin encore, de nouvelles ordures.

• Italo Calvino, *Le città invisibili*, Turin, 1972.

LERNA

Université située à quelque vingt kilomètres de la cité d'Umsk, en Suisse, et à cinq heures de Genève par le train. Vingt-quatre hommes identiques, venus des diverses parties du monde, y poursuivent d'étranges expériences sur les lois secrètes de l'univers. Construite au XVIIe siècle par des moines bénédictins, cette université est bâtie au sommet d'une colline encerclée par quatre pics.

• Angel Bonomini, *Los Novicios de Lerna*, Buenos Aires, 1972.

LESTRYGON

Pays situé sous le bourg de Lamos, en haute Télépyle. Le port, bien connu des marins, est entouré d'une double falaise à pic et sans coupure. Tout autour se dressent deux caps allongés d'accès difficile.

Les Lestrygons ne méritent aucune confiance : les visiteurs sont en effet le plat de résistance du banquet donné pour les accueillir.

• Homère, *Odyssée*, IXe-VIIIe siècle av. J.-C. env.

LETALISPONS

Ile rocheuse du Pacifique, proche de Juan Fernández, et en partie recouverte d'épaisses forêts. Au centre s'élève une haute montagne, territoire de chasse des ours sauvages.

Les habitants (qui se nomment entre eux Cérébellites ou Têtes de Vers) parlent l'espagnol, un reliquat de la domination chilienne. Ils sont vêtus de satin vert et croient en la transmigration des âmes. Hommes et femmes vivent à peu près cent vingt ans, sans devenir des vieillards. Quand ils atteignent la soixantaine, ils rajeunissent et reprennent toute leur vigueur. Ce peuple ne connaît ni excès ni passion. Le théâtre cérébellite, très populaire, est joué par des marionnettes. Les pièces sont très courtes.

Les Cérébellites n'ont pas d'ennemis, car rien ne les offense. Leurs lois sont simples : 1) toujours suivre sa pensée première et n'en avoir jamais de seconde ; 2) penser différemment des autres ; 3) le bon goût est un sixième sens ; 4) apprendre un bon nombre d'histoires par cœur et parler beaucoup ; 5) ne jamais penser avant de s'exprimer ; 6) discourir d'une manière nouvelle et originale.

La capitale de Letalispons est Scaricrotariparagorgouleo. Située dans les montagnes, elle est alimentée en eau par des canaux. Des vignobles tapissent les rives des torrents limpides et de petites cascades dégringolent le long des rues. Les immeubles, de minces tours aériennes exposées aux éléments et couronnées de girouettes, ainsi que d'instruments utilisés pour mesurer la progression de la Lune, sont absolument extraordinaires.

• Pierre François Guyot, abbé Desfontaines, *Le Nouveau Gulliver ou Voyage de Jean Gulliver, fils du capitaine Gulliver. Traduit d'un manuscrit anglois par M. l'abbé de L. D. F.*, Paris, 1730.

LEUKE

Ile de la mer Noire, en face de l'embouchure du fleuve Dniestr en URSS. La légende raconte que Poséidon la fit jaillir de la mer pour que Thétis y enterrât le corps de son fils, Achille, à qui un temple fut alors dédié. Ni prêtres ni esclaves n'entretiennent le temple du demi-dieu, mais de grands oiseaux blancs viennent se lamenter, chaque jour, sur son tombeau. Ils plongent leurs larges ailes dans l'eau pour ensuite en asperger les murs du temple. Les visiteurs pourront entendre les marins qui viennent, avant tout voyage périlleux, lancer ainsi leur invocation : “O bleue Thétis, ô Thétis de la mer ! Grand est le fils que tu as porté, Achille, dieu et homme à la fois. Son humaine nature disparut dans la plaine de Troie, mais la divine nature que tu lui as donnée est abritée par les eaux.”

• Arctinos de Milet, *L'Ethiopide*, VIIIe siècle av. J.-C.

• Strabon, *Géographie*, Ier siècle av. J.-C.

• James Branch Cabell, *Jurgen. A Comedy of Justice*, New York, 1919 ; *Figures of Earth. A Comedy of Appearances*, New York, 1921.

LIBÉRIA

(A ne pas confondre avec la république africaine du même nom.) Ville côtière de l'île Hoste, près de la Terre de Feu. Elle a été fondée par un groupe de marins naufragés, dont le bateau, le *Jonathan*, avait sombré dans les eaux glacées de ces parages, au cours de la nuit du 15 au 16 mars 1881. Comme le bateau avait été équipé de tout le matériel nécessaire pour établir une petite communauté au Mozambique, l'équipage parvint à en sauver une partie et à la rapporter au rivage.

A cette époque, vivait sur l'île un curieux misanthrope, anarchiste européen, dont on disait qu'il était de sang royal et que les indigènes appelaient Kaw-Djer, mot qui signifie "ami" ou "bienfaiteur". A contrecœur, il aida les naufragés à édifier un campement sur la côte de la baie de Scotchwell. Quelques mois plus tard, un bateau de guerre chilien accosta sur l'île : il fut proposé aux nouveaux colons de conserver les terres sur lesquelles ils s'étaient établis et de demeurer à Hoste. Le Chili, qui venait de signer un accord avec l'Argentine à propos de la Terre de Feu, espérait que l'installation d'une colonie sur l'une de ces îles inciterait les Chiliens à y affluer. C'est ainsi que naquirent la République hostelienne et Libéria, le campement initial, qui allait en devenir la capitale.

En raison des nombreuses querelles mineures et des rixes qui ne manquèrent pas d'éclater entre les habitants de la république, Kaw-Djer accepta d'être nommé gouverneur, ce qui procura à l'île une certaine stabilité. Il engagea des pourparlers avec le Chili, afin de construire un phare tout près de l'île Horn, et refoula une invasion des terribles Patagons.

Aux environs de 1890, la République hostelienne avait élaboré un solide réseau commercial avec le Chili, l'Argentine et l'Europe, et Libéria était devenue une capitale florissante. On y comptait (outre le splendide palais du gouverneur) deux imprimeries, un théâtre, une poste, une église, deux écoles, une caserne et un tribunal. Une centrale hydroélectrique fournissait l'énergie nécessaire aux usines et à l'éclairage des rues.

Au matin du 6 mars 1891, un groupe de chasseurs découvrit un filon d'or au pied des Sentry Boxes, montagnes situées à l'est de la péninsule Hardy. Cette découverte provoqua une ruée vers l'or, comparable à celle de la Californie et du Klondike, et entraîna rapidement la chute de la république. La fièvre de l'or incita les travailleurs à abandonner leurs champs, à délaisser la pêche et à quitter leurs femmes. Les seuls à échapper à la contagion furent les quelques Indiens qui avaient trouvé refuge à Hoste pour échapper aux Patagons.

L'hiver de l'année 1893 fut le pire que l'île ait jamais connu : la production étant inexistante et la population ayant quintuplé, vols, rapines et meurtres se multiplièrent parmi les habitants affamés. Le 10 janvier 1894, un bateau de guerre chilien attaqua la république. Au lieu de résister, Kaw-Djer, que les événements avaient attristé et qui avait perdu tout espoir, se rendit. La république fut dissoute et Hoste devint territoire chilien. Aujourd'hui, Libéria n'est plus qu'une ville fantôme, qui n'est même pas mentionnée sur les cartes.

• Jules Verne, *Les Naufragés du "Jonathan"*, posth., Paris, 1909.

LIDENBROCK

Mer découverte par l'expédition du professeur Lidenbrock en 1863. Il s'agit plutôt d'un océan, situé dans les entrailles de la Terre et qui s'étend à trois cent cinquante lieues au sud-est de l'Islande, au-dessous des monts Grampians en Ecosse.

Ses eaux sont calmes et ont un aspect semblable à celles de la Méditerranée. Le sable fin et doré des plages est truffé de minuscules coquillages, qui datent de la création. Une aurore boréale, d'origine électrique, éclaire les flots de rayons blanchâtres, plus forts que ceux de la lune. La gigantesque voûte qui recouvre cet océan est à demi cachée par de gros nuages de vapeur, d'où tombent des pluies torrentielles, à certains moments de la journée. Les nappes électriques produisent d'étonnants jeux de lumière sur les nuées les plus hautes, et le spectacle de ce ciel sans soleil incite à la tristesse et à la mélancolie.

Pour s'aventurer dans la mer Lidenbrock, il faut partir de Port Grauben. Non loin de là s'étend une épaisse forêt de champignons blancs, hauts de quinze mètres, qui poussent si serrés les uns contre les autres que la lumière ne pénètre pas jusqu'à leurs pieds. Le sol de cette forêt extraordinaire est un véritable musée : on y ramasse des mâchoires de mastodontes, des molaires de dinothériums et des fémurs du plus grand des animaux préhistoriques : le mégathérium.

Dans la mer elle-même, les voyageurs auront peut-être la chance d'assister à un combat mortel entre un plésiosaure et un ichtyosaure, deux des monstres qui peuplent encore cette région souterraine.

Pour traverser confortablement la mer Lidenbrock, il est conseillé de construire un radeau de bois fossilisé. Comme il serait fastidieux d'emprunter, pour le retour, le même chemin qu'à l'aller (c'est-à-dire de passer par le cratère de Sneffels, en Islande), les voyageurs devront essayer de rejoindre une zone d'éruptions souterraines. Montant avec le flot de lave, le radeau rejoindra rapidement la surface de la Terre, comme celui de l'expédition Lidenbrock, qui fut éjecté par une cheminée du Stromboli, le 29 août 1863.

• Jules Verne, *Voyage au centre de la Terre*, Paris, 1864.

LIÈGE

Dans l'océan Atlantique (à ne pas confondre avec Liège, en Belgique). Les habitants ressemblent en tout point aux Européens, sauf qu'ils marchent sur la mer sans couler, car leurs pieds sont en liège, ce qui leur vaut le surnom de Pieds-liégés. La ville de Liège elle-même est bâtie sur un gigantesque bouchon.

• Lucien de Samosate, *Histoire véritable*, IIe siècle apr. J.-C.

LIGNE DROITE

Royaume gouverné par un monarque enjoué et bon. Le pays n'est qu'une ligne droite, et le champ de vision est limité à un point unique : les touristes se lasseront vite d'une telle monotonie.

• Edwin Abbott, *Flatland*, New York, 1952.

LILAR

Résidence du vieux prince de Hohenfliess, près de Pestitz, célèbre pour ses jardins d'agrément, plantés de chênes, de sapins, de peupliers blancs ou d'arbres fruitiers, et émaillés de plusieurs magnifiques édifices.

La maison de l'Eau est célèbre pour ses fontaines, alimentées par un ruisseau, la Rosana, qui coule dans la vallée de Lilar. Au sommet d'une colline d'où l'on aperçoit les monts Blumenbühl, se dresse la maison du Tonnerre, ainsi appelée parce qu'elle reçoit souvent la foudre. Le bois Enchanté, avec sa lumière mécanique et sa pluie artificielle, est un labyrinthe plus compliqué que celui de Versailles. Percé de fenêtres du sol au plafond, le temple des Rêves est construit avec des brindilles et des feuilles, et donne l'impression d'être davantage une clairière dans la forêt qu'une construction humaine. On arrive au palais de Lilar proprement dit en suivant une route qui monte en pente douce à travers des rochers couverts de lierre, des vergers et des buissons de jasmin.

Les voyageurs risquent d'être assourdis par le chant des rossignols, des canaris, des hirondelles de cheminée, des grives, des pinsons, des alouettes, des faisans, des pigeons et des paons, qui pullulent dans sa splendide cour.

• Jean-Paul, *Le Titan*, Berlin, 1800-1803.

LILLIPUT

Ile au sud-ouest de Sumatra et du détroit de la Sonde, découverte en 1699 par le capitaine Lemuel Gulliver. Nous n'avons qu'un minimum d'informations relatives à Lilliput. Les habitants ont quelques pouces de haut et, dans le pays, tout est à la même échelle. Les chevaux sont minuscules, les champs, guère plus grands qu'un parterre de fleurs, les

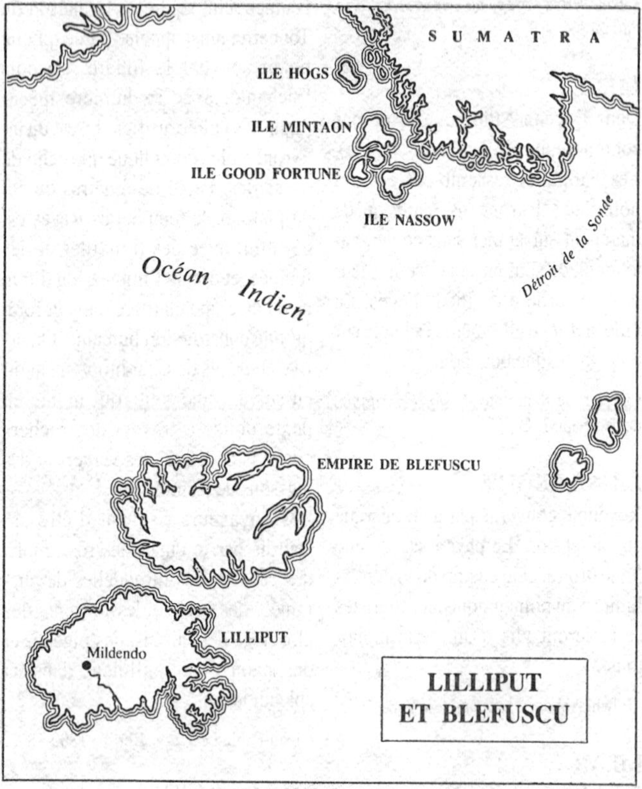

arbres les plus hauts, des miniatures. La capitale, Mildendo, a une population de cinq cent mille habitants. Le palais de l'empereur, entouré d'une muraille de deux pieds et demi de haut, se dresse au centre de la ville à la rencontre des deux rues principales. Les visiteurs doivent se familiariser avec quelques-unes des lois du pays. A Lilliput, quiconque prouve avoir obéi aux lois durant soixante-treize lunes bénéficie de privilèges qui varient selon la condition sociale et le rang de chaque individu. Tous les crimes contre l'Etat sont sévèrement punis ; tout individu estimé coupable de parjure ou de fausses accusations est aussitôt exécuté.

Les Lilliputiens disent que la vérité, la justice et la tempérance sont à la portée de tous ; avec de la vertu, de bonnes intentions et de l'expérience, il est possible à n'importe qui de servir l'Etat. Il existe cependant certaines restrictions. Introduit au début du XVIIe siècle, l'art funambulesque est pratiqué par les candidats aux plus hautes charges de la cour. Ils s'y entraînent dès la naissance, sans être pour autant nécessairement des hommes de noble extraction ou d'éducation libérale. Quand un poste devient vacant, en raison de la mort ou de la disgrâce de celui qui l'occupait, cinq ou six candidats demandent à concourir pour y postuler. Un fil de deux pieds et demi de long est suspendu à un pied et demi du sol ; les candidats dansent sur ce fil, puis bondissent dans les airs. Celui qui saute le plus haut et ne glisse pas en retombant obtient le poste vacant. Les Lilliputiens ont des opinions tout à fait particulières sur l'éducation des enfants. Ils estiment que si les hommes et les femmes s'accouplent afin de perpétuer la race, en accord avec les lois de la nature, ils ne diffèrent en rien des animaux. Ils en concluent qu'un enfant n'a aucune raison d'être reconnaissant à ses parents de l'avoir mis au monde ; être né n'est pas un privilège, puisque l'homme souffre sur cette Terre et que les parents, en faisant l'amour, pensaient à tout ce que l'on veut, sauf à la procréation. Ils sont donc les dernières personnes en qui l'on peut avoir confiance, lorsqu'il s'agit de prendre soin des enfants. Tous les parents – à l'exception des paysans et des ouvriers – sont requis d'envoyer leurs enfants dans des garderies publiques jusqu'à ce qu'ils aient atteint l'âge de vingt et une lunes, âge auquel on considère qu'ils ont acquis quelques grains de sagesse. Après cela, l'éducation varie selon le rang et la condition de l'élève.

Les visiteurs découvriront que les rites funéraires sont très différents de ceux de leur propre pays. Les morts sont enterrés la tête en bas, car les Lilliputiens croient que la Terre est plate et se retournera avant la résurrection des morts, dans onze mille lunes. Ainsi, les morts ressusciteront-ils debout. Les gens les plus cultivés de Lilliput tiennent cela pour une absurdité, mais la coutume est maintenue afin de plaire aux classes inférieures.

• Jonathan Swift, *Travels Into Several Remote Nations of the World. In Four Parts. By Lemuel Gulliver, First a Surgeon, and then a Captain of Several Ships*, Londres, 1726.

LIMANORA

Ile de l'archipel Riallaro, dans le Sud-Est du Pacifique, protégée par un anneau de brouillard. Les étrangers l'appellent souvent Terre des Démons. En arrivant par la mer, le voyageur aperçoit d'abord la cime conique et enneigée du volcan Lilaroma.

Démonstration prouvant la résistance du tissu d'irelium de Limanora.

L'intérieur de l'île est montagneux, avec des collines étagées et de vertes vallées à la végétation tropicale. Les rivages rocheux et les falaises sont d'origine volcanique ou corallienne. Catapultes et ouragans artificiels, déclenchés par un cône de tempête, rendent l'accostage hasardeux pour les voyageurs sans défiance.

La flore limanorienne ne ressemble à aucune autre dans le Pacifique. Le fleuronal ou arbre de vie pousse dans des terrains marécageux ; son extrait, que l'on arrive aujourd'hui à reconstituer par synthèse, permet aux poumons de fonctionner sans air ; la clochagerme donne souplesse et élasticité aux muscles et aux cartilages ; l'alfarène ou arbuste à oxygène pousse comme de la mousse et peut survivre sous la neige pendant des années ; la poudre de ses noix est utilisée pour les vols en haute altitude, et un composé des trois plantes permet aux Limanoriens de s'élever à des hauteurs où l'air fait défaut. Un des produits les plus importants de Limanora est l'irelium, métal que l'on trouve en alliage dans des gisements de surface, ou à l'état pur à de grandes profondeurs. Léger, translucide, résistant, flexible, il est élastique quand il est mélangé à d'autres substances ; aussi est-il considéré comme l'élément clé sur lequel repose la civilisation limanorienne. Il peut s'étirer en un fil fin comme de la gaze, tout en conservant la résistance du cuir. On l'utilise aussi bien pour des travaux qui mettent en œuvre d'énormes moyens que dans la confection de vêtements légers. L'irelium et les autres métaux sont extraits à l'aide d'engins téléguidés, très sophistiqués.

Limanora possède deux grandes vallées : Rimla et Fialume. Rimla s'ouvre au flanc du Lilaroma. D'énormes aqueducs drainent l'eau des montagnes vers la vallée, qui s'achève par une gorge imposante. Au centre de Rimla, on a élevé un large dôme transparent pour abriter une machinerie complexe, qui forme une étoile de spires et de tourelles, d'où émergent des tubes de métal translucides : c'est la chapelle de la Force, cœur du système de production et de distribution de l'énergie. On utilise aussi les énergies solaire et éolienne. Fialume, immense et luxuriante vallée au cœur de l'île, porte encore le nom de vallée du Passé. Un toit scintillant, sur lequel courent plusieurs rivières, la couvre entièrement ; il abrite un enchevêtrement éblouissant d'arbustes, d'arbres et de fleurs. Fialume est aussi un lieu de sépulture où les morts sont placés sur de grands piédestaux, élevés entre les arbres. Pour permettre une meilleure conservation, les tissus du corps sont remplacés par de l'irelium.

L'architecture est également remarquable. Chaque homme ou chaque femme possède une maison et chacune de ces habitations porte une décoration représentant deux plantes grimpantes. Si ces plantes retombent en s'écartant, l'occupant a besoin de solitude : le visiteur est ainsi prié de ne pas le déranger. Si elles s'entrelacent, il ou elle désire de la compagnie. La solitude est essentielle pour les Limanoriens. Pour eux, le triomphe final de la vie réside dans la capacité à s'isoler.

Il faut voir les lits-hamacs, mous et flexibles, suspendus par les angles et les côtés. Le corps s'y repose dans un creux, protégé du cadre par un ensemble de supports. L'oreiller qui s'y adapte, chargé faiblement d'électricité positive, draine l'énergie hors des centres nerveux et calme. L'utilisation de ces lits produit un effet hilarant.

Il faut visiter au moins quatre des superbes monuments de Limanora. Dans l'énorme salle centrale de Tellanora, un *moranalan* ou télescope du Temps projette des images du futur. Une salle séparée contient le *ciralaison* ou musée des Horreurs. L'enfer limanorien y est dépeint sous la forme d'une société stagnante sur le plan spirituel et comporte plusieurs scènes dont on trouverait l'équivalent dans les régions chrétiennes "civilisées" du monde occidental. Un instrument, le *duomovamolan*, transpose, à l'intérieur du théâtre, la musique du cosmos en son et lumière. Les Limanoriens volent jusqu'au théâtre et suivent les concerts, suspendus sous le dôme. Oomalefa, formé d'une enfilade de salles, construites sur un promontoire dominant la mer, abrite les sciences de la nutrition et de la médecine ; au moindre malaise, les habitants y viennent en consultation.

La civilisation limanorienne a pour base un désir de progrès physique et moral. Grâce à un contrôle génétique prudent, toutes les maladies héréditaires y ont été éliminées. Education et réforme ont peu à peu réduit la criminalité.

Petits et larges de poitrine, les Limanoriens possèdent de longs bras et d'énormes têtes. Leur gros orteil s'est transformé en une sorte de pouce : il leur sert à fixer aux pieds et aux mains de grandes ailes de gaze actionnées par de petits moteurs. Leur adresse en vol est devenue presque instinctive. Pour eux, la volonté est une force magnétique : canalisée dans le regard, elle se transforme en hypnotisme ou en langage des yeux, permettant ainsi de longues conversations inaudibles. Ils ne parlent que s'ils ont quelque chose de particulier et d'important à dire, et se montrent gentils, honnêtes et simples. Un nerf délicat, au niveau de la nuque, leur fait percevoir les vibrations électriques de l'air et de la matière. Ce sens électrique ou *firla* est à la base de leur navigation en vol et du *filammu*, émetteur-récepteur d'impulsions émotionnelles sur longue distance. Leurs sens sont fortement développés : ils sont sensibles au mouvement des étoiles, et identifient les éléments d'un corps composé en l'humant ou en le goûtant. Leur peau établit une différence entre plusieurs sources de lumière.

Les Limanoriens vivent plusieurs centaines d'années. Si, à l'âge de cinquante ans, l'individu n'a plus aucune admiration pour le passé, il est amené à Fialume, où il peut voir l'histoire de sa race, et, frémissant d'horreur devant ce spectacle, apprécier les progrès de la civilisation. On estime qu'il faut atteindre l'âge de soixante-quinze ans pour fonder une famille.

La langue limanorienne est une institution publique. Aucun mot n'est utilisé sans qu'il ait été approuvé par la communauté des adultes et dégagé de toute ambiguïté. Il n'existe pas de littérature, car l'idée de la formation d'un langage recherché, de caractère élitiste, indiquerait que la langue de tous les jours ne remplit pas son rôle et qu'elle doit être réformée. Ce qu'il y a de plus proche de la fiction, dans la civilisation limanorienne, ce sont les représentations du futur, au théâtre de la Futuration, dont les acteurs sont des automates. Fiers de la précision de leur langue, les Limanoriens ont inventé des expressions telles que : "Tout est faux si les mots sont incertains" et "Prenez soin des mots et les pensées prendront soin d'elles-mêmes" (adage mieux formulé par une noble dame du pays des Merveilles* : "Occupez-vous des sons et laissez le sens s'occuper de lui-même").

Le gouvernement limanorien est assuré par un conseil composé de parents, de parrains (les parents adoptifs conviennent mieux aux enfants) et de tuteurs. La famille est l'unité d'administration, et le mariage, l'institution qui permet l'évolution de la race. L'acte sexuel a la reproduction pour unique fin.

Il y a plusieurs sciences particulières à Limanora : la sonnologie, basée sur d'anciennes sentences comme : "Le sommeil déterre ce qui est mort", est destinée à débrouiller le passé ou le futur d'un individu par l'analyse de ses rêves : la léomarie, science de la Terre qui étudie l'écorce terrestre et les mouvements internes du globe, et la lilarie, science de la sécurité de l'île qui, grâce à des instruments variés, prévient du changement de temps et de l'approche de voyageurs. En dépit de ces précautions, Limanora reste angoissée à la pensée de son éventuelle destruction qu'entraîneraient l'affaissement du continent antarctique et la mort des volcans du sud. On craint même que l'archipel entier, un jour, ne soit ainsi anéanti.

• Godfrey Sweven, *Limanora, the Island of Progress*, New York et Londres, 1903.

LINCOLN, ou MYSTÉRIEUSE

Ex-île volcanique de l'océan Pacifique – située à mille huit cents milles de la Nouvelle-Zélande –, fortuitement découverte en 1865 par un groupe de prisonniers sudistes fuyant la guerre de Sécession en aérostat, et baptisée du nom de leur héros-président des Etats-Unis.

Flanqué d'un îlot semblable à un énorme cétacé, ce bout de terre inhabité, aride et pierreux, était, à l'époque de sa découverte, le refuge des labbes, mouettes et goélands. Sur ses rivages de sable noirâtre vivaient pêle-mêle phoques, crustacés et lithodomes. L'intérieur de l'île, un énorme plateau s'élevant abruptement, était dominé par les deux sommets coniques d'un volcan couvert de neiges éternelles, dont les pentes tapissées de forêts abritaient une faune variée et pittoresque.

A leur grande surprise, les Américains y retrouvèrent le capitaine Nemo, mourant, réfugié dans les entrailles de l'archipel en compagnie de son *Nautilus**. Peu après cette rencontre, le volcan se réveilla et des éruptions en cascade détruisirent la majeure partie des terres émergées.

Depuis, seule une étroite bande de rochers affleurant à peine l'océan témoigne de la dernière demeure du capitaine Nemo.

• Jules Verne, *L'Ile mystérieuse*, Paris, 1874.

LIN LIGUA

Crique à la profondeur insondable située sur la côte de la mer Severn, dans le Sud du pays de Galles. Elle est si profonde que la marée montante ne la remplit jamais tout à fait. Au reflux, la crique vomit toute l'eau qu'elle a avalée sous la forme d'une colonne aussi haute qu'une montagne.

Les visiteurs doivent savoir qu'ils sont en danger de mort si la masse liquide les frappe au visage, car ils seront entraînés par le torrent d'eau et noyés. Ils ne peuvent s'en sortir qu'en détournant le regard de la crique fatale. L'eau n'est mortelle que si elle frappe au visage.

• Geoffrey of Monmouth, *Historia regum Britanniae*, 1136-1148.

LIPERDA

Ville portuaire, à l'est de la Méditerranée, dans une zone occupée par les Ottomans. Sur le marché, les voyageurs peuvent acquérir les esclaves apportés par des pirates persans. Non loin de là se dresse le sérail du pacha de Liperda, dont la superbe tonnelle, blottie au cœur des jardins, est tout à fait remarquable.

• Eliza Fowler Haywood, *Philidore and Placentia or l'Amour trop délicat, by Mrs Haywood*, Londres, 1727.

LITUANIE

(Ne pas confondre avec la république socialiste soviétique du même nom.) Triste pays, moins sinistre cependant que la Transylvanie. C'est unc terre de marécages, de forêts noires et de montagnes aux cimes couvertes de neige. Des châteaux néogothiques, parfois hantés par les dangereuses larves de Lituanie, parfois habités par d'étranges familles qui affichent un goût prononcé pour le sang, sont disséminés dans toute la contrée. Les touristes doivent savoir qu'il pleut sans arrêt dans le pays, sauf quand il neige ou quand il tombe des grêlons gros comme des pommes. Parfois, mais c'est assez rare, il pleut, neige et grêle en même temps. Un vent furieux, typique de la région, se met alors à souffler.

Deux hôtels sont recommandés : l'auberge *Barlskdat* et l'hôtel *Versalis*. Dans l'un et l'autre, on sert du *starka*, une boisson couleur d'ambre, fortement alcoolisée, tandis qu'un orchestre de femmes joue une musique entraînante.

• Henri Guigonnat, *Démone en Lituanie*, Paris, 1973.

LIXUS

Ile au large de la côte nord-ouest de l'Afrique, entourée d'un bras de mer qui s'enfonce dans les terres. Autrefois, l'île possédait un verger illustre, qui portait des fruits d'or. Un seul arbre y pousse encore. Ses fleurs arborent des pétales dorés et ses fruits sont des sphères d'or. Leur chair est semblable à des cristaux de métal. Des sortes de frelons au corps métallique et aux ailes d'or en aspirent le jus, qu'ils transforment dans des ruches en un genre de miel pour leurs petits. Cette substance, trop brûlante pour être touchée, ressemble au précieux métal jaune en fusion.

Le visiteur curieux qui aimerait examiner les ruches d'un peu plus près devra attendre le crépuscule, au moment où les insectes s'assoupissent.

• Anonyme, attribué à Pline l'Ancien, *Inventorum Natura*, Ier siècle apr. J.-C.

LLAREGYB

Port de pêche dont la population n'atteint pas cinq cents habitants, situé à l'embouchure de la Dewi, sur la côte galloise.

Lieu humide, exigu et ensommeillé, Llaregyb est blotti entre des champs de marguerites et le bois Lacté, bois bossu, envahi par les lapins qui filent en boitillant le long de la ville jusqu'à la mer. Vaches et chèvres paissent dans les grasses prairies d'alentour et les ânes broutent près de la rue de l'Ane. Du haut de la colline de Llaregyb, qui domine la ville, on aperçoit quelques petites fermes blanches, éparpillées aux alentours.

Il n'y a que trois vraies rues dans le village : la rue du Couronnement, l'impasse aux Coques et la rue de l'Ane. Le reste n'est qu'un dédale de ruelles pavées, dont l'attrait architectural est limité.

Les principaux attraits de Llaregyb sont le petit port de pêche et les habitants du lieu qui ont de sacrées personnalités. La pompe, située devant la mairie, est un lieu de rencontre et le centre de tous les commérages. Le petit port est généralement encombré de bateaux de pêche, qui montent et descendent sur l'eau au gré des marées. Pour peu que le temps menace un brin, les pêcheurs, qui répugnent à sortir, passent leurs journées aux *Armes de la Marine*. Cette auberge possède une horloge dont les aiguilles sont depuis cinquante ans arrêtées à onze heures et demie, heure légale d'ouverture. On y sert de la bière tiède et amère, et on y chante.

Quand les *Armes de la Marine* affichent complet, on peut loger à la pension *Belle-Vue*, en haut de la ville. Elle est tenue par Mrs Ogmore-Pritchard, successivement veuve de Mr Ogmore, vendeur de linoléum en retraite, puis de Mr Pritchard, bookmaker raté. La propreté des chambres est garantie. Les gens de Llaregyb sont très religieux. Enclins à montrer du doigt ceux qui ne respectent pas la morale, ils semblent toutefois porter un intérêt quasi libidineux aux peccadilles sexuelles de leurs voisines.

La cuisine de Llaregyb est typiquement galloise : soupe aux poireaux, lait battu, caillebotte, gâteaux gallois et coques recueillies dans les environs. Les visiteurs doivent cependant être avertis que le boucher Beynon vend (selon la rumeur) des plats cuisinés à base de chair de pies-grièches et de taupes, ce qui n'est pas une nourriture spécialement destinée aux estomacs humains.

Derrière la ville, la colline de Llaregyb est d'un intérêt historique certain. Le révérend Eli Jenkins y voit même un tumulus mystique. Il s'agirait en fait d'un mémorial du peuple, qui vivait dans la région avant que les Celtes ne quittent "la terre de l'Eté", et d'un site de mariage druidique. Le petit cercle de pierre, en haut de la colline, n'a pas été érigé par les druides, mais par le fils du boucher Beynon. La vue splendide que l'on découvre du haut de la colline mérite l'ascension.

Les voyageurs romantiques se doivent d'aller roucouler dans le bois Lacté, véritable nid d'amoureux.

• Dylan Thomas, *Under Milk Wood, A Play for Voices*, posth., Londres, 1954.

LOCUS SOLUS

Villa entourée de grands jardins à Montmorency, en Seine-et-Oise. Résidence du savant Martial Canterel, Locus Solus comprend plusieurs laboratoires dans lesquels le maître (avec l'aide de ses disciples) consacre sa vie à la science.

Dans les nombreux pavillons du jardin sont exposées les grandes inventions de Canterel et quelques œuvres d'art, parmi lesquelles on peut voir la statue d'argile d'un jeune homme nu, rapportée de Tombouctou par l'explorateur Echenoz. Dans la main droite de la statue pousse une plante, l'armoise maritime *Arthemisia maritima*, un excellent remède contre l'aménorrhée. La niche où se trouve la statue est couronnée de trois bas-reliefs de Gloannic, cité bretonne enfouie dans les sables, au XVe siècle.

Un autre objet digne d'exciter la curiosité des visiteurs est un scarabée volant, suspendu au bout d'un appareil compliqué, inventé par Canterel pour prédire les changements météorologiques. L'appareil peut prévoir dix jours à l'avance la direction et la force du moindre souffle de vent, ainsi que les dimensions, l'opacité et la condensation potentielle de chaque nuage à venir. En fait, le scarabée est une œuvre d'art, constituée d'une mosaïque de dents humaines, arrachées par le Dr Canterel. Il avait mis au point un procédé pour arracher les dents sans douleur, ce qui avait attiré une foule de gens chez lui. Or, ne sachant plus que faire de toutes les molaires et incisives, le savant les utilisa pour construire son scarabée aérostatique.

Le Dr Canterel fait lui-même visiter Locus Solus, mais il est conseillé aux personnes impressionnables d'éviter le pavillon du Fou, où un homme d'âge mûr répète sans fin les détails et les circonstances du meurtre de sa fille.

• Raymond Roussel, *Locus Solus*, Paris, 1914.

LOCUTA

Ile au-delà de Laputa*, découverte par Lemuel Gulliver Junior. Fortement peuplée, cette île commerce avec toutes les nations du monde et, l'expérience aidant, ses habitants ont découvert qu'ils devaient adopter des lois et des coutumes différentes, chaque fois qu'ils entraient en contact avec un autre peuple.

Après une longue étude, ils sont arrivés à la conclusion que les différentes sociétés avaient des lois et des besoins différents, en raison de l'anarchie et de la confusion introduites par les différents langages. Les Locutans passent donc la plupart de leur temps à étudier la langue et l'art oratoire. L'île est entourée d'immenses escaliers ; les enfants du pays y étudient leurs leçons, assis sur les marches.

La société est harmonieuse et tous les citoyens obéissent aux mêmes règles. La hiérarchie sociale n'a pas été examinée de près, mais il semble y avoir neuf ou dix classes, chacune d'elles accomplissant sa tâche dans l'ordre et le calme.

Quand Locuta entre en relation avec une nation étrangère, elle se crée de nouvelles règles pour pouvoir traiter avec elle. Par exemple, les Locutans ont décomposé la société anglaise en neuf parties du discours. La première classe (qui est aussi la plus ancienne) est appelée Fonction et se trouve divisée en quatre subdivisions, occupées par les Noms : ceux qui gouvernent toutes choses, ceux qui régimentent gens et lieux, ceux qui font appel à l'Imagination, et ceux qui classent. Selon les Locutans, les Noms sont toujours accompagnés par des serviteurs zélés (la deuxième classe), qui vantent les mérites de leurs maîtres. Ces serviteurs, les Adjectifs, sont extrêmement importants, car la réputation des Noms dépend d'eux. Les Noms sont également assistés dans leurs fonctions par des personnages de troisième classe : les Verbes. Enfin, la quatrième classe, celle des Conjonctions, est réservée aux pasteurs anglais : aucune liaison ne peut être faite sans leur assistance. La façon dont les Locutans analysent les autres sociétés est inconnue.

• Mrs Elizabeth Suzannah Graham, *Voyage to Locuta ; A Fragment by Lemuel Gulliver Junior*, Londres, 1817.

LOFOTEN

Cimetière à ne pas confondre avec ceux des îles du même nom. Outre ses vieilles tombes de pierre et son ciel perpétuellement pluvieux, il est célèbre pour ses corbeaux, aussi nombreux que gras, qui se nourrissent de froide chair humaine. Selon un témoignage sans doute discutable, les morts du cimetière de Lofoten seraient moins morts que certains vivants.

• Milosz, *Les Sept Solitudes, poèmes*, Paris, 1906.

LOGRES

Royaume qui fut jadis la terre des ogres. Il est écrit qu'il sera un jour détruit par une lance, dont le fer ne cesse de saigner, quelque effort que l'on fasse pour essuyer le mystérieux pleur de sang clair qui y sourd.

• Chrétien de Troyes, "Gauvain à Escavalon", in *Le Conte du Graal*, XIIe siècle.

LONDRES-SUR-TAMISE

Cité partiellement creusée dans le roc, au pied d'une falaise. Habitée par une tribu de gorilles, qui parlent anglais et se prennent pour des personnages historiques du XVIe siècle réincarnés.

Pour atteindre cette cité, on traverse de grands champs de bambous, de céleris et de fruits, dans lesquels les gorilles travaillent à l'aide d'outils rudimentaires. La ville, construite au niveau du sol, est constituée par une série de huttes de bambou circulaires, aux toits de chaume pointus, et de bâtiments rectangulaires, faits de pisé. Au pied de la falaise, le palais royal est un édifice à trois étages avec tours et remparts, qui évoque l'architecture anglaise médiévale. Le roi, un immense gorille qui se fait appeler Henri VIII, y vit dans une pièce nue, au sol jonché d'herbe sèche, avec cinq femelles baptisées Anne de Clèves, Catherine d'Aragon, Anne Boleyn, etc. D'autres gorilles campent les personnages du prince de Galles, du fameux cardinal Wolsey et de divers courtisans. Un vieux singe velu se nomme Dieu. Des femmes blanches sont quelquefois capturées et deviennent pour un temps la sixième femme de Sa Majesté. Les autres gorilles copulent avec les femmes africaines, que les populations voisines, terrorisées, leur cèdent. Quelques Blancs sont employés comme serviteurs.

Un professeur d'Outre-Manche, né en 1933, est à l'origine de cette étrange communauté. Il réussit en effet à prélever du sérum sur un échantillonnage de personnages historiques. Muni de son précieux liquide, il s'embarqua pour l'Afrique. Là, il en injecta à des gorilles et leur apprit l'anglais. Vers la fin de sa vie, le professeur s'injecta du sérum de jeune singe, et la fameuse créature simiesque que les gorilles appellent Dieu et révèrent comme le chef suprême de leur royaume n'est autre que lui.

Aujourd'hui, le bruit court que certains personnages très en vue de notre époque ne seraient que des gorilles, métamorphosés par le professeur dans sa jeunesse.

• Edgar Rice Burroughs, *Tarzan and the Lion Man*, New York, 1934.

LONGJUMEAU

Ville de France dont on ne peut jamais partir. Les habitants ont souvent tiré des plans pour gagner Bornéo, la Nouvelle-Zélande, la Terre de Feu ou le Groenland, mais au dernier moment quelque chose les en a empêchés. L'un a oublié ses clés, l'autre s'est endormi et a raté le train, le troisième s'est foulé la cheville ou a égaré sa valise. Les habitants de Longjumeau n'ont jamais assisté à des funérailles, à un mariage ou à un baptême en dehors de leur ville. Un couple pensa, un jour, avoir réussi : ils s'étaient installés dans un wagon de première classe en partance pour Versailles. Le train démarra, mais le wagon, détaché, resta en gare.

On ignore si l'étrange malédiction de Longjumeau s'applique uniquement à ses habitants ou si les visiteurs qui arrivent dans cette ville sont également contaminés.

• Léon Bloy, *Les Captifs de Longjumeau*, Paris, 1893.

LOONARIE

Groupe de petites îles appartenant à l'archipel Riallaro, dans le Sud-Est du Pacifique. Elles servent d'asile de fous à tout l'archipel.

En voici les principales : Touchata ou l'île de la Philanthropie, connue des étrangers sous le nom d'îles des Importants, est peuplée de propagandistes et d'enthousiastes à tout crin. Saitout ou Loidedieu, dont la langue, d'après une loi promulguée par ses habitants, doit être universelle, et ses taudis immondes, centre de toute civilisation. Les autochtones s'imaginent que leur île est la plus fertile de l'archipel, riche en minerais et en métaux précieux, et qu'elle provoque l'envie de ses voisines par son opulence, ses grandes cités et ses splendides monuments.

Garaufou est un îlot bas et marécageux, où les maisons sont bâties sur des buttes. Toute la population prétend descendre d'un dieu quelconque, d'où le nom de "Terre de Haut Lignage". Dans le passé, les temples évitaient la banqueroute, en vendant aux enchères titres et généalogie. Les habitants de Garaufou, que les étrangers surnomment l'île des Snobs, sont suffisants et prétentieux.

Comenva ou île du Journalisme, dédaignée de tous, est un lieu de quarantaine où sont exilés les scribomaniaques. A l'exception d'Aléofane*, toutes les îles considèrent le journalisme comme une maladie contagieuse ou un type d'aliénation mentale. Les déportés ont troqué leurs anciennes armes contre des pistolets à air, d'où jaillissent encre, colorants liquides et nauséabonds. L'île peut être détectée de loin par ses exhalaisons nocives. On y pratique le culte de la Conscience voilée.

Autre île à fuir : Jacasso où sont envoyés les causeurs intarissables. Leurs débats sans fin aboutissent à la cessation de toute activité pratique. L'île Espritdesel, résidence des exilés trop spirituels, est le lieu le plus triste du monde : ses habitants ressassent interminablement les plaisanteries des autres.

A Polaria vivent ceux qui ont l'esprit de contradiction, à Lucrecia, les avares.

Paranomia s'est consacrée aux obsédés de la loi, qui passent leur temps en litiges ou ignorent complètement la légalité.

Quant aux insulaires de Palinculpe, ils ne sont heureux qu'en rendant la justice ; aussi organisent-ils sans trêve de faux procès.

• Godfrey Sweven, *Riallaro, the Archipelago of Exiles*, New York et Londres, 1901 ; *Limanora, the Island of Progress*, New York et Londres, 1903.

LORBANERY, ou île de la **SOIE**

Ile large et basse, située à l'extrême sud de l'archipel Terremer*. Vue du large, elle paraît entièrement verte, car tout ce qui n'est ni route ni maison est consacré à la culture de l'*hurbah*, arbuste au sommet arrondi dont les feuilles alimentent les vers à soie gris, qui constituent la base de l'économie de l'île. Chaque homme, femme ou enfant file ou tisse des soies fameuses : la soie bleue et l'incomparable soie "rouge dragon", jadis portée par les reines d'Havnor.

La nuit, le ciel est plein de petites chauves-souris grises, qui se nourrissent de vers à soie. Très superstitieux, les habitants ne les tuent pas : ils soutiennent que si les hommes ont le droit de vivre des vers à soie, il n'y a aucune raison pour que ce privilège soit refusé aux chauves-souris.

La tradition veut que la teinture de la soie soit surveillée par un magicien et que les vergers d'*hurbah* soient protégés contre les averses par un second mage, le gardien des Vergers.

• Ursula Kroeber Le Guin, *The Farthest Shore*, Londres, 1973.

LÓRIEN

Bande de forêt entre les chaînes orientales des montagnes de Brume et le Grand Fleuve, ou Anduin. A cet endroit, le Nimrodel se jette dans le Célébrant qui, à son tour, rejoint l'Anduin.

Les arbres de Lórien offrent un spectacle très particulier, unique en son genre dans les Terres du Milieu*. En automne, leurs feuilles prennent une couleur dorée et ne tombent qu'avec l'apparition des nouveaux feuillages au printemps. Alors, les branches ploient sous le poids des fleurs jaunes, et le sol de la forêt semble tapissé d'or. Les troncs scintillent, par contraste, d'une nuance argentée. C'est la colline de Cerin Amroth qui offre le plus beau point de vue sur la campagne et sur la capitale, Caras Galadhon. Sur cette butte tapissée d'herbe parfumée poussent deux anneaux d'arbres : un cercle interne composé de grands arbres, les Mallorns, et un cercle externe d'arbres minces sans feuillage et dont l'écorce est d'un blanc immaculé.

Les elfes de Lórien sont également nommés peuples des Arbres, ou Galadrim, car ils construisent leurs demeures dans les hautes branches qui poussent presque perpendiculairement au tronc avant de se dresser vers le ciel. Près de la cime, le tronc éclate en une couronne de branchages sur laquelle est installée une plate-forme en bois, le *flet* ou *talan*. On y accède au moyen d'une scintillante échelle de fils d'argent. Une cloison mobile protège du vent, mais non des chutes.

Lórien est depuis toujours le pays de Celeborn et de Galadriel, le cœur du royaume des elfes sur la Terre. Ses couleurs sont l'or, le blanc, le bleu et le vert, et ses fleurs s'épanouissent en hiver. Les grands elfes blonds de

Lórien ont une connaissance profonde de nombreux arts. Ils fabriquent des fioles qui luisent dans le noir, et des épées qui étincellent de reflets bleus lorsque des Orcs ou des trolls sont dans les parages. Ils tissent des étoffes fines, mais très chaudes, qui prennent la couleur de leur environnement. Leurs navires sont incroyablement légers et maniables, avec des voiles en *hithlain*, tissu très solide et dont le poids est insignifiant. Ils offrirent des *lembas*, fins gâteaux aux merveilleux pouvoirs fortifiants et qui durent exceptionnellement longtemps, aux neufs compagnons de voyage de l'Anneau.

A la fin de la guerre de l'Anneau, Galadriel retourna à Aman*, et Lórien perdit beaucoup de sa beauté. Puis Celeborn fonda Lórien de l'Est dans la forêt Sombre qui fut ainsi, une fois de plus, délivrée de tous ses maux.

• John Ronald Reuel Tolkien, *The Fellowship of the Ring*, Londres, 1954 ; *The Two Towers*, Londres, 1954 ; *The Return of the King*, Londres, 1955 ; *The Silmarillion*, posth., Londres, 1977.

LOUP, gorge du

En Bohème. Les touristes fervents de chasse pourront, en échange de leur âme, y obtenir de Samuel, le chasseur fou, sept balles magiques. Six iront droit au but, et la septième à l'endroit où le chasseur désirera qu'elle aille. La gorge est peuplée des spectres de parents défunts qui tentèrent d'en éloigner leurs enfants. Des cadavres et des bêtes fantômes rampent en crachant le feu dans les grottes, sur des parois rocheuses.

• Johann Friedrich Kind, *Der Freischütz*, Berlin, 1821.

LUBEC

Ville peu localisable, où personne n'est pauvre. Les hommes de Lubec ont perdu l'usage de leurs organes génitaux, qui sont conservés à l'hôtel de ville. Quand la situation l'exige, ils sont appliqués au sexe féminin, sorte de cicatrice boursouflée et saillante sur le corps des femmes de Lubec. Les organes génitaux des hommes sont parfois loués pour la production de domestiques, mais ils ne peuvent en aucun cas être mis à la disposition des vagabonds ou des mendiants, ceci pour éliminer la prolifération des classes subalternes.

• François Béroalde de Verville, *Le Moyen de parvenir*, Paris, 1610.

LUGGNAGG

Grande île à cent lieues au sud-est du Japon, et l'un de ses partenaires commerciaux les plus importants. Des bateaux partent de Clumegnig, grand port de la côte du Sud-Est pour le Japon ou pour Glubbdubdrib*. La capitale est Traldragdub, à laquelle on donne aussi le nom de Trildrogdrib.

Luggnagg est connue pour son hospitalité à l'égard des étrangers, souvent logés aux frais de l'Etat. Une invitation à leur cour s'exprime ainsi : "Vous avez l'honneur de lécher la poussière devant le trône du roi", et doit être comprise littéralement. Admis dans la salle du trône, le visiteur doit ramper sur le ventre en léchant le parquet. Quand les étrangers sont invités à la cour, on prend des précautions pour que la poussière du parquet ne soit pas trop néfaste à leur santé. S'il s'agit d'un personnage ayant des ennemis puissants à la cour, il trouvera le sol si couvert de poussière que, complètement étouffé, il sera incapable de parler une fois parvenu devant le trône. Etant donné que cracher ou essuyer sa bouche en présence du roi constitue un crime de lèse-majesté, les exécutions sont fréquentes : il suffit, pour cela, de répandre du poison sur le sol. A quatre mètres du trône, le visiteur doit s'agenouiller et cogner sa tête sept fois contre le sol en prononçant la formule "Ickpling gloffthrobb squutserumm blhiop mlasnalt, zwin tnodbalktuff hulhipohad gurdlubh asht", ce qu'on peut traduire par : "Puisse Votre Céleste Majesté survivre au soleil pendant onze lunes et demie !"

La célébrité de Luggnagg repose essentiellement sur l'existence des *struldbruggs* ou "immortels". Certains enfants naissent parfois avec une tache circulaire rouge sur le front, au-dessus du sourcil gauche. D'après la loi luggnaggienne, ceci est un signe d'immortalité. Lorsque l'enfant atteint l'âge de douze ans, la tache a grandi et pris une couleur verte. Lorsqu'il a vingt-cinq ans, elle devient brune. A quarante-cinq ans, la tache est noire comme du charbon et de la taille d'un sou. Elle ne changera plus désormais.

On compte environ onze cents immortels de cette sorte dans le pays. Le phénomène, qui n'est pas héréditaire, demeure inexplicable. Ils ne jouissent pas d'une jeunesse éternelle, mais subissent le processus normal de la vieillesse. Lorsqu'ils ont quatre-vingts ans ils souffrent de toutes les infirmités du vieil âge, mais doivent faire face à l'horrible perspective de vivre pour toujours. A quatre-vingts ans, on les considère civilement comme morts. Leurs enfants héritent de leurs biens et eux-mêmes se contentent d'une pension alimentaire versée par l'Etat. En raison de l'évolution rapide du vocabulaire et de la grammaire de la langue luggnaggienne, ils finissent par devenir incapables de communiquer avec quiconque et vivent en ghetto dans leur propre pays. Les *struldbruggs* sont méprisés et haïs par la population, et leur naissance est considérée comme une calamité. Ces infortunés qui, de surcroît, épousent une autre immortelle voient leur mariage dissous par la loi lorsqu'ils atteignent quatre-vingts ans. On trouve en effet déraisonnable de voir ceux qui subissent le fardeau d'une vie éternelle supporter en outre l'éternelle existence de leur conjoint.

• Jonathan Swift, *Travels Into Several Remote Nations of the World. In Four Parts. By Lemuel Gulliver, First a Surgeon, and then a Captain of Several Ships*, Londres, 1726.

LUQUEBARALIDEAUX

Groupe d'îles de la mer Sauvage, habité par une espèce particulière d'andouilles, qui grandit jusqu'à atteindre une taille de trente-six centimètres.

Les andouilles ont des dents aiguës et acérées, mais sont dépourvues d'os et ont tendance à aller en troupeau, un peu comme des moutons. Elles s'abreuvent de moutarde, à même les ruisseaux des îles ; il s'agit pour elles d'un véritable cataplasme qui guérit toutes les blessures et les démangeaisons. A l'aide de leurs longues dents, elles attrapent des poissons, qu'elles dégustent avec beaucoup de moutarde.

La mer, autour des îles, est l'habitat naturel de créatures couvertes d'une fourrure semblable à celle des rats, qui vivent dans des grottes, sous la mer, évitant ainsi de se mouiller sous la pluie, l'hiver, et d'avoir trop chaud en été.

• Anonyme, longtemps attribué à Rabelais, *Panurge, disciple de Pantagruel*, Paris, XVIe siècle.

LYTREIA

Royaume de Tenjo Long Nez, situé près de la ville de Turoine*. La population de ce pays adore les nez et ne respecte aucun mâle, s'il n'a un promontoire assez conséquent.

Le royaume a été fort éprouvé lorsqu'un esprit maléfique a privé de force tous les nez de la région, qui n'ont même plus été capables d'éternuer. Le Saint-Nez du temple lui-même n'était plus qu'un appendice détumescent, jusqu'à ce qu'on l'eût aspergé d'eau de Doonham*. Aussitôt, les nez de tous les hommes de Lytreia retrouvèrent des proportions normales et les couples recommencèrent à éternuer en privé.

Il est conseillé aux voyageurs de visiter la tombe de Pierre-le-Bâtisseur qui, selon les légendes de Lytreia, contient le miroir des Deux Vérités. Quiconque s'y regarde est transformé en pierre double ; aussi a-t-on voilé le miroir ! En fait, il ne se trouve aucun miroir derrière le voile, mais un tableau illustrant une double vérité : que les êtres humains copulent et meurent.

Visiter le temple du Nez n'est pas chose facile. Même le roi doit, avant d'entrer, participer à une cérémonie dirigée par la grande prêtresse. Elle offre au roi un peigne dont il se sert pour lui diviser les cheveux avant de prononcer le mot de passe : “J’entre, dans un grand état d’excitation. Je prends mon content de délices, impérieusement, irrationnellement et personne ne me châtie.”

La prêtresse répond : “Pas encore”, et le roi poursuit : “Mais dans trois mois, et trois mois encore, le vengeur viendra et se moquera de l’être que je suis, condamné d’avance à agir comme j’ai agi.” La cérémonie terminée, le roi est autorisé à pénétrer dans le temple. On ignore malheureusement le mot de passe pour les visiteurs du commun.

• James Branch Cabell, *Something about Eve*, New York, 1929.

M

MABARON

Grand royaume, en Inde, à dix jours de voyage de Lomb, célèbre pour ses nombreuses et belles cités, dont Calamy, lieu de sépulture de l'apôtre saint Thomas.

Derrière son tombeau, une châsse contient son bras et sa main, qui touchèrent le flanc du Christ mort. En cas de procès, les parties adverses placent dans la paume du saint un papier défendant leur cas. La main rejette la mauvaise cause. Il est recommandé de visiter l'église où gît le corps du saint. La décoration est d'une richesse incomparable, et la plus grande idole – le dieu des Faux Chrétiens –, assise sur un trône d'or, porte des colliers de perles et d'or, enchâssés de pierres précieuses. Pour adorer cet objet de grande dévotion, les fidèles parcourent des centaines de kilomètres : par amour pour saint Thomas, certains se mutilent, d'autres sacrifient leurs enfants. L'idole est censée bénir ceux qui meurent de vénération.

Aux fêtes carillonnées, deux files de vierges, suivies de pèlerins, précèdent dans les rues la statue, juchée sur un trône roulant. Des fidèles se laissent tomber sur le passage de la divinité et sont écrasés par les roues. Après la procession, plusieurs centaines d'entre eux se poignardent et les survivants les canonisent ; leurs corps sont brûlés et leurs cendres, pieusement conservées comme des reliques.

• Sir John ou Jehan de Mandeville, *Voiage de Sir John Maundevile*, Paris, 1357.

MACHIMUS ET EUSEBES

Deux villes d'une grande île située à l'entrée de la Méditerranée. Les habitants, de gigantesques créatures, atteignent jusqu'à deux fois la taille normale d'un homme et vivent aussi deux fois plus longtemps.

Les Eusébiens sont un peuple pacifique, disposant de richesses abondantes et récoltant les fruits de la terre sans charrue, bœufs, labours ni semailles. La maladie les épargne et ils meurent en riant, éprouvant du plaisir jusque dans la mort. Ils sont si justes et si droits que les dieux même recherchent leur compagnie pour se distraire.

Les habitants de Machimus, en revanche, aiment la guerre et combattent sans trêve. Pour les tuer, il faut employer des armes de pierre ou de bois, car le fer ne les atteint pas. Ce métal a plus de valeur, à leurs yeux, que l'or et l'argent.

• Elien, *Historiae variae*, entre le IIe et le IIIe siècle.

MACONDO

Village colombien fondé par José Arcadio Buendia, créateur dont l'imagination délirante surpasse celle de la nature. Il a disposé les maisons de telle manière que chaque habitant puisse atteindre le fleuve et puiser de l'eau en faisant exactement le même effort que son voisin. De même, les rues sont dessinées de telle façon que toutes les maisons reçoivent le même ensoleillement.

A l'est, Macondo est protégé par une haute rangée de collines et, au sud, par des marais couverts d'une sorte de soupe végétale. Ce marécage s'élève vers l'ouest, formant un immense plan d'eau où des cétacés à la peau délicate, au visage et au torse de femme dupent les marins en exposant les rondeurs tentantes de leurs seins. Vers le nord, au-delà d'une jungle dangereuse, s'étend la mer. Cherchant à distraire la population, José Arcadio Buendia fabriqua des pièges pour attraper les canaris, les rouges-gorges et les rossignols. Le village résonne tellement du chant des oiseaux, que la tribu gitane, qui venait chaque année à Macondo pour montrer aux habitants la dernière huitième merveille du monde, se laissa guider par la musique. Plus tard, quand Macondo devint une véritable ville avec boutiques et place du marché, Buendia libéra les oiseaux et les remplaça par des horloges musicales qu'il échangea avec des marchands contre des perroquets. Il remplaça également les acacias qui bordaient les rues par des amandiers, qu'il réussit à rendre éternels. Macondo a connu quelques événements extraordinaires, parmi lesquels l'épidémie d'insomnie, qui frappa la ville et eut des conséquences tragiques, car les habitants perdirent peu à peu la mémoire. Pour ne pas oublier le nom des objets et des choses familières, ils mirent des étiquettes sur chaque chose : *seau, table, vache, fleur.* Il est recommandé aux voyageurs de passage d'être très prudents car cette maladie est contagieuse ; aussi doivent-ils éviter de boire et de se restaurer à Macondo. A l'entrée du village se trouve un panneau annonçant "Macondo" ; un peu plus loin, une seconde pancarte proclame : "Dieu existe."

• Gabriel García Márquez, *Cien años de soledad*, Buenos Aires, 1967.

MACRAEONS

Ile peuplée de gens qui vivent longtemps. Les habitants ne démordent pas de l'idée que si les hommes de l'île sont Macraeons (ce qui en grec signifie vieillard), les femmes doivent être appelées Maquerelles.

A partir de là, on peut imaginer quel nom on donne aux enfants.

• François Rabelais, *Le Quart Livre des faicts et dicts héroïques du bon Pantagruel*, Paris, 1552.

MAG-MELL, ou MAG-MELD

Ile située en face de l'Irlande, audelà de l'océan Atlantique, appelée aussi terre de l'Eternité. Habitée par des esprits immortels, les Sidi, qui vivaient autrefois dans l'ancienne Eire. Entre Mag-Mell et l'Irlande, on trouve un réseau de tunnels sous-marins que les Sidi utilisent pour rendre visite à leur ex-pays et que les voyageurs peuvent également emprunter.

Les Sidi peuvent marcher sur les eaux, voler comme des oiseaux sur les ailes du vent et naviguer sur des navires de cristal, enveloppés de brouillard. Ceux qui ont vu les Sidi les décrivent comme des gens âgés, toujours un livre à la main. Les femmes des Sidi ont des formes humaines ; elles vivent en Irlande et prennent des maris humains. Parfois, elles les enlèvent et les emportent à Mag-Mell, où ils deviennent immortels.

A tout voyageur qui recevrait ce don, il est fortement conseillé de ne pas retourner dans son pays, sous peine de se voir aussitôt devenir hagard et vieux.

• Maria Savi-Lopez, *Leggende del mare*, Turin, 1920.

MAHAGONNY

Si certains affirment que cette contrée est proche de l'Alaska alors que d'autres s'entêtent à parler de la Californie, tous sont d'accord pour dire que Mahagonny est en même temps désertique et bordée par la mer. Fondée par des trappeurs de l'Alaska dans le but d'offrir à leurs compagnons un lieu de plaisirs et de jouissances et d'en tirer le maximum d'avantages financiers, elle est une espèce de ville de rêve en partie grâce aux dons exceptionnels de la très vigoureuse veuve Begbick, de Jenny et de ses six compagnes, toutes savantes en matière érotique.

Il faut savoir que, plus que les cataclysmes naturels qui peuvent se déclencher sur la ville (comme le typhon qui détruisit Pensacola et Atsena en épargnant Mahagonny par on ne sait quel miracle), c'est l'homme lui-même qui, dans cette ville, est un véritable danger pour l'homme.

• Bertolt Brecht, *Mahagonny*, Leipzig, 1930.

MAÏNA

Petite île du Pacifique, riche en minerais et en plantations de caoutchouc. Elle est habitée par deux tribus : les Articoles, descendants du premier habitant de l'île – le romancier Anthony Scott, auteur du *Sexe sombre* – qui acheta l'île au gouvernement hollandais en 1861, et les Beos qui ont pour ancêtres les serviteurs de Scott.

Les Articoles écrivent, peignent, sculptent, composent de la musique, et ne vivent que pour leurs créations artistiques. Ils sont bichonnés par les Beos qui leur offrent tout ce qu'ils ont, y compris leurs femmes. Bien que prodigues, les Beos sont les plus riches de l'île, car les Articoles ne connaissent pas le travail manuel et ne participent pas à l'administration du pays.

Les Articoles trouvent le moyen de créer, même lorsque l'inspiration leur fait défaut. C'est ainsi que le célèbre écrivain Routchko publia une confession de seize mille neuf cents pages, intitulée *Pourquoi je ne peux pas écrire*. Tout sujet, toute expérience est prétexte à création. Un Articole pourra, par exemple, éditer non seulement son *Journal intime*, mais aussi *Le Journal de mon journal intime*, tandis que sa femme publiera *Journal du journal intime de mon mari*. Il semble que certains éditeurs contemporains aient été atteints par cette fièvre articole.

Comme art et vie sont synonymes au pays des Articoles, les acteurs s'identifient complètement à leur rôle. Ainsi, l'habilleuse d'une célèbre actrice ayant omis d'indiquer sur la porte de la loge le nom du personnage que devait interpréter sa maîtresse, la comédienne entra en scène avec son véritable moi, révélation qui causa un scandale national.

Les visiteurs sont bien accueillis. Ils sont logés au *Psycharium*, hôtel cinq étoiles, où les Articoles les observent longuement, espérant ainsi enrichir leur prochaine œuvre d'art de nouvelles passions humaines qu'ils pourraient découvrir.

• André Maurois, *Voyage au pays des Articoles*, Paris, 1927.

MAINS

Deux promontoires couverts de forêts, à l'est de l'archipel Terremer*, pointés vers les îles de l'empire Kargad* comme un double index. La côte de la Main orientale est inhospitalière. Les falaises tombent à pic dans la mer et il n'y a pas de plages dans les fjords nichés au creux des "doigts".

La Main occidentale abrite un village de pêcheurs et de gardiens de chèvres. Leurs bateaux rudimentaires sont spécialement conçus pour naviguer dans les mers houleuses des alentours. Au cours de sa croisade pour détruire l'ombre maléfique qu'il avait éveillée par erreur à Gont, Ged (le plus grand magicien que l'archipel ait connu) rencontra l'Ombre dans l'une des criques les plus sombres de la Main orientale. Il l'attaqua, mais l'Ombre se déroba et disparut. Après cela, Ged demeura quelques jours dans le village de la Main occidentale, où il acquit son bateau légendaire, le *Regardeloin*.

Pour remercier les villageois de leur hospitalité, Ged prononça des formules magiques pour guérir les enfants malades et faire prospérer les troupeaux, et écrivit le mot magique *pirr* sur les maisons pour les protéger du vent et du feu, et préserver leurs habitants de la folie.

• Ursula Kroeber Le Guin, *A Wizard of Earthsea*, New York, 1968.

MAKALOLO

Petit pays d'Afrique centrale, habité par une tribu de guerrières. Les hommes n'y ont absolument aucun pouvoir. Le poste le plus élevé auquel ils peuvent aspirer est celui de cuisinier royal. Il faut voir les parades militaires au cours desquelles les guerrières de Makalolo, montées sur des girafes et des autruches caparaçonnées, exhibent leurs médailles de combat.

Makalolo est une monarchie élective : deux reines sont élues pour une période de cinq ans. Quand leur règne touche à sa fin, un grand banquet est servi, rassemblant tous les officiels et dignitaires du royaume. Au cours de ce repas, les deux souveraines déchues sont rôties et mangées. Les deux reines suivantes se trouvent parmi l'assistance ; les habitants de Makalolo pensent en effet que la sagesse des suzeraines précédentes passe à celles qui vont leur succéder, préservant ainsi l'héritage spirituel du royaume.

• Albert Robida, *Voyages très extraordinaires de Saturnin Farandoul dans les cinq ou six parties du monde et dans tous les pays connus et même inconnus de M. Jules Verne*, Paris, 1879.

MALACOVIA

Ville-forteresse bâtie sur le delta du Danube, non loin de l'embouchure sud du fleuve. Elle fut construite en 1870 par des ouvriers spécialisés venus de France et d'Angleterre, qui ne savaient pas où ils travaillaient et croyaient se trouver sur les rives du Dniepr en URSS. Une fois le travail achevé, ils furent renvoyés dans leur pays.

Le projet fut conçu par un excentrique prince nogai, richissime et un peu fou, qui émigra de Crimée avec plusieurs de ses compatriotes et s'installa dans la Dobroudja, rêvant d'y recréer une patrie. Pour réaliser ce but, il décida de construire une forteresse de fer cachée dans les marais, base à partir de laquelle il pourrait lancer des raids meurtriers sur les villes côtières de la sainte Russie et couler (ou capturer) les navires russes croisant dans la mer Noire. Elevé à Saint-Pétersbourg, le prince avait bénéficié des avantages d'une éducation universitaire et se passionnait pour une invention nouvelle aux possibilités innombrables : la bicyclette.

Il fit de Malacovia une sorte d'énorme œuf de fer hérissé de canons. En cas d'urgence, l'œuf pouvait descendre dans une plate-forme granitique située sous les marais grâce à un gigantesque système de roues dentées reliées à une série de bicyclettes sur lesquelles pédalaient une cinquantaine de Tartares nogai.

Depuis ce repaire, les Tartares traversaient la mer jusqu'à la côte russe sur des bateaux plats, actionnés par des

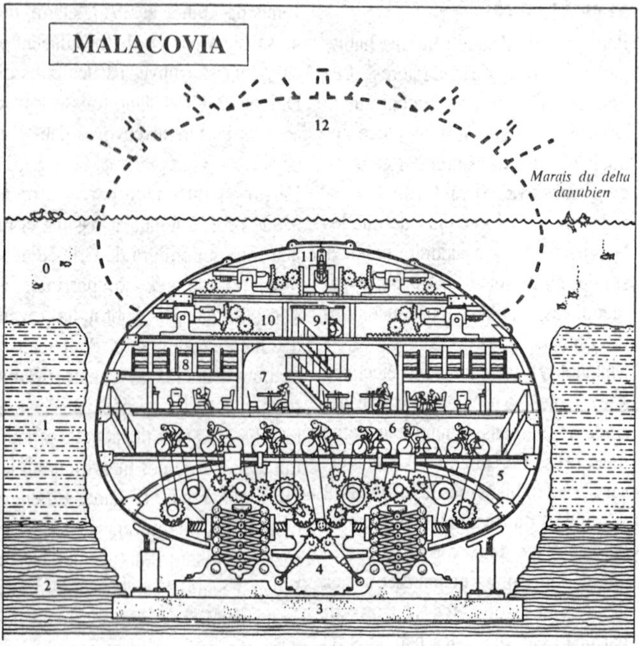

0. Eau. 1. Vase. 2. Terre ferme. 3. Plate-forme granitique. 4. Mécanisme élévateur. 5. Vide pour les machines en cas de submersion. 6. Tartares à bicyclette (force motrice). 7. Quartiers d'habitation. 8. Dortoirs. 9. Garage à bicyclettes. 10. Canons niveau 1. 11. Canons niveau 2. 12. Croquis de l'œuf dans sa position émergée.

pédales. Chacun d'eux portait sa bicyclette sur la tête et, une fois sur la terre ferme, se lançait férocement à l'attaque des villages russes. Certains compagnons du prince, d'abord partisans de la cavalerie traditionnelle, furent bientôt convaincus du grand avantage de la bicyclette, en voyant la surprise et la terreur des Russes devant l'apparition d'un Tartare à vélo.

Incapable de mater ces pirates d'un nouveau genre, le gouvernement impérial russe était sur le point de faire appel à ses alliés pour détruire l'œuf du prince et ramener la paix dans la mer Noire, lorsqu'une solution inattendue se présenta. En raison de l'extrême humidité du delta du Danube, le mécanisme de roues dentées se rouilla et, un jour de l'an 1873, il refusa de faire descendre l'œuf dans son nid de granit, en dépit des efforts généreux des cinquante cyclistes nogai. Conscients que la fin était proche, le prince et ses braves s'échappèrent, bicyclette sur la tête, par un tunnel secret, et se dispersèrent à travers le monde.

Et jusque dans les années 1900, il était courant d'apercevoir, à Paris ou à Londres, un Tartare, la tête baissée sur son guidon, dévalant les avenues résidentielles à une vitesse ahurissante.

• Amedeo Tosetti, *Pedali sul Mar Nero*, Milan, 1884.

MAL-PAS, voir GUÉ-PÉRILLEUX

MANDAI

Pays voisin du pôle Nord. En suivant l'étoile Polaire à travers une vaste région de glace et de neige, le voyageur arrive devant une grande porte creusée à flanc de montagne et gardée par un lion, un scorpion doré, une épée rouge et un serpent appelé Ur, dont les écailles de métal coupent le fer. Pour que la porte glisse, dévoilant un abîme ouvert au cœur de la montagne, il lui faut prononcer quelques mots clés.

Après une longue chute, le voyageur atteint une région où des hommes blonds et nus, au corps couvert d'une fourrure douce et blanche, logent dans des huttes de bambou et des arbres creux. Il s'agit de Mandai, contrée au climat tempéré, sans vermine ni animaux de proie. Les habitants y vivent sans aucune notion de propriété privée, dans une communauté où chacun est l'égal de son voisin. Au centre de chaque village, une place décorée de statues de marbre et d'inscriptions cunéiformes est destinée à la prière.

• Hirmiz Bar Anhar, *Iran*, Paris, 1905.

MANGABOO

Pays proche du centre de la Terre. Vu d'en haut, le paysage est assez semblable à celui de la surface du globe. Il est pourtant éclairé par les lumières changeantes de six soleils. L'astre central, un globe d'une blancheur éclatante, est entouré d'un anneau de cinq soleils plus petits, rose, violet, jaune, bleu et orange. Bien qu'ils soient éblouissants, ces soleils ne dispensent que peu de chaleur et restent immobiles. La nuit n'existe donc pas dans ce royaume souterrain, où les jours ne sont pas divisés en heures.

La pesanteur étant très réduite, on peut facilement marcher en l'air et sauter sans dommage du haut du toit des maisons. En revanche, grimper constitue une épreuve redoutable. Les Mangaboos sont, sans exception, des êtres de toute beauté. Ignorant le sourire et le froncement de sourcils, leur visage est empreint d'une paix et d'un calme immuables.

Pour être précis, on pourrait dire que les Mangaboos sont des créatures végétales, sans cœur ni organes internes, qui parlent et marchent. Ils ne naissent pas, mais poussent sur les parterres des beaux jardins de la région. On peut les voir, suspendus aux tiges des hautes plantes, à tous les âges – enfants, adolescents, adultes. Tant qu'ils restent accrochés à la tige par la plante des pieds, les Mangaboos sont immobiles et silencieux. Ce n'est qu'une fois cueillis (à l'âge mûr) qu'ils acquièrent le pouvoir de parler et de marcher. Leurs vêtements, de beaux atours, poussent avec eux et font partie de leur corps. La durée de vie d'un Mangaboo est courte. Même ceux qui sont épargnés par les accidents vivent rarement au-delà de cinq ans. Quand ils sont abîmés, on se contente de les replanter et ils repoussent. Les Mangaboos habitent une belle cité de verre, couronnée de dômes de cristal et de hautes flèches. Ces maisons transparentes sortent spontanément de la terre et, si elles ont été brisées ou détériorées, elles reprennent leur forme originale. Dans un square situé au centre de la ville, s'élève le palais du Sorcier, dont le rôle est de conseiller le prince ou la princesse régnants. A l'inverse des autres Mangaboos, qui s'habillent en vert, les vêtements du sorcier sont d'un jaune brillant. Celui-ci est chauve et a la tête et les mains couvertes d'épines, semblables à celles des rosiers. Son palais, un bâtiment de verre, est pourvu d'un dôme central et de flèches à chaque angle. Le pays des Mangaboos fut découvert par hasard, lorsque Dorothy Gale, princesse d'Oz*, fut avalée par le sol, au cours d'un tremblement de terre, en Californie. Dorothy, ainsi que le buggy qu'elle conduisait, son chat Eurêka et un garçon nommé Zed, descendirent lentement dans les entrailles de la Terre jusqu'au pays des Mangaboos. Peu après leur arrivée, ils furent rejoints par l'ancien magicien d'Oz.

• Lyman Frank Baum, *Dorothy and the Wizard in Oz*, Chicago, 1908.

MANGEURS-DE-LOTUS

Ile perdue sur les flots de la Méditerranée. Elle possède des montagnes enneigées, et de nombreux cours d'eau qui tombent en cascade dans une vallée verdoyante.

Des pins, des palmiers, des pommiers, des acanthes, de la myrrhe, des mousses, du lierre, des coquelicots et une herbe magique appelée "moly" poussent partout dans l'île. De nombreux lotus s'épanouissent, colorant les collines et le pays plat. La côte de sable jaune est balayée par une brise semblable aux soupirs du rêveur profondément endormi, et l'heure de la journée est toujours arrêtée au milieu de l'après-midi. L'île est habitée par des indigènes. Les lotus dont ils se nourrissent leur épargnent les soucis des mortels. Généreux, ils offrent ces plantes à tout visiteur qui partage leur table. Il vous suffira donc de goûter à ce mets pour que s'évanouisse en vous tout désir de retourner au pays, autrement que de force. Il vous semblera alors que la côte devient lointaine, les voix de vos compagnons distantes, comme venues d'outre-tombe ; vous vous endormirez tout éveillé, et vous entendrez le son d'une étrange musique sans reconnaître les battements de votre propre cœur.

• Homère, *Odyssée*, IXe-VIIIe siècle av. J.-C.
• Alfred, Lord Tennyson, "The Lotus Eaters", in *Poems*, Londres, 1833.

MANGO

Ile située à trois jours environ de navigation de l'île de Corail. Les visiteurs trouveront à se loger dans un petit village, fondé par des missionnaires chrétiens.

Les maisons – chacune nantie de son propre jardin – sont peintes en rouge avec un produit extrait du corail. L'église, le bâtiment le plus important, se dresse sur une colline, et mesure trente mètres de long sur quinze mètres de large. Il n'y a pas, dans tout le monument, un seul clou. Il a été construit en deux mois par les indigènes, qui ont surtout travaillé avec leurs haches d'os et de silex, car les outils européens sont rares. Les villageois sont amicaux et hospitaliers, ils s'habillent en imitant de façon grotesque la mode occidentale. Seul désagrément de ce lieu si paisible et si beau : les rats, qui infestent l'île. Comme les chats sont difficiles à trouver, on utilise des pourceaux pour les chasser.

Les visiteurs doivent, hélas, savoir que le traditionnel ragoût de rat, préparé par les cannibales établis sur l'autre versant de la cordillère centrale, est devenu introuvable depuis que ceux-ci ont été convertis au christianisme. Outre cette grande tradition culinaire, bien d'autres coutumes ont disparu : on ne peut plus, par exemple, assister à la cérémonie de la déposition, au cours de laquelle le futur roi enterrait vivant le roi précédent, étranglait les vieilles reines et construisait un nouveau temple en prenant les anciens courtisans pour piliers de fondation.

• Robert Michael Ballantyne, *The Coral Island*, Londres, 1858.

MAPLE WHITE, ou MONDE PERDU

Vaste plateau volcanique d'Amazonie, au Brésil. Un peintre et poète de Detroit le découvrit et lui donna son nom, mais ce fut le professeur George Edward Challenger qui, en 1912, à la tête d'une expédition, fut le premier à l'explorer.

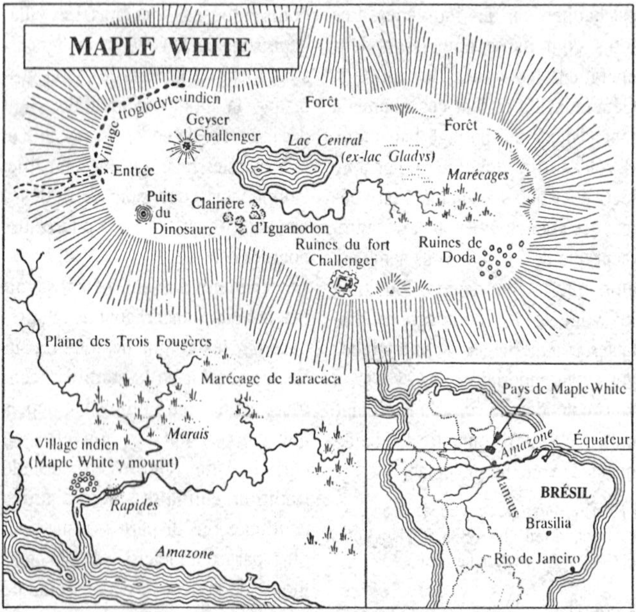

Il y rencontra de nombreuses espèces que l'on croyait disparues : iguanodons, allosaures, mégalosaures, machérodes, ptérodactyles. La flore est celle d'un climat tempéré : araucarias, chênes, hêtres et même des bouleaux, à côté de très hauts ginkgos. Les falaises basaltiques, d'origine volcanique, forment une crête ininterrompue qui sépare le plateau du reste de la jungle amazonienne. Le plus haut point de cette ligne de faîte, un roc isolé, de forme pyramidale, culmine à cent cinquante ou cent quatre-vingts mètres. De forme ovale, le plateau couvre à peu près cent cinquante kilomètres carrés et ressemble grossièrement à un entonnoir peu profond dont le centre est occupé par un grand lac de seize kilomètres de circonférence : c'est l'ex-lac Gladys, devenu le lac Central. On peut conseiller au voyageur plusieurs visites : les ruines du fort Challenger, dont la porte et les palissades sont toujours debout, coiffées d'un énorme ginkgo ; la colonie des ptérodactyles qui s'assemblent par centaines sur les pentes d'un des anciens petits cratères du plateau, la clairière d'Iguanodon et le geyser Challenger. A noter également, les mines de diamants, dans la fosse volcanique bleue découverte par Lord John Roxton. Enfin, les ruines de Doda, village des hommes-singes qui furent exterminés par une tribu indienne, les Accala. Ces derniers se sont établis dans les grottes de la falaise nord de la chaîne.

Pour atteindre le Monde perdu, il faut compter trois semaines et demie de voyage, à partir de Manaus. Après trois jours de navigation nord-ouest, on rejoint un affluent de l'Amazone, près de l'archipel des Anavilhanas, et on atteint le village quarante-huit heures plus tard. Après avoir descendu le fleuve sur quelque cent soixante kilomètres, on tombe sur un palmier. Il faut alors continuer sur huit cents mètres jusqu'à ce qu'apparaisse une trouée, sur l'autre rive. Quatre jours plus tard, on franchit à pied un marais infesté de moustiques. La route remonte et mène, en neuf jours de marche, à une forêt de bambous, où il faut s'ouvrir un chemin à la machette. Suivent une plaine de fougères arborescentes, deux petites collines, et un marécage qui porte le nom du serpent le plus venimeux d'Amérique : le jaracaca. De l'autre côté du marécage s'élèvent les falaises rouges du plateau, qu'on doit longer jusqu'aux grottes du mur nord. Entrez par la seconde grotte, sur la droite. Cinq cents mètres plus loin, évitez l'ouverture que vous découvrirez à gauche et suivez le tunnel principal sur une trentaine de mètres. Il faut signaler, au passage, les intéressantes inscriptions symboliques des murs. On pénètre alors dans le village indien, que l'on traverse pour gagner le plateau. Ne pas suivre les flèches de craie blanche qui semblent indiquer le chemin : cet ancien accès est bloqué par des éboulis.

Village troglodyte indien de Maple White.

• Sir Arthur Conan Doyle, *The Lost World*, Londres, 1912.

MARADAGAL

Vaste Etat d'Amérique du Sud peuplé de vingt-sept millions d'habitants, à la frontière du Parapagal. La population arriva d'Europe dans les premières décades du XVIIe siècle et colonisa le territoire indien. Aujourd'hui, les quelques Indiens survivants vivent dans des réserves hors des provinces ou *territorios*, et souffrent soit de tuberculose, soit de syphilis. La plupart des tribus sont regroupées au sud, dans la région de Tierra Caliente, célèbre pour ses bosquets d'orangers. Au nord, dans la région de Neakeltike, vivent les Paléo-Celtes.

En 1924, Maradagal était en guerre avec Parapagal. On ne connaît pas encore l'issue du conflit, mais on peut mesurer l'ampleur de ses ravages au nombre d'infirmes qui hantent les cafés de Maradagal et dévisagent fixement les visiteurs de leurs yeux de verre.

• Carlo Emilio Gadda, "La cognizione del dolore", in *Letteratura*, Milan, 1938-1941.

MARAMMA

Sanctuaire destiné aux habitants de l'archipel Mardi*. Au centre de cette grande île, s'élève le pic d'Ofo, réputé inaccessible. Tous ceux qui ont essayé de l'escalader ont été retrouvés morts à son pied.

En dehors de ce pic, le paysage vallonné de Maramma paraît aussi bouleversé qu'une mer après la tempête. On n'y trouve pas le moindre arbre fruitier ni la moindre racine comestible, et la population dépend entièrement des dons des îles voisines. Bien que le sol y soit très fertile, les habitants considèrent que planter un verger dans une terre consacrée serait une profanation.

La merveille de Maramma, le temple d'Oro, dieu des dieux, est bâti sur une petite île, au milieu du Yammo, un lac sacré remarquable. Le grand Morai de Maramma est le cimetière des prêtres de l'île ou pontifes. Pour l'atteindre, les visiteurs doivent suivre le lit d'un ruisseau peu profond, où ils se purifient les pieds avant de fouler le sol sacré. Le long de la route, on trouve des abris aux toits de chaume, où les pèlerins peuvent laver leurs vêtements dans les eaux saintes ; étant donné qu'ils se rhabillent lorsqu'ils sont encore mouillés, ils y gagnent un surcroît de rhumatismes plutôt qu'un accroissement de longévité. Le cimetière, entouré d'un mur, est protégé des esprits du mal par vingt têtes de sangliers noirs, suspendues aux rameaux des arbres voisins. Au centre de l'enceinte, se trouve un tertre de sable sec, qui a le pouvoir de préserver les corps de la corruption. C'est là que sont enterrés les pontifes de Maramma.

Près du tumulus, les visiteurs peuvent goûter l'eau de la source sacrée. D'une pureté de cristal, celle-ci jaillit entre deux rangées de pierres saillantes auxquelles on donne le nom de “bouche d’Oro”. Ces mâchoires aux dents de pierre se referment aussitôt, dit-on, sur toute main profane qui se plonge dans l’eau. Près de la source, s’élève une statue de pierre sombre. Elle représente un homme à la tête énorme et au ventre creux, dans lequel on dépose, à certains moments de l’année, des êtres humains sacrifiés.

Chaque pontife reçoit à sa naissance un nom de baptême et, durant sa vie, il est interdit d’utiliser les mots contenant les syllabes de ce nom. Il faut donc inventer un grand nombre de mots de remplacement, ce qui renouvelle sans cesse le langage, et déroute les étudiants en maramméen ainsi que les touristes.

• Herman Melville, *Mardi and a Voyage Thither*, New York, 1849.

MARBOTIKIN DULDA,
ou île de **FER**

Dans l’océan Indien. La capitale en est To-At-Chimk et Ching Peh, la seconde grande ville. L’île est gouvernée par une reine qui se distingue de ses sujets par sa tenue : une longue robe de soie bleue, bordée de blanc et ceinturée d’acier. Les prêtres et les magistrats portent des robes vertes, qui descendent jusqu’à la cheville. Quant au peuple, il est vêtu de courtes tuniques grises. Le nombre et la taille

des plumes arborées au chapeau indiquent le statut social.

Les indigènes, grands et forts, sont gentils et amicaux comme les Chinois, mais peuvent devenir rapidement trop familiers. La reine s’entoure des académiciens les plus vénérables ou *mi-tia-dinams*. Ceux qui ont rendu un éminent service obtiennent la faveur d’embrasser le talon royal.

Selon la religion de Marbotikin Dulda, le Créateur suprême vit dans la lune. On y adore donc celle-ci dans un vaste temple, le Miu-diablo, où se trouve une statue colossale à douze têtes. Chacune d’entre elles est dédiée à un signe du zodiaque, et pivote selon les phases de la Lune.

Les rites funéraires sont très particuliers. Le corps est transporté à l’extérieur et secoué pour voir s’il y reste une étincelle de vie. Si on le juge mort, la tête est tranchée et enterrée sous la maison, tandis que la dépouille est exposée sur une colline hors de la ville. Quand deux habitants de Marbotikin

Dulda décident de se marier, ils sont conduits à la pleine lune au palais royal et laissés dans des pièces séparées : là, le prétendant doit débusquer sa future femme, qui l'évite aussi longtemps que possible. Une fois réunis, ils sont mariés dans le temple et dansent jusqu'à l'aube.

A Marbotikin Dulda, on punit le meurtre en s'emparant de l'un des enfants du criminel, et en le remettant à la famille de la victime. Si le meurtrier n'a pas de descendance, il est battu, à raison d'un coup par mois de vie de la victime.

Le langage de l'île est le plus souvent monosyllabique et presque tous les mots se terminent par des voyelles. La vitesse de prononciation en altère le sens : par exemple, *loatchi* signifie "aimer beaucoup", *lo-at-chi* veut dire "aimer un peu". Haïr se dit *loatchik*, car, pour obtenir le contraire d'un mot, il suffit de lui ajouter un *k* final.

• Pierre Duplessis, *Mémoires de Sir George Wollap ; ses voyages dans différentes parties du monde ; aventures extraordinaires qui lui arrivent ; découverte de plusieurs contrées inconnues ; description des mœurs et des coutumes des habitants*, Paris, 1787-1788.

MARBRE, falaises de

Elles constituent une véritable chaîne de montagnes. Un escalier mène à leur sommet, d'où l'on domine tout le pays. Elles abritent des hiboux et des faucons, des lézards et des vipères fer-de-lance, à la stupéfiante beauté.

• Ernst Jünger, *Auf den Marmorklippen*, Francfort, 1939.

MARCHES DE L'OUEST

Région montagneuse, à l'ouest de Narnia*. Au milieu des pics s'étend un lac tranquille, source du grand fleuve. Au-dessus du lac, sur une colline couronnée de verdure, s'élèvent les portes d'or qui donnent accès à l'un des plus merveilleux jardins du monde.

Les voyageurs peuvent visiter le jardin pour l'une des trois raisons suivantes : pour expier leurs péchés, pour chercher une satisfaction personnelle, ou pour obéir à un ordre d'Aslan, créateur de Narnia.

Pour atteindre le jardin, ils peuvent soit traverser à pied montagnes et vallées, soit y être amenés par Fledge, le cheval ailé, qui sert de moyen de transport entre Narnia et les Marches de l'Ouest. Il suffit de toucher légèrement les portes pour qu'elles s'ouvrent. Derrière elles s'élève l'arbre aux pommes d'argent. Si un voyageur reçoit une pomme en cadeau, il connaîtra une grande félicité, mais s'il en vole une il sera accablé de tristesse et détestera à jamais le goût du fruit.

Deux animaux habitent le jardin : une souris qui parle et un oiseau magnifique. Ce dernier sert de sentinelle et observe les arrivants du haut de son perchoir, dans les arbres. Plus gros qu'un aigle, il a la poitrine safran, la queue pourpre et la crête écarlate.

• Clive Staples Lewis, *The Magician's Nephew*, Londres, 1955 ; *The Last Battle*, Londres, 1956.

MARDI

Archipel de l'océan Pacifique, situé exactement sur l'équateur, et qui a été décrit en ces termes : "Une flottille d'îles, profondément ancrées dans un port de corail." Voici celles qu'il ne faut pas manquer de visiter : Diranda*, Dominora*, Flozella-A-Nina*, Hooloomooloo*, Juam*, Maramma*, Minda, Nora-Bamma*, Odo, Ohonoo*, Pimminée*, Tupia et Valapée*.

• Herman Melville, *Mardi and a Voyage Thither*, New York, 1849.

MARINA

Jadis prospère, ce pays a été détruit par les hordes sauvages du Grand Forestier de Maurétanie*. Un grand lac enserre les îles Hespérides ; sur ses rives se profilent des ruines romaines, des églises chrétiennes et des châteaux mérovingiens. A l'est, s'élèvent les montagnes à l'abri de leur ceinture de glaciers. Au nord, on trouve la forêt de Teutoburger*.

Marina était célèbre pour ses champignons, ses truffes (déterrées par les chiens), ses châtaignes et ses grosses noix. Des cyprès et de nombreux arbres fruitiers profitent de la douceur du climat. La faune ailée est très riche : cailles, grives mouchetées, becfigues, rouges-queues, canards, pinsons et chardonnerets.

La petite ville de Marina, avec son port et sa porte du Coq, est située sur la gauche des fameux coteaux de vignes. Près du port, dans la chapelle de la Sagrada Familia, la tête du prince de Sunmyra, enfermée dans une amphore, est ensevelie dans la pierre des fondations.

Des fêtes ont lieu au printemps et en automne. Au printemps, les hommes s'habillent en oiseaux. A l'automne, les paysans participent à des concours variés : ils grimpent en haut d'un mât ou rivalisent d'esprit.

La caste des poètes est très respectée et le pouvoir de composer des vers est tenu pour une source de bonheur et de richesse. Ce sont eux qui récitent le sermon funèbre dont il existe deux formes : *l'elegeion*, une sorte d'offrande qu'il convient d'apporter à une vie passée dans le souci de la justice ; *l'ebernum*, réservé jadis aux vainqueurs des monstres qui hantaient les marais et les gorges avant la venue des hommes. Ce dernier est prononcé dans une allégresse extrême. Au cours de l'éloge, on procède au lâcher d'un aigle noir, nommé Admiration.

• Ernst Jünger, *Auf den Marmorklippen*, Francfort, 1939.

MASQUES, île aux

Dans les Indes orientales ; ne figure pas sur les cartes et est à présent inhabitée. La côte est hérissée de falaises abruptes et le seul accès possible est une passe étroite entre deux hautes murailles rocheuses. Au fond de la baie, un sentier grimpe jusqu'au sommet des falaises. A l'intérieur, on trouve de l'eau douce et quelques arbres fruitiers, ainsi que nombre de bêtes sauvages et d'oiseaux.

L'île aux Masques fut découverte par le roi d'Espagne alors en quête d'une terre très inhospitalière afin d'y exiler sa sœur et dom Pedro, vice-roi de Catalogne, dont le mariage secret l'avait irrité. Le couple fut abandonné sur l'île, le visage recouvert d'un masque de fer impossible à enlever. Il y vécut plusieurs années, se nourrissant de fruits, d'oiseaux, et des maigres ressources de l'environnement. Deux enfants naquirent : un garçon et une fille, cette dernière portant en guise de marque de naissance un masque de fer imprimé sur la poitrine.

Découverte alors qu'elle se promenait seule sur la plage par l'équipage d'un bateau de passage, elle fut emmenée jusqu'au pays du Bouc-à-la-barberousse, où elle fut vénérée par les indigènes comme un don des dieux.

• Charles Fieux, chevalier de Mouhy, *Le Masque de fer ou les Avantures admirables du père et du fils*, La Haye, 1747.

MAUPERTUIS

Château aux fortes défenses où de temps en temps se réfugie Renart, son propriétaire, lorsque les événements tournent au désavantage de ce fripon retors qui sème la terreur et l'indignation dans toute la région.

• Anonyme, *Le Roman de Renart*, XIIe et XIIIe siècles.

MAURÉTANIE

Pays situé au nord de Campagna* à ne pas confondre avec la république africaine du même nom. Les habitants sont renommés pour leur soumission apathique au pouvoir, ce qui leur donne parfois une allure de robots. L'homme connu sous le nom de Grand Forestier y a établi sa domination, avant de répandre la terreur à Marina* et dans les régions environnantes.

• Ernst Jünger, *Auf den Marmorklippen*, Francfort, 1939.

MECCANIA

Petit Etat d'Europe occidentale, puissant bien que peu connu, à la frontière de Francaria. Le pays, dont l'existence remonte à la Première Guerre mondiale, est entouré par un no man's land, enclos de barbelés. Les voyageurs doivent se munir de visas et acheter leurs billets longtemps à l'avance. De la ville frontière de Graves, en Francaria, ils sont emmenés en panier à salade jusqu'à

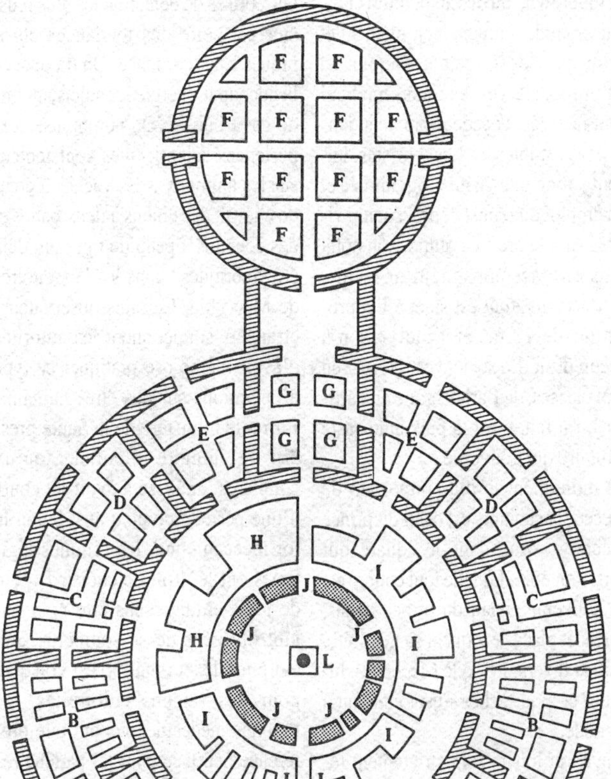

Mecco. La capitale : A. Quartier de l'Armée et de la Marine. B. Commerçants et fonctionnaires (1er échelon). C. Hauts fonctionnaires et professions libérales. D. Artisans. E. Ouvriers spécialisés. F. Quartier des ouvriers. G. Centre commercial. H. Musée Mechow. I. Centre culturel. J. Bâtiments administratifs. K. Quartier de l'aristocratie. L. Le Monument.

Bridgetown, où ils sont interrogés, puis soumis à un examen médical et à un bain désinfectant. Séjour au commissariat et examen médical sont facturés. Voyager librement dans le pays est interdit. Les touristes doivent suivre une visite programmée et un emploi du temps défini. Aucun visiteur n'a le droit de quitter son hôtel sans être accompagné d'un guide. A Meccania, tout est sujet à l'approbation de l'Etat et l'individu n'a aucun droit. La société est divisée en sept classes, de l'aristocratie aux artisans. En fait, c'est la puissante caste militaire qui gouverne.

Le monument le plus important de Mecco, la capitale, est celui du prince Mechow, situé dans le square qui porte son nom. La ville tout entière est un souvenir vivant du prince : rues, hôtels et places évoquent sa mémoire, à titres divers. Le style Mechow – lunettes et moustaches – est tout à fait à la mode.

Travail et loisirs sont strictement réglementés. L'art n'échappe pas à cette règle : toutes les pièces de théâtre sont écrites par un groupe d'experts. La plupart, composées en vers, ont un projet didactique. Les seuls adultes qui lisent des romans sont les pensionnaires des asiles de fous, dont les auteurs favoris se nomment Dickens, Balzac, Tolstoï...

De tous les ministères, celui de la Santé est le plus important. L'une des entreprises de détection les plus réussies est celle des tendances chroniques à la dissidence. On traite avec beaucoup d'énergie les sujets atteints de ces troubles. De nombreuses expériences scientifiques sont tentées sur les animaux : des vaches à cœur de cheval, des chiens à deux pattes et des cochons à peau de tigre ont déjà été "fabriqués" dans les laboratoires de Meccania. Certains observateurs étrangers soupçonnent les autorités d'avoir même osé pratiquer ce type d'opérations sur des êtres humains. Enfin, le ministère de la Santé prescrit le nombre d'enfants qu'un couple est autorisé à avoir au cours d'une période de cinq ans. Selon la loi meccanienne, les femmes légitimes ont le droit de choisir le père de leurs enfants sans être pour autant obligées de se soumettre aux étreintes de leur mari. Il est vrai que, pour des raisons culturelles, les femmes meccaniennes ont une préférence marquée pour les partenaires forts et virils, ce qui expliquerait leur prédilection pour les militaires.

• Gregory Owen, *Meccania, the Super-State*, Londres, 1918.

MÉDAMOTHI,
ou île de **NULLE PART**

Pays agréable, célèbre pour ses phares et pour les hautes tours de marbre qui ornent son littoral. On dit ses côtes aussi longues que celles du Canada.

Une foire annuelle y attire les marchands les plus riches d'Afrique et d'Asie. Toutes sortes d'antiquités et de produits de luxe peuvent y être acquis : tableaux où l'on montre les idées de Platon et les atomes d'Epicurus, peintures figuratives d'un écho…
On peut aussi y acheter des licornes et le fameux *tarande*, sorte de taureau-caméléon que Pline a décrit dans son œuvre.

• François Rabelais, *Le Quart Livre des faicts et dicts héroïques du bon Pantagruel*, Paris, 1552.
• Maurice Roche, *Circus*, Paris, 1972.

MÉGAPATAGONIE

Archipel coincé entre la Terre de Feu et l'Antarctique, et habité par des hommes peu évolués, qui ont conservé une apparence et des coutumes animales. Chaque île est le domaine de créatures d'une espèce particulière : hommes-ours, hommes-singes, hommes-loutres.
Les bipèdes qui occupent certaines d'entre elles ont conservé un aspect normal, mais ils sont, en fait, fort peu civilisés. Chaque citoyen travaille uniquement quatre heures par jour, et toute activité est considérée comme un plaisir.
Dans cet archipel, exact antipode de la France, les habitants parlent le français à l'envers. Ainsi, “Bonjour” se dit “Nob ruoj”. Ils portent des chaussures sur la tête et des chapeaux aux pieds. Les femmes occupent un rang inférieur à celui des hommes. Peinture et sculpture sont ignorées, car elles sont considérées comme des arts inutiles, “une illusion qui ajoute à la solitude du dernier des hommes”. Musique et poésie sont acceptées.
La capitale de l'archipel, Sirap, a été établie sur l'île principale.

• Restif de la Bretonne, *La Découverte australe par un homme-volant ou le Dédale français ; nouvelle très philosophique : suivie de la Lettre d'un singe, & cie*, Leipzig, 1781.

MEILLCOURT

Ile de l'océan Indien, à environ trois semaines de voile du cap de Bonne-Espérance. La côte est sableuse, boisée, agrémentée de rivières, de lacs et d'arbres fruitiers. L'intérieur du pays, au relief montagneux, est couvert de forêts touffues percées de lacs.
Les insulaires sont gouvernés par un descendant du chevalier de Meillcourt, explorateur français qui fit naufrage au début du XVIIe siècle. La population est composée d'Européens et de deux tribus indigènes : les Troglocites et les Quacacites, qui vivent heureux et en paix. L'île est de religion catholique, mais la loi garantit la liberté du culte et les habitants sont en général athées. Pour des raisons administratives, les citoyens sont répartis en soldats et en ouvriers, ces derniers constituant la majorité. Cette société ne comprend ni marchands – car le

commerce pourrait conduire à des rivalités –, ni moines.

Avant l'époque de Meillcourt, les Troglocites, peuple pacifique, vivaient de chasse ou de pêche et étaient gouvernés par un roi. Leur gentillesse naturelle apparaît dans leurs coutumes : si un homme divorce pour adultère, il doit continuer à entretenir sa femme pendant un an. Dans les procès criminels, il est tenu compte des vertus des accusés autant que de leurs crimes. La jeune fille en âge de se marier est astreinte à une sorte d'examen de trois mois, la période de *kakarika*, pendant laquelle ses prétendants conversent avec elle, la questionnent sur ses goûts, ses motifs d'intérêt, et lui offrent des cadeaux. Au bout de trois mois, ceux qui n'ont rien à lui reprocher et se sentent toujours attirés par elle s'alignent, chacun tenant à la main une brindille enflammée. La jeune fille souffle la flamme portée par l'homme de son choix, qui se jette alors aux pieds de son futur beau-père en lui demandant son accord, puis il embrasse sa fiancée. Après le mariage, cette dernière nourrit ses anciens prétendants trois jours durant.

• Jean-Baptiste de Boyer, marquis d'Argens, *Le Législateur moderne ou les Mémoires du chevalier de Meillcourt*, Amsterdam, 1739.

MEÏPE

Pays à l'emplacement incertain, où les professeurs ne professent pas et où les enfants ne sont pas obligés de s'adresser poliment aux grandes personnes. Il a été fondé en 1918 par Michelle Maurois, âgée de quatre ans, et fille de l'écrivain bien connu.

• André Maurois, *Meïpe ou la Délivrance*, Paris, 1926.

MÉLITA

Ile de l'Atlantique, essentiellement connue pour son *simlax*, un curieux buisson à forme humaine, grimpant aux arbres qu'il étouffe. La légende raconte qu'une jeune fille éprise d'un crocus fut transformée en buisson, et c'est peut-être la raison pour laquelle les indigènes évitent d'utiliser le *simlax* au cours de leurs rites sacrés.

• Anonyme, attribué à Pline l'Ancien, *Inventorum Natura*, Ier siècle apr. J.-C.

MÉLORIA

Enorme canal souterrain qui traverse le sous-sol italien, de la mer Ligurienne à l'Adriatique. A l'est, l'entrée se situe dans la vallée de la Brenta, près de la petite île d'Aleghero ; à l'ouest, dans le golfe de La Spezia, entre Lerici et Punta di Maralunga. En 1868, un groupe de pêcheurs trouva dans la mer une boîte contenant une carte et un exposé historique de cette excavation.

Vers l'an 1300, un capitaine de la république de Gênes, Luigi Gottardi, avait découvert, près de Lerici, une vaste caverne sous-marine pouvant

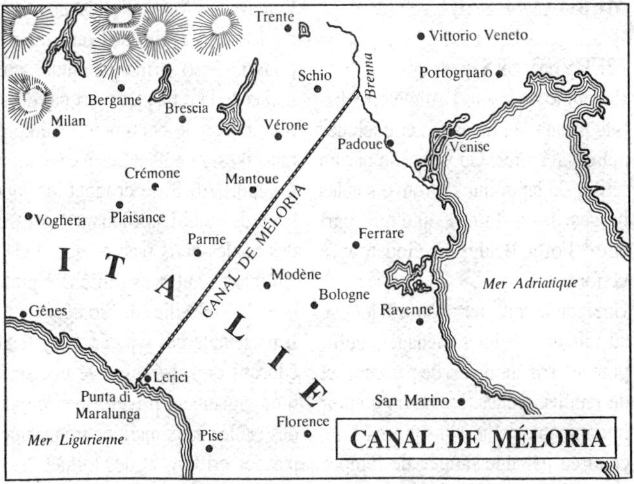

permettre le passage d'une galère d'assez grande taille. Il élabora alors un projet grandiose : ouvrir un canal souterrain joignant la mer Ligurienne à l'Adriatique, afin de faciliter l'invasion de la république de Venise par les troupes génoises. Le capitaine Gottardi, qui était fort riche, réalisa son plan fabuleux en embauchant cinq cents esclaves africains, qui y travaillèrent plus de huit ans. Puis les esclaves furent renvoyés dans leur pays, et les rares citoyens génois informés du projet jurèrent le secret. Le capitaine Gottardi ayant été capturé par les Vénitiens, le canal demeura ignoré de tous durant plus de quatre cents ans.

Aujourd'hui encore, le canal Méloria n'est pas utilisé, sans doute pour des raisons techniques et par crainte des risques de séismes. Quatre hommes seulement l'ont parcouru, en 1868, sur toute sa longueur : les trois pêcheurs qui découvrirent la boîte et un certain Dr Bandi, de la marine italienne. Le récit de leur expédition insiste notamment sur les phénomènes volcaniques inquiétants qui furent observés, ainsi que sur la faune riche et variée : méduses de toutes sortes, nautiles en abondance, énormes mollusques bleus, rouges et verts. En certains endroits du canal, des bandes de poissons phosphorescents s'agglutinent en masse compacte et diffusent une étrange lumière.

• Emilio Salgari, *I naviganti della Meloria*, Milan, 1903.

MEROA, voir **SABA**

MERVEILLES, pays des (1)
Royaume situé sous l'Angleterre, habité par un jeu de cartes et quelques autres créatures. On y accède par un terrier de lapin qui se trouve sur les berges de la Tamise quelque part entre Folly Bridge et Godstow, à Oxford.

Une simple chute horriblement longue au milieu d'articles ménagers suffit pour atterrir sur un tas de petit bois et de feuilles sèches. De là, un couloir interminable mène à une pièce basse, éclairée par une rangée de lampes suspendues au plafond. De toutes les portes qui donnent dans cette pièce, il faut choisir la plus petite qui se trouve cachée derrière un rideau, et par laquelle on aperçoit la roseraie de la reine.

On ouvre cette porte avec une minuscule clé d'or qui luit sur une table de verre. Si la taille du visiteur dépasse celle d'un rat, il lui faut, pour passer la porte, boire un tonique ou grignoter quelques-uns des petits gâteaux disposés sur la table. Au pays des Merveilles, la nourriture et la boisson font grandir ou rapetisser ; aussi faut-il toujours en user avec précaution. Un certain nombre d'endroits valent le détour : le délicieux cottage du Lapin blanc, la cuisine de la Duchesse et le salon de thé en plein air du Chapelier fou, ouvert à toute heure.

Le pays des Merveilles est gouverné par le roi et la reine de Cœur, mais le pouvoir est principalement aux mains de la reine. La mort par décapitation est le châtiment ordinaire, mais il est rarement mis à exécution. Le sport royal, le croquet, se joue avec des maillets-flamants roses et des boules-hérissons, ce qui rend le jeu intéressant mais difficile à pratiquer. Déconseillé aux étrangers.

Il ne semble pas y avoir de système éducatif organisé, excepté une sorte d'enseignement privé dispensé dans des écoles sous-marines fréquentées par des griffons et des tortues "fantaisie". De nombreux sujets inhabituels sont traités dans ces écoles : l'alésure, la friture et les différentes branches de l'arithmétique (ambition, distraction, mortification et dérision) ; les listes noires ancienne et moderne ; la sous-l'eau-graphie, les classiques et le larcin ; outre le français, la musique et le blanchissage, qui représentent des suppléments à payer. L'une des traditions les plus célèbres de ce collège peu ordinaire est le quadrille des homards, une danse typique à laquelle griffons, tortues "fantaisie", phoques et saumons prennent part, ayant chacun un homard pour partenaire. Pour visiter l'école, les visiteurs doivent se déplacer sur un marsouin. En fait, il est impensable de se rendre quelque part sans marsouin.

Le système judiciaire repose sur le jugement par jury. Le roi préside la séance et instruit les jurés qui l'écoutent rarement. Les cochons d'Inde ne doivent pas applaudir durant les audiences sous peine de se voir fourrés dans un grand sac de toile, dûment ficelé par la suite.

La flore est pauvre – il faut le reconnaître. Notons cependant une espèce de rose blanche, parfois peinte en rouge, qui pousse près du terrain de croquet de la reine. La faune, quant à elle, est remarquable : les animaux parlent anglais, pour la plupart, à l'exception des souris, qui possèdent en plus des notions de français. Des espèces nombreuses et variées cohabitent : chiens, cochons d'Inde, hérissons, crabes, homards, lapins (portant gilet), lézards, grenouilles, poissons-jambes (appelés encore laquais-poissons), loir (très friand de mélasse), lièvre de Mars, griffons, tortues "fantaisie" (race bâtarde, issue d'un veau et d'une tortue dont la chair compose l'essentiel de la "vraie" soupe de tortue). Quant au chat du Cheshire, identifiable à ses réflexions piquantes, il possède le don de se rendre invisible, ne laissant flotter dans l'air que son sourire. On rencontre aussi des cochons ou des bébés transformés en cochons. Il existe également de nombreuses sortes d'oiseaux : canards, dodos (en voie d'extinction), perroquets, aiglons, flamants, pigeons.

Pour complément d'information, se renseigner auprès du ver à soie fumant le houka, juché sur la tête d'un champignon.

• Lewis Carroll, *Alice's Adventures in Wonderland*, Londres, 1865.
• Thomas Stearns Eliot, *The Family Reunion*, Londres, 1939.

MERVEILLES, pays des (2)

Où l'on peut aisément deviser sur l'histoire et les avatars de trois lettres : *c*, vitesse de la lumière, G, accélération de la pesanteur, et *h*, constante de Planck, sans que la célérité de l'exposé de l'une, la gravité du sujet imposé par l'autre, ou l'immuable petitesse de la dernière ne viennent troubler des démonstrations édifiantes.

Pour mieux s'en rendre compte, il suffit de participer à quelques parties de billard dans la chambre des Quanta. Le principe d'incertitude d'Heisenberg s'y vérifie en posant aux boules de billard une diffusion au décours même de leur trajectoire. Celles-ci, en se déplaçant sur le tapis vert, paraissent de plus en plus délavées, perdent la netteté de leur contour. Lors du choc de deux boules entre elles, on remarque la diffusion d'une onde S et l'impossibilité qu'il y a de les circonscrire dans le périmètre d'un triangle de bois.

Dans la chambre des Quanta, les boules de billard souffrent d'éléphantisme quantique. La seule chose que l'on puisse dire d'elles est qu'elles sont *un peu là, en partie ailleurs et surtout autre part.* Il en est de même lors de la traversée d'une agglomération du pays des Merveilles, où la vitesse de la lumière est limitée à quinze kilomètres à l'heure et non plus à trois cent mille à la seconde. Inévitablement, il s'y produit une contraction du mètre et les badauds sont plats comme des crêpes. Il n'y a aucune raison de s'inquiéter outre mesure des effets de la Relativité, qui fonctionne ici comme s'il s'agissait d'atomes. Il faut feindre également l'indifférence si, à la gare, on remarque des grands-pères de trente ans embrasser leurs petits-enfants de quatre-vingt-sept ans : ce sont des prototypes mêmes du voyageur de Langevin, pour lequel le temps se contracte.

Un safari dans la jungle quantique ne présente aucun véritable danger, car la constante quantique affecte à peine un éléphant. On remarque, néanmoins, que la surface de sa peau n'est pas très nette, ce qui est bon signe quant à ses origines. Dans la jungle quantique, plus les animaux sont petits, plus ils sont délicats, l'incertitude croissant avec la petitesse de la masse.

Le quantum d'action y est si grand, le monde rendu si grossier que si quelqu'un caresse un petit chat, ou bien celui-ci ne sent rien du tout, ou bien le premier quantum de caresse lui brise l'échine. Les tigres qui attaquent les éléphants sont hamiltoniens, par diffusion : à eux seuls, ils paraissent une meute. Il convient de tirer au hasard sur les tigres multiples et dédoublés si l'on veut espérer, par inadvertance, en occire au moins un. En revanche, si les gazelles apparaissent en rangs bien serrés, il s'agit sans doute d'un phénomène de diffraction contre lequel les meilleurs fusils à lunette sont impuissants.

Au bord de la mer, on fait, en général, des rencontres charmantes, car les filles cadettes des professeurs de physique nucléaire y prennent leur bain de soleil. Les vagues les plus surprenantes sont des vagues d'incertitude quantique, apportées par la marée ondulatoire d'une lumière dont la célérité change de façon déraisonnable.

Si une de ces jeunes filles vous prend la main, attendez-vous à être touché par une onde d'incertitude, soit sur le mouvement, soit sur la position, puis à diffuser sur tout le rivage. Il est dit qu'un large pli d'espace courbe, en forme de selle, commencera à diffuser lui-même des collines voisines, recourbant rochers et maisons de pêcheurs. Les rayons du soleil seront déviés par un immense champ de gravitation, puis disparaîtront tout à fait de l'horizon. Vous serez alors plongé dans une obscurité totale ; un siècle s'écoulera avant que vous ne reveniez à vous, marié.

• George Gamow, *Mr Tompkins in Wonderland or Stories of c, G and h*, Londres, 1939.

MERVEILLEUSES, îles,
voir **BRISEVENT**

MERVEILLEUX, château,
voir **ROCHE DU CHAMPGUIN**

MESKEETA

Ile de l'archipel Riallaro, dans le Sud-Est du Pacifique, que ses habitants – des Pygmées exilés de Limanora* – surnomment "île des juges du Bien et du Mal".

Dépeceurs de livres, manieurs de critiques, ces insulaires ont rapetissé par excès de dénigrement. Ils sont toujours armés de javelots, qu'ils se lancent violemment à la tête, et portent des lunettes qui ont le pouvoir de tout dénaturer. D'énormes masques couvrent la partie supérieure de leur corps pour cacher leur véritable identité. Ils ne trouvent le bonheur que dans les flatteries mutuelles.

Une race d'esclaves noirs imprime des livres uniquement destinés à assouvir leur soif de critique agressive. Ils adorent tout ce qui brille et lancent leurs javelots vers le soleil lorsque celui-ci s'obscurcit.

Leurs temples sont construits sur les tombes de ceux qu'ils ont persécutés à mort et qu'ils honorent ensuite comme des demi-dieux.

• Godfrey Sweven, *Riallaro, the Archipelago of Exiles*, New York et Londres, 1901 ; *Limanora, the Island of Progress*, New York et Londres, 1903.

MES PROPRIÉTÉS

Situées entre l'équateur et la Grande Garabagne* ; vaste étendue sableuse où tout est plat et où rien ne bouge.

En creusant le sable, on s'aperçoit vite que le terrain a une origine marécageuse et tourbillonnante. L'impression de solitude et de pauvreté que l'on ressent à première vue est trompeuse. Les ressources du terrain sont illimitées : on peut y cultiver des têtes, des aigrettes blanches, des crayons, des dents, des mâchoires, des foies, des colons, des anus, des pancréas, des vésicules biliaires, etc. La grande difficulté, qui risque d'impressionner les voyageurs de moins de dix-huit ans, est qu'une création éclipse l'autre. Quand on prépare la mâchoire, les dents disparaissent. Quand le foie est prêt, il ne reste que l'anus – ce qui est dégoûtant –, et il faut revenir par l'intestin et la vésicule. S'il pousse mille crayons, on forme mille dessinateurs, mais lorsque ces mille dessinateurs sont formés, les mille crayons ont disparu.

En dépit de ses miracles misérables, l'endroit n'a rien d'exceptionnel. C'est même le lieu le plus commun

qui soit : tout le monde y possède son terrain.
Les voyageurs désireux d'acheter une aigrette blanche volatile ou un stock de mille crayons s'envolant en fumée doivent savoir que la monnaie courante est l'éther.

• Henri Michaux, *Mes propriétés*, Paris, 1929.

METTINGEN

Domaine ainsi baptisé par son premier propriétaire et qui s'étend sur les berges d'une rivière, près de Philadelphie, aux Etats-Unis.
Il fut acquis vers la fin du XVIIIe siècle par un Saxon, M. Wieland. Dans sa jeunesse, M. Wieland s'était pris de passion pour les doctrines religieuses des Albigeois et des camisards. Son puritanisme s'exacerba à tel point qu'il construisit un temple pour ses dévotions. Ce dernier se dresse sur une rocaille où poussent des pins, à environ trois cents mètres de la demeure de Wieland, dans une clairière de douze pieds de diamètre. Après la mort de Wieland, ses enfants décorèrent, meublèrent et transformèrent le temple en résidence d'été que l'on peut encore voir aujourd'hui.
Le premier Wieland mourut de ses blessures, après qu'une explosion, survenue dans le temple, eut réduit ses vêtements en cendres. Il eut le temps d'expliquer qu'il avait été aveuglé par une vive lumière, pendant la prière, avant d'être violemment frappé. Des cas similaires furent rapportés dans le *Journal de médecine* de Mérille et de Muraine, en mai 1783, et dans un journal florentin.

Temple de Wieland à Mettingen.

Peu après la guerre d'Indépendance, le fils de Wieland, Théodore, prétendant qu'une voix lui en avait donné l'ordre, assassina sa femme et ses enfants. Il se suicida peu après.

• Charles Brockden Brown, *Wieland or The Transformation : An American Tale*, New York, 1798.

MICROMONA

Introuvable. Il s'agit d'un pays où les femmes sont maîtres et les hommes esclaves.
Gouvernée par une reine belliqueuse, qui est à la tête des armées, cette

nation pratique une politique d'ultra-expansionnisme. Se prenant pour des anges descendus sur terre, les femmes refusent d'être contaminées par le sexe opposé. Pour être fécondées, elles secouent les branches d'un arbre qui aurait poussé à la lisière du paradis : la récolte de jeunes filles saines suffit aux besoins du royaume.
Les visiteurs mâles sont invités à passer leur chemin.

• Karl Lebrecht Immermann, *Tulifäntchen, Ein Heldengedicht in drei Gesängen*, Hambourg, 1830.

MIDIAN

Pays niché dans une petite vallée au-delà des monts Ghenzi, en Afrique, et fondé par un disciple de saint Paul, enclin au fanatisme. La vallée est située dans l'immense cratère d'un volcan, éteint depuis longtemps.
Au sud, le village d'Abraham a été creusé dans la lave, près du lac sans fond de Chinnereth. Au nord, le village d'Elijah a plus d'allure, avec ses huttes de pierre et de bois. On n'y trouve aucun des signes de dégénérescence, ni de maladie, si communs au sud de Midian.
Le royaume du Sud est gouverné par un fanatique qui suit à la lettre les rites et coutumes des premiers chrétiens. Les gentils – pourvus de gros nez – sacrifient les enfants selon la méthode présumée d'Abraham, et crucifient leurs victimes avec une ferveur religieuse.
Il est difficile de communiquer avec les habitants, qui parlent un langage oublié depuis longtemps par le reste du monde.

• Edgar Rice Burroughs, *Tarzan Triumphant*, New York, 1932.

MIDWICH

Village à une douzaine de kilomètres de la ville de Trayne en Angleterre. Une soixantaine de cottages se regroupent autour d'un terrain communal et d'une petite église normande, reconstruite dans le style anglais du XVe siècle.
Il n'y a aucune explication historique possible à l'existence de Midwich. Au cours des âges, les routes, les chemins de fer, les canaux ont toujours ignoré le village, devenu célèbre par les enfants mystérieusement conçus un certain 26 septembre. Tous avaient les cheveux châtain clair, les yeux brillants et dorés, des bouches plus petites et des ongles plus minces que la normale. Paraissant physiquement et mentalement le double de leur âge, ils communiquaient par télépathie. Très vite devenus un obstacle au déroulement paisible de la vie du village, ces jeunes paranormaux périrent tous lors d'une violente explosion qui pulvérisa la grange où ils se trouvaient rassemblés pour une conférence : l'édifice ne présentait heureusement

aucun intérêt. L'auteur de cet attentat, un certain Gordon Zellaby, y trouva également la mort.

• John Wyndham, *The Midwich Cuckoo*, Londres, 1957.

MIGREVENT

Promontoire reculé, dans l'Ouest de l'Ecosse, dont l'emplacement exact demeure ignoré. C'est le rendez-vous d'innombrables oiseaux de mer avant qu'ils ne mettent le cap sur leurs lieux de reproduction, plus au nord. On y voit, comme nulle part au monde, d'immenses vols de cygnes, d'oies, de canards sauvages, de harles piettes, de harles bièvres, de plongeons et de fous.

Avant l'arrivée des grands vols migratoires, le promontoire est visité par des milliers de corbeaux gris, venus tenir ici leur congrès annuel. Au cours de cette grande session parlementaire, les corbeaux se vantent ou fanfaronnent à propos de tout ce qu'ils ont fait l'année précédente, et font inévitablement le procès de l'un des leurs. Une jeune femelle, par exemple fut jugée pour n'avoir pas volé d'œufs de tétras, nourriture dont les corbeaux raffolent. Elle eut beau plaider qu'elle n'aimait pas les œufs de coq de bruyère, qu'elle s'en passait fort bien, qu'elle n'osait pas les voler par peur du garde-chasse, et qu'elle n'avait pas le cœur de manger les œufs de si beaux oiseaux, rien n'y fit : elle fut exécutée à coups de bec. Les fées de la région eurent cependant pitié d'elle et, l'ornant de neuf nouvelles paires de plumes, la transformèrent en oiseau de paradis. Elles l'expédièrent aux Moluques où elle passa le reste de ses jours à picorer des fruits.

Le seul être humain de Migrevent, le garde-chasse, s'occupe des coqs de bruyère. Il vit dans une hutte de tourbe, au toit de chaume, protégée des tempêtes par de grosses pierres plates. Il passe son temps à lire la Bible, à s'occuper des tétras et à tricoter des chaussettes par les nuits d'hiver. Il ramasse les plumes et les duvets des oiseaux de mer. Après les avoir nettoyés, il les vend aux gens du Sud, qui s'en font des matelas. Outre les oiseaux migrateurs et les corbeaux qui s'y rendent chaque année, le promontoire abrite une importante colonie de macareux qui nichent, pour la plupart, dans des terriers de lapins.

• Charles Kingsley, *The Water-Babies : A Fairy Tale for a Land-Baby*, Londres, 1863.

MIHRAGE

Royaume insulaire situé quelque part dans l'océan Indien et qui porte le nom du plus illustre de ses rois. Seul endroit au monde où les chevaux de mer viennent procréer.

Chaque mois, à la nouvelle lune, les écuyers du roi Mihrage conduisent les juments sur la plage, puis ils se cachent dans une grotte souterraine. Attirés par l'odeur des femelles, les étalons sortent de la mer, regardent aux alentours afin de détecter toute trace de présence humaine puis, n'ayant vu personne, saillissent les juments. Quand ils tentent ensuite de les entraîner à leur suite pour les dévorer, ils s'aperçoivent qu'elles ont été solidement attachées au rivage. Aux hennissements des étalons, les écuyers sortent de leur cachette et les refoulent vers les flots en les effrayant.

Quelques mois plus tard, chaque jument met au monde un poulain qui vaut une fortune, et dont on ne trouve la pareille nulle part au monde.

• Anonyme, *Les Mille et Une Nuits*, XVe siècle env.

MILK WOOD, voir LLAREGYB

MINNEGROTTE, ou grotte des AMANTS

Située dans le désert rocheux de Cornouailles, dans le Sud de l'Angleterre. On ne parvient en ce lieu qu'après un pénible voyage d'une journée, en terrain à peine praticable. Elle semble être la seule caverne à subsister parmi les nombreuses autres du même genre, taillées dans la montagne, à l'époque préhistorique, par la race de géants qui peuplait l'endroit. Ces cavernes furent le théâtre de mystères archaïques, placés sous le signe d'Eros. Plus tard, ces chambres rocheuses furent fermées par des portes d'airain et consacrées à l'amour.

Pour pénétrer dans la Minnegrotte, il faut actionner un petit bouton d'étain, caché sur le battant extérieur de la porte. La grotte, en forme de coupole, a des murs lisses, nus et blancs. Au milieu du sol en marbre vert, se dresse un lit de cristal, richement orné, arborant l'inscription : "La fossiur à la gent amant : grotte des Amants." Trois petites ouvertures pratiquées au plafond éclairent la coupole d'une lumière diffuse. A l'intérieur, deux verrous fixes, l'un en bois de cèdre, l'autre en ivoire, empêchent toute intrusion.

On raconte qu'après avoir été exclus de la cour du roi Marc Tristan et Iseult trouvèrent refuge en cette grotte. Tel écrivain français, rapporteur des mêmes faits, situe le repaire des amants dans la forêt du Morrois, en Cornouailles également. Là, à l'abri d'une loge de feuillage et sous la protection de l'ermite Ogrin, de l'écuyer Governal et du fidèle chien Husdent, ils vécurent des jours d'angoisse et de passion mêlées.

• Béroul, *Le Roman de Tristan*, XIIe-XIIIe siècle.

• Gottfried von Strassburg, *Tristan*, XIIIe siècle.

MINUNI

Région de la grande forêt d'Epines, en Afrique, habitée par un petit peuple connu sous le nom d'Hommes-Fourmis. La forêt, une jungle impénétrable, couvre un vaste territoire sur lequel seuls les plus petits animaux s'aventurent. Les femmes Alali*, gigantesques créatures que les Hommes-Fourmis attaquent quelquefois, sont les seuls autres êtres humains.

Minuni compte deux villages, qui sont le plus souvent en guerre l'un contre l'autre : Veltopismakus et Trohanadalmakus. Très grandes pour la taille des Hommes-Fourmis et bâties avec soin, les maisons ont des toits en coupole. Pour les construire, on trace d'abord un cercle sur le sol, dont on jalonne la circonférence de gros blocs. On réserve ensuite quatre entrées, puis on empile les blocs les uns sur les autres, le tout couvrant un diamètre de quarante-cinq à cinquante mètres. Le palais d'Adendrohakis, véritable fourmilière pygmée haute de trente-six étages, est un magnifique exemple de l'architecture minuni.

Les Hommes-Fourmis chevauchent des antilopes royales miniatures. Il n'est pas déconseillé au voyageur de les monter, à condition d'être lui-même minuscule.

• Edgar Rice Burroughs, *Tarzan and the Ant Men*, New York, 1924.

MIROIR

Pays s'étendant au-delà des appartements du doyen de Christ Church College, à Oxford, Angleterre. Pour y parvenir, les voyageurs doivent s'introduire dans le salon du doyen, pièce ornée d'une grande cheminée, surmontée d'un miroir aux vastes proportions. Après avoir évité le vase de fleurs séchées protégé par une cloche victorienne, les visiteurs doivent grimper sur le manteau de la cheminée et pénétrer dans le miroir, qui se dissout comme une brume argentée.

De l'autre côté, la pièce est fort semblable au salon du doyen, quoiqu'elle soit un peu moins bien ordonnée. Les différents éléments qui la composent ont en effet une vie propre ; aussi ne doit-on pas s'étonner de voir l'horloge souhaiter la bienvenue avec un sourire de vieillard.

Cette pièce qui sert d'entrée au pays du Miroir s'ouvre sur un agréable paysage quadrillé de collines, de forêts et de ruisseaux. Il est cependant impossible d'en donner une description précise, car les choses y changent de manière surprenante. Soudain, sans aucun avertissement, on est dans un lieu différent. Les ennuyeuses contraintes d'espace et de temps sont abolies et les visiteurs peuvent se retrouver assis dans un wagon, alors qu'une fraction de seconde auparavant ils admiraient les fleurs d'un jardin. Ils passent ainsi, en un éclair, des fleurs au wagon, du wagon à un bois, du bois à une vieille boutique anglaise, et de la boutique à une calme étendue d'eau.

Le pays du Miroir est la preuve tangible de la réfutation de l'espace par Zénon d'Elée. En effet, si le pays s'étend sur une grande surface carrée, on ne s'y déplace pas en parcourant des distances.

La notion de temps, elle aussi, est chamboulée : on tient pour assuré qu'au passé succède le présent, auquel succédera le futur et que s'il est, disons, cinq heures, il sera inéluctablement cinq heures et une minute, puis cinq heures et deux minutes, et ainsi de suite.

On peut, au pays du Miroir, arrêter son propre temps à volonté, sans que cela affecte celui des autres. On peut aussi s'arrêter de grandir selon son désir. Comme le temps s'écoule dans les deux sens, il est possible de se souvenir d'événements futurs. Phénomène ainsi illustré par le code pénal : on prononce d'abord la sentence, puis le criminel comparaît devant le tribunal et, enfin, il commet son crime. La maîtrise du passé et de l'avenir présente un autre avantage : le présent peut parfois être évité. Ainsi certains personnages royaux mangent-ils de la confiture tous les autres jours, c'est-à-dire hier et demain, mais jamais aujourd'hui, car aujourd'hui n'est pas un *autre* jour. Pour la même raison, le gâteau est servi, puis coupé.

Le pays du Miroir est gouverné par deux familles royales : celle des Rouges et celle des Blancs. Cependant, en parcourant les lieux comme s'ils étaient semblables aux cases d'un mauvais jeu d'échecs, on peut arriver jusqu'à celle de la reine. Les visiteuses qui ont cet honneur se trouvent couronnées sur-le-champ, et doivent se préparer à une série d'épreuves que leur font subir les deux souveraines permanentes. Les questions font allusion au domaine des bonnes manières (toujours dire la vérité ; réfléchir avant de parler et écrire ce qu'on vient de dire ; se souvenir d'inviter les reines à un goûter obligatoire) et à celui des mathématiques : addition (un plus un plus un plus un plus un plus un plus un plus un plus un plus un), soustraction (ôter neuf de huit, ôter un os à un chien) et division (diviser une miche par un couteau ; résultat : une tartine beurrée). D'autres questions recouvrent des sujets généraux et traitent du langage (par exemple, comment dit-on, en français, *fiddle-dee-dee* ?). Bien qu'utilisant les mots et la grammaire anglais, le langage du pays du Miroir a ses règles propres. Les mots ont le sens que celui qui parle leur donne, car ce sont les habitants – et non les mots – qui sont les maîtres. Les verbes, qui ont un sale caractère, sont d'un maniement délicat, mais on peut faire faire n'importe quoi aux adjectifs. Les visiteurs doivent se souvenir qu'il faut tirer le maximum des mots. On parvient notamment à faire dire à un mot comme "impénétrabilité" : "Assez parlé de ça, mieux vaut passer à la suite, on ne va pas s'arrêter là jusqu'à la saint-glinglin." Dans des cas comme celui-ci, les mots touchent des heures supplémentaires et sont payés le samedi soir.

Les noms doivent avoir un sens : il est inutile de s'appeler Alice, si ce nom ne caractérise pas la personne. Les voyageurs qui s'aventurent dans le pays doivent choisir un nom significatif. En raison du choix judicieux qu'ils font des mots, les habitants du pays du Miroir établissent une différence entre l'appellation d'une chose, l'appellation du nom de la chose, le nom de la chose, et la chose elle-même. Ainsi le titre d'une chanson peut-il y être : "Des yeux de merlan frit", alors que le nom de son titre sera "Le vieux, vieux bonhomme", que la chanson aura pour nom "Comment faire pour s'y prendre", et que la chanson s'appellera : "A cheval sur une grille."

La poésie est à l'honneur, au pays du Miroir. Parmi les œuvres les plus célèbres, il faut citer le triste conte du *Morse et du Charpentier* et le poème *Jabberwocky*. Ce dernier a été traduit en plusieurs langues : en français, cela donne *Le Jaseroque*, en allemand, *Der Jammerworch*, et, en latin, *Gaberbocchus*. La lecture des poèmes et des contes se fait en tenant le livre devant une glace.

La flore et la faune du pays du Miroir sont très particulières. Les fleurs parlent, chacune selon son tempérament. Les lis tigrés sont agressifs, les roses, arrogantes, les marguerites, prosaïques et les violettes, dissonantes. Comme les fleurs ne dorment jamais, elles font d'intéressantes conversations avec les visiteurs (l'étiquette exigeant toutefois qu'on leur adresse d'abord la parole). Le goût littéraire des fleurs est très raffiné. Les arbres aboient et l'air frais des jardins, propice à la croissance, fait grandir les visiteurs de plusieurs centimètres.

En dehors des grenouilles qui parlent, des vieux lions, des licornes sceptiques et des lièvres de Mars aux poses anglo-saxonnes, la faune du pays du Miroir est célèbre pour ses insectes. Des abeilles-éléphants glissent leurs trompes dans les fleurs. Des scarabées à la voix rauque voyagent en chemin de fer. Des mouches à bascule, entièrement faites de bois, se balancent de branche en branche et se nourrissent de sève et de sciure. Des libellules croquantes, aux ailes de plum-pudding en forme de feuilles de houx et aux yeux de raisins secs trempés dans du brandy, vivent sur les tourtes et font leur nid dans les étrennes de Noël. Des mouches de pain beurré ont des ailes faites de minces tartines de beurre, le corps en croûte de pain et la tête en morceau de sucre. Elles se nourrissent de thé au lait, qu'elles ne trouvent d'ailleurs jamais, et passent ainsi leur vie à mourir de faim. Deux autres insectes doivent être mentionnés : un moustique célèbre pour ses jeux de mots, au caractère complètement opposé à celui du *snark*, et une guêpe dans une perruque, supposée morte depuis longtemps, après qu'une agression meurtrière eut été commise sur sa personne par un artiste victorien, au caractère emporté.

Les visiteurs rencontreront probablement un certain nombre de personnalités du pays du Miroir. Le chevalier Blanc (un original entre deux âges monté sur un cheval) et les deux frères querelleurs, Humpty Dumpty, divertiront les visiteurs avec des récitals de poésie. Il vaut mieux cependant éviter le roi Rouge. On dit qu'il passe son temps à rêver dans la forêt du Miroir et qu'il rêve des visiteurs qui s'approchent de lui. Les voyageurs doivent prendre garde à ne pas le réveiller pour ne pas être soufflés aussitôt comme des bougies. Ceux qui ont essuyé l'épreuve du feu dans le pays des Ruines circulaires* n'ont pas besoin de prendre cette précaution.

• Lewis Carroll, *Through the Looking-Glass, and What Alice Found There*, Londres, 1871.

MIROIR DE LLUNET

Petit point d'eau, où se rencontrent les ruisselets qui coulent le long des parois d'une grotte, au pied du mont Meledin. Ce dernier est le plus haut sommet des Llawgardarns, qui s'élèvent dans le pays des Libres Commots, une région au nord de Prydain. Au-dessous se trouve le lac de Llunet, longue étendue d'eau étroite, bordée d'arbres qui grimpent jusqu'aux contreforts du mont Meledin. On dit, aux Libres Commots, que si un homme désire se connaître lui-même, il lui suffit de contempler les eaux du Miroir de Llunet. Lorsque Taran, de Caer Dallben, se mit en quête de sa véritable identité, on lui apprit l'existence du miroir des trois enchanteresses de Morva. Quand il l'atteignit enfin, il le regarda et vit son visage reflété dans l'eau claire. A l'égal de tout voyageur qui entreprend le pèlerinage de Llunet, il découvrit qu'il était simplement lui-même.

• Lloyd Alexander, *Taran Wanderer*, New York, 1967.

MISNIE

Royaume proche de la Paphlagonie, autrefois conquise par le roi de Perse, Cyrus. La capitale, Morisate, évoque l'architecture du XVIIe siècle français. La cour est célèbre pour son élégance et son esprit : tout individu affichant quelque complaisance envers lui-même donne à rire à tel point qu'il ne peut plus demeurer dans ce royaume.

La princesse de Misnie vit d'une façon exactement opposée à celle de ses gens, dormant le jour et vivant la nuit. Son Altesse craint en effet le soleil ; aussi les cadrans solaires sont-ils bannis de Misnie et les activités du peuple ne sont-elles pas soumises à des horaires stricts. Les visiteurs se doivent d'aller admirer les splendides carrosses royaux, aux toits de brocart or et bleu, avec litière de cristal de roche, et tirés par six cerfs blancs.

• Anne Marie Louise d'Orléans, duchesse de Montpensier, *La Relation de l'isle imaginaire et de l'histoire de la princesse de Paphlagonie*, Bordeaux, 1659.

MISPEC

Lande qui s'étend entre Turoine* et le pays d'Antan, aujourd'hui disparu. L'habitante la plus célèbre de la région, la magicienne Maya aux Beaux Seins, vit dans une agréable chaumière de torchis et de bois. Elle est particulièrement douée pour faire disparaître les montagnes dans la mer, jeter des ponts sur des endroits impossibles, et fabriquer des miroirs roses, qui ont l'effet de rendre toutes choses extrêmement plaisantes et qu'elle offre à ses hôtes.

Les bêtes que l'on voit brouter près de sa demeure sont ses anciens amants transformés, par affection, en bétail. En les empêchant de se livrer à de douteux exploits, elle leur a assuré, à titre de ruminants, une vie beaucoup plus sûre et beaucoup plus heureuse.

La plupart des habitants de la lande, sorcières ou magiciens, sont d'un commerce agréable, pourvu qu'on ne leur demande pas ce qu'ils font des bébés non encore baptisés.

• James Branch Cabell, *Something about Eve*, New York, 1929.

MLCH, voir BRODIE

MNÉMOPOLIS

Ville seule et obscure sur la route qui va de Môriatopie* à la Nécropole en passant par Circus. Mnémopolis reproduit exactement les circonvolutions d'une cervelle en sommeil, et le voyageur pourra se faufiler dans un trou de mémoire ébloui.

S'aidant des coudes et des avant-bras, il débouchera, haletant, sur un passé désormais inexprimable, une espèce d'Océanie moite.

A cet instant, peut-être aura-t-il peur d'être tout seul.

• Maurice Roche, *Compact*, Paris, 1966.

MONDE-DU-DESSOUS, voir BISM

MONDE-DU-RÊVE

Vaste continent presque inexploré des régions méridionales. Seul l'Américain Randolph Carter s'y hasarda à plusieurs reprises, et découvrit notamment Baharna*, Céléphais*, Dylath-Leen*, le bois Enchanté*, Hlanith, Inquanok, Kadath*, Kiran*, la jungle du Kled*, le plateau de Leng, Nagranek, Pnoth*, Sarkomand*, la mer du Sud, Thran, Ulthar, et Urg.

• Howard Phillips Lovecraft, "The Dream-Quest of Unknown Kadath", in *Arkham Sampler*, posth., Sauk City, 1948.

MONDE PERDU,
voir **MAPLE WHITE**

MONDE-SOUS-LE-FLEUVE

Région souterraine située sous un fleuve aux eaux rapides. On y entend distinctement le rugissement de l'eau au-dessus des voûtes.

On atteint cette région crépusculaire par de nombreux tunnels dont les entrées cachées sont difficiles à trouver. L'eau du fleuve suinte sans cesse des voûtes soutenues par des piliers de bois pourrissants et forme de grands miroirs où se reflètent tous les objets du lieu : longues flottilles de tables, grabats, litières et matelas de paille.

Le Monde-sous-le-Fleuve est habité par les déchets de l'humanité : mendiants, prostituées, escrocs, voyous, paumés, cagnards, bohémiens, brebis galeuses, blagueurs, poètes, racaille, menu fretin, ratés, bavards, taciturnes, vermine, innocents, snobs, parias, proscrits, chiffonniers, gredins, traîne-l'enfer, anges déchus, gais lurons, naufragés, gaspilleurs, délinquants, rêveurs et rebut de la terre.

L'une des plus illustres figures du lieu est celle de Pincecrabe, dont le lit est fait de livres, soldes d'une épopée qu'il écrivit dans sa jeunesse et qui fut tirée à cinq cents exemplaires. Douze seulement furent vendus.

• Mervyn Peake, *Titus Alone*, Londres, 1959.

MONDE VRAI

Pays à l'emplacement inconnu, où l'on ne peut rien dire ni faire qui ne soit vrai. Dès leur arrivée, les visiteurs découvrent que chacune de leurs actions doit correspondre à un code très strict de courtoisie et de bonnes manières et que toute promesse doit tôt ou tard être tenue.

Si un visiteur se permet de jeter un simple bout de papier dans les rues impeccables du Monde Vrai, il s'aperçoit que le bout de papier regagne immédiatement sa poche, ce qui est déplaisant, et a découragé les habitants d'avoir des chiens. Chaque coup se retourne contre celui qui l'a porté, et chaque insulte est ressentie comme un coup par celui qui la profère. Les visiteurs qui vaquent à leurs occupations quotidiennes découvrent vite qu'elles sont teintées d'hypocrisie sociale, de sentiments inavouables, et autres formes de fourberies.

Les associations, les amitiés, les mariages ne survivent pas longtemps dans le Monde Vrai, et peu de voyageurs parviennent à se remettre dans la peau du rôle qu'ils jouaient.

• Marivaux, "Le voyageur dans le Nouveau Monde", in *Le Cabinet du philosophe*, 1734.

MONSIEUR CUFFYCOAT, île de A environ cent milles de la Nouvelle-Guinée. L'île, recouverte de forêts très denses, abrite des écureuils, des kangourous volants et des sirènes qui vivent dans des maisons de corail sous-marines. Elles voyagent très loin : on en a même vu à Folkestone en Angleterre. Elles ont du mal à suivre la mode occidentale, car l'humidité ambiante détériore leurs robes. De plus, elles doivent compter avec des couturières acariâtres, souvent en grève.

La vie sous-marine n'a rien d'agréable. Rentrer chez soi après une journée de travail, c'est se faufiler à travers une foule de pieuvres mal élevées, de monstres venus du fond des océans pour se nourrir de tout ce qu'ils trouvent, ou de poissons-scies qui ne pensent qu'à enfoncer leur éperon dans les fissures des murs des maisons.

Deux races différentes cohabitent. Une tribu d'Indiens qui dévorent les vieillards pour acquérir leur sagesse et vénérer leurs ancêtres, boivent pendant les repas du vin de palme et considèrent les femmes comme des esclaves. La tribu des orangs-outans, plus civilisée que les indigènes, les réduit parfois en esclavage. Ils parlent

Coupe à vin de palme ciselée des Indiens cannibales de Cuffycoat.

un anglais archaïque avec un accent américain, qu'ils mêlent aux cris des phoques. On arrive toutefois à reconnaître les expressions "d'accord" ou "pas mal" dans leurs discours.

• André Lichtenberger, "La curieuse aventure", in *Pickles ou Récits à la mode anglaise*, Paris, 1922.

MONSIEUR LÉONARD, pays de En Patagonie. Le système de gouvernement y fut établi par le philosophe français Léonard, dont les théories se fondaient sur le principe d'égalité et sur le climat.

Léonard était convaincu que tout est déterminé par la météorologie. Une douzaine de girouettes furent érigées pour aider les législateurs dans leurs délibérations. Vingt-quatre hommes furent responsables de l'observation des girouettes et trois de plus furent chargés de relever la direction et la force des vents qui, d'après Léonard, sont des facteurs déterminants et vitaux du comportement humain.

Le pays de Monsieur Léonard est gouverné en temps de guerre par un seul homme dont l'autorité cesse en temps de paix. L'histoire affirme que Léonard, nommé par lui-même roi, fut déchu en raison de sa théorie climatique : une bataille avec une tribu voisine fut perdue car il avait tenu à ce que l'armée ne combattît pas tant que le vent soufflerait dans la mauvaise direction. Il fut lapidé.

Dans le royaume de Monsieur Léonard, la polygamie et la polyandrie sont admises.

• Jean-Gaspard Dubois-Fontanelle, *Aventures philosophiques*, Paris, 1766.

MONSIEUR WATKINS, île de

Ou presqu'île, en Amérique latine. Seuls, la côte et le haut plateau qui la dominent ont été explorés et décrits en détail.

La plage principale dessine une courbe de sable blanc, au-delà de laquelle une rivière cascade à travers des bois épais. A mesure que le sol monte, la rivière se rétrécit, et son lit semé de rocs est coupé de rapides et de petites îles. Un sentier, manifestement tracé par l'homme, suit un moment la rive, puis la quitte et mène au pied du haut plateau. Le seul accès au sommet est une cheminée de pierre.

Les voyageurs ne doivent pas manquer la visite des ruines d'une ville abandonnée. Personne ne sait qui en furent les architectes, ni à quelle époque elle fut abandonnée. Bâtie de pierres et de briques d'argile, durcies par le temps, elle s'élève au bord du plateau, dominant la rivière, les forêts et la plage. Les maisons sont toutes dépourvues de toit, sans doute parce que les matériaux ont été détruits par les pluies ou usés par le temps.

En revanche, les murs et les sols de mosaïque bleue, verte et or, sont intacts. Au centre de la ville, dans un large carré de pierre lisse, s'inscrit un cercle à l'intérieur duquel figurent des fleurs et des symboles astrologiques, correspondant aux mouvements du ciel.

La seule population connue habite les forêts du plateau. Les habitants ne s'aventurent jamais dans la ville abandonnée. Ils mangent de la viande cuite sur un feu de bois et boivent le sang du gibier qu'ils chassent avec des flèches. Ce breuvage semble les enivrer et les repas, accompagnés de chants et d'abondantes libations, ressemblent à des orgies.

L'atmosphère de la région est plutôt pacifique. Ni les oiseaux ni les animaux n'ont peur de l'homme. Des chats aussi gros que des léopards gîtent près de la côte, mais ils ne semblent pas hostiles.

Les instincts les plus développés sont ceux de l'agressivité et de la reproduction. L'activité sexuelle est très intense, peut-être parce que les organes génitaux des femelles – une fente bordée de rouge allant de l'anus au ventre – sont apparents. La simple vue du sexe d'une femelle excite les mâles. Les couples sont toujours suivis par une foule de curieux que le spectacle excite et qui se mettent à forniquer avec frénésie. Le pays de Watkins porte le nom de Charles Watkins, professeur de lettres classiques à l'université de Cambridge, qui y fut déposé par un marsouin, après avoir fait naufrage dans l'Atlantique sud. Toujours selon le professeur, un disque lumineux, qu'il affirme être une soucoupe volante, atterrit au milieu du cercle inscrit dans la ville abandonnée. Les dires du professeur Watkins ne sont pas étayés par des preuves formelles, mais il serait prudent d'en tenir compte.

• Doris Lessing, *Briefing for a Descent into Hell*, Londres, 1971.

MONSTRES, parc des

Aujourd'hui en ruine. Sorte de Disneyland, construit sur la plage d'Alexandrie, en Egypte, il consiste en une série de gigantesques statues de monstres marins, trop horribles pour être décrits, qui ont été alignées le long de la côte pour protéger la ville.

En effet, au moment de la construction d'Alexandrie, un troupeau de monstres marins sortait chaque nuit de la mer et venait en ravager les fondations. Alexandre le Grand ordonna que l'on construisît une cage de verre pour y enfermer un artiste qu'on immergea dans la mer. Le peintre fut chargé de dessiner les monstres destructeurs.

De ses croquis, Alexandre fit construire des statues grandeur nature. Quand les monstres remontèrent sur la plage, ils se trouvèrent face à face avec leurs doubles. Terrorisés, ils disparurent à jamais dans les profondeurs.

Les ruines, qui s'élèvent au milieu d'une palmeraie, sont aujourd'hui un terrain de jeu pour les enfants.

• Maria Savi-Lopez, *Leggende del mare*, Turin, 1920.

MONT ANALOGUE

Ile de la taille d'un continent, dans le Pacifique sud. Elle tire son nom du pic qui la couronne et qui est le plus haut sommet de la Terre. Le plateau sous-marin, qui entoure l'île sur des milliers de kilomètres, contient toutes sortes de minéraux d'origine inconnue qui ont la propriété d'incurver l'espace autour d'eux.

Le Mont Analogue est ainsi protégé du monde extérieur par une sorte de sphère, barrière invisible et infranchissable, ouverte seulement en deux

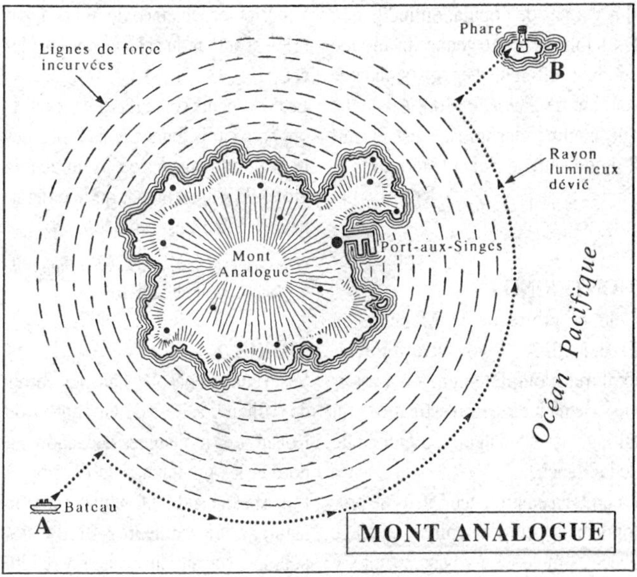

points opposés. L'île n'a jamais eu d'existence officielle, car aucune mesure ne peut rendre compte de sa position. Soit, par exemple, un navire en un point A, au sud-ouest de l'île, et un phare, en un point B, au nord-est. La lumière du phare sera vue du point A comme s'il n'y avait rien entre A et B, car elle contournera l'obstacle de la montagne. Si le bateau avance sur la ligne AB, il semblera suivre une route directe et évitera le Mont Analogue ; la courbure de l'espace, déviant la lumière des étoiles et modifiant les forces magnétiques, faussera les indications données par le sextant et le compas. Le bateau lui-même ainsi que chaque chose à bord se courberont insensiblement. Bien que l'île possède les dimensions de l'Australie, il est difficile de comprendre comment on a pu la découvrir. L'unique compte rendu d'une expédition au Mont Analogue est malheureusement incomplet et ne précise pas si la montagne a été escaladée. Il donne cependant une bonne description de Port-aux-Singes* et la structure sociale de l'île. L'autorité est entre les mains de guides de montagne qui forment une classe à part. Non seulement ils organisent des cordées, mais ils gouvernent aussi les villages de la côte et de la montagne.

Il n'y a pas de population indigène : les habitants sont venus du monde entier, à différentes époques, dans le seul but de gravir le Mont Analogue qui, comme chacun sait, est le trait d'union entre le ciel et la terre.

• René Daumal, *Le Mont analogue*, Paris, 1952.

MONTÉSINOS

Célèbre grotte de la Manche, en Espagne. Le seul voyageur à l'avoir explorée complètement et à avoir laissé le récit de ses investigations fut un ingénieux hidalgo, don Quichotte de la Manche.

La grotte a environ neuf pieds de profondeur et peut contenir un attelage avec ses mules. Le voyageur qui s'y endort découvre en se réveillant l'un des plus beaux prés du monde. Au-delà de cette prairie, toujours dans la grotte, s'élève un château somptueux, dont les murs semblent faits de cristal. La grille s'ouvre sur un vénérable vieillard. Montésinos, qui invite le voyageur dans le château et qui lui montre, à l'intérieur d'une grande salle aux murs d'albâtre, la tombe de marbre de Durandart, fleur et miroir des chevaliers amoureux et vaillants de son temps, victime d'un sort jeté par Merlin l'Enchanteur. La bien-aimée de Durandart, Bélerme, ainsi que d'autres stupéfiantes beautés comme la reine Guenièvre, sa duègne Quantagnonne, qui versa le vin à Lancelot, et Dulcinée du Toboso, cabriolent autour du château comme des chèvres.

Les voyageurs sont prêts à jurer qu'ils ont passé trois jours à contempler ces merveilles, mais dès qu'ils quittent la grotte ils s'aperçoivent qu'une demi-heure à peine s'est écoulée.

• Cervantes, *El ingenioso hidalgo Quijote de la Mancha*, Madrid, 1605-1615.

MORDOR

Vaste contrée désolée dans les Terres du Milieu*, à l'est de Gondor et de Rohan. Les montagnes de Cendre au nord et les montagnes de l'Ombre à l'ouest et au sud lui font une muraille naturelle. La meilleure voie d'accès pour le voyageur qui désire s'y rendre en raison de l'intérêt historique que présente le lieu est le col de Cirith Gorgoroth, où se rencontrent les deux chaînes, et derrière lequel s'étend l'Enfer d'Udun. Il existe un passage plus long et plus difficile dans les montagnes de Cendre, le col de Cirith Ungol.

L'imposant volcan Orodruin se dresse au-dessus des hauts plateaux fissurés et couverts de cendre de Gorgoroth : c'est la montagne du Feu-qui-Brûle, ou mont Destin. Dans ses souterrains fut forgé le Maître Anneau qui devait commander à toutes les créatures des Terres du Milieu.

Au sud s'étend la mer de Nurnen, le lac intérieur alimenté par plusieurs rivières, mais sans issue. Dans les temps anciens, des serfs et des esclaves originaires de l'Est et du Sud vivaient sur ses berges, dans de petites cabanes. On peut encore voir, au nord, les ruines de la tour Noire, Barad-dûr, d'où le sombre Sauron lançait ses forces maléfiques. La tour fut rasée une première fois après que Sauron eut réussi à détruire la capitale de Gondor, Osgiliath, et à occuper la citadelle orientale de Minas Ithil. Mais, à la suite de sa défaite, Sauron revint en secret à Mordor et rebâtit la tour Noire d'où, avec l'aide de sa Palantiri, l'une des Silmarils, il put observer et juger tout ce qui se passait dans les Terres du Milieu. Il rassembla de nouveau toutes ses puissances noires : la tour Minas Ithil devint Minas Morgul en l'honneur de son nouveau maître, les forteresses furent consolidées, et les cruels Orcs montèrent la garde sur le pays tout entier. A l'ouest, sur les contreforts extérieurs des montagnes de l'Ombre, un marais de vase puante formait une sorte de douve, la montagne elle-même tombait verticalement, du côté interne, dans un ravin profond, et une autre chaîne de rochers acérés et de lames déchiquetées formait un cercle intérieur de bastions, le Morgai.

Vers la fin du Troisième Age, les nuages s'amoncelèrent de nouveau sur les sommets, la fumée noire s'éleva d'Orodruin, une ombre sinistre plana sur Gondor. Sauron armait ses forces : les Orcs primitifs, les macabres Orcs guerriers, à la fois Orcs et Hommes ; les trolls des montagnes et des rochers, qui devaient se faire humilier par les Ents de Fangorn ; et enfin les Nazguls. Sans corps, vêtus de capes noires, ils chevauchaient des montures noires dans les airs. Il s'agissait d'Humains que le pouvoir de l'Anneau du Mal avait asservis. Lorsqu'ils obscurcissaient le ciel en poussant leurs cris de mort, toutes les créatures vivantes tremblaient. Les Humains qui servaient Sauron étaient les sinistres habitants de l'Est, ainsi que les Harafrims du Sud. Avec l'aide de cette armée, Sauron voulait rentrer en possession du Maître Anneau.

Mais un petit hobbit parvint à détruire l'Anneau dans le mont Destin. Sauron était vaincu, et Mordor s'effondra.

• John Ronald Reuel Tolkien, *The Hobbit or There and Back again*, Londres, 1937 ; *The Fellowship of the Ring*, Londres, 1954 ; *The Two Towers*, Londres, 1954 ; *The Return of the King*, Londres, 1955 ; *The Silmarillion*, posth., Londres, 1977.

MORELLY

Terre dont la position est inconnue. Les visiteurs doivent savoir que la vie sociale du pays a pour base trois lois fondamentales et sacrées, destinées à enrayer les vices et maux qui ruinent les autres sociétés.

Le gouvernement est républicain : les hommes âgés de plus de cinquante ans deviennent sénateurs et ont voix délibérative en matière politique. Le Sénat est assisté, si nécessaire, d'un conseil composé d'hommes plus jeunes et qui représentent les différentes activités professionnelles. Les postes sont occupés tour à tour par tous les citoyens. Seule exception à cette règle : le chef de l'Etat est élu à vie. L'organisation de la société s'appuie sur la famille, la tribu et la ville. Le système de production est organisé et supervisé par les membres les plus âgés et les plus expérimentés. Tous les biens durables doivent être écoulés par le canal des magasins publics et tous les biens périssables sont vendus au public par le producteur ou le fabricant.

Le travail et le choix d'un métier sont intimement liés au système d'éducation. Les bébés sont nourris au sein chaque fois que cela s'avère possible, et demeurent avec leurs parents jusqu'à l'âge de cinq ans. Ils sont alors élevés dans des maisons, où l'on établit une ségrégation sexuelle. Durant les cinq années suivantes, ils sont gardés et soignés par leurs parents, qui travaillent chacun à leur tour dans ces maisons. Au cours de ces années, les enfants reçoivent la base d'une éducation morale ; ils apprennent les premiers éléments de la profession qui semble le mieux leur convenir. Leur apprentissage comprend des cours de morale, des rudiments de philosophie et des disciplines purement techniques. A vingt ans, les citoyens s'engagent à faire cinq ans de travail agricole, à moins que des incapacités physiques ne le leur interdisent. A quarante ans, l'individu devient un "travailleur libre", c'est-à-dire qu'il a la possibilité d'exercer un métier selon son inclination sans nouvel apprentissage.

Personne n'a le droit de demeurer célibataire après l'âge de quarante ans. Les jeunes gens de chaque ville se rencontrent au cours d'assemblées publiques et c'est là que, chaque année, ils choisissent leurs partenaires conjugaux. Le choix d'une partenaire est la prérogative des hommes. Le divorce est interdit pendant les dix premières années de mariage et ne peut avoir lieu que par consentement mutuel. Les personnes divorcées n'ont plus le droit de se voir pendant les six premiers mois qui suivent leur séparation et ne peuvent se remarier avant un an. Aucun divorcé ne peut épouser quelqu'un de plus jeune. Un couple divorcé ne peut se remarier ensemble. Lorsqu'un divorce est prononcé, les enfants sont confiés au père.

Les citoyens s'habillent de la même façon jusqu'à l'âge de trente ans ; la couleur de leurs vêtements indique leur situation sociale. A partir de l'âge de trente ans, ils peuvent s'habiller selon leur propre goût, à condition que leurs vêtements soient sobres et sans ornements.

Les arts sont activement encouragés et les professions artistiques destinées en priorité à ceux qui ont dépassé l'âge de trente ans. Agnostiques quant à la possibilité d'un au-delà, les citoyens prétendent que l'Auteur de la Nature n'a donné aucune indication relative à ce qui peut ou ne peut pas arriver après la mort.

Les criminels sont servis par de jeunes enfants qui ont montré une tendance à la paresse, car on pense que l'exemple du châtiment leur servira de leçon. Les prisons sont toujours construites dans les coins les plus déplaisants avec – si possible – une vue sur un cimetière.

L'histoire du pays de Morelly – récit strictement factuel qui ne laisse aucune place à la fabulation – est conservée dans les archives du Sénat, où il demeure à la disposition du visiteur.

• Morelly, *Code de la nature ou le véritable esprit de ses lois*, Amsterdam, 1755.

MORGANE-LA-FÉE

Château du pays de Galles. La sœur du roi Arthur de Camelot* en a fait sa demeure. Jadis épouse du roi Lot d'Orkney, Morgane devint l'une des plus puissantes magiciennes du pays et eut un fils d'Arthur, qui coucha avec elle à Caerleon* sans connaître sa véritable identité. Ce fils, Mordred, était destiné à blesser mortellement son père au cours d'une bataille dans la plaine de Salisbury.

Le château est très riche et très luxueux. Les murs, recouverts par des tentures de soie, sont brillamment éclairés par une multitude de bougies. Les courtisans, vêtus d'atours fantastiques, sont extrêmement attentifs à leurs hôtes.

Le visiteur pourra voir la chambre, dont les murs couverts de peintures, illustrent les amours coupables de Lancelot et de Guenièvre. Ces fresques ont été exécutées par Lancelot lui-même lorsqu'il séjourna au château, prisonnier de Morgane.

• Chrétien de Troyes, *Le Conte du Graal*, XIIe siècle.

• Anonyme, *La Mort Artu*, XIIIe siècle.

MORIA

Egalement nommée Khazad-dûm dans la langue des nains. C'est la cité des nains la plus ancienne et la plus importante, et un trésor inépuisable pour le géologue amateur. Elle s'étend à l'est des montagnes de Brume, au-delà des vastes plaines d'Eriador.

Durin, le plus âgé des sept ancêtres des nains, et qui créa l'Enclume du Forgeron, la fonda au cours du Premier Age. Les nains creusèrent leur cité dans les profondeurs des montagnes de l'Ombre. Ils construisirent de gigantesques salles à colonnades sur sept niveaux. Les sols étaient d'argent, les murs incrustés d'or et de pierres précieuses. Des lampes de cristal jetaient leurs feux étincelants sur les hauts plafonds. Des puits et des galeries, des voûtes et des colonnes, des cours d'eau et des escaliers innombrables occupaient le ventre de la montagne.

Les nains sont un peuple singulièrement rude, froid, pratique et obstiné. Ils ont leur propre langue et la gardent secrète, préférant apprendre les idiomes des autres peuples plutôt que de livrer le leur. Leurs charmes ont le pouvoir d'ouvrir les portes aux amis et de les tenir closes face aux ennemis. Ils aiment chanter, et on entend souvent le son de leurs harpes d'or dans les salles de Moria. Ils combattirent âprement leurs ennemis, et notamment les Orcs abhorrés, à l'aide de pioches-haches et de boucliers. Ce fut leur opiniâtreté qui empêcha Sauron d'établir sur eux son empire. Mais les Sept Anneaux de Pouvoir qu'il leur avait donnés augmentèrent leur cupidité et causèrent leur perte. Ils découvrirent le "mithril", ou Argent Véritable, au cœur de Moria même, un métal à la fois plus résistant et plus léger que tous les autres, et que l'on peut travailler de toutes les façons possibles. En désirant toujours davantage, ils creusèrent toujours plus profond et réveillèrent ainsi l'une des créatures les plus terribles du Mal, le démon du Feu, Balrog. Aussi durent-ils abandonner Moria. Les Orcs vinrent piller la cité, et toutes les tentatives pour la reconquérir échouèrent.

• John Ronald Reuel Tolkien, *The Hobbit or There and Back again*, Londres, 1937 ; *The Fellowship of the Ring*, Londres, 1954 ; *The Two Towers*, Londres, 1954 ; *The Return of the King*, Londres, 1955 ; *The Silmarillion*, posth., Londres, 1977.

MORIANE

Ville d'Asie, construite sur une rivière et un col de montagne. Ses grilles d'albâtre semblent translucides au soleil ; ses colonnes de corail supportent des frontons incrustés de serpentine.

Ses villas, tout en verre, ressemblent à des aquariums où des ombres de jeunes filles aux écailles d'argent nagent sous des lustres en forme de méduses. Les voyageurs expérimentés sauront que de telles villes ont un envers. Il suffit d'accomplir un demi-cercle pour découvrir la face cachée de Moriane : un ramassis de plaques de tôle rouillée, de la toile de sac, des planches hérissées de clous, des tuyaux noirs de suie, des piles de pots entassés, des murs aveugles aux graffitis effacés, des rangées de chaises de paille trouées, des cordes juste assez bonnes pour se pendre à une poutre pourrie. D'un bout à l'autre, la ville semble se multiplier dans des perspectives qui décuplent son répertoire d'images.

En vérité, elle n'a aucune épaisseur : tel un morceau de papier, elle n'a qu'une pile et une face, avec une image de chaque côté, qui ne peuvent ni être séparées l'une de l'autre, ni se regarder.

• Italo Calvino, *Le città invisibili*, Turin, 1972.

MÔRIATOPIE
Lieu dont les références sont simultanément celles de la fiole et celle de la folie.
On entre à Môriatopie lorsque l'on est admis dans Circus, la ville du crâne, où l'on tourne de l'œil en croyant soutenir son aveugle regard. Dans ce jeu de construction stupéfiant, le voyageur qui n'aurait pas de quoi louer un meublé se contentera de louer le Seigneur, au moment où la mort consent à la revanche. C'est alors, pour elle, l'occasion de mieux gagner la belle.

• Maurice Roche, *Circus*, Paris, 1972.

MORPHOPOLIS
Grande ville située dans le parc du château de Chambord, à quelques kilomètres de Blois. C'est une reproduction à l'échelle réduite du centre de Paris : on y trouve un large canal qui figure la Seine, le Louvre, l'avenue de l'Opéra, le café de la Paix, les Champs-Elysées, ainsi que les théâtres, les boutiques et les meilleurs restaurants de la capitale.
En 1950, un certain Dr Morpho – inventeur en 1920 d'une drogue capable de suspendre les fonctions vitales pendant une période de temps proportionnelle à la dose injectée – décida de bâtir une ville qui serait préservée pendant trois cents ans. Quatre cents millions de francs furent dépensés pour acheter le terrain et construire les bâtiments, à quoi il fallut ajouter une réserve de deux cents millions pour l'entretien et la garde de la ville.
Le 28 juin 1950, on injecta aux dix mille "futurs citoyens du sommeil", tous volontaires, la dose de drogue nécessaire. Ils dorment toujours d'un sommeil profond, comme les habitants du château de la Belle au bois dormant*, et ne se réveilleront que le 28 juin 2250.
On ne peut entrer à Morphopolis que muni d'un laissez-passer spécial, délivré par le gouvernement français. Les intrus doivent savoir que des molosses gardent les murs de la ville et qu'il vaut mieux ne pas faire connaissance avec leurs crocs.

• Maurice Barrère, *La Cité du sommeil*, Paris, 1909.

MORROIS, forêt du,
voir **MINNEGROTTE**

MORT, forêt de la
Près du village de Basti. Grande forêt du royaume souterrain de Pellucidar*.

Cette lugubre contrée est plongée dans un crépuscule perpétuel, éclairée seulement par quelques rayons du soleil filtrant à travers les hautes frondaisons tropicales.

L'endroit est habité par les Gorbuses, peuple à la peau et aux longs cheveux blancs, dont la beauté est rehaussée de deux crocs qui leur descendent jusqu'au menton. Ils grillent eux-mêmes la chair humaine. Leur timidité maladive explique pourquoi ils préfèrent prendre leurs victimes au piège plutôt que de les affronter à visage découvert. Les corps des malheureux ainsi capturés sont entassés dans des grottes profondes où les Gorbuses les laissent faisander. Ceux qui sont pris vivants sont nourris de fruits et de noix, puis sont exécutés.

On ne sait rien de l'origine des Gorbuses. Pourtant, leur langue ainsi que certains de leurs mythes et coutumes incitent à penser qu'ils n'ont pas toujours vécu dans la forêt. Ils croient, avec une ferveur presque religieuse, qu'ils expient un crime perpétré jadis, dans le lointain passé de leur race.

Personne ne les a jamais vus ailleurs que dans leur sombre forêt. Peuple triste, ils vivent dans le désespoir, la peur et la haine.

• Edgar Rice Burroughs, *Seven Worlds to Conquer*, New York, 1936.

MORT, cité de la, voir **NUIT**

MOTS, ville des, voir **DICTIONOPOLIS**

MOUMINES, vallée des

Ce sont les habitants, dont l'agitation fébrile se manifeste surtout en été, qui ont donné leur nom à cette vallée située sur la côte du golfe de Finlande.

Les Moumines – dont le plus jeune, Moumine-le-Troll, n'est pas le moins étrange – sont des créatures blafardes et imberbes, dotées d'un protubérant museau, d'une courte queue et d'une insondable psychologie. Ne pas se laisser prendre à leur air bougon qui n'est en fait qu'un énorme besoin de tendresse. Ayant un sens aigu de la famille, ils restent toutefois accueillants, voir extrêmement indulgents envers leurs très spéciaux voisins : les hatifnattes, qui ne dorment jamais, deviennent désagréablement électriques par temps d'orage et sont rongés par l'ambition démesurée d'atteindre l'horizon ; l'insupportable petite Mu, dont les cris, les sarcasmes et la frivolité réveillent de criminelles pulsions archaïques ; l'égocentrique Snif au caractère scabreux, résolument méfiant et confiant à la fois, et la Filigonde dont la vie n'est qu'une immense catastrophe, sans parler de l'ambigu Renaclérian, de l'enfant invisible, de la demoiselle

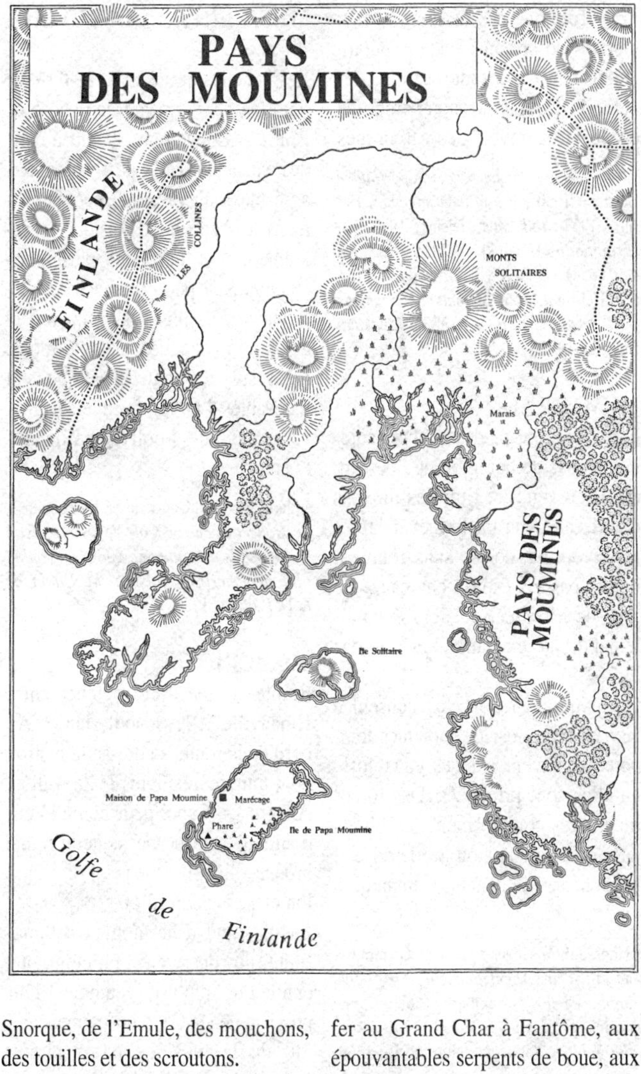

Snorque, de l'Emule, des mouchons, des touilles et des scroutons.

La superstition est très élaborée chez les Moumines : on croit dur comme fer au Grand Char à Fantôme, aux épouvantables serpents de boue, aux dragons portatifs bien que Papa Moumine lui-même ait déjà répété

mille fois que ces derniers avaient disparu de la conscience populaire depuis plus de soixante-dix ans.
"Que la Couraboue nous emporte" est le juron favori des Moumines.

• Tove Jansson, *Muumépeikko ja pyrstötähti*, Helsinki, 1950 ; *Vaarallinen juhannus*, Helsinki, 1957 ; *Taikatolvi*, Helsinki, 1958 ; *Taikurin hattu*, Helsinki, 1958 ; *Muumippa merellä*, Helsinki, 1965 ; *Muumipapan urotyöt*, Helsinki, 1966 ; *Muumilaakson marraskuu*, 1971 ; *Kuinkas sitten Kävikään*, Helsinki, 1972.

MUMMELSEE

Lac creusé au pied des plus hautes montagnes de la région du Spessart, en Allemagne, et l'un des moyens d'accès au Centrum Terrae*. D'après les riverains, ce lac sans fond est habité par les esprits des eaux. Le nom de Mummelsee signifie en allemand "lac enchanté" ou "lac des lutins".
Une extrême prudence est conseillée aux visiteurs, car de violentes tempêtes se lèvent sur ses eaux lorsqu'elles sont profanées. Des forces inconnues transforment les objets jetés dans les flots ou les détruisent. Mummelsee ne peut être atteint qu'à pied.

• Hans Jakob Christoffel von Grimmelshausen, *Der Abenteuerliche Simplicius Simplicissimus*, Nuremberg, 1668 ; *Continuatio des abenteuerlichen Simplicissimi oder Schluss desselben*, Nuremberg, 1669.

MUSICIENS et COMÉDIENS, îles des

Iles jumelles, proches de la Terre de Feu. On ne sait pas grand-chose de l'île des Comédiens. Quant à celle des Musiciens, elle passe pour être agréable. L'air y résonne perpétuellement de chants et de musique instrumentale. Les habitants parlent en chantant, un peu comme les Méridionaux. Les plans des maisons et des jardins évoquent des partitions. Les insulaires sont périodiquement redevables d'un impôt envers le gouvernement de Foollyk*, l'île des Poètes.

• Pierre François Guyot, abbé Desfontaines, *Le Nouveau Gulliver ou Voyage de Jean Gulliver, fils du capitaine Gulliver. Traduit d'un manuscrit anglois par M. l'abbé de L. D. F.*, Paris, 1730.

MUSICRIEN

Riante vallée qui s'étend entre Hihanville et le Scoodlerland*. Au bord de la route, se dresse la maison de l'unique résident de la vallée, Allegro Da Capo, petit homme rondouillard vêtu d'une jaquette rouge brodée, d'un gilet bleu et d'un pantalon blanc à galons d'or.
La musique d'harmonica asthmatique ou de vieux phonographe éraillé qui emplit constamment l'air provient de Da Capo lui-même, car il fait de la musique en respirant, comme si son corps était un orgue et ses poumons des tuyaux. Puisque le

souffle est essentiel à toute vie humaine, la musique ne s'arrête jamais, ce qui explique peut-être pourquoi Da Capo est le seul habitant de la vallée.

• Lyman Frank Baum, *The Road to Oz*, Chicago, 1909.

MYSTÉRIEUSE, île,
voir **LINCOLN**

N

NACUMERA

Ile superbe de l'océan Atlantique. Très étendue, elle fait plus de mille cinq cents kilomètres de circonférence. Les habitants, affublés d'une tête de chien, constituent la principale curiosité de l'île. Grands, vêtus d'un pagne, ils aiment la guerre. Ils sont armés de lances pointues et de boucliers aussi hauts qu'eux et, par souci d'économie, ils se nourrissent de leurs prisonniers. Ils ont pour dieu un bœuf et s'ornent le front d'images d'or ou d'argent en signe de vénération. Le roi, très pieux, adresse trois cents prières à son dieu avant chaque repas.

Le symbole indispensable de la royauté est un énorme rubis long d'un pied et large d'une main, porté en sautoir. L'empereur de Chine convoita longtemps ce joyau, mais personne ne parvint jamais à l'acheter ni à s'en emparer.

• Sir John ou Jehan de Mandeville, *Voiage de Sir John Maundevile*, Paris, 1357.

Objet de dévotion en or de Nacumera, représentant un bœuf, et porté sur le front.

NARNIA

Pays s'étendant entre des chaînes de montagnes au sud, des étendues désertiques et des landes, au nord.

A l'est, on trouve la mer ; à l'ouest, des montagnes à pic et des falaises. Le Grand Fleuve, qui arrose tout le pays, se jette dans la mare du Chaudron, profond trou d'eau bouillonnante, avant de s'écouler entre des falaises escarpées. La capitale, Cair Paravel, est située sur la côte, à l'embouchure du Grand Fleuve.

Le site le plus grandiose du Narnia est incontestablement le tumulus d'Aslan, labyrinthe de tunnels, de galeries et de grottes où l'on pénètre par une voûte de pierre basse.

Les murs des tunnels et des galeries sont couverts d'inscriptions étranges et de signes, parmi lesquels domine celui du lion. Narnia fut, en effet, créé par le lion Aslan venu d'un pays situé au-delà du Bout-du-Monde*. Les rares privilégiés à l'avoir vu parlent de son imposante crinière, de ses yeux étincelants contrastant avec la douceur de ses manières, mais surtout de l'extraordinaire pouvoir de sa voix. Selon la légende, Aslan créa Narnia en chantant. Ce fut d'abord une romance sans paroles, et du néant surgirent les étoiles, les constellations et les planètes. Puis, suivant la mélodie, le ciel noir changea et prit peu à peu les couleurs de l'aurore. Aslan chantait toujours et sous le ciel surgit la vallée de Narnia ; et comme la mélodie avait un rythme de plus en plus endiablé, l'herbe se mit à pousser, les arbres à grandir, la terre à se gonfler en mille endroits, et de chaque monticule sortit un animal prêt à accomplir ce pourquoi il avait été créé. Ainsi les oiseaux chantèrent, les abeilles butinèrent, les grenouilles plongèrent dans les mares et les léopards aiguisèrent leurs griffes contre les troncs des arbres. Enfin, chantant toujours sa merveilleuse chanson, Aslan conçut les créatures sauvages des forêts : des fauves, des satyres, des nymphes et les célèbres nains de Narnia, si turbulents qu'on ne peut pas compter sur eux.

Cet âge d'or fut prolongé sous le règne de Jadis, la sorcière blanche, qui transforma le pays en une terre glacée et neigeuse, prise dans le froid d'un hiver perpétuel. Toujours selon la légende, Aslan mit fin à l'hiver, assisté dans sa tâche par quatre enfants du monde des hommes.

Outre les licornes, les sirènes, les dryades et les nains, les créatures les plus intéressantes de Narnia sont les centaures et les "tortillons" des marais, qui ont de petits corps, mais des bras et des jambes immenses, une

La tour restaurée à l'entrée de Cair Paravel, capitale de Narnia.

peau couleur de boue et des cheveux gris verdâtre tombant en boucles plates, un peu comme des racines. Ils portent des vêtements couleur de terre et des chapeaux pointus à larges bords. Envisageant toujours le pire, ils fument une sorte de mélange de tabac et de boue, et, au lieu de monter dans l'air, la fumée descend en spirales lentes de leurs pipes.

L'une des coutumes les plus curieuses du pays est le grand bal de la Neige qui se tient la première nuit de pleine lune lorsque la neige a recouvert le sol. Entourés par une foule de nains ayant revêtu leurs plus belles capes écarlates, les danseurs – fauves et dryades – forment un cercle. Au moindre faux pas, ils sont bombardés de boules de neige. Une bonne escouade de danseurs peut tenir des heures sans être bombardée.

Les voyageurs doivent savoir qu'à Narnia le temps n'est pas celui de l'horloge. Les minutes sont des années, et les années des siècles. On peut atteindre le pays de différentes manières. La plus connue est de se rendre au bois Entre-les-Mondes* et de se faire transporter jusqu'à Narnia par un anneau magique. Il semble que l'entrée soit soumise à une limite d'âge, mais on manque d'informations précises sur ce point.

• Clive Staple Lewis, *The Lion, the Witch and the Wardrobe*, Londres, 1950 ; *Prince Caspian*, Londres, 1951 ; *The Voyage of the "Dawn Treader"*, Londres, 1952 ; *The Silver Chair*, Londres, 1953 ; *The Horse and his Boy*, Londres, 1954 ; *The Magician's Nephew*, Londres, 1955 ; *The Last Battle*, Londres, 1956.

NAUDELY

Ile située à quelque trois mois de voile d'Amsterdam. De la mer, les voyageurs aperçoivent, au milieu de montagnes verdoyantes, la ville de Merinda, célèbre pour ses clochers dorés, ses grandes avenues et une magnifique place octogonale : la place du Tucolas. De nombreux obélisques et de multiples fontaines rehaussent l'architecture de la cité. Les habitants de l'île sont des catholiques silencieux et austères dont l'éducation est si stricte qu'on ne trouve ni voleurs, ni hypocrites, ni bellâtres, pas même dans l'armée. Les prérogatives d'une naissance noble doivent être confirmées par l'examen des vertus du candidat. Seuls les princes de sang sont dispensés de cet examen.

Personne n'a le droit de posséder plus du double des terres nécessaires à l'entretien d'une famille. Lorsque les temps sont durs, artisans et paysans sont aidés par l'Etat qui a créé dans ce but un Fonds d'aide mutuelle.

Les visiteurs n'y trouveront pas l'ombre d'un mendiant, d'un escroc, ni d'une prostituée.

• Pierre de Lesconvel, *Idée d'un règne doux et heureux ou Relation du voyage du prince de Montberaud dans l'île de Naudely*, Paris, 1703.

NAUTILUS

Base du sous-marin du capitaine Nemo. Ce port est situé à l'intérieur d'un volcan éteint dont on ne sait pas au juste s'il fait partie des îles Canaries ou des îles du Cap-Vert.

L'intérieur du volcan est un vaste lagon de trois kilomètres de diamètre et de neuf kilomètres de circonférence. Ses eaux sont situées au niveau de la mer et les murailles qui les entourent forment un gigantesque entonnoir de quelque six cents mètres de haut.

Près du volcan, sous la mer, on trouve d'importants gisements de charbon fossilisé que l'équipage du *Nautilus* exploite.

• Jules Verne, *Vingt mille lieues sous les mers*, Paris, 1870.

NAZAR

Grande contrée souterraine divisée en plusieurs provinces et royaumes indépendants. On peut y tomber par une crevasse, près de Bergen, en Norvège. L'atmosphère nazarienne, sorte d'éther ou de second ciel, amortira la chute du voyageur.

Les provinces les plus intéressantes à visiter sont l'île du Crochet, où les habitants, mi-hommes mi-instruments de musique, posent des questions adagio et répondent allegro ; Martinia, communauté de singes civilisés ; la province de Potu où les arbres parlent et se déplacent ; Jochtan, qui accepte toutes les philosophies et les religions et considère la tolérance comme la plus grande vertu civique ; Cocklev, pays dirigé par des femmes, ce qui a valu les commentaires désapprobateurs d'un visiteur : "Le gouvernement cocklévien se trouve dans une situation très instable du fait de l'admission des femmes à la conduite des affaires publiques ; ce sexe naturellement ambitieux aspire sans cesse à étendre ses compétences à l'acquisition du pouvoir absolu."

Le voyageur norvégien Nicholas Klim ou Klimius tenta au début du XVIIIe siècle de renverser le gouvernement cocklévien. Il publia un pamphlet caustique, intitulé *Essai sur les femmes*, et fut pour cela "exilé dans les cieux" ; ce châtiment consiste à enfermer le prisonnier dans une cage qui, arrimée aux pattes d'un pigeon, est envoyée dans l'éther.

Nicholas Klim réussit à s'enfuir et atteignit le royaume de Quama où il fut nommé empereur du peuple quamite jusqu'à ce qu'une révolution l'en chassât et le forçât à se réfugier dans les bois. Là, il découvrit, dans une grotte, le chemin de l'Europe.

• Ludvig Holberg, *Nicolai Klimii Iter Subterraneum*, Copenhague, 1741.

NÉANT, île du,
voir **GRAND LAC**

NÉPENTHE

Ile située dans la mer Tyrrhénienne, à proximité de l'Italie. Elle est célèbre pour ses falaises d'origine volcanique, dont la couleur varie du blanc plumeux au gris ou brun, et dont la pierre est filetée de veines diversement colorées. L'érosion leur a donné des formes fantastiques, aiguilles surplombant des crevasses et grottes situées au niveau de la mer. Certaines, comme la roche du Diable ou celle des Suicidés, atteignent des hauteurs vertigineuses.

On prétend que le manque d'eau et la nature volcanique du sol sont les causes principales de l'excellence du vin de Népenthe. Les meilleurs crus sont produits dans les régions montagneuses, particulièrement sur les rocs de lave qui surplombent la mer, dans la partie est de l'île.

Bien que Népenthe soit catholique, elle abrite les membres d'une secte russe fondée par Bazhakuloff, un mystique qui exerça une grande influence à la cour du tsar, mais fut exilé à la suite d'intrigues politiques. Menacé de mort, il finit par quitter la Russie. Avant de partir, il recommanda à ses disciples de ne pas manger d'animaux à sang chaud. Cela provoqua de grands troubles dans l'armée, car les soldats refusèrent la nourriture qui leur était donnée.

Bazhakuloff choisit probablement de s'installer sur l'île de Népenthe en raison de son goût prononcé pour les poissons et les homards. Ses disciples se nomment eux-mêmes les Petites Vaches blanches et on les reconnaît facilement à leurs blouses rouges.

Les voyageurs intéressés par l'histoire pourront consulter le livre de Perelli intitulé *Les Origines de Népenthe*, qui est une chronique des premières années et des coutumes de l'île. Ecrit en latin, il semble que ce soit le seul ouvrage de Perelli. Il fut publié en 1709.

• Norman Douglas, *South Wind*, Londres, 1917.

NÉPHÉLOCOCCYGIE, voir COUCOU-LES-NUÉES

NEUF TOURBILLONS

Ile lointaine, située à mille lieues de tout. C'est aujourd'hui un endroit calme et fertile. Seules les sculptures de pierre rose de la tour Solitaire et le dragon de pierre sur la plage constituent les silencieux témoins d'un passé orageux.

L'île fut inaccessible pendant des siècles, en raison des neuf tourbillons qui l'entouraient, et c'est pourquoi le roi d'un pays lointain la choisit pour y exiler sa fille rebelle. La princesse fut envoyée sur l'île et on lui jeta un sort : elle ne vieillirait jamais et resterait prisonnière sur l'îlot jusqu'à ce qu'un galant chevalier vienne la secourir.

Bien des princes tentèrent de secourir la jeune fille, mais tous furent repoussés par les tourbillons. Cependant, le fils d'un capitaine au long cours, ayant entendu l'histoire, arriva jusqu'à l'île et réussit à calculer le moment exact où les tourbillons étaient immobilisés par la marée descendante. Il tomba amoureux de la princesse, défit le dragon et vint facilement à bout du griffon.

A marée basse, les tourbillons – créés, semble-t-il, à partir de gouttes de sang royal – se transformèrent en rubis. Enterrés par le vaillant marin, les rubis produisirent immédiatement de riches récoltes de blé. La princesse et le marin se marièrent et vivent aujourd'hui dans un magnifique palais qu'ils ont construit sur l'île. Transformé en pierre, le dragon fut abandonné sur la plage où il est devenu le jouet favori des enfants.

• Edith Nesbit, *The Island of the Nine Whirlpools*, Londres, 1899.

NIMPATAN

Dans l'Atlantique sud, grande île à la côte déchiquetée, aux falaises vertigineuses, au-delà desquelles on trouve une plaine désolée et des monts chauves séparés du centre de l'île par une seconde chaîne de montagnes. Le cœur de l'île est une région magnifique, véritable tapisserie de bois et de terres cultivées, avec des fermes et des villages dispersés çà et là.

La capitale, Kelso, est située très loin à l'intérieur, mais, à la différence de ses environs, c'est une ville laide et déprimante. Les rues étroites et sales sont bordées de maisons surpeuplées et, dans les quartiers les plus pauvres, on trouve jusqu'à vingt ou trente personnes entassées sur des surfaces de moins de cinq mètres carrés. Les bâtiments publics ont un style dénué de toute grâce, et le palais de l'empereur n'est qu'un conglomérat de taudis immondes.

Les Nimpataniens sont des gens peu hospitaliers qui traitent fort mal les rares voyageurs qu'ils rencontrent. Les visiteurs qui se promènent dans les rues sont conspués, et même couverts d'ordures lorsqu'ils traversent villes et villages. La seule manière d'échapper à ce traitement est d'apporter de l'or, véritable dieu des habitants. Cette passion explique la plupart des caractéristiques de ce peuple. Les Nimpataniens, par exemple, sont des joueurs invétérés et parient des sommes énormes sur n'importe quoi, et en particulier sur des courses d'escargots. La corruption règne partout, et pour faire son chemin, socialement ou politiquement, on distribue des pots-de-vin. Bien que Nimpatan soit une monarchie, elle possède une Assemblée avec des représentants élus. Le système électoral fonctionne d'une manière telle que le pouvoir est aux

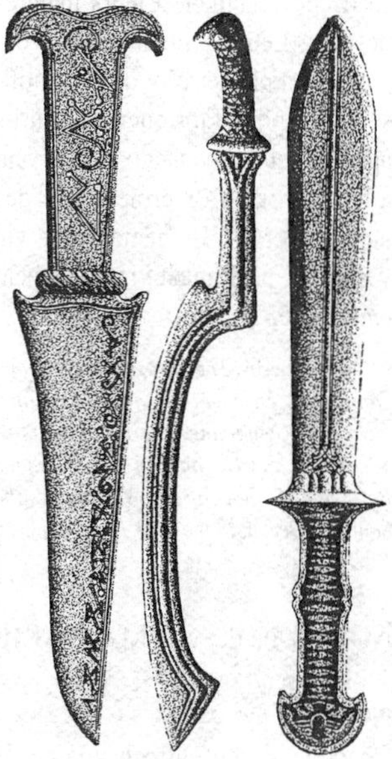

Exemples de couteaux en or utilisés par les habitants de Nimpatan.

mains des adorateurs du *Crallilah*, mot qui signifie lingot d'or. Il existe deux partis politiques, dont le seul but est de s'enrichir. Quel que soit le parti au pouvoir, le gouvernement enseigne au peuple à mépriser la pauvreté et à accumuler les richesses par tous les moyens. Les maximes politiques fondamentales du royaume ont été publiées dans un livre édité par Gribbelino, le trésorier de l'empereur. Selon Gribbelino, chaque action humaine est commandée par le profit et toute vertu est un vice déguisé. Il s'ensuit que le gouvernement ne représente qu'une fraction de la population et n'a pas à se préoccuper de l'intérêt public.

L'académie de Kelso, la *Calmonsora* (littéralement "coupole du savoir") est le bâtiment le plus sordide et le plus laid de la capitale. Dans la salle principale, appelée "reposoir de la connaissance", sont exposés toutes sortes de monstres, d'anomalies de la nature et de curiosités hideuses. L'académie vient d'acquérir par exemple un urinoir souillé, jadis utilisé par un membre de la famille royale. Des objets incongrus, venant de toutes les parties du monde, sont exposés et gardés comme étant les preuves les plus éclatantes du génie de l'homme. Récemment, cette collection s'est enrichie d'un portrait de Louis Pauwels, des œuvres complètes de Gérard de Villiers, d'un numéro du magazine *Stern* et de la garde-robe de Pierre Cardin.

Par contraste, les plus beaux édifices de la ville sont les *Gormarkzees* ou asiles de fous. Les déments y sont logés dans des bâtiments agréablement symétriques, divisés en appartements individuels, chacun agrémenté d'un jardin particulier. Les reclus sont des peintres qui ont imité la nature et refusé de flatter leurs modèles, des philanthropes, des hommes assez fous pour épouser les filles qu'ils avaient séduites, ou pour ne pas coucher avec les femmes de leurs amis, ou encore des prêtres intègres et des médecins antialcooliques. Bref, on retrouve dans les asiles tous ceux qui se sont dressés contre les mœurs et les usages du pays. Ce système de purges est très efficace et a été imité dans plusieurs autres pays.

Les Nimpataniens s'habillent de façon particulière. Les hommes portent des vêtements de soie qui leur couvrent tout le corps et sont serrés à la ceinture, aux chevilles, aux bras et aux cuisses. Ils sont tellement ajustés qu'ils arrêtent presque la circulation du sang. Un vêtement plus lâche recouvre ce carcan de soie et les perruques les plus extravagantes sont à la mode. Les femmes ont le visage fardé de rouge et le cou orné de lourds colliers. Elles ont les seins comprimés par des sortes de cottes de mailles qui s'évasent sur les hanches et supportent la jupe. Cela les fait ressembler à des clochettes au long manche plat.

Les derniers représentants des indigènes vivent dans les régions désertes proches de la côte. Ils survivent comme ils peuvent en cultivant quelques lopins de terre au milieu des rochers et des sables arides. Ils essaient de maintenir leur culture et n'ont aucune amitié pour les Nimpataniens qui les ont envahis.

Les indigènes vivent nus et se tatouent le corps de soleils et de divers animaux avec une teinture végétale bleue. Ils mangent peu et leurs lopins suffisent largement à leurs maigres besoins. Leurs grottes et leurs cabanes sont pleines d'or qu'ils n'utilisent que pour fabriquer des outils agricoles et des couteaux qui servent à couper ce qu'ils croient être des herbes sacrées. Ils mènent une vie vertueuse, pacifique et mortellement ennuyeuse.

• John Holmesby, *The Voyages, Travels, and Wonderful Discoveries of Capt. John Holmesby. Containing a Series of the Most Surprising and Uncommon Events, which Befel the Author of his Voyage to the Southern Ocean, in the Year 1739*, Londres, 1757.

NOBLE, île de, voir **LOONARIE**

NOIRE

Chapelle située entre la plaine de Salisbury et la mer.

Après la dramatique bataille au cours de laquelle le roi Arthur fut mortellement blessé, il fut transporté jusqu'à la chapelle Noire par Lucan l'échanson et sire Girflet. On raconte qu'Arthur tua accidentellement son échanson en l'étreignant trop fort, et les visiteurs peuvent voir Lucan gisant dans l'une des deux tombes de la chapelle. La seconde tombe serait la demeure du roi Arthur.

Si l'on en croit d'autres témoins, Arthur mourant fut embarqué à bord d'une nef où se tenaient quatre femmes voilées de noir, et son corps ne fut ramené que plus tard à la chapelle pour les funérailles. D'autres encore prétendent qu'on le transporta à Avalon*, puis qu'on le fit monter à bord d'un navire et que personne ne le revit jamais.

Quoi qu'il en soit, la tombe splendide de la chapelle Noire porte l'inscription suivante : "Ci-gît le roi Arthur, si valeureux qu'il conquit douze royaumes." L'inscription sur la tombe de Lucan rapporte simplement la manière dont il est mort.

• Anonyme, *La Mort Artu*, XIIIe siècle.

NOIX

Ile de l'océan Atlantique, proche de la mer Végétale*. L'île doit son nom aux énormes noix que produisent certains arbres, les plus petites mesurant au moins quinze pieds de long. Ces noix servent de vaisseaux aux insulaires, les Noixnautes.

• Lucien de Samosate, *Histoire véritable*, IIe siècle apr. J.-C.

NOLANDANIE

L'une des onze républiques de Pluton*, pays qui s'étend au centre creux de la Terre. Dans cette république, comme dans les autres parties de Pluton, les habitants mesurent environ soixante-dix centimètres de haut.

Nolandanie, qui a une frontière commune avec l'Empire banois, est beaucoup plus étendue que la plupart des républiques voisines. Sa population, cependant, a une taille inférieure à la moyenne, et l'Etat y est militairement et politiquement faible.

Les Nolandaniens sont des sensuels qui ne recherchent que le plaisir. La vie sociale n'est qu'un tourbillon de bals et de banquets, et, d'après quelques moralistes en voie d'extinction, la république est déjà bien engagée sur le chemin de la décadence. La corruption est partout, et la vie privée des citoyens n'est qu'une longue suite de débauches. L'adultère y est un tel divertissement que l'on trouve plus de maîtresses que d'épouses légitimes. L'institution du mariage est en voie de disparition et les citoyens les plus clairvoyants sont très pessimistes sur les valeurs morales de demain.

• Collin de Plancy, *Voyage au centre de la Terre ou Aventures de quelques naufragés dans des pays inconnus. Traduit de l'anglais par M. J. Saint-Albin (J.-A.-S. Collin de Plancy)*, Paris, 1823.

NO-MAN'S-LAND

Ile non loin de la côte de Fantippo*. Depuis le continent, l'île ressemble à un baba au rhum, mais ses côtes escarpées cachent en fait une anse profonde, abritée, de trente kilomètres de long. On y rencontre de nombreux cours d'eau, des zones forestières et des hectares d'herbes hautes qui ondulent au vent.

D'après les habitants de Fantippo, l'île est habitée par des dragons mangeurs d'hommes, et les hommes refusent de l'approcher. Il y a fort longtemps, dit la légende, le roi Kakaboochi de Fantippo y exila sa belle-mère pour ne plus avoir à supporter son éternel bavardage. Chaque semaine, de la nourriture lui était apportée par bateau, jusqu'au jour où on ne la trouva plus et où un dragon terrifiant apparut aux messagers. Le magicien célèbre qui fut consulté expliqua que la belle-mère du roi s'était transformée en dragon.

Les voyageurs n'ont pas lieu de s'inquiéter, car la vérité est quelque peu différente. No-Man's-Land n'est habité que par des animaux herbivores. Les hippopotames se nourrissent sur les rives des cours d'eau ; les éléphants et les rhinocéros flânent à travers les herbes hautes ; les girafes, les singes et les daims sont nombreux. Les oiseaux survolent l'île, véritable paradis pour toutes les créatures qui ne mangent pas de viande. Il est intéressant d'observer que l'île est le seul endroit au monde où le *piffilosaurus* préhistorique est encore visible. Avec ses pattes courtes, écartées, et son immense queue, son cou tout aussi grand, le *piffilosaurus* fait penser à un croisement entre un crocodile et une girafe. Malgré son énorme taille, c'est une gentille bête qui aime se dorer au soleil et qui vit de bananes mûres. Il est probable qu'il est à l'origine de la légende du dragon, car lorsqu'un visiteur essaie de l'aborder, le *piffilosaurus* descend au creux de l'île, respire la brume environnante et se dirige vers la plage en hurlant pour expulser la brume de ses narines : on peut alors le prendre pour un terrible dragon.

Si la belle-mère du roi disparut de l'île, c'est que les animaux ne pouvaient plus tolérer son bavardage. Ils l'expédièrent vers les côtes d'Afrique, où elle finit par épouser un roi sourd, dans le Sud du Congo.

No-Man's-Land est un centre important du système postal établi par le Dr Dolittle de Fantippo.

• Hugh Lofting, *Doctor Dolittle's Post Office*, Londres, 1924.

NOMBRES, ville des,
voir **DIGITOPOLIS**

NOMES, pays des

Royaume du roi Roquat des Rocs, formé de grottes immenses situées sous les montagnes qui s'élèvent au nord d'Ev*.

Petits et agiles, les Nomes sont des elfes qui ont la couleur des rochers parmi lesquels ils vivent. Ils ont un corps anguleux qui semble taillé dans le roc, et des muscles de fer à force de travailler dans les mines situées au-dessous de leurs grottes. Les voyageurs doivent savoir qu'il est difficile et dangereux de visiter le pays des Nomes que l'on ne peut atteindre qu'en traversant les gorges étroites des montagnes à l'extrême nord d'Ev.

Au point le plus étroit de la gorge, le chemin est barré par un géant qui défonce le sol avec un énorme marteau de fer. Ce géant est, en fait, un automate construit par Tinker et Smith, d'Ev, qui construisirent aussi Tic-Tac, l'homme-machine devenu un citoyen respectable de la ville d'Oz*.

L'unique moyen de franchir l'obstacle du géant est de profiter du moment où il relève son marteau. Même alors, il n'est pas facile de pénétrer dans le pays des Nomes. La porte cachée dans la muraille rocheuse ne s'ouvre que si le roi Roquat juge la requête du visiteur suffisamment humble et respectueuse.

A l'intérieur, un tunnel éclairé par des pierreries flamboyantes mène jusqu'à la salle du trône où, généralement, le roi Roquat fume sur son siège grossièrement taillé dans un énorme bloc de pierre truffé d'émeraudes, de rubis et de diamants.

Les visiteurs n'ont pas le droit de contempler l'une des merveilles du pays des Nomes : les images pétrifiées de la femme et des enfants du roi Evvroldo XIV. Ce roi les donna à Roquat contre la promesse d'une longue vie, mais cela ne lui porta pas bonheur. Pris de remords, il se suicida peu après. En veine de bonté, le roi Roquat épargna un jour à ses nouveaux esclaves les durs travaux de la mine en les transformant en ornements pour l'une des salles de son palais, d'où ils furent sauvés par la reine Ozma d'Oz et ses alliés.

Personne ne sait si le roi Roquat les a remplacés.

• Lyman Frank Baum, *Ozma of Oz*, Chicago, 1907 ; *The Road to Oz*, Chicago, 1909 ; *The Emerald City of Oz*, Chicago, 1910.

NONAIS ET OLIABAIRES,

pays des

En Grande Garabagne*. Depuis une éternité, les Nonais sont les esclaves des Oliabaires. Les Oliabaires les font travailler plus que de raison, car ils craignent que les Nonais, s'ils reprennent quelque force, n'en profitent pour regagner leur pays, aujourd'hui pratiquement inculte et en partie inondé.

En raison des mauvais traitements, la race des Nonais a diminué de moitié, si bien que les Oliabaires sont obligés d'aller les chasser jusque dans les marécages par où ils s'échapperaient probablement, sans les chiens dressés à cet effet et avec lesquels on les traque.

De tout temps, ces expéditions ont constitué un plaisir national, chanté par tous les grands poètes oliabaires. Mais, hélas, de moins en moins de Nonais se font prendre ; les généraux oliabaires rentrent bredouilles malgré un grand déploiement de forces. Aussi a-t-on établi, sous la surveillance du gouvernement, des réserves d'hommes et de femmes nonais, où ils jouissent de facilités pour se reproduire abondamment.

Une fois arrivés à l'âge où ils deviennent robustes, les enfants sont lâchés dans la province d'Avidre, où les Oliabaires peuvent à loisir venir les chasser.

• Henri Michaux, *Voyage en Grande Garabagne*, Paris, 1936.

NOPANDES

Pays situé aux Etats-Unis, au-delà des Appalaches. Territoire protégé par des lacs et des montagnes, et patrie de la nation nopande, tribu d'Indiens hospitaliers, pacifiques et disciplinés.

Nopande, la capitale, avec ses rues symétriques et ses maisons de brique, révèle l'ancienne influence espagnole. Il ne faut pas manquer de visiter le grand palais de brique du chef, avec ses agréables jardins aux nombreux arbres fruitiers.

Le voyageur intrépide, décidé à s'enfoncer dans une vallée encaissée dont l'entrée est fermée par un mur, passera, une fois la garde franchie, une seconde porte menant à une arène close où brûle un feu perpétuel. Cette prison est appelée Enfer et les gardiens en sont les Démons. Ceux qui se sont rendus coupables de crimes divers y sont brûlés la nuit, devant les voyageurs invités à contempler le spectacle.

• Antoine François, abbé Prévost d'Exiles, *Histoire de M. Cleveland, fils naturel de Cromwell, écrite par lui-même ou le Philosohe anglois*, Amsterdam, 1732-1739.

NORA-BAMMA

Ile de l'archipel Mardi*, dont l'étymologie signifie "île des Rêves". Décrite comme aussi verte et aussi ronde que le turban de Mahomet, l'île est peuplée de rêveurs, d'hypocondriaques et de somnambules. Tout nouvel arrivant doit payer le tribut du sommeil.

Il est déconseillé d'emporter les célèbres citrouilles d'or, le visiteur tombant dans un profond sommeil avant même de les cueillir. En revanche, une promenade dans la forêt vous donnera l'occasion d'être abordé par des spectres silencieux qui apparaissent et disparaissent dans la lumière pâle sans rime ni raison.

• Herman Melville, *Mardi and a Voyage Thither*, New York, 1849.

NOUVELLE-BRETAGNE

Trois îles de l'océan Indien, à huit cents milles à l'est du cap de Bonne-Espérance : Aprilis, Sarcosa et Pullosin.

La première fut découverte en 1740 par Charles Smith. Son navire faisait partie d'une expédition anglaise autour du monde quand une épidémie se déclara à bord et décima l'équipage du vaisseau qui fit naufrage sur Aprilis. Charles Smith fut sauvé par

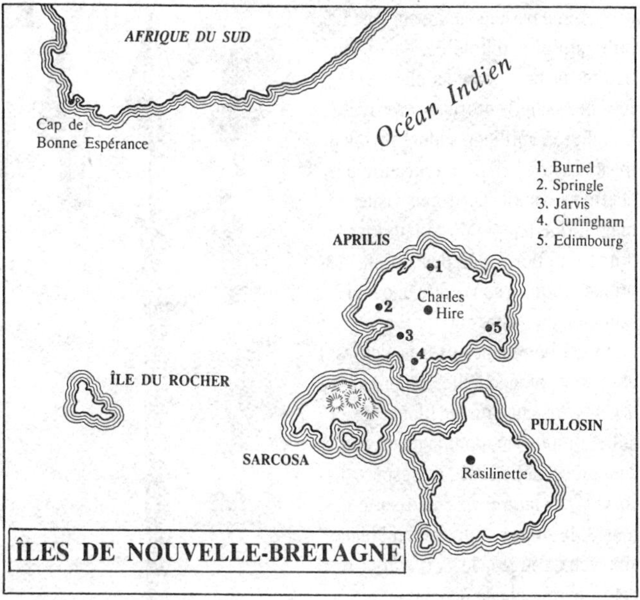

une jeune indigène, Lillia. Se faisant passer pour le fils du Soleil auprès du chef de l'île, il intima à la tribu l'ordre d'adopter sa future descendance, mais sa popularité s'effondra quand Lillia mourut en couches. Smith sauva encore une fois sa vie en prédisant un tremblement de terre qu'il réalisa lui-même, à l'aide de poudre à canon mise au sec lors du naufrage. Il fonda une société modèle qui acquit une audience internationale en repoussant une invasion espagnole et une attaque française. L'île d'Aprilis est divisée par une chaîne de montagnes qui sépare une zone accidentée d'une région de plaines. Plusieurs villes importantes sont en pleine prospérité : Burnel, Springle, Jarvis, Cuningham et Edimbourg. Il faut voir l'amphithéâtre naturel triangulaire de Springle et son corps de ballet. Charles Hire, la capitale d'Aprilis, fut construite en sept ans. Les rues, d'une largeur de vingt-quatre pieds, sont coupées en deux par une rangée d'arbres centrale. La ville abonde en parcs et en jardins publics. Comme toutes les maisons de la capitale, le palais est peint de bandes rouges, noires et jaunes. La forme de gouvernement est empruntée au système parlementaire anglais. La polygamie est tolérée, mais un homme ne peut posséder plus de cinq femmes sans autorisation royale. La religion aprilienne adore le Soleil mais, de nos jours, on rencontre des chrétiens dans l'île. Il faut visiter le magnifique temple du Soleil dont le dôme, supporté par des piliers de brique, porte en son centre une représentation de l'astre-roi.

La faune, commune aux trois îles, est unique au monde. Elle comprend le *tarlow*, oiseau noir et blanc, de la taille d'un faisan, dont la chair, cuite au four, est délicieuse ; une espèce de cervidé, le *matouchi* ; une sorte de renard, le *zotuane* ; un écureuil blanc aux yeux rouges, le *cerpedos* ; un petit lièvre à queue de chat, le *charlas* ; un rossignol familier, le *plicha* ; une colombe rouge et bleue, appelée *pililli* ; et des serpents longs de quarante pieds, inoffensifs, qui se nourrissent de fruits.

La monnaie d'Aprilis est la guinée et la demi-guinée d'or. Les visiteurs doivent subir une quarantaine à leur arrivée et n'entrent dans le pays qu'avec un certificat de bonne santé.

Les deux autres îles offrent moins d'intérêt. Sarcosa, très montagneuse, est habitée par un peuple à la peau sombre. Pullosin, plate et boisée, la plus grande des trois, a pour capitale Rasilinette. Les hommes y sont tenus en esclavage par les femmes. La

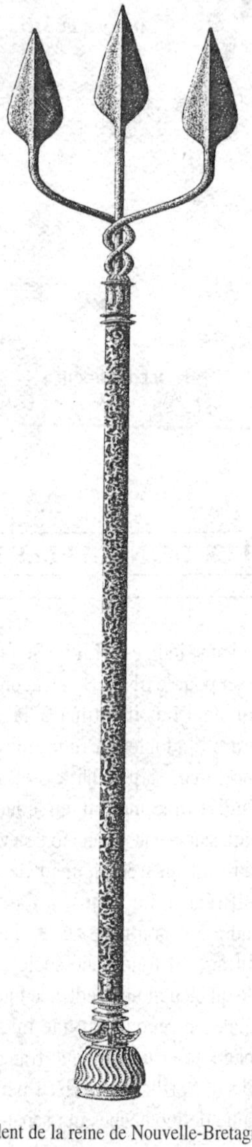

Le trident de la reine de Nouvelle-Bretagne.

reine se fait transporter sur son trône d'or par douze hommes forts. Elle possède un trident d'argent en guise de sceptre. Des rumeurs rapportent qu'une révolte des hommes aurait mis fin au règne des femmes et que la reine aurait déposé les armes pour s'occuper de son foyer et de ses enfants.

La découverte des îles de Nouvelle-Bretagne reviendrait, d'après certains historiens, non à Charles Smith, mais à une expédition anglaise vers le grand continent du Sud (dont Isaac Newton a présumé l'existence). On raconte que, sur une des îles, un poteau fut planté, informant les visiteurs que ce territoire appartenait à la couronne britannique. Au même endroit furent enfouis par les explorateurs un sou de la reine Anne, une harpe irlandaise et un billet écossais.

• Pierre Duplessis, *Mémoires de Sir George Wollap ; ses voyages dans différentes parties du monde ; aventures extraordinaires qui lui arrivent ; découverte de plusieurs contrées inconnues ; description des mœurs et des coutumes des habitants*, Paris, 1787-1788.

• Charles Dibdin, *Hannah Hewit or the Female Crusoe. Being the history of a woman of uncommon, mental and personal accomplishments ; who, after a variety of extraordinary and interesting adventures in almost every station of life, from splendid prosperity to abject adversity, was cast away in the Grosvenor East-Indiaman : and became for three years the sole inhabitant of an island in the South Seas. Supposed to be written by herself*, Londres, 1796.

NOUVELLE-GYNIA, ou VIRAGINIE

Etat situé en *terra australis incognita.* Ce pays s'étend dans le Sud de l'océan Indien, jusqu'à l'archipel indonésien. Il comprend, au large, l'île Hermaphrodite. Le pays est fertile, mais très mal exploité.

Les principales provinces sont Plapperfeldt (Linguadotia), Balgern (Rixatia), Heulenberg (Ploravia), Lachfurt (Risia majeure et mineure), Merrenland (Aphrodisia), Siemännerland (Amazonia), Frommweiberland (Eugenia) et l'île Hermaphrodite. La capitale de Viraginie se trouve dans la province de Linguadotia et s'appelle Gynaecopolis (Foyer de femmes). C'est là que le Parlement est installé. Il siège sans interruption, car en Viraginie il n'existe pas de discrimination en matière de pouvoir. Toutes les femmes ont le droit à la parole, et tout est prétexte à concertation, discussion et vote. On assiste à des débats sans fin, pendant lesquels les participantes parlent toutes en même temps. Afin que soit garantie une certaine stabilité, aucune décision prise ne peut être annulée avant le lendemain. Les autorités sont élues suivant des critères de beauté et d'éloquence, et on a créé à cet effet un jury composé de vieilles matrones.

De toutes les provinces du pays, la plus remarquable est Aphrodisia, avec la ville d'Erotio où les femmes circulent extrêmement fardées, vêtues d'étoffes très fines et transparentes, les seins nus. Elles habitent des maisons de verre, mais aucune ne se montre avant d'avoir fini de se farder et de se parer. Elles consacrent toute leur journée au marché pour être certaines de se faire voir.

Telles des araignées, elles guettent les hommes de Locania ou de Geilland avec lesquels elles vivent en guerre constante. Quand, par leurs gestes provocants, elles en ont réduit un à leur merci, elles le forcent à servir leurs désirs. Elles gardent ces hommes dans des étables et les engraissent avec de vigoureux philtres d'amour.

L'île Hermaphrodite est aussi une belle province de Viraginie. Là, tout a une double nature : pommiers-poiriers, cerisiers-pruniers, amandiers-dattiers... Les habitants sont habillés moitié homme, moitié femme, portent des prénoms féminins et masculins et font leurs enfants tout seuls, sans partenaires. Pour eux, les êtres unisexués sont des monstres.

• Joseph Hall, *Mundus alter et idem, sive Terra Australis ante hac semper incognita*, Londres, 1605 environ ; *Utopiae Pars II. Mundus alter et idem. Die heutige neue alte Welt. Darinnen ausführlich und nach Notdurft erzählet wird, was die alte numehr bald sechstausendjährige Welt für eine neue Welt geboren, aus der man gleichsam in einem Spiegel ihrer Mutter und Gebärerin Art, Sitten, Wandel und Gebrauch augenscheinlich mag sehen und erkennen*, Leipzig, 1613.

NOVA SOLYMA

Ville d'Israël et bastion de la foi chrétienne bâtie sur le site de Solyma l'ancienne dont il ne subsiste aucun vestige.

Les murailles abruptes et massives de la ville s'élèvent au sommet de deux montagnes. Elles sont percées de douze portes à battants de cuivre sur lesquels sont gravés les insignes et les noms des douze patriarches des douze tribus. Chaque accès est défendu par une poterne. Les maisons de pierre, aux façades identiques, créent l'illusion d'un fronton continu.

Le centre de la ville est occupé par la place du Marché, où se dresse, parmi les maisons particulières, la bourse du commerce, formée de deux galeries superposées, disposées en carré. Les citadins s'habillent de longues robes pourpres et se coiffent de turbans orientaux. Sur les maisons, des inscriptions renseignent sur les circonstances de la construction. Ainsi, sur la plus belle demeure de la ville, il est écrit : "Cette maison a été bâtie avec de l'argent justement gagné. Aucune fraude n'a facilité sa construction ; conçue pour durer, elle affrontera les âges et accueillera sans faillir des générations d'enfants. Ni le jeu, ni l'amour adultère, ni la colère, ni la discorde, ni la vengeance n'ont leur place ici." La fondation de la ville est célébrée par un défilé annuel, au cours duquel une vierge joue le rôle

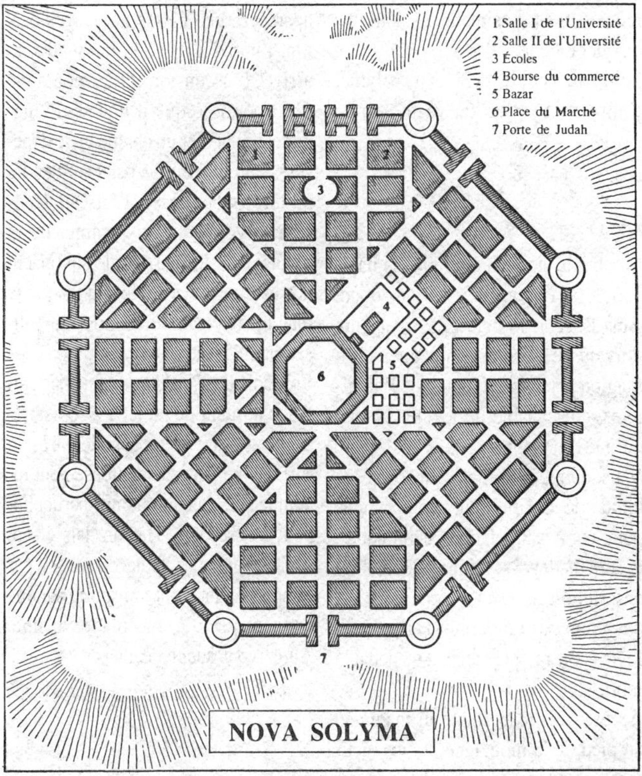

de la fille de Sion. Le quartier nord est celui des écoles.

La première tâche de l'éducateur est de former un esprit respectueux de la religion. L'enseignement est donné en grec, en latin et en hébreu, qui est la langue vernaculaire. Des plumes d'argent récompensent les meilleurs élèves. On apprend aux jeunes à supporter la douleur car, comme l'a remarqué un penseur solymien, "l'expérience montre que les enfants pauvres, élevés à la dure, acquièrent une résistance plus grande et une santé meilleure que les enfants élevés dans le luxe et la douceur". La danse, la natation et le tir à l'arc sont également enseignés. La violence est sévèrement réprimée. Les timides et les paresseux sont secoués sans ménagement. Les menteurs sont mis en quarantaine.

Selon le peuple de Nova Solyma, l'univers n'est qu'un vaste utérus.

• Samuel Gott, *Novae Solymae Libri sex*, Londres, 1648.

NUAGES

Montagne située à six mois de navigation de Basra, en Irak, sans doute dans l'océan Indien. Les voyageurs doivent se faire accompagner d'un magicien perse connaissant l'alchimie, seul capable de les guider jusqu'à la montagne.

Mais, comme les magiciens ont l'habitude de sacrifier leurs compagnons pour leurs manipulations alchimiques, le curieux devra se montrer attentif. La description de la montagne nous est parvenue par un certain Hassan, orfèvre à Basra, qui échappa de peu à la mort.

Après avoir abandonné le magicien au pied de la montagne, le voyageur verra un nuage de poussière s'élever et prendre la forme de trois superbes chameaux. Il pourra emprunter l'un de ces chameaux et, au terme d'un voyage de sept jours, il atteindra un mausolée dont la coupole repose sur quatre colonnes d'or rouge. D'un palais magnifique, situé un peu plus loin, lui parviendront les rires et les invites des filles du roi, qu'il lui faudra dédaigner pour continuer sa route. Au bout de huit jours de marche, il apercevra une masse de nuages barrant l'horizon d'est en ouest. Il sera arrivé. L'ascension de la montagne n'est possible que d'une seule manière. Il faut tuer un chameau, le dépecer, s'enfouir dans sa peau et attendre qu'un vautour arrive. L'oiseau déposera le voyageur au sommet de la montagne. Là, épars sur le sol, gisent des ossements et du petit bois que le magicien persan utilise pour la réalisation du grand œuvre.

En dépit de l'insistance du mage, il faut s'abstenir de lui jeter ce bois précieux au risque d'être abandonné à son sort. On ne peut malheureusement recommander aucun chemin particulier pour redescendre. Hassan, laissé seul sur la montagne, tenta de passer par l'autre versant et fut transporté par une tempête jusqu'à une plage voisine. Aurez-vous autant de chance ?

• Anonyme, *Les Mille et Une Nuits*, XVe siècle env.

NUBIE

Capitale du grand royaume éthiopien, à ne pas confondre avec les terres désolées et nues du même nom au Soudan, ou avec l'ancienne nation du Nord-Est de l'Afrique.

Senapho, que quelques voyageurs croient être le fameux prêtre, veille sur Nubie dont les terres sont riches en or, en pierres précieuses, en myrrhe, en musc et en ambre. Le monument le plus remarquable de Nubie est le palais royal avec ses colonnes de cristal, ses murs incrustés de rubis, d'émeraudes, de saphirs et de topazes. Une énorme quantité de perles et de joyaux brillent dans chaque salle. Vers le nord de Nubie s'élève la montagne de la Lune où le Nil prend sa source. Le sultan d'Egypte paie à Senapho un tribut annuel, de crainte que le monarque nubien ne détourne le cours du fleuve.

• L'Arioste, *Orlando furioso*, Ferrare, 1516.

NUIT, cité de la

Parfois appelée cité de la Mort, elle est entourée par la rivière des Suicides, qui alimente au nord un vaste lagon, traverse des landes noires, des marais et des crêtes rocheuses avant d'atteindre la ville elle-même.

Bien qu'elle ne soit pas en ruine, la ville, toujours plongée dans un suaire d'ombre, en est remplie. Les visiteurs erreront dans le dédale de ses rues étroites entre d'immenses et silencieuses demeures.

Dans les faubourgs du nord, la ville semble s'éparpiller ; un grand palais s'élève solitaire au milieu d'immenses squares. Loin derrière le palais, couronnant la ville entière, on aperçoit la stupéfiante image d'une femme ailée, le coude appuyé sur le genou et la joue reposant contre le poing gauche. Dans la main droite, elle tient un compas sur un livre fermé. A ses pieds, sont éparpillés des instruments scientifiques et des outils de charpentier. Près d'elle se trouve un petit enfant à l'air grave. Le nom de cette femme est Mélancolie, patronne et reine de la ville. Elle scrute son domaine avec des yeux perçants.

Les habitants de la cité de la Nuit sont en majorité des hommes mûrs. On y rencontre quelques femmes seulement et de rares enfants. Tous ont des visages ravagés ; aveugles et sourds, ils ressemblent à de tragiques masques de pierre. Ils ne dorment jamais, mais errent dans les longues rues crépusculaires et silencieuses, et leurs pas ne font aucun bruit sur le sol. En les croisant, les voyageurs sentent se réveiller en eux de vieux désespoirs oubliés.

• James Thomson, *The City of Dreadful Night*, Londres, 1874.

NULLE PART, île de,
voir **MÉDAMOTHI**

NÚMENOR

Grande île appelée aussi Andor, Elena, Andûnë et, après sa chute, Akallabêth, ou Atalantë, située entre les Terres du Milieu*, à l'est, et Aman*, le pays des Immortels, à l'ouest.

Pour retrouver aujourd'hui ce royaume engouti depuis longtemps, il faut demander l'aide de marins épris d'aventure, mais on raconte que le sommet de son mont le plus haut,

Meneltarma, se dresse encore au-dessus du miroir de la mer.
L'île de Númenor fut offerte par les dieux d'Aman aux Númenoréens, ou Dunedain, en récompense de l'aide qu'ils apportèrent dans la bataille contre le noir ennemi des Terres du Milieu, Morgoth. Ossë, serviteur d'Ulmo, le seigneur des Eaux, la fit surgir de la mer. Aulë, le bâtisseur de tous les pays, l'ancra dans les fonds marins, et Yavanna, la Dispensatrice des Fruits, la décora. L'étoile d'Earendil qui étincelait à l'ouest éclaira la voie qui menait à cette nouvelle contrée. Les rois des hommes en prirent joyeusement possession, et y construisirent des villes, des palais de plaisirs et des jardins. Andúnië, la capitale, devint un grand port de la côte ouest.
Mais la plus belle ville était certainement Armenelos, avec ses tours et ses citadelles. Dans ses jardins, au crépuscule, un rejeton de l'Arbre Blanc d'Eressëa exhalait son parfum. Il était l'un des nombreux présents – avec les chants d'oiseaux, les fleurs odorantes, les plantes médicinales et les ruisseaux – que les elfes Teleri apportèrent sur l'île. Et grâce à cette amitié le savoir des humains s'enrichit considérablement dans tous les domaines de la vie et de la nature. Mais, au cours des siècles, ce sentiment de bonheur s'évanouit : la conscience de leur mortalité, en quoi ils différaient des premiers-nés d'Ilúvatar, les elfes, devint pour les humains un fardeau. Ils s'efforcèrent par tous les moyens de prolonger leur vie, perfectionnèrent l'art de la momification et s'adonnèrent au culte de la Mort, délaissant celui d'Ilúvatar. Tandis qu'auparavant ils avaient coutume d'aborder sur les Terres du Milieu pour apporter des présents aux humains, ils devinrent peu à peu des tyrans intransigeants, uniquement préoccupés de conquête et de domination. Ce fut ainsi qu'ils s'armèrent contre Sauron, le sombre ennemi, qui tentait de soumettre les Terres du Milieu. Mais Sauron refusa de se battre et se laissa emmener en Númenor comme otage.
Une fois dans la place, il parvint à soulever les Númenoréens contre l'interdiction divine qui leur était faite d'approcher les côtes d'Aman, et il les conforta dans leur désir d'immortalité. Il leur fit construire un énorme temple à la gloire de son ancien maître Melkor, la source du Mal, dans lequel eurent même lieu des sacrifices humains. Il leur fit également abattre l'Arbre Blanc et leur apprit à mépriser les petits groupes d'elfes amis qui, obstinément, refusaient de se laisser corrompre.
Finalement, le roi Ar-Pharazôn arma tous ses navires et vogua vers Aman pour exiger des Valars l'immortalité. La destruction de Númenor s'ensuivit.

Un gigantesque raz-de-marée venu des côtes d'Aman engloutit le roi et sa flotte. L'île de Númenor fut submergée et projetée au fond de l'océan, et avec elle Sauron, qui ne réapparut plus désormais à l'humanité sous forme humaine. Seuls les quelques elfes qui n'avaient pas accompagné le roi purent s'enfuir.

Forts de leurs richesses – un plant de l'Arbre Blanc et les sept Palantiri, ou Pierres Clairvoyantes, que les elfes d'Eressëa leur avaient offertes –, ils abordèrent sur les côtes de Lindon et fondèrent les deux royaumes d'Arnor et de Gondor, dans les Terres du Milieu.

• John Ronald Reuel Tolkien, *The Return of the King*, Londres, 1955 ; *The Silmarillion*, posth., Londres, 1977.

NUTOPIA

Pays sans territoire, sans frontières, et sans passeports. Nutopia n'existe que par sa population. Ses lois sont celles du cosmos et tous les habitants sont ambassadeurs. L'hymne international de Nutopia s'intitule *Amenez l'acide.* De plus amples informations peuvent être obtenues à l'ambassade nutopienne de New York, 1, White Street, New York, 10013, USA.

• John Lennon, *Mind Games*, Londres, 1973.

O

OCEANA

A ne pas confondre avec la fédération du même nom. Il s'agit d'une île de l'Atlantique nord, située au sud de l'Irlande, à environ trois cents kilomètres à l'ouest de la côte de Cornouailles.

Très isolée, son accès n'est pas facile. Il n'y a pas d'aérodrome sur l'île et le seul transport régulier est assuré par un steamer, qui part d'Irlande une fois par semaine. L'unique port en eau profonde, Portharnel, est distant d'une trentaine de kilomètres de Lesneven, la capitale. Le second port d'Oceana est Caloestown, sur la côte sud. Son bassin est trop petit pour les steamers de fort tonnage, aussi n'abrite-t-il plus que des langoustiers.

Lesneven, la capitale, est une petite ville endormie, qui compte peu de monuments remarquables. Construites en terrasses, les maisons sont blanchies à la chaux, avec des toits pointus et des fenêtres à encadrement de granit. Le bâtiment le plus digne d'intérêt est la *Rota*, siège du gouvernement. C'est un édifice circulaire, surmonté d'un dôme.

Sur le plan politique, Oceana est un Etat indépendant. Soixante députés sont élus à la *Rota*, qui à son tour élit un président chargé du pouvoir exécutif.

L'île est conservatrice. Les femmes portent toujours le costume traditionnel, une longue robe d'apparat, complétée par un châle rouge orangé, jeté sur les épaules.

La vie s'écoule avec lenteur et, par bien des côtés, Oceana ne semble pas appartenir au XXe siècle. Le courrier y est toujours distribué par un fourgon tiré par des chevaux et l'uniforme bleu de “l'homme aux lettres” est un spectacle familier aussi bien dans les villages que dans les rues de la capitale.

Si la vie religieuse de l'île est dominée par une secte de l'Eglise protestante d'Irlande, la magie noire reste présente à la campagne. On y adore le diable au cours d'orgies, où les participants nus se livrent à des rites sadomasochistes.

Le plat national d'Oceana est un pudding froid, à base de pain et de *blays*, fruits qu'on ne trouve nulle part ailleurs. Il est traditionnellement servi avec de la crème. La spécialité de Lesneven est la tourte au homard ; celle des hauts plateaux est le vin de bruyère.

Oceana ne s'est jamais intéressée à la politique de ses voisins. Durant la Seconde Guerre mondiale, l'île s'est cantonnée dans une stricte neutralité. Un comité de défense a été constitué et des fortifications côtières ont été élevées lorsque la rumeur s'est propagée que l'Angleterre ainsi que l'Allemagne voulaient l'occuper. En 1950, l'île s'est trouvée davantage isolée encore sous le règne du

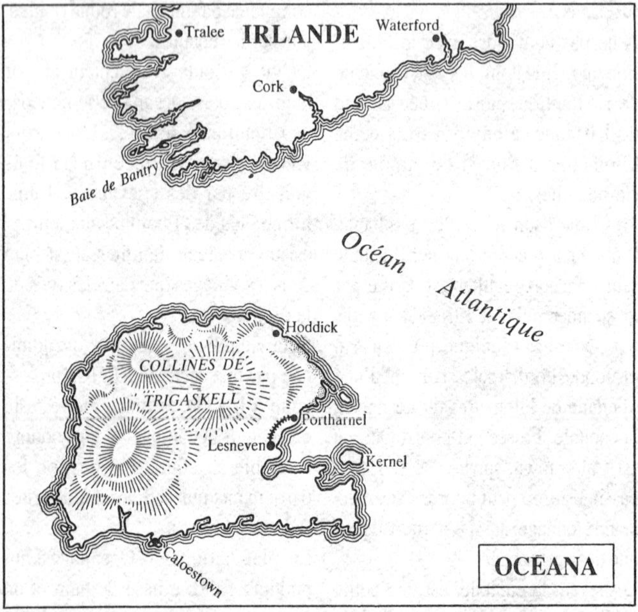

grand maître Rolph Mylchraine, gros propriétaire terrien qui avait intrigué pour s'emparer du pouvoir et dissoudre la *Rota*. L'empire de Mylchraine sur le peuple s'explique par deux raisons : il a encouragé tout d'abord la propagation des rituels de magie noire, et d'obscènes sabbats ont été célébrés, sous son règne, dans le vieux bâtiment de la *Rota*. Il a utilisé ensuite le whisky comme arme diabolique : en réduisant, dans un premier temps, le prix toujours élevé des importations, puis, dans un second temps, en le taxant très fort, de sorte que la population, s'étant accoutumée à cette drogue, fut prête à supporter n'importe quelle humiliation pour satisfaire sa soif.

La milice privée de Mylchraine a institué les travaux forcés et réduit toute opposition au silence ou à l'exil. Réfugié à Dublin, le Conseil révolutionnaire ne s'est pas montré très efficace et la chute du tyran a été l'œuvre d'un seul homme, Keig, petit propriétaire du Kernel, qui a achevé lui-même Mylchraine, avec l'arme favorite du tyran : la hache. Si Keig s'est attiré la sympathie des paysans, il a été traité avec suspicion par les grands propriétaires terriens.

Le Conseil révolutionnaire ne s'est joint que très tard à la lutte, mais il a su tirer un grand bénéfice de la victoire. Un mouvement s'est même créé pour accuser Keig de vol, aussi son rôle n'est-il plus mentionné dans les archives officielles.

• Henry Reymond Fitzwalter Keating, *The Strong Man*, Londres, 1971.

OCTAVIE

Ville édifiée au-dessus du vide, dans un précipice situé entre deux montagnes escarpées. Cité-toile d'araignée, Octavie tient par des cordes, des chaînes, des ponts suspendus, fixés aux crêtes de chaque sommet.

Le voyageur s'avancera avec toutes les précautions requises pour bien s'accrocher aux mailles des filets de chanvre, ne pas trébucher dans les trous, ne pas s'émouvoir de la proximité des nuages et du ravin, très loin en bas.

En fait, la vie des habitants d'Octavie, suspendue au-dessus de l'abîme, est moins incertaine que dans bien d'autres villes qui, elles, ne tiennent qu'à un fil.

• Italo Calvino, *Le città invisibili*, Turin, 1972.

ODES

Ile située à deux jours de voile d'Entéléchie*. Son nom dérive d'*odos*, mot grec qui signifie chemin. Toutes les routes de l'île sont vivantes et se déplacent à leur guise. Si l'on suit l'argument d'Aristote selon lequel ce qui se meut de son plein gré est animal et non végétal, on peut dire que les routes de l'île sont des créatures vivantes. Pour voyager sur l'île, les visiteurs doivent demander leur chemin aux habitants. Une fois embarqués sur la bonne route, ils arriveront à destination sans la moindre difficulté. Voyager sur l'île d'Odes est, en fait, aussi facile que descendre le Rhône en bateau, de Lyon en Avignon.

Le curieux doit simplement savoir qu'il existe dans l'île ceux que l'on appelle les guetteurs de chemins, les batteurs de pavé et autres détrousseurs, qui attendent les routes au passage et les attaquent avec brutalité à la manière des voyous avec les vieilles dames. Lorsqu'il arrive qu'on on prenne, ils subissent le supplice de la roue ou ils sont brûlés vifs.

C'est un spectacle étonnant que de voir les chemins cheminer librement. La route de Briques jaunes, celle de Mandalay, la rue du Couronnement et, tout à fait au nord, la route Etroite cavalent librement à travers prés et collines.

• François Rabelais, *Le Cinquiesme et Dernier Livre des faicts et dicts héroïques du bon Pantagruel*, Paris, 1564.

OGYGIE

Ile de la Méditerranée occidentale. Une splendide forêt d'aulnes, de trembles et de cyprès odorants dissimule la grotte où vit la nymphe Calypso. Le vert des prairies est rehaussé de violettes et de céleri sauvage. La faune est surtout constituée d'oiseaux : chouettes, faucons et mouettes. L'île a déjà reçu, au moins une fois, la visite d'un voyageur de sang royal.

• Homère, *Odyssée*, IXe-VIIIe siècle av. J.-C. env.

OHONOO

Ile de l'archipel Mardi*. Sa côte basse et ses trois terrasses escarpées donnent, vues du nord, l'illusion de marches taillées dans le roc et montant vers le soleil.

Une légende raconte qu'avant l'existence de Mardi le dieu Vivo construisit, entre terre et ciel, un escalier dont Ohonoo constituait la base. Une fois sur terre, Vivo, écœuré par la perversion qu'il y découvrit retourna au ciel en détruisant les marches derrière lui. Les blocs tombèrent dans la mer et formèrent l'archipel Mardi.

Le nom de l'île signifie "pays des criminels". Ohonoo est en effet le lieu d'exil de tous les délinquants des îles voisines. Ces proscrits ont fondé une communauté qui bannit à son tour les individus jugés peu recommandables. (Reste à savoir si ces derniers sont plus honnêtes ou moins criminels que leurs juges.)

Allez admirer la statue de Keevi, dieu des voleurs et protecteur de l'île : elle se dresse dans une niche naturelle creusée dans la falaise qui ferme la vallée de Montlova. Le dieux possède cinq yeux, six jambes et dix mains énormes, dont chaque doigt a la taille d'un bras humain. D'après la légende, Keevi tomba un jour d'un nuage doré et s'enfonça dans le sol jusqu'aux cuisses, provoquant un retentissant tremblement de terre.

• Herman Melville, *Mardi and a Voyage Thither*, New York, 1849.

OISEAUX

Ile désolée au large de la côte est du Canada. Amenachen le Disgracieux y a sa résidence et interdit à quiconque d'y poser le pied. Ceux qui enfreignent cette loi deviennent horriblement malheureux et sont hantés par les paysages de l'île : arbres, fleurs et pierres de la couleur du sable.

• Michel Tremblay, *Contes pour buveurs attardés*, Montréal, 1966.

OISEAUX, pays des, voir WAQ

OISEAUX DE FER

Quelque part dans le Pacifique sud, l'île aux Oiseaux de Fer est gouvernée par des robots. Nul ne peut s'en échapper : elle est cernée par d'inquiétantes nuées d'oiseaux mécaniques. Téléguidés par des ordinateurs centraux, ces derniers lacèrent de leur bec et de leurs griffes de fer tous ceux qui tentent de fuir.

On atteint l'île à la nage, après avoir été précipité d'un paquebot croisant au large. Les nouveaux arrivants subissent une série de tests et sont employés à divers travaux d'horlogerie ou de cybernétique. Les robots régisseurs se montrent d'une grande politesse envers les hommes et les femmes splendides qui peuplent cette petite colonie, ignorée du reste du monde.

Pour vous en sortir, agissez au besoin comme le jeune paysan Julien Grainebis, seul à en être revenu et qui procéda de la manière suivante : il commença à raconter une histoire d'amour et s'arrêta au milieu. Agacés par le suspens, les robots s'échauffèrent et réclamèrent la suite, mais comme celle-ci se faisait attendre, ils multiplièrent les déductions et se perdirent dans les péripéties, si bien que le jeune homme put échapper aux oiseaux de fer qui ne répondaient plus aux commandes des ordinateurs détraqués.

• André Dhôtel, *L'Ile aux oiseaux de fer*, Paris, 1956.

OKLAHOMA

Théâtre naturel aux Etats-Unis. Les membres de la compagnie sont recrutés par voie d'affiches, qui annoncent que le théâtre offre des emplois à tout le monde. Les candidats sont priés de se présenter en personne sur un champ de courses, qui peut être celui de Clayton, dans l'Etat de New York, entre six heures du matin et minuit. Ils sont accueillis par une discordante sonnerie de trompettes, qui prouve le gigantisme de l'entreprise.

A l'entrée du champ de courses, sur une grande estrade, des centaines de femmes vêtues comme des anges, avec ailes et robes blanches, soufflent dans de longues trompettes qui scintillent comme de l'or. Ces femmes sont en réalité placées sur des socles, dissimulées par des tentures flottantes. Comme certains d'entre eux atteignent six pieds de hauteur, les femmes paraissent gigantesques, leur tête semble alors ridiculement petite et leurs cheveux trop courts pendent de manière piteuse entre les deux grandes ailes. Les socles étant de toutes les tailles, certaines femmes se retrouvent presque au ras de l'estrade, tandis que d'autres s'élèvent à une hauteur telle qu'on a l'impression qu'elles vont s'envoler au moindre souffle. Deux heures après, des hommes vêtus comme des démons leur succèdent. La moitié de la troupe souffle dans des trompettes, l'autre moitié joue du tambour.

Tous les candidats sont, semble-t-il, acceptés, avec ou sans qualification professionnelle. Les adultes des deux sexes, les enfants, et même les bébés sont engagés au théâtre, bien que personne ne sache vraiment à quoi ils sont employés.

On ne connaît pas de description du théâtre lui-même, mais il existe une photographie de la loge présidentielle. Au premier coup d'œil, on peut prendre la loge pour la scène même du théâtre, tant la courbe de son avancée dorée s'étire loin. La loge est tendue de rideaux de damas rouge, retenus par des cordons. Entre les colonnades élancées, on aperçoit, délicatement sculptés et comme coupés au ciseau, les médaillons des anciens présidents : l'un d'eux a le nez remarquablement droit, la moue méprisante, et le regard baissé sous de lourdes paupières.
Pour se rendre au théâtre, il faut partir de Clayton et voyager deux jours et deux nuits en train.

• Franz Kafka, *Amerika*, Munich, 1927.

OMBILIC DES LIMBES

A ne pas confondre avec les limbes celtiques où les bébés s'enivrent abominablement. Pays vermiforme, aux anneaux si odieusement fragmentés que la pensée n'y est plus libre que par pans.
Les habitants ont dans le cerveau des paquets ficelés, destinés à des adresses inconnues. Le personnage le plus important de l'Ombilic des Limbes est le facteur. Muni de la canne de saint Patrick, il va de maison en maison en posant immanquablement la même question : "On vous a envoyé de l'asile de Rodez une petite potence avec une rose. L'avez-vous reçue ?"

• Antonin Artaud, *L'Ombilic des limbes*, Paris, 1925.

OMORT

Petite communauté rurale située quelque part aux Etats-Unis.
Le principal produit de la région est la pastèque, dont on se sert à peu près pour tout. On en extrait du sucre, qui est ensuite séché et qu'on laisse durcir au soleil. On voit ainsi un peu partout des rubans de sucre rouge, jaune, gris-noir, blanc, brun et bleu en train de durcir. Nombre de cabanes sont entièrement faites en sucre de pastèque. Mélangé à de l'huile de truite, il produit une substance odorante qui fournit une lumière douce et claire. La seule autre industrie de la région est l'élevage de truites dans un vivier au magnifique fond carrelé, fait de sucre de pastèque et de pierres rapportées des collines environnantes. La ville est décorée de nombreuses sculptures en sucre qui illustrent ce qui, pour une raison ou une autre, a frappé les habitants : vingt ou trente statues représentent différents types de pommes de terre ou d'artichauts. Phénomène curieux, le soleil change de couleur tous les jours de la semaine, la couleur du jour déterminant celle des pastèques. La variété noire (le jeudi) est recommandée pour la fabrication d'objets insonores. On

s'en sert, par exemple, pour les horloges silencieuses.

Les rites funéraires de la communauté sont uniques. Les morts, revêtus de robes taillées dans du sucre de pastèque, sont ornés de colliers phosphorescents, de manière que la lumière brille à jamais dans leur cercueil de verre, au fond de la rivière. La tradition veut que les funérailles soient suivies d'une danse dans le vivier aux truites.

Les voyageurs trouveront la communauté pacifique et sans histoires. Les gens ont entre eux des rapports peu formels, et beaucoup n'ont même pas de nom. La gazette du pays ne paraît qu'une fois l'an.

• Richard Brautigan, *In Watermelon Sugar*, San Francisco, 1964.

ONDULATIONS

Région située entre les pays des Têtes-en-l'air* et le dominion des Growleywogs. C'est une contrée de collines rocheuses et de vallées qui changent sans cesse de place et ondulent.

Le voyageur qui grimpe sur une colline peut la voir s'affaisser derrière lui et se transformer en vallée.

Celui qui descend au fond d'une vallée découvrira peut-être qu'elle s'est élevée et qu'il se trouve en fait au sommet d'une colline. Ceux qui voyagent à travers ce pays déconcertant prétendent que les ondulations constantes du sol leur donnent un mal de mer de chien.

• Lyman Frank Baum, *The Emerald City of Oz*, Chicago, 1910.

OO-OH

Ile au large de la côte de Caspak*, dans le Pacifique sud. C'est la patrie des Wieroos, la plus douée de toutes les races du royaume. Les Wieroos sont des hommes volants ; leurs ailes fixées aux épaules sont le résultat du système évolutif unique qui prévaut à Caspak.

Les Wieroos ont un visage terreux aux joues creuses qui évoque une tête de mort, des doigts semblables à des griffes et de longs bras nerveux. Parfaitement imberbes, ils n'ont ni cils, ni sourcils. Comme ils sont incapables de faire naître des enfants de sexe féminin, ils kidnappent des femmes appartenant aux races les plus évoluées de Caspak, et en font les mères des futures générations de Wieroos mâles. Parfois, des mâles galus sont capturés et torturés pour qu'ils dévoilent le secret de leur mode de reproduction, qui leur permet de mettre des filles au monde. Toute la culture des Wieroos est basée sur le meurtre. Non seulement ils tuent les étrangers, mais ils s'entretuent, et les jeunes doivent, par sécurité, être cachés dans des chambres souterraines pour échapper à l'instinct meurtrier de leurs congénères.

Les trois cités wieroos sont décorées de crânes humains coiffant généralement des mâts peints en bleu et blanc. Les trottoirs des villes sont également bordés de crânes. La ville principale est dominée par une tour de crânes et par un immense bâtiment appelé la forteresse bleue des Sept Crânes. C'est un édifice carré surmonté par sept mâts, chacun couronné d'un crâne. Ce bâtiment sert généralement de prison.

Le régime alimentaire des Wieroos se compose de fruits, de légumes et de petits poissons, mélangés à de nombreuses denrées non identifiables. Le potage qu'on en retire est assaisonné de manière à produire un effet à la fois surprenant et délicieux. Les repas sont pris dans de grandes pièces où les Wieroos s'assoient sur de hauts piédestaux creusés au sommet. Querelles et altercations sont strictement interdites dans ces réfectoires qui sont le seul lieu, dans la ville entière, où l'on est en sécurité.

Les Wieroos portent des vêtements finement tissés. La couleur de la robe indique le rang dans la hiérarchie sociale. Ce rang dépend du nombre de meurtres commis. Outre les Galus, les Wieroos sont le seul peuple de Caspak à avoir une croyance religieuse ; ils se considèrent comme une race élue.

• Edgar Rice Burroughs, *The Land that Time Forgot*, New York, 1918 ; *Out of Time's Abyss*, New York, 1918.

OPHIR

Royaume dans le Sud-Est de l'Arabie, où l'or pur est le symbole d'une vie sans péché, l'argent celui de la droiture et de la justice, et l'ivoire celui du commerce honnête. Les singes les plus loyaux forment la classe populaire et les paons les plus majestueux en sont les gouverneurs avisés. On raconte que le roi Salomon fit venir dans son royaume de l'or, de l'argent, de l'ivoire, des singes et des paons d'Ophir.

L'Eglise d'Ophir est protestante évangélique, mais la liberté religieuse est tolérée dans le pays, à condition que la conduite des gens soit compatible avec l'honneur de Dieu. Prédicateurs publics et théologiens doivent se soumettre à l'exégèse et à la morale religieuse, et éviter autant que possible les sujets de controverse. Une loi rigoureuse oblige à observer le repos sacré du dimanche. Conformément à la loi d'Ophir, les plus hautes vertus sont la justice et la charité. Les conversations douteuses et les plaisanteries de bas étage sont strictement interdites. Les contrevenants doivent, quel que soit leur rang, porter de grandes oreilles de truie sur la tête pendant un ou plusieurs jours, selon le degré de l'offense. Les criminels récidivistes sont emprisonnés à vie. Le premier délit n'est cependant jamais puni, sauf dans le cas du vol, où le voleur doit restituer le double de ce qu'il a pris. Le roi doit rester fidèle à sa femme et incarner parfaitement justice et chasteté. Lui-même ou le prince héritier doit se rendre fréquemment dans les différentes provinces du royaume.

Les voyageurs doivent savoir que les duels sont strictement interdits. Ceux qui enfreignent la règle doivent porter à vie une ridicule épée de bois et un bonnet de bouffon.

• Bible, Isaïe ; Livres des Rois ; Job ; Psaumes.

• Anonyme, *Der Wohleingerichtete Staat Des bisher von vielen gesuchten aber nicht gefundenen Königreichs Ophir Welcher Die Völlige Kirchen-Vergassung Einrichtung der Hohen und niedern Schulen des Königs Qualitäten Vermählungs-Art Auferziehung der Königliche Printzen und Printzessinnen die Königliche Hoffhalt und Regierung die dabei befindlichen Bedienten Land und Stadt-Obrigkeiten deren Erwähl wohl insgemein als Insonderheit das Staatspolicey, Justiz-Commercien-Cammer und Gesundheits-Wesen betreffende Gesetze und Ordnungen Nebst allen zu wissen nöthigen Nachrichten und Merchwürdigkeiten vorstellet*, Leipzig, 1699.

OR

Lac des Andes. Alimenté par les torrents et les gaves des montagnes, il se déverse dans un large fleuve d'une rare beauté, dont les flots charrient l'or des montagnes, ce qui explique le nom du lac. Ce métal est si commun que les Indiens ne lui accordent que peu d'attention. On peut le ramasser à pleines poignées au bord du lac. Sur les rives paissent librement troupeaux sauvages et moutons.

• Daniel Defoe, *A New Voyage Round the World, by a Course never Sailed before. Being a Voyage Undertaken by some Merchants, who afterwards Proposed the Setting up of an East-India Company in Flanders*, Londres, 1724.

ORACLE DE LA BOUTEILLE

Assez proche du Lanternois*, où les voyageurs peuvent prendre une lanterne intelligente pour guide.

L'oracle se trouve dans un grand temple souterrain, dont l'entrée est située tout au bout d'un vignoble planté par Bacchus en personne. On y voit des feuilles, des fleurs et des fruits en toutes saisons, et les vignes donnent des crus divers : vins de Phalerne, de Malvoisie, muscadet, graves et vins d'Anjou.

Guidé par sa lanterne, le visiteur qui traverse le vignoble doit manger trois raisins et mettre des feuilles de vigne dans ses chaussures pour signifier qu'il méprise le vin, qu'il en est maître et l'a foulé aux pieds. Au bout du vignoble, s'élève un arc antique, doté d'un trophée dédié aux buveurs : y sont sculptés des rangées de flacons, de tonneaux, d'amphores, de barils et de gourdes, ainsi que nombre de gâteaux au fromage, de langues de bœuf salées et plusieurs sortes de fromages. Sur l'arc, on lit cette inscription : "Passant icy ceste poterne, garniz toy de bonne lanterne."

Au-delà s'étendent de magnifiques vignes avec des grappes aux cinq cents formes et aux cinq cents couleurs différentes. Au fond de la treille s'élèvent trois vieux lierres. Avec les feuilles, le voyageur devra se tresser un chapeau albanais, dont il se coiffera pour signifier qu'il n'est pas sous l'emprise du vin, que ses sens ne sont pas engourdis, et qu'il n'a pas l'esprit embrumé.

Le voyageur et sa lanterne pénètrent alors sous une voûte décorée de peintures, représentant des femmes et des satyres dansant autour du vieux Sylenus. Le portail de jaspe est de style dorique et porte en lettres d'or l'inscription en grec : "En vin Vérité." Les portes de bronze sont ornées de bas-reliefs de vrilles de vigne délicatement émaillées. Le pouvoir de l'aimant, allié à celui de l'ail, est utilisé dans le système d'ouverture fort complexe de ces portes. Une fois le système découvert, les portes s'ouvrent avec un délicieux murmure.

C'est alors que la lanterne qui a guidé le visiteur se retire : les lanternes n'ont pas le droit de pénétrer dans le temple, pour des raisons qu'il est préférable de ne pas révéler.

Le sol du temple est une mosaïque de jaspe rouge, mouchetée de porphyre, de lycophtalme, d'agate aux veines laiteuses, de calcédoine et de jaspe vert. Le sol de la pièce principale est orné d'une mosaïque représentant des feuilles de vigne et des grappes avec une telle vérité que bien des voyageurs s'appliquent, en marchant, à ne pas se prendre les pieds dans les vrilles. Les murs et la voûte sont couverts de mosaïques de marbre et de porphyre, illustrant la victoire de Bacchus sur les Indiens.

Au centre même du temple s'élève une curieuse fontaine heptagonale. La base et la couverture de la fontaine sont en albâtre et l'extérieur est divisé en parties égales par des colonnes, des autels miniatures et des moulures doriques. A l'intérieur, la fontaine est circulaire. Au milieu de chacun des angles s'élève une colonne creuse. La première est en saphir d'un bleu divin. La seconde est d'hyacinthe et porte les lettres grecques alpha et epsilon. La troisième est de diamant brillant comme l'éclair, la quatrième de rubis, la cinquième d'émeraude, la sixième d'agate et la septième de sulfate de chaux nacré. Il s'agit des pierres que les anciens Chaldéens assignaient aux sept planètes, et chacune supporte la statue d'un dieu, qui tient les emblèmes du métal approprié.

La base des chapiteaux, des architraves et des corniches est d'or pur. Une coupole de cristal est ornée des signes du zodiaque, de solstices, d'équinoxes et des étoiles principales, le tout surmonté de trois perles, semblables à des larmes, qui forment une fleur de lys. L'eau de la fontaine a exactement le goût du vin que le buveur souhaite goûter.

Le temple est éclairé par un globe en cristal, qui figure la sphère spirituelle, dont le centre est partout et la circonférence nulle part. Au milieu de la lampe, une sorte de gourde de cristal contient une mèche de cire incombustible qui, lorsqu'elle est allumée, dispense une lumière aussi brillante que celle du jour.

Au centre d'une seconde fontaine d'albâtre heptagonale, remplie d'une eau limpide, se trouve à demi immergée la fameuse bouteille qui serait parfaitement ovale si son goulot n'était légèrement étiré.

Après avoir baisé la margelle de la fontaine, puis dansé trois danses bachiques, le visiteur s'assoit entre deux tabourets et entonne un chant de vendanges. A la fin de la chanson, la prêtresse qui a accompagné le visiteur jette quelque chose dans l'eau, et celle-ci se met aussitôt à bouillir à gros bouillons. On entend un craquement, ce qui signifie que l'oracle est prêt à répondre aux questions.

Le visiteur découvre alors avec ravissement qu'il faut littéralement boire les paroles prononcées, et que celles-ci ont un goût de vin de Phalerne du meilleur cru.

• François Rabelais, *Le Cinquiesme et Dernier Livre des faicts et dicts héroïques du bon Pantagruel*, Paris, 1564.

ORATEURS, île des

Une des nombreuses îles élevées bordant la Terre de Feu. Elle est riche en ressources naturelles. Cependant, les habitants, maigres et chétifs, semblent crier famine, car leur manie de la logomachie laisse très peu de temps pour mastiquer.

• Pierre François Guyot, abbé Desfontaines, *Le Nouveau Gulliver ou Voyage de Jean Gulliver, fils du capitaine Gulliver. Traduit d'un manuscrit anglois par M. l'abbé de L. D. F.*, Paris, 1730.

OREILLES

Plusieurs petites îles, au large de l'Allemagne, portent ce nom. Elles sont habitées par des pêcheurs : les Auriti ou Toutoreilles. Leurs oreilles sont si anormalement développées qu'elles recouvrent tout le corps, et les Auriti, à l'ouïe très fine, peuvent entendre les mouvements des poissons dans la mer.

• Anonyme, attribué à Pline l'Ancien, *Inventorum Natura*, Ier siècle apr. J.-C.

OROFENA

Ile du Pacifique sud, à l'est de Samoa. Entourée par un récif de corail, Orofena a une origine volcanique. Ses pentes descendent jusqu'à un grand lac central, au milieu duquel, vestige du cône volcanique originel, flotte un îlot.

L'île est en majeure partie boisée, mais elle compte aussi de grandes étendues de buissons, hérissés de

Masque d'un prêtre d'Orofena.

palmes et que courbe le vent. Les terres cultivées sont rares, car les indigènes appartiennent à une race négligente, qui ne se préoccupe que de ses besoins immédiats et qui se nourrit du seul produit des arbres.

On estime la population entre cinq et dix mille âmes. L'infanticide est pratiqué couramment, pour prévenir un surpeuplement qui entraînerait une pénurie de ressources.

Les indigènes sont beaux. Ils sont d'une haute stature et leurs traits sont réguliers. Bien que très primitifs, ils déploient un air de grande noblesse, comme s'ils avaient connu un autre monde qu'ils auraient oublié. La langue est expressive et musicale ; elle ressemble au polynésien avec un accent tonique différent.

Le peuple d'Orofena ignore ses origines, mais croit fermement que ses ancêtres ont toujours habité l'île. Sensibles à la poésie et à la musique, ils chantent dans une langue dont la signification s'est perdue.

Ils adorent une idole, Oro (le dieu combattant), exigeante en sacrifices humains. Oro est le serviteur de Degai (le Destin), créateur de toutes choses. Selon la légende, Oro noya dans la mer les terres environnantes, n'épargnant que les ancêtres des Oroféniens, puis il s'installa sur l'îlot, reste émergé du cône volcanique entouré d'eau. Seuls les prêtres ont aujourd'hui accès à ce bout de terre.

Les légendes qui entourent le culte d'Oro ont leur origine dans une période précédant la Première Guerre mondiale et au cours de laquelle trois Anglais, dont le yacht fut pris dans un cyclone, firent naufrage sur Orofena. Ils réussirent à gagner l'îlot au centre du lac malgré l'opposition des prêtres. Ils découvrirent là, dans une chambre située sous une grotte, deux corps dans des cercueils de cristal, vivants et simplement plongés dans un état léthargique. Les dormeurs, plongés dans le sommeil depuis deux cent cinquante mille ans, n'étaient autres qu'Oro et sa fille Yva, derniers survivants d'une race à demi divine, qui gouverna jadis le monde.

Pendant des siècles, ces grands monarques possesseurs de secrets détinrent un pouvoir immense et accumulèrent de fabuleuses richesses.

Ces enfants du Savoir devinrent peu à peu une race à part, vivant dans l'isolement, indifférents à ceux qui souffraient et mouraient autour d'eux. Le reste du monde, uni contre eux, leur déclara la guerre et les força à se réfugier à Nyo, ville fortifiée située exactement sous l'île d'Orofena. Pris au piège dans leur refuge souterrain, les enfants du Savoir survécurent pendant des siècles, mais "telles des fleurs dans l'ombre", selon le mot de l'un de leurs prêtres, leurs pouvoirs commencèrent à s'affaiblir, favorisant la victoire des nations hostiles.

Oro refusa un traité de paix stipulant que les enfants du Savoir devaient livrer leurs secrets aux autres hommes et que sa fille serait donnée en mariage au prince des Nations, le nouveau maître du monde. Voyant que sa race était condamnée, Oro décida alors de détruire l'humanité et de s'endormir pendant des siècles. Inversant la balance du monde, il changea la terre en mer et la mer en terre, noyant ainsi le genre humain. Aussi les voyageurs qui font escale à Orofena sont-ils priés de ne pas ouvrir les cercueils qu'ils pourraient trouver et de signaler aux autorités locales toute fuite de robinet.

• Henry Rider Haggard, *When the World Shook, Being an Account of the Great Adventure of Bastin, Bickley and Arbuthnot*, Londres, 1918.

ORPHELINS, île des

Dans le Pacifique. Ile qui porta autrefois le nom de Smith. Elle se compose de deux longues bandes de terre, reliées par un isthme minuscule et entourées par un récif qui délimite un lagon. La faune inclut des oiseaux moqueurs, des perroquets, des oiseaux de paradis, des iguanes géants, des singes, des serpents, des tatous, sans oublier les crabes de terre. Des requins hantent parfois les eaux du lagon.

En 1855, un bateau qui transportait de Londres en Californie un groupe d'orphelins et leur professeur, Charlotte Smith, y fit naufrage. En 1923, certains documents ayant trait à l'événement parvinrent à Bienpensant, maître assistant en sociologie à Cambridge, qui s'embarqua illico pour l'île.

Miss Smith, alors âgée de quatre-vingt-dix-huit ans, régnait sur ce royaume flottant, s'identifiant en tout point à la reine Victoria. Sa résidence, Balmoral – que l'on peut encore visiter –, était décorée dans le style victorien le plus chargé. La société, organisée en un système autocratique, était basée sur des préceptes rigoureux : interdiction de dormir sur la plage, d'apprendre le latin, de chasser et de pêcher le dimanche. Obligation pour les habitants de faire une révérence à la simple évocation du nom de leur souveraine et d'entonner

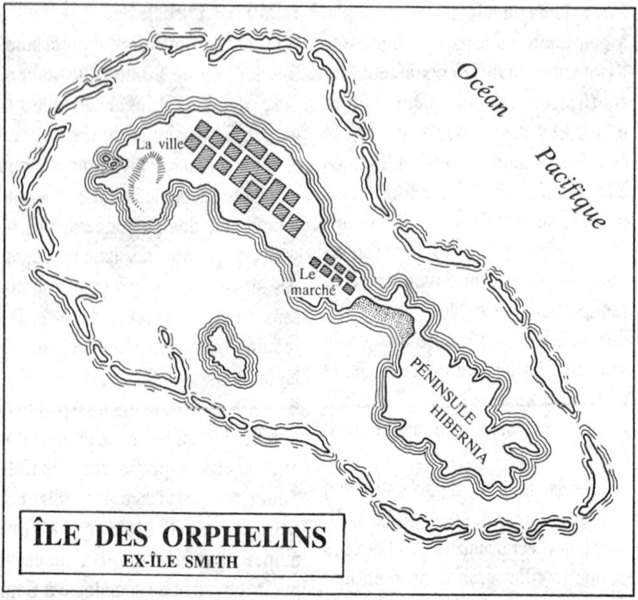

l'hymne national lors de ses apparitions en public. La police et la cour de justice étaient chargées de faire respecter la loi. La peine de mort par noyade châtiait les assassins. Peu après l'arrivée de M. Bienpensant, Miss Smith décéda. Les orphelins, révoltés, envahirent le Parlement et réclamèrent sa dissolution. L'île changea de nom et la république fut proclamée.

Les coutumes victoriennes ont profondément marqué la société insulaire : réunions mondaines, bals où la tenue de soirée est de rigueur. On joue au cricket et on prétend que les bébés naissent sous les cocotiers. La plupart des attitudes et des habitudes sociales sont issues de la lecture des quelques ouvrages sauvés du naufrage : *Les Hauts de Hurlevent*, *La Guerre sainte*, et *Rencontres en société ou le Livre des bonnes manières*. Si le sport préféré des insulaires, la course aux tortues, est toujours interdit, le visiteur intéressé peut cependant assister à des courses clandestines.

Des cadrans solaires et lunaires et des sabliers de soixante minutes indiquent l'heure, avec un retard de dix minutes sur Greenwich. Les nouvelles sont diffusées par un journal écrit sur le sable humide de la plage. Deux hommes rédigent les informations du bout de leurs bâtons. Parfaitement lisible, cette gazette ne rend jamais compte des événements qui troublent l'ordre public.

Le troc n'existe plus ; il a été remplacé par une monnaie de coquillages et de corail. La nourriture se compose de soupe et de chair de tortue, d'ignames, du fruit de l'arbre à pain et d'huîtres. Le laitier continue à livrer chaque matin le lait de coco sur le pas des portes.

La plus petite des deux péninsules, Hibernia, accueille traditionnellement les mécontents.

• Rose Macaulay, *Orphan Island*, Londres, 1924

ORQUELENES

Important territoire, dont le maître Grinomalant a jadis prétendu que Dieu lui-même le lui avait remis. Le voyageur pourra y rencontrer une arrogante jeune fille, l'Orgueilleuse de Logres*, pays où elle est née et d'où on l'a apportée toute petite, et son amie, l'Orgueilleuse de la Roche à l'Etroite Voie, qui garde l'entrée de Galvoie*.

• Chrétien de Troyes, "Gauvain au Gué Périlleux", in *Le Conte du Graal*, XIIe siècle.

ORSENNA

Empire situé dans la mer des Syrtes, au Farghestan*. Ce pays, dont le commerce était autrefois florissant, a décliné en raison de l'ensablement de la mer et de la progression constante du désert. La plupart des ports du Sud sont à présent envasés et la navigation se limite à la pêche et au cabotage.

Le comportement des habitants est froid et austère. Ils s'habillent avec une grande sobriété. Au sud, on relève plus de fantaisie.

L'arrière-pays est peuplé de moutons sauvages et de hordes de buffles. Des chiens sauvages errent dans les steppes semi-désertiques et l'on rencontre sur la côte une profusion de cormorans.

La religion de l'empire – le christianisme – a été violemment critiquée pour ses interventions dans les querelles hérétiques qui ont opposé les Eglises d'Orient. Il semble que la religion orsennienne ait originellement été apparentée aux églises nestoriennes et même à certains rites d'initiation islamiques. La vie religieuse du pays est chargée de superstitions populaires, dont certaines sont liées à l'église Saint-Damase de Maremma, célèbre pour ses coupoles persanes et ses Noëls, où le traditionnel berceau de paille du Christ est remplacé par un bateau de pêche.

La capitale, qui s'appelle Orsenna elle aussi, est située à l'intérieur, sur une colline qui domine la rivière Zenta. La ville haute entoure la cathédrale

Saint-Jude et l'austère palais féodal du Conseil de sécurité. Dans les rues étroites et surpeuplées, commérages et rumeurs vont bon train, et c'est là que sont fomentées les insurrections si caractéristiques de la vie politique orsennienne.

Orsenna n'est pas seulement le centre commercial et administratif du pays, mais aussi le siège d'une vieille et célèbre université. La galerie du Conseil mérite un détour pour ses collections de tableaux, dont les œuvres du fameux portraitiste Longhone. Cependant, une grande partie de la ville montre des signes de décrépitude ; les jardins Selvaggi, dans les faubourgs, sont abandonnés aux mauvaises herbes.

Maremma, la Venise des Syrtes, est située dans le Sud du pays, près de l'embouchure de l'un des rares oueds qui se jettent dans la mer. Une grande partie du delta est à présent asséchée et Maremma se retrouve un peu à l'intérieur des terres. Avant la rupture des relations avec le Farghestan, la ville était un port de commerce prospère. Les canaux et les palais, aujourd'hui pratiquement en ruine, attestent de sa splendeur passée. Le palais aldobrandien se dresse légèrement en retrait entre un canal et un lagon. Il a l'allure d'un château fort, mais sa tour rectangulaire évoque la grande période de l'architecture orsennienne. Le rez-de-chaussée est entouré d'arcades couronnées par une terrasse, qui domine l'emplacement des anciens jardins. Malgré le déclin de Maremma, l'aristocratie d'Orsenna vient y passer la fin de l'été.

La Venise des Syrtes est la ville la plus proche de l'Amirauté, importante garnison côtière et point stratégique de défense contre le Farghestan. L'affectation à ce corps d'Etat et à la province côtière n'est curieusement jamais demandée par les militaires ambitieux.

La constitution d'Orsenna, souvent citée comme un modèle à l'étranger, donne pourtant l'impression d'être une pièce de musée. Au fil des siècles, en effet, le domaine traditionnel d'action du gouvernement, devenu indéfinissable, est passé entre les mains d'une élite restreinte. Le fondement de l'interminable guerre avec le Farghestan paraît obscur à toute personne ignorant qu'elle résulte d'une jalousie perpétuée de génération en génération ; il y a en effet trois cents ans qu'Orsenna est en guerre avec le Farghestan.

Le formalisme archaïque de la langue officielle est loin d'être un facteur de clarté. On a recours à d'anciens mots, chaque fois que possible, même si ceux-ci désignent des choses qui ont cessé d'exister, comme la côte des Syrtes, toujours appelée le "front de mer" ou les rares et antiques bateaux, considérés comme la "flotte".

L'histoire récente du pays n'est qu'une succession de complots, d'assassinats et d'enlèvements auxquels est mêlée de près la célèbre famille Aldobrandi, dont la demeure est sise à Borgo, un faubourg d'Orsenna. De nombreux membres de cette ancienne et illustre lignée ont été exilés ou tués en raison de leurs convictions politiques.

La famille Aldobrandi prit une part très active à la guerre. L'un de ses membres, Piero, trahit la cause orsennienne et aida à organiser la défense de Rhagès. Sa trahison n'a pas été oubliée ; les visiteurs remarqueront la tradition qui consiste à remettre son chapeau sur la tête quand on passe devant son portrait dans la galerie du Conseil.

Les voyageurs intéressés par l'histoire d'Orsenna peuvent consulter le livre de Danielo, *Histoire des origines*, qui traite des débuts du royaume et des croisades orsenniennes contre les infidèles. Danielo décrit aussi l'opulente civilisation qui existait au temps de l'invasion arabe, à l'époque où la côte entière était irriguée.

• Julien Gracq, *Le Rivage des Syrtes*, Paris, 1951.

OSSKIL

Grande île montagneuse au nord de Terremer*. L'intérieur est sinistre, avec de longues étendues de landes lugubres qui remontent vers les montagnes. L'île est sur le passage des vents glacials du nord et la neige tombe sur les hautes terres pendant la plus grande partie de l'année.

Pour toutes sortes de raisons, Osskil a mauvaise réputation dans l'archipel : les mages et les sorciers, pour une part, n'y règnent pas. D'autre part, à la différence de la majorité du peuple de Terremer, les Osskilliens ne parlent pas le *hardic*, mais un dialecte qui leur est propre. En outre, si partout ailleurs l'on se sert de jetons d'ivoire, la monnaie osskil est fondée sur l'or. Physiquement, les Osskilliens ne ressemblent pas non plus au peuple des autres régions ; ils ont le teint pâle et de maigres cheveux noirs, alors que la plupart des habitants de Terremer ont la peau cuivrée.

On sait peu de chose du gouvernement de l'île, mais la cour du Terrenon est le siège du seigneur qui gouverne la région située entre les landes de Keksemt et les montagnes d'Os. Un donjon, érigé au sommet d'une colline, a le Terrenon pour pierre centrale de ses fondations. Bien que d'aspect semblable aux autres pierres, elle a une aura terrifiante, car elle renferme un pouvoir maléfique. Le donjon est froid et humide, et le mal y est presque palpable. On dit que la pierre fut créée longtemps avant que Segoy fasse surgir les îles des profondeurs. Elle a été façonnée en

Vue de l'aile ouest du château d'Otrante.

même temps que le monde et disparaîtra avec lui.

Si quelqu'un doué de pouvoirs magiques pose la main sur elle, la pierre répond aux questions avec la voix de celui qui les pose. Peu de gens sont arrivés à maîtriser son pouvoir et elle est crainte par ceux-là même qui la possèdent.

• Ursula Kroeber Le Guin, *A Wizard of Earthsea*, New York, 1968.

OTRANTE

Colossale forteresse médiévale située dans les Pouilles, en Italie, à proximité de la ville d'Otrante. De nombreux phénomènes surnaturels s'y sont déroulés. Des heaumes gigantesques, au cimier de plumes noires, d'une taille cent fois supérieure à la normale, y sont apparus. Les portraits des ancêtres s'animent pour fustiger la conduite des habitants du château. Les femmes sont souvent pourchassées dans un but extraconjugal à travers les labyrinthes creusés sous les fortifications. La meilleure issue est alors un passage secret qui mène directement à l'église Saint-Nicolas, toute proche.

• Horace Walpole, *The Castle of Otranto, a Gothic Story*, Londres, 1764.

OÙ L'ON N'ARRIVE JAMAIS

Pays situé dans l'extrême Nord du Dhôtelland*. Les voyageurs désireux d'arriver malgré tout peuvent prendre pension à l'auberge de Lominval et attendre qu'un cheval pie traverse la forêt comme un trait de foudre.

A défaut du Grand Pays, ils pourront se rendre aux Bermudes, où on leur expliquera l'impossible arithmétique d'un paysage combinant chênes, châtaigniers et palmiers, qui s'ouvre sur un pan de mer bleue et sur un verger de pommiers, poussant dans une terre noire. Déçus par le voyage, ils reviendront à Lominval ou ailleurs et attendront qu'un événement se déclenche, dans cette vie ou dans l'autre. Levant la tête, les plus favorisés verront deux éclairs traverser la lune. Les autres achèteront dans une gare le roman d'Hélène et de Gaspard, traduit dans plusieurs langues à des milliers d'exemplaires.

• André Dhôtel, *Le Pays où l'on n'arrive jamais*, Paris, 1955.

OÙ ON NE PARLE PAS

N'est pas situé dans un pays lointain, comme le Harrar ou le Wild, mais à portée de voix, tout près des pays où l'on parle. Rues et trottoirs, toits des maisons, pare-brise des voitures sont recouverts d'une neige épaisse et invisible qui étouffe tout.

Les gens sont muets, ce qui ne signifie pas qu'ils ignorent la parole. Au contraire, ils se parlent bien mieux qu'avec des mots et des phrases. Ils sont comme les fourmis qui courent sur les lianes, ils se rencontrent sans arrêt et se disent des choses sans qu'on puisse les entendre.

Dehors, il ne fait pas froid. Tout est doux et tranquille. Tout sommeille. Pour parvenir au pays où l'on ne parle pas, il faut simplement traverser les pays où l'on parle. C'est très simple : les voyageurs doivent commencer à marcher au milieu de tous les bruits qui résonnent et qui font mal ; bruit des autos, bruit des radios, bruit des moulins à paroles. Petit à petit, les bruits se mettent à se battre les uns contre les autres. Puis ils s'annulent.

On est certain d'être arrivé à destination dès que l'on rencontre Naja Naja, femme-serpent qui connaît la langue comme sa poche.

• Jean-Marie Gustave Le Clézio, *Voyages de l'autre côté*, Paris, 1975.

OURS

Ile au large des côtes américaines, non loin de l'île de la Chance, zone propice aux ouragans et aux inondations. Comme son nom l'indique, les ours y forment l'espèce dominante. Ils marchent sur deux pattes, cultivent la terre et engrangent les récoltes, tandis que les hommes se déplacent à quatre pattes, vivent à l'état sauvage, au fond des forêts, servant d'esclaves et de bêtes de somme aux ours.

Dès qu'ils s'aperçurent qu'il était avantageux d'adopter la station debout, les ours commencèrent à souffrir des maux propres à l'*oursinité* : impatience, désir constant de nouveauté, attention passionnée et démesurée pour la mode, au point que les jeunes ourses ne se contentèrent plus de leur fourrure, mais exigèrent des robes coûteuses et des bijoux tape-à-l'œil.

Il est recommandé aux voyageurs d'arriver à l'époque de la moisson, qui est celle des fêtes champêtres. Ils verront alors les ours danser et chanter, puis élire la reine de la fête que l'on couronne de roses odorantes.

• Abbé Balthazard, *L'Isle des philosophes et plusieurs autres, nouvellement découvertes & remarquables par leurs rapports avec la France actuelle*, Chartres, 1790.

OURS POLAIRES, royaume des

D'après le témoignage écrit d'un explorateur hongrois, Pietro Galibas, qui fut abandonné par ses compagnons au cours d'une expédition polaire sur un mont non spécifié de l'archipel François-Joseph ou de l'archipel Nansen, cette zone est habitée par une tribu d'ours polaires d'une intelligence supérieure. Ce furent d'ailleurs ces derniers qui le sauvèrent d'un mauvais pas. Le roi de la tribu l'invita même à visiter son palais, immense labyrinthe de cavernes de glace et de grottes souterraines, riche en pièces géologiques singulières, telles que cristaux géants ou basalte liquide.

Selon Galibas, un grand nombre d'animaux préhistoriques congelés constitue, pour les ours, une source inépuisable de nourriture. Galibas, d'ailleurs, en goûta sans souffrir le moindre mal, bien qu'elle fût dure et tout à fait insipide.

Au cours de son séjour, Galibas explora une caverne géante qui renfermait un vaste lac de cuivre vitriolé, sur lequel il navigua à l'aide d'un radeau d'amiante. A l'intérieur d'une grotte de cristal, il découvrit les corps d'une jeune fille et de son père, qui hibernaient depuis plus de vingt mille ans. Après qu'il les eut ramenés à la vie grâce aux pouvoirs spéciaux de l'ambre gris, ceux-ci le remercièrent en hébreu. Enthousiasmé par ce prodige, il procéda à une série d'expériences peu recommandables qui provoquèrent une gigantesque éruption de naphte.

Cet événement regrettable prive tout voyageur de l'occasion unique qui aurait pu lui être offerte d'admirer cette ménagerie préhistorique.

• Jókai Mór, *Vingt mille lieues sous les glaces*, Bucarest, 1876.

OUTRE

Contrée par laquelle il faut absolument passer lorsque l'on vient du pays des Chats fourrés. Les habitants y ont un bon coup de fourchette. Dès leur plus jeune âge, ils prennent l'habitude de se déchirer de temps en temps la peau, afin d'en faire sortir l'excès de graisse qui les empêche d'être tout à fait à l'aise et de pouvoir renouveler à loisir leurs ripailles. Dès lors, ils respirent et grandissent mieux, tout comme les arbres poussent davantage lorsqu'on leur fend l'écorce. Les coutumes locales invitent l'habitant parvenu au bord de l'éclatement définitif à force de s'être fendu trop souvent, à donner une fête appelée *crevailles*, de même qu'en d'autres occasions on célèbre des fiançailles. Tous ses amis, sa famille et ses proches sont présents et assistent à son dernier repas, au cours duquel il boit et mange jusqu'à ce qu'il ne puisse plus retenir ses entrailles.

La fête est terminée lorsque, strident, sonore, époustouflant, résonne "le pet de la mort".

• François Rabelais, *Le Cinquiesme et Dernier Livre des faicts et dicts héroïques du bon Pantagruel*, Paris, 1564.

OZ

Vaste royaume rectangulaire divisé en quatre : le pays Munchkin à l'est, le pays des Clins d'Œil à l'ouest, le pays des Cadrats au sud, et le pays Gillinkin, au nord. Ces quatre pays sont en grande partie autonomes, mais ils ont pour suzeraine la princesse Ozma d'Oz, qui habite la cité d'Emeraude*, située au point de jonction des quatre territoires.

Les habitants d'Oz ont la taille d'un enfant et portent des chapeaux ronds à rubans et à clochettes, hauts de trente centimètres environ. Les femmes sont vêtues de longues robes, souvent décorées d'étoiles scintillantes, et les hommes de jaquettes et de bottes montantes.

Les habitants des différents pays se distinguent par la couleur de leur peau, qui s'harmonise à celle du paysage. Dans le pays Munchkin, la couleur dominante est le bleu. L'herbe, les arbres et les maisons sont bleus et les hommes portent des vêtements bleus. La couleur dominante du pays des Clins d'Œil est le jaune, celle du pays des Cadrats est le rouge et celle du pays Gillikin, le pourpre. Ces quatre couleurs sont celles du drapeau d'Oz, sur lequel la cité d'Emeraude est représentée par une étoile verte.

Les bois et les montagnes d'Oz sont habités par des peuples différents : les Bibouilleurs*, vivant dans le désert du même nom, et les Têtes-de-pioche*, occupant les collines. Les montagnes au nord-ouest du pays des Cadrats abritent les royaumes souterrains des Sautaclochepieds et des Cornus. On trouve aussi, aux frontières d'Oz, quelques petites régions indépendantes, dont certaines, comme Ustensiles*, ne reconnaissent pas l'autorité centrale. Le peuple du pays de Porcelaine, de Lapinville* et du village Piquécoud* reconnaît la suzeraineté d'Ozma, mais vit en communauté. Deux villes sont les exutoires défensifs d'Oz : le centre des Jean-qui-pleure* et celui de Rigmarole*. On exile, dans le premier, les gens qui souffrent de peurs imaginaires, et, dans le second, ceux qui ne savent pas s'exprimer clairement. Ces deux centres ne sont pas des colonies pénitentiaires, et ceux qui y sont envoyés vivent heureux avec leurs semblables. Il n'y a ni maladie, ni pauvreté, ni mort au royaume d'Oz. L'argent n'existe pas et la propriété est aux mains de la princesse, qui regarde ses sujets comme une mère ses enfants. On donne à chaque personne tout ce dont elle a besoin. L'agriculture est très prospère et les récoltes de blé suffisent à nourrir la population entière. La récolte est intégralement

distribuée en parts égales. Tailleurs, couturières, bijoutiers et autres artisans produisent des biens de consommation qui sont donnés à tous ceux qui les demandent. En échange, ils sont pris en charge par les voisins. Si quelque chose vient à manquer, on puise dans les stocks de la capitale. On travaille et on joue à mi-temps, de telle façon que le travail est une source d'orgueil et de plaisir et non une corvée.

A l'est du pays Munchkin, on rencontre un bois habité par les *kalidahs*, bêtes au corps d'ours et à la tête de tigre. Autrefois, les *kalidahs* représentaient un sérieux danger pour les voyageurs, mais la plupart d'entre eux ont été apprivoisés. Ils sont cependant imprévisibles, et il ne faut pas croire ce qu'ils racontent. Au sud, il faut se méfier des arbres-catapultes, qui happent les voyageurs, les entourent de leurs branches et les projettent au loin. Au nord-est du pays Munchkin, les plantes mangeuses d'hommes, qui poussent le long des routes, ne sont jamais rassasiées.

Les rats d'Oz sont gouvernés par leur propre reine. Ils ont aidé Ozma et ses amis en plusieurs occasions. Tout à fait au nord, on trouve une race de singes ailés, jadis libres, mais trop espiègles. Leur malice les mena à leur perte. Ils jouèrent tant de tours à Gayalette, princesse magicienne vivant dans un palais de rubis, qu'elle les priva de la liberté et leur lia les ailes. Elle leur jeta en outre un sort qui les oblige à accomplir trois vœux formulés par quiconque détient le chapeau magique, à présent en possession de la princesse Ozma.

Dans un lointain passé, le premier visiteur étranger du pays d'Oz fut un aéronaute travaillant dans un cirque à Omaha, aux Etats-Unis, qui avait par hasard peint les initiales O. Z. sur son ballon. Victime de cette coïncidence, le peuple l'accueillit comme suzerain et le tint pour un grand magicien. Il fit construire la cité d'Emeraude et y régna comme magicien d'Oz, bien qu'il ne fût capable que de quelques tours de passe-passe fort médiocres.

Le second visiteur étranger fut encore plus important : Dorothy Gale, du Kansas, obsédée par les oiseaux bleus et les arcs-en-ciel, fut emportée par une tempête au pays d'Oz avec son chien, Toto, et sa maison. La maison atterrit sur la tête de la Mauvaise Sorcière de l'Est, dans le pays Munchkin, et la tua. Empruntant la célèbre route de Brique jaune, Dorothy arriva jusqu'à la cité d'Emeraude, puis gagna le pays des Clins d'Œil où elle défit la Mauvaise Sorcière de l'Ouest, sœur de la Mauvaise Sorcière de l'Est, avec l'aide de plusieurs amis qui devinrent d'éminents personnages du pays d'Oz. Le premier était un lion peureux, qui finit par prendre son courage à deux pattes et devint roi des animaux. Le second était le bûcheron de Fer-Blanc, qui devint empereur des Clins d'Œil. Etamé, régulièrement poli et astiqué, il vit à présent dans un magnifique palais. Le troisième allié de Dorothy était un épouvantail qui se plaignait de ne pas avoir de cervelle et dont l'épopée lui prouva qu'il en avait une.

La magie est officiellement interdite à Oz et ne peut être pratiquée qu'avec un permis. Cette proscription a été imposée pour prévenir les accidents. Accéder à Oz n'a jamais été facile. La contrée est entourée de tous côtés par un désert et quiconque pose le pied sur le sable est immédiatement transformé en poussière. Dans le passé, il était possible de survoler le désert, comme Dorothy et le Magicien le firent autrefois. Mais le roi du pays des Nomes* creusa un tunnel sous le sable pour tenter d'envahir Oz ; alors Ozma décida de rendre son pays invisible et de couper toute communication avec le monde extérieur. Cette contrée n'est donc plus visible, même des airs, et il est impossible de dire où elle s'étend.

• Lyman Frank Baum, *The Wonderful Wizard of Oz*, Chicago, 1900 ; *The Marvelous Land of Oz*, Chicago, 1904 ; *Ozma of Oz*, Chicago, 1907 ; *Dorothy and the Wizard in Oz*, Chicago, 1908 ; *The Road to Oz*, Chicago, 1909 ; *The Emerald City of Oz*, Chicago, 1910 ; *The Patchwork Girl of Oz*, Chicago, 1913.

P

PA-ANCH

Ile dans le Sud de la mer Rouge. De toutes les villes qui s'y sont établies, la plus grande est Panara. Prospère, fière de son temple, la cité est entourée de petits bois, de jardins et de splendides prairies. Les oiseaux et les fontaines chantent en chœur.

Eléphants, lions, léopards et autres créatures plus curieuses constituent la faune de Pa-Anch. La population se divise en trois castes : la caste des artisans et des prêtres, celle des fermiers et celle des bergers et des soldats. Les prêtres détiennent le pouvoir, ainsi que le privilège de s'approprier les plus belles jeunes vierges du pays. Un triumvirat, renouvelable chaque année, gouverne l'île. Toute propriété est commune, à l'exception des maisons et de leur jardin. La terre produit plusieurs sortes de plantes, en particulier une espèce de canne à sucre dont le fruit est comestible. L'île, riche en or et en métaux précieux, n'exporte cependant que la myrrhe et l'encens. Les insulaires s'habillent, en général, de vêtements de laine et portent des bijoux d'or.

• Diodore de Sicile, *Bibliothèque historique*, Ier siècle av. J.-C.

PAÏENS

Ile d'un lac des faubourgs d'Ussula. A remarquer, une maison basse, infiniment mieux construite que la plupart des maisons d'Ussula. Le matériau de base, un bois fossilisé ayant séjourné des siècles dans une terre marécageuse, est presque aussi dur et aussi lourd que la pierre. La maison a été construite par un ressortissant du Djinnistan* pour sa femme, fille du grand prêtre d'Ussula. L'étranger, qui voyageait beaucoup, revint sur l'île avec des dalles de marbre dont il se servit pour ériger un monument d'environ deux mètres sur quatre, portant sur ses quatre faces des inscriptions en noir. On l'a entouré de colonnes sur lesquelles sont inscrites des citations des Vedas, du Zend-Avesta, du *Yijing*, de la Bible et du Coran.

• Karl Friedrich May, *Ardistan*, Bamberg, 1909 ; *Der Mir von Djinnistan*, Bamberg, 1909.

PAIX, ou PARADIS-DE-MÈRE-CAREY

Vaste bassin situé dans l'océan Arctique et entouré de hautes falaises de glace qui le protègent des orages. Calme comme une mer d'huile, il constitue un refuge où viennent mourir les vieilles baleines, qui nagent dans ses eaux tranquilles jusqu'à ce que Mère Carey en fasse de nouvelles créatures. Il faut savoir que le bassin est réservé aux baleines franches, aux rorquals, aux hyperoodons et aux narvals à la moralité irréprochable. Les cachalots tapageurs en sont exclus et ont leur propre bassin, près du pôle Sud, à quatre cent vingt kilomètres au sud-sud-est du mont Erèbe. Dame de marbre blanc sur un trône de marbre blanc, Mère Carey est assise au centre du bassin arctique. Autour d'elle nagent des milliers de créatures aux couleurs et aux formes inimaginables. Il s'agit des enfants qu'elle fabrique avec de l'eau de mer.

• Charles Kingsley, *The Water-Babies : A Fairy Tale for a Land-Baby*, Londres, 1863.

PAIX, île de la, voir **BROOLYI**

PALA

Ile de l'archipel indonésien, séparée de Rendang par le détroit de Pala. La capitale est Shivapuram. Le pays au relief montagneux est cerné de falaises. On ne peut débarquer que dans un seul endroit : une petite crique, où débouche un ravin.

Riche en pétrole, cette contrée n'accorde pas de concessions aux compagnies étrangères et n'extrait le précieux liquide qu'en petites quantités, selon ses besoins. Sa prospérité est due principalement à deux hommes : l'arrière-grand-père du rajah actuel et le premier MacPhail. En 1843, Andrew MacPhail débarqua à Pala, déterminé à vaincre le fléau de la famine, dont il avait été le témoin en Inde, et il y établit une ferme modèle. Ecossais calviniste, il eut un premier contact avec l'Orient en tant que chirurgien à bord d'un navire de reconnaissance britannique.

L'avenue des Palmiers à Pala.

Les Palanais, traditionnellement pacifistes, n'ont jamais connu ni armée ni prison. Monarchie constitutionnelle, Pala se présente, sur le plan politique, comme une fédération d'Etats décentralisés et autonomes. L'économie coopérative est basée sur l'aide mutuelle traditionnelle.

Venant du Bengale et du Tibet, le bouddhisme s'est implanté à Pala au

VIIe siècle apr. J.-C. Influencée aussi par la doctrine de Shiva, la religion palanaise ne mène ni au renoncement ni à la recherche du nirvana, mais plutôt à l'acceptation du monde. Tout ce qui est vu, touché, goûté, entendu, toute sensation devient une étape dans la libération de la prison que l'individu est pour lui-même. Les différentes figures du zen et du yoga sont connues, y compris le Maithoma, yoga de l'amour, qui permet de redécouvrir la sexualité diffuse de l'enfance. La plupart des principes de croyance sont contenus dans le livre écrit par le vieux rajah, *Notes sur ce qui est quoi et ce qu'il est raisonnable de faire à ce propos.*

Plusieurs monuments méritent une visite. Le grand temple bouddhiste, aux portes de la ville, possède de remarquables sculptures ; il sert lors de la cérémonie du moksha. A noter également la superbe avenue des Palmiers menant au bassin du Lotus dominé par l'énorme statue d'un Bouddha assis.

La végétation de Pala correspond aux différents climats : le palmier croît le long de la côte cependant que l'on rencontre un peu partout la papaye, l'arbre à pain et bien d'autres espèces tropicales. La jungle est dense au-dessus des terrasses cultivées. Les champs de riz, étagés, suivent les courbes des montagnes. Au-dessus de trois cents mètres, les terrasses les plus élevées permettent la culture de la plupart des plantes d'Europe méridionale et celle de quelques variétés qui poussent en altitude, comme les champignons dont on extrait le moksha.

Le moksha, puissant hallucinogène, donne son nom à une importante cérémonie. La drogue, appelée "révélateur de réalité", produit un état semblable à celui provoqué par une méditation profonde ; elle permet une perception affinée de la réalité et un accès au nirvana.

La contraception est gratuite et l'insémination artificielle est largement pratiquée. Après un ou deux enfants, les parents choisissent souvent le père du suivant dans une banque de sperme, coutume qui favorise l'amélioration progressive de la race et qui se trouve justifiée par les doctrines de la réincarnation et du karma.

L'organisation familiale est originale. Chacun fait partie d'un club d'adoption constitué par quinze ou vingt couples de tous âges qui s'adoptent mutuellement pour former une famille élargie. Quand un enfant trouve sa famille naturelle sévère ou désagréable, il émigre vers un autre foyer du club.

L'enseignement des concepts bouddhiques prépare les enfants à l'initiation du moksha. Toutes ces méthodes n'excluent pas les méthodes traditionnelles, fondées sur les livres.

L'université de Shivapuram dispense une instruction supérieure comprenant la sociologie et l'histoire comparée des religions. Entre seize et vingt-quatre ans, les étudiants partagent leur temps entre les études et le travail, qui est obligatoire. Les adultes, les fonctionnaires par exemple, sont tenus également à un certain temps de travail manuel.

Le sanscrit, le palanais et l'anglais sont les langues usuelles. La langue palanaise est réservée pour l'intimité. On estime que cette langue possède le vocabulaire sentimental et érotique le plus étendu de tout le Sud-Est asiatique.

L'entrée de Pala est formellement interdite aux touristes. Il est tout à fait déconseillé de chercher à s'y introduire en fraude.

• Aldous Huxley, *Island*, Londres, 1962.

PALAIS DE JUSTICE

Grand édifice incohérent dans une cité sans nom où les gens sont convoqués, sans qu'ils sachent pourquoi. Quiconque y entre est sommé, par des gens pressés, serviette serrée sous le bras, de s'enfoncer toujours plus avant à l'intérieur du bâtiment. D'innombrables portes, décorées de plaques de bronze aux inscriptions érodées par le temps, s'alignent le long des murs. Ceux qui atteignent les dernières salles doivent attendre plusieurs jours sur un banc de bois. Au bout de quelques semaines, lassés d'attendre, ils demandent s'ils peuvent être d'une aide quelconque aux clercs qui travaillent dans la pièce. Cette collaboration temporaire devient un travail à plein temps et, un jour, un juge propose aux patients auxiliaires le poste de secrétaire. Bien des années plus tard, ledit secrétaire remarque que les clercs s'adressent à lui en l'appelant "Votre Honneur". Il lui faut signer des papiers et, parmi eux, figure une accusation de culpabilité *in absentia*. Le juge, qui est à présent presque sénile, semble se rappeler le nom de l'accusé mais, incapable de lutter contre la routine, il signe le document de son nom.

• Marco Denevi, "¿ El primer cuento de Kafka ?", in *Falsificaciones*, Buenos Aires, 1966.

PALAIS-PROMONTOIRE

De situation indéterminée, immense villa aux dépendances aussi étendues que l'Epire ou le Péloponnèse. Du brick qui croise au large, on aperçoit des dunes, des glaciers, des lavoirs entourés de peupliers d'Allemagne et des hôtels à la façade circulaire. Les fleurs des dunes sont chaudes, les talus des parcs, singuliers et, sur les riches façades, les fenêtres restent perpétuellement ouvertes à l'esprit des voyageurs.

• Arthur Rimbaud, *Illuminations*, Paris, 1886.

PAL-UL-DON

Royaume situé quelque part dans la république du Zaïre. On y accède en traversant une steppe aride menant à une jungle luxuriante. Toutes les espèces connues d'oiseaux et de quadrupèdes semblent s'y être donné rendez-vous et on y trouve de remarquables hybrides, tel le lion à dents de sabre et à la robe rayée de jaune et de noir.

Deux races différentes habitent Pal-ul-don. Les Ho-don, ou hommes blancs, vivent dans des villes comme A-lur ou Tu-lur, dans le Sud-Est. Ils n'ont pas de poils contrairement aux Wa-don, ou hommes noirs, qui ont de longs poils, de longues queues et vivent dans des arbres ou des grottes, car ils considèrent les villes comme des prisons.

Le langage de Pal-ul-don est guttural, mais facile à apprendre. On forme le pluriel d'un mot en doublant la première lettre. Par exemple, homme se dit *don* ; hommes : *d'don*. *Ja*, le lion, donne *j'ja* au pluriel.

• Edgar Rice Burroughs, *Tarzan the Terrible*, New York, 1921.

PANDOCLIA

Ile au large du continent Génotie, dans le Sud de l'Atlantique. Sa population masculine y est furieusement jalouse. Un décret interdit aux femmes de quitter la maison après une certaine heure de la soirée. La punition est si terrible qu'on ne peut la décrire. Inutile de préciser que les hommes ne sont pas concernés par cette loi.

• Louis-Adrien Duperron de Castera, *Le Théâtre des passions et de la fortune ou les Aventures surprenantes de Rosamidor et de Théoglaphire. Histoire australe*, Paris, 1731.

PAPEFIGUIERA

Pays de situation inconnue, riche en obèses. Les moines y sont aussi gros que des vaches, et les nombreux docteurs en théologie y sont à peine plus minces. M. Lent, le gouverneur, se nourrit exclusivement de poulets blancs bien dodus.

Assis, il occupe plusieurs mètres carrés avec son postérieur.

• François Béroalde de Verville, *Le Moyen de parvenir*, Paris, 1610.

PAPILLONS, île des,
voir **FORTUNÉES**

PAPIMANES

Ile bénite proche des Papefigues. Les voyageurs y seront d'autant mieux accueillis qu'il leur est arrivé de voir personnellement le pape en chair et en os. Si, par extraordinaire, il vous a été donné d'en voir plusieurs, les habitants vous baisent alors les mains, les pieds et même tout entier au cas où vous laissez s'exprimer une dévotion qui est littéralement sans borne. A cette occasion, on fouettera énergiquement les enfants, comme chaque fois que ceux-ci assistent à quelque spectacle extraordinaire, car les habitants pensent que c'est ainsi qu'on frappe l'esprit et la mémoire des âmes.

Homenaz, évêque des Papimanes, invitera le voyageur au cabaret et à l'église dans l'ordre respecté que les saintes Ecritures, dites "Uranopètes Décrétales", indiquent.

Le voyageur apprendra qu'Homère est considéré par la population comme le père de toute philosophie, à l'exception des épîtres et bulles papales dont ils possèdent une exemplaire vénéré comme s'il était écrit de la propre main de Dieu.

Sous peine d'être expédié en enfer après avoir été torturé par le feu, le voyageur devra adorer l'archet d'un pape tel que les habitants en ont l'Idée, au sens platonicien de ce terme. Il faut savoir que tout acte un tant soit peu hérétique donne la colique, des rhagadies et des hæmorrutes.

• François Rabelais, *Le Quart Livre des faicts et dicts héroïques du bon Pantagruel*, Paris, 1552.

PARADIS-DE-MÈRE-CAREY, voir **PAIX**

PARHAN

Vaste empire qu'une caravane mettrait plusieurs mois à traverser. Il est situé sur la côte de la mer d'Eau douce, au Moyen-Orient, près des montagnes Rouges, au-delà des steppes de Rikha. L'empire est une mosaïque de colonies dont chacune a ses propres frontières. On y trouve d'étranges Portugais aux yeux vides, des Zikdes et des Perses. Les chevaliers d'Ordoukh sont les maîtres d'une petite contrée située au nord, et leurs voisins, les Parhanis, chevauchent vers le sud jusqu'aux déserts de Sel.

Les seuls voyageurs qui s'aventurent dans l'empire de Parhan sont des explorateurs à la recherche d'un mystérieux métal bleu que l'on trouverait près des ruines du château d'Alamut. Pour atteindre ce dernier, il faut traverser des marécages nauséabonds, remplis de bois pétrifiés, des villes mortes dont les habitants n'ont pas de visage et des forêts hantées par d'indescriptibles créatures.

Les ruines du château d'Alamut sont gigantesques. Les escaliers, couverts de mousse, sont composés de marches qui semblent avoir été posées par des êtres quatre à cinq fois plus grands que les hommes. Sur les vestiges de portiques, on voit encore des bas-reliefs et des arabesques aux dessins incompréhensibles.

Aucun voyageur n'est jamais revenu de ces ruines.

• Dominique Bromberger, *L'Itinéraire de Parhan au château d'Alamut et au-delà*, Paris, 1978.

PAROULET

Pays souterrain composé de mers, d'îles et de montagnes, enfoncé à près de vingt-deux lieues sous la croûte terrestre. Presque entièrement nu, il est obscur et inhabité. Il est possible d'y accéder par un tunnel, en Australie.

Il fut découvert par le paléontologue français Césaire Paroulet, éminent zoologue et géologue, accompagné de ses neveux, au cours d'une expédition destinée à mettre au jour des fossiles.

Les éventuels voyageurs doivent être informés que le tunnel a été comblé par les habitants de la contrée et qu'il est nécessaire de recommencer les excavations pour arriver à joindre le pays de Paroulet.

La zone habitée, qui est limitée, communique avec la surface au moyen d'un certain nombre de tunnels sous-marins dont la disposition est secrète. Chacun d'eux est barré par une grille d'or, contrôlée électriquement. Il est possible de descendre du pays de Paroulet jusqu'au couloir de Saknussemm*, grâce à un ascenseur qui glisse dans un puits en spirale. Les voyageurs remarqueront néanmoins que cette expédition ne doit pas être entreprise à la légère.

La capitale de la contrée, Noah, est établie sur les bords d'une vaste mer et constituée d'une série de terrasses entourées de parcs préhistoriques emplis d'abeilles et de papillons. Enos, Lamech, Jubal, Heber, Trubal et la cité des Premiers Hommes sont d'autres centres urbains. Les zones habitées sont également renommées pour leurs mines d'uranium, d'or et d'argent. La technologie, très développée, inclut l'utilisation de l'énergie atomique. Le pays, éclairé à l'électricité, peut être aussi lumineux qu'en plein jour. Les habitants voyagent dans des sortes d'avions qui se déplacent avec célérité sous l'eau, et sont propulsés grâce à l'énergie nucléaire.

Des ptérodactyles vivent dans les grottes des montagnes et des ichtyosaures abondent dans les mers souterraines.

• Maurice Champagne, *La Cité des premiers hommes*, Paris, 1929.

PARTHALIA

Ile probablement située dans la mer d'Oman. Elle est habitée par des géants dont la longévité est si grande que l'un d'entre eux, toujours vivant, participa à la construction de Rome. Autre curiosité notable de l'endroit : les petits arbres à huîtres.

• William Bullein, *A Dialogue both Pleasant and Pitiful, wherein Is a Goodly Regimente against the Fever Pestilence, with a Consolation and Comfort against Death*, Londres, 1564.

PARTHÉNION

Ville française dont le nom signifie en latin "assemblée de vierges". La cité de Parthénion est formée d'un ensemble de *parthénions* ou bordels, placés sous contrôle gouvernemental. Toutes les prostituées sont obligées d'y vivre, sous peine de punition corporelle. Après un examen médical rigoureux, les femmes de plus de vingt-cinq ans y sont accueillies, sans qu'on les interroge sur leur passé ou leur famille.

Même les malades sont admises, mais elles seront soignées et placées en maisons de santé. La cité est inviolable ; les parents ne peuvent en retirer leur fille, ni même lui parler sans autorisation, exactement comme s'il s'agissait d'un couvent.

Les demeures éparpillées dans des quartiers calmes possèdent une cour intérieure et deux jardins. Si le patio est d'un accès libre, le second jardin est strictement réservé aux pensionnaires et aux surveillantes. Dans le premier jardin, interdit aux enfants et aux dames, des bosquets dissimulent pudiquement les caisses. Après avoir consulté la liste des prix pratiqués, le visiteur pourra se procurer un billet donnant accès à l'un des nombreux couloirs qui débouchent dans une chambre secrète. Là, il observera et choisira sa partenaire sans être vu. La fille a le droit, à son tour, d'examiner le candidat et éventuellement de le refuser. Les prix dépendent de l'âge et de la beauté de la femme. La nuit, les tarifs sont doublés.

Si un homme tombe amoureux d'une pensionnaire, et s'il peut payer le prix d'une journée entière, la femme sera retirée de la pièce commune, et personne ne pourra plus requérir ses services. Elle habitera un logement à l'écart ; son amant attendra le consentement de sa famille pour la conserver comme maîtresse ou l'épouser.

Les femmes portent des noms de fleurs, et s'habillent selon leur goût, dans les limites d'un budget déterminé. Elles ne doivent ni se parfumer ni se farder. Elles ne quittent jamais le *parthénion*, excepté pour cause de mariage ou d'héritage.

Cette ville est administrée par un conseil de notables, secondé par d'anciennes prostituées réputées pour leur expérience et leur moralité. Responsables devant un supérieur qui reçoit ses ordres du conseil, ces surveillantes ne sont pas autorisées à punir ; elles ne peuvent que faire un rapport aux administrateurs. Une femme en faute peut plaider sa cause ; au moindre doute, elle est acquittée. La plupart des sanctions entraînent la suppression de privilèges comme la musique ou les leçons de danse. Les fautes plus graves, par exemple l'avortement, sont passibles d'un an de prison au pain sec et à l'eau. La pensionnaire qui dupe son amant et l'abuse en simulant une grossesse est condamnée à mort. Les femmes enceintes logent à part. Les pères n'ont aucune obligation à leur égard ou à celui de l'enfant qui, sauf s'il est reconnu, est adopté par l'Etat. Les garçons deviendront soldats, ou, s'ils sont inaptes au service, tailleurs ou jardiniers au sein du *parthénion*. Les plus belles filles seront pourvues d'une dot convenable et préparées lentement à la vie mondaine ; les plus défavorisées seront domestiques.

Devenue âgée, une pensionnaire recouvre sa liberté et peut vivre en paix dans un quartier de la cité. On l'encourage aussi à servir à table ou à éduquer les nouvelles aspirantes.

• Restif de la Bretonne, *Le Pornographe ou Idées d'un honnête homme sur un projet de règlement pour les prostituées*, Londres et La Haye, 1769.

PATAGONS

Ile dans l'Atlantique, parfaitement circulaire, de mille cent trente lieues de diamètre et de trois mille cinq cents lieues de circonférence. Elle est le centre d'un vaste archipel habité par les philosophes, race qui a décidé de vivre en appliquant exactement le système encyclopédique de Francis Bacon.

Suivant les théories du maître, les philosophes ont installé dans les différentes îles de l'archipel des laboratoires expérimentaux destinés à satisfaire leurs besoins vitaux.

D'une prodigieuse paresse, ils ont résolu de créer une tribu d'hommes qui travailleraient pour eux. Le laboratoire d'anthropologie a donc produit un grand nombre d'êtres humains, les Patagons, dont le plus petit a suffisamment de peau pour couvrir douze tambours. Mais quand il a fallu doter ces Patagons d'intelligence, la section idéologique du département d'anthropologie n'a réussi à produire qu'une petite quantité de substance grise. Chaque Patagon n'en a reçu qu'un minimum ; aussi l'expression "bête comme un Patagon" se retrouve-t-elle aujourd'hui dans plusieurs langues européennes et asiatiques.

Les Patagons sont devenus une nation indépendante. Le roi y est élu en fonction de sa taille. Les philosophes – qui sont retombés dans la bonne vieille fornication, finalement plus agréable que leurs expériences scientifiques – n'atteignent jamais la taille colossale des Patagons et ne sont, pour cette raison, jamais élus roi.

La cuisine de l'archipel est remarquable, en particulier la tête de veau *alla marinara*. Il faut passer sa commande au chef du département culinaire, qui envoie immédiatement une note à la section des mammifères du département de biologie, laquelle fabrique un veau et réserve la tête Ensuite, la section ornithologique crée un coq dont la crête et les rognons sont envoyés au département culinaire. Enfin, la section des crustacés élabore une bonne douzaine de crevettes. Avec tous ces ingrédients, le département culinaire concocte le plat désiré, qui est servi chaud, pour un prix modique, vin et service compris.

• Charles Nodier, *Hurlubleu, Grand Manifafa d'Hurlubière*, Paris, 1822.

PATAPOUFS ET FILIFERS,
royaume des

Sous la forêt de Fontainebleau. Les voyageurs désireux de visiter l'un ou l'autre de ces lieux doivent se rendre à la roche Jumelle, près du château de Fontainebleau ; là, un long escalier s'enfonce dans les entrailles de la Terre. L'éclairage est fourni par de gros ballons, remplis d'un gaz éblouissant, qui flottent dans le ciel souterrain et donnent une vue splendide sur les villas nichées au flanc de la falaise. Au pied de l'escalier, un quai étroit borde un large golfe. Le voyageur doit choisir entre deux paquebots : le *Pataport*, peint en rouge, et le *Filiport* aux reflets d'acier étincelant. Le bateau rouge, commandé par un capitaine dodu, mène à Patabourg, capitale du royaume patapouf. Le vaisseau d'acier, commandé par un homme sec et osseux, mène à Filigrad, capitale du royaume filifer.

Patapoufs et Filifers ne se mélangent jamais. Les premiers sont des bons vivants qui apprécient comme il convient les plaisirs de la table. Chez eux, tout est rond et feutré. Leur architecture est exubérante et leur art, baroque. Les seconds, bien évidemment, sont maigres comme des clous et jaunes comme des coings. Ils mènent une vie trépidante, prennent à peine le temps de manger, ne boivent que de l'eau et travaillent jusqu'à épuisement, en affirmant que ce style de vie leur a donné le meilleur des mondes et en incitant tous les visiteurs à les imiter.

Depuis des siècles, Patapoufs et Filifers sont ennemis mortels. Au milieu du bras de mer qui sépare leurs deux royaumes, se trouve une île appelée Patafer par les Patapoufs et Filipouf par les Filifers. Pour éviter tout drame, il est préférable de dire l'"île Rose". C'est ce dernier nom que les voyageurs doivent absolument employer quand ils parlent d'elle à un habitant de l'un ou l'autre royaume.

• André Maurois, *Patapoufs et Filifers*, Paris, 1930.

PELLUCIDAR

Continent souterrain situé à huit cents kilomètres sous la surface de la Terre. Il faut savoir que l'intérieur de la Terre est comme le fond d'une cuvette, dont les bords s'incurvent de tous côtés jusqu'au ciel. Il en résulte une différence notable dans la perception de l'espace et l'on peut très bien distinguer un arbre situé à une distance considérable, alors qu'une

montagne proche reste tout à fait invisible. L'horizon apparaît comme une vaste courbe tournée vers le haut.

Le Pellucidar est éclairé par son propre soleil, sphère fixe, maintenue au centre de la Terre par les forces d'attraction qui s'exercent également de tous côtés. Cette sphère flamboyante possède un petit satellite, qui tourne autour de l'axe terrestre en même temps que la Terre elle-même, ce qui signifie qu'il est toujours situé au-dessus de la même région du Pellucidar. Cette région, plongée dans une obscurité perpétuelle, est située en bordure de Thuria et elle est connue sous le nom de pays de l'Ombre affreuse. Ailleurs, le continent est baigné par une éternelle lumière brillante ; l'obscurité et la nuit y sont inconnues, d'où l'impossibilité de calculer le temps de manière précise. Cette non-existence du temps favorise un vieillissement tardif des habitants. La seule unité de temps utilisée est le *sommeil* : un Pellucidarien peut dire – par exemple – qu'il est resté à tel endroit pendant *beaucoup de sommeil*, ce qui constitue tout de même une indication, puisque le sommeil varie avec chaque individu.

Comme le soleil reste fixé dans les cieux, il n'est jamais un repère pour l'orientation. Pour compenser cela, les Pellucidariens ont une perception surnaturelle de leur territoire. Ils sont capables de traverser sans difficulté de grands espaces hostiles, comme s'ils avaient une boussole dans la tête, et de s'orienter dans des lieux qu'on leur a simplement décrits.

L'unique accès à ce territoire se trouve situé au pôle Nord et mène dans les solitudes désolées du nord de Korsar*. Les terres arrosées par la mer de Lural Az sont dominées par les montagnes des Nuages, chaîne presque insurmontable, aux pics perpétuellement enneigés. Entre ces monts et le grand royaume de Sari, s'étend une végétation semi-tropicale, çà et là rompue par des falaises calcaires et des rivières au cours rapide. Les régions au nord de Korsar demeurent en grande partie inexplorées, et on ne connaît pas l'étendue du vaste océan qui les occupe. Seules sont connues les îles de Hime, de Tandar* et d'Amiocap*.

Le Pellucidar est habité par un nombre incroyable de tribus et de races qui, à l'exception des habitants du Xexotland, demeurés à l'âge du bronze, et des flibustiers de Korsar, n'ont pas dépassé le stade de l'âge de la pierre. La plupart de ces races vivent dans un isolement quasi total et ignorent l'existence des autres peuples. Les cannibales d'Azar, les déments de la vallée des Jukans* et les guerrières d'Oog sont presque des mythes pour les autres habitants du Pellucidar. Même une région relativement civilisée comme celle de Kali abrite la sauvage tribu des hommes aux dents de sabre, tandis que l'île pacifique d'Amiocap est la patrie des hideux Coripies.

Il y a peu de villages dans le Pellucidar. L'habitat le plus fréquent, des grottes creusées dans des falaises, est semblable à celui de Kali ou de l'île de Hime. Le peuple de Thuria est plus avancé à cet égard et vit dans des villages entourés de murs grossiers, à l'intérieur desquels s'éparpillent des huttes couvertes de chaume. Les tribus vivent de la chasse et de la cueillette des fruits. Elles ne travaillent le sol que fort rarement et leur technique est très grossière.

On parle la même langue dans tout le Pellucidar, en dépit de la présence de quelques dialectes régionaux. Les variations les plus importantes du langage ne sont pas liées à l'aire géographique, mais au degré de développement du peuple qui le parle : les hommes-brutes, par exemple, parlent une langue simplifiée où il n'y a que des verbes et des noms. Les hommes aux dents de sabre de Kali ont un langage incompréhensible qui ressemble au baragouin des singes.

Etant donné la chaleur régnante, les voyageurs n'ont pas besoin de s'encombrer de vêtements pour voyager dans le Pellucidar. La plupart des habitants ne portent qu'un pagne ou une peau de bête, jetée sur l'épaule.

Les Pellucidariens croient que leur pays repose sur une mer brûlante, la mer de Molop Az. Le continent lui-même serait plat et entouré par un mur qui empêche la terre et l'eau de tomber dans les flammes.

On n'enterre pas les morts, car leur corps serait emporté morceau par morceau par les petits hommes démoniaques, qui vivent dans la mer de Molop Az. Pour échapper à ces créatures, le rite funéraire exige que les morts soient placés dans les arbres où les oiseaux les emmènent jusqu'au monde mort du satellite fixé au-dessus du pays de l'Ombre Affreuse.

La cérémonie du mariage est également à peu près semblable, sauf dans l'archipel d'Amiocap. Pour prendre femme, il faut se battre. Le combat se termine souvent par la mort de l'un des deux rivaux, et la femme appartient, par droit de conquête, au vainqueur qui, soit la prend par la main pour signifier qu'il la veut pour compagne, soit lève la main au-dessus de la tête de la femme, ce qui signifie qu'elle est libre et n'a aucune obligation envers lui. S'il ne fait aucun de ces deux gestes, la femme devient son esclave et aucun homme ne peut honorablement la prendre pour épouse, à moins qu'il ne défasse son maître en combat singulier. Gagner un combat pour une femme et en faire son esclave est la pire insulte que l'on puisse faire à une Pellucidarienne.

Bien que ces rites soient les plus communs, le mariage par enlèvement ou viol existe également. Dans ces cas, la femme n'a guère d'autre choix que de s'enfuir ou de se tuer, si l'homme qui l'a prise ne lui plaît pas.

En général, les membres des tribus du Pellucidar sont hostiles aux étrangers.

Adoptant le principe selon lequel tout intrus est un ennemi en puissance, ils tuent à bout portant. Des tribus comme celles des Gorbuses de la forêt de la Mort* mangent leurs captifs, alors que le peuple de Basti en fait des esclaves qui travaillent jusqu'à épuisement de leurs forces. La tribu la plus sauvage est probablement celle des hommes-bisons, car ces derniers prennent un plaisir sadique à torturer leurs prisonniers jusqu'à ce que mort s'ensuive.

Indépendamment des hommes, la faune du Pellucidar est fort dangereuse et d'une hallucinante richesse. La plupart des animaux qu'on y rencontre sont des espèces qui vivaient à la surface de la Terre aux temps préhistoriques. Bien des régions sont restées vierges, car elles sont infestées de monstrueux carnivores assoiffés de sang. Seules quelques espèces ont pu être apprivoisées. Dans le royaume de Thuria, le *lidi* – sorte de diplodocus – est employé comme bête de somme et les habitants ont réussi à apprivoiser une race de chiens sauvages et belliqueux, les *joloks*, qui ne craignent aucun autre animal. Dans les montagnes, on trouve un énorme ours des cavernes, le *ryth*, ainsi que le *tarag*, tigre géant aux dents de sabre. Ce tigre n'est domestiqué que sur l'île de Tandar, où l'on a également apprivoisé le *taho*, redoutable lion des grottes. Les ptérodactyles ou *thidpars* sont communs et sournois. Il faut également citer le *tharg*, énorme élan chassé pour sa viande, et l'*orthopos*, petit cheval à trois ongles, que l'on trouvait autrefois sur la Terre. L'une des créatures les plus étranges reste toutefois le *dyryth*, qui rappelle un peu le paresseux, mais dont le corps éléphantesque est couvert d'une épaisse toison de poils. La faune marine est encore plus terrifiante, et voyager sur mer est une entreprise hasardeuse. Les eaux sont infestées de serpents et de *tandozares*, semblables à des phoques, mais pourvus d'un cou de plus de dix pieds de long et d'une tête qui évoque celle d'un serpent venimeux. Le *labyrinthodon*, que l'on rencontre dans les marais, est une créature amphibie aux mâchoires de crocodile et au corps de crapaud, tandis que l'*azdyryth* a l'allure d'une petite baleine qui aurait la tête d'un alligator. Les voyageurs qui ont l'infortune de tomber à l'eau n'ont que très peu de chances de s'en sortir.

La plus dangereuse créature du Pellucidar a pratiquement disparu, bien qu'elle survive – dit-on – au cœur des régions inexplorées. Il s'agit du *mahar*, reptile au long corps mince pourvu d'une grosse tête, au bec armé de crochets acérés et aux ailes membraneuses, qui se déploient sur ses pattes avant.

D'une intelligence très développée, ce reptile communique par télépathie et utilise un système compliqué de hiéroglyphes, qui lui sert à raconter des histoires. Il vit dans des cités souterraines, comme Phutra, sous les plaines situées au sud-est de Sari. Ce sont des villes bien conçues, avec des rues régulières éclairées par des puits communiquant avec la surface. Seules subsistent les femelles *mahars*, car elles ont découvert qu'elles pouvaient s'autoféconder chimiquement ; aussi les mâles ont-ils progressivement disparu, vu leur inutilité. Les *mahars* sont servis par des gorilles, les *sargoths*, et par les hommes. Les *sargoths* communiquent avec leurs maîtres grâce à un langage chiffré. L'intelligence de ces grands reptiles va de pair avec leur cruauté. Les esclaves capturés par les *sargoths* subissent d'atroces expériences de vivisection dans des laboratoires, quand ils ne sont pas dévorés vivants dans les temples situés au fond de grottes profondes qui abritent un lac. Là, les *mahars* hypnotisent leurs victimes, qui entrent calmement dans l'eau et sont taillées en pièces sans opposer la moindre résistance. Seuls les femmes et les enfants sont dévorés par les *mahars*. Les hommes sont abandonnés aux ptérodactyles, gardiens des villes. Nombre de captifs sont entraînés dans un grand amphithéâtre, grouillant de bêtes sauvages. Les rares survivants y gagnent leur liberté.

• Edgar Rice Burroughs, *At the Earth's Core*, New York, 1922 ; *Pellucidar*, New York, 1923 ; *Tanar of Pellucidar*, New York, 1930 ; *Seven Worlds to Conquer*, New York, 1936 ; *Return to Pellucidar*, New York, 1941 ; *Men of the Bronze Age*, New York, 1942 ; *Tiger Girl*, New York, 1942 ; *Land of Terror*, New York, 1944 ; *Savage Pellucidar*, posth., New York, 1963.

PÊLMÊLVILLE

Cité du pays des Cadrats, dans le royaume d'Oz*. Les habitants de cette ville, les Pêlmêlvillains, comptent parmi les gens les plus curieux du royaume d'Oz. Ils ont la particularité d'être faits de pièces, comme les puzzles, et se morcellent littéralement dès qu'un étranger les approche ou qu'ils entendent des bruits inaccoutumés. Ils doivent donc être à nouveau assemblés, ce qui requiert de l'adresse et de la patience.

Pour certaines personnes, il s'agit d'un divertissement de choix, mais les Pêlmêlvillains eux-mêmes, ne se prenant pas pour des jeux de patience, trouvent cela franchement sinistre.

• Lyman Frank Baum, *The Emerald City of Oz*, Chicago, 1910.

PENDOR

Ile située à l'extrémité ouest de l'archipel de Terremer*, à l'ouest des îles Quatre-Vingt-Dix. Loin, très loin de toute voie maritime normale, Pendor est inhabitée depuis que les hommes l'ont évitée, d'abord parce que des pirates y vivaient, puis en raison de l'invasion de dragons qui suivit.

Le visiteur qui arrive à Pendor aujourd'hui ne rencontrera que des rues silencieuses qui descendent vers le port sous les tours délabrées d'une forteresse qui se dressait là, il y a bien longtemps.

Les seuls dragons que le visiteur peut actuellement rencontrer à Terremer sont les tout petits et inoffensifs *harrekkis* d'Iffish. Les voyageurs expérimentés affirment que la vision des dragons hurlant dans le vent du matin est l'une des plus belles qui soit.

La langue naturelle des dragons est le Vieux Discours, dans lequel chaque chose est connue sous son nom véritable. Peu d'hommes parlent le Vieux Discours – à l'exception des magiciens de Roke, qui l'étudient. A la différence des hommes, les dragons peuvent mentir tout en utilisant le Vieux Discours et semblent d'ailleurs prendre un immense plaisir à le faire. Ils jouent avec leur interlocuteur comme un chat avec une souris, l'attrapant dans un labyrinthe de mots – miroirs qui reflètent la vérité, mais ne la révèlent pas. Les quelques hommes auxquels les dragons acceptent de parler sont les seigneurs des Dragons. A l'encontre de ce que l'on peut en déduire, un seigneur des Dragons n'a aucun pouvoir sur ces animaux. Il connaît simplement leur nom véritable et peut engager avec eux une conversation.

La seule question qui se pose lorsqu'un homme rencontre un dragon est de savoir si celui-ci va lui parler ou le manger. Le voyageur doit se rappeler que même le plus grand des magiciens ne peut regarder un dragon dans les yeux sans tôt ou tard succomber.

• Ursula Kroeber Le Guin, *A Wizard of Earthsea*, New York, 1968 ; *The Tombs of Atuan*, Londres, 1972 ; *The Farthest Shore*, Londres, 1973.

PÉRI

Royaume d'une profonde vallée en Perse qui, bien qu'entourée de glaciers, est chaude et fertile. On aperçoit des villas et des jardins autour du lac, sur lequel flotte une île, demeure de la reine Pehlevi. Bien que descendante de la plus ancienne dynastie d'elfes, la souveraine vit dans un pavillon relativement modeste, fleuri de cognassiers, de cytises, de lilas et de magnolias.

Ayant confié à un magicien qu'aux affaires de l'Etat, qui l'ennuyaient, elle préférait la tranquillité de son pavillon, celui-ci rendit possible la rotation complète de l'île pour que la reine Pehlevi puisse, de chez elle, surveiller son royaume. La mobilité de l'île rend l'abordage difficile, et les voyageurs doivent souvent attendre un tour ou deux avant de se frayer un chemin parmi les roseaux qui l'entourent.

La reine est rondelette ; elle a un teint de lait et le visage fardé à la céruse. Elle ne porte pour tout bijou qu'une ceinture de diamants. En guise de couronne, elle arbore un chapeau cylindrique de gaze noire recouvrant une coiffure en os de baleine. Elle est habituellement vêtue d'une robe d'un blanc diaphane qui flotte sur ses seins, son ventre et ses cuisses, comme un voile transparent. Elle vit entourée d'une meute de chats et joue admirablement du hautbois. Passionnée d'échecs, elle joue comme une reine : il est inconcevable de la battre.

• Sylvia Townsend Warner, *Kingdoms of Elfin*, Londres, 1972.

PÉRINTIE

Pour l'édification de Périntie, des astronomes décidèrent du lieu et de la date de sa fondation, en fonction de la position des étoiles. Ils tracèrent les lignes qui sépareraient le *decumanus* du *cardo* : la première, orientée par le cours du Soleil, et l'autre, par l'axe autour duquel tournent les cieux. Ils divisèrent la carte géographique selon les douze maisons du zodiaque, afin que chaque temple et chaque quartier puisse recevoir l'influence des constellations favorables. Ils fixèrent sur les murs le point où des grilles pourraient être percées, prévoyant à l'avance comment chacune encadrerait une éclipse de la Lune dans les mille années à venir. Périntie – assurèrent-ils – refléterait l'harmonie du firmament, la raison de la nature et la bienveillance des dieux qui orienteraient le destin de ses habitants.

La ville fut construite très précisément d'après ces calculs. Divers peuples vinrent l'habiter. La première génération née à Périntie commença à grandir dans ses murs, et ses citoyens atteignirent l'âge de se marier et d'avoir des enfants.

Aujourd'hui, dans les rues et sur les places de Périntie, les voyageurs rencontrent des infirmes, des nains, des bossus, des obèses, des femmes à barbe, sans voir le pire ; des cris gutturaux sortent des caves et des greniers, où les familles cachent leurs enfants à six jambes ou à trois têtes.

Les astronomes de Périntie sont confrontés à un choix difficile. Il leur faut admettre soit que leurs calculs étaient faux et que leurs opérations sont incapables de décrire les cieux, soit que l'ordre divin se reflète avec exactitude dans la ville des monstres.

• Italo Calvino, *Le città invisibili*, Turin, 1972.

PERLA

Capitale du royaume Rêvé*, en Chine centrale, peuplée d'environ vingt mille habitants. La ville est construite sur la rive du fleuve Noir, qui roule des eaux d'encre. Les couleurs sombres dominent dans ce paysage, où tout prend

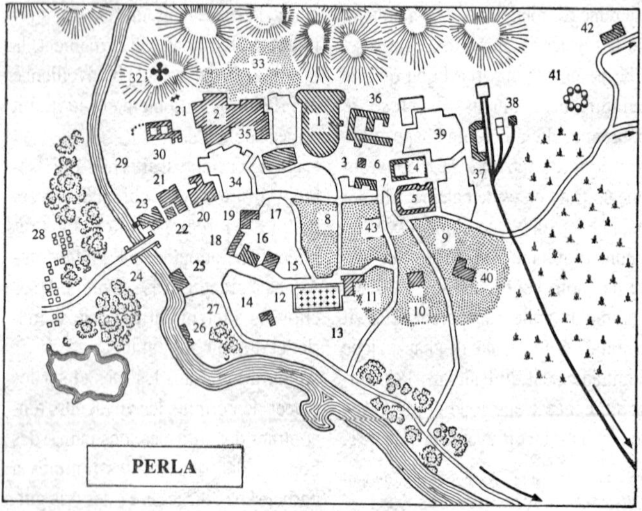

De haut en bas, les flèches indiquent les directions des montagnes de Fer, du Temple, des portes de la ville et des remparts.
1. Palais. 2. Quartier français. 3. Grand-place. 4. Archives. 5. Poste. 6. Tour de l'horloge. 7. Banque. 8. "L'oie bleue". 9. Cité-jardin. 10. Villa Lampenbogen. 11. Morgue et commissariat. 12. Cimetière. 13. Champ Tomassevic. 14. Briqueterre. 15. Abattoir. 16. Tannerie. 17. Grand-rue. 18. Café. 19. Magasin Blumenstich. 20. Maison Lampenbogen Temart. 21. Laiterie. 22. Garde-rivière. 23. Moulin. 24. Pont. 25. Bains publics. 26. Ferme aux canards. 27. Avenue du Bois. 28. Faubourgs. 29. Décharge publique. 30. Caserne. 31. Porte. 32. Fort. 33. Jardins du Château. 34. Rue piétonnière. 35. Marché des maraîchers. 36. Eglise et hôpital. 37. Gare. 38. Dépôt. 39. Bureaux. 40. Villa du directeur. 41. Ruines. 42. Auberge. 43. Villa d'A. Blumenstich.

une teinte gris-vert opaque. On ne voit jamais briller les étoiles, ni la lune, ni le soleil dans ce ciel aux éternels nuages bas. En dépit de l'air tiède et doux, l'aiguille du baromètre reste pointée sur "mauvais et nuageux". Les saisons manquent de contrastes : printemps et automne durent cinq mois ; l'été court et chaud ne se révèle que par une lumière sourde pendant la nuit et l'hiver, par des crépuscules sans fin et par quelques flocons de neige.

L'architecture est typique d'Europe centrale. Le fondateur et souverain de la ville, Klaus Patera, acquit de vieilles maisons européennes qu'il fit transporter à grands frais à Perla, d'où l'impression d'inquiétante étrangeté qui en émane. La cité est divisée en quatre quartiers principaux : le quartier de la gare, la cité-jardin, la grand-rue et le quartier français.

Dominant la ville, accroché au flanc escarpé des rochers, s'élève le château de Patera, monstrueuse construction, singulière et grandiose. Sa masse se penche vers la grand-place, au centre de la ville.

Au-delà de la rivière se trouve le Faubourg, nom donné à un petit village où vivent les habitants originels du royaume Rêvé. Il s'agit de Mogols, qui se disent les descendants directs de Gengis Khan. Leur style de vie, calme et serein, contraste avec l'ambiance fiévreuse de la ville. Les habitations basses en bois, entourées d'un jardin bien entretenu, adoptent des formes extravagantes, aux dômes fragiles, ou ressemblent à des tentes d'Indiens. Çà et là, surgissent des poteaux indicateurs ornés de bannières, de disques de verre ou de grotesques et innombrables silhouettes de toutes tailles, réalisées en argile peinte, en bois ou en métal, sortes d'épouvantails couverts de mousse. Des arbres vénérables s'arc-boutent et protègent de leurs immenses branches le Faubourg tout entier.

A Perla même, il existe plusieurs catégories de personnes douées d'une sensibilité excessive. Diverses "manies" (fièvre du collectionneur, lecturomanie, amour invétéré du jeu, comportement hyper-religieux) et autres formes maniacodépressives sont les meilleurs visas pour émigrer dans ce royaume de la neurasthénie. L'hystérie est courante chez les femmes. Dans les classes inférieures, la sélection s'opère à la suite du développement anormal ou excessif de certaines tendances : alcoolisme, irascibilité, instabilité, hypocondrie, spiritualisme, marginalité. Les délateurs, les blasés, les vieux aventuriers cherchant la paix, les acrobates, les escrocs, les exilés politiques, les assassins en fuite, les menteurs et les voleurs possèdent aussi toutes les qualités requises pour être citoyens de Perla. Dans certains cas, il suffit de présenter une malformation physique pour être adopté. C'est ainsi que l'on croise souvent des goitres énormes, des nez boursouflés et de superbes bosses. La plus grande partie de la population est d'origine germanique ; les autres nationalités sont rares. La procréation est peu encouragée car, pour les habitants de Perla, les enfants ne valent pas les ennuis qu'ils causent.

Caractéristique frappante : il flotte sur la ville une odeur tenace et indéfinissable, forte, omniprésente et concentrée, qui ressemble à un subtil mélange de farine et de morue séchée. On prétend que, achetées par Patera dans les taudis et les quartiers douteux des grandes capitales européennes de Paris à Istanbul, toutes ces maisons baignent dans le sang, le stupre et l'infamie. De sinistres rumeurs courent aussi sur certains lieux dérobés extra-muros, ainsi que des bois et des marais où personne n'ose s'aventurer la nuit. A une journée de Perla, le voyageur peut visiter un des endroits les plus mystérieux du royaume : un temple, élevé sur le lac Rêvé, environné de cascades artificielles, qui se blottit dans un parc silencieux. Il est construit avec de si nobles matériaux et tant d'art qu'on veut y voir l'expression d'une architecture qui tient du ciel et de la terre.

Les préceptes religieux sont quelque peu déconcertants. Les autochtones proclament une foi secrète dans l'œuf, la noisette, le pain, le fromage, le miel, le lait, le vin et le vinaigre. Le fer et l'acier sont des manifestations démoniaques.

Depuis quelque temps déjà, Perla est coupée du reste du monde. Selon certaines rumeurs rapportées par des voyageurs d'Asie centrale, une calamité se serait abattue sur la ville et n'y aurait laissé que des ruines. D'aucuns mentionnent une étrange épidémie de sommeil, d'autres parlent d'une invasion d'animaux de toutes espèces ; les plus clairvoyants suggèrent une curieuse et brusque maladie des yeux.

• Alfred Kubin, *Die andere Seite : Ein phantastischer Roman*, Berlin, 1908.

PERROQUETS, île des

Ile lointaine des mers du Sud. La côte est rocheuse, avec un seul port naturel. Des montagnes escarpées s'élèvent brusquement du rivage et une seule gorge étroite traverse cette barrière naturelle. Au-delà de cette muraille s'étend une vaste zone de forêts, avec des arbres aussi vieux que la Terre. Les habitants vivent sur une plaine de l'autre côté de la forêt. La population actuelle remonte à l'arrivée, au XVIIIe siècle, d'un marchand anglais, nommé Durham, qui aborda dans l'île pour se ravitailler en eau. Quatre femmes européennes et patizithes, un magicien d'origine persane qu'il avait sauvé des mains d'un corsaire, l'accompagnaient.

Avant sa découverte, l'île était connue sous le nom de terre des Muets, car aucun de ses habitants ne pouvait parler. Selon la légende, un oiseau inconnu leur apporterait un jour le don de la parole.

Quelques années après l'arrivée de Durham et de ses compagnons, un vaisseau qui se dirigeait vers les Indes fit naufrage sur la côte de l'île. Zelindor, sa sœur Zelinda et un perroquet, seuls rescapés, furent découverts sur la plage par le jeune roi et ses frères.

La plus jeune fille du roi, la princesse Sileta, entendit le perroquet prononcer quelques mots, et il lui vint le désir de s'exprimer. Avec patience et une attention pleine d'amour, le perroquet lui apprit à parler, ainsi qu'aux autres membres de la famille royale.

Séduite par cette brillante démonstration de zèle linguistique, la princesse Sileta renonça au pouvoir par amour pour le perroquet qui se transforma sur-le-champ en prince charmant. Le mariage fut célébré en grande pompe et une pyramide, surmontée d'une énorme statue de perroquet, fut érigée en l'honneur du couple royal.

• Pierre-Charles Fabiot Aunillon, abbé Du Guay de Launay, *Azor ou le Prince enchanté ; histoire nouvelle, pour servir de chronique à celle de la terre des Perroquets ; traduit de l'anglois du sçavant Popiniay*, Londres, 1750.

PHANTASTICO

Montagne située à l'ouest du pays des Ondulations*, encerclée par un ravin qui marque la frontière du pays des Phantasmes, les redoutables habitants de la montagne. Plein à ras bord de lave en fusion, le ravin grouille de serpents de feu et de salamandres venimeuses. On ne peut le traverser qu'en empruntant un pont étroit, une modeste arche de pierre gardée par un alligator écarlate. La puanteur et la chaleur qui se dégagent du courant de lave sont si fortes que même les oiseaux hésitent à le survoler et tous les êtres vivants fuient à des lieues à la ronde.

Le sommet plat de Phantastico est occupé par la cité des Phantasmes, où vivent des esprits maléfiques, les Erbs. La ville est splendide et pourrait prétendre être l'une des plus belles créations de la magie, mais elle n'apparaît pas ainsi aux voyageurs, qui ne voient que de grossières habitations de roc et des arbres aux formes étranges, au milieu d'une solitude désolée. C'est une simple illusion que les Phantasmes entretiennent pour protéger la ville. Les voyageurs avertis ne s'y laisseront pas prendre.

Les Phantasmes n'ont pas de forme fixe. En un instant, ils deviennent serpents, lézards, loups, et inversement. D'autres prennent des formes humaines avec des têtes de lion ou de hibou. Leur chef se transforme indifféremment en ours, en femme aguichante ou en papillon.

• Lyman Frank Baum, *The Emerald City of Oz*, Chicago, 1910.

PHILISTIA

Pays proche du Poictesme ; sa capitale est Novogath.

Les Philistins sont connus pour avoir conquis l'île de Leuke* et détruit sa capitale, Pseudopolis. Comme l'armée philistine, conduite par la reine Dolorès, approchait la ville, Achille, Hélène et les autres héros grecs s'élevèrent tout simplement au-dessus de leurs têtes, tels des nuages lumineux. Les Philistins entrèrent dans la ville sans rencontrer aucune opposition et, usant d'un feu qui détruit tout ce qui n'est pas gris, réduisirent Pseudopolis en cendres et en pierres.

Il est impératif de connaître l'unique loi du pays : chacun doit faire ce qu'on attend de lui. Aussi, comme les Philistins s'attendent que les femmes et les prêtres se conduisent de manière imprévisible, ces deux groupes font absolument ce qu'ils veulent et les hommes du pays leur sont soumis. Ce qui explique que Philistia ait toujours été dirigé par une reine.

Les Philistins vénèrent trois dieux principaux : Sesphara, Ageus et Vel-Tyno. De Vel-Tyno, on sait qu'il préférait la couleur grise : "Toute autre couleur, dit sa devise, est des plus abominables, jusqu'à ce que je change d'avis." Les ruines de Pseudopolis, sur Leuke, lui ont été dédiées.

En Philistia, les enfants sont apportés par des cigognes qui sont appelées selon le rite employé par les sorcières de Thessalie. L'invocation suivante est prononcée en latin :

Dictum est antiqua sandalio
mulier habitavit
Quae multos pueros habuit
tum ut puttuit nullum
Quod faciundum erat
cognoscere. Sic domina anser.

Deux lignes de craie sont ensuite tracées sur le sol et cinq étoiles noires sont placées sur un cercle. Le mari marche seul sur l'une des lignes de craie, fait signe à sa femme de le rejoindre et l'embrasse. La cigogne arrive alors et prend commande de l'enfant. Les Philistins considèrent comme obscure toute référence à d'autres moyens pour obtenir des enfants. Une petite secte, cependant, favorise l'opinion selon laquelle les bébés peuvent se trouver dans les choux ; c'est notamment le cas à Zavattinia*.

La reine des Philistins est convaincue que la poésie est populaire parmi ses sujets, encore qu'elle-même n'en lise jamais. En fait, nombre de personnes, à Philistia, pensent que la littérature n'apporte que des ennuis. Des trois écrivains qui ont jamais existé dans le pays, deux en furent exclus et l'on fit assez peur au troisième pour qu'il s'en aille de lui-même.

Le *tumbledug*, une espèce d'insecte malodorant mais respecté, affirme que les gens qui sont encore en vie sont agressifs, lascifs et obscènes ; il ne dit du bien que des morts.

• James Branch Cabell, *Jurgen. A Comedy of Justice*, New York, 1919 ; *Figures of Earth. A Comedy of Appearances*, New York, 1921.

PHILOS

Ile mal repérée sur les cartes, car elle est protégée du monde extérieur par sa géographie tout à fait singulière. Le seul endroit de la côte à ne pas être ceinturé de rochers n'est pas assez profond pour que les navires puissent s'approcher du rivage Le meilleur moyen d'atteindre l'île est donc de faire naufrage. Lorsque les insulaires trouvent les survivants honnêtes, ils les autorisent à séjourner dans leur pays. Dans le cas contraire, ils les exilent.

Ce n'est pas un souverain, au sens concret du terme, qui gouverne Philos, mais l'amour, l'amitié et la franchise. Celui qui sait incarner ces sentiments devient Premier Citoyen de l'île. Les candidats sont nombreux. Hormis l'influence du Premier Citoyen, les femmes les plus belles règnent aussi sur les cœurs par l'amour qu'elles inspirent. Très conscientes de leur pouvoir, elles choisissent leurs amants avec soin, ne s'attardent pas sur les jeunes pousses, mais sur les hommes en pleine possession de leurs moyens.

Il n'existe par de mariages formels à Philos, mais simplement de mutuelles déclarations d'amour. Il n'y a pas non plus de temples, puisque le cœur est le seul temple digne de ce nom. Tout système judiciaire est également ignoré, car les habitants sont justes. Les femmes de Philos sont d'ailleurs si vertueuses que les plus pauvres d'entre elles se sacrifient d'elles-mêmes pour satisfaire les désirs des hommes trop jeunes pour trouver des maîtresses. Regardées comme des citoyennes fort utiles, qui se dévouent pour le bien de la communauté, elles sont entretenues par l'Etat et seraient horrifiées si, pour leurs services, on leur proposait de l'argent.

La capitale de Philos est Philamire, où toutes les maisons qui ressemblent à des palais sont décorées de miroirs. Les nombreux théâtres de Philamire montent des pièces du répertoire français classique, où les actrices jouent des rôles de vierges vestales. Le théâtre principal est un bâtiment circulaire qui se dresse au milieu d'une agora octogonale. Ses nombreuses sorties préviennent tout mouvement de foule intempestif.

• Comte de Martigny, *Voyage d'Alcimédon ou Naufrage qui conduit au port*, Amsterdam, 1787-1789.

PHILOSOPHES, île des (1)

Une des îles hautes bordant la Terre de Feu, et notable pour son architecture. Les Philosophes y bâtissent de vastes édifices appelés *systèmes*, en commençant par la toiture, toujours très élaborée. Arrivée au stade des fondations, la construction s'écroule, tuant l'architecte sur le coup.

Les Philosophes occupent le plus clair de leur temps à peser l'air, à comparer deux gouttes d'eau, ou à élaborer des définitions, c'est-à-dire à remplacer un mot par plusieurs autres qui signifient la même chose. L'île est couverte de neiges éternelles, et les routes y sont exécrables. Le visiteur s'y égarera facilement.

• Pierre François Guyot, abbé Desfontaines, *Le Nouveau Gulliver ou Voyage de Jean Gulliver, fils du capitaine Gulliver. Traduit d'un manuscrit anglois, par M. l'abbé de L. D. F.*, Paris, 1730.

PHILOSOPHES, île des (2)
Située au large de la côte des Etats-Unis, près de l'île de la Chance. La capitale, Rispa, est le siège de la plus fameuse académie du monde.
L'île n'est pas gouvernée, car il a été impossible de se mettre d'accord sur le système le moins oppressif et le plus éclairé. Il n'y a pas non plus de religion, peu à peu discréditée par une campagne de railleries. Les auteurs de divers ouvrages de dérision reçoivent les lauriers académiques. Les écoles où s'expriment des rivalités philosophiques sont d'une grande importance. On y enseigne la plupart des systèmes de pensée connus en Europe et on y donne de nombreuses explications sur l'origine de l'univers. Des représentants de toutes les écoles – celles de Robinet, de Voltaire, de Diderot – ont finalement trouvé une terre où ils n'ont pas à perdre leur temps à parler avec le *vulgum pecus*, ni avec des ânes.
Avant de leur laisser visiter l'île des Philosophes, on conseille aux voyageurs de réviser leurs manuels sous peine de se retrouver complètement perdus dans un pays où la discussion philosophique est un pain quotidien truffé de citations et de contre-citations.

• Abbé Balthazard, *L'Isle des philosophes et plusieurs autres, nouvellement découvertes & remarquables par leurs rapports avec la France actuelle*, Chartres, 1790.

PHYLLIDE
Lorsqu'un voyageur arrive à Phyllide, il se réjouit en constatant que tous les ponts au-dessus des canaux sont différents les uns des autres : cambrés, couverts, sur pilotis, sur péniches, suspendus, avec des balustrades ouvragées. Des fenêtres variées ouvrent sur les rues : fenêtres mauresques, en ogive, lucarnes ou rosaces. Toutes sortes de pavements forment le sol : graviers, cailloux, ardoises, palets bleus ou blancs. En chacun de ses points, la ville offre des surprises au regard : un buisson de câprier jaillissant du mur de la forteresse, les statues de trois reines sur une console… “Heureux l'homme qui a Phyllide chaque jour sous les yeux et n'en a jamais fini de contempler ce qu'elle contient”, s'exclame le voyageur nostalgique de ne l'avoir qu'effleurée du regard.
Mais il arrive parfois que le voyageur doive rester à Phyllide et y passer le reste de ses jours. Bientôt la ville s'estompe devant ses yeux, les rosaces, les statues, les dômes s'effacent alors. Comme tous les habitants de Phyllide, il suivra le zigzag des rues : de l'une à l'autre, il distinguera les taches de soleil des taches d'ombre, une porte là, un escalier ici, un banc où il pourra poser son panier, un fossé où son pied glissera s'il n'y prend garde. Tout le reste de la ville demeure invisible. Phyllide est l'espace

dans lequel les routes sont dessinées entre des points suspendus dans le vide : le plus court chemin pour se rendre à la tente d'un marchand en évitant la fenêtre de tel créancier. Son pas ne suivra pas ce qui est extérieur au regard, mais ce qui est intérieur, enseveli, effacé.

Des millions d'yeux regardent par les fenêtres, les ponts, les câpriers, et peut-être scrutent-ils une page blanche. Bien des villes ressemblent à Phyllide, qui évitent le regard de tous, sauf de l'homme qui les prend par surprise.

• Italo Calvino, *Le città invisibili*, Turin, 1972.

PIERRE DORÉE

Saillie de grès battue par les intempéries sur la crête d'Alderley. Sur la pierre, un *stromkarl* ou jeune homme à la peau éclatante comme les perles, la chevelure roulant jusqu'à la taille en vertes vagues marines, psalmodie d'anciennes prophéties.

• Alan Garner, *The Weirdstone of Brisingamen*, Londres, 1960.

PILE

Ville monochrome ciselée dans un fin brocart de pierre, de brique et de mortier. Vouée à la splendeur, Pile semble avoir échappé aux mains de son créateur, et s'est transformée en un immense mausolée où le moindre recoin est recouvert de mosaïque. A travers les nombreuses arcades, les escaliers et les salles, les princes de Pile – tous cousins – croisent le fer perpétuellement.

La ville est habitée par des rêveurs, des bacheliers, de sombres moralistes, des officiers de police, des maîtres chanteurs, des philosophes madrés, des esprits chimériques, des octogénaires, des végétariens, des astronomes, des antiquaires, des savants, des prélats, des médiums, des mathématiciens, des moines, des physiciens, des alchimistes, des architectes et des maçons.

Le cœur de Pile, la Machine-Oracle, est un gigantesque ordinateur placé dans l'église Saint-Klaed, qui dicte au peuple de Pile ce qu'il doit faire. Conseillé par cet engin, le prince héritier quitta son royaume et pénétra dans un pays de toutes les couleurs d'où il ne put jamais revenir. C'est pour cette raison que les habitants de Pile pensent qu'abandonner un endroit c'est le perdre, et qu'ils ne voyagent jamais.

• Brian Aldiss et Mike Wilks, *Pile, Petals from St Klaed's Computer*, Londres, 1979.

PIMMINÉE

Ile à l'extrême ouest de l'archipel Mardi*. Tout à fait plate, recouverte d'une végétation rabougrie, l'atmosphère y est étouffante. Il est intéressant, pour le visiteur, d'observer l'habillement des indigènes et les

manifestations hystériques qui s'y rapportent.
Un code, incluant d'innombrables lois, prescrit chaque détail de leur costume. Ils ignorent toute espèce de chaussure ou de sandale : quand les nobles se promènent, leurs domestiques en livrée les précèdent et posent sous leurs pieds des petites tablettes sculptées, afin de leur éviter tout contact avec le sol. Les chevilles sont liées par une cordelette, afin de contrôler tout mouvement et de contenir la démarche dans les limites des règles des bonnes manières pimminéennes.

• Herman Melville, *Mardi and a Voyage Thither*, New York, 1849.

PINGOUINS, îles des, voir **ALCA**

PIQUÉCOUD

La seule entrée du village est une petite porte sur laquelle on lit l'avertissement suivant : "Les visiteurs sont priés de se déplacer le plus lentement possible, d'éviter de tousser et de faire des courants d'air."
Le village, peuplé de vivantes poupées de papier, est composé de maisons et de rues découpées dans des papiers de toutes les couleurs. C'est là, dans l'unique maison de bois, qu'habite Miss Piquécoud, créatrice de la communauté, qui vécut d'abord près du château de Glinda-la-Bonne, tout à fait dans le Sud d'Oz*. Elle y faisait des poupées de papier si belles qu'il était dommage que celles-ci n'aient pas été vivantes. Glinda lui donna du papier vivant, et tous ses découpages se mirent à penser et à parler. Glinda installa Miss Piquécoud dans un endroit abrité et érigea un mur autour de son domaine. Elle protégea également le village de la pluie, de manière que le peuple de papier ne se gondole, ni ne se dissolve.
Miss Piquécoud est adorée par ses sujets qui, chaque fois qu'ils la voient, agitent leurs mouchoirs de papier et entonnent l'hymne national.

• Lyman Frank Baum, *The Emerald City of Oz*, Chicago, 1910.

PIRE-AVENTURE

Château où tout voyageur est malvenu, insulté, repoussé, honni. Cet accueil n'est pas fait pour lui être désagréable mais pour l'avertir de n'y loger sous aucun prétexte. Les raisons de ce conseil ne sont pas fournies. Celui qui, téméraire, enfreindrait cet avis, verrait apparaître trois cents jeunes filles, occupées à divers ouvrages, avec des fils d'or et de soie. Leurs vêtements sont décousus et sales, et elles sont tout amaigries par la faim.
Il n'est possible de percer à jour ce mystère que si l'on est amicalement accompagné d'un lion apprivoisé et si les intentions qui vous animent sont pures.

• Chrétien de Troyes, *Yvain ou le Chevalier au lion*, XIIe siècle.

PLAT-PAYS

Comme aucune lumière ne tombe du ciel pour accentuer les ombres, tous les objets animés et inanimés apparaissent des lignes droites dans cette contrée. Il n'y a ni soleil, ni autres corps célestes, et l'on ressent une attraction constante vers le sud, qui sert de boussole.

La plupart des maisons, en forme de pentagone, sont sans fenêtres, car la lumière jaillit mystérieusement jour et nuit de l'intérieur comme de l'extérieur. Dans chaque demeure, on trouve une petite porte à l'est, pour les femmes, et une porte plus grande à l'ouest, pour les hommes. Pour des raisons de sécurité, les maisons carrées ou triangulaires sont à présent interdites. Les contours des objets inanimés étant plus flous que ceux des êtres humains, le voyageur distrait risque une collision.

Les habitants du Plat-Pays ont une taille qui n'excède pas douze pouces et qui dépend de l'âge de l'individu. Leur forme correspond à leur statut social : les femmes du peuple sont en ligne droite, tandis que les soldats et les ouvriers non qualifiés sont en triangle isocèle. Les classes moyennes, elles, donnent des triangles équilatéraux, alors que les professions libérales et les honnêtes hommes constituent des carrés ou des pentagones. La noblesse a six côtés ou plus, et les prêtres, qui forment la classe suprême, sont des cercles parfaits.

L'étudiant en sociologie notera avec intérêt qu'un enfant mâle naît spontanément avec un côté de plus que son père. Ainsi chaque génération peut-elle gravir un échelon dans l'échelle du développement et de la noblesse. Cette règle n'est pas toujours appliquée aux commerçants ou aux soldats, bien qu'il demeure possible de s'élever dans la société, soit par un fait d'armes, soit par un travail assidu, soit encore par alliance.

Les femmes du Plat-Pays sont pointues aux deux extrémités. Elles ont, en outre, le pouvoir de se rendre invisibles, ce qui, pour des raisons évidentes, rend tout flirt difficile. Il faut reconnaître que ce sont des têtes brûlées, qui n'ont pas plus de cervelle que de mémoire ; néanmoins, il est bon de se montrer prudent, car on risque, en en rencontrant une, fût-ce par hasard, d'être complètement détruit.

Après une période d'essai, on a définitivement supprimé la couleur du Plat-Pays, car elle rendait confuse l'identification des origines sociales. La contrée est aujourd'hui entièrement en noir et blanc, ce qui est plus clair.

• Edwin Abbott, *Flatland*, New York, 1952.

PLEURS, île des, voir **EBUDA**

PLUMES

Ile de l'océan Indien. Le chevalier de l'Etoile, voyageur et philosophe français, la découvrit en montgolfière,

Plume de noblesse et œuf royal de l'île des Plumes.

en 1784. Cette contrée est entourée et protégée du monde extérieur par des récifs. Son air parfumé, l'odeur suave des arbres en fleurs, la limpidité de cristal de ses rivières font de ce lieu un séjour de rêve pour les vacances.

La population y est exclusivement féminine. Les cheveux, signe de pauvreté sociale, sont portés par les femmes des classes inférieures ; celles des classes supérieures portent des plumes, dont la couleur indique le rang. Les dames nobles naissent d'une couvée d'oiseaux rares et leurs servantes, d'un nid de chenilles velues.

La maladie est inconnue et les femmes paraissent toujours jeunes, s'évaporant dans l'air après un millier d'années. La reine Céleste, issue d'un œuf de phénix, renaît régulièrement. Elle semble avoir toujours dix-huit ans, avec ses grands yeux noirs, son teint de rose et de lilas, sa taille de nymphe. Lors de sa rencontre avec le chevalier de l'Etoile, elle atteignait pourtant sa six cent cinquantième année.

Dans le palais de Céleste, toutes les chambres sont décorées de plumes, qui forment de charmants tableaux. En arrivant sur l'île, le chevalier fut d'abord pris pour une femme, en raison de ses longs cheveux, puis pour une réincarnation du dieu Phénix, à qui un temple était dédié.

En dépit des agréments de l'île, le chevalier s'ennuya : il partit au bout de douze mois, qui lui avaient paru durer cinq ans.

Les servantes trouvent quelque consolation à l'ennui profond qui ronge l'île, en songeant que leurs maîtresses, par leur condition, doivent se morfondre davantage encore.

Si toutes les langues sont pratiquées sur l'île, certains concepts comme le bonheur, le plaisir et la douleur ont du mal à être compris.

Il est intéressant, pour le voyageur, d'acquérir de gros diamants, peu prisés des insulaires, toutes sortes d'étoffes et la sève d'un arbre qui préserve la jeunesse et la beauté pour un siècle au moins.

• Fanny, comtesse de Beauharnais, *Le Somnambule ; œuvres posthumes en prose et en vers, où l'on trouve l'histoire générale d'une isle très singulière, découverte aux Grandes Indes en 1784*, Paris, 1786.

PLUTON

A ne pas confondre avec l'astre du même nom. Pluton est une vaste contrée, qui s'étend au centre de la Terre. L'accès à Pluton se fait à travers les gouffres des montagnes de Fer, qui entourent les pôles Nord et Sud.

Les paysages de Pluton, en général semblables aux paysages terrestres, sont parfois extrêmement beaux. Ce qui caractérise ce monde intérieur, c'est la réduction de tout ce qui s'y trouve. Les habitants de Pluton dépassent rarement quinze centimètres de haut et les animaux sont proportionnellement plus petits que leurs semblables sur la Terre.

Le climat de Pluton est très égal et tempéré, avec peu de variations d'une saison à l'autre. Le jour, Pluton est baigné d'une lumière claire, d'intensité constante, estimée provenir du Soleil par l'une des entrées polaires ou par des gouffres et des crevasses qui s'ouvriraient dans l'écorce de la Terre. Les étoiles fixes aperçues dans la nuit de Pluton demeurent un mystère. L'une des théories veut qu'elles soient des versions miniatures des corps célestes ; une autre, qu'il s'agisse de racines de volcans. Pluton possède aussi des mers et des fleuves ; avec une eau naturellement plus claire et plus pâle que celle des océans terrestres.

Il y a quarante-six Etats différents à Pluton : quinze royaumes, six empires, onze républiques et quatorze nations. Les peuples de Pluton sont très variés. Les plus primitifs sont probablement les nomades à la peau verte des plaines et des forêts ; les plus évolués seraient les citoyens d'Albur*. Les premiers n'ont pas de point fixe et se vêtent de peaux de bête fraîchement traitées. Ils ont une religion qui accepte l'existence d'un Créateur et d'une vie dans l'au-delà.

En 1806, un groupe de marins français et anglais échoua à Pluton. Les gens à la peau verte les prirent pour de mauvais esprits (peut-être en raison de leur teint pâle, le gris étant la couleur du mal dans leur système symbolique) et entreprirent de les lapider, car ils entendaient chasser ces mauvais génies. Enfin, persuadés que leurs visiteurs étaient des hommes, les prêtres se montrèrent plus amicaux et leur racontèrent beaucoup de choses sur leurs propres mœurs ; ils leur firent part aussi de l'existence d'autres habitants en certains endroits de Pluton, que les Anglais et les Français décidèrent alors de visiter, avant de retourner à la surface de la Terre.

• Collin de Plancy, *Voyage au centre de la Terre ou Aventures de quelques naufragés dans des pays inconnus. Traduit de l'anglais par M. J. Saint Albin (J.-A.-S. Collin de Plancy)*, Paris, 1823.

PNOTH

Vallée de l'île d'Oriab, entourée par les sinistres pics de Throk, dans la mer du Sud du Monde-du-Rêve*.

D'énormes *dholes*, qui se terrent en rampant dans des montagnes d'os, vivent dans la vallée de Pnoth. Les *dholes* sont visqueux au toucher et bruissent fort désagréablement quand ils passent à vos côtés en se tortillant. On ne les a, à vrai dire, jamais clairement aperçus, car ils ne rampent que dans l'ombre.

La vallée est également un dépotoir où les goules du Monde-du-Rêve jettent les déchets de leurs festins. On raconte que plusieurs personnages bien connus – morts depuis longtemps – habitent le Monde-du-Rêve sous la forme de goules. Ainsi est-il possible que les voyageurs y rencontrent des amis dont les traits sont presque semblables à ceux qu'ils avaient de leur vivant, avant qu'ils ne se joignent à cette épouvantable tribu.

• Howard Phillips Lovecraft, "The Dream-Quest of Unknown Kadath", in *Arkham Sampler*, posth., Sauk City, 1948.

POCAPAGLIA

Petit village du Piémont, en Italie, situé au sommet d'une colline dont les pentes sont si abruptes et escarpées que les habitants suspendent des sacs sous la queue de leurs poules, afin de ne pas perdre les œufs frais pondus qui, autrement, rouleraient en bas, jusqu'au fond des bois.

• Italo Calvino, *Fiabe italiane*, Turin, 1956.

POÉSIE

Ile habitée par des gens distraits, rêveurs et peu bavards. Chaque matin, ils tombent à genoux pour adorer la déesse Aurore, qu'ils placent bien au-dessus des neuf Muses et d'Apollon. Ces indigènes possèdent l'étrange caractéristique de concevoir leurs enfants mentalement et de les faire naître au bout de leurs doigts. Il faut dire que nombre de ces derniers sont des monstres. Les habitants de l'île de la Poésie ne les chassent cependant jamais et leur donnent une viande fort nourrissante, appelée "estime".

Lorsqu'un poète meurt, il est embaumé, et les trompettes de la gloire résonnent.

Les visiteurs resteront perplexes devant l'absence d'organisation politique, de développement économique et de forces militaires. Les habitants passent la plus grande partie de leur temps à errer, solitaires comme les nuages. Ils aiment s'asseoir près des cours d'eau désolés, et composer des vers qu'ils récitent avec emphase à leur entourage.

• Nicolas Frémont d'Ablancourt, *Dialogue des lettres de l'alphabet, où l'usage et la grammaire parlent. Supplément de l'*Histoire véritable. *Lucien, de la traduction de N. Perrot, sieur d'Ablancourt*, Paris, 1654.

POÈTES, île des, voir FOOLLYK

PÔLE BORÉAL

A quelques minutes d'arc du pôle Nord, à la latitude 80° 59' 15" nord, découvert d'abord par le capitaine John Hatteras, commandant du *Forward* de Liverpool, qui l'atteignit le 11 juillet 1861, avec quatre autres compagnons.

Couvert de laves et de scories, le Pôle Boréal manque de végétation ; il est dominé par un volcan en activité apparemment considéré comme le véritable emplacement du pôle Nord (voir Vrai Pôle Nord*). Avec son chien Duk, le capitaine Hatteras atteignit le sommet du volcan, le 12 juillet 1861 ; il y planta le drapeau britannique, mais perdit en même temps la raison. A son retour, il fut interné dans l'asile de Sten Cottage, à Liverpool. Les médecins remarquèrent qu'il avait perdu l'usage de la parole et qu'il ne pouvait marcher qu'en direction du pôle Nord.

Les visiteurs du Pôle Boréal découvriront que le volcan a été nommé mont Hatteras après l'inscription qui y fut apposée : "John Hatteras – 1861." D'autres informations sont fournies dans *Les Anglais au pôle Nord*, du Dr Clawbonny, publié par la Société royale de géographie.

• Jules Verne, *Les. Aventures du capitaine Hatteras*, Paris, 1870.

PÔLE NORD

Royaume qui s'étend sous l'Arctique. Constitué par un labyrinthe ouvert sur des solitudes glacées, il est peuplé de dinosaures civilisés.

Perspective de l'entrée au royaume du Pôle Nord.

La société dinosaure, soigneusement organisée, assigne une occupation à chacun de ses membres. Le travail principal consiste à surveiller d'énormes machines qui convertissent l'énergie électromagnétique du pôle en chaleur et en lumière. Les ouvriers chargés de cette tâche sont toujours accompagnés de jeunes apprentis qui, lorsque l'ouvrier commet une négligence, prennent immédiatement le relais, tandis que le fautif est conduit à l'abattoir.

Les dinosaures ont le visage insensible des lézards géants et s'habillent surtout de peau de phoque. Selon une théorie scientifique, ces créatures descendraient des dinosaures préhistoriques réfugiés sous terre.

Un rapport sur le royaume a été mis au jour en Sibérie septentrionale, au siècle dernier, par des archéologues français qui trouvèrent le manuscrit enfermé dans un bidon d'essence vide, à côté du squelette d'un dinosaure.

• Charles Derennes, *Le Peuple du Pôle*, Paris, 1907.

POLYGLOTA

Ile de la mer Rouge, où vit une race versatile, celle des Polyglotes. Ces gens, qui parlent toutes les langues, paralysent de stupeur l'étranger de rencontre et peuvent ainsi le manger cru sur-le-champ. Chose jamais vue à Paris, en dépit de la légende populaire. Dans la même île, mais sur la côte opposée, vivent des hommes de neuf mètres de haut, dont le corps, fait de marbre blanc, est équipé d'ailes de chauve-souris. La nuit, ils utilisent leurs oreilles comme matelas et comme couvertures. Dès que l'un de ces hommes aperçoit un autre être humain, il dresse ses immenses organes auditifs et s'envole précipitamment vers les déserts intérieurs.

• Anonyme, *Liber monstrorum de diversis generibus*, IXe siècle.

POLYPRAGMOSYNE,
ou port des **COQUINS**

On reconnaît les habitants de l'endroit à leurs sourires pincés et à leur air d'en savoir toujours plus que vous. Le principal monument de l'île – que le visiteur ne doit absolument pas manquer – est le panthéon des Grands Ratés, qui renferme les œuvres des constructeurs de la tour de Babel et des fontaines de Trafalgar Square. A l'intérieur de l'édifice, des politiciens animent des colloques sur les constitutions qui auraient dû réussir, des conspirateurs dissertent sur les révolutions qui auraient dû changer la face du monde, des économistes exposent les programmes qui auraient dû faire la fortune de tous, et ainsi de suite. Dans les halls, les cordonniers tiennent des conférences sur l'orthopédie, bien qu'ils ne parviennent point à vendre leurs souliers, et les philosophes démontrent que l'Angleterre serait la nation la plus riche et la plus libre du monde si seulement elle voulait bien se convertir au catholicisme. Chacun, à Polypragmosyne, exerce un métier qu'il n'a pas appris, car tous ont raté leurs examens. Dans la confusion générale, on voit parfois des charrues précéder les bœufs, des clous planter le marteau et les livres créer des auteurs. Les éléphants tiennent des magasins de porcelaine et les singes frappent la monnaie.

Sur les bords de l'île, vit le sage de Gotham, connu pour draguer inlassablement l'étang avec l'espoir d'en ramener la Lune. De même que la plupart des autres insulaires, il finira ses jours au pays des Anes d'or*.

• Charles Kingsley, *The Water-Babies : A Fairy Tale for a Land-Baby*, Londres, 1863.

POMACE

Royaume-fée du Herefordshire, en Angleterre, qui n'a ni l'agitation de Zuy*, ni les grandioses traditions de Brocéliande*.

A la différence de la plupart des royaumes d'elfes, Pomace joua un rôle important dans l'histoire des hommes par le biais de l'elfe Hamlet qui, bien que d'excellente famille, se distingua par toutes sortes d'excentricités. Il créa la Société pomacéenne des folles spéculations, jugée subversive par les esprits forts. Fondée dans le but de discuter de l'art de coucher à la belle étoile, des ravages du bon goût, ou de l'hypothèse selon laquelle les hommes seraient plus intéressants que les elfes, la société fut dissoute, surtout en raison de ce dernier thème, qui fut accueilli par une véritable levée de boucliers. Hamlet se fit également remarquer par son intérêt pour le théâtre.

Il épousa Nel, l'une des plus belles sylphides jamais nées à Pomace. Elle mourut en donnant naissance à des jumeaux, dont le père n'était pas Hamlet, mais un misérable mortel. Dans un tel cas, les elfes se font en général avorter, mais il fut impossible de trouver le traditionnel mélange d'écorce et de feuilles de genévrier nécessaire à l'opération. Les jumeaux furent élevés à Pomace et quittèrent le royaume une fois parvenus à l'adolescence, au plus grand soulagement de la population. Des années plus tard, lassés d'une longue vie d'errance et de débauche, ils vinrent retrouver leur père adoptif pour lui annoncer qu'ils entraient dans les ordres.

Hamlet fonda pour eux le séminaire de Wenlock, dans le Nord du pays de Galles, et les jumeaux fréquentèrent le collège de Caraway. L'un devint archevêque d'York et l'autre, de Canterbury.

• Sylvia Townsend Warner, *Kingdoms of Elfin*, Londres, 1972.

PONUKELE-DRELCHKAFF

Vaste empire africain, bordé au nord-ouest par le Dahomey, au nord par le massif Baoutchi et, sans doute, au sud par le Congo (bien que les courtisans préfèrent dire à l'empereur que son domaine s'étend jusqu'au cap de Bonne-Espérance).

L'empire est divisé en deux régions bien distinctes par le fleuve Tez, à l'embouchure duquel s'élève la capitale : Ejur. Au nord du Tez, s'étend la région de Ponukele. Au sud, celle de Drelchkaff. Longtemps séparés, ces deux royaumes cessèrent de se battre le 5 juin 1904, date à laquelle Talou VII, roi de Ponukele, tua Yaour IX, de Drelchkaff, au cours de la bataille du Tez.

La capitale, Ejur, est une ville imposante aux innombrables huttes de chaume. Elle est située près d'une côte si abrupte que, pour y accoster, les bateaux doivent faire naufrage sur les récifs. Au centre d'Ejur, la piazza des Trophées, un square imposant, est bordée de chaque côté par une allée de sycomores centenaires, où l'on peut admirer des lances décorées de crânes humais, de la bimbeloterie et maints trophées gagnés par Talou II et ses prédécesseurs, au cours de leurs campagnes victorieuses.

Aux portes de la ville, le grand parc de Behuliphruen, entretenu par une armée d'esclaves qui s'y dévouent corps et âme, abrite des merveilles florales provenant du monde entier. Les visiteurs pourront admirer un grand arbre aux fruits semblables à de gigantesques bananes. Ils peuvent cueillir l'un de ces fruits, lui donner la forme d'une bougie et insérer en son milieu l'une des plantes grimpantes qui entourent le tronc de l'arbre. Une fois allumée, la bougie émettra un bruit semblable à un coup de tonnerre. Une autre plante curieuse, portant des fleurs rouges, exhale un parfum violent, qui attire les moustiques.

La faune de Ponukele-Drelchkaff est des plus curieuses : on y trouve un gros oiseau charognard aux ailes puissantes et aux pattes d'échassier, et un rongeur semblable à un écureuil, pourvu d'une petite crinière noire dont les poils émettent deux notes de musique d'une sonorité égale. Enfin, dans la rivière du parc, vit un ver mélomane, aussi obèse qu'inoffensif. S'ils souhaitent le voir, il suffit aux visiteurs de jouer un air mélodieux : charmé, le ver fera immédiatement surface pour écouter la musique.

• Raymond Roussel, *Impressions d'Afrique*, Paris, 1910.

• Jean Ferry, *L'Afrique des impressions*, Paris, 1967.

POPO

Royaume lilliputien d'Allemagne, de dimensions si réduites que ses frontières sont partout visibles à l'œil nu. Depuis l'abdication du roi Peter, qui souhaitait se consacrer à des études philosophiques, le pays est gouverné par son fils Léonce, marié à Léna, princesse du royaume voisin.

Le roi Léonce a entrepris de transformer son royaume en Etat épicurien, honoré par les muses : il a fait briser toutes les pendules et interdire tous les calendriers. Depuis, on ne connaît plus l'heure que grâce aux fleurs et l'âge, grâce aux fruits. D'énormes miroirs solaires, disposés le long de la frontière, créent un climat estival, agréable et uniforme.

Le ministre, Valério, qui se proclame encore vierge dans le domaine du travail, est doué d'une énorme persévérance dans la paresse, au dire des mauvaises langues. Il veille à ce qu'aucun sujet ne se surmène. Son premier et unique décret stipule que quiconque aurait des ampoules aux mains serait placé sous tutelle, quiconque se rendrait malade à force de travail ferait l'objet de poursuites judiciaires et quiconque se vanterait de gagner son pain à la sueur de son front serait déclaré fou et dangereux pour la société.

• Georg Büchner, "Leonce und Lena", in *Telegraph für Deutschland*, n° 76-80, Hambourg, 1838.

Le Mont Analogue vu de Port-aux-Singes.

PORT-AUX-SINGES

Petite ville sur la côte de l'île du Mont Analogue*, habitée uniquement par des Européens et surtout par des Français. L'origine du nom est confuse : il n'y a aucun singe dans la région.

Dans la baie, le long du rivage, des bateaux de tout âge et de tout pays attendent à la queue leu leu d'être changés en pierres ou rongés par la vermine. Les multiples expéditions les ont abandonnés pour se lancer à l'assaut du Mont Analogue. Comme toutes les autres villes côtières, Port-aux-Singes n'est que le point de départ pour le premier camp, distant de deux jours de marche en montagne, où les voyageurs seront pris en charge par les guides.

Les expéditions, à l'arrivée à Port-aux-Singes, reçoivent du guide une bourse pleine de disques métalliques, sorte d'avance financière qui servira au paiement de marchandises ou de services. Les voyageurs doivent rembourser cette provision pendant leur séjour à Mont Analogue. Pour ce faire, une seule possibilité légale s'offre à eux : la remise d'un certain gemme de cristal parfaitement pur et unique au monde. Dans la langue de Port-aux-Singes, on l'appelle *peradam*, c'est-à-dire "plus pur qu'un diamant" ou "père du diamant". Connue aussi sous le nom de "pierre d'Adam", elle est mystérieusement associée aux origines de l'homme. La pureté de la pierre est si grande, son indice de réfraction (malgré sa grande densité) si proche de celui de l'air qu'un œil distrait ne l'aperçoit pas. Mais quiconque, animé d'un sentiment sincère, prospecte, verra se révéler le *peradam* dans toute la splendeur de son éclat, aussi parfait qu'une goutte de rosée. Le *peradam* est la seule chose qui ait ici de la valeur. Bien qu'aucune précision ne soit fournie, une fin désagréable attend ceux qui n'auront pu régler la dette initiale.

Port-aux-Singes est organisée simplement, un peu comme une petite ville européenne avant la révolution industrielle. Electricité, moteurs et explosifs sont interdits. La cité, avec ses quelques églises, sa mairie et son commissariat, est entre les mains des guides, délégués pour l'administrer. Leur autorité incontestée est fondée sur leur richesse en *peradam*. Les habitants des régions côtières ne possèdent que des disques de métal qui n'ont aucun pouvoir réel, mais suffisent aux besoins quotidiens.

Les descendants des expéditions débarquées depuis des siècles forment la population. Toutes les races se côtoient : Africains, Asiatiques, et certaines ethnies en voie de disparition. Tous les ports ressemblent à Port-aux-Singes, mais chaque peuplade y a imposé ses coutumes et sa langue qui ont évolué de façon spécifique. Par exemple, à Port-aux-Singes, le français contient de nombreux archaïsmes, des barbarismes et des néologismes tels que *peradam*.

Le climat tempéré permet l'épanouissement d'une flore et d'une faune typiquement européennes. Toutefois, on a découvert des espèces inconnues : un volubilis arborescent, à la croissance et à la germination telles qu'il remplace, en plus lent, la dynamite dans les carrières. Le lycoperdon incendiaire, une espèce de vesse-de-loup, qui explose et disperse au loin des spores qui, quelques heures plus tard, après une intense fermentation, s'enflamment brutalement. Le buisson parlant, qui reproduit les sons de la voix humaine, et répète comme un perroquet le moindre mot prononcé à proximité. Le mille-pattes-roue, un scolopendre de deux mètres de long, qui adore dévaler les pentes, enroulé sur lui-même. Le lézard cyclope, proche du caméléon, qui possède en plus de son œil médian deux petits yeux atrophiés. La chenille volante, sorte de grand ver à soie, qui n'atteint jamais le stade adulte et se reproduit par parthénogenèse. Par beau temps, elle se gonfle en quelques heures, grâce à un gaz produit dans l'intestin, et prend la forme d'un ballon volumineux emporté par le vent.

• René Daumal, *Le Mont Analogue*, Paris, 1952.

PORTE-A-CÔTÉ

Archiduché d'Europe centrale très renommé, car il exporte des reines dans les pays voisins.

Les filles de l'archiduc grandissent en toute liberté dans le vieux palais et ses jardins, sans même apprendre leur propre langue. Dès qu'on les juge bonnes à marier, elles entrent au catalogue, et la description de leurs charmes est envoyée à tous les princes voisins célibataires. Aussitôt que l'une d'elles est choisie, elle est transférée à la nursery royale où des gouvernantes et des professeurs compétents lui enseignent langage, manières et coutumes de son futur pays.

Les armes de Porte-à-côté représentent en bande une oie et ses oisillons, à la fière démarche, sur fond de gueules ; en crête, un babouin, le nez bleu, au naturel dans un fauteuil sur fond d'argent, et en support deux œufs de poule fendillés au naturel sur fond de sable. Devise : "A la coque ou à la vinaigrette." Tout cela révèle que les œufs sont la principale production du pays. La monnaie, composée de pièces de cuivre et d'argent, est systématiquement refusée dans les pays voisins.

• Tom Hood, *Petsetilla's Posy*, Londres, 1870.

PORTIUNCULA

Village sur le mont Cervati, quelque part près de la vallée de Lucania, en Italie du Sud. Les voyageurs se rendent à Portiuncula pour y retrouver quelque chose de leur passé perdu. Les pentes du mont Cervati sont dénudées et solitaires. Une misérable forêt de petits chênes et de hêtres rabougris grimpe jusqu'au sommet. Le sol calcaire, presque stérile, ne convient qu'au maïs. L'été, la poussière et la chaleur sont insupportables, et les vents glaciaux qui soufflent l'hiver rendent la marche difficile. Le printemps ne convient pas non plus au voyage, car les torrents de pluie, qui se déversent dans la vallée, rendent les chemins glissants et dangereux. Le voyageur désireux de se reposer ne trouvera que deux villages avant Portiuncula : Teggiano et Laurino, l'un près d'un château en ruine et l'autre près d'une petite église.

Tous ceux qui voient Portiuncula le jugent différent de ce dont ils se souviennent, bien qu'il soit difficile de dire en quoi consistent ces changements. Pour cette raison, certains décident d'ajourner leur voyage.

• Stefan Andres, *Die Reise nach Portiuncula*, Munich, 1954.

POT-AU-NOIR, voir **DOLDRUMS**

POUPÉES, royaume des

On pénètre dans ce monde enchanté en grimpant dans la vaste armoire qui occupe un mur de l'antichambre du président Silberhaus à Nuremberg, en Allemagne. Il est indispensable de se faire accompagner du guide Casse-Noisette, *alias* M. Drosselmayer.

Ce royaume ravira les voyageurs gourmands : au bout d'une prairie s'ouvre une galerie soutenue par des colonnes de sucre d'orge et pavée de macarons et de pistaches. Plus loin, on rencontre des bergères, des chasseurs et chasseresses en sucre dans une forêt parfumée avant de déboucher sur le village des Massepains. Pour rallier la capitale, il suffit de descendre le fleuve d'essence de rose à bord du char de coquillages et de pierreries traîné par des dauphins d'or. Au-delà du bois des Confitures s'étend Confiturembourg, métropole de fruits glacés, rendue étincelante par le sucre cristallisé qui la recouvre. Sur la grand-place se dresse un obélisque-brioche ; les bassins sont remplis de crème Chantilly, et des fontaines coule du sirop d'orangeade ou de groseille.

Les Confiturembourgeois croient à la métempsycose et vénèrent un principe appelé "Confiseur" qui, pensent-ils, leur accordera une meilleure cuisson et une plus jolie forme dans une vie future.

Le voyageur aura peut-être la chance d'être invité à prendre le thé en compagnie des princesses-poupées de Marie Silberhaus dans le palais des Massepains, édifice sans cesse menacé de dégradations par le géant Bouche-Friande qui, de temps à autre, croque une tour. Lors de la visite, on ne peut que s'extasier devant la beauté des petits pages à la tête faite d'une perle, au corps clouté de rubis et d'émeraudes, et aux pieds d'or ciselé à la manière de Benvenuto Cellini.

Les amateurs de crème Chantilly sont autorisés à se munir d'une cuillère, qu'ils pourront plonger à loisir dans les bassins de la capitale sans choquer la population.

• Alexandre Dumas père, *Histoire d'un casse-noisette*, Paris, 1845.

POURPRE

Par 45° de latitude sud, dans l'océan Pacifique, île peuplée par une tribu d'origine inconnue, les Ethiopiens rouges.

On a pu penser que, découverte par des marins allemands, elle avait été colonisée ensuite par des Français. En réalité, c'est à Lord Glenarvan que doit être attribuée la véritable découverte de cette terre qu'il baptisa île Ethiopienne, nom qui ne fut jamais adopté. Il avait hissé les couleurs britanniques sur le plus haut sommet, mais les indigènes, incapables de comprendre une langue étrangère, s'emparèrent du drapeau et s'y taillèrent des pantalons.

• Mikhaïl Afanassievitch Boulgakov, *Bagrovyi ostrov*, Moscou, 1928.

POYANG

Montagne où règne une divinité irascible. Si l'on veut grimper en toute sécurité sur Poyang, il convient d'offrir au dieu un sacrifice de viande de chien, cuite à point. Si le morceau est trop saignant, le visiteur devra le manger. Une main invisible jettera alors sur lui une peau de tigre, le transformant illico en tigre mangeur d'hommes, un animal qui abonde sur l'île.

• Liu Ching-Shu, *Gardens of Marvels*, Ve siècle av. J.-C.

PRÉSENT

Pays proche du pôle Sud. Découvert en 1828 par Mr Arthur Gordon Pym de Nantucket, il a été exploré un siècle plus tard par un aventurier français, Adam Harcz.

Les voyageurs peuvent l'atteindre par avion. A trois mille mètres, ils survoleront, après avoir traversé un brouillard léger, une chaîne de montagnes truffée de cratères volcaniques, d'où s'élève une fumée incandescente. A l'arrivée, les montres s'arrêtent. Ce phénomène est naturel et les plaintes des voyageurs auprès des fabricants demeureront sans réponse.

D'un rapide coup d'œil, on survole le pays du Présent : au pied des montagnes, s'étend une plaine phosphorescente, blanche et bleue, parsemée de lacs et d'étangs reliés entre eux par les sinuosités des canaux et des torrents. Au bord de l'eau, le sable est gris. Une flore caractéristique offre ses bosquets de coraux blancs et lumineux, ses arbres élancés aux feuilles opaques et rondes, aux fruits replets et transparents comme le verre filé.

Au pays du Présent, les habitants n'ont pas de mémoire ; chaque instant y est neuf, parfait. Toute vie est suspendue aux lèvres de ce temps immobile, sans avenir. Tout est clair. Ni mystère, ni cachotterie, ni mensonge, ni fatigue, ni douleur. La seule activité connue est rapportée dans le journal de voyage d'Adam Harcz : au crépuscule, deux par deux, les habitants pénètrent dans la montagne par une énorme brèche. A l'intérieur, la température s'élève. Les parois en or d'un tunnel s'ouvrent sur un gouffre où s'épanouit un arbre. Un oiseau chante. Surgit alors une blanche apparition (selon Mr Gordon Pym, elle est, dans son linceul, d'une taille supérieure à n'importe quelle créature humaine de la planète). La terre tremble et les fruits de l'arbre tombent. Les indigènes se prosternent devant le végétal, prennent un fruit, qu'ils écrasent sur leur front, et lancent le cri *Tekeli-li*. Leur visage exprime alors toutes les émotions, devenant soit hideux, soit d'une beauté céleste. Les indigènes sont des humanoïdes androgynes, translucides comme du jade blanc, dont les doigts palmés à l'exception du pouce forment une main semblable à la nageoire d'un poisson japonais. Ils ont de grands yeux, les cheveux courts, des dents et des ongles de nacre, des corps bien proportionnés, des gestes gracieux. Ils adorent par-dessus tout nager et jouer dans l'eau des bassins. Leurs besoins sont inexistants : ils ne dorment pas, et l'air constituant leur seule nourriture, toute forme de sécrétion leur est inconnue. Ils communiquent dans une langue musicale et ne sont affligés d'aucun des vices humains.

Le village, en forme de croissant, regroupe des huttes bombées, composées d'un patio couvert et d'une seule pièce n'ayant pour tout mobilier qu'un matelas de varech sur lequel les occupants font l'amour.

Le visiteur souhaitant conserver le souvenir de son passage dans cette contrée devra se procurer une pierre de forme elliptique ressemblant au lapis-lazuli et au pouvoir mémorisateur.

• Edgar Allan Poe, *The Narrative of Arthur Gordon Pym of Nantucket*, New York, 1838.
• Dominique André, *Conquête de l'Eternel*, Paris, 1947.

PRINCE HEUREUX, cité du

Peut-être connue aujourd'hui sous un autre nom. Dans le square central s'élève une haute colonne qui supportait une statue. Celle-ci n'est toujours pas remplacée, car le maire et les conseillers municipaux n'arrivent pas à se mettre d'accord sur l'identité de celui qui sera honoré par la nouvelle statue.

L'ancienne statue était celle du prince Heureux, qui gouvernait la ville dans un lointain passé. Le prince était représenté entièrement recouvert de feuilles d'or fin, deux saphirs étincelants remplaçaient ses yeux et un énorme rubis flamboyait au pommeau de son épée. Découvrant du haut de sa colonne la misère et les souffrances du peuple, dont il n'avait jamais eu connaissance durant son règne, il convainquit une hirondelle, qui s'était arrêtée dans la cité au cours de sa migration vers l'Egypte, de distribuer aux pauvres les gemmes de ses yeux et les feuilles d'or dont il était couvert. L'hiver vint, mais l'hirondelle ne voulut pas quitter le prince, désormais aveugle et nu.

L'oiseau mourut aux pieds de la statue, dont l'aspect était devenu si pitoyable que les conseillers municipaux décidèrent de l'enlever.

• Oscar Wilde, *The Happy Prince and Other Tales*, Londres, 1888.

PRINCE PROSPERO, château du

Sans doute en Europe centrale. Abbaye fortifiée que ceinture un énorme rempart percé de portes de fer. Le prince Prospero y chercha refuge contre les ravages de la Mort rouge, qui dévastait ses Etats. La demeure s'enorgueillit de sept magnifiques pièces, disposées si irrégulièrement que le regard ne peut en embrasser plus d'une à la fois. Au milieu de chaque mur s'ouvrent de grandes fenêtres gothiques, dont les vitrages sont colorés dans la teinte dominante de la pièce. D'est en ouest, se succèdent ainsi les salles bleue, pourpre, verte, orange, blanche, violette et noire. Ni lampe, ni bougie n'éclairent ces vastes appartements : seul, le feu des braseros luit à travers les vitres enluminées.

Pour célébrer le cinquième ou sixième mois de sa retraite, le prince convia ses mille amis à un bal masqué. La fête fut malheureusement interrompue par la Mort rouge qui, vêtue de ses macabres atours, avait décidé d'assister aux réjouissances.

• Edgar Allan Poe, "The Masque of the Red Death", in *Tales of the Grotesque and Arabesque*, Philadelphie, 1840.

PROCURATION

Pays méditerranéen, à une journée de l'île de Cheli. Cette contrée souillée, tachée, raturée et illisible est habitée par des Procultous et des Chiquanous qu'on dit capables de tout et qui font office de procureurs et d'huissiers. Il est peu probable que le visiteur s'y voit offrir l'hospitalité ; en revanche, on lui fera des révérences aussi longtemps qu'il pourra payer.

La population a, depuis longtemps, pris l'habitude de gagner sa vie en recevant des coups. Si un moine, un prêtre, un avocat, un usurier ont quelque raison d'en vouloir à quelqu'un, ils lui envoient un Chiquanou. Celui-ci, selon les instructions de son client, sera grossier, insultant, agressif, menaçant. En retour, il est battu. Le voilà riche pour quatre mois. En plus des honoraires qu'il reçoit de son employeur, il obtient des dédommagements substantiels de la part de l'adversaire, et il n'est pas rare que les indemnités soient égales à la fortune de l'agresseur.

• François Rabelais, *Le Quart Livre des faicts et dicts héroïques du bon Pantagruel*, Paris, 1552.

PROSPERO, ou CALIBAN

Probablement en Méditerranée, entre Tunis et Naples, bien que des marins naufragés croient que cette île appartient aux Antilles.

Elle est habitée par le monstre Caliban, par des elfes et par des sylphes, dont Ariel. Le dieu de l'île, Setebos, vit dans la Lune, qu'il créa en même temps que le Soleil et la mer.

Au début du XVIIe siècle, l'ancien duc de Milan, Prospero, y vécut avec sa fille, Miranda, future reine de Naples. Près d'un lac aux eaux boueuses, on voit encore sa hutte, abritée des intempéries par un bosquet. Sa remarquable bibliothèque de livres d'occultisme et de magie est presque intacte. Il n'y manque qu'un

Hutte du duc de Milan sur l'île de Prospero.

volume, enterré quelque part dans les environs avec les formules magiques qu'il contenait.

L'île comprend à la fois des lieux fertiles et des endroits désolés, des sources d'eau douce et d'eau salée ainsi qu'une grande étendue couverte de bruyères et de genêts. On trouve des glands de terre et des avelines. De nombreux petits animaux pullulent : crapauds, vipères, tortues, taupes, geais, abeilles et moustiques. Il y a aussi des chênes et des pins, comme celui dans lequel Ariel fut emprisonné par la sorcière Sycorax, mère de Caliban.

L'île frémit de bruits et de brises. Si la musique enchantée qu'on y entend parfois n'est pas maléfique, il ne faut prêter aucune attention à d'autres bruits, tels ceux d'un curieux écho ou du battement d'un tambourin.

• William Shakespeare, *The Tempest*, Londres, 1623.
• Robert Browning, "Caliban upon Setebos", in *Dramatis Personae*, Londres, 1864.

PROTOCOSME

Pays souterrain, d'accès difficile, dont le nom original est imprononçable en français.

Cette île gigantesque flotte sur une substance molle, boueuse, légèrement concave, qui est la couche intermédiaire entre ce monde et le nôtre. Au milieu de son ciel, donc au centre de notre Terre, une sphère métallique répand une pâle lumière rose. La monotonie du sol, plat et régulier, est heureusement rompue par les bosquets sacrés. Les villes, les fermes et autres bâtiments sont souterrains, à l'exception des observatoires et des petites tours de surveillance.

Le territoire est divisé en carrés égaux qui contiennent au moins huit maisons, chaque couple de Mégamicres (nom des habitants) en disposant d'une. Toutes les terres sont cultivées. Les maisons des paysans, petites et massives, s'étagent sur trois plans, avec un niveau supplémentaire pour les étables et les granges. La lumière naturelle, diffusée par des fentes pratiquées au plafond, n'éclaire que le dernier étage. Dans les autres pièces, la clarté provient de plaquettes de cristal et d'acier. Entre ces deux matières, on a glissé une mince pellicule phosphorescente, semblable à du mercure. Cette substance sert de monnaie et représente le bien le plus précieux à Protocosme.

Le visiteur doit admirer l'architecture des villes, les vastes et magnifiques demeures, et surtout, dans chaque cité, le palais royal ou *Econearcon*, résidence du roi, l'*Abdala*.

Ces palais, des cubes parfaits, renferment cours, jardins, canaux, bois, et tout ce que l'industrie, la science ou l'argent procureront au bien-être d'un monarque. Chaque *Econearcon*, pourvu de mille pièces, pourrait loger cent mille serviteurs. On ne manque pas d'être ébahi par la centaine de salles de musique. En vertu du précepte religieux : "Homme riche ou noble, fais ce que tu peux pour qu'un toit solide abrite le sommeil de tes semblables", le gouvernement a ordonné l'édification extra-muros d'habitations destinées aux pauvres. A Protocosme, la nuit – plus longue – est préférée au jour.

Protocosme est divisé en quatre-vingts royaumes et dix républiques, qui s'étendent sur trois millions de kilomètres carrés. Le reste du territoire, soit environ quatre-vingt-dix millions de kilomètres carrés, se partage en deux cent seize fiefs triangulaires, d'inégale grandeur, régis par des feudataires.

L'aspect des Mégamicres rappelle celui des bébés. Leur peau, colorée, n'est jamais noire ou blanche, et très rarement rouge. Leurs cheveux, touffus et courts, sont aussi de couleurs variées. Tous portent un curieux chapeau pointu, qui dégage le front et couvre les oreilles. Loin d'être ornementale, cette coiffure est en fait un cartilage solidaire du crâne, analogue aux oreilles.

Les Mégamicres sont hermaphrodites et ovipares. Ils naissent par paire et se nourrissent de leur propre lait, qui les garde jeunes et bien portants jusqu'à leur mort ; celle-ci intervient toujours au bout de cent quatre-vingt-douze moissons, soit quarante-huit ans. Le rendement en lait est stimulé par le frottement sur la peau de certaines herbes et de fleurs parfumées ; sa valeur nutritive est renforcée par l'absorption d'une espèce de farine tiède, relevée d'épices. Pendant les repas, une fois leur bouillie consommée, les convives s'offrent mutuellement de goûter leur production laitière. Un Mégamicre qui ne réussit pas à faire ce don est profondément vexé… Cette tétée réciproque dure à peine une minute et demie, puis l'assemblée se congratule tendrement et se lance dans des conversations animées. Au dessert, chacun reçoit un petit panier d'herbes sur lequel il jette une pincée d'une poudre rose spéciale provoquant l'ignition du mélange en belles flammes bleues et l'exhalaison d'un parfum délicat et très nourrissant. Sitôt les herbes consumées, le repas, qui dure environ une heure, prend fin. Le Mégamicre passe les douze premières années de sa vie (trois années normales) avec son jumeau dans une cage où rien ne manque et n'a pour seul divertissement que la conversation. Rien d'étonnant alors que des liens les unissent la vie entière, leurs deux corps fusionnant en un seul esprit.

La langue de Protocosme, harmonieuse et musicale, possède six voyelles : *a*, *e*, *i*, *o*, *u* et *oo*, mais pas de consonnes, qui risqueraient de heurter les tympans délicats des Mégamicres.

L'année est partagée en quatre "bois verts brûlés", périodes de quarante-cinq jours, égales à cinq "résurrections" ou *pentamans* de cinq jours et vingt heures. L'heure vaut trente-six minutes, la minute trente-six secondes et la seconde correspond exactement à une pulsation artérielle. Le nom de "bois vert brûlé" dérive de celui d'un buisson, sans branches ni feuilles, qui apparaît au premier jour de l'année, pousse à hauteur d'un Mégamicre pendant un *pentaman*, puis s'enflamme après avoir été exposé deux heures sous une pluie torrentielle.

La faune de Protocosme ressemble à la faune européenne, à l'exception du cheval ailé, plutôt rare sous nos climats. L'impact, en altitude, de deux chevaux lancés à plus de soixante-dix kilomètres à l'heure et pesant chacun une quarantaine de kilos endommagerait sérieusement montures et cavaliers. A Protocosme, les serpents présentent également un intérêt : ennemis naturels des Mégamicres, ils vivent en paix, au milieu des orchidées et se nourrissent de fruits. Leur doux regard est dangereusement fascinant, et ils émettent parfois un sifflement terrifiant.

Les gens qui seraient désireux de connaître Protocosme doivent en chercher l'entrée sous les montagnes de Slovénie, par une voie qui a permis l'évasion de ses deux premiers visiteurs. Leur journal de voyage ne contient malheureusement aucune précision sur la situation exacte du passage.

• Jacques Casanova de Seingalt, *Icosameron ou Histoire d'Edouard et d'Elisabeth, qui passèrent quatre-vingt-un ans chez les Mégamicres, habitants aborigènes du Protocosme dans l'intérieur de notre globe*, Prague, 1788.

PTOLEMAIS

Sombre cité grecque, aux maisons bardées de portes en cuivre et de fenêtres aux noires tentures. Dans les plaines d'Herlusion, sur les bords du fétide canal charonien, près des catacombes, rôde une sinistre créature, l'Ombre. Il est bon de savoir que sa présence présage la mort.

• Edgar Allan Poe, "Shadow : a Parable", in *Tales*, Philadelphie, 1845.

PTYX

Ile formée d'un seul bloc d'une roche qu'on ne trouve nulle part ailleurs dans le monde et qui est, de ce fait, d'une valeur inestimable. La pierre de Ptyx a la translucidité sereine du saphir blanc et, tandis que les autres pierres sont froides au toucher, elle a la chaleur de la peau des timbales. L'île est difficile à décrire : sa surface irréprochable est à la fois celle "d'un liquide équilibré selon les lois éternelles" et celle "d'un diamant impénétrable".

On aborde aisément dans Ptyx, car des degrés naturels conduisent au sommet de l'île. Là, le visiteur ne percevra pas les accidents du monde, mais la substance même de l'univers.

Le seigneur de l'île s'approche pour accueillir le visiteur dans un vaisseau. Le balancement de la chaise à bascule dans laquelle il est assis semble un geste de bienvenue. Grand fumeur de pipe, le seigneur a un plaid sur les genoux et offre à ses hôtes des œufs peints.

Dans l'île vivent des faunes et des nymphes à la chair incarnate, qui semblent planer dans les airs, et que les mélodieuses vibrations de la pierre de Ptyx désensommeillent.

• Alfred Jarry, *Gestes et Opinions du docteur Faustroll, pataphysicien*, posth., Paris, 1911.

PUCELLES, château des

Il commande une colline fortifiée, au pays de Galles. On y pénètre par un étroit passage entre de hauts murs de terre protégés par des remparts et plusieurs fossés.

L'endroit est enchanté : même durant le jour, les habitants de la région l'évitent, de peur de rencontrer l'un des fantômes qui l'habitent. On raconte que, par certaines nuits venteuses, le spectre de Morgane-la-Fée* apparaît au sommet du château et s'évanouit avec l'aube.

Durant la quête du Graal, Galaad et ses compagnons arrivèrent au château des Pucelles, et apprirent que sept frères, tous chevaliers, s'en étaient emparés et terrorisaient le voisinage en capturant des femmes et en les gardant prisonnières dans la forteresse. Galaad vainquit les sept frères et la paix revint dans la région.

Un ermite interpréta la défaite des sept frères comme une allégorie. Le château représentait les âmes des justes avant la venue du Christ, les sept frères, les sept péchés capitaux, et Galaad, le Christ délivrant les âmes des pécheurs de leurs chaînes.

• Sir Thomas Malory, *Morte Darthur*, Londres, 1485.

• John Steinbeck, *The Acts of King Arthur and His Noble Knights From the Winchester Manuscripts of Sir Thomas Malory and Other Sources*, posth. New York, 1976.

PUITS-DU-BOUT-DU-MONDE

Au nord des Hautprés, probablement en Europe septentrionale. Ceux qui boivent de son eau sont assurés d'une longue vie et d'une éternelle jeunesse. Leurs cicatrices et leurs rides s'effacent, et ils prennent l'apparence des dieux.

Un nombre hélas infime de voyageurs a atteint le fameux puits. La route qui y mène est très clairement indiquée. Après les montagnes de la Muraille du Monde, vous débouchez sur un grand champ de lave, qu'il vous faut traverser en suivant les signes de l'épée et de l'arc entrecroisés gravés dans le roc, puis une plaine herbeuse, qui s'élève jusqu'à une seconde chaîne de montagnes. Là, se dresse la statue d'un chevalier en armure, tenant une épée pointée vers une gorge étroite qui s'ouvre sur d'autres petites vallées. Une grotte, marquée des mêmes signes, peut vous abriter avant les quelque huit jours de marche qui vous permettront d'arriver à la terre des Innocents, à vrai dire sans intérêt.

Douze jours plus tard, vous pénétrez dans une région désolée où la seule maison, celle des Sorciers, est aujourd'hui habitée par un vieillard et ses petits-fils qui ne refusent jamais l'hospitalité à ceux qui sont en quête du puits. La maison est construite au milieu d'un petit bois, au-delà duquel s'étend un désert de pierres jonché par les cadavres de ceux qui ont tenté la traversée. Votre résolution ne doit pas faiblir et, dans l'hypothèse heureuse de votre réussite, vous arriverez dans une vallée en forme d'amphithéâtre, où s'élève un arbre mort au milieu d'une mare d'eau empoisonnée. A ses branches dénudées sont suspendus les armes et les boucliers d'une foule de chevaliers. Les corps des hommes, des femmes et des enfants morts montent la garde sur les pentes de la vallée.

Deux jours plus tard, vous atteignez enfin la crête du Rocher noir sur la rivière de la Bonne Eau. Un escalier taillé dans le roc semble se perdre dans la mer, mais, à marée basse, il donne accès à une plage de sable noir et à une grosse pierre creuse remplie d'eau de source. On peut lire sur la pierre : "Si tu as le désir de vivre d'innombrables jours, bois de mon eau ; toi qui viens de si loin, abstiens-toi, mais raconte à tes amis et aux enfants de la Terre quelle grande merveille tu as vue." C'est alors que vous trouvez à portée de la main une coupe d'or sur laquelle est écrit : "Les cœurs vaillants boiront de mon eau."

• William Morris, *The Well at the World's End*, Londres, 1896.

PYRALLIS

Ile volcanique habitée par des *pyrallis* ou *pyrotocones*, créatures ailées que l'on trouve aussi dans les fonderies de

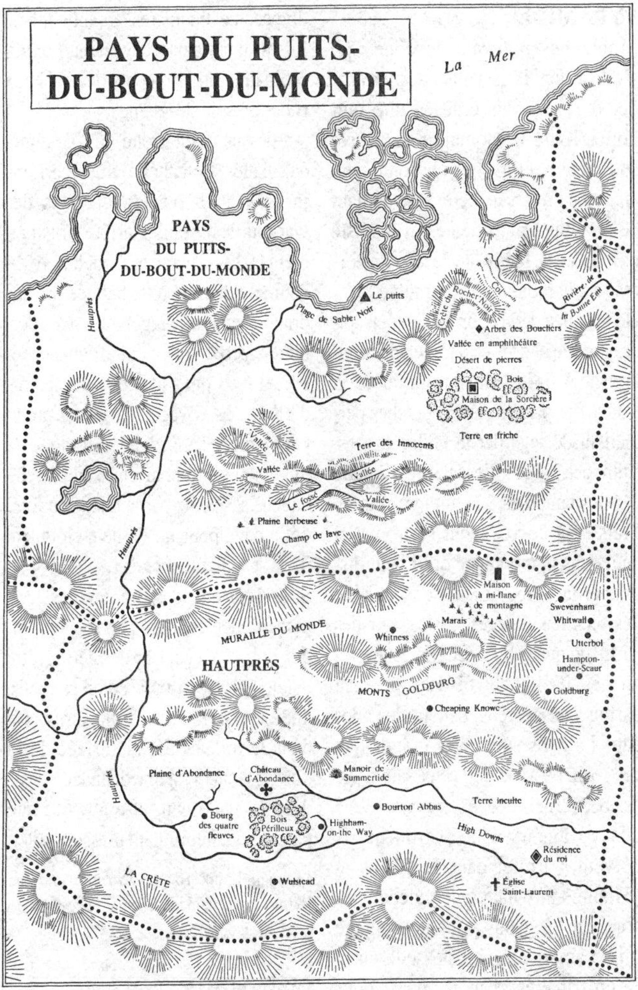

cuivre crétoises. Elles présentent quelque ressemblance avec des dragons qui auraient des ailes d'insectes, et trouvent leur nourriture dans le feu, seul élément dans lequel elles survivent.

• Anonyme, attribué à Pline l'Ancien, *Inventorum Natura*, Ier siècle apr. J.-C.

PYRAMIDE

Montagne en forme de cône, qui s'élève depuis la vallée souterraine de Voe*, sur les côtes d'une mer noire. Toute la montagne se trouve sous la terre et même si le soleil peut être vu à travers une crevasse du haut de ses plus hautes pentes, il n'existe pas d'accès facile de la croûte terrestre à la montagne elle-même.

De la vallée de Voe, un escalier en spirale tourne et grimpe à travers la montagne. A intervalles réguliers, on trouve des paliers, où des brèches permettent de regarder la vallée en bas. Entre ces paliers, l'escalier est éclairé par des lanternes à la lumière sourde. Mais déjà, le voyageur se trouve si haut dans la montagne qu'il peut distinguer la forme gracieuse et ombrée des fées des Nuages, assises sur des bancs de nuées bleus et gris. Entre les nuages, d'étranges oiseaux peuvent parfois être aperçus, battant des ailes dans l'air. Ils sont aussi grands que des rochers, avec des yeux sauvages, des becs cruels et des serres.

Les voyageurs sont avertis qu'ils doivent s'arrêter dans la grotte de l'Homme-aux-nattes, le célèbre importateur de trous pour le fromage suisse américain, qui possède aussi de gros intérêts dans les pores pour plâtres poreux et les trous de boutons ou de pets-de-nonne. L'Homme-aux-nattes a toujours vécu dans cette caverne, fabriquant de l'agitation pour drapeaux et bannières, garantie même lorsqu'il n'y a pas de vent, et d'extraordinaires bruissements destinés aux robes de soie des dames.

Au-dessus de la grotte de l'Homme-aux-nattes, l'escalier tourne et grimpe jusqu'à un belvédère du pays des Gargouilles*, puis s'arrête brusquement là. En suivant un tunnel, le voyageur atteint une grotte habitée par des dragons et leurs dragonettes. Ces dernières, perpétuellement affamées, dévorent ceux qui s'aventurent trop près d'elles. Les voyageurs sauront qu'on peut entrer sans danger lorsque la mère s'absente pour chasser, car elle attache ses petits par la queue au fond de la cave pour qu'ils ne s'éloignent ni ne se battent entre eux.

Sous la grotte des dragonettes, une pente douce conduit à un roc à pivot, qui donne accès à la dernière grotte avant la sortie, d'où le soleil peut être aperçu par le trou d'une crevasse dans le toit. De là, la surface de la Terre est encore à une distance considérable et ne peut être atteinte que par des visiteurs capables de voler.

• Lyman Frank Baum, *Dorothy and the Wizard in Oz*, Chicago, 1908 ; *The Road to Oz*, Chicago, 1909.

PYRANDRIA

Ile située dans les parages de l'Antarctique, et irradiée d'une lumière éblouissante visible à très longue distance. C'est le pays des hommes de

Feu. Leur peau est faite de flammes, et de l'alimentation constante de ce brasier dépend leur survie. Lorsque toute source de combustion est tarie, ils se transforment en flammèches aériennes, connues sous le nom de feux follets dans les diverses contrées où ils vont folâtrer.

Les hommes de Feu se tiennent à l'écart de leurs congénères et partagent le territoire de l'île avec des salamandres. Quelques voyageurs pensent que la Terre de Feu doit son nom aux habitants de Pyrandria, mais cette hypothèse demeure douteuse.

• Nicolas Frémont d'Ablancourt, *Dialogue des lettres de l'alphabet, où l'usage et la grammaire parlent. Supplément de l'*Histoire véritable. *Lucien, de la traduction de N. Perrot, sieur d'Ablancourt*, Paris, 1654.

Q

QUAIS-VERTS, ou **CAP-VED**
Iles proches des Açores, dans l'océan Atlantique. Elles sont agréables, et les jeunes gens y jouissent d'une liberté sans limites. Les habitants, des rustres, sont ennuyeux. Ils se prétendent pourtant tous bien nés et montrent de l'affectation dans leurs vêtements et leurs manières. Ils se croient spirituels et aiment à interpréter en public les poèmes ou les chants qu'ils ont écrits. La vie étant pour eux un long divertissement, ils passent leur temps à courir les femmes galantes, à s'enivrer et à danser.
Il est difficile de dormir dans la capitale, tant le bruit des roues de carrosses est assourdissant sur les pavés.
Les basses terres, appelées aussi Allées-au-Bois-de-Cerf, sont célèbres pour leurs cervidés, aux énormes et magnifiques bois.

• Frank Careless, *The Floating Island or A New Discovery Relating the Strange Adventure on a Late Voyage from Lambethana to Villa Franca, Alias Ramallia, to the Eastward of Terra Del Templo : by Three Ships, viz the "Pay-naught", the "Excuse" and the "Least-in-Sight" under the Conduct of Captain Robert Owe-Much ; Describing the Nature of the Inhabitants, their Religion, Laws and Customs*, Londres, 1673.

QUARLL
Ile au large du Mexique, à hauteur de l'embouchure de la Guadaliara. De nombreux écueils et une mer agitée en rendent les abords difficiles. Une brèche dans la falaise donne accès à l'intérieur de l'île, où un lac s'étire sur deux kilomètres environ. Au-delà, cachée du monde extérieur par des escarpements, s'étend une plaine verdoyante, entrecoupée de bosquets qui sont formés, en fait, par un seul arbre d'une espèce particulière. Parmi la faune de l'île, on remarquera un animal singulier : une sorte de faon, deux fois plus gros qu'un lièvre, au poil roux, au mufle et aux pattes de chèvre, qui constitue un savoureux gibier.
Cette contrée, qui passe pour un repaire de pirates, n'abrite en réalité qu'un seul habitant, un vieil Anglais, Philip Quarll, Londonien de naissance, qui y débarqua le 15 septembre 1675. En 1724, il reçut la visite d'un marchand de Bristol, arrivé là par hasard. Quarll lui confia ses Mémoires qu'il désirait voir publiés en Angleterre, mais refusa de quitter sa patrie d'adoption. Aux dernières nouvelles, il serait toujours vivant, quoique d'un âge fort avancé.
Le climat de l'île est stable, avec quelques orages l'été, et de la neige en hiver.

• Peter Longueville, *The Hermit or the Unparalleled Sufferings and Surprising Adventures of Mr Philip Quarll, an Englishman. Who was lately discovered by Mr Dorrington a Bristol merchant upon an uninhabited island in the South-Sea ; where he has lived above fifty years, without any human assistance, still continues to reside, and will not come away. Containing I. His conferences with thoses who found him out, to whom he recites the most material*

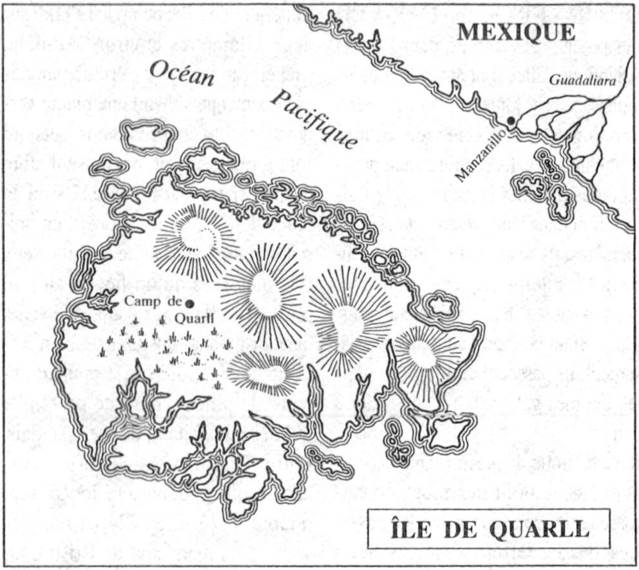

circumstances of his life; as, that he was born in the parish of St Giles, educated by the charitable contribution of a lady, and put'prentice to a lock-smith. II. How he left his master, and was taken up with a notorious house-breaker, who was hanged ; how, after this escape, he went to sea a cabbin-boy, married a famous whore, listed himself a common soldier, turned singing-master, and married three wives, for which he was tried, and condemned at the Old-Bailey. III. How he was pardoned by king Charles II, turned merchant, and was shipwracked on this desolate island on the coast of Mexico. With a curious map of the island, and other cuts, westminster, 1727.

QUIQUENDONE

Une petite ville des Flandres, de deux mille trois cent trois habitants, à environ treize kilomètres et demi d'Audenarde et quinze kilomètres un quart au sud-ouest de Bruges. Le Vaar, un petit affluent de l'Escaut, coule sous ses trois ponts, toujours recouverts de toits médiévaux.

Les voyageurs peuvent visiter le vieux château. La première pierre en fut posée en 1197 par le comte Baudouin, futur empereur de Constantinople. L'hôtel de ville vaut également la visite, avec ses fenêtres gothiques, ses splendides tours élancées, dont les cloches sont au moins aussi célèbres que celles de Bruges, et qui ont été comparées à un orgue aérien. Autres sites importants : la salle du *Stadtholder*, avec le portrait de Guillaume de Nassau par Brandon, le jubé de l'église Sainte-Magloire, chef-d'œuvre de l'architecture du XVIIIe siècle, le puits en fer forgé, au centre de la place Saint-Ernulph, dû à Quentin Metsys, et le mausolée de Marie de Bourgogne, fille de Charles le Téméraire, qui repose aujourd'hui dans l'église Notre-Dame de Bruges. Quiquendone est également célèbre pour sa crème fouettée et son sucre candi.

Au sein de cette ville, jusqu'au siècle dernier, on ignorait ce qu'était une querelle : les livreurs n'avaient jamais juré, les cochers ne s'étaient jamais insultés, les chevaux n'avaient jamais rué, les chiens n'avaient jamais mordu personne.

Or, en 1872, sous prétexte d'équiper Quiquendone d'un système d'éclairage moderne, le Dr Ox fit établir un réseau de distribution de gaz d'éclairage. Il n'utilisa pas, cependant, le propane ou le butane produits à partir du charbon distillé, mais une substance moderne, vingt fois plus brillante : le gaz oxhydrique, un mélange d'oxygène et d'hydrogène, obtenu non pas en employant du sodium de manganèse (comme dans le système de Tessie de Motay), mais simplement en décomposant de l'eau à l'aide d'une batterie de son invention.

Ce gaz nouveau provoqua l'admiration unanime à Quiquendone, mais aussi des effets secondaires beaucoup moins agréables : le caractère, le tempérament, les idées des habitants du bourg furent profondément affectés par ce phénomène et les citoyens si calmes, si maîtres d'eux-mêmes habituellement, prirent des allures de mufles agressifs et irritables. Les animaux domestiques se muèrent en bêtes sauvages, insupportables et dangereuses. Dans les vergers, les parcs et les jardins, les plantes montrèrent à leur tour les signes d'un curieux changement. Les buissons devinrent des arbres ; les graines, à peine plantées, germèrent sur-le-champ pour donner en quelques heures d'énormes légumes. Les asperges atteignirent des hauteurs de près de soixante centimètres, les artichauts se mirent à ressembler à des melons, les melons à des potirons, les potirons à des cloches d'église de deux mètres de circonférence. Les choux-fleurs devinrent de véritables fourrés, les champignons, des ombrelles. Deux personnes pouvaient se nourrir d'une seule fraise, et quatre réussissaient à peine à venir à bout d'une poire. Les fleurs poussaient si rapidement que le meilleur jardinier de Quiquendone faillit s'évanouir un jour, lorsqu'il découvrit que la corolle de sa *Tulipa gesneriana* servait de nid à toute une famille de moineaux. La ville entière vint admirer ce spécimen unique, rebaptisé *Tulipa quiquendonia*.

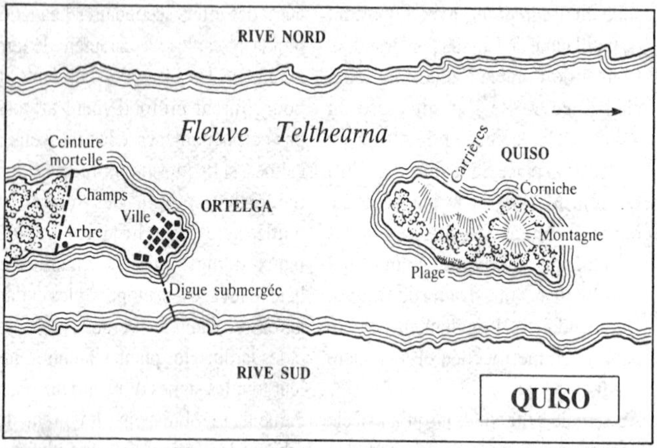

Certaines de ces nombreuses transformations affectèrent la santé de la population. Le nombre d'indigestions tripla (les gens prenaient six repas au lieu de deux), ainsi que les cas d'ivrognerie, de gastrites, d'ulcères ; le nombre des maladies nerveuses décupla. Finalement, les habitants de Quiquendone décidèrent d'attaquer la ville voisine de Virgamen, en prenant la piètre excuse suivante : en 1135, une vache de Virgamen avait traversé la frontière et était venue paître dans un pré de Quiquendone. Au moment où les habitants partaient en guerre contre les gens de Virgamen, une terrible explosion se produisit dans le réservoir de gaz principal, mettant fin à l'expérience du Dr Ox, voire au docteur lui-même.

Aujourd'hui, Quiquendone est illuminée modérément, et la ville met dorénavant à la disposition du visiteur toutes les facilités qu'il est en droit d'attendre d'elle.

• Jules Verne, *Le Docteur Ox*, Paris, 1874.

QUISO

Petite île rocailleuse du fleuve Telthearna, à proximité de l'Empire beklan et un peu en aval de l'île d'Ortelga. Deux constructions sont particulièrement remarquables. Le temple du Haut, creusé dans le roc, est une vaste salle. Il a fallu trente ans pour l'achever. On y accède par un tronc d'arbre, qui enjambe un profond ravin et remplace le pont des Suppliants, fine passerelle métallique, détruite depuis des années. Une large terrasse pavée, en bordure du ravin, parachève l'œuvre des artisans oubliés.

La corniche est plus imposante encore : elle est faite d'immenses marches et de terrasses aménagées dans le rocher. La pierre utilisée, la même que celle des maisons de l'île, a été taillée à Quiso.

Le culte de Shardik, l'ours sacré qui incarnait le pouvoir de Dieu dans tout l'Empire beklan, est demeuré vivace à Quiso. Aux jours glorieux des débuts de l'Empire, des pèlerins venaient de très loin dans l'île sacrée de Quiso. Elle était alors gouvernée par la Grande Prêtresse, assistée de vierges qui avaient dédié leur vie au culte de Shardik. Choisies parmi les femmes d'Ortelga, ces vierges étaient transportées jusqu'à Quiso où on leur donnait de nouveaux noms, et elles ne revoyaient jamais leur patrie. Elles avaient pour rôle de prendre soin de l'ours et de lui chanter des hymnes sacrés, qui le calmaient et l'apaisaient. Certaines étaient tuées par Shardik, mais on s'inclinait devant ce meurtre comme devant un signe de la volonté de Dieu. Ces vierges ne quittaient jamais l'île, sauf pour accompagner la Grande Prêtresse dans ses deux voyages annuels à Ortelga, où elle s'entretenait avec les barons et choisissait de nouvelles aides. En ces occasions, la Grande Prêtresse n'emportait rien avec elle, afin que personne ne pût deviner qu'elle avait quitté l'île sacrée. Dans ses entretiens avec les seigneurs d'Ortelga, elle portait le masque d'un ours ; aucun homme ne vit jamais son visage.

Avers et envers d'une pièce d'or de Quivera.

A la fin de la tutelle ortelgane sur l'Empire beklan, le culte de Shardik fut maintenu, bien qu'il ait été interdit de garder un ours à Quiso. La Grande Prêtresse et ses vierges attendirent durant des siècles l'apparition de Shardik réincarné.

• Richard Adams, *Shardik*, Londres, 1974.

QUIVERA

Pays d'Amérique du Sud, voisin de la république d'Independancia. Il fut fondé par Madoc, fils d'Owen, prince de Gwyneth, qui partit du pays de Galles en 1169.

Les rubis de Quivera, très célèbres, sont à l'origine du nom de la capitale,

Cibola, la cité du feu de glace. Cette ville fortifiée, défendue par une barbacane, clôt la vallée encaissée qui conduit aux mines de rubis. Le toit de la remarquable église Saint-David est couvert de fines tuiles d'or. Le commerce des rubis a fortement influencé l'histoire de Quivera : en 1824, un groupe d'Européens, en quête de pierres précieuses, y introduisit le virus d'une grippe qui décima presque toute la population. Les Européens tentèrent de s'emparer du pouvoir, mais furent proprement éjectés.

Autres curiosités de Quivera : les volcans de Santa Corona, que l'on voit de la côte ; la passe des Eboulis, dévalée par un torrent dont les eaux chaudes se précipitent ensuite dans un amphithéâtre rocheux, au sol grêlé de bouches de geysers ; les fougères géantes de la plaine centrale. Des monstres marins aveugles hanteraient les grottes au pied des grandes montagnes. Ils seraient aussi longs que des bateaux, d'une blancheur de lait, avec des dents rouge pâle.

Quivera est également renommée pour ses ballades épiques qui se chantent accompagnées à la harpe.

• Vaughan Wilkins, *The City of Frozen Fire*, Londres, 1950.

R

RAFISTOLAGE

Sur le plateau Bauchi, dans la république fédérale du Nigeria. Si la ville de Rafistolage n'est pas attirante, elle représente une étape utile au voyageur qui cherche à reconstituer son corps, après avoir été mangé partiellement par des fourmis ou happé dans une machine à hacher. Très adroits, les habitants de Rafistolage sont spécialistes dans l'art de refaire un corps à partir de quelques os seulement ou d'une mèche de cheveux.

Le voyageur qui désire se rendre à la ville est soumis à quelques règles. Le long de la route de Rafistolage, bordée d'étalages en plein air où sont disposés des repas à moitié cuits, il doit refuser courtoisement les offres des marchands qui lui proposent de goûter aux victuailles, et leur demander le chemin le plus court pour atteindre Rafistolage. De mauvais gré, on lui indiquera un sentier étroit qui le conduira aux grilles de la ville, en évitant les détours compliqués à travers la jungle.

Celles-ci franchies, les habitants de Rafistolage logent le visiteur pour une nuit seulement, et lui demandent, le matin suivant, de mener paître le bétail. Suivi d'un troupeau de vaches à petites cornes et de bœufs aux longues cornes, le voyageur doit se rendre dans une petite forêt d'*adduwas*. Après avoir cueilli quelques fruits d'*adduwa*, il distribue les plus mûrs au bétail et garde les fruits verts pour lui. C'est alors que le plus gros bœuf du troupeau se précipite vers la ville pour informer la population que l'étranger a bien subi le test. A la nouvelle, les autochtones rassemblent les os ou autres restes apportés par le visiteur et entreprennent, avec leur incroyable habileté, de reconstituer le corps détruit. Cependant, les résultats ne sont pas toujours satisfaisants. Il n'est pas exclu de se retrouver sans bras, sans dents, ou sans nez – ce qui est tout de même préférable à un amas d'os et à une mèche de cheveux.

• Arthur John Newman Tremearne, *Hausa Superstitions and Customs*, Londres, 1913.

RAMPART JUNCTION

Dans l'Etat d'Iowa, aux Etats-Unis, sur la ligne Chicago-Los Angeles. Construite sur les berges d'une petite rivière, Rampart Junction est une ville rurale américaine typique, avec sa grand-rue poussiéreuse et ses maisons de bois délabrées.

Le magasin principal, la quincaillerie Honegger, ferme à quatre heures pile. Les voyageurs qui se rendront dans cette ville percevront un vieil homme, tassé dans un vieux fauteuil, adossé au mur de la gare, le visage sombre marqué de rides et de cicatrices, les sourcils toujours froncés, et les cheveux couleur de cendre volant au vent. Toute sa vie, il a laissé s'accumuler une haine profonde à propos de peccadilles qui l'ont définitivement mis hors de lui. Pour se délivrer de sa rancœur, il attend l'arrivée d'un étranger descendu du train par hasard, un inconnu qui n'aurait rien à faire à Rampart Junction.

Lorsqu'un voyageur se présente, le vieil homme le suit, entre en rapport avec lui et le tue. Un sort identique, dans un autre décor, fut réservé à un pêcheur arabe, lorsque celui-ci découvrit une bouteille de cuivre dans la mer, et à un certain Juan Dahlman, dans le Sud de l'Argentine.

Les voyageurs sont priés de ne pas descendre inconsidérément du train à l'étape de Rampart Junction.

• Anonyme, *Les Mille et Une Nuits*, XVe siècle env.
• Jorge Luis Borges, "El Sur", in *Ficciones*, Buenos Aires, 1956.
• Ray Bradbury, "The Town Where No One Got Off", in *A Medecine for Melancholy*, New York, 1959.

RAMPOLE

Ile de l'Atlantique sud. Le port le plus proche est probablement Bahia Blanca, en Argentine.

Cette terre fertile à la végétation luxuriante est habitée en deux endroits seulement. Le plus connu est un village situé dans une vallée étroite de la côte, formé de huttes en désordre, chacune entourée d'une palissade d'épines. La gorge a environ cinq kilomètres de long et jamais plus de cent mètres de large. A l'intérieur, des cascades marquent la frontière entre ce village et le suivant, construit au-delà d'un à-pic, dans une vallée plus large, que traverse une rivière. L'île Rampole est en grande partie couverte de bois et d'une jungle de broussailles.

Le trait géologique le plus curieux qu'on y puisse relever est une saillie rocheuse à l'embouchure d'un fjord menant dans la gorge. Le roc est fait d'une étrange substance, semblable à du verre, qui est tout à la fois pourpre et bleu clair, marbrée de rose et de blanc. Elle paraît plutôt irradier une lumière intérieure que refléter celle de l'extérieur. La saillie a la forme d'une femme aux yeux fixes et à la bouche ouverte. Un pic de pierre, derrière elle, évoque une main brandissant une massue. Des yeux cernés de blanc et une bouche rouge ont été peints sur la pierre, qui représente la Grande Déesse du lieu. Au retour de leurs expéditions de pêche, les indigènes arrêtent leurs canoës devant l'idole, lèvent leurs pagaies en signe de respect et offrent leurs prises à la femme de pierre.

Les habitants de la gorge sont des cannibales, à la peau et aux cheveux sombres, tirés en arrière. Ils se font tatouer et s'enduisent le corps d'huile rance. Bien que de nature robuste, ils souffrent de toutes sortes de maladies et d'infections dues aux conditions insalubres dans lesquelles ils vivent. Les hommes de la tribu sont d'ordinaire nus, mais les femmes portent des ceintures, ainsi que divers bracelets et colliers. Les vierges s'enduisent les cheveux d'huile de foie de poisson pour les rendre brillants et se peignent le corps de motifs rouges et jaunes. Leurs dents sont peintes en rouge et noir. La polygamie est de règle, la première femme ayant préséance sur les autres.

Les habitants de la gorge entretiennent quelques relations avec la tribu qui vit à l'intérieur des terres. Ils déposent, sur une série de pierres plates, près des cascades, du poisson séché, des coquilles d'huîtres et des peaux de requins en échange de poteries grossières, de bois dur, de fruits et de noix. Toutefois, il arrive que les deux tribus entrent en conflit. Quand la guerre est déclarée, tout le village se peint en rouge et les danses hystériques commencent. Les jeunes hommes subissent l'initiation des guerriers : on leur perce les oreilles, et ils sont torturés par leurs aînés jusqu'à ce qu'ils soient suffisamment endurcis pour le combat.

Selon la loi tribale, on ne peut tuer des hommes qu'au cours des combats. La chair de ceux qui succombent est alors mangée. Le rituel veut que l'on n'appelle jamais la chair humaine par son nom. La métaphore d'usage est "le don d'un ami". Les os et les morceaux immangeables sont déposés sur l'autel de la Grande Déesse, où ils pourrissent. Le reste est distribué à la population, qui prend un repas commun dans une hutte circulaire, construite pour l'occasion. Les gens s'accroupissent autour d'une dalle de pierre et s'offrent des tranches de viande de la main droite. Le silence est de rigueur pendant le repas. A la fin du festin cérémonial, les anciens disent : "Reconnaissance à l'ami", une phrase rituelle que tout le monde répète.

Les habitants de l'île Rampole ont un respect quasi religieux pour les fous. La folie est considérée comme une distinction conférée par la Grande Déesse et la chair des fous est taboue. La population pense que la tribu sera prospère aussi longtemps que leurs débiles sacrés seront replets. En retour, le fou de service sert d'oracle et fait des prophéties. Il vit à l'écart du reste de la tribu, dans une hutte décorée de crânes humains et d'os de paresseux géants. On lui donne un bâton de bois, sculpté de dessins obscènes et orné de perles et de dents de requins.

La majeure partie de la vie tribale est dominée par des tabous. Il est par exemple tabou de prononcer certains mots, ou de prononcer le vrai nom de quelqu'un. Ainsi, les gens parlent d'eux-mêmes à la troisième personne ; comme il est également tabou de s'aventurer sur les hauteurs de la gorge. La tribu est condamnée à vivre dans la partie la plus malsaine et la plus lugubre de l'île. Seuls, ceux qui sont considérés comme étant dotés de grands pouvoirs magiques sont autorisés à s'aventurer vers les sommets.

• Herbert George Wells, *Mr Blettsworthy on Rampole Island*, Londres, 1933.

RAVENAL

Haute tour au sommet d'une colline proche d'Ivybridge, dans le Kent, et visible à des lieues à la ronde. Elle fut construite pour servir de lieu de sépulture à Richard Ravenal qui, victime d'une malédiction, ne pouvait reposer ni sur mer, ni sur terre.

Il fut donc enterré entre ciel et terre, dans une chambre octogonale, à mi-chemin du sommet de la tour. Superbe panorama.

• Edith Nesbit, *The Wouldbegoods*, Londres, 1901.

RÉALISME

Ile dont la localisation est indéterminée ; autrefois habitée par un peuple de bergers et de laboureurs au cœur simple, adorateurs du Soleil.

La légende veut qu'à la demande de son peuple le grand prêtre ait construit une tour en l'honneur du dieu Soleil, symbole de la pureté de l'astre du jour. Ce temple eut une triple enceinte : un mur extérieur de lis blancs, un mur intérieur de cristal et, au cœur, une jaillissante fontaine d'eau pure.

Cependant, les gens commencèrent à murmurer que le Soleil n'était pas seulement l'astre flamboyant de midi, mais un disque de sang crucifié chaque nuit, et ils remarquèrent que les animaux les plus laids louaient Dieu avec autant de ferveur que les plus beaux. Il fut alors décidé de construire une immense cathédrale, d'inspiration gothique, où tous les animaux seraient représentés. Les colonnes furent sculptées en forme de cou de girafe, le dôme en forme de tortue monstrueuse et la plus haute flèche représenta un singe, la tête en bas, et la queue pointant vers le soleil.

Il faut savoir que ce temple ne fut jamais achevé. Le grand prêtre reçut une pierre sur la tête et perdit la mémoire. Il vit devant lui des grenouilles, des éléphants, des singes, des girafes, des crapauds et des requins, mais fut incapable de se rappeler pourquoi il avait collectionné tous ces monstres de pierre.

Quand il en eut fait une pile désordonnée de dix mètres de haut, les riches applaudirent et s'écrièrent en chœur : "Mais c'est de l'art ! De l'art vrai, parce que c'est réaliste : les choses sont vraiment comme ça !" Moralité : pour être réaliste, il faut être amnésique.

• Gilbert Keith Chesterton, "Introductory : On Gargoyles", in *Alarms and Discursions*, Londres, 1910.

REINE DES NEIGES, château de la

Dans les déserts stériles et glacés de Finlande, là où les flocons de neige ne descendent pas en virevoltant du ciel boréal limpide et lumineux, mais courent au ras du sol, tels des êtres doués de vie qui s'agglutinent en étranges et formidables créatures : énormes porcs-épics très laids, nœuds de vipères et oursons pelucheux et dodus. Ces derniers forment la garde personnelle de la reine des Neiges.

Le palais aux murs de neige vierge, aux portes et fenêtres de bise aigre, compte une centaine d'immenses salles vides, glacées, identiques, que baigne la clarté de l'aurore boréale. Nul éclat de rire ne résonne en ces tristes lieux. Nulle scène joyeuse n'y réchauffe le regard. Nul bal n'y invite les ours à se dandiner sur leur arrière-train aux sons d'une tempête orchestrale. Nul salon n'y accueille une coterie élégante de jeunes renardes blanches, à l'heure du thé. Au centre d'une pièce de réception gît un lac gelé, brisé en mille morceaux si exactement semblables que l'on y flaire l'œuvre d'une intervention supra-humaine. C'est ici que se tient la reine des Neiges lorsqu'elle est dans les murs.

• Hans Christian Andersen, *Snedronningen*, Copenhague, 1844.

REINES, île des,
voir **GRAND LAC**

REPOS

Plaine étroite, entre la Foire-aux-Vanités* et les monts Délectables*, dans le pays de Chrétien. Elle est surplombée par la colline du Lucre, qui renferme une mine d'argent. Bien des voyageurs en route vers la cité Céleste* sont tentés par la richesse de la mine et se détournent de leur chemin. Autour de la mine, le sol est semé d'embûches et innombrables sont ceux qui tombent et meurent au fond du gouffre. Aux confins de la plaine s'élève un étrange monument : une femme changée en statue de sel, qui porte l'inscription suivante : "Souviens-toi de la femme de Loth." La plaine du Repos est bordée par le chemin des Ecoliers que de nombreux voyageurs sont tentés de suivre, pensant que la route est plus facile. C'est une illusion, car ce chemin, plein de trappes et de fosses, mène tout droit au château du Doute.

• John Bunyan, *The Pilgrim's Progress from this World, to that which Is to Come. Delivered under the Similitude of a Dream. Wherein Is Discovered the Manner of his Setting out, his Dangerous Journey and Safe Arrival at the Desired Country*, Londres, 1678 (1re partie) et 1684 (2e partie).

RÊVÉ

Petit royaume de trois mille kilomètres carrés, quelque part dans le vaste Tien-chan (montagne du Ciel), chaîne qui se dresse entre la Chine occidentale et le Kazakhstan, en Union

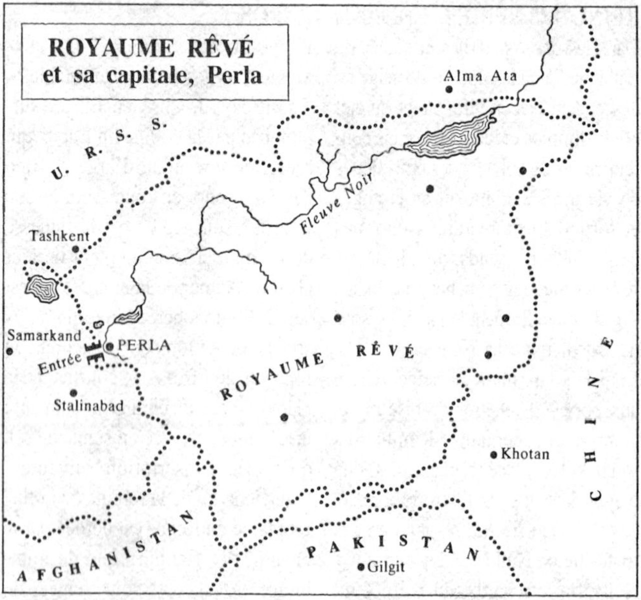

soviétique. Les montagnes occupent un tiers d'une vaste plaine vallonnée. De grandes forêts, un lac, des rivières donnent un charme particulier aux paysages de ce royaume. La population, évaluée à soixante-cinq mille habitants au dernier recensement, réside dans la capitale, Perla*.

La fondation du royaume est l'œuvre de l'extravagant milliardaire Klaus Patera, qui vint ici à la fin du XIXe siècle pour chasser le tigre persan, une espèce très rare ne vivant qu'au Tien-chan. Blessé par un fauve, il fut soigné par le chef d'une étrange tribu, composée de cent membres. Guéri, Patera retourna en Europe, mais revint neuf mois plus tard, accompagné d'un mandarin de haut rang, d'un groupe d'ingénieurs, d'arpenteurs et d'une armée de coolies. Il acheta de vastes terrains et commença la construction de Perla.

L'aversion de Patera pour le progrès, et surtout le progrès scientifique, le conduisit à isoler son royaume du monde extérieur et à le défendre contre d'éventuelles attaques par un grand mur et de puissantes fortifications. L'entrée et la sortie des habitants et des marchandises passent obligatoirement par une seule porte, ce qui facilite la surveillance. Le royaume Rêvé est un havre pour tous les êtres qui rejettent la civilisation moderne. Si leurs besoins matériels sont automatiquement satisfaits, le but du royaume n'est pas de créer une société idéale. C'est un honneur que d'y vivre et l'on n'y accède que par un coup du sort, quand on n'y est pas né.

Les habitants du royaume Rêvé parviennent à une exceptionnelle perfection des sens, ce qui leur fait prendre conscience des interrelations de leur monde individuel, faculté généralement ignorée du commun des mortels. Leur existence extérieure, occupée par leur volonté de travail en commun et coordonnée avec soin, ne fait que fournir la matière brute à leur véritable vie. Les habitants ne croient qu'en une chose, les rêves, leurs propres rêves. La loi décrète, d'ailleurs, que prétendre à l'irréalité des rêves est un crime capital. La sélection sévère de ceux qui sont admis dans la communauté se base sur la capacité de croire aux rêves.

Ayant obtenu son admission, il reste au voyageur, pour atteindre le royaume Rêvé, à se joindre à une caravane au départ de Samarkand. Attention, les objets neufs sont interdits ; seuls les articles d'occasion peuvent passer la douane. A la frontière, le voyageur recevra une somme d'argent et un billet de train. La gare est à côté du service des douanes et le voyage pour Perla dure deux heures.

• Alfred Kubin, *Die andere Seite : Ein phantastischer Roman*, Berlin, 1908.

RÊVES, île des

Dans l'océan Atlantique, à peu de distance de l'archipel Malfaisant. Elle est d'un abord difficile, car elle semble s'éloigner quand on l'approche. Il est préférable d'y arriver au crépuscule. Aux portes de la ville des Rêves, une jungle épaisse de mandragores et de pavots abrite des quantités de chauves-souris, “les oiseaux de l'île”. Au pied des murs, jaillissent deux sources qui portent le nom de Sommeil éternel et de Nuit profonde ; elles donnent naissance à une large rivière appelée Voyageur de la Nuit. Les hautes murailles de la cité ont toutes les couleurs de l'arc-en-ciel. Elles sont percées de quatre portes, dont deux mènent à la prairie de l'Indolence. Construites en brique et en fer, elles laissent échapper des rêves d'angoisse, de meurtre et de péché. Les deux autres, de corne et d'ivoire, donnent sur la mer. En venant de la côte, on admirera sur la droite le temple de la déesse de la Nuit qui, avec le temple du Coq, dressé à l'entrée du port, est le plus fréquenté de l'île ; à gauche, le palais royal ainsi qu'une petite place ornée de la fontaine des Eaux somnolentes et, tout près, deux petits temples : la Vérité et le Mensonge. Les habitants, appelés les Rêves, se présentent sous différents aspects. Ils peuvent être longs, beaux et délicats, ou petits, revêches et laids, avoir des ailes ou un mufle ahurissant ou bien porter des robes de grand apparat.

• Virgile, *L'Enéide*, Ier siècle av. J.-C.
• Lucien de Samosate, *Histoire véritable,* IIe siècle apr. J.-C.

RÊVES, lac aux

Seul lac au monde où il est possible, tout en taquinant le goujon, de recevoir un cours général sur le deuxième principe de la thermodynamique, appliqué à la biologie.

On en déduira aisément que les bovins sont des animaux atomiques, fonctionnant à la manière de centrales nucléaires propres et de haut rendement : leurs seuls déchets sont des engrais ; l'énergie récupérée provient indirectement du Soleil par les plantes. A tant s'émerveiller devant l'ingéniosité de la nature, on élève des incantations qui font prendre aux nuages des formes fantastiques : dinosaures, glyptodons et ptérosauriens s'ébrouent dans le ciel.

Avec de telles prédispositions, le voyageur qui rejoindra dans la journée un hôpital pourra vivre l'aventure suivante, tout en restant assis dans un fauteuil de la salle d'attente : injecté à l'aide d'une seringue particulière à l'intérieur de son propre corps, il gagnera directement le fleuve sanguin, véhiculé par un érythrocyte ou globule rouge. Echoué ensuite sur une plage aux muscles, il y rencontrera, entre autres doctes professeurs, le savant père Mendel Morganstern dont l'intelligence et la culture sont la fusion des qualités respectives de MM. Morgan et Mendel, pionniers de biologie et de génétique, et de M. Morganstern, pape de la théorie des jeux. Grâce à eux, le voyageur fera connaissance avec Dame Enzyme, *alias* Mlle ADN (acide désoxyribonucléique) polymérase, qui préside à la réplication du code génétique. Il s'agit d'une jeune femme vêtue à l'orientale ; très affairée pendant la division cellulaire, debout devant des tablettes de terre glaise, qui réalisent un alphabet de quatre lettres, dont elle tire toutes les combinaisons possibles de mots par trois lettres chacun. On expliquera au voyageur qui tendra l'oreille que la probabilité pour qu'une petite fille ne possède aucun gène de son grand-père paternel n'est pas nulle. Elle est égale à une chance sur 8 388 608 (2^{23}).

Le corps d'un individu possède, semble-t-il, des frontières communes avec des contrées à l'accès difficile. Ainsi, grâce à un ordinateur, il est possible de rejoindre le *pays qu'on ne voit qu'avec les yeux de l'esprit*. Il suffit pour cela de se laisser transformer en carte perforée. Le voyageur participera alors à une analyse moléculaire, selon le principe de la diffraction des rayon X. Il rencontrera quelques habitants du Plat-Pays* avec lesquels il pourra échanger ses impressions sur les mondes à deux dimensions.

Réduit à une taille moléculaire, toujours injecté dans le monde intérieur de son propre corps, le voyageur sera amené à gravir les marches du grand escalier de l'ADN.

On y croise souvent un homme de grande taille, sans aucun doute sujet de Sa Majesté, puisqu'il porte le blazer et l'écusson de l'université de Cambridge. Un autre personnage, à l'allure débraillée, aux chaussures de tennis sans lacets, est sans aucun doute un Américain. Ils sont tous deux biologistes et animent la visite de leur *double-hélice*. Sous les noms de Watson et de Crick, ils reçurent une très haute récompense pour l'établissement de la structure du grand escalier. La visite se poursuit : on passe du noyau de la cellule à ses compartiments cytoplasmiques, grâce à un python colossal, l'ADN messager (Jacob, Monod, Lwoff). Celui-ci ne se déplace pas à la godille mais par le mouvement brownien, dû à l'agitation moléculaire de particules colloïdales dans un milieu homogène à basse densité.

Il semble difficile d'établir comment se réalise le voyage de retour, depuis les couches les plus intimes, situées à l'intérieur de son propre corps. Encore plus inexplicables sont les rencontres de personnages célèbres comme Darwin, s'empressant de vous expliquer qu'il reçoit sur son bateau les revues scientifiques modernes telles que *La Recherche*, *Scientific American* ou *Les Echos de la mode*. Mieux encore, le souvenir au retour d'avoir rencontré une divinité maya et d'avoir discuté avec elle de l'éternel retour laisse rêveur. Son âge : (9 IMIX 19 ZIP) et son existence en vous-même vous plongent dans une grande perplexité.

• George Gamow, *Mr Tompkins Inside Himself. Adventures in the New Biology*, New York, 1967.

RIGMAROLE

Ville située dans le Sud du pays d'Oz*. Comme le centre des Jean-qui-pleure*, dans le Nord-Ouest, Rigmarole est l'un des exutoires d'Oz. Les citoyens incapables de s'exprimer clairement y sont envoyés, et vivent heureux avec leurs semblables. Ils s'adressent les uns les autres de longs discours compliqués, où la règle est de parler pour ne rien dire. Ils sont parfaitement incapables de répondre à une question simple sans se transformer en enfileurs de mouches.

• Lyman Frank Baum, *The Emerald City of Oz*, Chicago, 1910.

RIP VAN WINKLE

Village situé au pied des monts Catskill, dans le Nord de l'Etat de New York.

Fondé par quelques-uns des premiers colons hollandais qui s'installèrent en Amérique, le village est très ancien. On y voit encore de bizarres maisons en briques jaunes, avec des fenêtres à treillis, des pignons et des girouettes. Le val, où les fantômes des compagnons d'Henry Hudson (qui découvrirent l'Hudson) jouent aux boules, s'ouvre à proximité du village. Le choc des boules l'une contre l'autre évoque le bruit du tonnerre par un après-midi d'été. Si les joueurs vous proposent de boire un verre avec eux, efforcez-vous, par tous les moyens, de refuser : vous vous endormiriez pour vingt ans.

Rip Van Winkle, habitant le village au temps où celui-ci était encore sous la domination anglaise, but un verre avec les anciens Hollandais et dormit tout le temps que dura la révolution. Quand il se réveilla et regagna le village, personne ne le reconnut. Il fut finalement recueilli par sa fille et termina ses jours à l'hôtel *Doolittle*, où il racontait son histoire à qui voulait l'entendre.

• Washington Irving, "Rip Van Winkle", in *The Sketch Book of Geoffrey Crayon, Gent.*, New York, 1819.

ROADTOWN

Ville de la banlieue ouest de New York, aux Etats-Unis. Monolithe, semblable à un gratte-ciel couché, elle s'étire, ininterrompue, sur plusieurs centaines de kilomètres de collines, comme la Grande Muraille de Chine. Construite en béton, elle défie incendies, cyclones et vermine.

Les deux étages au-dessus du sol sont réservés à l'habitation, à raison de deux appartements par étage et par section. Au-dessous, se superposent trois niveaux abritant câbles, canalisations et un chemin de fer, sorte d'ascenseur horizontal et silencieux, inspiré du système monorail de Boyes. Les portes des petites voitures qui forment le train s'ouvrent automatiquement et les roues, à moyeux allégés, portent des garnitures de cuir. Des escaliers particuliers relient chaque appartement au métro ou au toit dont le centre, couvert, est un lieu de promenade, une rue piétonnière chauffée, protégée en hiver par de larges baies vitrées. Çà et là, des tours viennent rompre la monotonie de l'architecture.

Hormis le gazouillis des oiseaux, le silence plane sur les quartiers résidentiels. Le système de chauffage, qui assure aussi la distribution de l'eau chaude, peut être réglé individuellement. Chaque appartement possède un ou plusieurs *télégraphones*. Les femmes sont exemptées des corvées ménagères : tout est donné à l'extérieur et la famille se partage le reste des tâches. Des coopératives se chargent du blanchissage (compris dans les prix du loyer) et de la restauration (les commandes par téléphone sont livrées sur-le-champ), et la cité dispose de crèches et de centrales d'achat. Les logements comportent des bouches d'aération pour aspirer la poussière ; les lits se font mécaniquement. Aux alentours, la terre réservée à l'agriculture est fertilisée par l'épandage.

Roadtown a été édifiée en 1893 d'après les plans qu'un inventeur américain, Edgar Chambless, abandonné sans argent et sans avenir dans les collines voisines de New York, avait conçus en songe.

• Edgar Chambless, *Roadtown*, Londres et New York, 1910.

ROBINETS, chambre aux

Située sous une montagne, quelque part en Angleterre.

Les voyageurs remarqueront que la pièce est entièrement taillée dans le roc. Sur l'un des murs, on a aligné des robinets semblables à ceux que l'on trouve dans une salle de bains. Ceux-ci diffèrent toutefois des appareils ordinaires, car, lorsqu'on les tourne, ils commandent le temps. Chacun porte une étiquette : "Soleil", "Temps frais", "Beau Temps fixe". Le mur d'en face est un grand miroir, où l'on voit se refléter ce qui arrive dans le reste du monde.

Les visiteurs seront certainement intéressés de savoir que le temps pourri de la Grande-Bretagne est dû au fait que les robinets marqués "Soleil", "Variable avec quelques averses" et "Pluvieux" sont bloqués et ne peuvent être correctement tournés.

• Edith Nesbit, *The Deliverers of Their Country*, Londres, 1899.

ROBINSON CRUSOÉ, île de, ou île du **DÉSESPOIR**

Quelquefois appelée aussi Speranza. Petite île à vingt lieues des côtes sud-américaines, et non pas à mi-chemin entre Juan Fernández et le Chili comme l'avaient suggéré des cartographes français.

L'intérieur montagneux de l'île est coupé par une vallée fertile. Les plages et les baies ne manquent pas. L'embouchure d'une rivière au nord-est forme un port bien protégé.

L'histoire de l'île commence avec le journal d'un dénommé Robinson Crusoé, natif de York, qui y fit naufrage le 30 septembre 1659. On peut encore visiter les vestiges des trois camps qu'il y construisit : l'un, près de l'embouchure de la rivière, l'autre, au nord-ouest, sur une plate-forme rocheuse qui offre une jolie vue sur cette partie de l'île, et le troisième, à l'intérieur des terres, dans la vallée.

En explorant le Sud de l'île, on parvient à la baie de Vendredi, où Crusoé aperçut, pour la première fois, l'empreinte d'un pied humain, et où des ossements – restes d'un festin anthropophage – sont encore reconnaissables, de même qu'un pieu

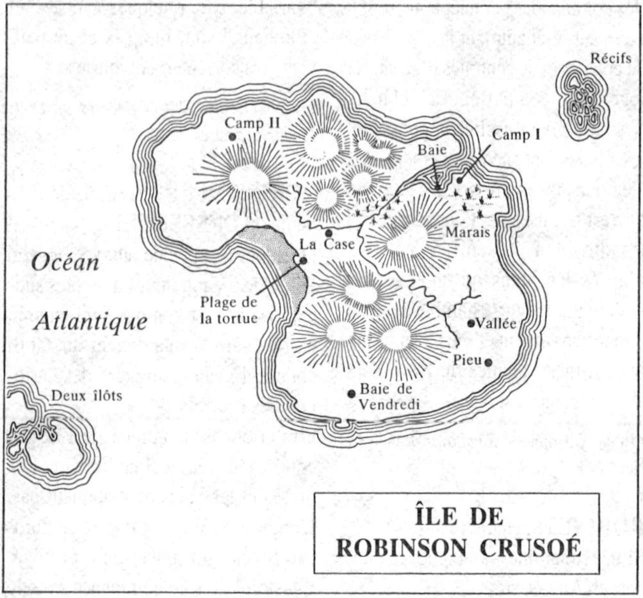

fiché en terre par Crusoé pour retrouver son chemin. Près du premier camp, sur un autre poteau qui servait de calendrier au naufragé, on peut lire : “J'ai débarqué ici le 30 septembre 1659.”

• Daniel Defoe, *The Life and Strange Surprizing Adventures of Robinson Crusoe, of York, Mariner : who lived eight and twenty years, all alone in an uninhabited island on the coast of America, near the mouth of the great river of Oroonoque ; having been cast on shore by shipwreck, wherein all the men perished but himself. With an account how he was at last as strangely deliver'd by pyrates, written by himself*, Londres, 1719 ; *The Farther Adventures of Robinson Crusoe*, Londres, 1719.

• Michel Tournier, *Vendredi ou les Limbes du Pacifique*, Paris, 1967.

ROC, ou **RUKH**

Grande île déserte, quelque part dans la mer de Chine ; halte recommandée aux gourmets.

De loin, l'île ressemble à une gigantesque coupole blanche et brillante, longue d'une centaine de mètres. Cependant, quand ils s'en approchent, les voyageurs s'aperçoivent que la coupole n'est en réalité que la partie visible d'un énorme œuf déposé là par le roc ou rukh. Pour goûter la chair des oisillons, la coquille dot être brisée à coups de piolet. Il vaut mieux emporter l'oiseau à bord et le savourer à loisir sur une autre île, car la mère attaque les bateaux en y laissant choir d'énormes blocs de pierre. Comme un rukh adulte a en moyenne trois ou quatre fois la taille d'un éléphant, il vaut mieux ne pas l'affronter.

La chair du rukh se déguste grillée avec un peu de sel et un zeste de citron, et remplace avantageusement la dinde ou le lapin dans un grand nombre de plats. Elle a en outre la propriété de rajeunir ceux qui en mangent et de faire disparaître les cheveux blancs.

• Anonyme, *Les Mille et Une Nuits*, XVe siècle env.

ROCHE DU CHAMPGUIN, ou MERVEILLEUX

Château où le commerce des étoffes dans toutes les teintures possibles de rouge est très actif. Le voyageur pourra être tenté de coucher dans le lit de la Merveille auquel nul autre lit n'est comparable. A peine étendu sur la couche, une tempête s'élève, les cordes du sommier se mettent à crier et les clochettes qui y sont suspendues s'agitent frénétiquement. Les fenêtres s'ouvrent alors d'elles-mêmes et un énorme lion à la crinière hérissée s'avance vers vous. Il arrive qu'on puisse échapper au carnage et même qu'on puisse trouver le repos dans cet extraordinaire lit, mais il faut pour cela être un chevalier tout à fait exceptionnel, évidemment.

• Chrétien de Troyes, "Gauvain au Gué Périlleux", in *Le Conte du Graal*, XIIe siècle.
• Wolfram von Eschenbach, *Parsifal*, XIIIe siècle.

ROCHERS, île des

Dans l'océan Indien, à l'ouest des îles Aprilis, et proche de l'île de Pullosin, dans l'archipel de Nouvelle-Bretagne*. La présence de falaises et de montagnes justifie l'appellation de cette contrée dont la majeure partie est aride, excepté une plaine verdoyante qui s'étend à l'intérieur.

Les premiers habitants y bâtirent une ville de maisons basses à un étage. Sur tous les murs, tel un alphabet, sont gravés les dix commandements. Les indigènes vont nus et parlent latin. L'île fut colonisée à la fin du XVIe siècle par un moine espagnol émigré du Pérou avec sa maîtresse et deux domestiques. La société qu'il fonda fut décimée par une maladie vénérienne.

Le pays est actuellement gouverné par un conseil des Anciens en voie de disparition.

• Pierre Duplessis, *Mémoires de Sir George Wollap ; ses voyages dans différentes parties du monde ; aventures extraordinaires qui lui arrivent ; découvertes de plusieurs contrées inconnues ; description des mœurs et des coutumes des habitants*, Paris, 1787-1788.

RODRIGUE
Ile de l'océan Indien, également connue sous le nom de Diego Rodrigo. Large d'une trentaine de lieues, elle a été découverte le 10 décembre 1690 par un protestant français fuyant sa patrie après la révocation de l'édit de Nantes.

Avec ses compagnons, il construisit un certain nombre de maisons carrées, d'environ sept pieds de côté, et un édifice plus grand, pour les réunions officielles, qu'il baptisa "Hôtel de Ville". Les colons essayèrent de fonder une société égalitaire, sur le modèle protestant, mais ils échouèrent, faute d'un nombre suffisant de femmes pour équilibrer les choses. Ils quittèrent l'île, le 19 avril 1693, pour l'île Maurice. Aujourd'hui encore, on voit le grand jardin où les colons tentèrent différentes sortes de cultures. A l'exception des rats et des lézards, on ne trouve aucun quadrupède sur l'île Rodrigue.

Plusieurs fois par an, le pays est balayé par de terribles tempêtes.

• François-Maximilien Misson, *Voyage et Aventures de François Leguat, et de ses compagnons, en deux isles désertes des Indes orientales*, Londres, 1721.

ROI SALOMON, mines du
Explorées en 1884 par Allan Quatermain, et situées dans le Kukuanaland*, en Afrique.

L'expédition découvrit une sorte de grande avenue blanche creusée dans le roc et menant au cœur de la montagne des Trois Sorcières. Le roi du Kukuanaland tenait pour sacrée cette route immaculée qu'il faisait entretenir pour qu'elle ne soit jamais souillée par le moindre grain de sable.

S'ils parviennent au pic central de la montagne des Trois Sorcières, les voyageurs apercevront un immense trou en forme d'entonnoir de quelque cinquante mètres de profondeur. Il s'agit des mines de diamant du roi Salomon, exploitées à ciel ouvert sous l'azur de l'Afrique.

A l'extrémité de cette grande cavité, derrière trois statues colossales, s'ouvre un tunnel menant à une grotte immense : sa voûte, éclairée par le haut, est garnie de stalactites, véritables colonnes de glace dont certaines, sculptées, rappellent des momies égyptiennes. Un second tunnel aboutit à une chambre plus sombre, que les indigènes appellent la salle des Morts et dans laquelle ils ensevelissent leurs rois. Au fond de cette pièce, on aperçoit un squelette humain de cinq mètres de haut en position assise et tenant dans une main une lance qu'il brandit, tandis que de l'autre main il s'appuie sur une table de pierre, comme s'il s'apprêtait à se lever. Tout autour de la table, trônent les momies des anciens rois de Kukuanaland, transformées au cours des âges en stalagmites, par l'action de l'eau tombant goutte à goutte du plafond de la grotte.

Une porte dissimulée, s'ouvrant à l'aide d'un mécanisme secret, donne sur la chambre du trésor de Salomon, composé de plus de quatre cents défenses d'éléphant, de coffres pleins de pièces d'or et de diamants bruts. Comme la porte de cette chambre est difficile à manœuvrer, les visiteurs doivent prendre des précautions avant de s'enfermer avec le trésor.

• Henry Rider Haggard, *King Solomon's Mines*, Londres, 1886.

ROKE

Grande île au centre de la mer Intérieure de Terremer*. C'est le cœur de l'archipel, car l'on y enseigne la magie, pratique essentielle à la vie des îles.

Les habitants de Roke baignent dans cet art auquel ils se sont identifiés. Ils ne bronchent pas à la vue d'un enfant se transformant en poisson ou d'une maison volant dans les airs, car ils savent qu'il ne s'agit que de l'un des nombreux tours des apprentis sorciers. Même le temps de l'île est contrôlé par magie. Les eaux qui entourent Roke sont enchantées et demeurent étales quelles que soient les tempêtes qui se déchaînent ailleurs. Le célèbre vent de Roke protège l'île des pouvoirs maléfiques et lui procure la tranquillité et la paix.

La magie est essentiellement fondée sur les concepts de stabilité et d'équilibre. Au niveau le plus simple, cela signifie que toutes choses doivent être gardées en équilibre et que tout charme peut avoir un effet contraire qu'il faut considérer. Par exemple, un sortilège apportant la pluie sur une île peut apporter la sécheresse sur une autre. Une mer calme peut être le résultat d'une tempête survenue ailleurs. La magie enseignée à Roke n'est pas un art qui confère un pouvoir sans bornes aux individus. Le vrai mage n'est pas quelqu'un qui obéit à ses désirs ou à sa volonté de puissance, mais un homme qui agit pour rétablir un équilibre et qui ne le fait que lorsque cela s'avère nécessaire.

Les gens qui viennent étudier à Roke sont en général recommandés par d'autres mages, mais certains viennent d'eux-mêmes. On ne peut cependant entrer à l'école que si on fait état des capacités requises ; il est dit par ailleurs que personne ne vient à Roke par hasard.

L'éducation d'un mage demande du temps. En tant que "novice", l'apprenti apprend d'abord le b.a.-ba : par exemple, comment faire marcher un bateau en utilisant un vent magique. Ensuite, il étudie le folklore et les chansons du passé, puis il apprend les arts mineurs de la transformation et de l'illusion. Une fois son noviciat achevé, il reçoit une agrafe d'argent pour son manteau, agrafe qui symbolise son nouveau statut. Il se met alors à étudier pour recevoir sa baguette, qui est son insigne de magicien et son arme enchantée la plus redoutable.

Les novices ont souvent l'esprit farceur et prennent grand plaisir à accomplir divers tours mineurs qui font beaucoup d'effet. Plus tard, au moment de recevoir l'agrafe d'argent, ils sont devenus des hommes calmes et réservés, qui n'usent de leurs dons qu'avec parcimonie.

Après avoir accompli leur éducation, les mages s'en vont de par le monde. Certains travaillent à la cour de grands seigneurs des îles, d'autres deviennent des mages errants, qui subviennent à leurs besoins en faisant des tours de passe-passe et qui s'acquittent de leur passage sur les bateaux en contrôlant le temps à la demande ou en dirigeant le navire par magie.

• Ursula Kroeber Le Guin, *A Wizard of Earthsea*, New York, 1968 ; *The Tombs of Atuan*, Londres, 1972 ; *The Farthest Shore*, Londres, 1973.

ROMAIN

Etat s'étendant sous le Nord de l'Angleterre, autour d'une mer souterraine, large d'environ cinq cents kilomètres. Les terres habitées s'échelonnent le long du rivage ouest, où l'on trouve de l'eau douce. Tout autour, s'étendent des terres stériles ou des marais qui s'étirent jusqu'au pied des montagnes dont le toit forme la surface de la Terre. Au nord, la mer est barrée par une haute falaise.

Les bourgs et les villes ne sont pas composés d'un rassemblement de manoirs ou de bâtiments, mais de simples enclos entourés de haies et meublés de bancs. Les seuls édifices cossus, les thermes, sont dépourvus de toit. Ils sont creusés à même la pierre et leurs bassins, alimentés à l'eau courante, sont alignés le long des murs où l'on a ménagé des couches pour dormir. Les villes et les bourgs sont divisés en grands ensembles, correspondant chacun à une activité commerciale ou industrielle. Chaque ensemble est autonome.

Le régime s'appuie sur la soumission totale de l'individu à l'Etat, système qui correspond sans doute à une réaction de défense des gens contre la peur que leur inspirent les ténèbres environnantes. Tout ce qui n'est pas nécessaire à la survie de l'Etat et de l'espèce a été supprimé. La violence physique et la révolte sont devenues impossibles. Réduite à l'état d'automate par la peur et l'hypnotisme, la majeure partie du peuple n'a d'autre volonté que celle de l'Etat, lui-même contrôlé par les tout-puissants Maîtres du Savoir, que l'on reconnaît à leurs fascinants regards.

L'éducation est conçue en vue du conditionnement des masses et les enseignants s'attachent à détruire la vitalité et la curiosité intellectuelle des enfants. Ils utilisent pour cela des musiques aux tonalités assourdies et des danses rythmiques qui les plongent dans un état d'hypnose et anéantissent leurs forces vives. On n'enseigne aux adolescents que le strict nécessaire concernant le travail qu'ils feront plus tard, car, selon les Maîtres du Savoir, un excès de connaissance est aussi nocif qu'un aliment empoisonné. Lorsqu'ils atteignent leur seizième année, les élèves sont totalement déshumanisés et commencent à s'entraîner à la vie active. On leur enseigne l'art de la transmission de pensée, qui remplace le langage. Seuls, les jeunes enfants et les simples d'esprit continuent d'utiliser des mots et s'expriment en un latin dénaturé. Au terme de cette éducation, les sujets ont subi une sorte de lavage de cerveau ; certaines tendances étant renforcées et d'autres totalement supprimées.

La population finit par se convaincre qu'elle vit dans une communauté parfaite, fondée sur la foi, l'amour et la joie. Les citoyens continuent à servir l'Etat jusque dans leur mort, puisque leur corps est utilisé comme combustible pour les hauts fourneaux des ensembles industriels. Les seuls métiers, pratiqués de façon très archaïque, sont la menuiserie, le travail des métaux, le tissage, la poterie et la construction navale. Le procédé de fabrication du verre est inconnu. Le travail se poursuit vingt-quatre heures sur vingt-quatre avec des équipes tournantes ; chacune d'elles est dirigée par un contremaître doté de forts pouvoirs hypnotiques.

Tous les transports se font par voie d'eau, sur de lentes et lourdes péniches ou sur des galères. Les vêtements sont tissés avec de la soie filée par d'énormes araignées, nourries à cet effet et gardées dans de vastes enclos de fer. Elles sont redoutables, et personne n'ose pénétrer dans leur domaine. Des serpents élevés dans des fermes fournissent l'essentiel de la nourriture. Eux aussi sont hypnotisés et semblent même attachés à leurs gardiens. Le régime de chair de serpent est complété par des champignons de couche, des lézards, des poissons, des plantes marines et des algues.

Les origines de l'Etat romain demeurent mystérieuses, bien que les vêtements, le langage et les bateaux suggèrent une filiation certaine avec les Romains. Des clepsydres mesurent le temps et le calendrier julien est toujours en usage.

On accède à cet Etat souterrain par deux moyens : soit par le puits d'une mine abandonnée, qui remonte au temps des Romains, soit par une dalle cachée au pied du mur d'Hadrien, dans le Northumberland. Les deux entrées conduisent au sommet de la montagne souterraine.

L'Etat romain considère que tout visiteur pénètre sur son territoire de son plein gré, et doit par conséquent se soumettre à un lavage de cerveau régénérateur. Personne ne peut quitter l'Etat sans autorisation, laquelle, le visiteur doit le savoir, n'a encore jamais été accordée.

• Joseph O'Neill, *Land under England*, Londres, 1935.

ROMANCIE

Royaume fortifié qui s'étend des montagnes de Troximanie jusqu'à la côte. Les passeports et les laissez-passer ne sont jamais examinés de près et on y accède sans trop de difficulté soit par mer, soit par terre, soit en descendant directement de la Lune ou des étoiles, avant d'emprunter un passage souterrain creusé dans les montagnes. Le visiteur n'a plus qu'à se mettre en route et à garder le cap jusqu'à ce qu'il arrive en Romancie. Plusieurs portes ont été aménagées dans le mur d'enceinte du royaume. Selon la légende, ceux qui entrent par la porte de l'Amour sortent inévitablement par la porte du Mariage.

Jadis, la Romancie était le plus beau pays du monde ; des princes, des fées et des héros l'habitaient. Plus tard, l'arrivée d'un grand nombre de personnes moins huppées entraîna la création d'une Basse-Romancie, et l'aristocratie se fixa en Haute-Romancie. Il faut noter que la Basse-Romancie se peuple de plus en plus, alors que les habitants de Haute-Romancie émigrent et que les fées et les génies du passé l'ont quittée pour toujours. Il ne reste plus que deux châteaux enchantés, le château de la fée Camalouca et celui de la fée Curiaca. L'un et l'autre sont situés tout près de la forêt des Aventures, que le voyageur ne peut traverser sans qu'il lui arrive quelque chose d'imprévu. Avant d'être naturalisé citoyen de Romancie, tout nouvel arrivant doit l'avoir passée.

Le climat de la Haute-Romancie est idéal. L'air y est si pur et si vivifiant qu'il supplée à la nourriture ; aussi les gens de la région se nourrissent-ils d'air et d'amour.

Le paysage a l'aspect d'une mosaïque de collines, de bois et de vergers, où coulent des ruisseaux de lait et de miel, et où les rivières charriant des pierres précieuses et des poissons aux mille couleurs serpentent à travers les plaines fleuries. Les rochers de Romancie sont sensibles aux lamentations des amoureux désespérés. Pour faire sa cour, il faut passer par les trente-six préliminaires de la carte du Tendre. Les lois interdisent le mariage à qui n'a pas franchi toutes les étapes et toutes les épreuves de l'amour. A l'usage des amoureux, le pays offre des bois d'amour, où gazouillent les oiseaux : ils sont plantés de myrtes, de palmiers, d'orangers et de parterres de roses ou de violettes. Mais il existe aussi des bois de la jalousie, des querelles et des déclarations mensongères. Des arbres musicaux, éternellement verts, abritent faunes et dryades, et des fleurs comme celles du lotus, poussant en abondance, jaillissent sous les pas des belles amoureuses, qui créent spontanément des jardins partout où elles se rendent.

La faune de la Romancie comprend des lions qui parlent, des tigres et des ours, des chevaux ailés et des licornes. Griffons et hippogriffes sont apprivoisés. Les taureaux sans cornes, les chiens à trois têtes, les chats bottés, les perroquet polyglottes, les corbeaux couleur de feu, les merles blancs, les centaures, les phénix, les cygnes chanteurs et les criquets géants, utilisés comme moyen de transport, y abondent. Les chimères sont gardées dans des ménageries, près d'un puits de feu rempli de salamandres, et un agréable bassin sert de prison aux sirènes qui ont débauché maint héros par leurs chants. Chaque corps de métier a une rue qui lui est propre. Le promeneur peut être tenté de s'attarder dans la rue des Fabricants de lanternes magiques, ou dans celle des Souffleurs, où les

Château de la fée Camalouca en Romancie.

artisans façonnent d'énormes formes avec des riens, et même dans la rue des Ravaudeurs, où les vieilles choses retrouvent une nouvelle jeunesse. Tous les habitants de la Romancie sont jeunes, vigoureux et d'une rare beauté. Leur conversation pétille d'esprit. Ils parlent toutes les langues, anciennes et modernes, et sont tous des artistes et des athlètes accomplis. Les visiteurs soucieux de leur beauté doivent se rendre en Romancie, car quiconque y voyage devient aussi beau que ses habitants. Il faut cependant remarquer que ceux de Lilliput* et de Brobdingnag* s'y installèrent quelque temps, mais ne trouvant pas le pays très accueillant ils furent contraints de le quitter.

• Père Guillaume Hyacinthe Bougeant, *Voyage merveilleux du prince Fan-Férêdin dans la Romancie ; contenant plusieurs observations historiques, géographiques, physiques, critiques, et morales*, Paris, 1735.

ROME

Capitale de l'Empire édomite, à ne pas confondre avec la capitale italienne du même nom.

Mérite d'être visitée pour la tour immense, belle au-delà de toute description, qui s'élève au centre de la ville. Cette dernière comporte quatre portails fermés à double tour, qui font face aux quatre coins du monde. Une antique coutume veut que tout nouvel empereur, aussitôt après son couronnement, ajoute un verrou à chacun des portails.

Le visiteur qui réussit à ouvrir tous les verrous des quatre portes monumentales est le témoin de quatre étranges scènes de magie. Le premier portail dissimule un grand jardin planté d'arbres, qui renferme un bassin rempli de sang. A sa surface flotte une couronne de fer sur laquelle des mains humaines s'agrippent.

Derrière le deuxième portail, le visiteur est plongé dans les ténèbres, mais sent bouger sous ses pieds une masse chaude de corps humains ; soudain, des milliers de bougies s'allument et l'endroit devient aussi clair que le jour. Le visiteur réalise alors qu'il se trouve dans un temple juif. Les cadavres se redressent et récitent des prières qui jaillissent de leurs lèvres comme des étincelles, tandis que des anges descendent, portant sur leurs ailes un homme vêtu de blanc. Alors les fidèles retombent morts sur le sol, les bougies sont brutalement soufflées, et le temple est à nouveau envahi par d'épaisses ténèbres.

Derrière le troisième portail, le curieux découvre une cassette délicatement sculptée, remplie de brins d'herbe liés par dix, encore verts et odorants. Quant au quatrième et dernier portail, il s'ouvre sur un palais de marbre rouge aux chambres tapissées d'or et d'argent, sertis de perles et de pierres précieuses.

Pour comprendre la signification de ces tableaux, il suffit de consulter l'astrologue de son choix. Si ce dernier vous conseille d'entrer dans la chambre qui se trouve derrière le troisième portail, de soulever le couvercle de la cassette d'or et d'y séparer les brins d'herbe, mieux vaut ne pas l'écouter. En effet, un empereur édomite, qui eut le malheur de céder à cette exhortation, fut attaqué par un veau à deux têtes, dont le hurlement assourdissant, semblable au rugissement d'un lion, le fit mourir d'épouvante.

• An-Ski, *Gesamelte Schriften*, Varsovie, 1925.

ROMINTEN

Réserve située en Prusse-Orientale et couvrant une superficie de vingt-cinq mille hectares.

Administré par l'*Oberforstmeister*, ce vaste domaine forestier n'était autre que le terrain de chasse privé du "grand veneur" du IIIe Reich, le *Feldmarschall* Hermann Göring. On peut encore y visiter son pavillon de chasse, le Jägerhof, composé d'une suite de bâtiments bas enserrant une cour intérieure. La façade austère cache une décoration intérieure luxueuse ; la salle de séjour à la charpente apparente abrite une monumentale cheminée de pierre, et chaque chambre d'hôte est lambrissée d'une essence différente : frêne, orme, chêne... A proximité se dresse le Jadhaus de Guillaume II, curieux château de bois qui tient à la fois de la pagode chinoise et du chalet suisse ; à ses côtés, on trouve une chapelle dédiée à saint Hubert et un cerf de bronze grandeur nature dû au sculpteur Richard Freise.

A l'époque des fastueuses parties de chasse du grand veneur, le territoire était peuplé de bandes de loups et de troupeaux d'aurochs primitifs, race ressuscitée par le Dr Lutz, directeur du jardin zoologique de Berlin, à partir de savants croisements entre taureaux espagnols, camarguais et corses ; des compagnies de sangliers ravageaient les cultures alentour. Mais l'animal roi de Rominten, gibier de prédilection de Göring, était le cerf dix cors, auquel le *Feldmarschall* portait un intérêt très particulier.

Un certain Abel Tiffauges, qui demeura quelque temps dans la réserve pendant la dernière guerre, rapporte qu'il pénétra en ce lieu comme dans un cercle féerique, au milieu duquel il s'attendait à voir surgir elfes, gnomes ou princesse. Or, ce fut un ogre qu'il y rencontra.

• Michel Tournier, *Le Roi des aulnes*, Paris, 1970.

RONDE

Vallée circulaire et boisée du pays de Galles, où l'on ne trouve que quelques maisons noires habitées par une race de géants, vassaux d'un colosse à la barbe grise. La plupart des géants furent tués par Peredur, fils d'Eurawx du Nord, l'un des chevaliers de la Table ronde de Camelot*. Ayant vaincu la plupart de ses feudataires, Peredur convainquit le géant à barbe grise de se rendre et d'aller se faire baptiser à Camelot.

• Anonyme, *Mabinogion*, XIIIe siècle.

ROSE

Palais qui ne figure sur aucune carte. Il est habité par l'enfant Rose, une petite fille qui, chaque après-midi, contemple le monde extérieur à travers les paysages factices des tapisseries et délicates gravures anglaises accrochées au mur. Elle déambule en pantoufles de soie sur des tapis moelleux, mange avec des couverts en argent dans des assiettes de porcelaine, et dit en passant : “Je vous en prie, ne vous levez pas”, tout en dessinant de la main un cygne dans l’air parfumé. Elle écoute de la musique classique et récite en français *La Cigale et la Fourmi*.

L’enfant Rose est entièrement de cette couleur et embaume le parfum de roses. Elle n’a ni coudes ni genoux, car les genoux sont laids et les coudes ressemblent à des derrières de poules. Une fois par jour, elle entre dans une chambre secrète du palais, mais il n’est pas permis de savoir laquelle. Toutes les horloges s’arrêtent quand elle entre et ne recommencent à tictaquer qu’à sa sortie.

Un jour, l’enfant Rose quitta son palais et voyagea de par le monde. Elle vit des paysages de sel et de chaux, des mares boueuses et noires, où se vautraient les porcs. Elle vit les excréments des animaux, entendit les voix rudes et la musique des bordels, et découvrit les faces terribles des putains, des voleurs et des usuriers. Un marin ivre l’embrassa. Un aveugle la toucha avec une main lépreuse. Par les fenêtres ouvertes, elle aperçut les querelles des amants, les funérailles d’un enfant, la naissance douloureuse d’un bébé, le meurtre d’un vieillard assassiné par son neveu. Des chiens galeux et des chats diaboliques lui mordirent les chevilles. Mais l’enfant Rose ne mourut pas.

Entrée de l’usine des RUR sur l’île de Rossum.

Après avoir tout vu et tout entendu, elle regagna son palais, se parfuma, puis s’attabla pour manger avec des couverts d’argent dans des assiettes de porcelaine, et dit en passant : “Je vous en prie, ne vous levez pas”, tout en dessinant de la main un cygne dans l’air parfumé.

C'est ainsi que les visiteurs la rencontreront aujourd'hui.

• Marco Denevi, "La niña rosa", in *Falsificaciones*, Buenos Aires, 1966.

ROSSUM

Ile dont la position est inconnue : peut-être au large de la côte est des Etats-Unis.

En 1920, un grand biologiste, connu sous le nom du Vieux Rossum, y débarqua pour étudier la faune de l'océan et tenter de créer, à partir de synthèses chimiques, du protoplasme vivant. En 1932, c'est-à-dire exactement quatre cents ans après la découverte de l'Amérique, il parvint à isoler une substance qui se comportait comme du protoplasme.

Rossum implanta alors une usine pour fabriquer des êtres humains artificiels qu'il nomma robots ; les Robots Universels Rossum RUR existent encore de nos jours. Outre l'unité de production, ce complexe industriel est pourvu de bureaux et d'appartements privés. Tapis turcs, canapé et fauteuils de cuir meublent le bureau directorial, dont les larges baies vitrées donnent sur l'enfilade des cheminées de l'usine. Un salon de musique y fait suite.

Plusieurs bateaux relient le port de Rossum au continent : l'*Amélia*, l'*Ultimus* et le *Pennsylvania*. Plus tard, les robots acquirent une sorte d'indépendance et la Première Internationale des Robots, fondée au Havre, lança un appel à tous les robots du globe.

• Karel Čapek, *RUR*, New York, 1923.

ROUGE

Maison ainsi nommée parce que recouverte de tuiles rouges. Ce toit abrita néanmoins des événements surnaturels qui vous étiquettent irrémédiablement une maison comme étant hantée.

La maison Rouge qui se dressait, cossue, à Dublin vers le milieu du XVIIIe siècle, fut rasée au bout de quelques décennies, après que son locataire Mr Harper eut fait la démonstration qu'un bail devient caduc lorsque les fantômes s'arrogent le droit de vous signifier une expulsion.

Les arguments qu'il fit valoir devant l'homme de loi, face au propriétaire de la maison Rouge, Lord Castlemallard, constituent un descriptif des lieux : apparition d'une main isolée, potelée, grassouillette, à l'extérieur de la maison, cherchant manifestement à y pénétrer.

Elle tâte les portes et les murs, elle s'agrippe au balcon qui donne sur le verger. Des coups sont frappés à la porte d'entrée, à la fenêtre de la cuisine. Il peut s'agir quelquefois d'un frottement doux et caressant. Au premier étage, on repère la main indésirable à travers l'œil-de-bœuf.

Une fois qu'elle eut réussi à déjouer la surveillance des locataires légitimes, la main ne s'encombra pas d'une visite minutieuse de l'intérieur : elle se réfugia dans la chambre à coucher. Certains affirment qu'elle y commit des outrages, que la décence répugne à exposer ici, sur la maîtresse de maison. Dans la chambre attenante, occupée par un nouveau-né, elle fut surprise une dernière fois dans un placard, apparemment décidée à y gésir un temps indéfini.

La famille Harper découvrit bien plus tard qu'il était sans doute possible d'établir un lien entre cette main présente et un ancêtre mutilé de la main droite, dont le portrait ornait la salle à manger de la maison Rouge ; mais cette révélation récente, et de première main, n'explique pas tout.

• John Sheridan Le Fanu, *Le Siège de la maison Rouge*, 1863.

RUACH

Egalement connue sous le nom d'île du Vent. Ses habitants vivent de vent, et les turbulences de l'air leur tiennent lieu de boire et de manger.

Ils habitent dans des girouettes et ne cultivent que des anémones et des herbes carminatives. Les plus pauvres se nourrissent d'éventails en papier, de tissu ou de plumes. Les riches vivent dans des moulins. Au cours des fêtes ou des banquets, les habitants dressent des tables sous les moulins et discutent, des heures durant, des qualités variables des vents, un peu à la façon dont on compare les différents vins lors d'un dîner. Quand ils voyagent, ils emportent pour tout bagage des soufflets qui leur apportent un vent frais, si celui-ci vient à manquer. Les maladies sont soignées avec des ventouses. Les habitants de Ruach meurent le plus souvent de ventrose, de tympanite ; quand ils meurent, tous lâchent des pets : les hommes, des pets sonores, les femmes des pets plus réservés. Ils souffrent de nombreuses maladies, toutes provenant de flatulence, mais la plus redoutée est la colique venteuse que l'on traite avec des ventouses et où l'on lâche le plus de vent possible. Un certain nombre de maladies terribles ont été guéries par le vent qui fut donné à Ulysse par Eole et que le roi de Ruach garde comme s'il s'agissait du Saint-Graal lui-même.

• François Rabelais, *Le Quart Livre des faicts et dicts héroïques du bon Pantagruel*, Paris, 1552.

RUFFAL

Pays situé près du pôle Nord. Le meilleur moyen d'y accéder est de laisser les glaces de l'Antarctique emprisonner votre bateau. Transformé en iceberg, celui-ci dérive alors vers le nord et finit par atteindre le Ruffal. Les habitants vivent sous terre et partagent tout ce qu'ils ont. Tous travaillent, sauf le roi qui a droit au dixième du produit national afin d'assurer son entretien, celui de sa famille, de ses soldats et des indigents.

Il y a quatre villes importantes ; la capitale se nomme Cambul. Bien éclairée et aérée, elle possède des rues tracées au cordeau et un système d'égouts très au point. A la bibliothèque de l'université, on peut consulter les volumes de l'*Histoire du Ruffal*. On y conte comment ses habitants, descendants d'immigrés africains, émigrèrent en Scandinavie, il y a quatre mille ans, et s'établirent sur une péninsule. Celle-ci se trouva séparée du continent à la suite d'un séisme, et dériva jusqu'à son emplacement actuel.

Une autre chronique importante de l'*Histoire du Ruffal* évoque la découverte d'une grande caverne éclairée par un globe de feu et habitée par de petites créatures à forme humaine, nues et ailées comme des chauves-souris. Le peuple de Ruffal crut que ces êtres avaient atteint l'état de perfection que l'on trouve après la mort. Cette croyance déclencha une épidémie de suicides, que seule une loi obligeant les parents à manger le corps de leurs enfants suicidés enraya.

Les Ruffaliens sont des compagnons agréables, mais ils ont l'esprit lent. Ils mettent très longtemps à saisir ce qu'on leur dit, et toute nouvelle idée doit leur être répétée trois fois avant qu'ils ne l'assimilent.

• Simon Tyssot de Patot, *La Vie, les avantures, & le voyage de Groenland du révérend père cordelier Pierre de Mesange. Avec une relation bien circonstanciée de l'origine, de l'histoire, des mœurs, & du paradis des habitans du pôle Arctique*, Amsterdam, 1720.

RUINES CIRCULAIRES

Pays sans doute proche du Sud de la mer Caspienne. C'est une région où la langue zend n'a pas été contaminée par le grec.

On y est frappé avant tout par la présence de ruines circulaires calcinées, vestiges d'un temple primitif surmonté d'un tigre ou d'un cheval de pierre.

Dans cette contrée, l'imagination peut faire naître un homme dont seule l'insensibilité au feu prouve l'irréalité. Il faut environ un an pour rêver un être complet, le plus difficile étant sans doute la création de ses innombrables cheveux. Les hommes du rêve servent de prêtres au dieu du Feu dans d'autres temples détruits, dont les pyramides se dressent encore en aval du fleuve ; quelques-uns de ces bipèdes, inconscients de leur inexistence, vivent parmi les hommes normaux.

Le visiteur qui voudrait confirmer sa réalité peut passer l'épreuve du feu, couramment pratiquée par les habitants du pays.

• Jorge Luis Borges, "Las ruinas circulares", in *El jardín de senderos que se bifurcan*, Buenos Aires, 1941.

RUISSELANTS, colonie des

Sous la Manche, près de l'embouchure de la Seine. Pour l'atteindre, les voyageurs doivent d'abord se noyer, de préférence près du pont Alexandre.

La colonie est gouvernée par le Grand Mouillé, qui a établi des règles de vie très simples pour ses nombreux sujets. Les habitants se parlent par signes au moyen de petites lumières tremblotantes, dont leur peau phosphorescente est couverte. L'aide domestique est fournie par certains poissons, entraînés à transporter des objets légers dans leur gueule et à désherber les jardins sous-marins. Bien qu'il faille un certain temps pour s'adapter au climat humide du royaume, la vie y est agréable et sans problèmes. Les noyés cherchent des coquillages ou des bouées perdues dans les algues, et les jours passent sans qu'ils s'en aperçoivent.

• Jules Supervielle, "L'Inconnue de la Seine", in *L'Enfant de la haute mer*, Paris, 1931.

RUNENBERG

Montagne perdue quelque part en Allemagne, parsemée de ruines que l'on devine à peine dans ce paysage de forêts.

Le voyageur désireux de s'y rendre devra traverser nombre de ruisseaux et de bois, puis suivre un sentier périlleux qui le mènera au pied d'une haute muraille. Il apercevra alors une lumière qui lui semblera se mouvoir derrière les vieux remparts ; et il découvrira que ses regards peuvent plonger dans une antique et vaste salle où une jeune femme, à la longue chevelure noire ondoyante, se déshabille. Une fois nue, elle sortira d'un bahut doré un écrin incrusté de rubis, de diamants et d'autres pierres, s'approchera de la fenêtre et lui tendra la cassette magique en prononçant ces simples mots : "Prends ceci en souvenir de moi."

Le voyageur sentira alors une sombre nuit chargée de nuages l'envelopper et s'assoupira. S'éveillant le lendemain, il découvrira que le coffret a disparu et, se rappelant confusément son aventure, il descendra par un autre sentier vers le village le plus proche.

• Ludwig Tieck, "Der Runenberg", in *Taschenbuch für Kunst und Laune*, Cologne, 1804.

RUTABAGAS, pays des

Relié par une voie ferrée au pays des Cueilleurs-de-ballons*.

Le voyageur arrivant par le train comprend qu'il approche de sa destination quand la voie ferrée se met à zigzaguer indéfiniment. C'est l'œuvre des *zizzies*, une espèce de doryphore qui déteste la ligne droite et ne se déplace qu'en zigzags. Ils ont tordu toutes les voies ferrées, et tous les efforts pour les redresser sont restés vains. Chaque fois que les rails ont été remis droits, les *zizzies* sont revenus les gauchir. Second signe qu'on approche indubitablement du pays des Rutabagas : les cochons qu'on aperçoit par les vitres du train portent des bavoirs, rayés pour les cochons à rayures, tachetés pour les cochons à pois et en vichy pour les cochons à carreaux.

Les trois principales cités du pays des Rutabagas sont, dans l'ordre : Triffouillis-les-oignons*, Choux-à-la-crème et Epingles-à-chapeaux*. La plupart des terres sont cultivées et donnent des rutabagas et du maïs. L'unique industrie a été implantée à Epingles-à-chapeaux. Selon les lois en vigueur en ce pays, toute jeune fille qui traverse le fleuve Shampooing est transformée en pigeonne autant de temps qu'elle le désire. En amont du fleuve se trouve le lac des Vagues mugissantes*.

Au pays des Rutabagas, les écureuils portent des échelles et les chats sauvages posent des devinettes. Les poissons sautent hors des rivières pour bavarder avec les poêles à frire, et les enfants sont surveillés par des babouins. Les chats noirs portent habituellement des chaussettes orange et jaune.

La fantaisie fait partie de la vie de tous les jours et les événements étranges sont très fréquents. Par exemple, dans le village de Choux-à-la-crème, les bureaux de tabac sont surmontés de l'effigie d'un Sioux, et les cheminées, d'un bison. A la nuit tombée, ces deux silhouettes descendent de leur perchoir ; l'Indien enfourche alors l'animal, et tous deux s'enfuient vers les prairies jusqu'au lever du soleil.

Dans les jardins, on trouve un grand nombre de coquelicots-cravates, de toutes les couleurs et de tous les modèles. Tous les jours, les hommes en cueillent un avant de se rendre en ville. De tous les animaux présents, le plus étrange est le rat-rongeur-de-rouille que l'on trouve surtout à Haut-les-pouces. D'une façon générale, les rats sont bien considérés dans le pays, sans doute parce qu'ils ont un jour sauvé les fondateurs du village de Choux-à-la-crème, perdus dans un blizzard.

• Carl Sandburg, *Rootabaga Stories*, New York, 1922.

RUVA

Une des sept îles flottantes de la mer de Lural dans le royaume souterrain de Pellucidar*. Dérivant au gré du courant, les îles s'approchent parfois de la terre, mais restent le plus souvent en haute mer.

La terre de Ruva est fixée par les arbres qui y poussent. D'une espèce douce et spongieuse, ils ressemblent vaguement à des cactus sans épines.

En dehors des arbres, la végétation est rare. Les arbres sont indispensables à la vie de l'île : pour obtenir de l'eau, il suffit d'en inciser les troncs ou d'en émonder les branches.

La seule agglomération de Ruva se trouve au centre de la partie basse de l'île. Des huttes sommaires s'agglutinent autour d'un étang poissonneux d'une trentaine de mètres de circonférence. Les Ruvans pêchent au javelot les poissons en eau profonde, mais la méthode est peu efficace : il semble que le poisson ait compris qu'il ne fallait pas s'approcher des rives.

Les autochtones ont la peau noire et de beaux traits réguliers. Ils sont monogames et très fiers de leur sang. Ils méprisent les races blanches du continent et les utilisent souvent comme esclaves. Ces derniers sont bien traités, mais ils ont la charge de tout le travail manuel de l'île.

Les hommes de Ruva ont pour principale activité l'organisation de raids en direction d'une autre île flottante, Ko-Va, dont les habitants leur rendent la pareille. Bien que les guerriers des deux îles soient armés, il y a relativement peu de tueries, car le massacre de l'une ou de l'autre communauté tarirait la source d'esclaves et de captives. Les expéditions couronnées de succès sont célébrées par des fêtes où l'on boit un breuvage extrêmement fort, le *tu-mal*, que l'on trouve aussi à Ja-Ru.

La population de Ruva est peu nombreuse. L'île compte en tout et pour tout une quarantaine de familles comprenant chacune quatre membres, plus un nombre variable d'esclaves. Les patronymes se composent habituellement de deux syllabes : U-Val, Ro-Tai et Ul-Van en sont des exemples typiques. La coutume exige qu'aucun guerrier ruvan n'aille vivre dans un pays étranger.

Les voyageurs doivent savoir qu'il est dangereux de se promener sur Ruva pendant la saison des pluies, car des pans entiers de l'île s'abîment parfois dans la mer, au cours des tempêtes.

• Edgar Rice Burroughs, *Land of Terror*, New York, 1944.

S

SABA, ou **MEROA**

Importante ville d'Ethiopie bâtie dans un site merveilleux. L'été, les fruits d'un certain pommier se muent en enfants.

Là repose le roi Salomon dont on peut admirer la tombe d'or et de cristal incrusté de diamants et de saphirs. Les visiteurs doivent goûter l'herbe *Apium risum*, qui pousse au pays des Lekthyophages : ils pourront alors voir, à travers le cristal, le roi Salomon danser avec la reine de Saba, ou bien un joyeux groupe de seigneurs et de dames se divertir aux sons de la musique jouée par un séraphin. Salomon et la reine de Saba gisent sur une même couche et, fait remarquable, une main rouge brandit une épée nue entre eux. Les voyageurs doivent se méfier des magiciens de la région, qui ont déjà changé des touristes en loups.

Les habitants de Saba naissent jaunes et brunissent en vieillissant. Ils sont facilement intoxiqués et ont un appétit d'oiseau. Beaucoup souffrent de dysenterie et disparaissent précocement. Les eaux de Saba sont salées en raison de la chaleur, et les indigènes ont l'habitude d'immerger leur corps dans l'eau, de l'aube à midi, pour éviter les rayons du soleil. Un puits célèbre vaut le déplacement : il est si glacé le jour que personne ne peut y boire, et si chaud la nuit qu'on ne peut y tremper la main. Saba est aussi la patrie d'un des trois rois mages qui se rendirent à Bethléem pour la naissance du Christ.

• Sir John ou Jehan de Mandeville, *Voiage de Sir John Maundevile*, Paris, 1357.

• William Bullein, *A Dialogue Both Pleasant and Pitiful, wherein Is a Goodly Regimente against the Fever Pestilence, with a Consolation and Comfort against Death*, Londres, 1564.

SABLE

Ile de l'océan Atlantique, à près de trois cents kilomètres au sud-est d'Halifax. Véritable "nécropole de l'Atlantique", elle a causé plus de naufrages qu'aucune autre terre émergée au monde.

Basse, large de deux kilomètres à peine, elle déçoit par sa couleur terne, sable sur fond de brouillard. On ne peut s'en approcher que par beau temps. Malgré sa haute latitude, le climat y est doux, car le Gulf Stream longe ses côtes.

Aucun arbre ne rompt la monotonie du paysage, agrémenté çà et là de maigres buissons et de plants de pois sauvages.

Le village est caché dans les dunes. Il est composé d'une tour de guet, de deux phares, d'une station de radio, de cinq postes de sauvetage avec des canots, de quelques huttes pouvant abriter les naufragés, et d'un cimetière d'animaux appelé "l'Araucaria". Audelà des maisons s'étire une longue nappe d'eau, le lac Wallace.

L'île passe pour être hantée, de temps à autre, par le fantôme d'une jolie femme.

• George Allan England, *Adventure Island*, New York et Londres, 1925.

SABLES, cité des
Au cœur des déserts de Syrie, à l'intérieur d'un vaste amphithéâtre rocheux traversé par une rivière sinueuse. Elle est gouvernée par le cheik de la Montagne et gardée par des soldats vêtus comme les croisés. On dit que les habitants y sont installés depuis le temps des croisades. Les murs de la cité sont recouverts de mosaïque. Le palais royal contient de nombreuses étoffes précieuses : soieries, damas brodé, velours et poil de chameau. Ses voûtes regorgent de rubis, d'émeraudes, de turquoises, de saphirs et de diamants. Les trois étages du palais communiquent entre eux par un escalier d'onyx. On reçoit les étrangers dans la salle des Guerriers, une vaste pièce décorée de crânes humains. Là, on leur donne du vin empoisonné et on les abandonne dans le désert. Peu de gens ont visité deux fois la cité des Sables.

• Jean d'Agraives, *La Cité des Sables*, Paris, 1925.

SABLE VERT
Une des trois îles situées au nord-ouest de Hawaii, à la même latitude que San Francisco. Exploitée en 1841 par le savant franco-danois Léonard Henri. Selon Henri, Sable Vert, Sable Noir et Sable Rouge devaient être reliées l'une à l'autre par des conduits souterrains de lave éteinte, qui aboutissaient eux-mêmes à un gouffre des montagnes tibétaines de l'autre côté du monde. Sur l'île au Sable Vert, Henri identifia un cheval et des espèces de vautours qui n'existent qu'au Tibet. Il entreprit la recherche de l'endroit où se trouvait le gouffre. Il le découvrit au Kun-lun Shan, où un certain volcan avait l'étrange propriété de happer tout objet passant à sa portée. Les voyageurs qui désirent se rendre du Tibet au Pacifique par cette voie doivent être prévenus qu'un groupe de moines garde le gouffre : ils estiment qu'il est la porte de l'enfer. Les îles au Sable Noir et au Sable Rouge ont été détruites lors d'une éruption volcanique par les moines-gardiens qui avaient déposé, pour d'obscures raisons, un grand nombre d'explosifs dans le gouffre tibétain. L'île au Sable Vert est impossible à atteindre par mer, en raison des tourbillons et des turbulences qui se forment dans ses parages. Au soleil, l'île brille d'une couleur de cuivre vert et les rares visiteurs qui l'ont abordée vantent son incomparable beauté.

• Tancrède Vallerey, *L'Ile au sable vert*, Paris, 1930.

SABOTS, ESCLOTS, ou **GALOCHES**, île des Royaume de Benius III : n'est pas très éloigné de l'île d'Odes*. Les habitants qui n'appartiennent pas à une congrégation religieuse ne mangent que du brouet : ils ont tout de même le sens de l'hospitalité.

L'île est remarquable par son couvent, construit par les frères Fredons sur ordre de Benius III. En vertu d'une bulle de la Quinte Essence, les frères Fredons sont vêtus en brigands, mais leur bedaine est capitonnée. Devant et derrière, ils arborent une braguette en forme de pantoufle. Cette double braguette symbolise certains obscurs et horribles mystères. Ils adoptent des souliers ronds et rasent leur menton.

Afin de prouver qu'ils méprisent la Fortune, ils se rasent également la nuque, mais ailleurs leurs cheveux poussent librement. Pour être certains de conjurer le sort, ils suspendent à leur ceinture des rasoirs tranchants, qu'ils affûtent deux fois par jour et affilent trois fois par nuit. Sous les pieds, ils portent une boule ronde, car il est dit que la Fortune en a une ainsi. La houppe de leur capuchon est attachée devant et non derrière, ce qui leur dissimule le visage et leur permet de se moquer à la fois de la Fortune et des fortunés. Ils peuvent ainsi marcher aussi bien en avant qu'en arrière. Les figures peintes sur leurs crânes rasés créent parfaitement l'illusion qu'ils avancent, alors qu'ils marchent à reculons. Qu'ils marchent "de ventre ou de cul", ils donnent l'impression de jouer à colin-maillard.

Les moines Fredons dorment avec leurs bottes, leurs éperons et des lunettes sur le nez. Ils expliquent que si le Jugement dernier vient à les surprendre endormis, ils seront prêts à enfourcher leurs chevaux et à se présenter aussitôt devant le Juge Suprême. Chaque matin, ils se donnent charitablement des coups de bottes et d'éperons. Quand midi sonne – toutes les cloches de l'île sont doublées de duvet et le battant est fait d'une queue de renard –, les moines se réveillent, enlèvent leurs bottes et se soulagent. Par statut rigoureux, ils bâillent tous amplement et déjeunent de bâillements. Une fois leurs ablutions faites, ils se curent les dents jusqu'à un signe du prieur qui siffle dans sa paume. A ce signal, tous se mettent à bâiller durant une demi-heure, parfois plus, parfois moins, selon que le prieur juge ou non le déjeuner suffisant pour marquer la fête du calendrier.

Le déjeuner est suivi d'une procession rituelle au cours de laquelle on promène les bannières de la Fortune et de la Vertu. Le moine qui est chargé de celle de la Fortune est continuellement aspergé avec un goupillon plongé dans l'eau mercurielle, par celui qui tient la bannière de la Vertu. Pendant la procession, les moines chantent des antiennes : si on les écoute avec attention, on s'aperçoit qu'ils ne chantent que par les oreilles.

La procession terminée, ils vont prendre de l'exercice au réfectoire, où ils s'agenouillent sous la table et posent chacun leur poitrine et leur ventre sur une lanterne. Tandis qu'ils sont dans cette posture, un grand Esclot, fourche en main, les sert avec cet instrument de sorte qu'ils commencent leur repas par du fromage et le terminent par de la moutarde. Le dimanche, ils mangent du boudin, de l'andouille, du saucisson, des fricandeaux, des tranches de foie rôties et des cailles. Le lundi, des pois au lard au cumin. Le mardi, du pain béni, des galettes, des gâteaux et des biscuits. Le mercredi, de la tête de veau, de la tête de mouton et de la tête de blaireau (abondant dans la région). Le jeudi, sept sortes de potages, avec de la moutarde entre chaque assiettée. Le vendredi, ils ne consomment que des sorbes le plus souvent vertes. Le samedi, ils rongent simplement des os. Leur boisson, un breuvage du pays, est du vin antifortunal.

Après le repas, ils rendent grâce à Dieu et consacrent le reste de la journée à leurs œuvres de charité : se rosser le dimanche, se tordre le nez le lundi, s'entregratigner le mardi, s'entremoucher le mercredi, se tirer les vers du nez le jeudi, s'entrechatouiller le vendredi, et s'entrefouetter le samedi. Le soir, ils se battent encore une fois, puis s'endorment ensuite jusqu'à minuit, heure à laquelle entre l'Esclot et où ils aiguisent leurs rasoirs avant de se rendre à nouveau au réfectoire.

Quand les moines quittent le monastère sur ordre du prieur, il leur est strictement interdit de manger du poisson, s'ils voyagent par mer ou sur une rivière, ou de la viande, s'ils voyagent par voie de terre. Cette interdiction est destinée à leur faire comprendre que jouir de l'objet, c'est succomber à la concupiscence et qu'ils doivent demeurer inébranlables.

Une vingtaine de femmes vivent également au monastère ; elles sont bien traitées et couchent avec les moines. Mars est le mois privilégié du libertinage, peut-être parce que la nourriture absorbée durant le carême est très propice aux sports érotiques.

• François Rabelais, *Le Cinquiesme et Dernier Livre des faicts et dicts héroïques du bon Pantagruel*, Paris, 1564.

SACRÉE

Vallée aux frontières de l'Inde et du Sikkim, au-delà de la grande vallée de Rungit. Nichée dans de hautes

montagnes, elle est entourée de murailles rocheuses.
Le plus court chemin pour accéder à la vallée Sacrée est une grotte, creusée dans la grande vallée de Rungit. Des marches grossières mènent à une succession de tunnels qui débouchent sur une corniche rocheuse dont le rebord est un précipice. Des barreaux de fer, scellés dans la muraille, permettent de descendre dans la vallée mystérieuse.
Le temple de Kâlî, à une heure de marche de l'échelle métallique fixée dans la muraille, est un immense édifice, éclairé la nuit par des brasiers qui brûlent de part et d'autre d'une porte monumentale. En entrant, le visiteur remarque de chaque côté de la pièce deux colossales statues, au visage hideux et aux membres difformes. Au fond se tient un trône surélevé, derrière lequel se dresse une statue de Kâlî, en marbre noir, ornée d'un collier de crânes et tenant un crâne dans chacune de ses quatre mains. Il existe, sous le temple, une crypte pleine de tombes et de sarcophages décorés de sculptures fantastiques. Un passage secret, auquel on accède par un pan de roche coulissant, mène au cœur interdit du temple. On regagne l'extérieur par un autre passage. La demeure sacrée est précédée d'un jardin cultivé en terrasses, et son portique repose sur des colonnes torsadées.
C'est sous la plus haute terrasse que se trouvent les trésors légendaires de Shiva, accumulation des présents offerts depuis des siècles à la déesse par les princes du monde entier. Les trésors sont gardés dans une chambre aux murs de marbre rare, incrusté de pierres précieuses. Ceux qui souhaiteraient les contempler doivent savoir que l'emplacement de cette pièce est secret et que trahir ce secret est puni de mort. Les serpents venimeux se chargent d'exécuter la sentence.

• Maurice Champagne, *La Vallée mystérieuse*, Paris, 1915.

SACRIFICE CONJUGAL, île du
Décrite pour la première fois par Sindbad le Marin, et située quelque part dans l'océan Indien.
Les habitants, qui vivent dans une grande et splendide ville, sont célèbres pour leurs rites funéraires particuliers : lorsque l'un des conjoints meurt, l'autre est également enterré. Le corps est descendu par des cordes dans une fosse profonde, creusée non loin de la ville, et le survivant (ou la survivante) suit la même route, emportant dans la tombe une petite fiasque d'eau et quelques miches de pain. Les assistants posent ensuite une dalle de pierre sur la fosse où le couple est réuni à jamais.
Dans une autre partie de l'île, vit une tribu sauvage de Noirs, qui accueillent les voyageurs en leur offrant des plats

délicieux et du lait de noix de coco. Il ne faut surtout pas y goûter, car les mets contiennent une drogue hallucinogène, qui rend fou. Les victimes ainsi piégées sont ensuite préparées à la sauce indigène : soit en plats riches, auxquels seul le roi de l'île goûte, soit crus, en plats de style "gardez la ligne", pour le reste de la population.

• Anonyme, *Les Mille et Une Nuits*, XVe siècle.

SAGESSE

Archipel de quelque trois ou quatre cents îles, éparpillées au nord et nord-est du détroit de Tuscarora, dans le Pacifique nord. Leur surface totale couvre environ deux mille kilomètres carrés.

La petite taille des îles et leur éloignement des voies de communication maritime expliquent pourquoi elles sont demeurées si longtemps inconnues. Elles ont été visitées pour la première fois par une expédition américaine aux alentours de 1920. Bien qu'isolé, le peuple des îles de la Sagesse a depuis des siècles envoyé des espions à l'étranger dans le but de rapporter des informations scientifiques ou courantes. Ainsi, on trouve dans l'archipel de grandes quantités d'ouvrages dont la plupart sont devenus introuvables dans leur pays d'origine ; les idées exprimées dans ces livres ont constitué la base des différentes cultures des îles. Vues sous l'angle de la civilisation, les îles sont très différentes, allant de la société mécanisée de Sarragalla* à la culture d'Helikonda*, et du bouddhisme traditionnel de Vléha* à la bureaucratie assumée d'Atrocla. Cependant, en dépit de leur différence, les habitants de l'archipel sont unis par la langue dans laquelle ils s'expriment et par leur détermination à rester indépendants du monde extérieur.

Toutes les îles ont la même monnaie : la *dragoma*, qui vaut cent *dragominas* et correspond à peu près à un franc. En pratique, cependant, le taux de change varie considérablement. Il est conseillé au voyageur d'acquérir des devises avant son départ pour l'archipel.

L'île de Dubiaxo est habitée par une secte de sceptiques, obsédés par l'idée qu'on ne peut rien connaître avec certitude et que l'existence elle-même est problématique. Le doute, dans cette philosophie, règne en maître sur la pensée. L'île est gouvernée par le Sceptophylax, qui a pour rôle de maintenir le scepticisme, la discussion et le doute en toutes choses.

Le contraste entre Dubiaxo et l'île voisine de Tivalera est caractéristique de l'archipel. Les habitants de Tivalera connaissent le principe de la relativité depuis plus de quatre cents ans. La théorie de la relativité a été découverte par Olhazen, contemporain

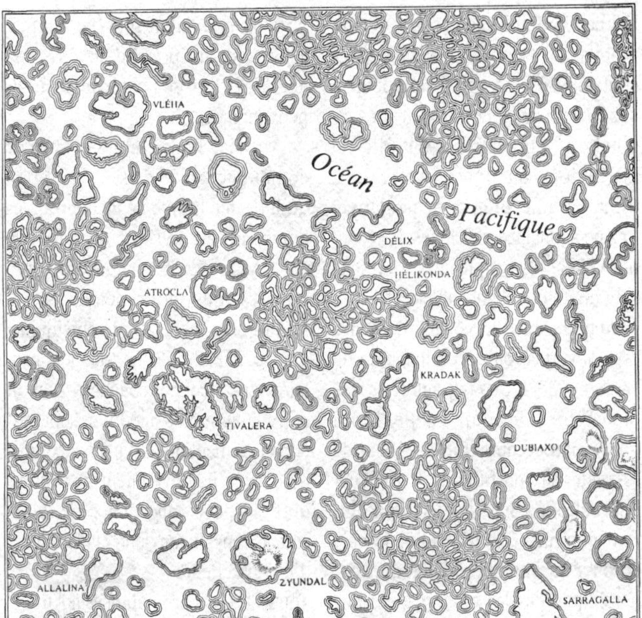

ARCHIPEL DE LA SAGESSE

de Copernic ; elle est à présent si familière aux insulaires qu'on pourrait soutenir qu'ils en ont une idée tellement innée que, jouant avec un cerceau, l'enfant n'aura aucune difficulté à penser que c'est la Terre qui tourne alors que son cerceau est immobile. La théorie de la relativité a contaminé le langage. Si vous demandez l'heure, on peut fort bien vous répondre : "Six mètres." Autorités et institutions publiques, à Tivalera, n'ont qu'une importance relative. Les personnalités officielles, les fonctionnaires, les couples et les enfants sont donc interchangeables.

Par contraste, l'île voisine d'Obalsa est gouvernée par la philosophie du "comme si". L'île était autrefois une monarchie constitutionnelle, le roi gouvernait comme s'il était tenu de respecter la constitution. Il finit par être détrôné par ses sujets, qui agirent comme s'ils n'avaient jamais éprouvé la moindre inclination monarchique. Obalsa est à présent une république dont tous les citoyens reconnaissent la légitimité, exactement comme s'il en avait toujours été ainsi.

A Obalsa, le divorce est aussi courant que le mariage. Au début de leur union, les époux sont convaincus qu'ils ne peuvent vivre l'un sans l'autre, sentiment qui fait rapidement place à la conviction que la vie commune est tout à fait impossible. Ainsi, pendant qu'ils sont encore mariés, ils agissent comme si la vie n'était pas faite pour vivre à deux, donnant d'innombrables réceptions et suppliant leurs invités de rester jusqu'à des heures indues, comme s'ils ne pouvaient plus les quitter. Plus tard, ils prétendent être très amoureux l'un de l'autre, alors qu'ils peuvent à peine se supporter.

A Atrocla, on développe l'art de compliquer les choses, au point qu'un génie lui-même ne pourrait les démêler. Une kyrielle de lois obscures y ont été promulguées, à propos des plus petits détails et des moindres aspects de la vie quotidienne. Ainsi, presque tous les insulaires sont reconnus coupables d'avoir enfreint au moins une loi et sont systématiquement punis. Quant aux rares innocents, ils deviennent de plus en plus suspects aux yeux de leurs concitoyens. Il convient, évidemment, d'éviter cette île.

Toutes les lois promulguées à Atrocla sont inscrites dans les trois cent cinquante mille volumes qui composent la Bibliothèque nationale. Les catalogues sont gardés sous clef pour prévenir toute fuite d'information. En outre, pour frustrer ceux qui pourraient chercher à connaître la loi, il y a à présent deux catégories de bibliothécaires : ceux qui ne donnent aucune information et ceux qui donnent de faux renseignements. L'Etat cultive l'art des statistiques, ce qui lui permet de s'assurer que la population est sans cesse occupée à remplir des formulaires, tâche qui prend parfois toute la journée et la moitié de la nuit.

L'île de Délix est par bien des côtés exactement l'inverse d'Atrocla. Le climat y est idyllique et les habitants mènent une vie uniquement consacrée au plaisir. Ils sont tellement hédonistes qu'ils s'imaginent parfois vivre dans le paradis terrestre décrit par les auteurs classiques. Ils pensent que plus on fait des choses agréables, plus on mène une existence heureuse.

Les différences politiques que l'on observe entre les îles de l'archipel sont très bien illustrées par les deux types de "pacifisme" en faveur à Allalina et à O-Blaha. Sur la première île, toutes les lois dérivent d'un livre sacré, le *Trismagest* : il établit clairement que tous les crimes doivent être pardonnés et qu'il ne faut exercer aucune vengeance à l'encontre d'un homme. Cependant, la loi de l'île respecte aussi la maxime : "Œil pour œil, dent pour dent." Pour résoudre cette contradiction, on a institué deux tribunaux, où statuent des juges incorruptibles. Le premier est renommé pour son indulgence, le second pour sa sévérité. Le choix du tribunal est tiré au hasard. L'inculpé peut faire appel, et il y a douze recours possibles. Le dernier est le recours à la nation elle-même, dont le verdict final est donné par référendum.

Les relations entre Allalina et O-Blaha se sont récemment dégradées. Par tradition, les deux îles sont pacifistes et partagent le même idéal, qui tend à supprimer tous les sentiments égoïstes. Au cours des années, tous les systèmes de morale connus ont été étudiés à fond, ce qui a eu pour conséquence de vider de tout sens le concept de la morale. Une scission s'est établie : Allalina est devenue la patrie des pacifistes à tendance idéaliste et O-Blaha, celle des pacifistes beaucoup plus pratiques. Une conférence fut organisée, afin d'aplanir, si possible, les différences, mais s'il y eut un accord unanime sur la nécessité de supprimer la guerre et de considérer l'humanité comme une grande famille, des divergences irrémédiables éclatèrent à propos de la notion de guerre juste. La conférence tourna à la bataille rangée et la guerre fut déclarée entre les deux îles pacifistes.

Enfin, il faut dire un mot de la petite île de Zyundal, patrie des Pramites. Ces derniers forment une civilisation dont l'origine est inconnue. Persécutés et méprisés par les autres insulaires, ils errèrent longtemps à travers l'archipel avant de s'installer à Zyundal. Il semble cependant qu'aujourd'hui des préjugés antipramitiques commencent à se manifester sur l'île et qu'un grand nombre d'habitants souhaitent partir, repris par la nostalgie de leur vie errante.

• Alexander Moszkowski, *Die Inseln der Weisheit, Geschichte einer abenteuerlichen Entdeckungsfahrt*, Berlin, 1922.

SAHARA

Vaste mer intérieure entre l'Algérie et la Tunisie. Elle recouvre l'ex-Chott Djerid et les dépressions du sud-est de Biskra. Des canaux navigables la relient au golfe de Gabès. D'anciennes oasis en sont devenues les principaux ports : El Hammâ, Nefta et Tozeur. Une île étendue, le Hinguiz, occupe le centre des eaux. Depuis de longues années, l'administration française caressait l'idée d'immerger les zones du Sahara qui s'étendent au-dessous du niveau de la mer. La première tentative sérieuse, lancée par un certain Roudaine, capitaine dans l'armée française, remonte à 1874. Ce projet rencontra une opposition considérable et il fallut attendre 1904 avant que la Compagnie franco-étrangère, spécialement créée pour les besoins de la cause, n'obtienne du gouvernement français une concession sur deux millions cinq cent mille hectares. Trop ambitieuse, la société s'enfla comme la grenouille de la fable et fut rapidement amenée à suspendre le paiement des dividendes. La majeure partie du gros œuvre était alors terminée et il ne restait plus qu'à opérer la jonction entre le golfe de Gabès et le réseau des canaux. Les terrains submersibles les plus étendus étaient raccordés par des voies navigables au Chott Melrhir et au Chott el-Rharsa.

Au milieu du XXe siècle, une expédition militaire française eut pour mission de faire des levés dans la région et d'examiner l'état des canaux. L'entreprise était audacieuse, car elle impliquait la traversée des territoires contrôlés par les plus farouches ennemis du projet, propriétaires des terres inondables, et par les Touaregs qui, traditionnellement, rançonnaient les caravanes dans le désert. L'inspection des canaux s'avéra satisfaisante, excepté sur un chantier où les excavations avaient été comblées par une tribu fanatique.

Ironiquement, c'est un phénomène géologique naturel qui fut responsable de la submersion : un tremblement de terre provoqua un affaissement de terrain accompagné d'une irruption massive des eaux du golfe, transformant illico le désert en océan.

La mer du Sahara a facilité le commerce et rendu plus aisé l'approvisionnement des bases militaires françaises. Avec la disparition des caravanes, la menace constante des bandits touaregs s'est évanouie. L'ensemble du Maghreb a largement bénéficié de ce bouleversement, tant sur le plan climatique que dans le domaine économique.

• Jules Verne, *L'Invasion de la mer*, Paris, 1905.

SAINT-BRENDAN

Ile magique, dans l'Atlantique, loin à l'ouest de l'Irlande. Elle fut découverte au Ve siècle, lorsque saint Brendan et quatre autres ermites quittèrent l'Irlande, où les habitants boudaient leurs prêches. De la pointe d'Old Dunmore, saint Brendan aperçut au loin la mer enchantée et ses îles, vers lesquelles il fit voile avec ses compagnons.

L'île est soutenue par des piliers de basalte noir, semblables à ceux de l'île Staffa, alternant avec des marbres verts et pourpres et des grès veinés de rouge, de blanc et de jaune. Elle est couverte de cèdres dont les frondaisons abritent de nombreuses espèces d'oiseaux.

Sous l'eau, on trouve des cavernes et des grottes, bleues comme à Capri, ou blanches comme celles d'Adelsberg. Toutes ont des draperies et des rideaux d'algues rouges, pourpres, brunes et vertes et un sol couvert de fin sable blanc.

C'est dans les grottes de l'île de Saint-Brendan qu'habitent les innombrables bébés-d'eau, petits enfants qui ont été adoptés par les bonnes fées, soit parce qu'ils ont été cruellement maltraités par leurs parents, soit parce qu'ils sont morts de maladie telles que la scarlatine. Alors, pendant leur sommeil, leur corps, simple enveloppe, se dissout et il leur pousse des branchies semblables à celles des poissons. Petits, ils ont moins de quatre pouces de haut. Ils décorent les criques d'anémones de mer, de coraux et d'algues, et font de jolis jardins de rocaille que l'on peut admirer quand la mer se retire. Ils secourent aussi les poissons et les animaux marins en difficulté.

Durant des siècles, les bébés-d'eau ont été les élèves de saint Brendan et de ses compagnons. Chaque dimanche, ils sortaient de leurs grottes et assistaient au catéchisme, sous la houlette de l'ermite. Mais la vue du saint finit par baisser et sa barbe devint si longue qu'il n'osa plus faire un pas de peur de marcher dessus. Il s'endormit alors sous les cèdres, avec ses quatre compagnons. Il ne s'est pas réveillé depuis. Parfois, quand les oiseaux de l'île roucoulent en chœur, on peut voir les dormeurs s'agiter dans leur sommeil et leurs lèvres remuer, comme s'ils chantaient en rêvant. La reine Amphitrite et ses fées ont continué l'éducation des bébés.

Les grottes sous-marines où dorment les enfants sont gardées la nuit par de magnifiques serpents de mer habillés de velours vert, rouge et noir. Ils ont tous le corps annelé, et certains possèdent jusqu'à trois cents cerveaux, ce qui en fait d'excellents détectives. D'autres ont des yeux à chaque articulation. Quand un danger se présente, les serpents se préparent à l'attaque et brandissent tout un arsenal – l'équivalent d'une boutique de couteaux et d'armes diverses – au bout de leurs centaines de pattes. L'intrus s'aventurant aux abords de l'île avec de mauvaises intentions fera bien de prendre la poudre d'escampette sous peine d'être haché en mille morceaux et dévoré.

Les grottes sont nettoyées par des crabes qui se chargent d'éliminer tous les détritus ; l'eau y demeure toujours pure et claire, grâce aux anémones, aux madrépores et aux coraux qui vivent sur les rochers. Tout comme les enfants terrestres, les bébés-d'eau doivent apprendre leurs leçons, mais, comme celles-ci ne comportent aucun mot difficile, l'étude est, pour eux, un passe-temps joyeux. Une fois leurs leçons apprises, les bébés sont libres de jouer toute la journée. On attend cependant d'eux qu'ils se conduisent sagement : voilà pourquoi ils sont surveillés par Mme la Maréchalenousvoilà, qui visite l'île tous les vendredis. Très grande et très laide, elle se promène avec un martinet dont, à vrai dire, elle ne se sert jamais.

Elle sait toujours exactement ce que les enfants ont fait et même ce qu'ils ont l'intention de faire ; elle les punit ou les récompense en conséquence. Aux enfants sages, elle donne des gâteaux de mer, des pommes de mer, des caramels de mer et des glaces de mer. La peau des bébés-d'eau qui ont fait trop de bêtises se couvre de rougeurs et de boutons d'un aspect déplaisant. Mme la Maréchalenousvoilà n'aime pas punir, mais, puisqu'elle a été remontée comme une pendule, elle est obligée de suivre sa nature. La légende dit qu'elle est aussi vieille que l'éternité. Lorsque tous les gens seront devenus bons, elle-même deviendra belle. Ses autres devoirs consistent à rappeler à l'ordre tous ceux qui, parents, maîtres et docteurs, ont maltraité ou, par inadvertance, blessé des enfants. Elle les punit en leur infligeant le traitement qu'ils ont infligé à leurs victimes.

L'autre visiteuse régulière de l'île est la sœur de Mme la Maréchalenousvoilà, Mme la Blondequeleshommespréfèrent qui vient le dimanche. Aussi grande que sa sœur, elle est très belle, avec le plus doux, le plus tendre et le plus joyeux visage du monde. Elle prend sur ses genoux les bébés qui ont été sages pendant la semaine, les cajole et joue avec eux. Son affection est la meilleure récompense dont on puisse rêver.

Tous les bébés-d'eau parlent un langage marin qui leur permet de converser avec les poissons et les autres créatures marines.

• Charles Kingsley, *The Water-Babies : A Fairy Tale for a Land-Baby*, Londres, 1863.

SAINTE-BEREGONNE

Quartier qui n'existe que pour ceux à qui il échoit de passer entre la maison du distillateur et celle du grainetier qui pourtant se jouxtent le long de la Mohlenstrasse à Hambourg. Selon le cadastre municipal, c'est d'ailleurs un mur mitoyen qui se trouve à l'emplacement de la rue qui permet l'accès au quartier Sainte-Beregonne. Cette rue est en dehors de l'espace et du temps. Elle est donc à la fois un don et une réserve de l'au-delà indéfinissable pour qui parvient à y glisser ne serait-ce qu'un simple regard. A dix pas dans le fond, un coude coupe la vue et interdit l'inspection depuis notre monde. De hautes murailles mal chaulées, une indication : Saint-Beregonnegasse, un pavage irrégulier et verdâtre, quelques viornes entre les pierres affirment paradoxalement une existence tangible et une éternité d'outre-monde. Les saisons elles-mêmes paraissent être confondues dans cette impasse, bourgeons et neige sur un maigre arbuste. Trois petites portes jaunes sont inscrites dans les murs ; personne pour répondre à qui y frappe. La rue à chaque coude semble répétitive d'un décor de ruelle de province flamande, l'inconnu semble ici handicapé par la plus grande des inerties, abandon et répétition d'un modèle. Chaque porte ouvre sur un corridor dallé de bleu ; une lumière diffuse renvoie aux impressions des derniers tableaux de Magritte comme l'*Empire des lumières* ; il s'agit pour le voyageur sensible d'un sentiment d'inquiétante étrangeté. Il est possible de pénétrer jusqu'à une large cuisine voûtée, aux meubles rustiques, luisants de cire et d'encaustique. Un escalier de chêne ne mène nulle part, il plonge dans le mur et vous trompe l'œil. La lueur crépusculaire filtre d'une verrière et baigne également une cour vide et désolée pour n'être que la répétition des autres cours, des autres maisons que l'on trouve derrière chaque porte jaune.

A la suite de crimes odieux et mystérieux commis dans la ville où se trouvent les ruelles fortuites, des fagots furent entassés, de l'huile et de l'alcool furent répandus afin de réduire en cendres ce qui se trouve confiné entre un mur et ce mur identique. Il était nécessaire d'incendier le quartier tout entier, car des êtres de l'audelà venaient tirer vengeance sur notre terre de vols commis à l'intérieur de leur maison à l'air si anodin. Certains affirmèrent qu'il s'agissait de Stryges, d'autres des vapeurs du diable.

• Jean Ray, *Le Manuscrit français*.

SAKNUSSEMM, cap

Promontoire rocheux dans la mer Lidenbrock*, situé à plusieurs milliers de kilomètres sous la surface de la Terre.

C'est là que l'expédition Lidenbrock, qui entreprit en 1863 un voyage au centre de la Terre, y découvrit la dague d'Arne Saknussemm, le célèbre alchimiste islandais du XVIe siècle, qui fut le premier homme à explorer ces régions. Les voyageurs peuvent encore voir aujourd'hui ses initiales en caractères runiques qu'il creusa dans le roc, à l'aide de son poignard.

• Jules Verne, *Voyage au centre de la Terre*, Paris, 1864.

SAKNUSSEMM, couloir

Large galerie souterraine, située quelque part sous l'Islande et ainsi dénommée en l'honneur du prédécesseur du professeur Otto Lidenbrock, de Hambourg, qui découvrit dans un vieux manuscrit de Snorre Turleson un parchemin sur lequel Arne Saknussemm avait inscrit un certain nombre de runes.

En essayant de les déchiffrer avec l'aide de son neveu Axel, le professeur Lidenbrock découvrit dans le vieux livre un message codé qui donnait des instructions précises pour atteindre le centre de la Terre, en descendant par le cratère d'un volcan éteint, situé à l'ouest de l'Islande, voyage que Saknussemm assurait avoir accompli. Conduit par un guide islandais, Hans Bjelke, le professeur Lidenbrock et son neveu descendirent au fond du Sneffels, en empruntant le cratère que l'ombre du Scartaris vient caresser avant les calendes de juillet, exactement comme l'indiquait le document. Dans le cratère du Sneffels, à environ huit cents mètres au-dessous de la surface de la Terre et donc au niveau de la mer s'ouvre un étroit couloir orienté est-sud-est, un tunnel obscur recouvert d'une épaisse couche de lave brillante sur laquelle le faisceau des torches des voyageurs se réfléchit, intensifiant la lumière. Les futurs disciples du professeur doivent savoir que le corridor de Sacknussemm descend de quarante-cinq degrés en pente libre, ce qui rend la progression difficile. Quarante-huit heures après le début de la descente, les voyageurs chanceux arrivent à une fourche qui se trouve à quelque trois mille mètres au-dessous du niveau de la mer. Il faut s'engager dans la galerie ouest ; ceux qui prendraient la galerie est seraient condamnés à mourir de faim et de soif dans les entrailles de la Terre.

• Jules Verne, *Voyage au centre de la Terre*, Paris, 1864.

SA MAJESTÉ-DES-MOUCHES

Ile corallienne dans le Sud de la mer de Chine, aux flancs arides et abrupts, ressemblant vaguement à un navire. La partie de l'île la plus extraordinaire est une falaise rose que ponctue, au sommet, un rocher en porte-à-faux. La superposition des rochers en équilibre crée un paysage irréel, où la couleur rose jaillit des festons emmêlés des lianes tropicales qui en couvrent les flancs. D'étroits sentiers s'élèvent en sinuant là où la falaise rose jaillit du sol. Un lagon entoure entièrement l'île dont le rivage est couronné de palmiers et de ciriers en bourgeons. De grandes coquilles jonchent la plage et de transparentes et minuscules créatures apparaissent quand la marée se retire. Il y a des oiseaux multicolores, des mouettes, des cochons sauvages et plusieurs espèces de papillons.

Sur le rivage, on peut apercevoir les vestiges des huttes construites par les petits Anglais dont l'avion s'écrasa ici, probablement pendant la Seconde Guerre mondiale. Deux petits squelettes et les restes de la carlingue contenant le corps du pilote sont les témoins silencieux de cette aventure.

On raconte que l'île est habitée par Sa Majesté-des-Mouches, quelquefois représentée par une tête de sanglier fichée sur un pieu, sorte de dieu primitif pour un embryon de société moderne.

• William Golding, *Lord of the Flies*, Londres, 1954.

SANS NOM

Château s'élevant, solitaire, dans la campagne française.

Sur l'entrée principale, les voyageurs liront l'inscription suivante : "Je n'appartiens à personne et à tout le monde ; vous étiez déjà là avant d'entrer et vous y serez encore quand vous serez parti." A l'intérieur du château, les voyageurs trouveront des gens qui mentent et disent la vérité à la fois et qui, soit restent assis, soit marchent sans fin de long en large.

On raconte que, passant outre à l'inscription, un groupe d'aventuriers se sont emparés du château et, avec l'aide de serviteurs complices, massacrent quiconque leur conteste le droit de propriété.

• Denis Diderot, *Jacques le Fataliste et son maître*, Paris, 1773.

SAN VERRADO

Ile appartenant à l'archipel des Bahamas dans la mer des Antilles. Ancienne base de pirates. Il est encore possible de visiter les ruines de sa forteresse détruite au XVIIIe siècle par les Anglais.

Le premier colonisateur, Leiscar de Ribeira, commandant d'une frégate espagnole en détresse, débarqua sur les rivages de l'île qu'il administra en despote, interdisant à quiconque d'émigrer sans son autorisation. Avec des intentions que la courtoisie réprouve, les nouveaux insulaires se spécialisèrent dans le rapt des femmes de Cuba. Les plus récalcitrantes étaient jetées au cachot, sans autre forme de procès.

Toutes les habitations possèdent un jardin permettant de vivre en économie

Ruines du fort de San Verrado.

fermée. Malades et vieillards sont rassemblés et soignés dans une vaste propriété dans l'Ouest du pays.

A l'époque de Ribeira, la communauté entière se vautrait dans la débauche et la luxure, mais le touriste désireux de se rendre aujourd'hui à San Verrado risque fort d'être déçu, car l'atmosphère est loin d'y être émoustillante.

• François Guillaume Ducray-Duminil, *Lolotte et Fanfan ou les Aventures de deux enfants abandonnés dans une isle déserte, rédigées & publiées sur des manuscrits anglais*, par M. D.*** du M.***, Charlestown et Paris, 1788.

SARKOMAND

Ville du Monde-du-Rêve*, dans une vallée lugubre du plateau de Leng. Pour s'y rendre, on doit monter des marches couvertes de sel.

C'est une splendide et arrogante cité aux murs et aux docks de basalte, aux temples élevés et aux grands squares ornés de statues. Les jardins et les rues sont bordés de colonnes. Chacune des six portes, couronnées d'un sphinx, donne sur une vaste place où deux lions ailés d'une taille colossale gardent l'entrée d'un escalier souterrain menant vers le grand abîme.

• Howard Phillips Lovecraft, "The Dream-Quest of Unknown Kadath", in *Arkham Sampler*, posth., Sauk City, 1948.

SARRAGALLA

La plus développée de toutes les îles de la Sagesse*. Sa récente expansion industrielle résulte d'une production en constant accroissement et d'une parfaite utilisation du temps de travail. L'économie répond fort bien aux lois de l'offre et de la demande. Revendications et grèves ont disparu d'elles-mêmes. Le travail est devenu davantage un plaisir qu'une contrainte, et les ouvriers demandent que leur journée soit prolongée. A Sarragalla, on tire une immense satisfaction de la maîtrise des problèmes mécaniques et technologiques.

Les voyageurs à l'esprit scientifique ne seront nullement surpris d'apprendre que Sarragalla utilise l'énergie libérée par la fission de l'atome, grâce à la particule radioactive lambda. Le stock de matières radioactives provient de l'île voisine de Vorréia, où il a été découvert par le physicien Algabbi. Il existe à Sarragalla même de petits gisements de ces matières vitales, mais Algabbi n'en a jamais révélé l'emplacement.

Le succès de Sarragalla est fondé sur l'axiome selon lequel toute activité doit être productrice et qu'il ne faut jamais perdre de temps. Ainsi, même le langage a été réduit et ne comporte plus qu'une série d'abréviations de style télégraphique. Un projet de loi, avec toutes ses clauses, peut, en une seule matinée, être présenté au Parlement, débattu et voté. Les discours des hommes politiques ne durent jamais plus de trente-cinq secondes. Les mêmes principes ont été appliqués aux arts. Les pièces de théâtre ont été transformées en sketches, sans rien perdre de leur impact. La musique la plus accomplie est la sonate condensée, qui évite la répétition des phrases, des notes et des mesures. La seule publication importée de l'étranger avec succès est le *Reader's Digest*.

A l'Institut expérimental, des recherches sont en cours pour essayer d'exploiter l'énergie gaspillée pendant la mastication. Cela implique l'usage de la télékinésie grâce à laquelle on peut transférer de l'énergie à distance par des procédés complexes de projection et convection. Cette recherche en est encore à ses débuts, mais des gens peuvent déjà s'asseoir et manger tranquillement tout en voyant le surplus de l'énergie qu'ils produisent en mâchant transformé et utilisé pour couper du bois à l'autre bout de la pièce.

La recherche médicale est sur le point de concrétiser là l'un des plus vieux mythes de la sorcellerie : des opérations ont déjà été réalisées sur un mannequin de cire, et les résultats sont transférés sur le malade par le biais de techniques spéciales, connues sous le nom de *tellurgie*. Le traitement peut être appliqué à l'insu du patient. Pour le moment, la tellurgie en est encore au stade expérimental, mais l'on fonde de grands espoirs sur elle.

Transports et communications y ont beaucoup d'avance. Pour voyager, on prend place à l'intérieur d'une minuscule machine volante individuelle, très maniable. On peut alors voler comme un oiseau, sans aucun des inconvénients de l'avion traditionnel. En ville, on circule sur des trottoirs roulants, qui s'étendent loin dans la campagne environnante, ce qui supprime à la fois la marche et les voitures. Pour de plus longs trajets, un système de trains à monorail a été établi. Les communications personnelles se font par l'intermédiaire d'une petite radio, logée dans un boîtier de montre.

Le principe essentiel de l'éducation est d'inculquer à chacun le respect du temps de l'autre. Dans cette société, le temps est peut-être la seule chose qui soit considérée comme un bien privé.

Le plat national est le plancton, qui est traité chimiquement et transformé en nourriture à la fois pour les hommes et pour les animaux. On peut le consommer en purée, en filets, en tranches ou sous forme de multiples boissons. Les différents parfums du plancton sont délivrés par le *télégusto*, une machine qui peut recréer artificiellement n'importe quel goût.

• Alexander Moszkowski, *Die Inseln der Weisheit, Geschichte einer abenteuerlichen Entdeckungsfahrt*, Berlin, 1922.

SATIN

Pays situé dans l'île de Frize ; il se nomme ainsi, car tous ses chemins sont faits de ce tissu. Les arbres et les plantes ne perdent jamais leurs feuilles, ni leurs fleurs, puisqu'ils sont en damas ou en velours frappé. La faune du pays de Satin, tout en tapisserie, est extrêmement variée. On y trouve tous les animaux et tous les oiseaux d'Europe ; mais, à la différence de leurs cousins, ils ne mangent pas, ne chantent pas et ne mordent pas. Les éléphants sont communs : éléphants-musiciens, philosophes, danseurs et acrobates. L'espèce de licorne, qui prolifère au pays de Satin, est une bête fort sauvage, qui ressemble à un cheval, avec une tête de cerf, une queue de sanglier et une longue corne noire, de six ou sept pieds de long, qui pend comme la crête d'un dindon et se dresse quand la licorne se prépare au combat. C'est donc une arme qui, de plus, possède la vertu de purifier l'eau des mares et des fontaines. Les phénix, qui se sont arrangés pour renaître, sont assez nombreux, et l'on peut voir de répugnantes hydres à sept têtes. On trouve en outre des *cynamolges*, des *argathiles*, des *caprimulges*, des *thynnuncules*, des *crotonotaires*, des *stymphalides*, des harpies, des panthères, des *dorcades*, des *cemades*, des satyres, des *cartazonnes*, des *monopes*, des pégases, des naïades, des vampires géants et des griffons. Les *lancercules* ont le cou, la queue et le poitrail d'un lion, des pattes de cerf et une bouche fendue jusqu'aux oreilles. Ils n'ont qu'une seule dent à chaque mâchoire et parlent avec une voix humaine. Plus étrange encore est le *mantichores* qui a un corps de lion, le poil rouge, la face et les oreilles d'un homme et trois rangées de dents qui s'entrecroisent comme les doigts de deux mains. Sa queue est munie d'un aiguillon semblable à un dard de scorpion et sa voix est remarquablement mélodieuse. D'autres animaux ont deux dos et remuent sans arrêt le croupion. Un grand nombre de héros et de philosophes de l'Antiquité vivent là. On peut y voir Aristote tenant une lanterne, l'œil constamment à l'affût, méditant sans cesse et rapportant tout par écrit.

Le seul désavantage de ce pays merveilleux est qu'il n'y a rien à manger. Quiconque essaie de goûter à une plante ou à un animal a l'impression de mâcher un écheveau de soie.

Le pays de Satin est la demeure de Ouï-dire, vieux bossu monstrueux, qui a la bouche fendue jusqu'aux oreilles et sept langues. Il est capable de parler en même temps de sept sujets différents. Son corps et sa tête sont couverts d'oreilles, mais il est devenu aveugle et ses jambes sont paralysées. Un grand nombre d'hommes et de femmes s'agglutinent autour de lui, prenant note de tout ce qu'il dit. Tous deviennent vite clercs et érudits et s'expriment en langage choisi sur toutes sortes de sujets qu'une personne normale mettrait cent vies à comprendre.

Cachés derrière des tapisseries, tous les genres d'historiens et de penseurs, depuis Hérodote jusqu'à Marco Polo, écrivent en tapinois en s'inspirant des paroles de Ouï-dire, qui attire aussi nombre d'étudiants de tous pays. Ces derniers viennent apprendre l'art et le métier de témoin. De retour dans leurs provinces, ils en vivront honnêtement : ils témoigneront sous serment en faveur de qui les paiera le mieux, et deviendront des citoyens riches et respectés.

• François Rabelais, *Le Cinquiesme et Dernier Livre des faicts et dicts héroïques du bon Pantagruel*, Paris, 1564.

SAUMAIE

Dans l'Ouest du Dhôtelland, pays vallonné où prolifèrent les cerisiers. Le trait géographique le plus saillant est le suivant : les villages situés à la crête d'un mont paraissent enfoncés entre deux vallons. Le centre de la Saumaie est Tourteur, où les voyageurs pourront admirer l'ancienne halle, aujourd'hui délaissée.

Les habitants sont peu communicatifs, et certains d'entre eux se livrent de façon effrontée à l'ivrognerie. Tous – quel que soit leur degré de

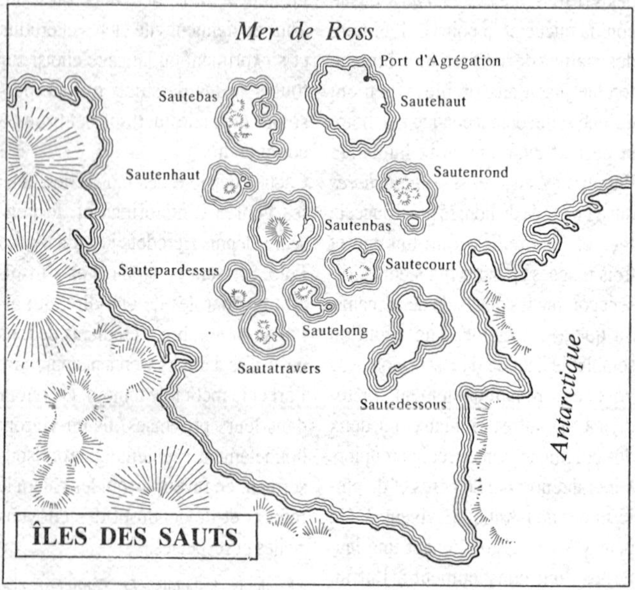

sobriété ou d'ivresse – se protègent de l'orage avec des plumes de chardonneret.

• André Dhôtel, *L'Honorable Monsieur Jacques*, Paris, 1972.

SAUTS, îles des

Archipel proche de l'Antarctique, et composé de dix royaumes indépendants : Sautehaut, Sautebas, Sautenhaut, Sautenbas, Sautepardessus, Sautatravers, Sautelong, Sautecourt, Sautenrond et Sautedessous.

Hormis à Sautebas, la constitution politique de tous ces Etats, sous l'influence de la religion, assure l'établissement d'un nouvel ordre social. Une tribu de singes évolués, les Monikins, peuple tous ces royaumes. Des bornes kilométriques flottantes jalonnent la route maritime qui conduit aux îles des Sauts. A Sautehaut, les voyageurs sont débarqués au port d'Agrégation, dont la grand-place, le palais des Arts et des Sciences et l'académie des Sympathies cachées sont dignes d'admiration. Le pouvoir, tripartite, repose sur la loi, l'opinion et la pratique. Le roi gouverne au nom de la loi et de l'opinion ; quant à son cousin, il dirige au nom de la pratique.

Classés par leurs cynologistes soit dans la famille des quadrupèdes, soit dans celle des *caudaejactans* ("queues ondoyantes"), les Monikins ne portent aucun vêtement, sauf lors des cérémonies. Leur langue contient quelques racines grecques et ressemble au danois ou au suédois. Cependant, l'élite de la société parle français et salue en agitant la queue. Les autochtones sont persuadés que le siège de l'intelligence et de la raison se trouve dans la queue et non dans le cerveau, et que l'homme est susceptible d'évoluer jusqu'à leur stade de développement. La monnaie en cours est la promesse, qui présente l'avantage de ne pouvoir être ni brûlée ni volée.

Numéros et couleurs servent d'identification : la couleur désigne la caste, la condition, la profession et le sexe ; le nombre indique le niveau d'intelligence. Ainsi, n° 22817, couleur brun foncé, signifie Dr Déraison.

• James Fenimore Cooper, *The Monikins*, New York, 1835.

SAUVAGE

Probablement dans l'océan Atlantique ; île reliée à Tangerine par un cordon rocheux.

C'est en grande partie une jungle bordée par une plage étroite et presque coupée en deux par une rivière aux berges marécageuses. La jungle est peuplée d'ours sauvages, de singes, de tortues, de tigres amateurs de chewing-gum, de rhinocéros, de lions, de gorilles et de crocodiles friands de sucettes.

Un certain Elmer Elevator entendit parler de cette terre par un chat perdu qu'il avait adopté. Il s'y rendit et secourut un malheureux dragon, tombé d'un nuage, qui servait de ferry-boat aux autres animaux pour traverser la rivière. Sur le quai se trouve toujours le panneau annonçant : "Pour utiliser le dragon, actionner la manivelle. Pour toutes réclamations, s'adresser au gorille." La manivelle était en effet reliée à une corde dont l'autre extrémité était attachée autour du cou du dragon.

Les voyageurs, aujourd'hui, se serviront de radeaux pour passer sur l'autre rive.

• Ruth Stiles Gannet, *My Father's Dragon*, Londres, 1957.

SCHILDA

République municipale, établie en un lieu inconnu. Sur l'histoire des Schildbürger, un seul point semble certain : des hommes d'Etat et des philosophes élirent cette contrée pour s'y fixer. Peu à peu, c'est toute une génération, d'une sagesse exemplaire, qui s'y regroupa. Rois et princes des autres pays jugèrent bientôt comme un honneur le fait d'inviter l'un de ces sages à leur cour, afin de les nommer ministres ou d'en faire leurs conseillers personnels.

Quand il ne resta plus guère qu'un seul homme adulte à Schilda, les femmes lancèrent un ultimatum : si leurs maris ne revenaient pas, elles s'en chercheraient de nouveaux. Leurs époux demandèrent alors congé aux souverains dont ils étaient les inspirateurs. De retour chez eux, ils s'aperçurent que leur présence constante y était absolument nécessaire. Afin de servir leurs intérêts, tout en n'offensant point leurs puissants maîtres, ils mirent au point le stratagème suivant : ils se comporteraient de façon si stupide que chacun renoncerait spontanément à leurs services.

Le long bâtiment quadrangulaire, sans la moindre fenêtre, de la salle du conseil représente le témoignage concret du succès de cette entreprise ; toutes les tentatives pour introduire de la lumière dans ce bâtiment, que ce soit à l'aide de pelles, de seaux ou de chaudrons, ayant échoué, de même que la capture des rayons du soleil dans un piège à rats, les séances du tribunal et les délibérations se tinrent dans une obscurité totale.

Par la suite, il semble que la stupidité feinte des pères soit devenue effective chez leurs descendants. Ainsi, la municipalité décida-t-elle, un jour, d'élire pour maire non l'homme le plus sensé et le plus apte, mais simplement le plus vigoureux et le plus sain. La chronique de la cité mentionne un certain maître Gaspard, dont la doctrine d'isolationnisme exacerbé provoqua des troubles politiques (même les livres devaient être écrits par les enfants du pays). Il ne sut combattre ce soulèvement qu'en incarcérant tous les habitants mâles. Quand une lettre l'accusa lui-même de menées républicaines, il se mit à son tour en prison.

Etant donné qu'il n'y avait plus personne pour rendre la justice, les Schildbürger se languissaient dans leur cachot. Au bout d'un certain temps, ils saisirent enfin l'absurde de la situation : ils s'évadèrent, annulèrent l'ancienne constitution et proclamèrent la république.

Celui qui se rend aujourd'hui dans cette république municipale est aussitôt sensible à l'atmosphère de bonhomie petite-bourgeoise, de demi-savoir et de bouffonnerie régnante. La pensée incombe à un philosophe appointé et, dans le domaine de la littérature, ce sont certaines personnes qui se chargent d'expliquer aux autres de quelle manière il faut juger tel ou tel livre. Par respect pour ces dispositions, les Schildbürger renoncent à tout intérêt personnel pour la poésie. Les critiques sont devenus si compétents dans leur spécialité que le public a tout à fait abandonné la lecture.

Le théâtre, en revanche, est à la mode. L'auteur le plus joué, Augustus, traite dans toutes ses pièces, sans exception, de la souffrance amoureuse et d'endettements funestes. Outre le manque total d'humour qui les caractérise, ces pièces sont surtout mémorables pour la scène finale, dans laquelle surgit, infailliblement, un généreux personnage qui paie tout. Dans les écoles, seuls les ignorants sont responsables de l'enseignement, car on espère qu'ils apprendront, ce faisant, quelque chose de la matière dont ils ont été chargés. Quant aux élèves, on commence par leur inculquer le mépris de toute science, ce qui renforce leur confiance en eux-mêmes et leur permet d'accéder à une étonnante originalité dans l'expression de la pensée.

Le témoignage le plus éloquent de cette politique scolaire est fourni par un jeune Schildbürger qui se perche, en général, sur un arbre, en dehors de la ville, et soutient le coucou de l'endroit dans la lutte qui l'oppose au coucou du royaume voisin.

• Ludwig Tieck, "Denkwürdige Geschichtschronik der Schildbürger in Zwanzig Lesenwürdigen Kapiteln", in *Volksmärchen*, Berlin, 1797.

• Erich Kästner, *Die Schildbürger*, Munich, 1976.

SCHLARAFFENLAND, voir COCAGNE

SCOODLERLAND

Patrie des Scoodlers, dans les montagnes qui s'étendent au-delà de la vallée du Musicrien*.

Le Scoodlerland n'est pas vraiment recommandé aux gens venus de l'extérieur. Un étroit pont de pierre franchit un gouffre noir, si profond qu'on n'en perçoit pas le fond, et mène à une entrée creusée dans la montagne. Les visiteurs accèdent alors à une vaste grotte en dôme, éclairée par le haut grâce à des trous percés dans la voûte de pierre. C'est à la périphérie de cette grotte circulaire qu'ont été disposées les maisons des Scoodlers. Il s'agit d'étroites bâtisses en pierre, qui n'ont pas plus de six pieds de large, car les Scoodlers, gens fort minces de leur état, se contentent de peu d'espace pour vivre.

Leur corps a une apparence tout à fait humaine, mais ils ont deux visages, l'un blanc et l'autre noir, ce qui leur permet de marcher en avant et en arrière. Leurs orteils se replient à volonté dans l'une ou l'autre de ces deux directions. Ils peuvent retirer et remettre leur tête à loisir, mais, sans tête, leur corps court aveuglément dans toutes les directions. Quand ils sont importunés, les Scoodlers enlèvent leur tête et la lancent sur leurs ennemis. D'autres Scoodlers se précipitent alors en avant, puis avec une agilité incroyable ils ramassent ces têtes et les remettent en place.

Les Scoodlers sont gouvernés par une vieille reine irascible : on la distingue sans peine de ses sujets, grâce aux couleurs que prend son visage.

Elle possède un visage rouge avec des yeux verts et des cheveux noirs, d'un côté de la tête, et un visage jaune avec des yeux noirs et des cheveux pourpres de l'autre. Elle a déjà lancé sa tête à celle de tant de gens que cette extrémité de son corps est toute cabossée.

Les Scoodlers sont d'un naturel très agressif. Les étrangers qui s'aventurent dans leur domaine sont capturés, bouillis avec des légumes et transformés en potage. Cette soupe, réputée délicieuse par ceux qui ont vécu assez longtemps pour la goûter, est mijotée dans une énorme marmite, suspendue par une chaîne de fer, au centre de la grotte.

• Lyman Frank Baum, *The Road to Oz*, Chicago, 1909.

SCOTI MORIA, voir FLOTTANTES

SCYLLA, voir CHARYBDE

SELDWYLA

Petite ville suisse, cernée de montagnes vertes. Située dans une vallée donnant au sud, la vigne prospère dans ce climat doux et salubre, et les pentes montagneuses sont très boisées.

Ce bourg est entouré de champs fertiles, et à une demi-heure environ on tombe sur un fleuve navigable. Les murs d'enceinte, ainsi que les tours datant du XVIe siècle, sont bien conservés et presque toutes les maisons sont construites avec la pierre extraite de la carrière que l'on exploite aux portes de la ville. A l'intérieur et à l'extérieur des remparts, on trouve de nombreuses tavernes avec, en général, des jeux de quilles sous abri. Les Seldwyliens forment un peuple joyeux, un brin frivole. On dit des aubergistes qu'ils mangent ce qu'il y a de meilleur, et offrent les os aux clients (exception faite de l'auberge de l'Arc-en-ciel et de l'auberge de l'Homme sauvage).

Si les Seldwyliens ont peu de goût pour l'artisanat, ils excellent en revanche dans les affaires de spéculation : ainsi, ils envoient leurs filles comme gouvernantes dans le monde entier, ce qui constitue pour eux une source de revenus appréciable. Les jeunes filles sont élevées dans des écoles spéciales, où l'on tient compte du pays auquel on les destine.

La justice de Seldwyla présente une particularité : les petits délits, commis par les femmes et par les jeunes, n'entraînent pas de peine de prison, mais le délinquant est confié à la garde de personnes privées. Au cours d'enchères publiques, l'on s'arrache ceux qui font une impression honorable et demandent le moins d'argent pour assurer le couvert et le vivre d'un de ces "détenus".

• Gottfried Keller, *Die Leute von Seldwyla*, Brunswick, 1856.

Avenue typique de Sélène.

SÉLÈNE

Ville vampire au nord-ouest de Belgrade, autrefois en Hongrie, aujourd'hui en Yougoslavie.

Pour s'y rendre, il faut partir de Semlin (aujourd'hui Zemun) à cheval ou à pied, et emprunter la vieille voie stratégique austro-hongroise longeant le Danube en direction de Peterswarden (ou Petervaradin). Avant le voyage, il est recommandé de se munir de l'équipement suivant : un sac de charbon, un petit réchaud, quelques flacons de sels, des bougies et un pieu en acier. Se faire impérativement accompagner d'un chirurgien magyar, et quitter Zemun vers dix heures du matin.

Au bout d'un kilomètre, le paysage change brusquement. Les couleurs des lauriers-roses, des fougères et des blés paraissent s'affadir ; les prairies abandonnent leur tendre verdeur pour devenir ternes, sombres, comme couvertes d'une pluie de cendres. Le ciel vire au gris ; un lourd et triste nuage masque le soleil. Le voyageur ressent une étrange faiblesse dans les genoux ; il est pris de vertige et un poids mystérieux lui oppresse la poitrine. Soudain, il se trouve plongé dans les ténèbres. Une cloche, au loin, égrène vingt-trois coups. L'obscurité se lève, Sélène apparaît.

Transporté par enchantement au cœur de la cité, l'aventureux arrive devant un vaste palais circulaire à l'architecture échevelée, le style assyrien épousant les fantaisies chinoises et les maniérismes de l'art indien en une

étonnante harmonie. Vague réminiscence de la tour de Babel, cet édifice est fait d'une variété de porphyre, connue sous le nom d'"eau verte", légèrement teintée. Ces énormes blocs de minéral translucide comme l'ambre sont joints par de fines plaques de marbre. Colonnes monumentales ou fragiles, pinacles, flèches, abaques, épistyles, architraves s'élancent et s'ordonnent en une surprenante pagode. Sur l'un des chapiteaux, un tigre de pierre déchire le cœur d'une femme épouvantée. En contrebas, la présence d'un invisible ennemi semble animer d'une terreur indicible vingt-quatre statues de femmes d'une rare beauté, immobilisées sur des socles de marbre. Elles surplombent une place d'où rayonnent des avenues découpant la ville en quartiers interminables, dont les innombrables palais et mausolées se perdent dans le brouillard environnant. Les portes de ces demeures hiératiques arborent, gravés en caractères gras, les noms de leurs propriétaires, tous vampires de noble ascendance ; la lecture de certains patronymes arrachera des cris de surprise au visiteur et lui fournira la réponse à nombre d'énigmes historiques.
Sitôt franchi le seuil d'une de ces résidences, qu'il s'empresse donc de déboucher un flacon de sels pour vaincre l'odeur âcre que dégage l'occupant des lieux. Ensuite, le chirurgien magyar doit s'approcher avec précaution du vampire endormi et lui faire une petite incision sur le flanc gauche. Il est alors en mesure d'extraire le cœur ; placer ce dernier dans le réchaud, sur les charbons ardents, jusqu'à obtenir un petit tas de poussière transparente. Surtout, ne prêter aucune attention au cri que le vampire ne manquera pas de pousser. Les cendres sont à conserver précieusement, car elles se révéleront fort utiles par la suite.
Mais il se fait tard. Un grondement sourd ébranle l'air et va s'enflant. Une lumière rougeâtre baigne la ville, dévoilant au bout de chaque avenue six énormes colonnes qui supportent des figures de pierre : serpent, chauve-souris, araignée, vautour, faucon et sangsue. Et voici que ces animaux s'animent et glissent lentement de leur piédestal. Une cloche de cristal sonne le premier des vingt-quatre coups qui marquent la fin du jour vampirique. Instant fatidique où le voyageur doit prendre ses jambes à son cou. De toutes les portes surgissent des hommes grands, maigres, aux manières affectées, et des femmes dont les yeux fiévreux et jaunâtres éclairent de pâles visages barrés d'une bouche sombre.
Du toit de la pagode qu'illuminent des flammes, un merle s'envole et chante. Le roulement lointain d'un tambour, rythmé par le glas, résonne à nouveau. Dans la rue, les vampires tentent maintenant d'agripper le voyageur,

qui ne doit éprouver aucune crainte s'il a gardé sur lui les cendres de cœur de vampire. Une pincée de cette poussière sur les ignobles créatures les fait exploser et se dissoudre en un éclair bleuâtre.

Au retour, pour retrouver son chemin à travers la nappe de brume cotonneuse qui entoure la ville, il suffit d'allumer les bougies dont on a pris soin de se munir au départ et d'utiliser une bonne carte d'état-major.

• Paul Féval, *La Ville vampire*, Paris, 1875.

SÉLIDOR

La plus occidentale des îles de l'immense archipel Terremer*. Une passe étroite, sur la côte ouest, mène dans une large baie au centre de l'île.

Sélidor est une île sinistre, d'une beauté étrange et désolée. La côte est une succession de dunes de sable qui s'étendent dans l'intérieur sur près de deux kilomètres, avant de céder la place à des lagons et des marais salants autour de la baie centrale. On ne voit aucun oiseau dans les lacs et les mares envahies de roseaux. A part ces derniers, les mauvaises herbes ondoyant au vent constituent la seule végétation. Aucun signe n'indique que l'île fut jamais habitée.

Dans tout l'archipel, on emploie couramment l'expression : "Aussi loin que Sélidor."

• Ursula Kroeber Le Guin, *A Wizard of Earthsea*, New York, 1968 ; *The Tombs of Atuan*, Londres, 1972 ; *The Farthest Shore*, Londres, 1973.

SERRANE

Petite île des Antilles, d'environ trois lieues de circonférence, entre la Jamaïque et le Nicaragua. Rochers et récifs rendent dangereuse l'approche de la côte, qui est nue et sableuse. A l'intérieur, les terres sont pauvres et couvertes de broussailles.

En face du Nicaragua, la côte est bitumeuse et pleine de crevasses profondes, d'où s'élèvent de la fumée et de mystérieuses flammes dansantes. L'île est habitée par une multitude de tortues et par un Anglais.

• Antoine François, abbé Prévost d'Exiles, *Histoire de M. Cleveland, fils naturel de Cromwell, écrite par lui-même ou le Philosophe anglois*, Amsterdam, 1732-1739.

SERVAGE

Ile couverte de forêts, au large de la côte galloise. Dangereuse pour les voyageurs, sous le règne de l'infâme géant Nabon-le-Noir. Le géant et son fils furent tués par sire Tristan, qui avait fait naufrage sur l'île en se rendant en Bretagne. A présent, cette terre est rattachée aux fiefs du roi de Camelot*.

• Sir Thomas Malory, *Morte Darthur*, Londres, 1485.

SHANGRI-LA

Lamaserie (*La* signifie "col" en tibétain) et, par extension, la vallée où

Vue de la lamaserie de Shangri-La.

elle se niche. Cette enclave tibétaine, aujourd'hui sous domination chinoise, n'est accessible qu'à pied ; aussi les touristes s'y font-ils rares. Toujours inviolé, le mont Karakal ("montagne Bleue"), du haut de ses huit mille cinq cents mètres d'altitude, barre le paysage.

Sur ses flancs, à mille cinq cents mètres environ, s'étagent les pavillons de couleurs rutilantes, aux toits bleu pâle, typiques de l'architecture de la région. Tous possèdent le confort occidental dernier cri, du chauffage central aux baignoires de porcelaine verte, directement importées d'Akron, dans l'Etat d'Ohio, aux Etats-Unis. Tapisseries, objets précieux en laque, céramiques bleues de la période Song décorent les chambres éclairées de lanternes en papier.

D'une colonnade, on accède par quelques marches au jardin où sommeille, captif, un bassin en forme de lotus, aux pourtours garnis de lions, de dragons et de licornes de bronze. Un clavecin et un piano-forte cohabitent dans le salon de musique, riche en inédits de Chopin, composés de mémoire par Briac, un des meilleurs disciples du maître, quelque cent ans après sa mort. Mansardée et spacieuse, la bibliothèque recèle nombre d'ouvrages en anglais, en français, en allemand ou en russe, aussi bien qu'en chinois et en d'autres langues orientales. Elle s'enorgueillit d'abriter des éditions rares, telles que le *Novo Descubrimento de grão catayo ou dos Regos de Tibet*, d'Antonio de Andrade (Lisbonne, 1626), *Chine*, d'Athanasius Kircher (Antwerp, 1667), *Voyage à la Chine des pères Grueber et d'Orville*, de Thévenot, et *Relazione inedita di un viaggio al Tibet*, de Beligatti. Outre des livres de littérature contemporaine, on peut y consulter des centaines de cartes ; à noter que Shangri-La n'est localisée sur aucune d'elles.

Sur les trois cents hectares de terre arable alentour, un ingénieux système d'irrigation permet, entre autres, la culture d'un tabac de qualité. Les lamas veillent sur une population mi-chinoise, mi-tibétaine, forte de plusieurs milliers d'âmes. Seuls, les actes d'une extrême gravité sont réprimés dans cette contrée, où l'on note l'absence de forces de police et militaires. Châtiment suprême, le bannissement est prononcé contre le malfaiteur par les lamas convaincus que "pour gouverner parfaitement il faut éviter de trop gouverner".

La communauté religieuse se compose d'une cinquantaine de lamas, parvenus au plus haut degré d'initiation, et de quelques novices. Le Grand Lama actuel, un Anglais nommé Hugh Conway, né en 1893, fut consul de Sa Majesté très britannique à Baskul en Inde, de 1928 à 1930. Shangri-La fut fondée en 1734 par le père Perrault, un Luxembourgeois, né en 1681 et décédé deux cent cinquante ans plus tard, auteur de la traduction en tibétain des *Essais* de Montaigne. Il fut secondé par un aventurier autrichien qui s'évertua à rassembler une somptueuse collection d'objets d'art, toujours visible, et dont la visite s'impose.

Le climat de la vallée, abritée des vents, est très contrasté. Au jour chaud, ébranlé par le grondement des fréquentes avalanches sur le mont Karakal, succède une nuit glaciale. Coutumes et climat semblent être à l'origine d'un étrange phénomène de prolongation anormale de la durée de vie, qui s'accompagne d'un vieillissement tardif. Il est en effet banal de vivre en pleine jeunesse plus d'un quart de millénaire. Mais, sitôt que l'on quitte la vallée, le temps semble s'accélérer et une sénilité avancée gagne corps et esprit.

Des expériences de ce genre sur la maîtrise de l'écoulement du temps ont été tentées aux Etats-Unis par un certain Valdemar et par Lucia Vermehren, en Argentine.

• Edgar Allan Poe, "The Facts in the Case of Mr Valdemar", in *Tales of the Grotesque and Arabesque*, Philadelphie, 1840.
• James Hilton, *Lost Horizon*, Londres et Basingstoke, 1933.
• Adolfo Bioy Casares, *El Perjurio de la Nieve*, Buenos Aires, 1944.
• Maurice Roche, *Circus*, Paris, 1972.

SILENCE

Région de la Libye, délimitée par le fleuve Zaïre dont les eaux, jaunâtres et malsaines, n'atteignent jamais la mer mais palpitent éternellement sous le soleil dans un bouillonnement convulsif. Sur des kilomètres, le lit du fleuve est jonché de gigantesques nénuphars.

La région étouffe sous une maléfique et sombre forêt, aux fleurs empoisonnées, aux sous-bois perpétuellement agités malgré l'absence de vent. Au bord du fleuve, se dresse un grand rocher gris où quelques caractères gravés forment le mot *Désolation*. Le pays entier gît sous la malédiction du silence. La lune est immobile, nul éclair ne vient troubler le ciel où les nuages stagnent.

On éprouve la pénible sensation d'avoir été frappé de surdité et réduit à un mutisme total.

• Edgar Allan Poe, "Silence, a Fable", in *Tales of the Grotesque and Arabesque*, Philadelphie, 1840.

SILLING

Château situé en haut d'une colline de la Forêt-Noire, entouré de douves profondes et de murailles imprenables.

Après avoir démoli le pont-levis qui constituait le seul lien entre le château et le monde extérieur, un groupe de chercheurs s'y enferma, afin de donner libre cours à ses fantasmes sexuels les plus délirants. L'assemblée était composée de quatre gentilshommes âgés de quarante-cinq à soixante ans et de quarante-deux hommes, femmes et enfants, triés sur le volet, qui devaient servir de cobayes à leurs fantaisies érotiques, à quoi il faut ajouter les femmes des quatre gentilshommes, huit jeunes gens, huit jeunes filles, huit sodomites monstrueusement pourvus, six cuisiniers et quatre entremetteuses hautement qualifiées.

Du 1er novembre au 28 février d'une année dont on ne connaît pas exactement la date, les quatre entremetteuses dressèrent le catalogue de quelque six cents perversions, dont les plus originales furent mises en pratique par les quatre gentilshommes. Tous les autres membres de la congrégation furent torturés avec raffinement, puis mis à mort.

Le château de Silling est aujourd'hui un monument commémoratif de l'horreur.

• Donatien Alphonse François, marquis de Sade, *Les Cent Vingt Journées de Sodome ou l'Ecole du libertinage*, Paris, 1785.

SINGES, cité des

Ville dont les hautes maisons dominent l'océan Indien. Son nom provient de la présence d'une population simiesque, aux environs.

Chaque nuit, les singes envahissent la ville, pillent et tuent les hommes qu'ils rencontrent. Pour échapper au massacre, à la tombée du jour, les citadins fuient leurs maisons. Ils passent la nuit au large, sur de petits bateaux que les singes ne peuvent pas atteindre. Ces derniers, fléau de la ville, en font paradoxalement la prospérité. Quand, le jour venu, ils réintègrent leurs montagnes, les hommes les poursuivent et leur jettent de pleins paniers de cailloux. Pour se défendre, les singes bombardent les citoyens avec des noix de coco. Une fois ramassées, celles-ci sont vendues aux autres villes de la côte, avec un confortable bénéfice.

• Anonyme, *Les Mille et Une Nuits*, XVe siècle env.

SINGES, montagne des

Se dresse sur une île située quelque part dans l'océan Indien. Elle doit son nom aux innombrables singes qui la peuplent. De petite taille, les yeux jaunes, le visage noir et portant une crinière de lion, ces singes pillards prennent d'assaut les navires qui mouillent dans la baie de l'île et volent tout ce qui leur tombe sous la main. Echapper aux griffes de ces animaux n'est qu'un moindre mal, car un danger plus grand attend le voyageur sur les pentes de la montagne. Dans un château vit une créature monstrueuse à l'allure vaguement humaine : un être noir de la tête aux pieds, aux yeux flamboyants, aux défenses de sanglier, à la bouche aussi profonde qu'un puits, aux lèvres pendantes comme celles d'un chameau, aux oreilles larges comme des pastèques et aux ongles semblables à des griffes de lion.

La chair humaine étant le plat préféré de ce monstre, il est vivement conseillé de ne pas croiser son chemin.

• Anonyme, *Les Mille et Une Nuits*, XVe siècle env.

SINGES, royaume des

Quelque part, en Afrique, dans les cimes des arbres. S'ils vivent habituellement au cœur de la jungle tropicale, les singes voyagent beaucoup et vont parfois passer des mois entiers dans une localité lointaine. Ils s'endorment, quand vient l'obscurité, à l'abri des feuilles de la plante à oreilles d'éléphant. La tribu des grands singes Nangani est célèbre pour avoir élevé le jeune Lord Greystoke, après avoir massacré son père.

Les singes obéissent à certaines lois strictes. Si une femelle est enlevée, elle peut choisir entre son kidnappeur et son mari. Si elle choisit le premier, elle doit donner au second une de ses filles en échange. Si un mari bat sa femme, le coupable est passible du fouet, administré par l'un des plus vieux membres de la tribu. Il est vivement conseillé aux voyageurs d'assister à la célèbre danse Dum-Dum. La cérémonie se déroule dans un amphithéâtre naturel, au centre duquel se trouve un tambour, tendu spécialement pour cette fête délirante.

Les historiens affirment que toutes les cérémonies de l'Eglise et de l'Etat sont issues de cette pratique primitive.

• Edgar Rice Burroughs, *Tarzan of the Apes*, New York, 1912.

SIRÈNES, île des
Dans la Méditerranée, position exacte inconnue. Il est recommandé de ne pas s'en approcher, car elle est peuplée d'un espèce d'oiseaux au visage de femme : les Sirènes.
Par leurs chants mélodieux, elles attirent les marins qui, inconscients du danger, s'échouent sur les récifs. Les mœurs de ces Sirènes se rapprochent de celles de leurs proches parentes des fleuves, notamment de la Lorelei, qui vit sur un rocher du Rhin. La tentation de rejoindre les Sirènes, dès que s'élèvent leurs chants, étant insurmontable, il convient de faire un choix entre trois moyens qui ont fait leur preuve, si l'on veut éviter le naufrage : le voyageur embarqué peut soit demander à un camarade bienveillant de le ficeler au mât, ce qui permet d'entendre ces chants envoûtants, sans y céder ; soit se boucher les oreilles (cire, coton hydrophile, boules de gomme) et c'est ce que feraient ceux qui ne pourraient s'arrimer tout seuls au mât ; soit encore faire appel à la virtuosité d'un musicien (genre barde Assurancetourix) capables d'assourdir les plaintes des femmes-poissons en pratiquant une joyeuse et abrutissante musique. Peut-être alors assisterez-vous à l'exode d'une Sirène qui, à l'instar de Parthénope, chagrine de n'être pas parvenue à séduire Ulysse, roi d'Ithaque et ses compagnons, se glissa éperdue dans les eaux jusqu'à la baie de Naples, laquelle porta son nom durant quelques siècles.
D'autres cousines de ces femmes-poissons vivent de nos jours à Dublin et travaillent en qualité de barmaids aguichantes, vantant les vertus de la bière Guinness.

• Homère, *Odyssée*, IXe-VIIIe siècle av. J.-C. env.
• Apollonios de Rhodes, *Les Argonautiques ou la Conquête de la Toison d'or*, Alexandrie et Rhodes, IIIe siècle av. J.-C.
• Heinrich Heine, "Die Lorelei", in *Buch der Lieder*, Munich, 1827.
• James Joyce, *Ulysses*, Paris, 1922.

SITARA
Pays au nord d'Ardistan*. Peu de voyageurs ont visité Sitara appelé aussi pays des montagnes de Dieu. Depuis des milliers d'années, il est gouverné par la famille de Marah Durimeh, l'actuelle sultane. Par tradition, la succession de la couronne échoit aux femmes.
On possède peu de renseignements sur cette contrée. La seule résidence royale à avoir été visitée par des étrangers est l'île d'Ikbal, au nord. Au centre de l'île, le palais s'élève du sol "comme une strophe du Cantique des cantiques". Il est construit en marbre blanc et les maisons des sujets de la sultane l'entourent, tel un collier de perles.

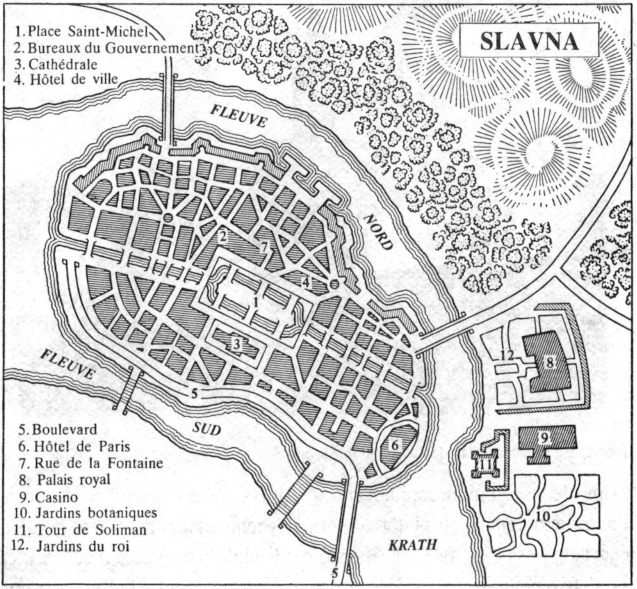

Le seul moyen de communication entre Ikbal et les régions voisines est un bateau, le *Wilahde*, qui a la forme d'une arche. Le gréage et les voiles ressemblent à ceux de l'Egypte ancienne ou de Babylone.

Il est très difficile d'entrer à Sitara. Les volontaires doivent d'abord se rendre à la vieille forge de la forêt de Kulub, près de la frontière. Là, ils subiront l'épreuve purificatrice du feu qui les débarrassera de tous leurs instincts violents ou meurtriers. Seuls ceux qui ont subi l'ordalie avec succès sont autorisés à entrer dans le pays.

• Karl Friedrich May, *Ardistan*, Bamberg, 1909 ; *Der Mir von Djinnistan*, Bamberg, 1909.

SLAVNA

Cette vieille cité, capitale de la Kravonia depuis un millier d'années, a connu de nombreuses dynasties. Elle est construite sur une île du fleuve Krath qui, à cet endroit, coule droit vers l'est. Juste en amont de la ville, le fleuve se divise en deux bras, nommés fleuves Nord et Sud, qui enserrent la ville et lui donnent la configuration d'une poire : les deux chenaux s'incurvent en s'éloignant progressivement l'un de l'autre,

Tour de Soliman érigée dans les faubourgs de Slavna.

avant de se rejoindre rapidement à l'autre extrémité – ou plutôt ce qui était autrefois l'extrémité – de Slavna. Le fleuve réuni formerait, à ce point précis, la queue de la poire.

Dans les temps anciens, la position de Slavna était imprenable, ce qui n'est plus le cas aujourd'hui. Afin de compenser cette faiblesse, les gouverneurs de la cité ont alloué des subventions pour la mise en place d'un système de protection moderne et scientifique. Les vieilles murailles anachroniques qui défendaient la ville autrefois ont été presque entièrement détruites. On peut encore voir une partie de ces fortifications au nord, parmi les entrepôts et les quais du fleuve Nord, qui est l'axe des échanges commerciaux entre la cité et la campagne environnante.

Au sud, on a construit sur les ruines des remparts un boulevard bordé de splendides résidences modernes, car si le fleuve Nord est réservé au commerce, le fleuve Sud est consacré aux plaisirs. Le boulevard traverse le fleuve et se prolonge au-delà des anciennes limites de la ville. Il longe alors la rive droite du Krath réuni, offrant une délicieuse promenade ombragée aux citoyens de Slavna, qui ont coutume de venir y pratiquer diverses formes d'exercice.

En face, sur la rive gauche du Krath, s'étend le parc du palais royal. Le bâtiment, datant de 1820 et malheureusement typique du style de l'époque, fait face au fleuve qui, à cet endroit, forme un large méandre vers le sud et donne ainsi à l'un des côtés du jardin du roi une forme arrondie.

Il est conseillé au voyageur de visiter le casino, les jardins botaniques et la tour de Soliman, vestige de la domination turque.

En dépit de la monotonie de la campagne environnante, Slavna ne manque pas de pittoresque. Le temps et la main de l'homme – les Kravoniens sont un peuple amoureux de la couleur – ont teinté de nuances variées, douces ou vives, les toits, les pignons et les murs des vieux quartiers du nord de la ville. Au centre court un joli petit canal qui amène l'eau du fleuve à travers les rues. Les deux avenues qui bordent ses berges conduisent à la vaste place Saint-Michel, où se dressent la cathédrale, le vieil et majestueux hôtel de ville, plusieurs belles maisons qui datent de deux ou trois siècles, les casernes et les bureaux, de style moderne mais plutôt laids, du gouvernement. Un excellent service de trams électriques dessert la place, ainsi que les rues qui y débouchent, selon un axe est-ouest. En quittant la place, le visiteur pourra prendre la rue de la Fontaine, où la célèbre Sophy de Kravonia sauva la vie du prince Sergius, qui devait l'épouser plus tard. A dix maisons de la place, à l'enseigne du *Coq d'Argent*, se trouve la maison où Sophy logea en arrivant en Kravonia.

Le voyageur pourra séjourner au fameux *Hôtel de Paris*, au sud-est de la ville. Cet établissement, construit dans les années 1860 par un Français, M. Rousseau, avec l'approbation du roi Alexis Stefanovitch, possède une belle terrasse et offre un excellent café.

• Anthony Hope, *Sophy of Kravonia*, Londres, 1906.

SMALLDENE

Village du Sussex où se trouve la fameuse maison des Vœux, au 14, Wadloes Road. Ce petit cottage, avec cuisine et office en sous-sol, est engoncé entre vingt ou trente maisons identiques.

Les visiteurs désireux de prendre à leur compte la maladie d'une personne chère n'ont qu'à frapper à la triste porte de devant. Ils entendront les pas d'une grosse femme en pantoufles monter l'escalier de la cuisine, puis un craquement sur le plancher juste derrière la porte. Il leur suffira alors de prononcer leur vœu dans la fente de la boîte aux lettres. Le souhait sera réalisé dans l'instant.

Les voisins prétendent que la maison est vide, mais les voyageurs ne doivent pas tenir compte de leur opinion et agir en respectant les instructions ci-dessus.

• Rudyard Kipling, "The Wish House", in *Debits and Credits*, Londres, 1926.

SNARK

Ile rocheuse, sans doute dans l'océan Atlantique. Pour la trouver, le voyageur doit se munir d'une carte blanche représentant la mer, d'une police d'assurance contre le feu, et d'une police d'assurance contre la grêle. Aux approches des tropiques, éviter de confondre le beaupré avec le gouvernail, chose qui risque de se produire si le bateau est *snarké*.

Outre le *snark*, l'île est peuplée d'animaux divers. Elle abrite d'étranges créatures rampantes, tels l'oiseau *jub-jub* (exquis quand il est cuit) ou le dangereux *grippestout* au cou extensible, aux griffes frumieuses. Les *snarks*, délicieux accompagnés de légumes verts, sont aussi très utiles pour battre le briquet. Une espèce de *snark*, le *boojum*, peut faire disparaître, lentement ou en un clin d'œil, certaines personnes.

L'espèce des *snarks* possède cinq caractéristiques particulières et les visiteurs consulteront avec profit le seul texte qui lui ait été consacré :

Prenons-les dans l'ordre. Le premier est le goût
Qui est maigre et creux mais rissolé
Comme un manteau qui est plutôt trop serré à la ceinture
Avec un fumet de feu follet

Son habitude de se lever tard vous en conviendrez
Le mène trop loin si je vous dis
Qu'il prend fréquemment son petit déjeuner à l'heure du thé
Et dîne le jour suivant

Troisièmement sa lenteur à saisir la plaisanterie
Si vous en risquiez une par hasard
Il soupirerait comme dans une profonde détresse
Et il a toujours l'air grave devant un calembour

En quatrième lieu son goût des appareils à douche
Qu'il trimballe avec lui constamment
Il croit qu'ils ajoutent à la beauté des lieux
Sentiment sujet à la critique

Le cinquième signe est l'ambition
Ensuite il sera juste
De décrire chaque espèce particulière
Distinguant celle qui a des plumes et mord
De celle qui a des moustaches et égratigne

A tout hasard, voici le moyen de capturer l'un ou l'autre type de *snarks* :

Tu peux le traquer avec des gobelets et traque-le avec soin
Tu peux le chasser avec des fourches et de l'espoir
Tu peux menacer sa vie avec une action de chemin de fer
Tu peux le charmer avec des sourires et du savon.

• Lewis Carroll, *The Hunting of the Snark*, Londres, 1876.
• Louis Aragon pour la traduction du poème original in *La Chasse au snark*, éd. Seghers, 1946.

SOIE, île de la, voir **LORBANERY**

SOLEIL

Cité de l'île de Taprobane, dans l'océan Indien. Elle fut découverte par un bateau génois qui, abordant les rivages de cette terre inconnue, fut saisi par une armée d'hommes et de femmes.

La cité du Soleil s'élève sur une colline isolée, au milieu d'une verte plaine. Quarante kilomètres de murs enserrent la ville au pied de la colline. La cité est divisée en sept cercles concentriques, dont chacun porte le nom de l'une des sept planètes connues au XVIe siècle. Les visiteurs passent d'un anneau à l'autre par quatre portes, ouvertes aux points cardinaux. Au sommet de la colline, et donc au centre de la ville, s'élève un grand temple parfaitement circulaire, orné d'une colonnade et surmonté d'une coupole. Au sommet de la coupole, une petite fenêtre laisse pénétrer les rayons du soleil qui illuminent un autel à l'intérieur du temple. Au-dessus de l'autel, on voit exposées une carte du ciel et une mappemonde, tandis que des fresques représentant les constellations majeures, avec mention de leurs noms et attributs, décorent l'intérieur de la coupole.

La ville est gouvernée par un prince, qui est également prêtre ; il se nomme Sun ou "le Métaphysicien". Chargé du pouvoir temporel et spirituel, il est assisté dans sa tâche par trois ministres, Pon, Sin et Mor, dont les noms signifient Pouvoir, Sagesse et Amour. Pon, à qui l'armée a été confiée, ne rend compte qu'à Sun. Sin s'occupe des sciences et des arts. Il a fait décorer les façades des six murs intérieurs de la ville avec des illustrations scientifiques – figures mathématiques, animaux, plantes, minéraux, personnages historiques –, de manière que les habitants puissent s'instruire, tout en vaquant à leurs occupations.

Mor, responsable de l'alimentation et de l'hygiène des familles, veille aussi à ce que les couples soient bien harmonisés. Il fait appliquer un strict eugénisme : les femmes ne peuvent avoir de rapports sexuels avant l'âge de dix-neuf ans et les hommes, avant vingt et un ans. Les jeunes gens qui ont un grand appétit sexuel peuvent avoir des rapports avec des femmes que l'on estime stériles. La sodomie est désapprouvée ; ceux qui en sont reconnus coupables doivent faire le tour de la ville pendant deux jours avec une chaussure attachée au cou, qui symbolise leur inversion. Les récidivistes sont punis plus sévèrement, les peines pouvant aller jusqu'à la paire de chaussures ou à la mise à mort. Tous les trois soirs, après ablutions et prières, on organise des séances amoureuses. Les grandes et belles femmes s'unissent aux hommes grands et beaux, les maigres aux gros et les grosses aux maigres, afin de rétablir l'équilibre. Si une femme n'est pas enceinte après avoir couché avec un homme, elle s'adresse à un autre. Les enfants sont nourris au sein pendant deux ans par leur mère, puis ils sont confiés à des professeurs de sexe féminin pour les filles, de sexe masculin pour les garçons. La devise des écoles est *Mens sana in corpore sano*.

La religion de la cité du Soleil est très simple. Les habitants croient en un seul dieu, symbolisé par le Soleil, source de vie, et adressent leurs prières aux quatre points cardinaux. Ils demandent à leur dieu de fortifier leur âme et leur corps et de les rendre heureux. Il n'y a pas de rites funéraires. Les corps sont incinérés afin que l'âme du défunt retourne au Soleil.

Les lois, peu nombreuses, sont gravées sur les colonnes du temple. Les procès sont très courts et on peut faire appel, d'abord à Pon, puis à Sun. Il n'y a pas de prisons, mais la gamme des châtiments est variée : interdiction de parler aux femmes, interdiction d'accéder au temple, interdiction de manger avec les autres, etc. Dans certains cas, c'est le fouet ou l'exil. Les crimes majeurs, comme la rébellion contre l'Etat ou la religion, sont punis de mort. Le coupable a néanmoins toute liberté pour plaider sa cause en public. Lorsqu'un citoyen est exilé ou exécuté, la ville doit être purifiée par des prières, des sacrifices et des mortifications.

Les habitants de la cité du Soleil sont très fiers de leurs lois et se méfient des étrangers qui pourraient contaminer l'esprit de la cité. Certains voyageurs, cependant, sont bien reçus et peuvent résider intra-muros pendant trois jours après s'être lavé les pieds. Il est utile de savoir que les habitants détestent le noir et ont peu d'estime pour les Japonais, qui portent souvent des vêtements de cette couleur.

• Tommaso Campanella, *La Città del Sole*, Lugano, 1602-1623.

SOLEIL, îles du,
voir **INSULAE INCOGNITAE**

SON

Vallée au nord de la forêt de Vue*, dans le royaume de la Sagesse. La gardienne des sons, qui habite une forteresse de pierre, gouverne l'endroit.

Nommée par le vieux roi de la Sagesse, elle s'acquitta de sa tâche avec soin, pendant des années, libérant les sons du jour à l'aube, rassemblant les vieux sons au lever de la lune, et les enfermant dans des coffres, qu'elle ouvrait au public tous les lundis. Mais la population augmenta et prit de moins en moins le temps d'écouter les sons, qui commencèrent à disparaître. Les gens se mirent aussi à produire des sons de plus en plus laids. Un certain Kakofonous A. Dischord, docteur ès dissonance, et son assistant promirent de guérir n'importe qui de n'importe quoi. Au grand dam de la gardienne, ils délivrèrent les gens de tout sauf du bruit, et elle dut alors supprimer les sons de la vallée. Des orages éclatèrent sans tonnerre et des concerts eurent lieu sans musique. Quelques bruits utilitaires furent jetés dans l'air, après avoir été moulus trois fois. La musique fut tissée et on put acheter des tapis de symphonies ou des tapisseries de concertos.

Il est bon de savoir que les sons usuels sont de nouveau disponibles.

• Norton Juster, *The Phantom Tollbooth*, Londres, 1962.

SONNANTE (1)

A quatre jours de navigation de l'île de Ganabin. Elle est reconnaissable immédiatement, car, au fur et à mesure que les voyageurs s'approchent, l'air se remplit du chant des cloches carillonnantes.

L'île est habitée par les Siticines, devenus des oiseaux. Le seul humain résidant sur l'île Sonnante est le sacristain, maître Editus, qui vous montrera le pays. Les oiseaux vivent dans des cages somptueuses, surmontées chacune d'une cloche. Ils sont aussi grands que des hommes et se conduisent exactement comme nous. Quelques-uns sont blancs, noirs ou gris, d'autres noir et blanc, d'autres encore moitié blanc, moitié bleu. Certains sont rouges. Tous sont beaux et brillants. Les mâles sont connus sous les noms de Clercygaulx, Monesgaux, Prestregaulx, Abbegaulx, Evesquegaulx, Cardingaulx, et Papegault, et les femelles sous les noms de Clercigesses, Monegesses, Papegesses, Prestregesses, Abbegesses, Evesgesses, Cardingesses. Ces dernières années, l'île a souffert des migrations annuelles de Bigots et autres dévots – créatures puantes évitées par les autres oiseaux. Malgré les efforts du sacristain, il semble impossible de les exterminer : vingt-quatre nouveaux Bigots apparaissent chaque fois que l'un d'entre eux meurt.

Il n'y a qu'un Papegault à la fois dans l'île. Tous les autres oiseaux se reproduisent sans copulation physique. Dans un passé très lointain, deux Papegaults naquirent en même temps provoquant une guerre civile qui dépeupla beaucoup l'île, car presque tous les oiseaux prirent parti pour l'un ou pour l'autre. Ce terrible schisme se poursuivit jusqu'à la mort d'un des deux Papegaults. Si les autres oiseaux piaillent continuellement, le Papegault, lui, ne chante que dans ses grands jours.

Une autre espèce, le Gourmandeur, est un oiseau aux couleurs vives, dont le plumage change de couleurs comme la peau d'un caméléon. Ces oiseaux possèdent un grand nombre de gourmanderies ou nids, à travers le monde entier. Ils ne chantent jamais, mais ils mangent, pour compenser, deux fois plus que les autres. Comme il n'existe pas de femelles gourmandeurs, c'est la fréquentation de la mer qui leur donne la petite vérole.

Les oiseaux de l'île Sonnante ne cultivent pas leur sol ni ne travaillent ; leur seule activité consiste à chanter. Leur nourriture abondante et leurs provisions leur sont offertes par toutes les nations du monde, à l'exception de certains royaumes qui s'étendent sous le vent du nord.

Les oiseaux de l'île sont des oiseaux de passage : ils sont presque tous originaires de l'île de Joursanspain* ou de Tropdiceulx*. Les plus insupportables viennent de Bossart* pour manger un pain qu'ils ne trouvent pas chez eux.

Les voyageurs qui arrivent à l'île Sonnante sont priés avec insistance de bien vouloir jeûner quatre jours avant d'aborder cette contrée. Ne refusez pas, vous risqueriez d'être mené tout droit au bûcher. Soyez particulièrement corrects avec le Papegault sous peine d'être jugé hérétique.

• François Rabelais, *Le Cinquiesme et Dernier Livre des faicts et dicts héroïques du bon Pantagruel*, 1564.

SONNANTE (2)

Cette île a pour particularité de posséder une flore tonitruante de taroles, ravanastrons, sambuques, archiluths, pandores, kins, tchés, turlurettes, magrephas et hydraules, toutes plantes réunies pour des accords de musique céleste rythmée par Saturne et ses anneaux, le Soleil et la Lune formant une paire de cymbales retentissantes.

Mais l'île recèle aussi, dans une serre appartenant au seigneur, le fameux orgue à vapeur, donné à Pépin en 757 par Constantin Copronyme, et importé de Compiègne par sainte Corneille. Grâce à cet instrument, on respire dans l'île les parfums délivrés par l'octavin, le hautbois d'amour, le contrebasson, le sarrusophone, le biniou, le zampogna, le bag-pipe, la chérée du Bengale, l'hélicon contrebasse, le serpent, le cœlophone, les saxhorns et l'enclume.

La température modérée de l'endroit est réglée par des thermomètres-sirènes. Le seigneur y accueille les bienheureux visiteurs par un chant de joie et d'extase, un verre de génépi distillé à la main. D'autres chants de joie, remplis d'amour et de contrepets, sont interprétés par un petit enfant nu et un vieillard blanc.

• Alfred Jarry, *Gestes et Opinions du docteur Faustroll, pataphysicien*, posth., Paris, 1911.

SPECTRALIA

Ile de l'archipel Riallaro, dans le Sud-Est du Pacifique, sur la frange de l'anneau brumeux de Riallaro, au nord de Coxuria.

Monde crépusculaire où les habitants craignent le soleil, au point de soulever des nuages de poussière dès qu'il apparaît ; beaucoup vivent sous terre dans des demeures généralement agencées autour d'un patio. Exilés de Limanora*, ils sont convaincus qu'eux et eux seuls communiquent avec l'autre monde. Ils croient aux fantômes, mais le sujet donne lieu à une querelle qui divise les Spectraliens en Anciens et en Modernes.

Les premiers bâtissent des châteaux pour des revenants de haut lignage, peu communicatifs, qui se laissent néanmoins voir. Les seconds estiment que l'apparition des fantômes est fondée sur l'intervention de la seule volonté et proclament que le corps est divisé en deux esprits, dont l'un peut se détacher.

Il est préférable d'éviter les abords de l'île de nuit, car si jamais le voyageur se trouve confondu avec un revenant, il risque d'être momifié.

Il existe deux marchés d'âmes concurrents, où l'on achète et où l'on vend

Patio d'une demeure souterraine de Spectralia.

les esprits nouvellement arrivés. Sur un îlot voisin s'est installée une troisième secte qui croit pour sa part aux corps célestes.

• Godfrey Swewen, *Riallaro, the Archipelago of Exiles*, New York et Londres, 1901 ; *Limanora, the Island of Progress*, New York et Londres, 1903.

SPENSONIA

Ile que l'on rencontre entre Utopie* et Océana. Des Anglais naufragés y fondèrent une république vers la fin du XVIIIe siècle. La constitution de Spensonia est basée sur les droits de l'homme définis par la Révolution française. La liberté de l'individu est limitée par celle de la collectivité.

Spensonia entretient des relations amicales avec les autres républiques du monde et offre l'asile politique aux exilés chassés par un despote. Cependant, si elle n'interfère pas dans les affaires des autres Etats, elle colonise les pays dont elle pense pouvoir améliorer le sort.

Bien que la religion officielle soit le culte d'un vague Etre Suprême, toutes les croyances religieuses sont tolérées.

• Thomas Spence, *A Description of Spensonia*, Londres, 1795 ; *The Constitution of Spensonia : A Country in Fairyland Situated between Utopia and Oceana*, Londres, 1798.

SPOON RIVER

Village de la Nouvelle-Angleterre, célèbre pour son cimetière. Les épitaphes inscrites sur les tombes racontent la vie des morts, qui ne sont pas toujours d'accord avec ce qui est écrit et protestent d'outre-tombe, se chamaillent et se réconcilient jusqu'à la prochaine querelle.

Au gré des épitaphes, le voyageur saura tout de la vie de Benjamin Pantier, l'avocat dont l'âme fut prise dans un collet et étranglée à mort, d'Henry Chase, l'ivrogne du village, d'A. D. Blood, qui fit fermer les troquets, ou de Roscoe Purkapike qui s'enfuit de chez lui et prétendit avoir été kidnappé par des pirates sur le lac Michigan. Il revint au bout d'un an et dit à sa femme qu'il n'avait pu lui écrire, car les pirates l'avaient mis aux fers. La puritaine épouse fit semblant d'avaler ce bobard et l'accueillit à bras ouverts.

L'une des épitaphes les plus célèbres est celle d'Hortense Robbins, la mondaine, qui sommeille en rêvant à des dîners en ville :

Tous les jours j'avais mon nom
dans les journaux
annonçant que j'avais dîné
quelque part
ou voyagé quelque part
ou loué une maison à Paris
chez l'une de mes relations dans
la noblesse.
J'allais de dîner en dîner et de
voyage en voyage
et je prenais les eaux à Baden-
Baden.

A présent je suis ici pour honorer
Spoon River, ici près de la
famille dont je suis issue.
Personne ne se soucie plus des
endroits où j'ai dîné,
ou vécu, ni des gens que je
voyais,
ni du nombre de fois où j'ai pris
les eaux à Baden-Baden.

• Edgar Lee Masters, *Spoon River Anthology*, New York, 1915.

STAHLSTADT

Cité fondée par le professeur Schultze, un Allemand, afin de rivaliser avec France-Ville*. Elle est située au bord de l'Oregon, à dix lieues du littoral du Pacifique, au-delà d'une contrée qui rappelle la Suisse, avec ses hauts pics neigeux qui percent le ciel et surplombent des vallées profondes. Ce décor alpestre masque en réalité une simple croûte de rocs, de terre et de pins séculaires, d'énormes gisements de fer et de houille.

Quittant ce décor, les voyageurs découvriront des chemins désolés et sauvages, enfouis sous la cendre et le coke. Sous les touffes d'herbes jaunâtres, de petits tas de scories, de toutes les couleurs, brillent comme des yeux d'iguane. Un vieux puits de mine abandonné, déchiqueté par les pluies, ouvre une gueule béante, semblable à celle d'un volcan éteint. L'air est chargé de fumée et pèse comme un manteau sombre sur la terre. Pas un oiseau ne le traverse ; les insectes semblent le fuir et, de mémoire d'homme, on n'y a jamais vu de papillon.

Plus au nord, là où les contreforts viennent mourir dans la plaine, s'ouvre, entre deux chaînes de collines maigres, ce que l'on qualifiait jusqu'en 1871 de "désert rouge", en raison de la couleur du sol imprégné d'oxyde de fer, et que l'on appelle à présent Stahlfield, "le champ d'acier". Sur la plaine nue et rocailleuse, entre 1872 et 1877, dix-huit villages d'ouvriers, aux petites maisons de bois uniformes et grises, ont été directement importés de Chicago en éléments préfabriqués. Au centre de ces villages, au pied même des Coal-Butts, inépuisable montagne de charbon, s'élève une masse sombre, colossale, étrange, de bâtiments réguliers percés de fenêtres symétriques, surmontés de toits rouges et d'une forêt de cheminées qui vomissent encore des fumées fuligineuses. Cette masse inhabitée est tout ce qui reste de Stahlstadt, la cité de l'acier.

Construite en cinq ans par le professeur Schultze de l'université d'Iéna grâce à un fabuleux héritage, Stahlstadt devint non seulement une cité, mais une usine modèle. Le plan de la cité de l'acier est celui d'une circonférence dont les secteurs, bien qu'enveloppés d'un mur et d'un fossé communs, sont parfaitement indépendants les uns des autres.

Au centre de ce réseau de fortifications se trouve la cour du Taureau, construction cyclopéenne qui, de son unique fenêtre, domine tous les bâtiments environnants. Au pied de la tour se trouvaient les appartements secrets de *Herr* Schultze et, au-dessus, son cabinet dérobé, dont toutes les portes étaient verrouillées. Aujourd'hui encore, on admire l'invraisemblable jardin tropical des abords de la tour, planté de palmiers, de bananiers, d'eucalyptus, de cactus et d'un enchevêtrement de vignes et d'arbres fruitiers produisant des ananas et des goyaves à profusion. Du temps de *Herr* Schultze, la température du jardin était celle d'une serre, grâce à la proximité d'une houillère en combustion permanente, dont les trésors de chaleur souterraine étaient utilisés grâce au système de tubes métalliques.

A l'extrémité supérieure de la tour, le professeur Schultze avait construit la plus impressionnante pièce d'artillerie du monde : un long canon d'acier d'un poids de trois cents kilos et d'un maniement si élémentaire que même un enfant aurait pu s'en servir. Utilisant un nouvel explosif d'une puissance terrifiante, il provoqua finalement le désastre de la cité. Le 13 septembre 1877, à 23 h 45 il pointa sur France-Ville sa rivale, la pièce meurtrière, mais commit une irréparable erreur de calcul : le projectile fusa dans le ciel et se mit en orbite autour de la Terre. Il y tourne encore aujourd'hui. Le reste des explosifs conservés dans le laboratoire personnel de Schultze prit feu et le professeur périt asphyxié. Privée de son maître, la cité fut bientôt abandonnée. Les immenses dépôts de houille continuent cependant à brûler dans l'usine vide.

Aujourd'hui, Stahlstadt est le monument désolé et lugubre de la vanité humaine.

• Jules Verne, *Les Cinq Cents Millions de la bégum*, suivi de *Les Révoltés de la "Bounty"*, Paris, 1879.

STEPFORD

Ville des Etats-Unis, bien commune, avec ses quartiers résidentiels, son hôtel de ville blanc, ses boutiques et son supermarché.

A Stepford, les épouses sont de parfaites femmes d'intérieur. Elles s'occupent des enfants, briquent la maison et font la cuisine avec bonne humeur, sans jamais se plaindre. Elles trouvent également le temps de se faire une beauté, sans que cela entraîne des dépenses excessives. Mais elles ne font preuve d'aucune fantaisie et ne se soucient ni de leur carrière professionnelle, ni de leur personnalité.

La raison de ce mystère est qu'elles sont des robots. Une société secrète d'hommes, qui se réunit à Stepford dans un prétendu club, les transforme en effet en machines.

Métamorphose qui n'atteint toutefois ni leurs fonctions reproductrices, ni leur sociabilité.

• Ira Levin, *The Stepford Wives*, New York, 1972.

STEPHEN

Long promontoire rocheux sur la côte de l'Afrique occidentale à quelque vingt milles au nord de Fantippo*. Le cap est un endroit dangereux pour la navigation, car il est entouré de hauts-fonds semés de récifs. On y trouve un phare, dont les deux gardiens ne sont relevés qu'une fois l'an, lorsqu'ils

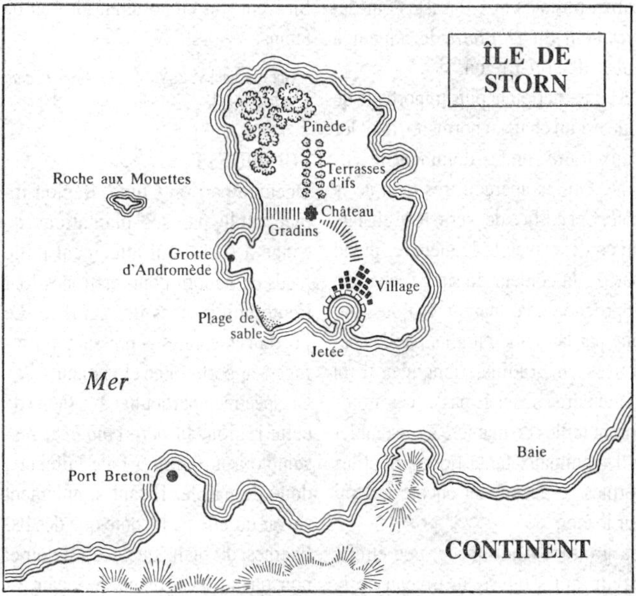

retournent en Angleterre pour un congé de six semaines.

• Hugh Lofting, *Doctor Dolittle's Post Office*, Londres, 1924.

STORN

Petite île, que l'on rencontre à environ quatre kilomètres de la côte de l'Angleterre, et desservie par un unique port : Port-Breton. L'île est souvent coupée du monde par des tempêtes.

Storn est le fief de la famille Le Breton, qui possède également des domaines considérables sur le continent. Cette terre est la propriété de la couronne et, depuis le règne de la reine Elisabeth Ire, les chasseurs de la Lande (titre traditionnel des seigneurs de Storn) paient un tribut au monarque régnant. Cet impôt, une pépite d'or, symbolise la roche aux Mouettes, rocher situé à l'ouest de l'île. La pépite revient à la famille, mais elle est chaque fois un peu plus rognée.

Il existe un village à Storn, aggloméra de maisons badigeonnées en rose, derrière la jetée, et dans le port mouille une flottille de pêche. En été, les habitants se font un peu d'argent en offrant du thé et en vendant des cartes postales aux touristes qui débarquent du *Daffodil*, le vapeur à aubes de Port-Breton.

La construction la plus importante de l'île est un château normand, dont les deux tours rondes dominent le village. On les aperçoit très bien de la côte. Cet édifice de pierre rose change de couleur avec la lumière, et prend parfois la couleur du sang séché. On approche de ce manoir, toujours habité par la même famille, par des pelouses en gradins, flanquées d'ifs centenaires. Dans le passé, ces arbres furent taillés de manière à ressembler à des animaux fantastiques, dont les formes se découpent encore à demi sur le ciel.

La grotte d'Andromède, une étroite cavité qui s'ouvre au niveau de la mer, n'est pas accessible aux gens de passage. Elle a été nommée ainsi par Sir Venn Le Breton, dernier du nom, qui s'était persuadé que les anneaux de fer scellés dans les murs étaient ceux qui avaient servi à enchaîner l'Andromède de la légende. On raconte qu'un ancêtre de la famille y attacha en plein hiver une maîtresse infidèle, dont le corps fut retrouvé, une semaine plus tard, par un pêcheur qui s'était abrité dans la grotte.

On raconte aussi que Sir Venn y enchaîna sa femme. Mais pour se venger, celle-ci, qui était diphtérique, embrassa son mari et lui communiqua sa maladie. C'est ainsi que Sir Venn fut emporté en un rien de temps.

• Victoria Sackville-West, *The Dark Island*, Londres, 1934.

SUD-OUEST

Quelque part en Chine. Région remarquable par ses plantations de canne à sucre, qui atteignent mille pieds de haut et dont les troncs font trente-huit pouces de diamètre. Le jus de ces cannes – puissant vermifuge – apporte force et vigueur.

Un spécimen particulier à la faune de cette région, la *bête couchée*, ressemble à un lapin à face humaine, doué de parole. Il faut simplement savoir qu'elle ne raconte que des balivernes, dit blanc quand c'est noir et noir quand c'est blanc. Sa chair est succulente, mais le voyageur saura que s'il en mange il deviendra menteur.

La *bête couchée* se nomme également *rumeur*.

• Shuo Tung-Fang, *The Book of Deities and Marvels*, Ier siècle av. J.-C.

SUICIDÉS, cité des

Sous le bois de Vincennes, à l'est de Paris. L'existence de cette ville cachée a été révélée lors de la construction de la ligne reliant les stations de métro Bastille et Vincennes. L'inspecteur de police Sauvage la découvrit alors qu'il recherchait un certain nombre d'ouvriers qui avaient disparu au cours des travaux de fondation. Pour des raisons non spécifiées, le rapport de l'inspecteur a d'abord été publié en espagnol.

La ville, gouvernée par un vieillard connu sous le nom de "Numéro Un", est habitée par tous les heureux ou malheureux qui ont manqué leur tentative de suicide. Les visiteurs reconnaîtront facilement les ex-suicidés à leur accent : les Espagnols et les Sud-Américains, qui ont tenté de se supprimer par désespoir d'amour, les Anglais, las de la vie par ennui, les Français, fatigués de la débauche, les Allemands, qui ont tenté de mettre fin à leurs jours par peur du service militaire, les Américains, qui n'ont pas voulu survivre à la banqueroute et les Canadiens, épuisés par leur interminable hiver. On trouve également dans la population beaucoup d'ex-cancéreux.

Le code civil de la cité est très strict. Aucune forme de passion n'est tolérée. L'alimentation se limite à l'absorption de minuscules pilules qui activent le cerveau. Chaque habitant doit observer la règle du silence absolu, sauf lorsqu'il est interrogé par son médecin. Cette sorte de praticiens appartient en fait à la police, car la communauté n'a pas de problèmes de santé : grâce aux murs protecteurs, datant des temps préhistoriques, qui entourent la ville, l'atmosphère est pure à cent pour cent. L'air se trouve en effet filtré, laissant entrer de grandes quantités d'ozone et bloquant la route aux microbes. On fabrique du radium, de l'or, obtenu à partir de l'argent selon un procédé inconnu, et du platine, dérivé de l'or. Quatre fois par an, les habitants moissonnent de vastes récoltes, mûries sous une lumière et une chaleur artificielles. Etant donné qu'ils n'ont pas un régime végétarien, on ne sait à quel usage sont destinées ces récoltes.

En dépit des délices évidents qu'offre la ville, les visiteurs l'ont décrite comme lugubre et mélancolique. On prétend que la cité des Suicidés a été fondée après la dissolution du club des Suicidés à Londres, catastrophe provoquée par le prince Florizel de Bohême. Cette hypothèse n'est, en réalité, étayée par aucune preuve tangible.

• Robert Louis Stevenson, *New Arabian Nights*, Londres, 1882.
• José Muñoz Escamez, *La Ciudad de los Suicidas*, Barcelone, 1912.

SURINAM

Ile des Antilles britanniques, à ne pas confondre avec la Guyane hollandaise.

Connue surtout pour son commerce avec la Grande-Bretagne, elle échange des poissons, du gibier, des singes, des perroquets et des paniers contre de la verroterie ou des objets métalliques.

Les indigènes, à la peau cuivrée, s'épinglent à même la peau des perles de verre et des coquillages. Ils n'ont pas de roi, mais le guerrier le plus vieux est reconnu comme chef naturel, à qui tous doivent obéissance. Chaque année, on célèbre en grande pompe le deuil du gouverneur anglais, qui n'était pourtant pas mort à l'époque où cette tradition commença. Le gouverneur avait, semble-t-il, promis d'assister en personne à un banquet, mais ne s'y montra point. Comme, dans ce pays, seule la mort peut faire manquer de parole, les autochtones en conclurent que l'Anglais était décédé. Ils s'attristèrent de sa perte et même sa réapparition ne put les consoler, car ils n'en tinrent pas plus compte que s'il s'était agi d'un revenant. Des jeux funéraires sont donnés chaque année en son honneur.

• Aphra Behn, *Oroonoko or the Royal Slave*, Londres, 1678.

SVARTMOOT

Galerie souterraine se terminant par une saillie rocheuse en forme de tête de lion, située à l'intérieur de la crête d'Alderley, dans le Cheshire. C'est là que les svarts-alfars, créatures de la race des farfadets, se réunissent pour absorber la *manne-de-feu*, une flamme qui s'élève d'une coupe de pierre, remplie d'un liquide bouillonnant, et qui leur permet de regarder la lumière sans être aveuglés.

• Alan Garner, *The Weirdstone of Brisingamen*, Londres, 1960.

SWOONARIE

Ile de l'archipel Riallaro, dans le Sud-Est du Pacifique. Ses habitants sont auteurs d'inventions extraordinaires : un creuset pour extraire l'argent de la poussière des étoiles, une pelle pour aplanir les montagnes, un mécanisme antigravitationnel, et ainsi de suite. Toutes ces découvertes restent inutilisées, car personne n'a jamais eu l'énergie suffisante pour les mener à bien. Les Swoonariens consomment un opiat, l'*ailool*, qui leur fait abandonner tout travail pour tomber dans un profond sommeil.

• Godfrey Sweven, *Riallaro, the Archipelago of Exiles*, New York et Londres, 1901 ; *Limanora, the Island of Progress*, New York et Londres, 1903.

T

TACARIGUA
Ile des Antilles, célèbre pour les charmes de Cuna Cuna, sa capitale, l'une des plus attirantes du monde. Qualifiée par ses poètes de "brûlante Tacarigua", l'île est devenue célèbre pour son cosmopolitisme. La population de Cuna Cuna est très mélangée et la ville regorge d'endroits agréables, où l'on peut passer une folle nuit, écouter du jazz dans les boîtes du port et s'encanailler dans les bars. Des jeunes filles y exécutent la *hodeidah*, danse érotique typique de l'endroit. On peut assister aussi aux représentations de l'Opéra, d'un niveau plus relevé, où les ballets sont réputés pour leur audace. La chorégraphie en est due à une veuve écossaise, dont la sensibilité d'âme s'éveilla lors de son arrivée dans l'île. Ses créations artistiques sont d'une telle nouveauté de conception qu'elles parviennent à choquer les Cunans, qui sont pourtant loin d'être des enfants de chœur. Les bars de Cuna Cuna, en particulier ceux qui donnent sur la place de la Liberté, sont célèbres pour leurs cocktails meurtriers. C'est dans ce square que l'on a dressé la statue du poète Samba Marcella, "le chantre noir de la révolution". Le soir, les habitants épicuriens de la capitale déambulent sur l'Alameda, promenade bordée de mimosas. Tout comme dans les jardins de Marcella, on y rencontre de belles prostituées, qui contribuent beaucoup à l'envoûtement sensuel et exotique qu'exerce la ville ; on appelle leurs homologues masculins les *bwam-wam bwamwams*.
Si vous vous lancez à pied à la découverte de Cuna Cuna, n'oubliez pas ses marchés grouillants de monde ; on y vend tous les produits de l'île. Dans les rues, les gendarmes, en kilt et en canotier orné de plumes, ont davantage l'allure de romantiques protecteurs du plaisir que de gardiens de l'ordre.
Le quartier chic de Cuna Cuna est celui de l'Opéra, et le lieu de résidence le plus recherché, le faubourg de Faranaka, où la haute société occupe de grandes demeures, élevées au milieu de bosquets de flamboyants. Les avenues de Faranaka offrent une telle débauche d'arbres exotiques que l'on se croirait dans le jardin d'un magicien. Des sentiers, qui serpentent entre les arbres, mènent à un belvédère ; de là, on peut admirer les plages de sable et le port où s'ancrent les bateaux de plaisance.
Dans les rues, on croise, pêle-mêle, des Chinois, des Indiens ou des Noirs, venus de l'intérieur. La plupart ont quitté leurs villages, attirés par l'espoir d'une vie meilleure. Beaucoup ont sombré dans la prostitution et sont mêlés à des affaires de mœurs. L'élite de l'île, composée d'un groupe d'origine européenne, vit en vase

clos et n'a que peu de rapports avec les indigènes.

Les villages de l'arrière-pays, ceux de la côte sud surtout, sont très différents. Les insulaires habitent toujours leurs huttes traditionnelles et vivent presque nus, se contentant d'un pagne et de guirlandes de fleurs. A l'exception de quelques bourgs, où l'on trouve un peu d'industrie, le reste de l'île est voué à l'agriculture. On y récolte la canne à sucre, l'ananas, la banane et la noix de muscade. Les petits villages côtiers se consacrent aussi à la pêche. Si, pour l'essentiel, le pays est pauvre, il est d'une beauté saisissante : les palmiers y ondoient au vent de la savane et une multitude de papillons, d'oiseaux-mouches et de rainettes y vit dans les bosquets de cèdres acajou et de bambous. La nuit tombée, de lumineuses lucioles éclairent l'obscurité chaude.

Les traces d'une ancienne culture, en grande partie perdue dans la capitale, où l'on perçoit l'influence de tant de pays, subsistent dans les villages. On y entend encore les vieilles mélopées tribales qui évoquent les souvenirs de l'esclavage et de la vie africaine. En dépit de la présence de missions baptistes, la plupart des insulaires continuent de croire au pouvoir des sorciers et à l'existence des *jumbies*, esprits des bois, spectres ou goules. Pour s'en protéger, les habitants portent des amulettes autour du cou. Les mœurs relâchées de Cuna Cuna ont pénétré jusque dans les campagnes, où la pratique de relations sexuelles avant le mariage est courante.

Tacarigua a connu récemment, on le sait, un tremblement de terre. Si la capitale a été épargnée, il n'en a pas été de même pour la campagne, surtout la province de Casuby, au-delà des monts May Day. Les plantations ont été ravagées et le couvent de Sasabonsam, ce joyau d'architecture tropicale immortalisé dans un poème de Marcella, *Le Pique-Nique*, a été complètement détruit.

Pour un temps, la statue de Notre-Dame-des-Douleurs, miraculeusement sauvée, est devenue un lieu de pèlerinage très fréquenté. Le cataclysme naturel a été à l'origine d'un renouveau religieux très marqué, et les actions de grâce ont remplacé les plaisirs habituels de l'élite. Les chanteurs de l'Opéra se sont mués en chantres d'église, et un certain nombre de bars ont dû fermer, faute de clientèle.

Ce renouveau religieux a cependant été éphémère, et Cuna a vite repris ses vieilles habitudes.

• Ronald Firbank, *Prancing Nigger*, New York, 1924.

TAERG NIATIRB

Ile de la mer Rouge, au large de l'Ethiopie, que les Français connaissent sous le nom d'Ednarg Engaterb (à lire dans un miroir).

Cette terre, riche en laine et en maïs, a pour capitale Ecnatneper ou Serdnol, que les Grecs nommaient Metonoyae. Un haut mur d'enceinte protège la ville dont les portes sont fermées le jour du Seigneur. Des châteaux, des tours de guet disposées tout au long de la côte, une armée et une marine bien entraînées assurent la défense du royaume de Taerg Niatirb qui a pourtant connu de nombreuses invasions dans le passé.

Les gens, hauts de près de six mètres, sont hospitaliers et généreux. De religion protestante, ils prêchent la "vraie parole" et "vivent dans la crainte de Dieu". Il y a mille cinq cent soixante églises paroissiales, chacune desservie par deux prêtres, le plus instruit se chargeant du prêche et l'autre administrant les sacrements. Les portes des églises arborent ces commandements : *Deum timete, regum honorate et Omnes honorate fraternitatem diligite.*

La loi s'applique à tous, sans considération de fortune ni de classe sociale. L'adultère, le vol et l'assassinat sont punis de mort. Les ivrognes sont emprisonnés et privés de nourriture plusieurs jours durant. On arrache la langue aux blasphémateurs et aux parjures avant de les exécuter. Les hommes de loi malhonnêtes sont écroués et leurs biens confisqués par le prince. Les papistes sont brûlés. Toutes ces lois ont prouvé leur efficacité : aucun crime n'a été commis à Taerg Niatirb durant les cent dernières années. La justice est accessible à tous. Les avocats, rémunérés par le prince, ne réclament pas d'honoraires à leurs clients.

• William Bullein, *A Dialogue both Pleasant and Pitiful, wherein is a Goodly Regimente against the Fever Pestilence, with a Consolation and Comfort against Death*, Londres, 1564.

TAMOE

Entre 260° et 263° de latitude sud, île du Pacifique, de quatre-vingt-dix kilomètres de circonférence, cernée d'écueils.

Elle jouit d'un climat sain, d'un air toujours pur, et d'une végétation exubérante. Ce pays compte seize villes. La capitale, Tamoe, orientée au sud, s'ouvre sur la mer. Son port, dans l'unique baie de l'île, est défendu par des fortifications construites à l'européenne ; une superbe avenue, bordée par quatre rangs de palmiers, le relie à la ville qui s'inscrit dans un cercle parfait de trois kilomètres de circonférence. Ses rues sont rectilignes, plantées d'arbres et limitées de chaque côté par des trottoirs. La chaussée de sable fin rend la marche agréable. Les maisons, toutes identiques, ont deux étages, une terrasse à l'italienne, et des façades peintes à caissons symétriques, roses et verts. La porte d'entrée est flanquée de

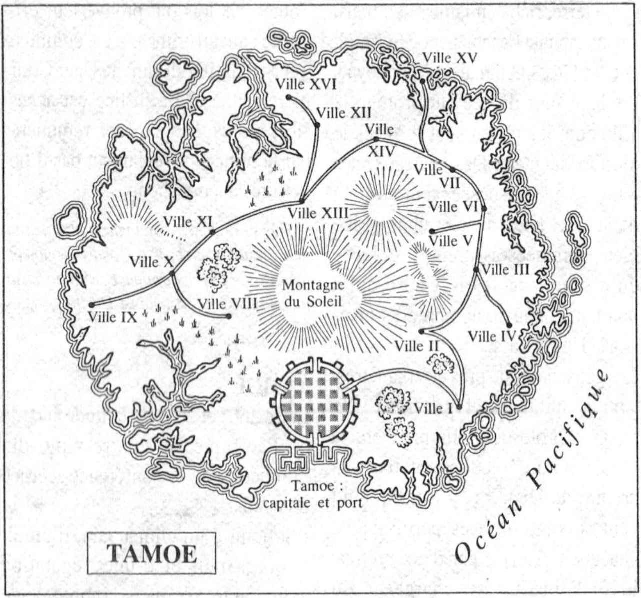

deux fenêtres. Au milieu de la ville, un parc circulaire abrite deux bâtiment ronds : le palais du chef et les bureaux de l'administration.

L'île fut découverte par un bateau français dans les dernières années du règne de Louis XIV. Un jeune officier, amoureux d'une indigène, déserta et se cacha sur l'île. Adopté par les insulaires, il réforma leurs coutumes, construisit et fortifia la capitale, et édifia un Etat policé et prospère. Ce réformateur voyait dans l'égalité le moyen de vaincre les passions. Il abolit les lois, sans usage quand les vices n'existent plus, mais conserva la prison pour les quelques individus toujours indésirables et contestataires. Les enfants, pris en charge dès le sevrage, vivent en communauté dans un camp jusqu'à l'âge du mariage, fixé à quinze ans. Le jour de son anniversaire, l'adolescent est conduit dans une maison où sont élevées les jeunes filles ; il fait alors son choix. Si la fille accorde son consentement, le mariage est célébré ; si le jeune homme est rejeté, il doit chercher à nouveau.

Le célibat, toléré, implique l'obligation de servir l'Etat. Le divorce est couramment pratiqué. Dans chaque ville, des maisons plus petites que celles qui sont habitées par les couples, abritent célibataires et divorcés. Les vieillards qui ne peuvent plus travailler se retirent dans des maisons spéciales, financées par l'Etat. Les habitants de Tamoe, qui sont végétariens, vivent sur la terre que leur a allouée l'Etat. Les pièces de théâtre moralisatrices, qu'ils écrivent et jouent eux-mêmes, sont leur distraction préférée.

La religion de Tamoe se réduit à l'adoration du Soleil, hommage à l'Etre indicible, créateur de toutes choses.

L'Etat, seul propriétaire de tous les biens, les répartit entre les insulaires qui, par la suppression du luxe inutile, sont devenus égaux. Tous s'habillent de la même façon ; un vêtement fin et léger, drapé sur le corps à la façon asiatique et dont la couleur change selon l'âge : gris pour les vieillards, vert pour les adultes, rose pour les jeunes.

• Donatien Alphonse François, marquis de Sade, *Aline et Valcour*, Paris, 1795.

TANDAR

Grande île de la mer de Korsar* Az, dans le royaume souterrain de Pellucidar*.

La côte est bordée de falaises qui paraissent inaccessibles. Il existe, cependant, une grotte située près d'un torrent déboulant du haut des falaises, qui s'ouvre sur une cheminée naturelle, agrémentée d'une grossière échelle de bois et menant au sommet de l'île. L'intérieur est en grande partie recouvert d'une jungle tropicale.

Deux tribus habitent l'île, celles des Tandars et des Manats, ennemis héréditaires, sans cesse en guerre. Ils s'efforcent de vivre de chaque côté de l'île, vaste au point qu'il faut deux ou trois jours de marche forcée pour la traverser en suivant des pistes à peine tracées.

Très grands, basanés, les Tandars vivent dans un village troglodyte creusé à même la paroi d'une haute falaise de grès. Ils sont les seuls habitants du Pellucidar qui aient réussi à apprivoiser le *tarag*, redoutable tigre à dents de sabre ; partout ailleurs, ce dernier est craint comme la peste. Aussi le voyageur pourra-t-il voir les grands fauves rayés déambuler librement à travers le village. Ces carnassiers ne sont pas employés pour la chasse, mais pour la guerre contre les Manats, qui, pour ne pas être en reste, ont apprivoisé le *taho*, grand lion des cavernes. C'est le seul peuple du continent à avoir réussi cet exploit. Tous les aspects de la vie des Tandars sont marqués par leur cohabitation avec les tigres. Hommes et femmes portent des vêtements en peau de tigre, les guerriers arborent des coiffures en tête de tigre et des carquois décorés de cette même peau.

Les étrangers qui arrivent jusqu'au village sont parfois mis en esclavage, mais ils sont plus souvent donnés en pâture aux *tarags*. Les femmes subissent aussi ce sort, car selon la coutume tribale aucun guerrier tandar ne peut prendre une esclave pour femme.

Les informations sont moins précises concernant les Manats. Si l'on sait qu'ils vivent également dans des grottes, on ignore si celles-ci sont naturelles ou s'ils les ont eux-mêmes aménagées. Lorsqu'ils descendent dans les forêts de l'île, ils sont accompagnés de leurs lions en laisse, prêts à bondir sur les tigres des Tandars en cas d'attaque.

• Edgar Rice Burroughs, *Tiger Girl*, New York, 1942.

TAPINOIS

Ile proche de celle des Macraeons*, et royaume de Quaresmeprenant, dont le peuple se comporte comme s'il faisait perpétuellement carême. Habillé de gris, le roi ne porte rien devant ni derrière. Lui et son peuple sont de grands mangeurs de poissons et de pois secs. Le mariage est inconnu sur l'île, et la population passe le plus clair de son temps en larmes. L'île exporte de grandes quantités de brochettes et de lardoires.

Le roi Quaresmeprenant est constamment en guerre contre les habitants de l'île Farouche*, dominée par les Andouilles farfelues. Seule, la protection de leur dieu, Mardigras, a empêché Quaresmeprenant d'envahir la contrée et de les exterminer.

On dit que le roi Quaresmeprenant vient du pays Lanternois*, ce qui expliquerait que sa tête soit pleine de lubies et de caprices. Un visiteur de l'île de Tapinois a décrit son cerveau comme ayant la forme, la couleur, la consistance et l'esprit du testicule gauche d'un ciron mâle.

• François Rabelais, *Le Quart Livre des faicts et dicts héroïques du bon Pantagruel*, Paris, 1552.

TAPROBANE

Ile dans le Sud de l'océan Indien. Couverte en grande partie par une forêt impénétrable, elle est le repaire de l'*amphisbaena*. Ce serpent a la particularité de posséder aux deux extrémités une tête aux crochets venimeux et aux yeux brillants comme des chandelles. Il peut changer de direction très rapidement. Il semble que les fourmis le nourrissent et le soignent. Coupé en deux, son corps se reforme de lui-même.

• Pline l'Ancien, *Naturalis Historia*, Ier siècle apr. J.-C.

• Lucain, *Pharsalia*, entre 39 et 65 apr. J.-C.

• Brunetto Latini, *Li Livres dou Tresor*, Milan, 1265.

• Sir Thomas Brown, *Pseudodoxia epidemica or Enquiries into very many Received Tenents and commonly Presumed Truths*, Londres, 1646.

TARTARES, désert des
Vaste terre inculte, rocailleuse et inhabitée, qui s'étend sur d'innombrables kilomètres carrés au nord de la forteresse de Bastiani*. Elle est entourée d'une chaîne de montagnes infranchissables. Les Tartares dont elle porte le nom ont disparu, s'ils existèrent jamais.

Pour autant que l'on sache, aucun être vivant n'a jamais traversé le désert des Tartares. Vu de la Nouvelle-Redoute, qui est le poste le plus avancé de la forteresse de Bastiani, le paysage consiste en une immense étendue de rochers blancs comme neige et de marécages épars. Une brume perpétuelle bouche l'horizon au nord. Plusieurs soldats de la garnison affirment avoir aperçu, au cours de l'une des rares et brèves éclaircies, des tours blanches et des volcans qui fumaient.

Il semble que l'Etat du Nord de ce pays sans nom à qui appartient le désert ait entrepris la construction d'une route qui, tel un fil ténu, traverse les terres silencieuses. Mais nul ne sait où la route commence, ni où elle conduit.

• Dino Buzzati, *Il deserto dei Tartari*, Milan, 1940.

TARTARUS
Région glauque au sud de Lilar*, que l'on atteint après avoir traversé les ruines d'un château et un verger dont les arbres ont été coupés. Une lande désolée mène à une muraille noire, couronnée de têtes de plâtre. Derrière le mur, s'élève une tour aux fenêtres aveugles. Il n'y a pas de porte, mais on peut passer de l'autre côté des sombres remparts en marchant sur une pierre qui déclenche un mécanisme. A l'intérieur, coule une rivière sombre aux rives couvertes de bois impénétrables. Des animaux empaillés semblent laper les eaux boueuses. Au-delà des bois, on aperçoit un cimetière morave, entouré d'un jardin sans fleurs à l'ombre de bouleaux pleureurs. Un escalier de pierre conduit à d'humides catacombes où fut emmurée une nonne. On y trouve le squelette d'un mineur aux côtes et aux cuisses dorées, des verges ayant fouetté à mort un pénitent, des jouets d'enfant, un buste de verre et le squelette d'un nain.

Le sentier est gardé par un squelette tenant une harpe éolienne ; il va sans dire qu'il ne fait pas bon s'aventurer plus loin.

• Jean-Paul, *Le Titan*, Berlin 1800-1803.

TECLA
En voyant la quantité de palissades, de planches, d'abris, d'échafaudages et d'armatures métalliques derrière lesquels s'élève Tecla, le voyageur intrigué se demande pourquoi la construction de la ville dure si longtemps.

Les habitants l'informeront alors – tout en hissant des seaux, en peignant, en mesurant – que c'est pour que Tecla n'amorce pas sa propre destruction. Ils craignent en effet que, les échafaudages à peine ôtés, la ville ne s'écroule en morceaux ; ils ajoutent d'ailleurs à voix basse : “… et pas la ville seulement.”

Le voyageur impertinent peut entreprendre une enquête ; à travers la fente d'une palissade, il verra que les grues soulèvent d'autres grues, que les échafaudages recouvrent d'autres échafaudages, que les poutres soutiennent d'autres poutres.

Vous persisterez peut-être dans vos investigations. Vous apprendrez alors le soir venu que le projet à la base de cet interminable chantier n'est autre qu'une nuit étoilée.

• Italo Calvino, *Le città invisibili*, Turin, 1972.

TEMPS PERDU

Vaste étendue d'eau quelque part en Amérique du Sud, en bordure d'un petit village aride, au sol dur et craquelé par le salpêtre.

Dans les premières nuits du mois de mars, la mer, qui charrie d'habitude des immondices, se met à exhaler une violente odeur de roses, et le village presque abandonné se repeuple. Arrivent des orchestres, des voyantes, des gangsters, et des fakirs avec des serpents enroulés autour du cou qui vendent l'élixir de l'immortalité ; on organise des tombolas et des loteries. Se présente également un certain M. Herbert, qui distribue des billets de banque, à condition que la population trouve une solution à ses propres problèmes. C'est ainsi qu'un habitant parvint à résoudre ses problèmes d'argent en imitant, pour quarante-huit pesos, le chant de quarante-huit oiseaux différents. Le seul échec que connut M. Herbert lui fut infligé par une prostituée qui lui déclara ne pas avoir de problèmes, car elle était putain “simplement parce que ça lui flattait le con”.

Après avoir résolu les problèmes de la population, M. Herbert s'endort d'un sommeil qui peut durer des siècles, puis, au réveil, pris d'une grande fringale, il plonge dans la mer du Temps perdu, où les morts du village flottent en souriant entre deux eaux.

Au fond de la mer, qui est d'ardoise sculptée, il y a des terrasses de fleurs et des milliers de tortues à la chair délicieuse.

• Gabriel García Márquez, “El mar del Tiempo perdido”, in *La increible y triste historia de la cándida Eréndira y de su abuela desalmada*, Buenos Aires, 1972.

TENDRE

Pays à la situation imprécise sur la côte de la mer Dangereuse. Beaucoup ont souhaité visiter le Tendre mais peu en connaissent le chemin.

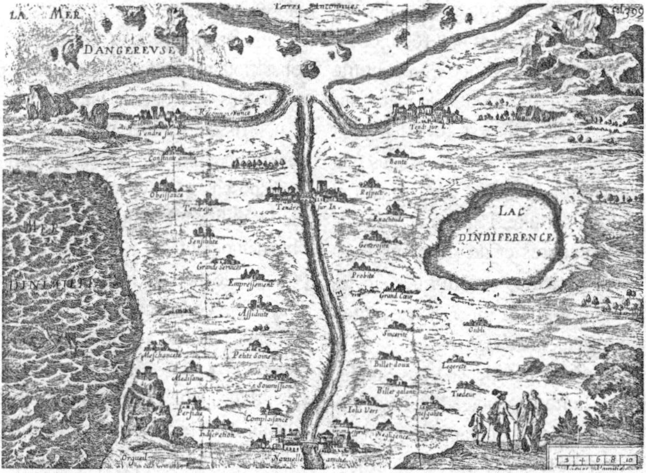

Carte de Tendre extraite de l'édition originale de *Clélie.*

Les voyageurs noteront que la route la plus aisée part de Nouvelle Amitié. Tendre est divisé par trois fleuves : Estime, Inclination et Reconnaissance. Des villes qui se sont établies sur la côte est du pays, baignée par la mer d'Inimitié, certaines doivent être évitées comme Perfidie et Médisance. Cette région avoisine pourtant la magnifique cité de Tendre-sur-Reconnaissance ; signalons que les hameaux environnants méritent une visite : Empressement, Sensibilité, Amitié Constante.

Les villes les plus importantes sont Billet Doux, Jolis Vers et Obéissance. La capitale se nomme Tendre-sur-Estime.

A l'ouest, dans une région désolée, s'étend le lac d'Indifférence.

• Madeleine de Scudéry, *Clélie, histoire romaine*, Paris, 1654-1660.

TÉNÈBRES, cité des

Quelque part sous la Méditerranée. Elle fut découverte accidentellement par un millionnaire qui tentait de construire un tunnel entre Piombino, en Italie, et la Corse.

Le tunnel fut détruit par un tremblement de terre et on ne connaît pas d'autre route pour accéder à la ville. Au centre de la cité, qui forme un grand cercle, se trouve un large cube de pierre où se tiennent les assemblées et les réunions. De là partent six routes symétriques, bordées de petites maisons de briques. Chaque habitation est numérotée, et chaque numéro, en relief, est apposé au-dessus d'une porte en fibres végétales. La ville est entourée d'une route circulaire et d'un fossé que l'on peut traverser sur des ponts de bambous amovibles. Elle est fortifiée pour protéger les habitants des singes sauvages qui, en deux occasions, ont failli la détruire. L'histoire de la cité des Ténèbres et de son peuple est écrite en lettres cunéiformes sur les murs d'argile d'un passage secret, entre deux maisons.

Non loin de la ville, se trouve un lac d'eau noire stagnante, dont la température s'élève à quarante degrés. Son rivage boueux est infesté de crocodiles aveugles. Les habitants de la cité des Ténèbres croient que ce lac est le bout du monde et que sur l'autre rive s'ouvre l'enfer. En réalité, la berge opposée est constituée d'une succession de grottes et de tunnels qui conduisent à un volcan et, de là, à l'air libre. Certaines cavernes sont éclairées par un phénomène de radioactivité, qui a pour effet de réduire la force de gravitation et de produire une impression d'apesanteur.

La cité des Ténèbres est habitée par un peuple qui descend des Chaldéens. A force de vivre sous terre, ces gens ont perdu à la fois la vue et l'usage du feu, élément qu'ils croient être subtil, réconfortant et dangereux. Ils ont remplacé la perte de la vue par une sensibilité extrêmement développée qui leur permet de toucher les choses à distance. Ils ont un visage grisâtre et difforme, et portent des robes flottantes aux couleurs ternes, rehaussées de broderies en relief. Ils se nourrissent de champignons et de poissons bouillis. L'espace exigu dont ils disposent et l'environnement hostile les obligent à maintenir un équilibre démographique rigoureux. C'est pourquoi le membre le plus âgé ou le plus faible de la famille est jeté aux crocodiles du lac, à chaque nouvelle naissance.

Les grottes, situées entre le lac et le volcan, sont habitées par d'abominables tricératops, dont on connaît mal l'apparence, et par des singes, ennemis traditionnels du peuple de la cité des Ténèbres. Ces animaux sont également aveugles mais leur sens du toucher n'est pas très développé. Ils ont un langage rudimentaire et savent s'organiser pour combattre. Ils ont pour armes des massues. La végétation ressemble à la grisaille mélancolique de la flore sous-marine. Certaines feuilles contiennent une huile spéciale : elles peuvent être utilisées comme des bougies et se révèlent très utiles pour se déplacer dans le noir.

• Léon Groc, *La Cité des ténèbres*, Paris, 1926.

TERRABIL

Château bâti par le duc de Tintagel, en Cornouailles. Comme celui de

Tintagel, le château de Terrabil fut assiégé par Uterpandragon, roi d'Angleterre, qui convoitait Ygerne, la femme du duc. Celui-ci mourut au cours du siège et Uterpandragon coucha avec Ygerne au château de Terrabil. De cette union naquit Arthur, qui créa la fameuse Table ronde de Camelot*.

• Sir Thomas Malory, *Morte Darthur*, Londres, 1485.
• Chrétien de Troyes, *Le Conte du Graal*, XIIe siècle ; *Yvain ou le Chevalier au lion*, XIIe siècle.

TERRE AUSTRALE

Continent situé entre le cinquante-deuxième et le quarantième parallèle, dans le pays d'Hust. Il s'étend sur trois mille lieues du nord au sud, sur quatre mille cinq cents lieues d'est en ouest, et regroupe vingt-sept régions différentes.
Sur la côte nord s'étire la région de Hube. A l'est, celles de Hüed et de Hüod. A l'ouest, Sub et Hump ; sur les rives du golfe d'Ilab : Hug et Hulg ; au-delà du golfe de Pug : Pure. Puis, toujours à l'ouest, Pulg et Mulg. Le Sud est barré par les monts Ivas, plus hauts que les Pyrénées et, à leur pied, s'alignent les régions de Huff, de Curd, de Gurf, de Durf, d'Iurf et de Surf (sur la mer). Entre la chaîne et la côte sud se trouvent Trum, Sum, Burd, Purd, Burf, Turf, et Purg. Deux fleuves arrosent les plaines septentrionales du massif des Ivas : la Sulm, qui coule vers l'ouest, et la Hulm, vers l'est. Le Fund, pays coincé entre les sources des deux fleuves, est divisé en douze royaumes belliqueux.
Le continent entier s'incline doucement vers le sud, mais il est entièrement plat jusqu'aux monts Ivas. Il en résulte, dans les différentes régions, une uniformité de langage, de coutumes et même d'architecture. La terre est fertile et le climat, immuablement tempéré. Les mers qui bordent le continent sont si peu profondes qu'il est presque impossible d'y accoster. La côte est bien gardée, et les voyageurs doivent savoir que personne ne peut fouler la Terre Australe si les habitants ne connaissent ni son nom, ni son pays d'origine, ni ses dispositions. Si un ennemi approche (tous les Européens sont considérés comme des ennemis et appelés les "monstres marins"), une fusée signale son arrivée et des milliers d'hommes armés, venant de toutes régions, sont immédiatement sur la brèche. Toute tentative d'accostage se heurte à une résistance farouche. S'il n'y a ni mouches, ni araignées, ni insectes venimeux, la faune est pourtant variée. Une race de singes au visage presque humain est à la fois amusante et amicale. Les *hums*, sortes de sangliers au poil soyeux, ont causé de tels ravages dans les champs qu'ils ont été presque complètement

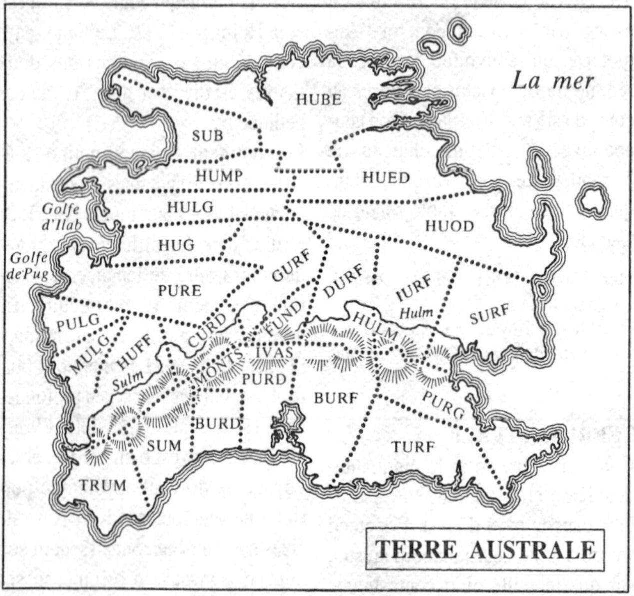

exterminés. Le *suef*, un dromadaire sans bosse, avec un creux dans le dos où deux hommes tiennent à l'aise, est utilisé pour le transport. Il y a des oiseaux inoffensifs comme l'*eff*, oiseau écarlate de la taille d'un poulet, et le *pacd*, oiseau chanteur qui vit en colonies, prend ses repas avec les habitants et entre familièrement dans les maisons. D'autres volatiles sont redoutables, tels les *urgs*, oiseaux de proie de la taille d'un taureau, capables de dévorer un homme. Une des tribus de l'île, issue sans doute d'un homme et d'une tigresse, a les jambes rayées.

Les villes se nomment *sezains*. Elles sont divisées en maisons d'habitation, les *hiebs*, édifices circulaires en pierres semi-transparentes, et en écoles, les *hebs*, où sont logés les professeurs et les jeunes gens. La liberté de culte existe dans la mesure où les croyances individuelles ne sont pas discutées en public.

Le peuple de la Terre Australe est bisexué. Les enfants qui naissent avec un seul sexe sont immédiatement étouffés. Les habitants ont des cheveux noirs et des barbes qu'ils ne coupent jamais, car leur système pileux se développe très lentement. Ils ont huit pieds de haut, la peau rouge, la poitrine ornée de petits seins et le ventre plat. Ils ne portent pas de vêtements.

Certains habitants, appelés inventeurs, sont capables de créer des oiseaux ou des chiens vivants, à partir de moisissures, et des fleurs, à partir de morceaux de bois mort.

Comme parler de sexe est un crime, on ignore la manière dont la race se reproduit ; la loi oblige cependant chaque personne à avoir au moins un enfant. Tous vivent dans la fraternité et l'amour, et ne se querellent jamais. La viande est une denrée rare, mais les voyageurs trouveront des arbres fruitiers et quelques légumes, dont la délicieuse carotte bleue. Les visiteurs doivent absolument goûter le fruit du *balf*, l'arbre du bonheur qui pousse sur la grand-place de la plupart des villes. Le *balf* donne un fruit rouge de la taille d'une olive. Si on en mange quatre, on devient gai et euphorique ; six font dormir pendant vingt-quatre heures, et plus de six plongent dans un sommeil, dont on ne se réveille jamais.

• Gabriel de Foigny, *Les Aventures de Jacques Sadeur dans la découverte et le voyage de la terre Australe, contenant les coutumes et les mœurs des Australiens, leur religion, leurs études, leurs guerres, les animaux particuliers à ce pais et toutes les raretez curiesses qui s'y trouvent*, Vannes, 1676.

TERRE LIBRE

Ile basse dans l'océan Pacifique, au nord de la Nouvelle-Calédonie. La plus haute colline n'atteint pas trois cents mètres. Les premiers occupants de l'île furent les Longues Côtes, ainsi appelés en raison de leurs côtes saillantes comme celles du loup.

La seule bourgade de l'île a été bâtie par des prisonniers français déportés vers la Nouvelle-Calédonie. Leur bateau sombra dans une tempête et les naufragés établirent une communauté anarchiste. Le long de la côte, des canons sont pointés vers le large afin de protéger l'île de toute intrusion. Il est souhaitable de prévenir longtemps à l'avance de son arrivée.

• Jean Grave, *Terre Libre*, Paris, 1908.

Série d'objets art nouveau trouvés à Terre Libre.

TERREMER

Archipel composé de centaines d'îles, certaines inhabitées, d'autres constituant d'importantes colonies agricoles ou commerçantes.

De forme grossièrement circulaire, l'archipel a un diamètre d'environ trois mille deux cents kilomètres, au centre duquel on trouve les îles du Dedans groupées autour de la mer Intérieure. Au nord de cette mer, l'île d'Havnor est la résidence du roi de toutes les îles. Au sud, Wathort est un important centre de commerce avec les îles du Sud et, au cœur de la mer Intérieure, Roke* est le sanctuaire où l'on initie à la magie, élément essentiel de la vie de l'archipel. Alors qu'Havnor est le centre commercial et politique de Terremer, Roke en est le centre spirituel.

A l'ouest de la mer Intérieure, on rencontre une poussière d'îles (on en dénombre quatre-vingt-dix) au milieu d'un dédale de passes, de hauts-fonds et de rochers. Les îles Quatre-Vingt-Dix sont importantes pour l'économie de l'archipel, car on y capture la *turbie*, petit poisson pêché pour son huile et qui est exporté aux quatre coins de l'archipel.

Plus on s'éloigne de la mer Intérieure, plus les îles s'espacent. A l'ouest, seules quelques îles sont habitées, et les mers autour de Pendor*, Sélidor* et du repaire des Dragons* sont à éviter comme la peste, à cause des dragons qui les infestent. Au-delà de la lointaine île de Sélidor, il n'y a plus que la haute mer, demeure de l'étrange peuple des Radeaux qui ne touche terre qu'une fois l'an, à la Longue Dune, pour réparer les embarcations sur lesquelles il sillonne l'océan.

La pointe sud de Terremer est sans doute l'endroit le plus étrange de tout l'archipel. On dit que les poissons y volent et que les dauphins y chantent. Il ne s'agit peut-être que d'une légende, si l'on en croit le proverbe ; car "écouter un marchand du Sud, c'est écouter un menteur". La pointe sud est traditionnellement un lieu de révolte que poursuit une sale réputation de piraterie et d'esclavagisme. L'île la plus connue est Lorbanery*, célèbre pour son industrie de la soie, et la plus méridionale est l'île de l'Oreille, qu'aucun marin ne consent à aborder.

A l'exception d'Iffish, les îles de l'Est sont petites et pauvres. Peu de navires, par exemple, s'aventurent vers l'orient jusqu'à Astowell*, nue et isolée, ou jusqu'aux rocs jumeaux qu'on appelle les Mains*. Sur la plupart de ces îles, la population n'a aucun produit à vendre et souffre des conditions primitives et dures dans lesquelles elle vit. Plus au nord, on trouve les quatre grandes îles de l'empire Kargad*, jadis grand rival et ennemi de Terremer.

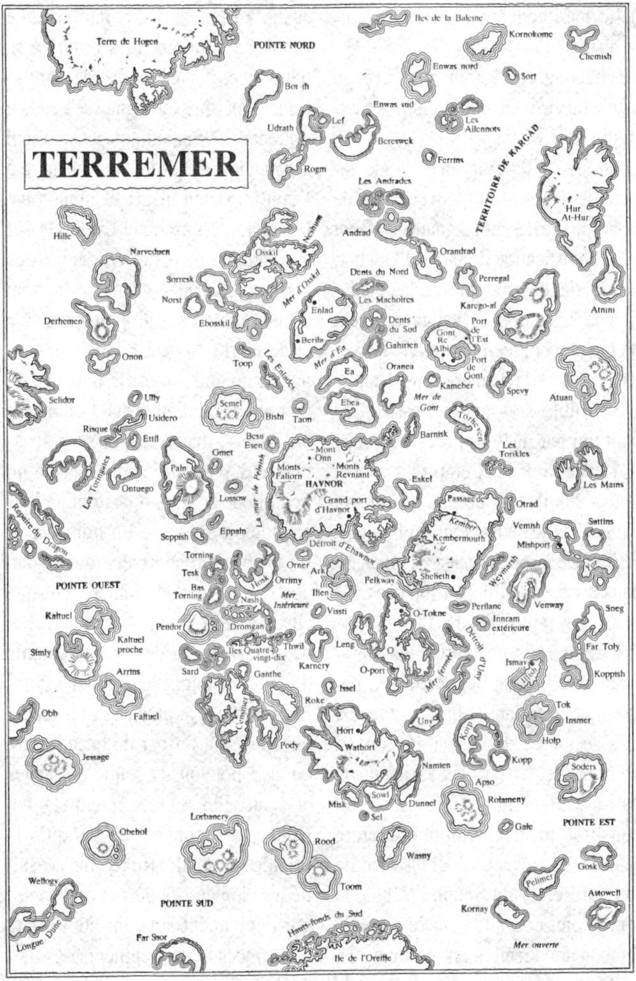

Au nord de l'archipel, l'île d'Enlad est intimement associée à de nombreuses figures semi-légendaires du passé et aux anciens rois d'Havnor. Enlad est séparée par la mer d'Osskil de l'île d'Osskil*, endroit lugubre à la sinistre réputation et dont la magie est tout à fait différente de celle habituellement pratiquée dans le reste de l'archipel.

Les habitants de Terremer ont la peau rouge ou cuivrée, plus sombre à l'extrême sud.

On trouve à Terremer une grande variété de cultures qui peuvent aller de la simplicité des montagnards de Gont à la sophistication des gens d'Havnor, sans parler des pratiques de la population de Roke, dont les habitants vivent de magie comme ils respirent. Le vêtement varie de manière considérable.

L'ensemble de l'archipel est cependant uni par quelques rites culturels. A l'exception de l'empire Kargad, toutes les îles célèbrent la *Longue Danse*, qui se tient le jour le plus court de l'année. A cette occasion, on danse dans les rues de l'île, au son des tambours, des pipeaux et des flûtes.

Il y a, bien sûr, des variations régionales : le peuple des Radeaux, par exemple, qui danse sur ses radeaux, ne s'accompagne d'aucun instrument de musique. Malgré les variantes, la danse elle-même est universelle et constitue un lien symbolique entre toutes les terres que sépare la mer. La fête du Retour du Soleil, célébrée le jour le plus court de l'année, est également universellement connue. On y chante d'antiques chants épiques, où revit une part du passé fabuleux.

Une autre coutume observée partout est la cérémonie magique au cours de laquelle un enfant reçoit son nom. Jusqu'à treize ans, l'enfant porte le nom que sa mère lui a donné à sa naissance, puis, lors de rites initiatiques, marqué du signe de l'eau, il obtient son vrai nom, qu'il est le seul à connaître et qui lui est murmuré à l'oreille par un mage. Comme toute la magie de l'archipel est basée sur la connaissance du vrai nom des choses, celui qui connaît le vrai nom d'un homme a sur lui pouvoir de vie et de mort. On peut révéler son vrai nom à un ami – c'est la plus grande marque de confiance que l'on puisse lui faire –, mais celui-ci ne doit jamais être prononcé en présence d'un tiers. Pour la plupart des obligations sociales, on adopte un nom usuel.

La magie filtre à travers tous les aspects de la vie de l'archipel. Presque chaque village a son sorcier, qui jette des charmes ou des envoûtements d'amour et soigne les maladies communes et, sur la plupart des bateaux, on trouve un faiseur de beau temps, qui a le pouvoir de contrôler vagues et vents. Les secrets essentiels, cependant, ne sont enseignés qu'à la grande école de Roke, où se fait l'éducation des sorciers et des mages, qui deviennent souvent conseillers des princes et des seigneurs des îles. A Roke, la magie ne consiste pas simplement à jeter des sorts. C'est une manière d'étudier et de maîtriser le monde, c'est-à-dire une philosophie et une forme de sagesse.

La monnaie utilisée dans l'archipel varie selon les régions. Dans les îles Intérieures, on utilise des jetons d'ivoire, alors qu'au sud ce sont des jetons d'argent. A Osskil et dans certaines îles du Nord, la monnaie courante est l'or.

• Ursula Kroeber Le Guin, *A Wizard of Earthsea*, New York, 1968 ; *The Tombs of Atuan*, Londres, 1972 ; *The Farthest Shore*, Londres, 1973.

TERRES DU MILIEU

Egalement appelées "Terres Intérieures", "Iles Extérieures", ou "Grandes Terres", à l'est de la Grande Mer.
Il y a très longtemps, au commencement des âges, les Terres du Milieu étaient composées de différents Etats, provinces et pays.
Ces différentes régions sont habitées par des peuples d'une grande diversité : les elfes, premiers-nés du monde, aiment les arbres, les fleurs et l'eau ; les humains, seconds enfants d'Ilúvatar, le père de Tout, cultivent le sol, élèvent le bétail, construisent des villes et des forteresses ; les nains, d'une origine très ancienne aussi, creusent la montagne à la recherche de minéraux ; les Ents, créatures mystérieuses et intemporelles, sont les gardiens des forêts, et ont pris l'apparence des arbres ; les aimables petits Hobbits enfin, aimant tant manger et fumer la pipe, cultivent les céréales et le tabac et vivent dans des terriers douillets. De leur côté, les créatures du Mal, caricatures des êtres créés par Ilúvatar, fuient la lumière et la verdure. Orcs, trolls et Balrogs aiment la nuit noire et se dissimulent dans l'ombre et l'humidité des cavités montagneuses.
Selon la légende, Eru, ou Ilúvatar l'Unique, créa les Terres du Milieu par la musique. Les Ainurs, les Bénis, unissant leurs voix en un chant puissant, firent des variations sur le thème originel d'Eru. Seul, Melkor, le plus fort et le plus orgueilleux d'entre eux, introduisit une discordance dans la Grande Musique. Les Ainurs reçurent la vision de ce dont ils avaient seulement, jusqu'alors, entendu parler, et désirèrent la réaliser. Alors Eru envoya dans le monde une flamme inextinguible, et de nombreux Ainurs la suivirent. Ils devinrent les Valars, les maîtres du monde, et créèrent la Terre dans la beauté et l'harmonie. Mais Melkor, qui enviait leurs créations, empoisonna le printemps de la Terre. Les Valars le repoussèrent avec violence et choisirent de vivre désormais en Aman*, sur la frange occidentale du monde. Ce fut alors que s'éveillèrent les premiers enfants d'Ilúvatar, les elfes. Comme les étoiles furent la première chose qu'ils virent, ils se nommèrent Eldar, ou peuple des Etoiles.
Grand nombre d'entre eux répondirent à l'appel des Valars et se laissèrent

emmener à Aman, près de la lumière des Deux Arbres que Yavanna, la dispensatrice des Fruits, avait créés. Au cours de la seconde guerre contre Melkor, celui-ci fut capturé et emmené à Aman, mais il parvint à s'enfuir en détruisant les Deux Arbres et en volant les trois Joyaux Silmarils, qui contenaient leur lumière. Melkor, ou Morgoth l'Ennemi Noir, envahit les Terres du Milieu au cours d'une nouvelle guerre. Les Valars intervinrent pour la dernière fois et le poussèrent par-dessus la bordure du monde, dans le vide intemporel. Les humains reçurent le pays de Númenor*, entre Aman et les Terres du Milieu, en récompense de l'aide qu'ils avaient apportée et y vécurent heureux, jusqu'au moment où la conscience de leur mortalité, en quoi ils différaient des elfes, vint les tourmenter. Sauron, ancien serviteur de Morgoth, exploita leur faiblesse. Aussi, malgré l'interdiction, allèrent-ils en Aman. En guise de châtiment, Númenor fut détruit. Seuls quelques fidèles purent sauver leur vie en atteignant les Terres du Milieu où ils fondèrent Arnor et Gondor.

Le westron, langue commune des Terres du Milieu, correspond au langage humain enrichi d'expressions apportées par les elfes. Ces derniers ont élaboré deux langues, le quenya et le sindarin, d'où ont été tirés deux types principaux d'alphabet, le Tingwar et le Certar. Outre le westron, il y a aussi le langage secret des nains, le très ancien idiome des Ents, les langues des habitants de Rohan et de Dunland, et les langages noirs, inventés par Sauron, que même ses créatures, les Orcs et les trolls, ne parvenaient pas à maîtriser.

Il existait, entre ces races, d'énormes différences dans l'estimation du temps. Pour les elfes, par exemple, le *yen*, mot quenya pour “année”, désignait cent quarante-quatre années du temps humain. Mais l'usage du calendrier des Rois et, plus tard, de celui du grand Intendant, se répandit parmi les peuples qui parlaient le westron. Seuls les Hobbits restèrent fidèles à leur propre calendrier.

• John Ronald Reuel Tolkien, *The Hobbit or There and Back Again*, Londres, 1937 ; *The Fellowship of the Ring*, Londres, 1954 ; *The Two Towers*, Londres, 1954 ; *The Return of the King*, Londres, 1955 ; *The Silmarillion*, posth., Londres, 1977.

TÊTES-DE-PIOCHE

Rangée de collines rocheuses et désolées dans l'extrême Sud d'Oz*. Elles portent le nom de leurs habitants, qui se servent de leurs têtes plates pour écraser ceux qui se promènent sur leur territoire. Les Têtes-de-pioche ont le cou élastique comme du caoutchouc. Leurs têtes peuvent se projeter très loin et revenir à leur place en un éclair. Les autres habitants d'Oz parlent souvent des Têtes-de-pioche comme d'un peuple sauvage. Ils sont en effet agressifs envers les étrangers, mais comme on ne les trouve que dans les collines les voyageurs peuvent se promener en paix dans le reste du pays.

• Lyman Frank Baum, *The Wonderful Wizard of Oz*, Chicago, 1900 ; *The Emerald City of Oz*, Chicago, 1910.

TÊTES-EN-L'AIR, pays des

Près du pays des Nomes*. Les Têtes-en-l'air sont un peuple curieux, avec un gros corps et une toute petite tête. Pour compenser ce manque de volume et de matière grise, ils portent de grands masques de carton-pâte avec des fils de laine rose et vert en guise de cheveux. Contrastant avec leur gros corps, cette tête, artificielle, étrangement peinte, leur donne l'allure fantasque qui leur a valu leur nom. Les Têtes-en-l'air sont terriblement redoutés pour la puissance et la férocité dont ils font preuve au cours des batailles. S'ils paraissent invincibles, c'est que, lorsqu'ils sont vaincus, ils ne s'en aperçoivent pas. Ils sont commandés par un chef, le moins incapable d'entre eux.

• Lyman Frank Baum, *The Emerald City of Oz*, Chicago, 1910.

Masque de carton-pâte appartenant à un Tête-en-l'air.

TEUTOBURGER

Forêt située au nord de Campagna*, elle est entourée par les possessions du Grand Forestier, un tyran mauritanien qui a fait de ses terres un asile pour tous ceux qui fuient les persécutions : Huns, Tartares, Gitans, Albigeois, criminels en fuite, voleurs polonais, prostituées, magiciens, alchimistes, ainsi que les enfants du joueur de flûte de Hamelin. Des femmes appartenant à la tribu des Lemers viennent de temps en temps distraire les réfugiés.

Dans toute la forêt flotte la bannière du Grand Forestier, qui représente la tête d'un sanglier rouge.

• Ernst Jünger, *Auf den Marmorklippen*, Francfort, 1939.

THANASIA

Ile inhabitée de l'archipel Riallaro, dans le Sud-Est du Pacifique. De Limanora*, on déporta sur cette île les amoureux de la mort et les propagandistes du suicide ; ils y moururent finalement. Pour assurer leur passage de vie à trépas, on leur fit construire des bûchers pour qu'ils soient enflammés par la foudre, au premier orage venu. Le spectacle, qui fut inoubliable, n'a malheureusement laissé que quelques vestiges.

• Godfrey Sweven, *Riallaro, the Archipelago of Exiles*, New York et Londres, 1901 ; *Limanora, the Island of Progress*, New York et Londres, 1903.

THÉLÈME

Abbaye sur la rive sud de la Loire, à deux lieues de la grande forêt de Port-Huault. Elle fut fondée au XVIe siècle par Gargantua, afin de remercier et de pourvoir le moine Jean des Entommeures.

Pour bâtir et doter l'abbaye, Gargantua fit livrer vingt-sept mille huit cent trente et un moutons, à quoi il ajouta mille six cent soixante-neuf écus par an jusqu'à ce que les travaux fussent achevés, plus une rente foncière annuelle à perpétuité de deux mille trois cent soixante-neuf nobles à la rose.

L'abbaye est hexagonale, avec une grosse tour ronde de soixante pas de diamètre à chaque angle. Au pied de la Loire, la tour la plus au nord s'appelle Artice. Les autres ont pour nom Calaer, Anatole, Mesembrine, Hespérie et Cryère. Entre chaque tour s'étend un espace de trois cent douze pas, et toutes ont six étages, en incluant les caves. Le second étage possède des voûtes en forme d'anse de panier, et le reste des plafonds, recouverts de gypse, a la forme de culs-de-lampe. Le toit est fait de fines ardoises, avec un revêtement

Entrée du labyrinthe dans le parc de l'abbaye de Thélème.

de plomb ciselé de figures d'hommes et d'animaux bien assorties, et les gouttières, peintes en bleu et or, descendent jusqu'à terre où de grosses conduites transportent les eaux jusqu'à la Loire. Thélème contient neuf mille trois cent trente-deux chambres, chacune dotée d'une arrière-chambre, d'un cabinet, d'une garde-robe et d'un balcon.

Les escaliers sont en porphyre et en marbre rouge. Sur chaque palier, un double arceau laisse filtrer la lumière et les marches grimpent jusque sur le toit, où l'on trouve un pavillon. Dans toutes les chambres et cabinets sont accrochées des tapisseries qui changent selon les saisons. Le sol est recouvert de drap vert et les lits de broderies. Dans chaque boudoir, il y a un miroir de cristal enchâssé d'or fin et garni de perles.

Entre les tours Artice et Cryère s'élève la bibliothèque de l'abbaye, qui contient des collections de livres en grec, latin, hébreu, français, italien et espagnol, chaque langue occupant un étage entier. Au centre, on a aménagé un escalier en spirale, auquel on accède par l'extérieur du bâtiment en franchissant une arcade symétrique, large de six toises.

De la tour Anatole à la tour Mesembrine, s'ouvrent de belles grandes galeries, aux murs décorés de fresques représentant des scènes historiques ou topographiques. Au centre, se déroule un nouvel escalier. Sur une porte semblable à celle qui est du côté du fleuve, une inscription en vers interdit l'accès de l'abbaye aux hypocrites, aux bigots, aux scribes, aux pharisiens, aux usuriers, aux clercs, aux renfrognés, aux jaloux et aux querelleurs.

Dans la cour centrale, se dresse une magnifique fontaine d'albâtre, surmontée des trois Grâces, qui tiennent des cornes d'abondance ; l'eau ruisselle par les seins, la bouche, les oreilles, les yeux et autres ouvertures de leur corps. Les pièces qui donnent sur cette cour sont ornées de peintures, d'animaux, de cornes de rhinocéros et de défenses d'éléphant. Il n'existe pas de remparts autour de Thélème, car, selon les Entommeures : "Où mur il y a devant et derrière, il y a force murmure, envie et conspiration mutuelle."

La communauté de l'abbaye est composée d'hommes et de femmes. Les femmes y sont reçues entre dix et quinze ans ; les hommes, depuis douze jusqu'à dix-huit ans. Seuls sont admis les hommes et les femmes qui sont beaux, bien bâtis et d'un bon naturel. Ceux qui entrent dans la communauté peuvent la quitter quand ils le désirent. A l'inverse du système normal, où moines et nonnes font vœu de chasteté, de pauvreté et d'obéissance, il est décrété qu'à Thélème tout le monde peut se marier, s'enrichir et vivre librement.

Les femmes sont logées entre la tour Artice et la porte Mesembrine. Les hommes occupent le reste des bâtiments. Devant les logis des femmes, se trouvent l'arène, l'hippodrome, le théâtre et les bains. Des jardins de plaisance agrémentés d'un labyrinthe longent la rive du fleuve. Près de la tour Cryère, s'étend un verger d'arbres fruitiers plantés en quinconce, autour duquel un grand parc est laissé à l'état sauvage. Entre les autres tours, se trouvent les buttes pour le tir à l'arquebuse, à l'arc et à l'arbalète.

Lors de la fondation de l'ordre, les femmes s'habillaient chacune selon leur bon plaisir, mais elles prirent par la suite l'habitude de se vêtir somptueusement de robes de taffetas d'argent à broderies d'or fin, de satin, de damas, de velours rouge, orangé, jaune clair, vert, cendré ou bleu, selon les fêtes. En été, elles portent des capelines légères ou des tuniques sans manches, à la mauresque, et, en hiver, des robes de taffetas, fourrées de loup-cervier, de genette noire ou de zibeline. Les ccintures, les anneaux et les colliers sont tous faits de pierres précieuses. Pour la coiffure, elles adoptent la mode française ; en été, elles se coiffent à l'italienne et, au printemps, à l'espagnole. Les hommes sont également vêtus de manière somptueuse : ils portent des pourpoints de drap d'or, d'argent, de velours et de damas, des aiguillettes et des ceintures de soie harmonisées aux couleurs du pourpoint, et des casaques de drap d'or, d'argent ou de velours brodé. Chacun porte à la ceinture un poignard et une épée à pommeau d'or dans un fourreau de velours aux couleurs des chausses. Les bonnets, en velours noir, sont rehaussés de bagues et de boutons d'or. Les gentilshommes aiment tellement les gentes dames qu'ils se font dire quels vêtements elles porteront le lendemain afin de s'habiller dans le même ton. En ce domaine, tout est laissé au goût de ces dernières. Le respect pour les femmes est si grand à Thélème qu'avant d'aller rendre visite à une dame un gentilhomme doit d'abord passer entre les mains des barbiers et des parfumeurs. Ces derniers apportent aussi chaque matin aux dames de l'eau de rose, de l'eau d'ange et une précieuse cassolette qui dégage des senteurs aromatiques. Tous les vêtements et les bijoux portés dans l'abbaye sont faits par des orfèvres, des lapidaires, des brodeurs et des tailleurs logés dans un grand corps de bâtiment très clair, à la lisière du bois de Thélème. L'unique règle de la communauté est : "Fais ce que voudras." Le principe en est que des gens libres, bien nés et bien instruits ont, par nature, un instinct qui les pousse toujours à la vertu et un sens très aigu de l'honneur.

• François Rabelais, *Vie très horrificque du grand Gargantua père de Pantagruel*, Lyon, 1534.

THERMOMÈTRE

Ile quelque part dans l'océan Atlantique, ainsi appelée parce que les lois du pays ne permettent aux couples de dormir ensemble que si les sexes du mari et de la femme, mesurés avec des thermomètres spéciaux, ont exactement la même température.

Les attributs sexuels mâles sont pyramidaux, cylindriques ou en forme de parallélépipèdes et s'adaptent parfaitement aux organes féminins.

La reine de l'île est élue parmi les femmes qui sont les plus habiles à prendre la température de leur sexe et celle du sexe de leur partenaire. Cette dextérité est très prisée sur l'île.

Dès leur naissance, les insulaires portent des signes visibles de leur vocation : les géomètres naissent avec des doigts en forme de compas, les astronomes avec des yeux en forme de télescope, les géographes avec une tête en forme de globe terrestre, les musiciens avec des oreilles semblables à des cors, les ingénieurs hydrauliques qui, dès leur plus jeune âge, se distinguent par la longueur de leurs jets d'urine, avec des testicules en forme de pompe à eau. Ceux qui naissent avec plusieurs vocations à la fois ne deviennent, en général, que des bons à rien.

Les visiteurs seront sans doute intéressés par un instrument unique au monde : un clavecin qui ne produit que des couleurs. Les femmes s'en servent pour harmoniser les tons de leurs toilettes.

• Denis Diderot, *Les Bijoux indiscrets*, Paris, 1748.

THESMOGRAPHE

Royaume à l'emplacement inconnu dans lequel chacun a une place, un rang et une tâche déterminée, et où les criminels deviennent les esclaves du reste de la population.

Les lois thesmographiennes sont fondées sur la maxime : "Fais aux autres ce que tu voudrais qu'ils te fassent" et la religion est un Evangile dépouillé des connotations tristes et menaçantes, accumulées au cours des siècles. Un meurtrier est marqué au fer, puis vendu, et l'argent est utilisé pour payer un serviteur à la famille de sa victime. Certains criminels sont livrés aux chirurgiens pour des expériences scientifiques, et les incendiaires travaillent comme pompiers.

Tous les cinquante ans, on procède à une redistribution des terres, et le jubilé est l'occasion de fêtes somptueuses. Quand la population devient trop nombreuse, l'émigration est encouragée et l'on trouve de nombreuses colonies thesmographiennes outre-mer.

• Restif de la Bretonne, *Le Thesmographe ou Idées d'un honnête homme sur un projet de règlement proposé à toutes les nations de l'Europe pour opérer une réforme générale des lois*, Paris, 1789.

THULÉ, ou ULTIMA THULÉ

Ile de l'Atlantique, à six jours de voile des Orcades. Elle couvre environ dix fois la superficie de la Grande-Bretagne. Le sol est en grande partie stérile et l'atmosphère est faite d'un mélange d'eau de mer et d'oxygène. Chaque année, au moment du solstice d'été, le soleil ne se couche pas, mais reste dans le ciel jusqu'au solstice suivant. L'hiver, il disparaît pendant quarante jours et quarante nuits. Les habitants dorment durant cette longue nuit, car ils ne peuvent rien faire d'autre dans les profondes ténèbres. Les Scritifines, une des tribus qui habitent l'île, mènent une vie semblable à celle des bêtes. Ils chassent les animaux sauvages, et se vêtent en hiver de leur peau ; les femmes nourrissent les bébés avec de la moelle et ne les allaitent pas. Dès qu'un enfant naît, on le dépose dans un berceau de cuir suspendu à un arbre, sa mère lui colle de la moelle dans la bouche et part à la chasse.

Une autre tribu est célèbre par le nombre de dieux et de déesses qu'elle adore et qui habitent chaque pierre, chaque rivière et chaque arbre. Les sacrifices humains sont courants : les victimes sont égorgées sur l'autel, empalées sur un arbre, ou jetées dans une crevasse.

Une dernière tribu, plus amicale, se distingue par l'hydromel exquis qu'elle élabore à partir du miel de ses abeilles.

• Diodore de Sicile, *Bibliothèque historique*, Ier siècle av. J.-C.

• Strabon, *Géographie*, Ier siècle av. J.-C.

• Procope de Césarée, *Histoire des guerres faictes par l'empereur Justinien contre les Vandales et les Goths*, VIe siècle apr. J.-C.

TILIBET

Ile dans le golfe du Siam, par 12° de latitude nord et 104° de longitude est. Le temps s'y écoule plus rapidement et la durée de vie y est plus courte qu'ailleurs. Les bébés naissent en riant et grandissent très vite. Si à l'âge d'un jour les Tilibétains savent parler, à vingt ans, ils meurent de vieillesse. Le temps qu'ils accordent au sommeil est très éphémère : une heure par nuit. Ils ne s'intéressent qu'au présent, oublient le passé et dédaignent l'avenir. Ils ne connaissent pas l'ennui. Ils ignorent la navigation, trouvant la vie trop précieuse et trop brève pour la risquer en voyage dangereux.

Le roi est élu à quatre ans, son premier ministre, désigné parmi les vieillards de seize ans. Les Tilibétains méprisent les pierres précieuses et n'ont pas de monnaie. Le superflu n'existe pas, même en rêve. Seules, quelques terres sont cultivées. L'architecture est sobre ; la vie dans les villages, essentiellement simple et pratique.

• Pierre François Guyot, abbé Desfontaines, *Le Nouveau Gulliver ou Voyage de Jean Gulliver, fils du capitaine Gulliver. Traduit d'un manuscrit anglois par M. l'abbé de L. D. F.*, Amsterdam, 1730.

TOHU et **BOHU**
Deux petites îles, proches de l'île de Procuration*. Elles sont très pauvres : on n'y trouve même pas une poêle à frire car, faute de moulins à vent, sa nourriture habituelle, le géant Bringuenarilles avale les poêles, poêlons, marmites et chaudrons qui lui tombent sous la main.

Son estomac, qui ne digère que les moulins à vent, supporta mal ce changement de régime qui finit par lui être fatal ; il tomba malade et mourut en s'étranglant avec une motte de beurre frais, avalée à la gueule d'un four chaud, selon la prescription de son médecin.

• François Rabelais, *Le Quart Livre des faicts et dicts héroïques du bon Pantagruel*, Paris, 1552.

TOMBE DE MERLIN
Grotte sous une falaise de Cornouailles. C'est là qu'est enterré Merlin, l'enchanteur de Camelot*, ami et conseiller du roi Arthur.

Amoureux de Nyneve, Merlin lui enseigna, pour la séduire, tous les secrets de la magie, dont un terrible sortilège, que personne ne pouvait rompre. Convaincu que Nyneve allait devenir sa femme, Merlin créa, au cœur des falaises, une chambre fantastique, destinée à leurs noces. Comme il y entrait pour la lui montrer, Nyneve usa de ses pouvoirs et l'enferma pour toujours.

Aujourd'hui, les visiteurs peuvent voir Merlin, gisant pour l'éternité dans la grotte qu'il a créée.

Certains disent qu'il fut, en réalité, enfermé par la fée Viviane, dans un chêne de la forêt de Brocéliande*. Quel que soit le lieu où il repose vraiment, nul n'ignore plus qu'assisté par le Dr Ransom, professeur à Cambridge, il sortit de sa prison, en 1950, et sauva l'Angleterre d'un péril effroyable.

Tel poète français rapporte qu'il entendit la voix de l'âme vivante de Merlin s'élever de la tombe où l'avait enfermé Viviane, inconsciemment touchée par la révélation de l'impossible communion entre l'homme et la femme. Devant le sépulcre se succédaient, tels les personnages d'un macabre opéra, des vieux druides, des faux rois mages, des couvées de serpents, des crapauds et des personnages mythiques.

• Alfred, Lord Tennyson, *The Idylls of the King*, Londres, 1872.
• Guillaume Apollinaire, *L'Enchanteur pourrissant*, Paris, 1909.
• Clive Staples Lewis, *That Hideous Strenght*, Londres, 1946.
• John Steinbeck, *The Acts of King Arthur and his Noble Knights from the Winchester Manuscripts of Sir Thomas Malory and Other Sources*, New York, 1976.

TORELORE
Petit royaume féodal, sans doute sur le littoral méditerranéen, qui se distingue par une coutume particulière : il

est normal que les hommes se mettent au lit lorsque les femmes vont accoucher. En attendant, les femmes prennent les armes et combattent. Dans ce pays, la guerre n'a rien de conventionnel. Il est, par exemple, inconvenant de tuer ou d'essayer de tuer un ennemi. Les armes autorisées sont les pommes mûres, les légumes pourris et les fromages frais.

• Anonyme, *Aucassin et Nicolette*, XIIIe siècle.

TOURELLES, manoir des

Demeure de Lord Yalding, proche de la petite ville marchande de Liddlesby, dans le Hampshire, en Angleterre.

La demeure est construite au milieu de grands jardins à l'italienne. Une avenue de cyprès mène à une terrasse de marbre dominant un lac d'agrément et une petite île. Le lac, où glissent des cygnes, est bordé de saules pleureurs. Sur la gauche, s'élève le temple de Flora, pavillon de marbre abritant une statue de la déesse. On y trouve également deux autres temples respectivement dédiés à Phœbus et à Dionysos. Dans les jardins, de nombreuses statues représentent les dieux antiques. Sur la droite, une cascade artificielle surplombe le lac.

Le manoir des Tourelles est célèbre pour ses boiseries et pour la collection d'armes de la salle à manger. La pièce la plus insolite est une chambre au plafond bleu, clouté d'étoiles d'or. Le manoir fut construit par un ancêtre de Lord Yalding, pour l'amour d'une Française et pour celui de la magie. La famille détient en effet un anneau magique, don d'un être surnaturel. La magie de l'anneau se paie au prix fort, car la maîtresse de Lord Yalding mourut avant que le grand œuvre de son amant ne fût réalisé. Les visiteurs qui auraient la chance de découvrir l'anneau s'apercevront qu'il rend invisible et anime les statues du jardin. D'un point de vue strictement pratique, il est bon de savoir qu'il a permis, une fois au moins, de découvrir une cassette de joyaux.

Le manoir des Tourelles n'est ouvert au public qu'un jour par semaine et les pique-niques sont interdits sur les pelouses.

• Edith Nesbit, *The Enchanted Castle*, Londres, 1907.

TRACODA

Ile de l'océan Pacifique, habitée par des Troglodytes qui ne parlent pas, mais sifflent comme les serpents dont ils se nourrissent.

• Sir John ou Jehan de Mandeville, *Voiage de Sir John Maundevile*, Paris, 1357.

TRENTE CERCUEILS

Ile où le voyageur, éventuel curiste à la recherche de sensations fortes, doit se munir d'un compteur Geiger, car les vertus thérapeutiques de l'endroit sont d'ordre radioactif.

• Maurice Leblanc, *L'Ile aux trente cercueils*, Paris, s.d.

TRENTE-SIX MILLE VOLONTÉS, pays des

C'est en essayant en vain d'apprendre par cœur *Le Corbeau et le Renard* que le voyageur pourra y accéder. A ceux qui n'en croiraient pas leurs yeux, la lave brûlante qui s'écoule d'un trou fumant au sommet d'une colline de sable indique : "Pays des 36 000 volontés, le Clos magique, 2 448 kil.", sans que le voyageur puisse affirmer s'il s'agit de kilomètres ou de kilogrammes.

Un pharaon, obsédé par l'interprétation de ses rêves généralement peuplés de poules blanches et de poules noires, vous indiquera la station de chameau la plus proche. Il est impératif, dès que vous prendrez place, d'abaisser l'oreille droite de l'animal pour bien montrer qu'il est occupé.

Dès votre arrivée au Clos magique, M. Honteuzékonfu, le corbeau de service, vous fera passer un examen pour devenir fée de deuxième classe et vous remettra, si vous réussissez, entre les pattes de M. Damourtendre, pigeon de service, chargé de l'initiation à l'aviation féerique.

Le palais de la reine des fées est une grande maison de verre, soutenue par des colonnes de cristal couvertes de roses. La reine, qui est aussi folle que jolie, est quelquefois vêtue d'une robe de filaments électriques qui la fait ressembler à la tour Eiffel.

Interdit aux plus de douze ans, le pays des trente-six mille volontés est probablement le seul où huit fois six font absolument tout ce qu'on veut.

• André Maurois, *Le Pays des trente-six mille volontés*, Paris, 1928.

TRÉSOR (1)

Ile au large de la côte de Mexico ; elle a environ seize kilomètres de long sur neuf kilomètres de large. La côte sud-ouest, bordée de falaises de quarante à cinquante pieds de haut, est virtuellement inaccessible. Au nord, les rochers cèdent la place à des plages de sable et à un cap recouvert d'arbres, le cap Boisé. Au large de l'île, courants et marées sont dangereux, en particulier sur la côte ouest. Même par beau temps, on entend à travers l'île entière le fracas des vagues immenses de l'océan qui se brisent sur le rivage.

On ne trouve sur l'île au Trésor qu'un fortin et une hutte de troncs d'arbres cachés dans les bois, près de la baie du capitaine Kidd. Construit sur un tertre où jaillit une source d'eau douce, le fortin peut contenir environ quarante personnes.

La carte de l'île a été dressée en 1754 par le capitaine Flint, qui y enterra son fameux trésor. Le flibustier débarqua sur l'île en compagnie de six hommes, y enterra sept cent mille

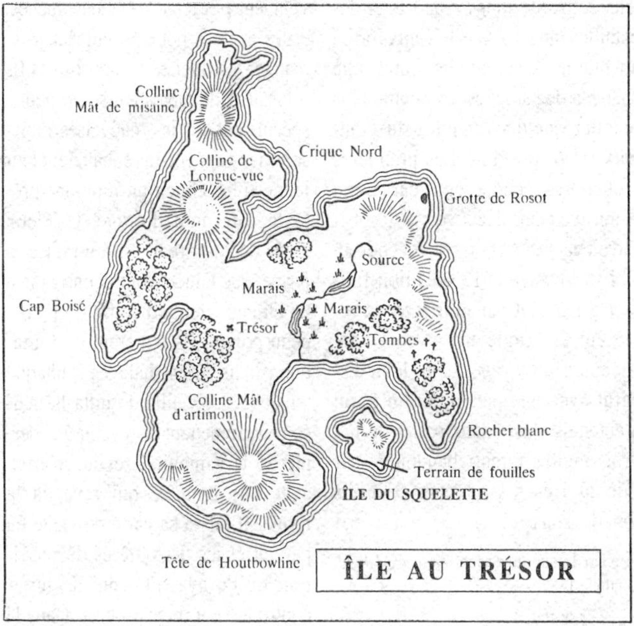

livres sterling et tua tous les témoins. L'unique document indiquant l'emplacement exact du trésor est un plan rudimentaire dessiné par Billy Bones, le second de Flint. Longtemps après la mort de Flint, ces papiers furent retrouvés à l'auberge de l'*Amiral Benbow*, dans l'anse de la Colline Noire*.

Quelques années après que le trésor eut été enterré, un membre de l'équipage de Flint, Benn Gunn, croisa par hasard au large de l'île à bord d'un autre bateau. Il persuada le capitaine et l'équipage de chercher le trésor, mais, les recherches ayant échoué, le capitaine se vengea en abandonnant Gunn sur l'île, où il resta trois ans dans une solitude totale.

Munis des documents découverts à l'*Amiral Benbow*, un groupe d'hommes dirigé par le *squire* Trelawney quitta Bristol à bord de l'*Hispaniola*, pour tenter de retrouver le trésor de Flint. Sans le savoir, ils engagèrent plusieurs membres de l'ancien équipage de Flint, y compris le quartier-maître Long John Silver. Dès que l'*Hispaniola* fut en vue de l'île, une mutinerie éclata, avec Long John à sa tête. Après de longs combats et des batailles rangées dans le vieux fortin, les mutins furent défaits, Long John changea de camp, espérant au moins récolter quelques miettes du fabuleux trésor de Flint. Les premières recherches échouèrent, car Benn Gunn avait déjà découvert le trésor et l'avait caché dans un nouvel endroit. Les survivants de l'expédition finirent cependant par le trouver et revinrent en Angleterre avec Gunn. Au cours du voyage, Long John disparut avec une part du butin et on n'entendit plus jamais parler de lui. Trois mutins furent abandonnés sur l'île au Trésor. On ignore ce qu'ils sont devenus.

• Robert Louis Stevenson, *Treasure Island*, Londres, 1883.

TRÉSOR (2)

Vallée de Styrie, aujourd'hui arrosée par la rivière d'Or et entourée de montagnes aux sommets perpétuellement enneigés. La rivière d'Or prend sa source dans ces monts et coule un moment sous la terre avant de sortir dans la vallée. Près de sa source, on voit deux rochers noirs, étroitement liés à l'histoire de la vallée et à ses transformations.

Autrefois, le val était habité par trois frères : Hans, Schwartz et Gluck. Les deux aînés, laids et cruels, tuaient les merles pour les empêcher de picorer les baies, les hérissons pour qu'ils ne viennent pas téter le pis des vaches, et les grillons pour les empêcher de manger les miettes de nourriture. Ils refusaient de payer leurs serviteurs, spéculaient sur les mauvaises moissons des pays voisins et battaient leur jeune frère Gluck au moindre prétexte. Une nuit d'orage, les deux aînés découvrirent, en rentrant à la ferme, que Gluck avait donné asile à un étrange vieillard coiffé d'un chapeau pointu. Ils tentèrent de l'attaquer, mais furent balayés à chaque tentative. Le vieillard quitta la maison en promettant de revenir une dernière fois, à minuit. Il revint, en effet, avec une tempête qui ravagea la ferme. Il laissa sa carte de visite en partant et les deux frères découvrirent qu'ils avaient tenté de lutter contre le vent du sud-ouest. Dans la matinée, ils s'aperçurent avec horreur que la vallée avait été inondée et que la plupart de leurs cultures étaient détruites. Le vieil homme ni aucun autre vent ne revinrent jamais. Les bourrasques ayant cessé d'apporter la pluie, la vallée devint stérile et se transforma en désert de sable.

Les deux frères s'installèrent alors dans la ville la plus proche et devinrent orfèvres. Mais leur commerce périclita car, buvant tout ce qu'ils gagnaient, ils furent bientôt réduits à la pauvreté. Ils firent, pour en tirer de l'argent, fondre la timbale de Gluck, une étrange vieille timbale à figurine de nain. Pendant l'opération, Gluck entendit une voix qui lui parlait et un nain sortit du métal en fusion. Le petit personnage était en fait le roi de la rivière d'Or, transformé en timbale par un puissant magicien. Il expliqua à Gluck que la rivière qu'ils apercevaient de la ville se changerait en or si on y jetait trois gouttes d'eau bénite. Quiconque y jetterait de l'eau non consacrée serait immédiatement changé en pierre.

Dès qu'ils surent l'histoire, Schwartz et Hans essayèrent de transformer la rivière. Ils grimpèrent sur la montagne avec des gourdes d'eau bénite, l'une volée, l'autre obtenue par l'entremise d'un prêtre corrompu. Sur le chemin, chacun des deux frères rencontra un enfant, un chien et un vieillard, tous mourant de soif, mais ils refusèrent de leur donner la moindre goutte d'eau. Lorsqu'ils atteignirent la rivière, ils lancèrent leurs gourdes dans l'eau et furent sur-le-champ transformés en pierres noires.

A son tour, Gluck prit le chemin de la montagne, mais donna de l'eau bénite à tous ceux qu'il rencontra, si bien que sa gourde était vide quand il atteignit la source de la rivière. Le chien reprit alors sa véritable apparence, celle du roi de la rivière d'Or, qui expliqua à Gluck pourquoi ses deux aînés avaient été changés en pierres : l'eau bénite refusée à un mourant perd sa vertu, même si elle a été bénite par tous les saints du paradis. Le roi donna ensuite trois gouttes de rosée au jeune garçon, lui dit de les jeter dans la rivière et de retourner dans son ancienne demeure.

Quand il atteignit la vallée, le garçon découvrit que la rivière d'Or y coulait déjà et que l'eau était le trésor promis. Ainsi, le voyageur peut-il jouir aujourd'hui de la vue d'un val riche et fertile.

• John Ruskin, *The King of the Golden River or The Black Brothers. A Legend of Stiria*, Londres, 1851.

TRIFOUILLIS-LES-OIGNONS

Capitale du pays des Rutabagas*. On peut l'atteindre par le rail, en empruntant la Flèche d'Or Ldt., le train le plus rapide de la région. Sise au milieu de prairies moutonnantes, Trifouillis-les-oignons est le centre agricole du pays.

L'un des citoyens les plus illustres de la ville est l'Aveugle à Tête-de-pomme-de-terre, qui joue de l'accordéon en face de la poste dans la rue principale. Il est entouré par de nombreuses sébiles prêtes à recevoir les aumônes. La sébile d'étain est destinée aux joueurs de balle, qui lancent l'argent d'une distance de cinq mètres. Les plus adroits sont déclarés les plus chanceux. La sébile de bois à fond percé est à l'usage des pauvres, qui peuvent ainsi ressentir la joie de donner tout en récupérant leur don.

Assis entre une poêle à frire et un baquet, l'aveugle attend quelqu'un qui viendra un beau jour retirer tout son argent de la caisse d'épargne pour le lui donner. L'Aveugle à la Tête-de-pomme-de-terre est l'un des plus célèbres conteurs de la ville.

• Carl Sandburg, *Rootabaga Stories*, New York, 1922.

TRINQUELAGE

Château médiéval établi sur un versant du mont Ventoux, en Provence. Solide et massive construction de pierre qui fut la demeure des seigneurs de Trinquelage. Passé les douves, on pénètre dans une première cour où s'élève la chapelle, sans doute l'endroit le plus intéressant du château. Trinquelage est hanté par une foule d'esprits. A Noël, en particulier, une lumière surnaturelle semble émaner des pierres. Des témoins, habitants de la région, qui se rendaient à la messe de minuit, ont vu un personnage s'agiter dans la chapelle illuminée par des bougies invisibles.

A minuit, la cour du château se remplit d'une foule de gentilshommes en habit de cour et de femmes splendides, parées de robes brodées. Du haut d'une chaire fantôme, un revenant, très vieux et très petit, lit en marmonnant les pages d'un livre que personne ne comprend. Ce spectre n'est autre que celui du curé de Cucugnan, condamné à réciter des messes basses à jamais, pour péché de gourmandise.

Emoustillé par les effluves s'échappant des cuisines du château, il avait en effet expédié un peu trop rapidement la troisième messe basse de Noël, préférant la dinde farcie à la lecture de l'Evangile.

• Alphonse Daudet, *Les Lettres de mon moulin*, Paris, 1866.

TRISOLDAY

Grand royaume souterrain des Hommes-vers. Une extrémité de leur corps mou est semblable à celui d'un ver ; l'autre se termine par un torse humain, muni d'une tête au long nez pointu et aux petits yeux. Pour se déplacer, ils ondulent sur le sol ou font de grands sauts en l'air, se servant de leurs mains comme d'un tremplin. Leur peau écailleuse ressemble à celle du serpent. Le visage du mâle est rouge, celui de la femelle, jaune pâle. Comme les taupes, les Hommes-vers ont une capacité remarquable à creuser des tunnels.

Trisolday est une monarchie élective. Les pouvoirs du roi, le *Za-Ra-Ouf*, sont tempérés par ceux des sages du Grand Conseil, le *Kin-Zan-Da-Or*. Avant son élection, le roi doit prouver son mérite par une expédition lointaine, dont on attend qu'il rapporte d'étonnantes merveilles.

Les lois de Trisolday interdisent l'alliance d'Hommes-vers avec des étrangers. Les visiteurs doivent savoir que tous les étrangers – appelés *Tumpigands* – qui s'aventurent dans le royaume sont tués. Exceptionnellement, les humains peuvent choisir d'être amputés pour ressembler aux Hommes-vers. Les membres sectionnés sont brûlés au cours d'une cérémonie solennelle. Dans le passé, il est arrivé que des hommes, conservés entiers, soient exposés dans la ménagerie royale. On ne connaît pas d'exemple d'humains ayant consenti à la mutilation.

La nourriture se compose principalement de limaces rôties, un mets de choix. La faune comprend des crapauds géants, ennemis traditionnels des Hommes-vers, qui galopent sur des vers rapides. Dans les grottes éloignées, vivent des créatures qui ressemblent à des chiens ; elles ont la taille d'un âne et la grâce du daim. Les rivières souterraines sont l'habitat de poules d'eau écarlates et noires, qui ne peuvent voler. Elles avancent en se dandinant comme des canards, roucoulent comme des pigeons, et nichent dans des arbres creux. La partie supérieure de leur corps est emplumée, le reste est couvert d'écailles. Le royaume abrite aussi des basilics et des dragons à la langue velue.

Les contacts avec le monde extérieur sont très limités. Lors de son voyage rituel d'exploration, un des rois parvint au royaume des Amphitéocles et enleva la princesse Ascalis, espérant sans doute qu'elle consentirait à être mutilée et à l'épouser. Son père suivit sa trace jusqu'à Trisolday et se trouva impliqué dans un complot contre le roi des Hommes-vers. Il mourut lors des émeutes qui s'ensuivirent.

Pour apaiser les griefs d'Ascalis et gagner son affection, le roi des Hommes-vers fit bâtir un mausolée, encore visible : il s'agit d'une vaste construction de pierre colorée, de forme humaine, supportée par quatre colossales statues d'Hommes-vers. Ascalis fut sauvée par Mocatoa, l'héritier du royaume des Abdalles*.

• Charles Fieux, chevalier de Mouhy, *Lamékis ou les Voyages extraordinaires d'un Egyptien dans la terre intérieure, avec la découverte de l'isle des Silphides, enrichis de notes curieuses et nouvelles...*, Paris, 1735-1738.

TRISTE-LE-ROY

Propriété située au sud d'une ville à la localisation indéterminée. Le jardin abonde en symétries inutiles : une Diane répond à une autre Diane, un balcon à un autre balcon, un perron double à une double balustrade. Conçue de la même manière, c'est-à-dire selon le principe de la symétrie des miroirs, la maison est dominée par un mirador.

Pour parvenir à Triste-le-Roy, il faut commettre trois meurtres. Le premier devra être perpétré un 3 décembre, à l'hôtel du Nord, sur la personne d'un rabbin ayant en sa possession une *Défense de la cabale*, un *Examen de la philosophie* de Robert Fludd, une traduction littérale du *Sepher Yezirah*, une biographie du Baal Shem, une *Histoire de la secte des hassidim* et une monographie, en allemand, sur le *Tetragrammaton*. Le second meurtre aura lieu le 3 janvier suivant, devant la boutique du marchand de couleurs de la rue de l'Ouest et la victime sera, indifféremment, un charretier, un bravache électoral, un voleur ou un délateur. Le troisième meurtre, fictif, sera perpétré le 3 février, dans la rue de Toulon, à l'est de la ville.

Ces trois points – l'hôtel du Nord, la boutique du marchand de couleurs, et le cabaret de la rue de Toulon – constituant les sommets d'un triangle équilatéral et mystique, il suffit, pour connaître le nom secret de Dieu qui a quatre lettres, de tracer à l'aide d'un compas et d'une boussole le point qui manque, c'est-à-dire celui qui détermine un losange parfait.

Ce point est la propriété de Triste-le-Roy, où le voyageur rencontrera sa propre mort, d'une balle dans la tête, au milieu de l'interminable odeur des eucalyptus.

• Jorge Luis Borges, "La muerte y la brújula", in *Ficciones*, Buenos Aires, 1956.

TROIS-CENT-SEPT

L'une des Aléoutiennes. Il y a quelques années encore, il s'agissait d'une île florissante, mais aujourd'hui on n'en voit plus du large qu'une masse de rochers calcinés et un grand cratère.

Après la découverte du virus d'immortalité JL3 par un savant hindou, l'île infectée fut mise en quarantaine. Les plus grands chimistes et biologistes du monde vinrent à Trois-Cent-Sept pour essayer de trouver un antidote. Des laboratoires souterrains furent rapidement construits et, dans l'espoir de créer un contre-vaccin, les savants administrèrent de fortes doses de JL3 à toutes les espèces animales et végétales de l'île. Respirant santé et beauté, la flore et la faune prirent des proportions exubérantes. Les enfants nés sur l'île devinrent de splendides adolescents dont les amours risquaient de provoquer un surpeuplement. On introduisit alors des contraceptifs, mais les femmes refusaient de les prendre. L'île finit par succomber au chaos et à la violence. Pour prévenir la fuite d'un immortel et les risques de contamination, les gouvernements des pays de mortels prirent la douloureuse décision de bombarder la contrée. Depuis, on n'a jamais plus entendu parler des immortels.

• René Barjavel, *Le Grand Secret*, Paris, 1973.

TROLLS, royaume des

Dans les montagnes du Dovre Fjell, en Norvège. Peuplé par un grand nombre de trolls, de lutins et de farfadets.

Le plus étrange habitant du royaume est sans doute le Grand Boyg, un troll monstrueux, invisible et informe. La seule preuve tangible de son existence est la bave qu'il sécrète autour de lui, et l'odeur de moisi qu'il dégage. Le Grand Boyg n'est pas querelleur ; il triomphe de ses ennemis par la gentillesse et s'évanouit en fumée au moindre son de cloche d'église. Ce sont les trolls à tête-de-cochon et bonnet-de-nuit-blanc qui sont les plus communs. Les trolls à deux têtes sont plus rares et ceux qui en ont trois semblent ridiculement démodés.

Bien que les trolls voient les choses telles qu'elles sont en réalité, les voyageurs dotés d'une vue normale remarqueront que, dans ce pays, tout semble avoir deux faces. Une belle joueuse de harpe, par exemple, devient une vache grattant les cordes avec son sabot ; une jeune danseuse se transforme en une truie en bas mi-longs, essayant de danser sans jamais y parvenir. Tout apparaît simultanément noir et blanc, beau et laid. Le roi des trolls, qui gouvernait autrefois le royaume, proposa un jour à un voyageur de lui arracher l'œil gauche, afin qu'il pût discerner parfaitement toutes choses et devenir un vrai troll.

Les trolls, qui vivent la nuit et fuient la lumière du jour, maintiennent certains rapports avec les humains qui habitent le pays. Le troll Trond, par exemple, fait l'amour aux bergères qui gardent le bétail dans les montagnes.

En matière de religion, toutes les religions sont tolérées, si les manières et les vêtements du croyant sont conformes aux coutumes du royaume. Les trolls portent généralement des rubans noués autour de la queue, et les visiteurs doivent savoir que recevoir un ruban flamboyant est une grande marque d'honneur.

Les trolls, créatures égoïstes, ont pour devise : “Aide-toi, le ciel t'aidera.” Pour cette raison, il n'y a dans le royaume ni œuvres de bienfaisance, ni caisses d'épargne, ni asiles de vieillards.

Les voyageurs passionnés d'agriculture remarqueront que les bœufs gardés par les trolls donnent de l'hydromel et les vaches, des gâteaux.

• Henrik Ibsen, *Peer Gynt*, Christiania, 1867.

TROPDICEULX

Pays natal des Clercygaulx, ces moines devenus oiseaux qui émigrent à l'ouest, sur l'île Sonnante*. Il arrive parfois qu'une noble maisonnée ait tant d'enfants qu'elle ne puisse partager l'héritage sans le dilapider. Lorsque cela arrive, les parents envoient les plus jeunes enfants dans l'île Sonnante, où leur existence est assurée.

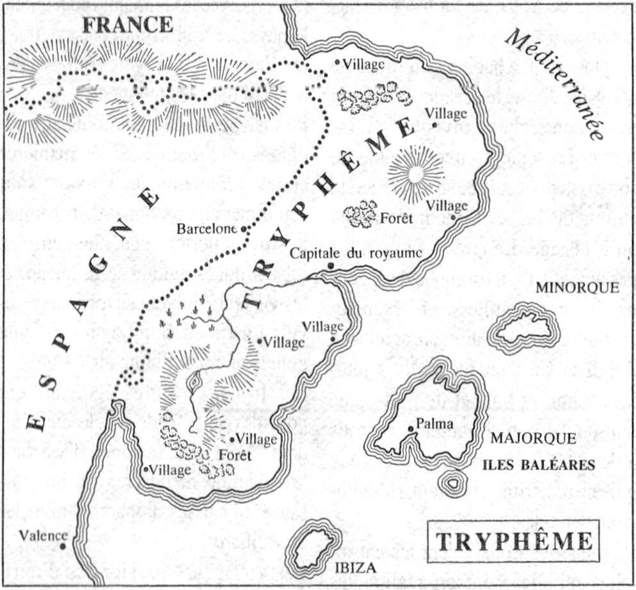

• François Rabelais, *Le Cinquiesme et Dernier Livre des faicts et dicts héroïques du bon Pantagruel*, Paris, 1564.

TROUS, ville des,
voir **CITTABELLA**

TRYPHÊME

Entre la France et l'Espagne, royaume baigné par la Méditerranée, en face des îles Baléares.

Ce pays fertile, aux nombreuses forêts, possède quelques villages de fermes isolées et de maisons basses aux toits de tuiles rouges. Le roi actuel, Pausole, y a bâti un palais de style gréco-byzantin. Au milieu d'une forêt, un parc décoré de statues, de cascades artificielles, de petits temples en rotonde, sert d'écrin à la remarquable colonnade qui orne la façade du palais.

Pausole, monarque absolu, dispose d'un harem, fourni par les trois cent soixante-cinq plus belles filles du pays, soit une par jour. Cet arrangement, qui offre certains avantages, chagrine la trois cent soixante-sixième, seulement appelée les années bissextiles. Le royaume n'est régi que par deux lois ; primo : "Ne nuis pas à ton voisin", secundo : "Ceci bien compris, fais ce qu'il te plaît." Les femmes sont nues, sauf la fille du roi,

Aline, très strictement vêtue. Le climat est toujours délicieux.

Si les peuples heureux n'ont pas d'histoire, les pays prospères n'ont pas de géographie ; voilà pourquoi Tryphême est introuvable sur les cartes, n'en déplaise aux géographes.

• Pierre Louÿs, *Les Aventures du roi Pausole*, Paris, 1901.

TSALAL

Ile située au-delà du cercle polaire antarctique, par 83° 20' de latitude sud et 43° 5' de longitude ouest, encadré par sept îles sœurs.

Elle flotte dans une mer d'un noir profond, libre de glace, car elle jouit d'un climat doux, incroyable sous ces latitudes. Ses abords sont abrupts. Elle porte d'épaisses forêts. Ses roches surprennent par leurs volumes et leurs sombres et multiples couleurs disposées en strates. Même la végétation y est différente de toute autre partie du monde. Les eaux de Tsalal sont également exceptionnelles : potables, mais avec la consistance de la gomme arabique diluée. Lorsqu'elles courent, de nombreuses ombres violettes les moirent, mais si on les capture on peut remarquer que le liquide est formé de plusieurs veines, chacune d'une couleur différente. Ces couches ne se mélangent pas mais sont homogènes, et ne sont séparées que par un intervalle imperceptible. Si on y plonge un couteau, l'eau se referme sur la lame, mais si cette lame est délicatement insérée entre deux veines on peut parfaitement les séparer et les isoler l'une de l'autre.

Les habitants sont noirs comme de l'ébène et laissent libre leur longue chevelure laineuse et épaisse. Ils sont aussi grands que la moyenne des Européens mais beaucoup plus musclés et vigoureux. Ils vont totalement

Méthode pour séparer les eaux de Tsalal : en mettre dans un récipient (A), tenir le couteau de la main droite (B) et insérer délicatement la lame entre les veines (C).

nus à l'exception des guerriers qui se drapent, avec une grande habileté, dans la fourrure épaisse et moelleuse d'un animal noir inconnu. Ils sont armés de massues de bois sombre, de javelots à pointe de silex et de frondes. Les maisons, assez rustiques, sont groupées en un village appelé Klock-Klock. Certaines habitations ne sont que des petites grottes peu profondes, taillées dans une paroi escarpée de pierre noire argileuse. D'autres consistent simplement en un arbre coupé à près de quatre pieds des racines et recouvert d'une grande fourrure noire retombant jusqu'au sol en plis lâches. D'autres encore sont faites de branches d'arbres grossièrement taillées qui gardent leur feuillage desséché et, reposant sur un talus d'argile irrégulier d'une hauteur de quatre à six pieds, forment un toit incliné à quarante-cinq degrés. Quelques-unes sont construites à même les branches fourchues de l'arbre ; la partie supérieure coupée de manière à se courber au-dessus de la partie basse et à former un abri plus épais contre le mauvais temps.

Une seule expédition semble avoir touché Tsalal, celle du schooner *Jane Guy* de Liverpool, le 19 janvier 1828. Tous les membres de l'expédition furent massacrés sauf deux. L'un d'eux, M. Gordon Pym de Nantucket découvrit, au cœur de l'île, des gouffres. A l'extrême est du plus grand gouffre de l'Est de l'île, M. Pym a mis au jour des graffitis qui reproduisent exactement la racine verbale éthiopienne signifiant "être sombre", de laquelle dérivent tous les noms indiquant l'ombre ou l'obscurité, ainsi que la racine verbale arabe "être blanc" de laquelle dérivent tous les noms signifiant la lumière et la pureté ; et, enfin, un mot égyptien signifiant "le pays du Sud" près d'une silhouette humaine indiquant le midi.

Il est donc intéressant de noter que rien n'est blanc dans l'île, que les habitants sont terrifiés par la simple vue de cette couleur et que, dans la région méridionale, tout est noir. Il est possible que les membres de l'équipage du *Jane Guy* aient été exterminés en raison de la couleur de leur peau. Un examen philologique du nom de cette île peut révéler peut-être quelque lien avec les caractères si mystérieux gravés sur ses parois les plus intimes.

• Edgar Allan Poe, *The Narrative of Arthur Gordon Pym of Nantucket*, New York, 1838.

TSHOBANISTAN

Vaste pays entre le Djunubistan* et l'Ussulistan, auquel il est relié par un isthme étrange : le défilé de Chatar. Le centre des terres est irrigué par la Suhl. Le reste n'est qu'une succession de steppes et de déserts.

On pense que la région était jadis un grand lac, séparé de la mer par une muraille rocheuse. Quand le lac rompit ses berges, créant le défilé de Chatar, les eaux se vidèrent progressivement et firent place au bassin peu profond qui constitue l'actuel Tshobanistan.

Les Tshobans sont des nomades du désert. Ils portent des vêtements de couleurs criardes, des bottes de cheval en cuir et des turbans qui indiquent leur rang. Ceux qui descendent du prophète Mahomet, par exemple, portent des turbans verts. Les chefs ont les cheveux nattés, ornés de pièces d'or et d'argent.

Comme tous les nomades du désert, les Tshobans ne savent pas nager et ont une peur panique de l'eau. C'est la raison pour laquelle ils n'ont jamais réussi à prendre Ussula, capitale de l'Ussulistan, défendue non par des murs, mais par un système de fossés remplis d'eau.

• Karl Friedrich May, *Ardistan*, Bamberg, 1909 ; *Der Mir von Djinnistan*, Bamberg, 1909.

TSINTSIN-DAGH

Montagne au bord du lac Nam-Tcho, appelé aussi lac Tengri-nor ou lac des montagnes Célestes, dans le Nord du Tibet, à quatre jours au nord-ouest de Lhassa. Le lac dessine un fer à cheval et ses rives couvertes de *tinkal* brillent au soleil comme l'ambre et la topaze ; au crépuscule, on croirait voir des rubis.

Le mont Tsintsin-Dagh ressemble à une forteresse ; son sommet est occupé par la lamaserie des frères du Silence, un bâtiment blanc aux portes rouges, et aux toits plats dont les coins sont retroussés. Cloches et bannières en crin de yak éloignent les mauvais esprits. Le chef de la communauté des cinq cents moines vit seul dans une tour rouge et carrée, élevée sur un éperon rocheux séparé du reste du monastère par un précipice. A la porte de la tour crénelée, un fémur humain sert de heurtoir. Sur la face sud de la montagne, dans un jardin en terrasse, des rhododendrons, des iris, des anémones, du chèvrefeuille, du pavot et des plantes médicinales poussent librement. Les moines ont fait vœu de silence, mais ils peuvent communiquer par signes ; ils peuvent aussi se marier, à condition que leurs femmes ne résident pas avec eux.

Il ne faut pas manquer la fête annuelle du temple, pendant laquelle les malades sont baignés dans les eaux miraculeuses d'une grotte, au pied de la montagne (on prétend que ces eaux sont radioactives). Marco Polo décrivit cette fête dans un texte très longtemps introuvable. Redécouvert par des savants allemands, ce manuscrit leur permit d'installer pendant la Seconde Guerre mondiale une usine secrète à l'intérieur du mont Tsintsin-Dagh pour extraire du radium.

On pénètre dans l'antre infernal par un canyon sinistre, entre deux falaises escarpées où rôdent des licornes et de grands loups bleus très féroces.

• Paul Alperine, *Ombres sur le Tibet*, Paris, 1945.

TUROINE

Petite ville libre en bordure de la lande de Mispec*. Tous les habitants s'adonnent à la magie blanche ou noire et tous les édifices sont marqués d'étoiles, de pentacles, de triangles et de signes du zodiaque. Les murs sont couverts de chèvrefeuille, d'arums, de pavots et de morelles noires.

On jette quantité de sorts à Turoine, depuis les sortilèges conjurateurs jusqu'à ceux qui permettent d'ouvrir les portes des prisons et de rendre réel le péché accompli en rêve. Certains magiciens peuvent infliger toutes sortes de maladies à leurs ennemis. D'autres contrôlent le temps ou se transforment en loups, en chats ou en lièvres.

Dans les faubourgs de la ville, un sphinx écrit avec une plume noire dans un gros livre noir. Il est assis là depuis si longtemps qu'il est à moitié enfoui dans le sable rouge. Son sexe est incertain et on peut s'adresser à lui en l'appelant monsieur ou madame. Questionné, il répond qu'il reste immobile parce qu'il a découvert la futilité de l'action et du mouvement.

Il essaie toujours d'écrire son livre, mais n'arrive pas à rédiger le premier paragraphe, qui doit contenir le développement de tout le reste. Il y a des siècles qu'il a entrepris de rédiger cette introduction.

• James Branch Cabell, *Something about Eve*, New York, 1929.

U

UDOLPHO
Château au fin fond des Apennins. Il a servi de modèle aux châteaux noirs, qui fleurirent en Europe au XIXe siècle. Bâti en pierre grise au bord d'un précipice, il est fortifié par des tours, des remparts, des créneaux, et entouré d'épaisses futaies de mélèzes.
Deux tours rondes, reliées par une courtine sous laquelle se trouve le pont-levis, protègent l'entrée.
Les visiteurs doivent absolument voir la petite chambre dans laquelle un voile noir cache l'image de cire d'un corps humain, dévoré par les vers. Ce tableau servit d'objet de contemplation pour la pénitence de l'un des premiers marquis d'Udolpho, qui avait offensé l'Eglise. Il doit être conservé par la famille sous peine de confiscation d'une partie de son domaine.
Le château, qui fut le théâtre de plusieurs meurtres et autres actes abominables, est aujourd'hui un lieu calme où le voyageur peut se promener sans crainte.

• Ann Radcliffe, *The Mysteries of Udolpho*, Dublin, 1794.

UFFA
Ile mystérieuse qui est peut-être une des îles Salomon, dont parle le Dr Julian Wolff dans *The Sherlockian Atlas*, publié à New York en 1952. Paterson y aurait vécu de singulières aventures dont il ne nous est, hélas, parvenu aucune relation.

• Sir Arthur Conan Doyle, "The Five Orange Pips", in *The Adventures of Sherlock Holmes*, Londres, 1892.

ULTIMA THULÉ, voir **THULÉ**

URANOPOLIS
Cité dans la péninsule d'Acantos, en Chalcidique, presqu'île de la Macédoine. Elle fut fondée par Alexandre, frère de Cassandre, roi de Macédoine. Il avait l'habitude, pour exprimer des choses triviales et quotidiennes, d'user de circonlocutions complexes : le coq devenait "le crieur de l'aube", le barbier "le tueur de barbe", la drachme "la pièce d'argent", le litre "la nourrice de tous les jours", le héraut "le fort parleur". Il lui arriva d'envoyer aux autorités de Cassandrie un message si étrange que même la pythie de Delphes ne put en deviner le sens. Uranopolis signifie "cité du Ciel".

• Pline l'Ancien, *Naturalis Historia*, Ier siècle apr. J.-C.
• Athénée, *Le Banquet des sophistes*, IIIe siècle apr. J.-C.

URNS, pays des
Dans les basses terres de la Vistule, à la frontière d'un désert qui s'étend au-delà d'un large golfe, non loin d'une région célèbre pour ses élevages de chevaux sauvages.
Les Urns vivent dans des huttes de torchis, groupées en villages épars.

Ils sont gouvernés par un roi, dont le palais, un édifice circulaire sans fenêtres, est tendu de peaux de chameaux. Les Urns sont des cavaliers émérites et d'admirables imitateurs : de même que leurs ennemis, ils sont experts dans le tir à l'arc. Ils sont aussi bergers, marins, magiciens ou forgerons. Ils ne cultivent pas la terre.

La totalité de leur littérature et de leur langue est contenue dans le mot *undr*, qui signifie "merveille". Ce mot est tantôt figuré par un poisson, tantôt par une flèche rouge et un disque. *Undr* évoque à la fois, pour qui l'entend, les travaux, les amours, les fantasmes, les souvenirs et les ancêtres : bref tout est dans *Undr*.

Au XIe siècle, Adam de Bremen fit une description du pays des Urns, publiée dans l'*Analecta Germanica* (Leipzig, 1894) par Lappenberg, qui découvrit le manuscrit à la bibliothèque bodléienne d'Oxford.

• Jorge Luis Borges, "Undr", in *El libro de arena*, Buenos Aires, 1975.

USTENSILES, pays des

Petite ville-royaume indépendante du pays d'Oz*, située dans une clairière dans le Nord du pays des Cadrats. Cette trouée est bordée de cuisinières, de fourneaux et de grils de toutes formes et de toutes tailles. On trouve, en outre, des meubles de cuisine et des armoires remplies de quantité d'ustensiles, allant des poêles à frire aux rouleaux à pâtisserie.

Ce sont les sujets du roi Hachoir, un énorme hachoir que l'on trouve assis sur un ais de boucher, au centre de son royaume. Les personnalités les plus imposantes du pays sont le juge Tamis, qui passe au crible le passé des accusés, et le grand prêtre Passoire, au cœur immaculé. Dans les procès, les avocats sont les Tire-bouchons, dont les débouchés sont célèbres, ou les Fers-à-repasser, connus pour leur habileté à aplatir les requêtes. Le pays des Ustensiles entretient une armée : la brigade des Cuillères, qui patrouille autour de la clairière et ramène au roi Hachoir tous les prisonniers, afin qu'ils soient jugés.

Les voyageurs doivent savoir que, dans tout le royaume, ils ne trouveront rien à manger.

• Lyman Frank Baum, *The Emerald City of Oz*, Chicago, 1910.

UTOPIE

Ile située à environ quinze milles de la côte de l'Amérique latine, originellement reliée à la terre par un isthme.

L'île tient son nom d'Utopus, l'un de ses premiers conquérants. La plus grande largeur de cette terre est de cent quarante kilomètres, et ses extrémités s'incurvent jusqu'à presque former un cercle, ce qui lui donne la forme d'un croissant. Entre les pointes

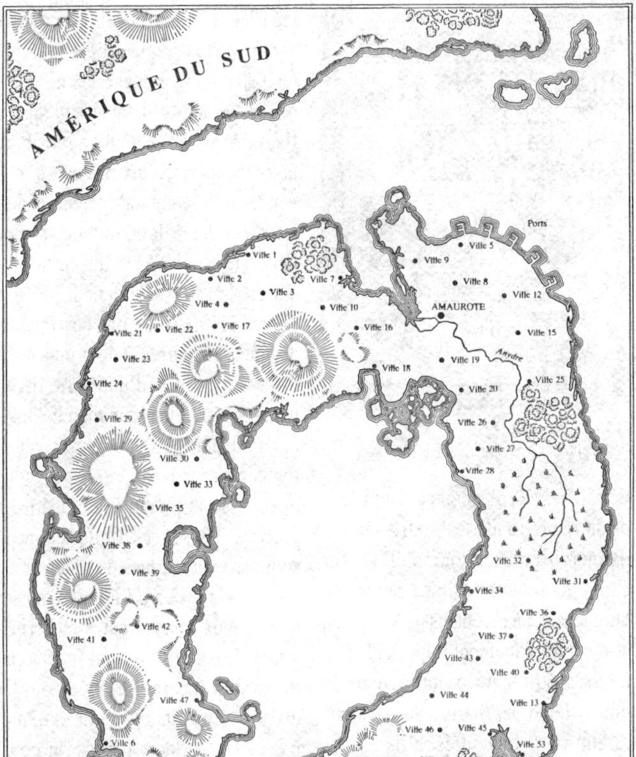

du croissant, un détroit de dix-huit kilomètres de large laisse entrer la mer qui devient un vaste lac protégé des tempêtes par la terre environnante. Tout l'intérieur de l'île est ainsi un gigantesque port naturel, une véritable mer intérieure qui facilite les transports dans le pays même. L'entrée du

Jardin public à Amaurote, capitale d'Utopie.

détroit, semée d'écueils à fleur d'eau et de hauts-fonds, est extrêmement dangereuse. Une tour s'élève sur l'unique rocher visible. Seuls les Utopiens connaissent les passes sûres, et il est pratiquement impossible aux navires étrangers d'entrer dans le port. Même les marins du pays auraient des difficultés s'ils ne se fiaient pas aux repères alignés le long de la côte. Changer ces jalons de place est un moyen efficace de tromper les navires ennemis et de les couler.

Il y a cinquante-quatre grandes villes à Utopie, toutes bâties sur le même modèle. Entre chaque ville, il n'y a pas moins de quarante kilomètres, pas plus d'un jour de marche. La capitale, Amaurote, est située au centre de l'île. Entourée de hautes murailles crénelées de tours, la ville est protégée sur trois côtés par une douve asséchée remplie d'inextricables buissons d'épines, et bordée sur le quatrième par le fleuve Anydre : ce dernier, sensible à la marée, permet aux bateaux d'arriver jusqu'à la capitale, bien qu'il se trouve à des kilomètres de la mer. On prétend que les plans de la ville ont été tracés par Utopus lui-même. Toutes les maisons ont des façades de silex, de pierre ou de brique, et le toit est recouvert d'une sorte de ciment extrêmement bon marché, mais qui a l'avantage d'être ignifugé et de résister au mauvais temps beaucoup mieux que le plomb. La plupart des fenêtres sont vitrées. Celles qui ne le sont pas sont tendues de toiles de lin spéciales, traitées à l'ambre pour les rendre plus transparentes et hermétiques. Les maisons sont louées par tirage au sort et redistribuées tous les dix ans. Les citadins sont extrêmement fiers de leurs jardins où poussent des fruits, de la vigne et des fleurs. Ce sont tous des jardiniers émérites, soit qu'ils aient la simple passion du jardinage, soit qu'ils participent aux concours horticoles des cités-jardins.

Dans la campagne, on trouve à intervalles réguliers des maisons qui fournissent tout ce qui est nécessaire à la culture de la terre. Chaque maison peut recevoir quarante adultes, plus deux esclaves qui y sont attachés en permanence. Elles sont dirigées par des contrôleurs de districts, qui sont chacun responsable de trente maisons. Tous les ans, vingt paysans sont remplacés par vingt citadins qui sont mis au courant par le reste de l'équipe. L'année suivante, on répète le même processus. Normalement, on ne passe que deux ans à la campagne, mais la plupart des habitants demandent et obtiennent une permission spéciale pour y rester plus longtemps. Durant leur séjour, les travailleurs agricoles sont responsables de la culture des terres, de l'élevage du bétail et de l'entretien des forêts.

Outre la culture, chacun apprend un métier spécial : le tissage, le filage, la maçonnerie ou la charpenterie. Comme tout le monde porte le même style de vêtements, il n'y a ni tailleurs ni modistes, ce qui permet à un grand nombre de personnes de s'occuper de choses plus intéressantes. La plupart des enfants veulent choisir un métier différent, ils sont adoptés par une famille qui le pratique. Le travail est à la base de la société utopienne. Hommes et femmes travaillent et, dans une ville moyenne, on trouve moins de cinq cents personnes exemptées de travail pour des raisons spéciales. Etant donné la puissance de la force de travail et de concentration des métiers utiles, il n'est pas étonnant que l'île soit si prospère. Grâce à l'efficacité de l'économie, il a été possible de réduire la journée de travail à six heures sans qu'il y ait une baisse sensible de la production. Par ailleurs, comme il n'y a pour ainsi dire pas de métier de "luxe", les travailleurs concentrent et constituent d'immenses réserves. Enfin, on peut se déclarer en vacances quand il n'y a rien d'urgent à faire, ce qui donne à la population le loisir de se cultiver l'esprit. Grâce à l'efficacité de l'économie et à la distribution rationnellement planifiée des ressources nationales, les magasins d'approvisionnement sont toujours pleins. L'abolition de la propriété privée a étouffé toute soif de possession et de thésaurisation, ce qui a entraîné la disparition des crimes et des abus liés au désir de s'enrichir et de posséder.

Si Utopie est une république, elle n'est pas, à strictement parler, une société égalitaire. Chaque maisonnée est subordonnée à l'autorité du patriarche. Les femmes obéissent à leurs maris, les enfants à leurs parents et les jeunes gens à leurs aînés. L'esclavage est toujours en vigueur, mais les esclaves ne sont pas des prisonniers de guerre. Il s'agit en grande majorité de criminels étrangers acquis à bas prix ou pour rien. Le complément est formé par les repris de justice utopiens. Les deux groupes sont enchaînés et travaillent dur, les Utopiens plus que les étrangers, car on pense

Verres, assiette et pots typiques d'Utopie.

que celui qui, malgré une bonne éducation et de solides principes moraux, a sombré dans le crime, doit être puni plus sévèrement qu'un autre. La dernière catégorie d'esclaves est formée par les étrangers issus de classes populaires qui préfèrent l'esclavage en Utopie à la liberté famélique qu'ils trouvent dans leur pays. Ils sont traités avec gentillesse et respect et travaillent plus durement que les citoyens d'Utopie. Ils sont libres de quitter le pays s'ils le désirent et reçoivent une petite gratification quand ils s'en vont. Très peu, cependant, profitent de cet avantage. Les deux seuls dogmes fondamentaux sur lesquels tous les Utopiens sont d'accord sont l'immortalité de l'âme et la présence dans l'univers de la Providence. Les habitants croient également à l'existence de récompenses et de châtiments après la mort. Quiconque pense différemment a, prétendent-ils, perdu le droit d'être considéré comme un être humain, car il dégrade son âme immortelle et la ravale au rang de la bête.

Les Utopiens sont divisés en deux sectes principales. La première croit aux vertus du célibat, s'abstient de manger de la viande, renonce aux plaisirs de ce monde et attend tout de l'autre. La seconde secte ne voit aucune objection au plaisir – pourvu qu'il ne se mêle pas au travail –, approuve le mariage, et pense que la procréation est, chez les humains, un devoir nécessaire.

Les Utopiens sont tellement convaincus de l'existence d'un bonheur infini après la mort qu'ils ne pleurent pas leurs défunts. On chante des chansons aux funérailles et le corps est incinéré dans un esprit de vénération plutôt que de douleur. On revient ensuite chez soi pour discuter du caractère et des qualités du mort, car on pense que cette pratique est agréable au défunt qui, bien qu'invisible, est présent aux discussions.

Les Utopiens ne sont absolument pas superstitieux. Ils ne croient ni aux présages, ni aux talismans, ni aux diseuses de bonne aventure qui sont si prospères dans d'autres pays. Mais le peuple a un grand respect pour les miracles, qui sont la preuve de la puissance et de la gloire de Dieu. Il y a relativement peu de prêtres. Treize par ville et un par église. Ils peuvent se marier ; les femmes accèdent à la prêtrise mais, en pratique, seules les veuves âgées sont éligibles par la communauté. Le prêtre est le personnage public le plus respecté, et les femmes de prêtre sont la crème de la société utopienne.

Tuer, en Utopie, n'est pas digne d'un être humain, et cette tâche est laissée aux bouchers, qui sont tous des esclaves.

Les Utopiens ont une attitude semblable envers l'or et l'argent qui sont, pour la vie matérielle, moins utiles que le fer. La passion de s'enrichir est donc classée parmi les plaisirs illusoires. Pour que l'or ne prenne pas l'importance qu'il a dans les autres pays, les Utopiens ont adopté une curieuse échelle de valeurs. Les assiettes et les verres ont de belles formes, mais sont faits de verre bon marché ou de terre cuite. L'or et l'argent sont réservés aux objets domestiques les plus humbles et les plus familiers, par exemple les pots de chambre. Les esclaves sont couverts de chaînes d'or et les assassins coupables des crimes les plus honteux sont affublés de bagues et de colliers d'or. La même règle s'applique aux pierres précieuses, que l'on trouve communément dans l'île, mais qui n'ont aucune valeur pour la population. Seuls les enfants aiment les bijoux, mais c'est un goût qui leur passe vite.

Les malades sont soignés avec dévouement et on leur administre tous les remèdes possibles pour les aider à recouvrer la santé. Si le patient est incurable, il reçoit la visite d'un prêtre ou d'un représentant du gouvernement qui essaie de le convaincre de tous les avantages d'une euthanasie volontaire, considérée comme une mort honorable. S'il reconnaît que la vie n'est plus qu'une chambre de tortures et qu'il serait préférable de rejoindre un monde meilleur, il se laisse mourir de faim ou avale un soporifique qui le fait trépasser sans douleur.

Les habitants sont très hospitaliers et accueillent à bras ouverts les rares voyageurs qui abordent leur rivage. Ils sont également connus pour leur gentillesse envers les fous, qu'il est très mal vu d'insulter et dont les facéties sont considérées comme amusantes.

On sait peu de chose des premiers temps d'Utopie. Le premier récit détaillé remonte à l'expédition d'Amerigo Vespucci en Amérique, en 1504. Mais le plus grand titre de gloire de l'île est sans doute d'avoir été le lieu de naissance du géant Pantagruel. Son père, Gargantua, régna sur cette terre peu après sa découverte par l'expédition européenne. Sa mère, Badebec, était la fille du gouverneur des Amaurotes. Elle mourut à la naissance de son fils unique et on peut voir sur l'île le monument à sa mémoire que lui érigea Pantagruel.

• Sir Thomas More, *Utopia*, Londres, 1516.
• François Rabelais, *Pantagruel roy des dipsodes, restitué à son naturel, avec ses Faicts et Prouesses espoventables*, Lyon, 1532.

UXAL, ou UXMAL

Ile du Pacifique sud, découverte en 1452 ou 1453, par Chac Tutul Kiu, un prince maya qui abandonna son Yucatán natal et fonda sur l'île une colonie.

La capitale, Chichén Itzá, est entourée de champs de maïs et de patates douces. Au centre de la ville, on a élevé un tertre et, au sommet de celui-ci, une pyramide surmontée d'un temple. Cette pyramide est construite à l'aide de blocs de lave, formant des gradins, qui mènent au sommet. La muraille qui entoure la ville est percée de quelques portes. Les habitants vivent à la manière des anciens Mayas. Ils adorent plusieurs dieux : Huitz-Hok, dieu des collines et des vallées ; Che, dieu des forêts ; Itzamna, dieu du ciel ; Hun Ahau, dieu du monde souterrain ; Aychuykak, dieu de la guerre, et d'innombrables génies terrestres. Les habitants parlent un langage tout à fait incompréhensible, sans doute dérivé de l'ancien maya.

• Edgar Rice Burroughs, *Tarzan and the Castaways*, posth., New York, 1964.

UZIRI

Pays d'Afrique, habité par la tribu sauvage Uziri. C'est là que Tarzan, *alias* Lord Greystoke, a son immense domaine. La ferme fut une première fois pillée et brûlée par Achmet Zek, mais Tarzan la fit reconstruire avec l'or qu'il rapporta d'Opar. Pendant la Seconde Guerre mondiale, Hauptmann Fritz Schneider kidnappa la femme de Tarzan, Jane Clayton, et incendia de nouveau la ferme. Dans un petit jardin de roses, près de la maison, est enterré le corps d'une femme, que Tarzan crut longtemps être Jane. Il découvrit plus tard que sa femme était vivante, mais, laissant le corps inconnu dans la tombe, il reconstruisit la ferme une seconde fois.

• Edgar Rice Burroughs, *The Beasts of Tarzan*, New York, 1914 ; *Tarzan and the Jewels of Opar*, New York, 1916 ; *Tarzan the Untamed*, New York, 1919.

V

VAGON
Château proche de Camelot*, appartenant au chevalier Vagon. C'est là que les cent cinquante chevaliers de la Table ronde passèrent leur dernière nuit ensemble, avant de partir pour la quête du Saint-Graal. Seuls Galaad, Perceval et Bohort de Gaunes furent assez vertueux pour atteindre le château de Corbin* et trouver l'objet de leur quête.

• Sir Thomas Malory, *Morte Darthur*, Londres, 1485.

VAGUES MUGISSANTES, lac des
Dans le pays des Rutabagas*. Ses rives sont bordées de plages de sable blanc et les pins descendent doucement jusqu'au bord de l'eau.
Au-dessus du lac, les habitants de la brume dessinent des figures dans le ciel, parfois en gris, bleu et or, souvent en argent. A l'aube, on aperçoit les formes d'étranges animaux déambulant dans le ciel. Ces silhouettes remontent au temps où les Créateurs du monde expérimentaient les formes des animaux qu'ils destinaient au peuplement de la Terre. Leur premier essai fut le cheval d'ombre, avec sa bouche ouverte, ses oreilles couchées et ses pattes recourbées comme un croissant de lune. L'essai n'étant pas concluant, le cheval fut écarté. Il y en a bien d'autres relégués dans le ciel de l'aube : les éléphants sans tête, à six pattes, les vaches avec des cornes devant et derrière. On aperçoit aussi des esquisses ratées d'hommes et de femmes dans les cieux qui couronnent le lac des Vagues mugissantes.

• Carl Sandburg, *Rootabaga Stories*, New York, 1922.

VALAPÉE, ou île des **YAMS**
Ile de l'archipel Mardi*. Ses deux chaînes de montagnes parallèles s'élèvent à environ trois portées de flèche en l'air.
Entre les deux s'étend un val plat, qui va en s'élargissant. A ses deux extrémités, le vert des bosquets se fond si parfaitement avec le vert du lagon que l'on croirait l'île divisée par un détroit.
Les natifs ont la curieuse habitude de se couvrir la poitrine pour saluer le roi. Cet usage dérive d'une coutume plus ancienne encore, qui s'est perdue. Les nobles de Valapée n'avaient de cesse de prouver leur loyauté à l'héritier de l'île en marchant sur le nez. Un observateur intelligent remarquera que le nez épaté des plus vieux chefs de l'île témoigne de cette pratique fréquente, que les indigènes appelaient "pupera". Aujourd'hui, ces chefs observent toujours la vieille coutume qui consiste à se retirer, plié en deux, la tête entre les cuisses, de sorte que tout en s'éloignant ils aient toujours les yeux fixés sur leur seigneur et maître.

La monnaie locale est la dent humaine. Dès l'enfance, les esclaves ont leurs dents arrachées par leurs maîtres et les dents d'un défunt sont distribuées à ceux qui le pleurent. Le serment le plus solennel d'un indigène de Valapée est : “Par ma dent !” Les dents sont plus pratiques que les noix de coco, lesquelles, dans d'autres îles, servent de monnaie courante. Les hommes ont inventé ce moyen pour empêcher leurs femmes de faire des folies : comme les noix de coco sont lourdes et mal commodes à transporter, il n'est pas facile de les dépenser.

• Herman Melville, *Mardi and a Voyage Thither*, New York, 1849.

VALDRADE

Les anciens édifièrent Valdrade au bord d'un lac d'Asie, de telle façon que les maisons qui s'entassent littéralement les unes sur les autres puissent toutes se refléter dans l'eau. En arrivant, le voyageur voit deux villes : l'une qui s'élève au-dessus du lac et l'autre, inversée, qui y est reflétée. Rien de ce qui se passe dans l'une des Valdrade n'est ignoré de l'autre, qui le répète scrupuleusement.

Les habitants, qui savent que chacun de leurs actes possède son image spéculaire, interdisent à leur conscience de s'abandonner, si peu que ce soit, au hasard ou à l'oubli.

Ainsi, ce qui importe davantage aux amants est moins la recherche du plaisir que le reflet de leurs postures dans l'eau. De même que c'est l'image du meurtre dans le miroir du lac qui intéresse l'assassin, lorsqu'il plonge profondément son couteau dans le cou de sa victime.

Parce que les images sont inversées, le miroir peut grandir la valeur des choses, mais aussi la nier. C'est ainsi que les deux villes qui vivent l'une pour l'autre se regardent face à face dans les yeux, mais ne s'aiment pas.

• Italo Calvino, *Le città invisibili*, Turin, 1972.

VALLON ENDORMI

Sur les bords de l'Hudson, un des lieux les plus tranquilles de la Terre, en dépit des nombreux esprits qui le hantent et de la propension des hommes à traîner dans les tavernes, les jours de marché.

Le nom du hameau vient de l'atmosphère de somnolence qui y règne. Certains disent qu'il a été ensorcelé par un médecin allemand, dès les premiers jours de sa fondation. D'autres pensent que des sorciers indiens s'y réunissaient, bien avant l'arrivée des Européens. Quelle qu'en soit la raison, il est vrai que les habitants semblent être sous le charme de l'endroit et qu'ils paraissent vivre dans un rêve. Très superstitieux, ils sont sujets à des transes et à des visions. Le chef des nombreux esprits qui hantent le lieu est le fantôme d'un cavalier sans tête, un mercenaire hessois dont la tête fut soufflée par un boulet de canon, lors d'une bataille oubliée de la guerre d'Indépendance. Les historiens prétendent que son corps repose dans le cimetière de l'église et qu'il erre à cheval la nuit sur le champ de bataille, à la recherche de sa tête perdue.

• Washington Irving, "The Legend of Sleepy Hollow", in *The Sketch Book of Geoffrey Crayon, Gent.*, New York, 1819.

VASERMAN

Collège établi au sud de Poitiers, dirigé par un maître à la férule impitoyable, qui, sous prétexte de bel canto, travaille la voix et la langue de ses élèves jusqu'à la fluidité parfaite de *l'alexandrin Vaserman*.

Il est difficile de savoir quelle technique le maître emploie et à quel endroit précis du vers on pratique la césure. Par exemple : "Madame quel dommage / L'esprit rit sans doute de votre brusque rage" est un alexandrin Vaserman avec *e* muet et rejet de six pieds en tête ou en queue de vers. De même : "La paupière côté cour le jardin restant dans l'ombre" est un alexandrin Vaserman du type couramment appelé contracté. Il va sans dire que la devise du Maître étant : "Paix à vos nattes", l'alexandrin du collège a été largement copié. Les octosyllabes de douze pieds du type : "Les sanglots félins des guitares / Me font penser à toi Edouard" sont de honteuses contrefaçons.

Les imitateurs ignorent généralement que la langue Vaserman est traduite du chitien. Les voyageurs désireux d'apprendre le chitien peuvent téléphoner au 525-41-65.

• Michel Chaillou, *Collège Vaserman*, Paris, 1970.

VÉGÉTALE

Mer située dans l'océan Atlantique où sur près de quatre-vingts kilomètres poussent, sans racines, des pins et des cyprès flottants. Les troncs sont si serrés qu'il est possible, quand les vents soufflent fort, de naviguer dessus, à condition d'être capable de hisser son navire à la cime des arbres.

• Lucien de Samosate, *Histoire véritable*, IIe siècle apr. J.-C.

VÉNALIE

Pays situé à environ huit cents kilomètres à l'est d'Utopie*.

C'est une contrée sauvage, couverte de sombres forêts et de hautes montagnes et peuplée par une race primitive, qui ignore tout des arts et de la culture. Les habitants vivent de chasse et de rapines. Ils sont guerriers dans l'âme et ne savent gagner leur vie qu'en tuant. Ils travaillent pour qui les paie, servant toujours les maîtres les plus généreux. La moindre augmentation de salaire les fait changer de camp, même en pleine bataille. Dans cette partie du monde, les armées des pays qui se font la guerre sans trêve sont en grande partie composées de mercenaires vénaliens. Ces derniers combattent souvent sous la bannière d'Utopie qui les rémunère largement. On les envoie dans les entreprises les plus désespérées, mais ceux qui s'en tirent sont payés grassement et sont toujours prêts à rempiler. Les Utopiens ne se soucient gère de les envoyer au massacre, car ils pensent que le monde ne se portera pas plus mal, une fois débarrassé de cette sinistre canaille. Bien que généreusement rétribués, les Vénaliens sont toujours à court d'argent. Ils dépensent aussitôt leur solde en débauches et en orgies de toutes sortes.

• Sir Thomas More, *Utopia*, Londres, 1516.

VÉNUSBERG (1)
ou **HORSELBERG**

Montagne sous laquelle s'étend le royaume de Vénus. Son palais est entouré d'immenses jardins plantés de grands arbres, de cascades, de grottes et de statues phalliques.

Au loin, s'étend un lac dont les plantes endormies semblent changer d'aspect au fil des heures. Plus loin encore, une musique mystérieuse et lancinante emplit l'air. Pour pénétrer dans le royaume, il faut traverser un portique aux sculptures érotiques plus belles que celles du Japon, descendre le long d'un tunnel recouvert d'herbes tristes et sauvages, et croiser des mites aux ailes si éclatantes qu'elles semblent s'être nourries de tapisseries.

A l'intérieur du palais, il faut signaler les appartements de la reine. Son cabinet de toilette est lambrissé de panneaux décorés de peintures galantes par Jean-Baptiste Dorat. Le boudoir, dessiné par Le Comte, domine le parc et le jardin ; c'est une pièce octogonale, dont on peut admirer les rideaux de soie et les moelleux coussins, les miroirs étincelants, les luxueux candélabres et les bibelots précieux : porcelaine, ivoires et pendules sans aiguilles.

Ornés, à la manière du Lorrain, de paysages peints par La Pine, quatre paravents forment à l'intérieur du boudoir une seconde pièce. L'air embaume de senteurs de rose rouge et d'*eau lavante*. Sur la terrasse, une grande fontaine de bronze alimente trois bassins ; du premier s'élève un groupe de quatre cupidons, montés sur des cygnes, qui entourent une dragonne aux multiples seins ; du second, jaillissent des colonnes dorées supportant des colombes d'argent ; dans le dernier enfin, des satyres grotesques présentent des visages d'enfants. Des jets d'eau s'échappent des yeux des cygnes, de la poitrine des colombes et de la bouche des enfants.

Les chambres des invités sont également ornées de peintures érotiques de Dorat. Sur l'une des plus fameuses, un vieux marquis se masturbe, tandis que sa maîtresse s'offre par-derrière à un caniche haletant. Vénus se consacre en général avec amour à l'accueil des voyageurs, mais elle peut se faire aider de ses servantes, jeunes ou vieilles.

On leur montre l'animal favori de la reine, Adolphe, une licorne mâle, à la robe aussi blanche que du lait, qui vit dans son propre palais de vert feuillage aux barreaux d'or. Adolphe voit chaque jour Vénus, qui le satisfait de sa main.

• Aubrey Beardsley, *Under the Hill*, Londres, 1897.

VÉNUSBERG (2)

Capitale d'une petite république obscure de la Baltique, autrefois partagée entre la Russie et l'Allemagne, et qui acquit son indépendance après une guerre éclair contre la Russie bolchevique. Les événements liés au soulèvement pour l'indépendance ont largement contribué à l'impopularité et au rejet de la petite communauté russe.

Vénusberg est divisée en deux : la ville haute et la ville basse. Les maisons de la ville haute sont en bois et datent du Moyen Age. Arches et escaliers traversent les rues étroites et tortueuses. Quand il neige, la ville haute ressemble à s'y méprendre à une scène de théâtre. Elle est dominée par la silhouette grise du château, par les flèches des églises luthériennes et les coupoles dorées de la cathédrale russe, en briques rouges. La ville basse a un aspect plus moderne et ses rues sont plus larges. Le théâtre national, un bâtiment anonyme de style palladien, s'élève à proximité de la Bourse et du *Grand Hôtel*. On retrouve dans la ville basse l'atmosphère d'irréalité qui enveloppe la ville haute, surtout dans le quartier du port. Les quais sont si longs que, de loin, les navires semblent être ancrés dans les rues.

La vie sociale de Vénusberg rappelle celle des siècles passés. Elle est dominée par une aristocratie apparentée aux plus anciennes maisons de l'Europe du Nord et par de jeunes officiers en grand uniforme. La capitale est une ville de plaisirs, propice aux intrigues amoureuses. Les duels sont passibles de trois ans de prison, mais existent toujours. La peine peut être réduite de moitié si l'on juge que l'honneur de l'un des combattants a été gravement offensé. La vie sociale est centrée sur les bals qu'organisent les divers régiments. *Maxim's*, une boîte de nuit décorée dans le style du Second Empire, et le *Café Weber* comptent parmi les lieux les plus à la mode.

Pour gagner Vénusberg, il suffit de prendre le bateau à Copenhague.

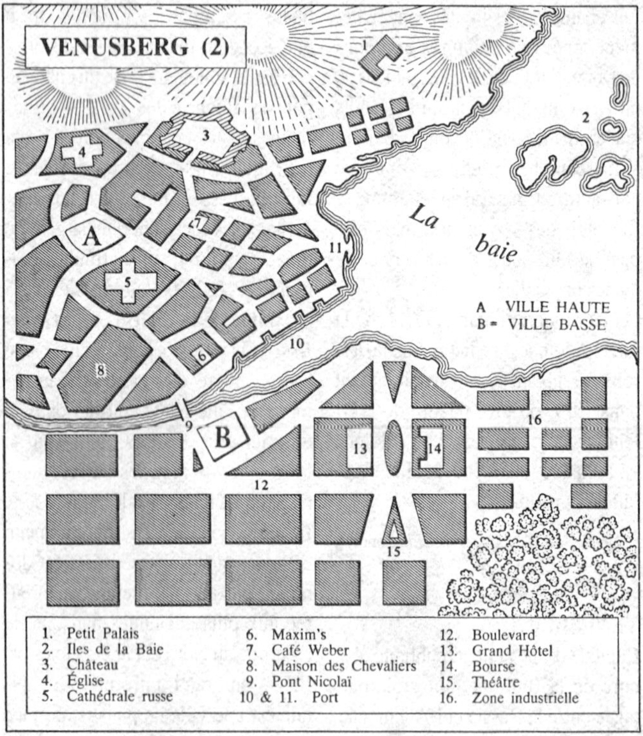

• Anthony Powell, *Venusberg*, Londres, 1932.

VERT

Pays caché sous les eaux anglaises, accessible en suivant un torrent qui conduit à une grotte baignée d'une lumière liquide, verte à l'entrée et bleue dans le fond. Le sol est fait de roche moussue et les murs sont couverts de stalagmites de glace.

Après avoir traversé huit grottes en enfilade, le visiteur découvre une grande arène en ruche d'abeille, où se nichent les habitants du pays Vert. La chair de leur corps est d'une texture translucide, couleur vert cactus. Ils ont de longs cheveux blonds, des crânes en forme d'œuf, de minuscules et brillants yeux de furet, sans sourcils, et sont vêtus de robes diaphanes.

En sortant, le voyageur apercevra une plaine, au milieu de laquelle bouillonne un lac. On y cultive un végétal analogue au champignon, de formation corallienne.

La faune, au pays Vert, est peu abondante : une sorte de hibou, aux plumes grises, duvetées comme de la fourrure, et au bec droit, s'envole à la verticale et pique en vrille quand il veut se poser. Il est solitaire et très docile. On rencontre aussi des serpents aveugles d'un mètre de long, d'une couleur gris argent, aux faibles reflets bleu phosphorescent. La plupart, domestiqués, s'enroulent autour du cou de leur maître. Enfin, le touriste peut croiser de gigantesques scarabées de la taille d'une tortue, dont les femelles émettent une puissante lumière rouge, à l'arrière. Coprophages, ils sont plus appréciés comme nettoyeurs que comme animaux de compagnie.

A travers le pays résonne un faible son de cloche, produit par des séries de baguettes de différentes dimensions. Fabriquées dans des grottes-ateliers, elles permettent aux gens de s'orienter en l'absence de repères naturels comme la Lune ou le Soleil.

Le peuple Vert ne possède aucun système pour mesurer le temps et, avant de satisfaire une fonction naturelle, dormir ou copuler, ils attendent d'en éprouver le besoin. Quand une jeune fille est enceinte, elle quitte son groupe pour une grotte plus grande, où des matrones s'occupent d'elle.

Les habitants sont convaincus que le temps a une durée limitée. Postulat qui découle de la comparaison entre la masse solide et indestructible des rochers qui les entourent – pour eux infiniment plus étendue que l'espace – avec l'insignifiance des choses en mouvement. D'après eux, lorsque le dernier élément de la vie aura revêtu sa forme cristalline définitive, le temps disparaîtra : synonyme de changement, il n'est que transition. Soit en raison de l'existence d'une voûte minérale en lieu et place du ciel libre et inaccessible, soit en raison des limites de leur univers, les habitants considèrent comme dégoûtants et médiocres les éléments vitaux du corps. Tout ce qui est doux et instable les emplit d'horreur. En outre, ils croient que la respiration humaine est une malédiction originelle, dont seul le trépas vous délivre. Ils ne craignent pas la mort. Mais rien ne leur inspire autant d'aversion que les transformations et la décomposition du corps, perçus comme un retour à l'état diffus, gazeux, véritable cause de leur faiblesse et de leur honte. Leur seul désir est de devenir aussi solides et intangibles que le roc qui les protège. Aussi ont-ils institué des "rites de pétrification".

• Herbert Read, *The Green Child*, Londres, 1935.

VERTE

Chapelle située soit quelque part dans les Galles du Nord, soit sur le Wirral. On la trouve au fond d'une petite vallée à laquelle on accède par un ravin où un sentier accidenté serpente au-dessous de sauvages et sinistres falaises.

Alentour, le pays n'est qu'une succession de forêts et de marécages désolés. La chapelle a la forme d'un tertre et l'intérieur ressemble à une grotte rudimentaire, couverte d'herbe. Il est visible qu'elle a été faite par l'homme, mais on ne sait rien de ses origines : il s'agit peut-être d'un véritable tumulus ou bien d'un oratoire tombé en ruine.

L'histoire de la chapelle est intimement liée au combat fameux entre sire Gauvain et le chevalier Vert. Le Jour de l'an, ce chevalier se présenta à la cour du roi Arthur, à Camelot*, vêtu de vert et chevauchant un destrier vert. Devant la cour stupéfaite, il défia les chevaliers présents de lui porter un coup de hache. Il ne se défendrait pas, mais le chevalier agresseur devrait jurer d'accepter de recevoir un coup semblable l'année suivante. Gauvain releva le défi, et décapita le chevalier Vert qui ramassa tranquillement sa tête, remonta sur son destrier et partit au galop, la tête sous le bras.

Un an plus tard, voyageant dans le Nord, Gauvain s'arrêta dans un château proche de la chapelle Verte. Il y chassa et fit, sans succès, la cour à la châtelaine. Le jour du Nouvel An, il se rendit, ainsi qu'il en était convenu, à la chapelle Verte. Le chevalier lui porta un coup de hache, mais ne fit que lui effleurer le cou, puis il raconta à Gauvain son histoire : il avait été ensorcelé par la fée Morgane, qui l'avait envoyé défier les chevaliers d'Arthur pour leur prouver qu'ils étaient des lâches. La châtelaine que Gauvain avait courtisée était sa femme.

Le chevalier Vert offrit l'hospitalité à Gauvain, mais celui-ci déclina l'invitation, sauta sur son cheval et regagna Camelot.

• Anonyme, *Sir Gawain and the Green Knight*, XIVe siècle.

VERZIERS

Ville carrefour du Dhôtelland, célèbre pour son tramway, dont les rails brillent dans l'aurore, son bazar (aujourd'hui disparu) et la statue du général Barricourt, héros dhôtellandien à la biographie difficile à établir.

La géographie de Verziers est assez contrastée : aux quartiers résidentiels s'oppose le Siourd, faubourg immense qui se perd dans la campagne, composé de maisons sans ordre et de terrains vagues où les enfants, le soir, jouent à la balle au chasseur. Les habitants du Siourd sont assez excentriques : ils passent leur temps à regarder le ciel, comme s'ils pouvaient distinguer le grain même de la lumière. Ils tambourinent aussi sur les comptoirs des coopératives un air de jazz avec un spaghetti, ou bien vont à la pêche à la truite, en tenue de soirée.

Il est fort difficile de se repérer dans le Siourd. Les voyageurs qui demanderont leur chemin obtiendront surtout des renseignements sur la vie de Georges Leban qui fut, paraît-il, un fameux menteur. Ils entendront aussi parler d'une fille blonde à mèche blanche, demeurée inoubliable.

• André Dhôtel, *Les Rues dans l'aurore*, Paris, 1945.

VEZZANO

Ile au large de la côte sud d'Orsenna*. Elle est l'avant-poste de l'empire le plus proche du Farghestan*, l'ennemi héréditaire d'Orsenna.

Les falaises blanches, qui s'élèvent abruptement de la mer des Syrtes, sont entaillées de gorges qui mènent jusqu'aux hauts plateaux herbeux du centre de l'île. En certains points, l'alignement des falaises est brisé par des criques abritées qui servent de ports naturels. Cependant, à l'extrémité est de l'île, la ligne des falaises est continue et abrupte.

Les grottes marines de Vezzano, dont certaines s'étendent sur toute la largeur de l'île, sont extraordinaires. Dans le passé, Vezzano était un repaire de pirates qui faisaient des raids sur la côte orsennienne. De cette période, il ne subsiste qu'une tour en ruine, sur les falaises.

• Julien Gracq, *Le Rivage des Syrtes*, Paris, 1951.

Tour de la Victoire à Chitor, en Chine.

VICTOIRE

Tour, à Chitor, en Chine (ne pas confondre avec Chitor ou Chittorgârh, en Inde). De la haute terrasse circulaire, le plus magnifique paysage du monde s'offre à la vue.

Le A Bao A Qu vit au pied des escaliers en colimaçon. Si quelqu'un monte les escaliers, le A Bao A Qu, qui est presque transparent, revient à la vie et grimpe sur les talons du visiteur. A chaque marche, la couleur du A Bao A Qu se renforce, et il émet une lumière de plus en plus intense. Il n'atteint toutefois le haut des marches que si le visiteur est spirituellement parfait. Dans le cas contraire, le A Bao A Qu reste paralysé, inachevé, sa couleur et sa lumière faiblissent, et il pousse une légère plainte, semblable au crissement de la soie. Puis il tombe à la renverse, roule au bas des marches et retourne à son état léthargique.

Au cours des siècles, il n'est arrivé qu'une seule fois que le A Bao A Qu devienne entièrement visible.

• Sir Richard Francis Burton, dans une note de sa traduction de *The Arabian Nights' Entertainments*, Londres, 1885-1888.

VICTORIA

Ville modèle, construite sur les bords d'un fleuve navigable, à proximité des côtes d'Angleterre.

Financée par l'Association des villes modèles, Victoria devait servir, à l'origine, à vérifier le travail des différentes sociétés de tempérance et des œuvres de charité. Son nom, choisi en l'honneur de la reine, symbolise également la victoire de la morale sur les péchés de la société anglaise. La construction de la cité exigea trois millions de livres, outre l'investissement initial d'un million de livres.

Des principes fermes présidèrent à l'établissement de Victoria : santé parfaite, sérénité d'esprit, travail agréable et peu absorbant, amour de ses semblables. Les boissons alcoolisées, les drogues, le tabac, les armes sont interdits. La liberté de religion est garantie par la loi, et le repos hebdomadaire, strictement observé. Quand un mariage se brise, le couple, le prêtre et tous ceux qui ont assisté à la cérémonie sont expulsés de la ville. Les enfants, élevés par des nurses compétentes, peuvent recevoir les visites de leurs parents. Les soins médicaux sont gratuits.

Le plan de Victoria s'inspire de celui de Sir Christopher Wren proposé pour la reconstruction de Londres après l'incendie de 1666 : il s'agit d'un carré d'un mile de côté, subdivisé en petits quadrilatères. Le centre, une grande place carrée, sert de forum pour les réunions publiques. Le but de ce tracé est d'éviter les coins noirs et les allées cachées où le vice prospère.

• James Silk Buckingham, *National Evils and Practical Remedies, with a Plan of a Model Town*, Londres, 1849.

VIDE

Château difficilement repérable sur les cartes. Lancelot, l'un des plus illustres chevaliers de la Table ronde, y fut conduit par sire Bliant, qui le découvrit errant et mourant de faim dans les forêts avoisinantes. Dupé par Elaine d'Escalot* et accusé d'avoir manqué de foi envers sa dame d'amour, Guenièvre, femme du roi Arthur, Lancelot, fou de douleur, perdit la raison et se mit à errer dans la forêt. Il y passa deux ans de misère avant d'être découvert par sire Bliant, et recouvrit la raison à

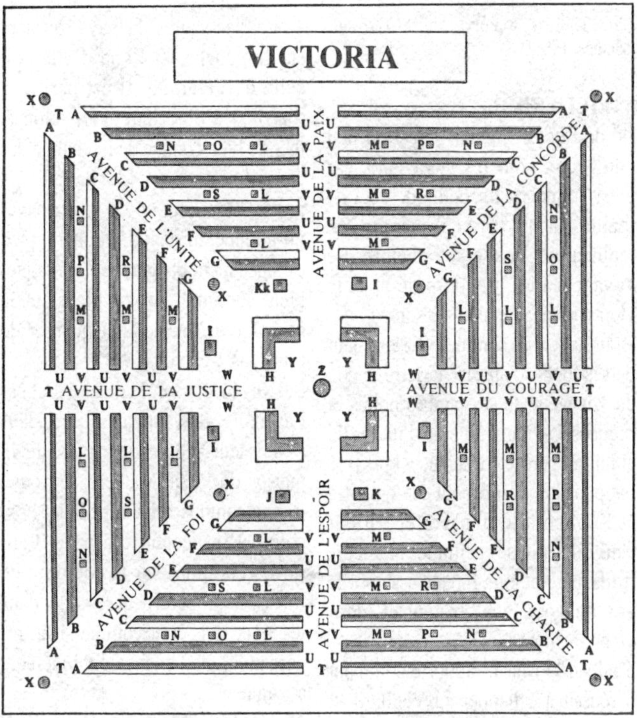

A – Quadrilatère extérieur : 1 000 maisons et jardins. B – Deuxième quadrilatère : arcades commerce et artisanat. C – Troisième quadrilatère : 560 maisons et jardins. D – Quatrième quadrilatère : arcades abritant le bazar. E – Cinquième quadrilatère : 296 maisons et jardins. F – Sixième quadrilatère : arcade pour promenade. G – Septième quadrilatère : 120 maisons et jardins. H – Quadrilatère central : 24 résidences de luxe avec jardins. I – Cinq églises et lieu de culte. J – Bibliothèque en bas et galerie d'art et d'antiquités en haut. K – Université en bas et Muséum d'histoire naturelle en bas. Kk – Salle de réunion en bas et salle de concert en haut. L – 12 salles de banquets en bas et salle de concert en haut. M – 12 bains publics en bas et salons de lecture en haut. N – 8 crèches, salle de gymnastique en bas, écoles en haut. O – 4 écoles de garçons de 5 à 10 ans. P – 4 écoles de filles de 5 à 10 ans. Q – 4 écoles de garçons de 10 à 15 ans. S – 4 écoles de filles de 10 à 15 ans. T – 8 avenues avec colonnade. U – 24 rues avec colonnades. V – 24 pelouses et terrains de jeux. W – Pelouses. X – 8 Fontaines. Y – Forum ou place centrale avec portiques et bâtiments administratifs. Z – Tour centrale pour l'électricité et galerie.

Corbenic*. De son union avec Elaine, naquit Galaad, l'un des trois seuls preux à être admis à la table du Saint-Graal.

• Sir Thomas Malory, *Morte Darthur*, Londres, 1485.

VIEILLARD

Ile de l'océan Indien : c'est un lieu dangereux pour les voyageurs, car c'est là que vit le Vieillard. Vêtu de feuilles, la mine triste, il attend qu'un malheureux croise son chemin. Le voyageur qui, pris de pitié pour le vieil homme, le prend sur son dos, devient sa bête de somme pour le restant de ses jours. L'ancêtre enserre le cou du voyageur de ses jambes noires et rugueuses comme le cuir d'un buffle et lui fait perdre conscience. Puis il le bat pour lui montrer qui est le maître et l'oblige à le transporter partout dans l'île, afin de cueillir les meilleurs fruits. Nuit et jour, il reste assis sur le dos du voyageur, urinant et déféquant *in situ*.
Sindbad le Marin rapporte comment il réussit à échapper au Vieillard. Il prétend même l'avoir tué, mais comme sa mort n'a pas été confirmée, il vaut mieux se méfier.

• Anonyme, *Les Mille et Une Nuits*, XVe siècle env.

VIEUX MATHERS, maison du

Quelque part en Irlande. Sous une latte de parquet disjointe de la première pièce, sur la droite, se trouve une cassette noire contenant trois mille livres en cash. Les voyageurs intéressés par ce magot doivent se montrer très prudents. Toutes les routes du pays tournent sur la gauche, et l'une d'elles est celle de l'éternité. Il est périlleux d'arriver à bicyclette, car, selon la théorie bien connue de l'échange des atomes, on risque de devenir sa propre bicyclette ou de se retrouver mi-homme, mi-vélo. Marcher à pied est également dangereux : le craquement continuel de vos pieds sur la route fait qu'une certaine quantité de route passe en vous.
Les voyageurs, tentés malgré tout par l'aventure, doivent savoir que, dans l'épaisseur même des murs de la maison du Vieux Mathers, se trouve le petit commissariat du policier Fox, colossal inspecteur qui pose d'absurdes questions sur la confiture de fraises et qu'on ne peut regarder dans les yeux sans être, comme si on regardait le soleil en face, littéralement aveuglé.

• Flann O'Brien, *The Third Policeman*, Londres, 1940.

VILLINGS

Ile de l'océan Pacifique, parfois rattachée par erreur à l'archipel Ellis. Elle n'est probablement pas très éloignée du port de Rabaul, en Nouvelle-Bretagne.
Selon les informations d'un marchand italien, rencontré à Calcutta par un chroniqueur poursuivi pour un crime qu'il croyait n'avoir pas commis, Villings est le siège d'une mystérieuse

épidémie. Elle se manifeste tout d'abord par la chute des cheveux, puis par celle des ongles, de la peau, de la cornée et, au bout de quinze jours, c'est le corps entier qui est en miettes. En dépit de cet avertissement, le chroniqueur, traqué, se rendit dans l'île au début de l'année 1940.

L'île avait été habitée, en 1924, par quelques Blancs qui y avaient construit un musée, une chapelle et une piscine, aujourd'hui abandonnés. Quand le fugitif atteignit Villings, il fut surpris par les ruines et par la végétation : seuls, les jeunes arbres semblaient sains, les vieux étant presque morts. Explorant la piscine, le vagabond découvrit qu'elle était pleine de vipères, de crapauds et d'insectes d'eau. Le musée – un édifice de trois étages avec une tour cylindrique – comprenait quinze salles, décorées de nombreux tableaux, dont quelques Picasso. L'une des pièces était une bibliothèque incomplète, incluant des romans, des recueils de poèmes, des œuvres théâtrales et un seul traité scientifique de Bellidor : *Travaux, Le Moulin Perse*, 1737. Dans la salle à manger, pièce immense de soixante mètres de long sur douze de large, le réfugié découvrit quatre statues de dieux indiens ou égyptiens, grandes comme trois hommes.

Soudain, sans qu'aucun bateau, avion ou dirigeable eût atteint l'île, il aperçut une foule nombreuse, qui dansait, se promenait ou nageait dans l'immonde piscine, avec une nonchalance digne des estivants de Marienbad. Un gramophone fou couvrait le bruit de la mer et du vent tout en serinant des rengaines comme *Valencia* ou *Tea for Two*. Pendant plusieurs jours et plusieurs nuits, l'émigré observa la compagnie, tombant même amoureux d'une certaine Faustine, qui ne répondit pas à ses avances. Enfin, il apprit la vérité.

L'île avait été achetée par un certain Morel, savant et homme du monde, qui y fit des expériences sur l'imitation de la vie. Il construisit un appareil capable de reproduire en trois dimensions, objets, plantes et humains, créant ainsi une copie de la réalité, fidèle à l'original jusqu'au toucher et à l'odeur. Il put ainsi conserver à jamais l'image de ses amis, faire revivre à loisir leurs gestes et leur jeunesse. Malheureusement, les rayons nécessaires à l'enregistrement des scènes étaient mortels et ils furent la cause de la mystérieuse épidémie de l'île.

Ayant par erreur touché l'un de ces rayons, le chroniqueur mourut après avoir achevé le récit de ses découvertes sur l'île. On ne sait pas si le spectacle continue toujours, ni si la visite de l'île présente encore, de nos jours, un danger.

• Adolfo Bioy Casares, *La invención de Morel*, Buenos Aires, 1941.

VIRAGINIE,
voir **NOUVELLE-GYNIA**

VLÉHA

Ile volcanique de l'archipel de la Sagesse*, dans le Pacifique nord. C'est de loin la plus attirante des îles de l'archipel. La chaîne de montagnes qui la traverse du nord à l'ouest protège les basses terres des vents du nord et favorise le maintien d'un climat subtropical. Les montagnes, bien que très diversifiées, rappellent parfois les Dolomites, la Jungfrau ou l'Eiger. On rencontre des plantes arctiques sur les sommets et une jungle luxuriante dans les vallées. Ce riche panorama est complété par l'Atrato, un volcan incandescent.

La variété de ses beautés naturelles a valu à Vléha de devenir le centre touristique de l'archipel. Des bungalows semblables à ceux des Indes orientales ont été disséminés un peu partout dans l'île pour accueillir les visiteurs. Elle est traversée par un réseau ferroviaire dense et des funiculaires transportent les touristes dans les montagnes, où ils se livrent aux joies du ski et autres sports d'hiver. Les bungalows et les transports sont très bon marché.

Les insulaires eux-mêmes se servent rarement de leurs moyens de transport ultramodernes et paraissent complètement indifférents aux splendeurs qui les entourent. Plus sombres de peau que les autres habitants de l'archipel, ils semblent indolents et dépourvus de toute énergie. Sur le plan physique, ils sont très beaux. Les femmes, en particulier, ont un charme sensuel, dont elles sont tout à fait inconscientes. Les natifs de Vléha disent ne pas se préoccuper de l'avenir car, vivant sur un volcan, ils peuvent être balayés à tout moment.

Vléha n'a pas de constitution écrite ni de gouvernement.

La politique de l'île est étroitement liée à sa religion : le bouddhisme. Les gens croient que le "gouverneur" est un descendant direct de Vlaho, qui jeta les fondements du bouddhisme, il y a plus de trois mille ans. Vlaho se transporta plus tard en Inde, par métempsycose, et se réincarna en la personne du Bouddha, ce qui signifie que Vléha est le véritable berceau du bouddhisme. L'idéal du bouddhisme vléhan est le triomphe de l'esprit sur les émotions et la suppression du couple antinomique plaisir-douleur par dépréciation du plaisir. C'est cette philosophie de la vie qui explique la passivité des gens et leur totale indifférence à ce qui les entoure.

La cérémonie du mariage est l'une des coutumes les plus curieuses de l'île. Les futurs époux sont transportés jusqu'au temple dans des cercueils aérés, ce qui symbolise le fait que leur vie sera consacrée à élever une nouvelle génération. Cette doctrine est expliquée au couple qui est invité à sortir des cercueils par le prêtre qui officie.

Depuis peu, cette philosophie de l'indifférence et de la renonciation est contestée par la jeune génération. Sterridog, un agitateur de l'île semi-arctique d'Unalaschka, loin au nord de Vléha, a pris la tête de l'opposition. Il entendait briser les barrières montagneuses pour que l'île soit exposée aux morsures du vent du nord, afin qu'elle comprenne que la douleur et le dur labeur sont les seuls moyens d'accéder au vrai plaisir. Cette agitation a été favorablement accueillie par les jeunes, qui ont brûlé de nombreuses plantations.

Jusqu'où s'étendra le conflit et qui en sortira vainqueur appartient au domaine des conjectures.

• Alexander Moszkowski, *Die Inseln der Weisheit, Geschichte einer abenteuerlichen Entdeckungsfahrt*, Berlin, 1922.

VOE

Vallée au pied du mont Pyramide*, loin au-dessous de la surface de la Terre. Elle fait songer à une cuvette géante dont les bords remonteraient doucement vers les contreforts verts. Le sol est agrémenté de pelouses et de jardins, les vergers regorgent de fruits exotiques et les bosquets sont rehaussés d'arbres majestueux. Les pittoresques maisons ne sont pas groupées en villages ou en villes, mais éparpillées à travers champs et bois, puis reliées par des allées de gravier bien entretenues. Entre les champs et les vergers, coulent les ruisseaux cristallins de la vallée. L'air est parfumé et la lumière brillante. Comme les oiseaux et les autres animaux de la vallée, le peuple de Voe est invisible. La cause en est le *dama*, un fruit qui rend invisible quiconque le mange. Il pousse sur un arbrisseau aux larges feuilles, possède la taille d'une pêche, des couleurs attirantes et une odeur parfumée. Ceux qui en ont goûté disent que c'est le fruit le plus exquis du monde.

L'invisibilité des indigènes ne les protège pas complètement contre la férocité des ours invisibles qui hantent la vallée. Cependant, ces derniers ne peuvent entrer dans l'eau, et les habitants exploitent cette faiblesse en s'aidant d'un second auxiliaire magique, à savoir une plante qui, frottée contre la semelle de leurs chaussures, leur permet de marcher sur l'eau. Ainsi les gens voyagent-ils d'un lieu à un autre en marchant sur la surface des cours d'eau et des rivières.

• Lyman Frank Baum, *Dorothy and the Wizard in Oz*, Chicago, 1908.

VOLEURS, cité des

Dans la région du Klondike, au Canada, près du détroit de Béring.

Elle a été construite sur un lac souterrain d'eau bouillante, six ou sept fois plus grand que Paris, qui la préserve du climat arctique.

Une technique d'avant-garde permet aux habitants de pratiquer une agriculture semblable à celle d'une région tempérée. La pluie tombe à volonté – surtout le soir – et des machines s'occupent du labourage, des semailles et de la moisson. Ces machines, comme le système des transports, fonctionnent sur ondes courtes, selon un procédé qui n'a pas été révélé. La ville elle-même est protégée par une vaste douve d'une quinzaine de kilomètres de diamètre.

Pour obtenir la permission de visiter la cité des Voleurs, les voyageurs doivent choisir l'une des nombreuses tâches auxquelles sont soumis les candidats-citoyens. Ils peuvent soit dévaliser un tiroir-caisse, soit kidnapper une personnalité bien connue, tricher aux cartes, filouter sur les taxes ou contrevenir d'une manière ou d'une autre aux lois de leur pays. Leur demande sera alors soumise au président de la cité des Voleurs, M. Dassy de Tharn, qui remplit sa tâche gouvernementale sous le couvert d'une firme d'import-export située aux Buttes-Chaumont, entre la rue des Solitaires et la rue Botzaris. La population entière de la ville est composée de voleurs, d'assassins, d'hommes d'affaires véreux et d'escrocs de tout poil, qui ont échappé aux recherches de la police. Cependant, tout acte criminel à l'intérieur de la cité est sévèrement puni. Il est conseillé aux voyageurs de coucher à l'hôtel du *Grand Cartouche*, bien que les murs des chambres soient truffés de micros, pratique connue et acceptée partout dans la cité des Voleurs. Plusieurs salles de jeu sont ouvertes au public, mais tricher est passible de cinquante coups de canne. En dépit de ces inconvénients mineurs, la cité des Voleurs fait un agréable pendant à Las Vegas.

• Maurice Level, *La Cité des voleurs*, Paris, 1924.

VONDERVOTTEIMITTISS

Petit village hollandais écarté de toute grande route. Pour connaître l'étymologie du nom du bourg, on consultera avec profit les travaux de Dundergutz, *Oratiunculae de rebus praeter-veteris* ou de Blunderbuzzard, *De derivationibus*. Cependant, la date de fondation du village reste inconnue.

Au creux d'une vallée à fond plat se blottit une rangée de soixante petites maisons qui, adossées à la colline, regardent vers le centre de la plaine, situé exactement à soixante mètres de chaque porte d'entrée. Un petit jardin, avec son sentier circulaire, son cadran solaire, et ses vingt-quatre choux, précède les maisons parfaitement identiques. Leur style architectural, hérité de la plus haute Antiquité, est un peu bizarre mais ne manque pas de pittoresque. Les petites briques rouges aux extrémités noires font ressembler les façades à des échiquiers verticaux. Les fenêtres sont étroites, profondes, et leur épais châssis enserre de petits carreaux. Des tuiles baroques agrémentent le toit. Le bois, de teinte sombre, est travaillé de façon remarquable, bien que les modèles soient peu variés : depuis des temps immémoriaux, les sculpteurs du village n'ont été capables de représenter que deux objets : des pendules et des choux.

La fierté des habitants de Vondervotteimittiss se trouve dans le beffroi de l'hôtel de ville. Il s'agit d'une grande horloge à sept faces, qui les émerveille encore, car elle ponctue depuis des siècles toute l'activité du bourg. Elle ne se dérégla qu'une fois, quand un étranger entrava la marche de ses rouages et que la vieille horloge frappa treize coups. Alors, les choux tournèrent au rouge, les meubles se mirent à danser, les chats firent le gros dos et les cochons détalèrent dans le plus grand désordre en grognant sauvagement.

On rapporte que l'étranger aurait joué un air irlandais sur son crincrin, tandis qu'il mordait à pleines dents la corde de la cloche du beffroi. On ne sait pas si, depuis, l'ordre a été rétabli à Vondervotteimittiss.

• Edgar Allan Poe, "The Devil in the Belfry", in *Tales of the Grotesque and Arabesque*, Philadelphie, 1845.

VRAIE LHASSA

Ville souterraine, bâtie dans une immense caverne, à plus de deux mille mètres de profondeur sous un plateau montagneux du Tibet. C'est la ville sacrée du bouddhisme, cachée au monde extérieur, et tous les intrus y sont mis à mort sur-le-champ.

La cité s'élève sur les rives d'un lac aux eaux rougeâtres, flanqué par cent vingt terrasses au moins, reliées entre elles par des escaliers de roc rose. Le temple bouddhiste s'élève sur la plus haute terrasse et d'autres petits temples s'accrochent aux rochers, en contrebas. L'édifice le plus important de la ville, le palais du dalaï-lama, est une immense construction de pourpre et d'or, dominée par une colossale statue du Bouddha taillée dans le roc et entourée de lampes votives, de perles, de diamants et d'émeraudes.

L'unique temple jamais décrit par des Européens fait face à une cour bordée de pyramides. L'édifice lui-même contient une longue nef, avec des piliers de chaque côté et des poutres de bois qui supportent un toit en ogive. Des fresques illustrant la vie du Bouddha couvrent les murs.

Les voyageurs qui veulent risquer leur vie entreront dans le tunnel qui mène à la ville. L'entrée est décorée de colonnes sculptées : l'une a la forme d'un serpent, les autres de trois bouddhas superposés. Un labyrinthe de venelles et de rues étroites conduit dans les différents quartiers de la cité. Se tromper de chemin est mortellement dangereux. Le voyageur qui tourne à un mauvais carrefour risque de s'enliser dans des sables mouvants, d'aboutir à une grotte remplie de serpents sacrés ou bien à une chambre de tortures, où pourrissent les restes humains abandonnés par les tigres, les éléphants et les gorilles, dont on se sert comme bourreaux pour exécuter les étrangers. La région située autour de la Vraie Lhassa est riche en diamants. La rivière qui la traverse est aurifère. Elle sort à l'air libre dans la montagne et finit par rejoindre la vallée du Népal.

• Maurice Champagne, *Les Sondeurs d'abîmes*, Paris, 1911.

VRAI PÔLE NORD

Le 13 avril 1..., Adam Jeffson parvint au Vrai Pôle Nord. Il constata que la glace, au-delà du cercle arctique, était parsemée de blocs de minerais ferrugineux incrustés de pierres précieuses, et supposa qu'il s'agissait de météorites attirées par le magnétisme du pôle, qui n'avaient pu se désintégrer dans l'air froid, lors de leur traversée de l'atmosphère. Une autre hypothèse explique la présence de ces aérolithes au pôle par une attraction supérieure de l'endroit, combinée à une densité de l'atmosphère inférieure aux autres parties de la planète. Sur le sol aplani, la glace est devenue aussi lisse qu'une table cirée.

A l'emplacement exact du pôle Nord s'étend un lac, qui dessine un cercle parfait d'un kilomètre et demi de diamètre. De son centre, jaillit un énorme pilier de glace. Jeffson crut apercevoir sur cette stèle un nom et une date, gravés dans une écriture indéchiffrable. Toujours d'après Jeffson, un tourbillon liquide, évoluant dans le sens de rotation de la Terre, enlaçait timidement l'obélisque dans un faible murmure de cascades et d'ailes froissées. Il en déduisit que ce fluide abreuvait une créature vivante, aux multiples yeux, un être triste et paresseux, condamné pour l'éternité à tournoyer dans son antre, en gardant toujours les yeux fixés sur le nom et la date inscrits sur la colonne. Jeffson parvint au pôle magnétique après de terribles épreuves, qui causèrent la mort de tous ses compagnons. Les rapports de la découverte d'un autre pôle Nord par deux explorateurs américains, le Dr Frederick Albert Cook (1865-1940) et le contre-amiral Robert Edwin Peary (1856-1920), peuvent être considérés comme relevant de la fiction pure et simple.

• Matthew Phipps Shiel, *The Purple Cloud*, New York, 1901.

VUE

Forêt au nord de Dictionopolis*, dans le royaume de la Sagesse. Dans la forêt vit la famille des Bings.

Dès la naissance, la tête des jeunes Bings arrive à hauteur de celle des adultes et, peu à peu, le reste du corps se développe en dessous, jusqu'à ce que les pieds touchent terre. On peut dire d'eux qu'ils ont toujours le même point de vue, mais la vision des différents membres de la famille varie : l'un voit le fond des choses, l'autre n'y regarde pas de si près, un troisième voit venir, un quatrième ne voit pas plus loin que le bout de son nez. Celui-ci a le don de double vue, celui-là voit l'autre côté de la question, le dernier se fait bien voir et, s'il n'y arrive pas, voit tout en noir.

Dans ces bois se niche une petite maison à quatre portes. Sur les deux premières, il est écrit "le Géant", et "le Nain", et sur les deux autres, rien. Que le visiteur frappe à l'une quelconque de ces portes et il verra apparaître un homme qui semblera minuscule aux grands, géant aux petits, gros aux maigres, et maigre aux gros. Il s'agit en réalité de M. Tout-le-monde.

Au milieu de la forêt, un grand orchestre joue sans trêve. Dirigés par Chroma, chef de la couleur, maître du pigment et directeur de l'ensemble du spectre, les instruments jouent chacun un ton différent. D'après le peuple de la forêt, s'ils venaient un jour à s'arrêter, toutes les couleurs s'évanouiraient du monde.

La forêt de Vue renferme la ville de Réalité. Autrefois très agréable et maintenant invisible, cette cité est encombrée par des masses de gens. Les yeux fixés au sol, ils se bousculent et se pressent dans des rues inexistantes. Il y a très longtemps, les citadins s'aperçurent qu'ils parvenaient plus vite à destination s'ils gardaient les yeux rivés sur le bout de leurs chaussures. Personne ne prit plus la peine de contempler les beautés de la ville qui s'enlaidit peu à peu. Les gens avançaient toujours plus vite. Les immeubles s'effacèrent petit à petit, les rues s'évanouirent et, finalement, la cité disparut pour de bon, sans laisser de traces.

Bien des habitants de Réalité s'établirent à Illusion, la ville voisine, une magnifique métropole aux rues luisantes, aux murs enrichis de joyaux, aux avenues pavées d'argent, mais en ce lieu, rien de tout cela n'existe vraiment.

• Norton Juster, *The Phantom Tollbooth*, Londres, 1962.

W

WAFERDANOS

Ile de l'Atlantique nord, à mi-chemin entre la Grande-Bretagne et Terre-Neuve. Le climat y est favorable, les forêts profondes, la chasse abondante et la terre fertile.

Les Waferdaniens constituent une race avenante, au corps couvert d'une toison brune, qui leur tient chaud. Ils vivent nus et ne connaissent d'autres lois que celles de la nature. Ils se nourrissent des produits de leur chasse et des quelques légumes qu'ils font pousser. La société est fondée sur la tolérance, la fraternité et l'aide mutuelle. L'homme le plus sage de la communauté, le roi du peuple, tient chaque matin sa cour sur une haute terrasse de bambou : le Temple. Toute la population vient le saluer et lui demander son avis. Une fois la cérémonie terminée, le roi redevient un homme comme les autres et se joint aux groupes de chasseurs. La population se réunit de nouveau pour le repas de midi et passe le reste de la journée à faire l'amour et à jouer.

Rien n'est venu troubler cette organisation monotone, pas même l'arrivée de deux naufragés européens, à la fin du XVIIe siècle.

En dépit de leur penchant pour les discussions philosophiques, les Waferdaniens ont un tempérament qui les porte à l'ennui et ils sont connus pour leurs crises de mélancolie.

• Anonyme, *Voyage curieux d'un philadelphe dans des pays nouvellement découverts*, La Haye, 1755.

WAQ

Archipel formé de sept îles, quelque part dans l'océan Indien. Son nom dérive de celui d'une montagne sur laquelle pousse un grand arbre, dont les branches ressemblent à des têtes humaines. Au lever du soleil, les têtes crient *Waq*, *Waq*, *Khallaq*, ce qui, en arabe, signifie : "Waq, Waq, louons le Créateur." La cérémonie se renouvelle au coucher du soleil. Les étrangers ne sont pas bien accueillis. Même les marchands qui font du commerce avec l'archipel déposent leurs marchandises sur la côte de la première île et prennent en échange les denrées que des mains invisibles ont apportées pour eux. Ils repartent sans avoir vu rien ni personne.

La vérité est que les habitants de Waq sont des femmes, qui descendent la nuit sur la plage et prennent ce que les marchands ont laissé. Le long de la grève sont dispersés d'innombrables bancs sur lesquels ces femmes se reposent après les durs travaux de la journée. Pour visiter l'archipel, il faut se cacher sous l'un de ces bancs, puis, à la brune, saisir les jambes d'une femme et lui demander aide et protection. C'est la seule façon de visiter l'archipel en paix. La visite des sept îles dure sept mois, à condition de voyager jour et nuit.

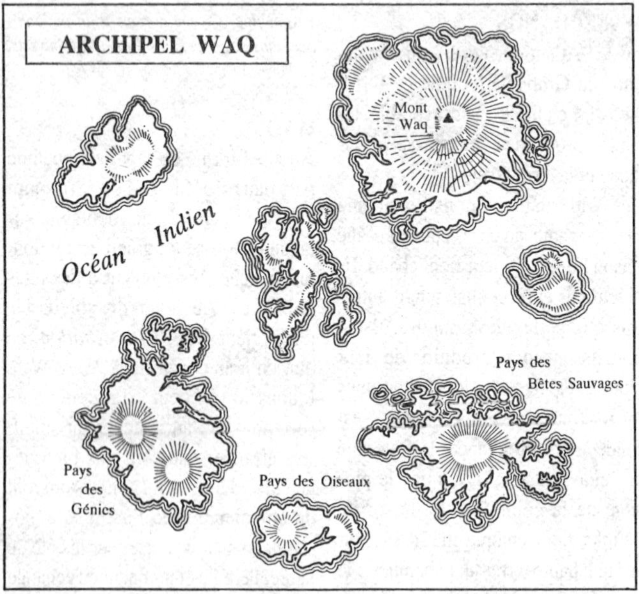

Le voyageur parvient d'abord au pays des Oiseaux où l'on entend exclusivement roulades et battements d'ailes. Puis il gagne le pays des Bêtes Sauvages où les lions rugissent, les hyènes ricanent et les loups hurlent. On lui montre ensuite le pays des Génies qu'il est assez difficile de traverser, car les Génies poussent des cris perçants, vomissent des flammes et font des gestes désespérés pour empêcher les intrus de passer. Il ne faut surtout pas regarder derrière soi, si l'on tient un tant soit peu à l'existence.

Après avoir fait escale sur trois autres îles – qui n'ont aucun caractère spécial –, le voyageur atteint enfin la septième, sur laquelle s'élève une haute chaîne de montagnes, traversée par une rivière bouillonnante. La plus haute cime est le mont Waq.

Les sept îles sont gouvernées par la fille d'un roi, qui commande une armée de vierges, vêtues de cottes de mailles et armées de cimeterres. Il est déconseillé de tenter de faire leur connaissance.

• Anonyme, *Les Mille et Une Nuits*, XVe siècle env.

WENG

Lugubre village perdu dans les montagnes d'Australie. Il est desservi par une gare située à cinq kilomètres de là au pied des montagnes, dans une vallée industrielle.

Les voyageurs sont accueillis par le hurlement à la mort des chiens et un triste paysage à demi oblitéré, curieusement plus attirant que les plus beaux paysages du monde. La fascination exercée par ce lieu est telle qu'il peut rendre un homme fou. Il est conseillé aux voyageurs de se distraire en courant le guilledou, en priant ou en s'enivrant.

Weng est habité par une race de nains à peu près simples d'esprit, qui ne dépassent pas un mètre quarante, sont constamment ivres et ont des voix haut perchées, comme celles des enfants. Leur regard de hibou surprend les voyageurs.

• Thomas Bernhard, *Frost*, Francfort, 1963.

WINTON

Dans un domaine de l'East Anglia, en Angleterre, mare célèbre pour son îlot de taille variable, sous lequel s'étend un labyrinthe désert.

On atteint la mare – qui peut passer pour un lac – en suivant le chemin Sombre, sentier bordé de lauriers dans les jardins du domaine. Pour aborder l'île, qui a la taille d'une table mais peut être beaucoup plus grande, il faut traverser le lac à la nage ou en pagayant sur un radeau. La première étape des voyageurs est Camp Espoir, ainsi nommé par William Wilditch, le premier explorateur de l'île. A quelque trois cents mètres de là, s'élève un chêne centenaire dont les racines noueuses se dressent au-dessus du sol. L'une d'elles forme une arche de plus de deux pieds de haut, derrière laquelle s'ouvre ce qu'on appelle la grotte de Vendredi. De là, le visiteur rampe comme un ver dans un tunnel étroit, qui s'enfonce toujours plus profondément dans la terre, et finit par atteindre une série de pièces. Sur l'un des murs sont dessinées la silhouette d'un poisson gigantesque et quelques lettres illisibles.

Cette demeure souterraine est habitée par un vieux couple, une femme qui cancane comme un canard et un homme enclin à la philosophie. Ils vivent au milieu de meubles déglingués et de sacs de pommes de terre, et ils boivent du bouillon dans une écuelle de chien, ornée du nom "Fido".

Les visiteurs sont détenus, non pour lire Dickens, mais pour prendre connaissance de l'un des nombreux vieux journaux qui traînent un peu partout. Si l'on veut s'échapper, il vaut mieux prendre le vieil homme par surprise, pendant que la femme est occupée ailleurs, et l'attacher pour éviter d'être poursuivi. Avant de partir, les voyageurs feraient bien de puiser dans l'immense trésor que le couple cache sous la terre : colliers, bracelets, médaillons, épingles, anneaux, pendentifs, boutons, guides touristiques, pièces d'or, oiseaux de pierres précieuses, épingles à cheveux ornées d'une rosace de rubis, cure-dents en or, fume-cigarettes incrustés de diamants, petites cuillères en or pour se curer les oreilles, boîtes à pilules et tabatières, trousseaux de clefs et portraits en or et en émail. Le trésor est constitué des tout petits riens de valeur que tout le monde perd au cours des années. Si, de retour à la surface, le voyageur abandonne sa part de trésor, celle-ci perd immédiatement sa valeur, comme pour effacer toute trace de sa vie souterraine.

Pour se préparer au voyage, il vaut mieux changer de nom et en choisir un commençant par un W. Cette lettre semble avoir une importance considérable dans ce lieu souterrain, peut-être parce que c'est la seule de l'alphabet à changer de sens quand on l'inverse. Il est également possible que ce soit, pour le voyageur, un écho du pays des Merveilles*, les discours du vieillard ressemblant à une version baroque et quelque peu sénile du prêchi-prêcha de certains personnages évoluant dans cette contrée.

• Graham Greene, "Under the Garden", in *A Sense of Reality*, Londres, 1963.

X

X

Grande cité sans limite, à la position incertaine. Comme il faut, pour l'atteindre, trois semaines de marche à partir de la plus proche gare de chemin de fer, on peut en déduire qu'elle ne se situe pas en Europe. Le seul voyageur connu pour y être allé, un certain A. G. de Budapest, écrivit en 1929 une relation de ce voyage, où il donnait une description partielle et incomplète de la ville.

A. G. descendit du train à un terminus dont il oublie de citer le nom. Un cheminot complaisant le guida pendant quatre jours dans une petite carriole tirée par un âne. A. G. continua à pied dans un grand paysage gris, plat, sans cesse balayé par le vent. Il ne trouva d'abord que des morceaux de métal. Puis, pendant deux jours, il aperçut des tuyaux cassés et des rouleaux de câbles métalliques. Le jour suivant, ce ne furent que casseroles, poêles bosselées, saucières brûlées et passoires trouées, amoncelées en tas. Le jour d'après, il rencontra des engrenages ; puis, deux jours durant, le pays tout entier sembla couvert de tôles de différentes épaisseurs. A l'approche de la ville, il traversa un triple cercle d'engins militaires démantibulés, de bielles de locomotive et de pièces d'automobile.

La périphérie de X apparut à A. G. dans un état de ruine totale. Pendant trois jours, il parcourut des banlieues interminables aux maisons vides et croulantes. Enfin, le quatrième jour, en atteignant la partie habitée de X, il rencontra un être humain.

X n'a de centre ni géographique, ni spirituel, ni commercial, ni historique. Déconcertante, la ville s'étire ou se contracte comme si elle était en caoutchouc : à une extrémité, un secteur a été abandonné sans motif, tandis qu'un nouveau secteur s'érigeait à l'autre bout, sans que personne s'en inquiète, puisque nul n'a l'intention d'y vivre. De temps en temps, dans l'indifférence générale, X se remplit à nouveau jusqu'à parvenir à être surpeuplée.

Toutes les rues de la ville sont semblables, avec des maisons à moitié démolies, des immeubles abandonnés en cours de construction, des travaux de raccordement d'eau inachevés, des boutiques improvisées qui vendent des produits périmés. Aucune végétation ni aucune vie animale n'égaient X. Le printemps est inconnu. L'été torride et suffocant devient soudain un hiver pluvieux et rude, qui frigorifie la foule d'individus sales et en guenilles déambulant nuit et jour dans les rues. Une petite locomotive à vapeur, sur voie étroite, circule à vide, car les arrêts aux stations sont imprévisibles. Il y a, bien sûr, des stations de taxis, mais il est hautement improbable d'y voir un véhicule. Quant aux restaurants (heureux celui qui les trouve !), ils ferment certains jours sans explication. Les hôtels les plus luxueux paraissent vieillots et les gargouillis de leur plomberie résonnent dans les chambres. La lumière, allumée pendant le jour, s'éteint à l'approche de la nuit. Les ascenseurs, très rapides, ne possèdent pas de boutons de commande : l'utilisateur doit deviner l'étage où il se trouve d'après le temps passé dans la cabine.

Le rapport d'A. G. ne s'étend pas beaucoup sur l'organisation politique de X. Il précise cependant que le président y est choisi d'après la longueur de ses bras.

• Tibor Déry, *G. A. úr X.-ben*, Budapest, 1963.

XANADU

Royaume sur la côte africaine, où Kubla Khan construisit le pavillon des Plaisirs dont la coupole a été décrite comme un chef-d'œuvre d'ingéniosité. Un voyageur de Porloch en empêcha l'achèvement.

Près de là, dans une vieille forêt, lieu enchanté et sauvage où se font entendre les plaintes amoureuses de femmes pour leurs amants-démons, une puissante fontaine jaillit violemment d'un gouffre ; elle n'est autre que la source de l'Alph, rivière sacrée.

• Samuel Taylor Coleridge, *Kubla Khan, a Vision in a Dream*, Londres, 1816.

La rivière Alph dans le Xanadu ; au fond, le pavillon des Plaisirs.

XIROS

Ville de la mer Egée que l'on peut atteindre par un bateau partant de Rynos, ou par le ferry qui y passe tous les cinq jours pour y déposer des provisions et embarquer les prises des pêcheurs. Les habitants sont des Grecs, dont la principale occupation est la pêche au poulpe.

De loin, spécialement à midi, Xiros ressemble de façon incroyable à une tortue sur le dos. La côte sud est inhabitée, mais vers l'ouest on trouve une colonie lydienne ou gréco-mycénienne. L'embarcadère est soutenu par deux piliers de pierre décorés de hiéroglyphes, découverts par un certain professeur Goldmann.

La principale caractéristique de l'île est que dès qu'on l'a vue, même de

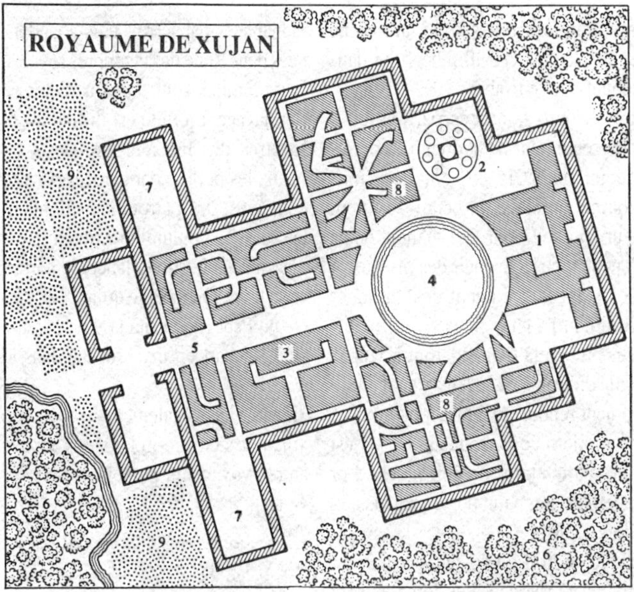

1 – Palais royal. 2 – Temple des perroquets sacrés. 3 – Quartier militaire. 4 – Le lagon. 5 – L'avenue. 6 – La jungle. 7 – Terrains vagues. 8 – Quartier résidentiel. 9 – Jardins.

loin, on ne peut plus l'oublier. Son image hantera le voyageur tout au long de sa vie ; il soupirera après le sable blanc et le soleil impitoyable et, quand il posera enfin le pied sur la plage, il éprouvera la joie totale de qui trouve enfin l'objet de sa quête. Ce bonheur sera pourtant de courte durée, la mort survenant après quelques heures d'exultation.

On retrouve l'étrange envoûtement de Xiros dans un objet, le *zahir*, qui peut apparaître sous plusieurs formes : un peso argentin, un tigre, un aveugle, un astrolabe, un petit compas, une veine dans l'un des douze mille piliers de marbre de la mosquée de Cordoue, le fond d'un puits de Tétouan.

Ces choses, une fois vues, ne peuvent être arrachées de la mémoire.

• Jorge Luis Borges, "El Zahir", in *El Aleph*, Buenos Aires, 1949.
• Julio Cortázar, "La isla a mediodía", in *Todos los fuegos el fuego*, Madrid, 1976.

XUJAN

Royaume fortifié d'Afrique, habité par une tribu de fous qui adorent les perroquets. Les rites religieux sont révoltants et ont sans doute mené cette race à l'état d'imbécillité dans lequel elle se trouve.

Les Xujans sont très particuliers : non seulement ils adorent des perroquets, mais ils élèvent des lions comme on élève du bétail, soit pour leur lait, soit pour leur viande. Ils ne touchent pas à la chair des oiseaux ni des singes, et élèvent des antilopes pour nourrir leurs lions.

Les étrangers demanderont à voir la salle du trône, où les murs sont entièrement tendus de tapisseries brodées de milliers de perroquets. Le sol est une marqueterie de perroquets d'or et le plafond, peint de perroquets aux ailes déployées.

L'exploration du royaume xujan est pleine de risques. Les femmes sont kidnappées par le roi, puis abandonnées dans l'une des chambres royales. Les hommes sont tués ou réduits à l'esclavage. La fuite est difficile. Les fenêtres des maisons ont des barreaux, les portes sont gardées par des eunuques, des patrouilles sillonnent les rues, et la muraille extérieure est placée sous la surveillance de gardes et de lions. On raconte qu'au XVIe siècle un Espagnol visita la ville et réussit à s'échapper, mais fut tué dans le désert voisin.

Tarzan visita également le royaume xujan et s'en tira indemne. Tous les autres voyageurs ne sont jamais revenus.

• Edgar Rice Burroughs, *Tarzan the Untamed*, New York, 1919

Y

YAMS, île des, voir **VALAPÉE**

YLUANA

Ile sur le rio de La Plata, à environ six kilomètres de la mer. Elle n'est indiquée sur aucune carte, et son existence n'est connue que des missionnaires jésuites de la région. Cette terre fertile est agrémentée de belles collines boisées arrosées de cours d'eau.

Venus de l'est, les premiers habitants furent conduits sur l'île par Zoroastre, qu'ils connaissent sous le nom de Zar-Touche. Des siècles plus tard, un peuple originaire du Nord – sans doute des Indiens du Pérou fuyant les cruautés des Espagnols – atteignit Yluana. Les deux nations sont aujourd'hui complètement intégrées l'une à l'autre et professent la religion de Zoroastre. Elles considèrent que tous les hommes sont les enfants d'un seul père divin. Le roi est un père terrestre pour son peuple. En règle générale, le fils du roi lui succède sur le trône, mais s'il n'est pas assez vertueux il peut être déposé par un conseil populaire. Ce conseil s'érige aussi en tribunal, bien que le crime soit virtuellement inconnu. Le pire châtiment pour les Yluanais est la honte.

L'or et l'argent, si convoités chez les Européens, ne sont pas très prisés par les insulaires, qui se contentent de ce qu'ils ont et ignorent l'envie. Les Yluanais méprisent les bienfaits de la civilisation et, ayant vu comment les jésuites s'enrichissaient en exploitant les diverses populations, ils évitent tout contact avec eux. Cependant, une fois par an, des ambassadeurs royaux rendent visite à la mission. En dépit de leur mépris pour la civilisation, les Yluanais sont très hospitaliers. Ils détestent la guerre, mais sont prêts à combattre avec bravoure si on les attaque.

Le mariage est encouragé, afin d'accroître la population. Les hommes se marient à dix-neuf ans, les femmes à dix-huit. L'adultère, inconnu depuis des années, est théoriquement passible de mort. La flatterie et le mensonge sont inconnus, et l'ingratitude est considérée comme le pire des crimes. A Yluana, la joie, l'amour et l'amitié ne sont pas de vains mots.

• Charles Searle, *The Wanderer or Memoirs of Charles Searle, Esq. ; Containing his Adventures by Sea and Land. With Many Remarkable Characters and Interesting Situations in Real Life ; and a Variety of Surprising Incidents*, Londres, 1776.

YOKA

Ile de l'océan Pacifique. Le village de Yoka, siège du gouvernement, a donné son nom à cette île tropicale, assez grande, montagneuse, où une côte abrupte n'abrite que de rares anses. La population est composée de chasseurs de têtes féroces et primitifs, dont les femmes épousèrent les fiers guerriers japonais qui s'enfuirent du Japon, lors de la chute de la dynastie

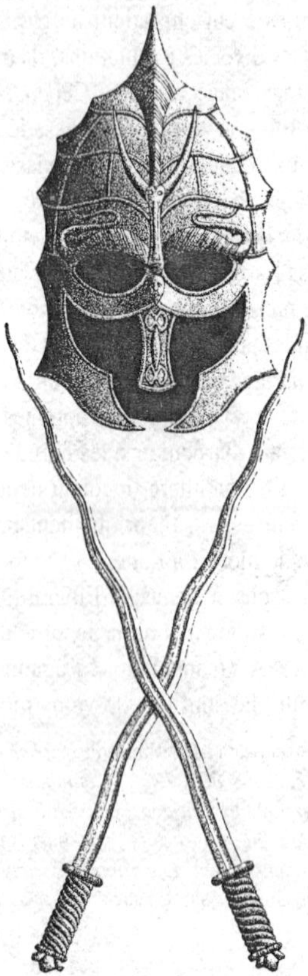

Heaume et épées de l'île de Yoka.

des shoguns Ashikaga, il y a environ trois cent cinquante ans. Leurs descendants, les samouraïs Yoka, de petits hommes bruns, ont de minuscules yeux noirs et perçants, sous des paupières bridées et épaisses. Leur crâne rasé est surmonté d'une large bande de cheveux réunis en une queue de cheval, qu'ils ramènent sur le devant du front. Ils portent des armures médiévales, des casques, et sont armés de sabres. Ils parlent japonais. La première description de Yoka est due à un boxeur, gentleman de Chicago, qui visita l'île au début du XXe siècle.

• Edgar Rice Burroughs, *The Mucker*, New York, 1914.

YS

Ruines d'une ville dans la baie de Douarnenez, près du bourg de Plomarch. Vers la fin du XVIe siècle, Ys était protégée de la mer par une digue, dont les vannes étaient camouflées. Seul le roi en possédait la clef. Tentée par un mystérieux étranger, la fille du roi vola la clef, ouvrit les vannes et la ville fut engloutie. Aujourd'hui encore, les voyageurs entendent les cloches d'Ys sonner les heures au fond de la mer.

• Edouard Blau, *Le Roi d'Ys*, Paris, 1888.
• Charles Guyot, *La Légende de la ville d'Ys d'après les anciens textes*, Paris, 1926.

YSPADDADENPENKAWR

Château perdu sur une vaste plaine, quelque part au pays de Galles. Pour des raisons que l'on ignore, plus le voyageur s'en rapproche, plus le château semble s'éloigner. On accède à la salle principale – si on atteint jamais l'édifice – par l'une des neuf portes, qui sont toutes gardées par une sentinelle et un chien.

• Anonyme, *Mabinogion*, XIIIe siècle.

Z

ZANTHODON

Royaume souterrain étrangement semblable au Pellucidar*. D'une superficie d'environ un demi-million de kilomètres carrés. On y parvient par le cône d'un volcan éteint de la région d'Ahaggar, en Afrique du Nord, mais il y a certainement d'autres routes menant à ce continent souterrain.

La formation du Zanthodon s'explique par la chute, dans le cratère du volcan, d'un énorme météore ayant explosé sous la terre. Tout le pays baigne dans une lumière perpétuelle, sans doute due à des phénomènes chimiques de photoluminescence, provoqués par les substances libérées par l'explosion originelle. Comme il n'y a ni étoiles, ni planètes dans le ciel, il est impossible de s'y référer pour s'orienter. De même, le jour éternel ne permet pas de mesurer le temps – qui n'existe pas, en fait, dans ce royaume.

On n'a visité qu'une partie infime de ce monde souterrain, et la plupart des régions se sont révélées des jungles inextricables. La flore ressemble beaucoup à celle que l'on trouvait à la surface de la Terre aux temps préhistoriques. La partie marécageuse qui entoure le fond de la cheminée du volcan est couverte de forêts typiques du Crétacé inférieur.

On connaît l'existence de deux mers : celle de Sogar Jad ou la Grande Mer, et la mer intérieure, la Lugar Jad, dont les rives s'élèvent jusqu'à un moutonnement de collines qui cèdent la place à des montagnes, connues sous le nom de pics du Péril. Appellation bien choisie, car ces montagnes sont le territoire de l'une des bêtes les plus pernicieuses du Zanthodon : le ptérodactyle ou *thakdal*. Ces grands reptiles volants, qui peuvent avoir une envergure de plus de trente pieds, élèvent leurs couvées dans les escarpements rocheux des pics du Péril. Les marais de la jungle sont infestés de monstrueux crocodiles primitifs. Dans les parties sèches des forêts, ainsi que dans les savanes, on trouve le redoutable *vandar*, tigre aux dents de sabre, dont la taille, de la tête à la queue, peut atteindre six mètres.

A peu près tous les animaux du Zanthodon sont de redoutables prédateurs, à l'exception d'un petit mammifère – sans doute le lointain ancêtre du cheval – et du gigantesque mammouth laineux, qui errait sur la Terre durant l'ère glaciaire.

Il y a au moins quatre races différentes dans ce royaume souterrain, mais leurs coutumes n'ont pas été étudiées en détail. Le royaume de Kor, sur l'île de Ganodol, dans la Sogar Jad, est habité par une race d'hommes de Neandertal. Ces hommes-singes sont forts mais laids. Ils ont le corps couvert de poils et portent des peaux de bêtes, tannées de manière rudimentaire, et des colliers de

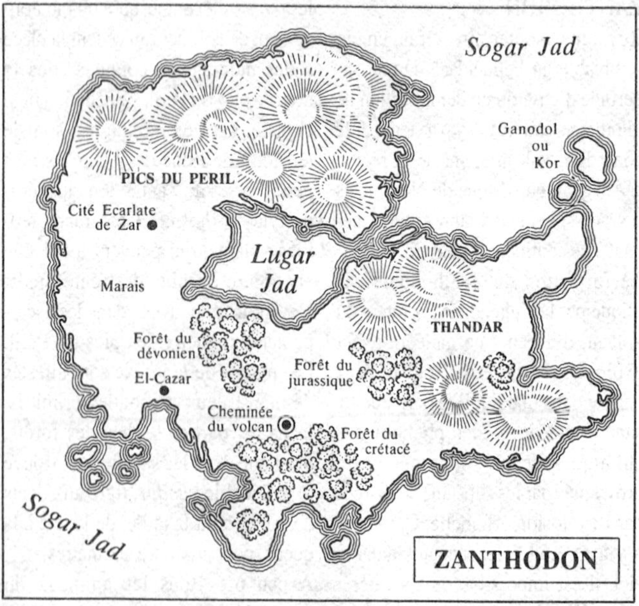

coquillages. Ils se servent de lourdes massues et de lances grossières à pointe de pierre. Aucun visiteur n'a jamais vu les femmes des hommes-singes, qui sont, paraît-il, aussi laides que peu nombreuses.

Pour se procurer des compagnes plus gracieuses, ceux-ci font des raids sur le pays de Thandar, où vivent certaines races de Cro-Magnon, les *panjanis* ou “peaux-lisses” comme les appellent les hommes-singes. Les femmes des *panjanis* sont belles et ne prennent pas la peine de cacher leurs seins sous des fourrures. Hommes et femmes sont grands, avec des yeux bleus et des cheveux blonds.

La langue utilisée par tous les peuples du Zanthodon a donné naissance au sanskrit et, par là même, à toutes les langues du monde.

L'existence légendaire du Zanthodon est connue depuis des siècles. Les Sumériens l'appelaient Na-an-Gub, “le grand dessous” et les mythes hébreux parlent de Tehom, “le gouffre qui est la demeure des géants”. Pour les Egyptiens, c'était Amenet, la “terre sacrée” ou la “terre de l'Ouest”, et pour les musulmans, c'est Shadukiam, “le monde souterrain des djinns”, gouverné par Al-Dimiryat.

Le Zanthodon est resté légendaire jusqu'en 1960, année où le professeur

Percival Penthesilia Potter démontra son existence et découvrit l'entrée du volcan qui y mène. Accompagné d'un jeune aventurier américain, Eric Carstairs, il descendit en hélicoptère dans le cône du volcan éteint et en rapporta ces informations qui font maintenant le délice du voyageur.

• Lin Carter, *Journey to the Underground World*, New York, 1979.

ZAVATTINIA

Petit village analogue à un bidonville dans les faubourgs de la grande ville de Bamba, en Europe occidentale. Il est constitué de pauvres huttes, alignées le long de rues propres, qui portent des noms aussi instructifs que 1 + 1 = 2, des patronymes de chômeurs, ou encore ceux d'humbles travailleurs. Sur la place centrale, les habitants ont érigé une statue qui avait été mise au rebut et qui s'anime la nuit.

Pour quelques lires, les visiteurs sont invités à assister au spectacle qu'offre la tombée de la nuit : de nombreuses chaises de bois sont alignées à l'ouest du village, où l'on peut s'asseoir et jouir tranquillement du coucher du soleil.

Les habitants vivent de la mendicité qu'ils pratiquent dans les rues de Bamba, en dépit de l'hostilité des citadins, les Mobbis, qui portent des manteaux de fourrure et ont des cœurs de pierre.

Zavattinia est gouverné par un jeune homme, Totó, né dans un chou-fleur et conseillé en matière politique par une colombe qui lui fut donnée par l'esprit de sa défunte mère.

• Cesare Zavattini, *Totó il Buono*, Milan, 1943.

ZEMRUDE

C'est selon l'humeur de celui qui la regarde que Zemrude prend sa forme. Si le voyageur la visite en sifflotant les mains dans les poches, il connaîtra la ville de bas en haut, par les rideaux des balcons qui gonflent au vent et par les jets d'eau.

S'il marche, le menton sur la poitrine, les poings serrés, le voyageur trouvera Zemrude à ras de terre, dans les restes des poissons des égouts, les papiers gras des ruisseaux.

Si aucune de ces deux manières de voir la ville n'est plus proche de la réalité que l'autre, il faut reconnaître que ceux qui parlent davantage de la Zemrude d'en haut sont précisément ceux qui se sont enfoncés le plus profondément dans celle d'en bas.

• Italo Calvino, *Le città invisibili*, Turin, 1972.

ZÉNOBIE

Bien que tout entière située sur un terrain sec, la ville de Zénobie repose sur de très hauts pilotis. Les maisons faites de bambou et de zinc s'étagent à des hauteurs différentes, et sont reliées par un nombre incalculable de

galeries et de balcons. Pour passer de l'une à l'autre, on emprunte des échelles et des passerelles.
Les habitants de Zénobie ont oublié jusqu'à la raison de cette disposition. Sans doute s'agit-il de la superposition de plusieurs desseins, désormais indéchiffrables.
Lorsque le voyageur demande à l'habitant de Zénobie comment il concevrait le bonheur de vivre, il l'envisage toujours dans une ville telle que Zénobie, qu'il décrit avec ses pilotis et ses échelles.
Comment savoir si cette ville est heureuse ou malheureuse si les habitants vous expliquent qu'ils ne distinguent que deux sortes de villes : celles qui, au travers des années, donnent leur forme aux désirs et celles où les désirs en viennent à effacer la ville.

• Italo Calvino, *Le città invisibili*, Turin, 1972.

ZUVENDIS

Territoire d'Afrique orientale à peu près de la taille de la France. D'accès très difficile, il est entouré de forêts, de marais, de déserts et de montagnes infranchissables. L'altitude rend le climat doux et frais. Les pluies sont rares. La terre est fertile et contient de nombreux minerais : or, marbre et charbon. Dans le langage des indigènes, Zuvendis signifie "terre jaune", en raison des nombreuses mines d'or.
La population, qui dépasse les dix millions d'habitants, est blanche. Son origine n'a jamais été expliquée. L'architecture de Zuvendis évoque vaguement celle de l'Egypte ancienne ou de l'Assyrie, mais les coutumes du pays rappellent plutôt celles de Perse ou de Syrie. Comme les Persans, les habitants vénèrent l'hippopotame, qu'ils considèrent comme un animal sacré.
La population, très belliqueuse, est sans cesse en guerre avec les autres peuples. Zuvendi est une monarchie, mais le pouvoir se trouve en fait entre les mains des prêtres et de l'aristocratie. En principe polygames, les habitants ne prennent généralement qu'une femme.

• Henry Rider Haggard, *Allan Quatermain*, Londres, 1887.

ZUY

Prospère royaume d'elfes, aux Pays-Bas. C'est probablement le mieux organisé et le plus riche des royaumes d'elfes en Europe. Il a noué d'importantes relations commerciales avec les Indes orientales, important des épices, des mousselines et des peaux de léopards, exportant des boîtes à musique, des marrons glacés, de l'amidon, des suppositoires et des icônes. Ce mercantilisme est très mal vu des autres royaumes d'elfes.

• Sylvia Townsend Warner, *Kingdoms of Elfin*, Londres, 1972.

INDEX DES AUTEURS

INDEX DES TITRES D'ŒUVRES

BABEL

Extrait du catalogue

440. ANNE-MARIE GARAT
L'Insomniaque

441. FÉDOR DOSTOÏEVSKI
Humiliés et offensés

442. YÔKO OGAWA
L'Annulaire

443. MENYHÉRT LAKATOS
Couleur de fumée

444. ROGER PANNEQUIN
Ami si tu tombes

445. NICOLE VRAY
Monsieur Monod

446. MICHEL VINAVER
Ecritures dramatiques

447. JEAN-CLAUDE GRUMBERG
La nuit tous les chats sont gris

448. VASLAV NIJINSKI
Cahiers

449. PER OLOV ENQUIST
L'Extradition des Baltes

450. ODILE GODARD
La Cuisine d'amour

451. MARTINE BARTOLOMEI / JACQUES KERMOAL
La Mafia se met à table

452. AMADOU HAMPÂTÉ BÂ
Sur les traces d'Amkoullel l'enfant peul

453. HANS-PETER MARTIN / HARALD SCHUMANN
Le Piège de la mondialisation

454. JOSIANE BALASKO *et alii*
Le père Noël est une ordure

455. FÉDOR DOSTOÏEVSKI
Premières miniatures

456. FÉDOR DOSTOÏEVSKI
Dernières miniatures

457. CH'OE YUN
Là-bas, sans bruit, tombe un pétale

458. REINALDO ARENAS
Avant la nuit

459. W. G. SEBALD
Les Emigrants

460. PAUL AUSTER
Tombouctou

461. DON DELILLO
Libra

462. ANNE BRAGANCE
Clichy sur Pacifique

463. NAGUIB MAHFOUZ
Matin de roses

464. FÉDOR DOSTOÏEVSKI
Le Bourg de Stépantchikovo et sa population

465. RUSSELL BANKS
Pourfendeur de nuages

466. MARC de GOUVENAIN
Retour en Ethiopie

467. NICOLAS VANIER
Solitudes blanches

468. JEAN JOUBERT
L'Homme de sable

469. DANIEL DE BRUYCKER
Silex

470. NANCY HUSTON
Journal de la création

COÉDITION ACTES SUD – LEMÉAC

Ouvrage réalisé
par l'Atelier graphique Actes Sud.
Achevé d'imprimer
en février 2001
par Bussière Camedan Imprimeries
à Saint-Amand-Montrond (Cher)
sur papier des
Papeteries de La Gorge de Domène
pour le compte
d'ACTES SUD
Le Méjan
Place Nina-Berberova
13200 Arles.

N° d'éditeur : 4087
Dépôt légal
1re édition : mars 2001
N° impr. : 010955/1